유희태 영미문학 ②

영미소설의 이해

LSI 영어연구소 유희태 박사 저

GMG 박문각

Preface

《유희태 영미소설의 이해》 초판이 2001년 5월 25일에 나왔으니, 올해로 꼭 20년이 된다. 저자로서 감회가 남다르지 않다면 거짓이 될 터이다. 세칭 강산이 두 번 바뀌는 긴 시간 동안 살아남아 여전히 유통된다는 것 자체만으로 생명력이 있음을 증명하는 것임을 생각할 때 더욱더 그러하다. 2001년 초판은 최초로 출간된 임용 전문 소설교재로서 무려 850페이지가 넘는 부피와 당시로는 매우 비싼 가격(27000원)이었음에도 1년 만에 4쇄를 찍을 정도로 호응이 좋았다. 그 이후 현재까지 내리 7판을 출간할 수 있었다. 그 과정에서 2014년에 《유희태 영미문학》 시리즈라는 구조가 만들어졌고, 《영미소설의 이해》는 《유희태 영미문학》 시리즈의 두 번째에 해당하는 교재로 편입되었다.

《유희태 영미문학 2-영미소설의 이해》는 교원임용시험을 준비하는 수험생들을 위해 쓰였다. 영미소설은 18세기부터 현재까지 약 300년 동안의 짧지 않은 시간을 포괄하고 있다. 수험생의 입장에서는 방대한 분량의 소설작품을 읽어야만 하는 것이 큰 부담일 수밖에 없다. 시간의 제약도 큰데다 독해 마저도 어려워 또 다른 소설읽기의 큰 장애가 되기 때문이다. 그런 연유로 인해, 영미소설은 대다수의 예비교사들에겐 막연한 두려움과 부담의 대상이다. 《영미소설의 이해》는 그런 두려움과 부담을 줄여주는 것이 목적이다.

《유희태 영미문학 1-영미문학개론》이 기본적이고도 핵심적인 문학이론을 바탕으로 문학의 4대 장르인 시, 소설, 드라마, 비평을 골고루 다룬 교재라 한다면, 《유희태 영미문학 4-문제은행》은 《영미문학개론》에서 배운 이론을 토대로 실전 문제에 적용하는 심화된 영역이라 할 수 있다. 따라서 유희태 영미문학 시리즈를 통해 체계적으로 공부한다면 어렵게만 느껴지던 영미문학영역이 훨씬 쉽게 다가오리라 생각된다.

일찍이 17세기 미국의 시인 Anne Bradstreet은 책을 출간한다는 것이 얼마나 고통스럽고 긴장되고 두려운 일인지를 갈파한 바 있다. 비록 이 교재가 그녀의 시처럼 명징한 시적 언어는 아닐지라도, 많은 예비교사의 마음에 따뜻한 감성의 비가 촉촉이 젖어들기를 바라본다. 그리하여 모든 수험생이 합격이라는 종착점에 안전하게 도달하기를 간절히 희망한다.

이 책을 출간하는 데 많은 분들의 도움을 받았다. 원고를 보기 좋은 최종 결과물로 만들어준 박문각의 변수경 담당자와 교정작업을 도와준 김상민, 배소연 조교, 그리고 원서를 읽고 감수를 해준 LSI영어연구소의 Sean Maylon 연구원들에게도 고마움을 표한다.

2021년 11월 LSI영어연구소에서

유희태

Contents

Part 01 소설이론

Part 02 실제 작품읽기

유희태 영미문학 ②

영미소설의 이해

Part 01

소설이론

소설의 3요소

미국 신비평의 대표적 비평가인 Cleanth Brooks와 R. P. Warren은 그들의 공저 ≪Understanding Fiction≫(1959)에서 우리는 소설을 대할 때마다 자연스럽게 다음의 세 가지 문제들을 머릿속에 떠올리게 된다고 말했다.

1. 어떤 사건이 발생했는가?
2. 주인공은 누구인가?
3. 주제는 무엇인가?

이 세 가지 질문이 바로 소설의 요소를 밝혀주는 것이다. 이 요소들은 전문적인 용어로 구성(plot), 인물(character), 주제(theme) 라고 한다.

이들은 여기서 소설의 부분(part) 이라고 하지 않고, 요소(aspects) 라고 표현했는데 그 이유를 주의 깊게 음미해 볼 필요가 있다. 소설의 3요소인 구성, 인물, 주제는 따로 구별해서 논하거나 연구할 수는 있지만, 실제 이 요소들은 하나의 소설을 만들기 위해서 서로 완벽하게 얽혀 있다.

구성은 행위의 주체 혹은 객체로서의 인물과 별도로 존재할 수 없으며, 행위를 하지 않는 인물은 생각할 수도 없다. 그리고 모든 행위는 가치의 판단을 내포하고 있으며, 이 가치의 판단이 바로 하나의 아이디어, 즉 하나의 주제를 전개하는 것이다. 즉 구성, 인물, 주제는 소설이라는 하나의 조직 형태에서 추출되는 것이며, 바로 소설이라는 조직 형태의 본질을 보다 더 잘 이해하려는 데 그 목적이 있다.

구성, 인물, 주제와 같은 추상적인 개념이 기타 소설의 구성 요소들과 상호적으로 관계를 맺어 표현능력이 있고 중요한 의미를 지닌 소설이라는 하나의 조직 형태를 만들어냄으로써 우리는 그것을 삶의 이미지로 받아들이는 것이다.

이에 다음 세 편의 소설을 가지고 구성, 인물, 주제에 대해 다루려고 한다. 첫눈에 우리의 관심을 끌 정도로 두드러진 각각의 요소들이 표현 능력을 지닌 소설이라는 조직 형태로 어떻게 우리를 끌고 들어가는지 살펴보도록 하자. 또한 다음과 같은 질문들을 스스로 던질 수 있는 능력을 함양해 보자.

1. 등장인물은 어떠한 사람들인가?
2. 등장인물은 실제 인물일 수 있는가?
3. 그들이 바라는 것은 무엇인가?
4. 그들이 당시의 행위를 해야 했던 이유는 무엇인가?
5. 그들의 행위는 그들의 본성과 논리적으로 일치하는가?

6. 그들의 행위가 그들의 성격에 대해 무엇을 말해 주는가?
7. 각각의 행위나 특수한 사건들은 어떻게 관계를 맺는가?
8. 등장인물들의 상호관계는 어떠한가? 갈등을 일으키는 요소는 무엇인가? 어떤 요소가 더, 혹은 덜 중요한가?
9. 작품의 요점, 즉 주제는 무엇인가?
10. 인물과 사건은 주제와 어떻게 관계를 맺는가?

핵심정리

구성, 인물, 주제

1. 구성

주제가 논지를 살리기 위해 잡다한 자료 중에서 적절한 것을 선택하여 배열하고, '처음, 중간, 끝'이 필연성 있게 연결되도록 하는 글의 형성 원리를 말한다. 독일의 G. Freytag는 대부분의 작품 구성이 '도입부, 오르는 행위, 전환점, 내리는 행위, 끝맺음'의 다섯 단계를 가지고 있는 피라미드라고 하였다.

2. 인물

곧 성격이라고 칭할 때가 많다. 정확히 말하자면 인물은 외부에서의 관찰 대상이고, 성격은 그 인물의 내적 속성이다. 문학에 있어서 성격 구현의 방법으로는 다음 세 가지가 있다.

- 저자가 직접 인물을 소개하고 설명을 가하는 것
- 인물의 행위만을 직접 보여줌으로써 독자가 그 인물의 성격을 추정하게 하는 것
- 두 번째 방법의 변형으로서 인물의 내적 체험을 나타내 보임으로써 그 인물의 성격이 독자에게 파악될 수 있게 하는 것

3. 주제

문학의 각 요소들을 적절한 배열 순서에 따라 붙들고 있는 중심적 뼈대 또는 내용을 말한다. 주된 화제를 말하는 것으로 그것은 도덕적 명제일 수도 있고, 철학적 관념일 수도 있으며, 현실에 대한 묘사일 수도 있다.

Chapter 02

소설의 3요소에 대한 구체적 작품분석

01 구성(Plot)

구성이란 작품 속에서 일어나는 일련의 사건 자체를 말하는 것으로, 이 사건 속에 휘말려 든 인물들(characters)이나 이 사건들의 의미(theme)와도 다르다. 작품의 성격을 보다 더 잘 이해하려면 작품으로서, 또 분석을 시도하기 이전에 경험하게 되는 통일체로서 작품 전체를 분석할 수 있어야 한다. 구성이란 작품 속에서 주제를 표현하기 위해 임시변통으로 이용하는 훌륭한 수단이다. 다만 우리가 실제 생활 속에서 발견하는 행위들의 집합체가 아니라, 하나의 작품 속에서 만들어지는 행위의 집합체인 것이다.

행위란 일정한 기간 동안 발생하는 전체로서의 일체성과 중요성을 잃지 않는 일련의 사건들을 뜻한다. 또한 시작, 중간, 끝이라는 세 가지 논리적 단계를 거쳐 상호 관계를 맺고 있는 사건들이다. 행위의 서두는 언제나 일종의 불안정함과 갈등이 존재하는 특수한 상황을 그려낸다. 중간 단계에서는 새로운 유형의 안정된 상태를 향해 자신을 변혁시키는 행위의 배경(setting), 즉 행위를 변형시키는 힘을 그린다. 행위의 마지막 단계에 이르면 행위를 움직이는 힘이 사명을 다하여 하나의 안정된 상태를 드러내게 된다. 여기서 행위의 의미와 통일성의 내용은 우리가 행위를 바라보는 관점이나 사실에 대해 갖는 흥미, 그리고 우리가 해석하는 방법론에 따라 변할 수는 있다. 하지만 행위의 통일성과 의미를 만들어내는 패턴은 사실 그 자체에 바탕을 두어야만 한다.

사실(fact)이란 행위를 구성하는 사실로, 반드시 역사적인 사실이나 실제로 발생한 사실이어야 하는 것은 아니다. 작가가 사실들을 선별하는 데에는 두 가지의 유용성에 바탕을 둔다. 즉, '생생한 사실인가', '중요한 의미를 지니고 있는가'이다. 그러나 이 두 가지는 서로 병합되는 경향이 있어서, 생생하고 자세한 묘사는 독자들의 상상력을 불러일으켜 작품의 '느낌(feeling)'을 창조해 내고, 이 '느낌' 혹은 '분위기(atmosphere)'는 작품이 갖는 의미의 본질적 요소의 하나가 된다.

구성은 행위의 모든 사실들을 전부 이용하지 않는다. 그리고 시간적인 순서도 뒤섞여 있다. 따라서 구성이란 하나의 작품 속에서 표현되고 있는 행위의 구조(structure)인 것이다. 또한 작가가 행위의 모든 사건들을 어떻게 다루고 있는지를 밝혀주기도 한다. 어느 작품이나 작품 속 각 부분들 사이에 존재하는 관계를 드러내는 특정 기조가 있기 마련인데, 이러한 방식들 중 하나가 바로 '인과 관계'이다. 사건이란 바로 인간적인 사건을 말한다. 결국, 우리가 관심을 갖게 되는 가장 중심적인 논리는 바로 인간적인 동기 부여(motivation)인 것이다. 인간적인 욕구는 스스로 어떻게 해소 또는 성취되는가? 이렇게 볼 때 구성은 행위 속의 주체로 볼 수 있다. 동기 부여의 논리가 포함되는 논리란 구성 속의 모든 사건들을 하나의 통일성 안에 묶는 것을 말한다. 물론 이 통일체는 힘차게 움직이며 변화한다. 이러한 불안정의 상태에서 안정의 상태로 진전되는 과정은 특정의 자연적 단계, 즉 시작, 중간, 끝의 세 단계를 거치기 마련이다.

구성 속의 행위의 시작은 '발단(exposition)'이라고 불린다. 즉, 앞으로 전개되어 나갈 바탕으로서의 가정들을 제시해 준다. 중간 단계는 '전개(갈등, complication)'라고 말할 수 있다. 이 단계에 이르러 안정된 상태로 나아가는 데 장애가 되는 어려움들이 증가되어 가기 때문이다. 이 장애물에 저항하는 모습은 복잡한 상태를 만들어 어떤 사건이 돌발할 수밖에 없거나, 어떤 상태가 깨어져 버리지 않으면 안 되는 순간이나 사건으로 발전하며 긴장(tention)이 최고조에 달하는데, 이를 클라이맥스(climax)라고 부른다. 마지막 단계인 '대단원(denouement)'에 이르면 갈등의 결과가 드러나고, 문제들은 해결되며, 새로운 안정의 상태를 위한 기초가 주어지게 된다. 물론 이 상태의 안정을 위한 기초는 최종적이거나 확정적이 아니라 임시적인 것일 수도 있다. 즉, 대단원이란 작가가 독자들에게 말하고 싶었던 특정의 행위가 해결되었다는 것을 뜻하는 것이다.

그러나 그 행위가 해결되었다는 의미는 그 특정 행위 이상의 뜻을 내포하고 있다. 그리고 바로 이 점 때문에 우리는 다시금 구성의 중요성에 대해 생각해 보지 않을 수 없다. 즉, 구성의 전개는 인간의 본성이나 인간 행동의 어떤 모습을 직접 말해 주거나 보여주는데, 이 논리에서 나오는 결론은 하나의 작품 속에 나오는 특정 경험에 대한 평가만을 내리지 않고 일반적인 평가도 함께 내린다. 성공적인 작품의 끝은 언제나 독자에게 일반적인 사물을 대하는 하나의 마음 자세를 남겨준다. 어느 소설이든지 우리의 상상과 느낌 속에서 막연하나마 경험의 의미로서 인상이 남게 되는 것이다.

이 경험의 의미가 어떻게 전달되는가는 각각의 경우에 따라 달라질 것이다. 만약 독자가 작품 속에서 경험에 대한 아이디어나 자세를 찾지 못한다면 이는 줄거리에 일관성이 없다는 뜻이다. 매 단계마다 동기 부여의 논리 등이 제대로 이루어져 있다고 하더라도 구성이 제구실을 해내지 못한 것이다. 이렇게 구성에 대해 연구하다 보면 다시 주제로 되돌아가게 된다. 훌륭한 작품은 결국 하나의 통일성 내에 구성되어 있기 때문이다. 따라서 하나의 작품이 제시하는 상상의 세계는 서로 관련을 맺고, 논리에 모순이 없어야 하며, 일관성을 유지하지 않으면 안 되는 것이다.

– Cleanth Brooks <Understanding Fiction>에서 참조

Why Don't You Dance?

Raymond Carver(1938-1988)

[1]

In the kitchen, he poured another drink and looked at the bedroom suite in his front yard. The mattress was stripped and the candy-striped sheets lay beside two pillows on the chiffonier. Except for that, things looked much the way they had in the bedroom — nightstand and reading lamp on his side of the bed, nightstand and reading lamp on her side.

His side, her side.

He considered this as he sipped the whiskey.

The chiffonier stood a few feet from the foot of the bed. He had emptied the drawers into cartons that morning, and the cartons were in the living room. A portable heater was next to the chiffonier. A rattan chair with a decorator pillow stood at the foot of the bed. The buffed aluminum kitchen set took up a part of the driveway. A yellow muslin cloth, much too large, a gift, covered the table and hung down over the sides. A potted fern was on the table, and a few feet away from this stood a sofa and chair and a floor lamp. The desk was pushed against the garage door. A few utensils were on the desk, along with a wall clock and two framed prints. There was also in the driveway a carton with cups, glasses, and plates, each object wrapped in newspaper. That morning he had cleared out the closets, and except for the three cartons in the living room, all the stuff was out of the home. He had run an extension cord on out there and everything was connected. Things worked, no different from how it was when they were inside.

Now and then a car slowed and people stared. But no one stopped. It occurred to him that he wouldn't, either.

[2]

"It must be a yard sale," the girl said to the boy.

This girl and this boy were furnishing a little apartment.

"Let's see what they want for the bed," the girl said.

"And for the TV," the boy said.

The boy pulled into the driveway and stopped in front of the kitchen table.

They got out of the car and began to examine things, the girl touching the muslin cloth, the boy plugging in the blender and turning the dial to MINCE, the girl picking up a chafing dish, the boy turning on the television set and making little adjustments.

He sat down on the sofa to watch. He lit a cigarette, looked around, flipped the match into the grass.

The girl sat on the bed. She pushed off her shoes and lay back. She thought she could see a star.

"Come here, Jack. Try this bed. Bring one of those pillows," she said.

"How is it?" he said.

"Try it," she said.

He looked around. The house was dark.

"I feel funny," he said. "Better see if anybody's home."

She bounced on the bed.

"Try it first," she said.

He lay down on the bed and put the pillow under his head.

"How does it feel?" she said.

"It feels firm," he said.

She turned on her side and put her hand to his face.

"Kiss me," she said.

"Let's get up," he said.

"Kiss me," she said.

She closed her eyes. She held him.

He said, "I'll see if anybody's home."

But he just sat up and stayed where he was, making believe he was watching the television.

Lights came on in the houses up and down the street.

"Wouldn't it be funny if," the girl said and grinned and didn't finish.

The boy laughed, but for no good reason. For no good reason, he switched the reading lamp on.

The girl brushed away a mosquito, whereupon the boy stood up and tucked in his shirt.

"I'll see if anybody's home," he said. "I don't think anybody's home. But if anybody is, I'll see what things are going for."

"Whatever they ask, offer ten dollars less. It's always a good idea," she said.

"And, besides, they must be desperate or something."

"It's a pretty good TV," the boy said.

"Ask them how much," the girl said.

[3]

The man came down the sidewalk with a sack from the market. He had sandwiches, beer, whiskey. He saw the car in the driveway and the girl on the bed. He saw the television set going and the boy on the porch.

"Hello," the man said to the girl. "You found the bed. That's good."

"Hello," the girl said, and got up. "I was just trying it out." She patted the bed. "It's a pretty good bed."

"It's a good bed," the man said, and put down the sack and took out the beer and the whiskey.

"We thought nobody was here," the boy said. "We're interested in the bed and maybe in the TV. Also maybe the desk. How much do you want for the bed?"

"I was thinking fifty dollars for the bed," the man said.

"Would you take forty?" the girl asked.

"I'll take forty," the man said.

He took a glass out of the carton. He took the newspaper off the glass. He broke the seal on the whiskey.

"How about the TV?" the boy said.

"Twenty-five."

"Would you take fifteen?" the girl said.

"Fifteen's okay. I could take fifteen," the man said.

The girl looked at the boy.

"You kids, you'll want a drink," the man said. "Glasses in that box. I'm going to sit down. I'm going to sit down on the sofa."

The man sat on the sofa, leaned back, and stared at the boy and the girl.

[4]

The boy found two glasses and poured whiskey.

"That's enough," the girl said. "I think I want water in mine."

She pulled out a chair and sat at the kitchen table.

"There's water in that spigot over there," the man said. "Turn on that spigot."

The boy came back with the watered whiskey. He cleared his throat and sat down at the kitchen table. He grinned. But he didn't drink anything from his glass.

The man gazed at the television. He finished his drink and started another. He reached to turn on the floor lamp. It was then that his cigarette dropped from his fingers and fell between the cushions.

The girl got up to help him find it.

"So what do you want?" the boy said to the girl.

The boy took out the checkbook and held it to his lips as if thinking.

"I want the desk," the girl said. "How much money is the desk?"

The man waved his hand at this preposterous question.

"Name a figure," he said.

He looked at them as they sat at the table. In the lamplight, there was something about their faces. It was nice or it was nasty. There was no telling.

[5]

"I'm going to turn off this TV and put on a record," the man said. "This recordplayer is going, too. Cheap. Make me an offer."

He poured more whiskey and opened a beer.

"Everything goes," said the man.

The girl held out her glass and the man poured.

"Thank you," she said. "You're very nice," she said.

"It goes to your head," the boy said. "I'm getting it in the head." He held up his glass and jiggled it.

The man finished his drink and poured another, and then he found the box with the records.

"Pick something," the man said to the girl, and he held the records out to her.

The boy was writing the check.

"Here," the girl said, picking something, picking anything, for she did not know the names on these labels. She got up from the table and sat down again. She did not want to sit still.

"I'm making it out to cash," the boy said.

"Sure," the man said.

They drank. They listened to the record. And then the man put on another.

Why don't you kids dance? he decided to say, and then he said it. "Why don't you dance?"

"I don't think so," the boy said.

"Go ahead," the man said. "It's my yard. You can dance if you want to."

Arms about each other, their bodies pressed together, the boy and the girl moved up and down the driveway. They were dancing. And when the record was over, they did it again, and when that one ended, the boy said. "I'm drunk."

The girl said, "You're not drunk."

"Well, I'm drunk," the boy said.

The man turned the record over and the boy said, "I am."

"Dance with me," the girl said to the boy and then to the man, and when the man stood up, she came to him with her arms wide open.

[6]

"Those people over there, they're watching," she said.

"It's okay," the man said. "It's my place," he said.

"Let them watch," the girl said.

"That's right," the man said. "They thought they'd seen everything over here. But they haven't seen this, have they?"

He felt her breath on his neck.

"I hope you like your bed," he said.

The girl closed and then opened her eyes. She pushed her face into the man's shoulder. She pulled the man closer.

"You must be desperate or something," she said.

[7]

Weeks later, she said: "The guy was about middle-aged. All his things right there in his yard. No lie. We got real pissed and danced. In the driveway. Oh, my God. Don't laugh. He played us these records. Look at this record-player. The old guy give it to us. And all these crappy records. Will you look at this shit?"

She kept talking. She told everyone. There was more to it, and she was trying to get it talked out. After a time, she quit trying.

작품분석

표면상으로 보면 이 단편의 구성은 매우 단순하다. 한 중년의 남자가 자신이 가지고 있던 대다수의 가구들을 앞마당에 내놓고 팔려고 한다. 이상하게도 이 남자는 가구의 배열을 집 안에 있을 때와 거의 똑같이 해 놓고 있다. 램프와 레코드판은 집 안에서처럼 여전히 작동하고 있다(저자인 카버는 왜 이 남자가 이렇게 하는지에 대해 단 한마디의 대답도 주지 않고 있다. 독자인 우리는 단지 추측할 뿐이다. 이 남자가 부인(또는 여성 파트너)과 더 이상 같이 살지 않는다는 것만을.)

한 젊은 커플(작가는 남자와 여자라고만 소개한다.)이 물건을 사러 들어온다. 이 커플은 침대 세트에 특히 관심을 가지게 되고, 심지어 그 침대 위에서 여자는 청년에게 키스해 달라는 등 이상야릇한 행위를 요구한다. 이러는 동안 집 주인은 위스키와 맥주를 들고나와 같이 마실 것을 청한다. 가격은 전혀 중요치 않은 듯 그 커플이 원하는 가격대로 주려고 한다.

이윽고 집주인은 전축을 틀고 그 커플에게 춤을 출 것을 권한다. 처음엔 거부하다 결국 춤을 추게 된다. 젊은 남자가 너무 많이 마셔 더 이상 춤을 출 수 없을 때, 그 집주인과 여성은 결국 같이 춤을 추게 되는데 여성은 그 중년 남자의 허리 힘껏 끌어당긴다.

몇 주가 지났을 무렵, 그 여성은 만나는 사람마다 붙잡고 그날 있었던 일을 계속 늘어놓는다. 하지만 거기에는 뭔가 더할 이야기가 있었다. 어느 순간이 되자 그것에 대해 이야기하는 것을 그만 둔다.

Exposition 발단

The story opens with a man drinking whiskey and staring out at a bunch of furniture that he's apparently left on his lawn. It seems that he has previously been living with his partner, and now that their time together is over, he's selling all of their things. While drinking a lot.

Rising Action 전개

A young couple is looking at the furniture all sprawled out on the lawn. The man who owns the house and the furniture comes home from a grocery trip to find them testing out all his stuff. He doesn't mind, though — he just offers them a drink and starts negotiating with them. He really likes whiskey.

Climax 절정

As the whiskey and beer keeps flowing, things take a bit of a turn and start to get weird. The older man turns on some music and suggests that the couple dance with each other.

Falling Action 하강

When the young man bows out of the dancing, the young girl starts swaying with the older man. She tells him that he must be desperate, but she's the one burrowing into his body while they dance. There's definitely something weird going on between the girl and the older man.

Resolution 결말

The story then jumps to the future, where the girl is trying to talk out exactly what happened during their encounter with the older man who was selling all his furniture. She plays it up like the guy was pathetic and desperate, but it seems like there was something else in the whole encounter that didn't sit right with her, and she is talking about it constantly to try to get at the truth of what was really going on there. As the narrator tells us, though, she ends up giving up.

이런 플롯을 통해 이 단편은 사랑과 인간관계에 대해 따뜻하고 상호 신뢰할 수 있는 것이 아님을 보여준다. 그 중년의 남성은 자신의 파트너를 잃은(그 이유를 우리 독자는 알 수 없다.) 후 고통과 정서적 격랑 속에서 살아가고 있다. 젊은 커플에 대해서도 우리는 그들이 잘 살아갈 수 있을지 확신할 수 없다. 왜냐면 그 여성은 그 중년 남성의 삶에 대한 "자포자기적 절박성"에 매력을 느끼게 되기 때문이다.

서로 다른 두 개의 관계(하나는 결혼 관계가 끝난 중년을; 다른 하나는 결혼 관계를 막 시작하려는 젊은 커플)를 스토리의 중심에 놓음으로써 사랑이란 종종 불행과 산뜻하지 않은 행위를 포함하는 것이란 점을 암시한다. 카버의 다른 많은 작품에서와 마찬가지로.

동시에 작품에 등장하는 사람들에 대해 우리는 아는 것이 거의 없고, 많은 부분이 애매모호하다. 작가인 카버는 우리에게 굳이 그것을 알려고 하지 말라고 하는 듯하다. 왜? 어차피 우리 인간은 타인의 삶에 대해 알 수가 없기에. 카버의 인생관이 이 짧은 단편에 고스란히 담겨있다. 타인은 타인에게 풀려지지 않은 수수께끼라고. 인간과 인간사이의 소통 불가능성. 이 인생관을 형식으로도 완성시킨 걸작이라 할 수 있다.

한글 번역

저랑 춤추실래요?

[1]

부엌에서 그는 또 한 잔 술을 따른 뒤, 앞마당에 내다 놓은 침실 가구 일체를 쳐다보았다. 매트리스는 널브러져 있었고, 줄무늬 시트들은 서랍장 위 두 개의 베개 옆에 떨어져 있었다. 그것만 제외하면 물건들은 침실 안에 있을 때와 별반 다르지 않아 보였다. 예를 들면 자신의 침대 옆에는 독서용 스탠드가, 그녀 쪽에 있던 침대용 탁자와 램프가 놓여 있는 것도 방 안에서와 매한가지였다.

내 자리, 그녀 자리…

그는 위스키를 조금씩 마시며 이 단어들을 골똘히 생각했다.

서랍장은 침대 발치에서 몇 피트 떨어진 곳에 서 있었다. 그는 그날 아침 서랍에 든 물건들을 모두 비워 상자 속에 넣어 두었다. 그 상자들은 지금 거실에 쌓여 있었다. 서랍장 옆에는 휴대용 난로가 놓여 있고, 침대 발치에는 장식용 쿠션이 얹힌 등나무 의자가 놓여 있었다. 부엌의 싱크대 세트는 진입로 한쪽 귀퉁이를 차지하고 있었고, 그 옆에 세워 놓은 식탁에는 누군가에게서 선물로 받은 노란 식탁보가 덮여있었다. 식탁 위에는 이끼가 자라고 있는 화분 하나와 은그릇 세트가 든 상자, 그리고 역시 선물로 받은 전축이 놓여 있었다. 캐비넷 형의 대형 텔레비전은 커피 테이블 위를 차지하고 있었고, 거기서 몇 발 떨어진 곳에는 소파와 의자, 그리고 거실용 램프가 놓여 있었다. 책상은 차고 문에 바짝 밀어붙여져 있었다. 그 위에도 가재도구 몇 가지와 벽시계, 액자 두 개가 놓여 있었다. 진입로에는 하나하나 신문지로 둘둘 싼 커피 잔과 유리컵, 쟁반이 든 상자가 놓여 있었다. 그날 아침 그는 벽장을 비워서 거실에 쌓여 있는 상자 세 개를 제외한 모든 살림살이를 집 밖으로 내다놓았다. 그러고 나서 가전제품은 모두 집안에서 전기 코드를 뽑아와 전원을 연결시켜 놓았기 때문에, 집 안에 있을 때와 조금도 다름없이 정상적으로 작동되고 있었다.

가끔씩 지나가던 자동차가 속도를 줄이고 집 마당을 들여다보기는 했지만, 아무도 멈춰 서지는 않았다. 그는 문득, 자기라도 마찬가지겠다는 생각이 들었다.

[2]

"야드 세일(개인 주택의 마당에서 사용하던 물건을 파는 것-주)을 하는 모양이야."라고 여자가 말했다.

그녀와 사내는 조그만 아파트를 구해서 가구를 채워 넣고 있는 중이었다.

"침대는 얼마나 달라고 하는지 물어 보자."라고 여자가 말했다.

"텔레비전도,"라고 사내가 대꾸했다.

식탁이 가로 막고 있는 진입로 앞에 사내는 차를 세웠다.

두 사람은 차에서 내려 물건들을 살펴보기 시작했다.

여자는 식탁보부터 만져 보았고, 사내는 믹서기를 만지작거리며 스위치를 '분쇄'라는 글자가 쓰인 곳으로 맞추어 보았다. 이어서 여자는 탁상 냄비를 집어 들었고, 사내는 텔레비전을 켜서 몇 가지 스위치를 조작해 보았다.

사내는 소파에 앉아 텔레비전을 보다가, 담배를 하나 피워 물고는 주위를 둘러보며 성냥을 잔디밭 위로 던졌다.

여자는 침대에 걸터앉았다. 이어서 신발을 벗더니 뒤로 벌렁 드러눕는 것이었다. 밤이 되면 이렇게 누워서 별도 볼 수 있겠다는 생각이 들었다.

"이리와 봐, 잭, 이 침대 좀 살펴보라구, 이왕이면 거기 베개도 가지고 오고."라고 그녀가 말했다.

"어때?"라고 사내가 물었다.

"자기도 누워 보라니까."

사내는 사방을 둘러보았다. 집 안은 불이 꺼져 어두웠다.

"좀 이상한 느낌이네."라고 사내가 말했다. "집 안에 누가 있는지부터 알아봐야겠어."

여자는 침대 위에서 엉덩이를 쿵쿵 굴러 보고 있었다.

"먼저 한 번 누워 봐."

사내는 침대에 누워 베개를 머리 뒤에 받쳤다.

"기분이 어때?"라고 여자가 물었다.

"튼튼한 것 같은데,"

여자는 옆으로 돌아누우며 한 손을 사내의 얼굴로 가져갔다.

"키스해 줘."라고 여자가 말했다.

"그만 일어나자."라고 사내가 말했다.

"키스해 달라니까."라고 여자가 말했다.

여자는 그를 꼭 붙잡은 채 눈을 감았다.

사내가 말했다. "집 안에 누가 있는지 알아봐야겠어."

골목 아래위의 집들에 불이 켜지기 시작했다.

"만약에... 재미있을 것 같은데" 여자는 그렇게 말하며 빙그레 웃었지만, 뭐가 재미있을 것 같다는 건지는 말하지 않았다.

사내는 특별한 이유도 없이 웃음을 터뜨렸다. 그리고는 역시 특별한 이유도 없이 독서용 스탠드를 켜 보았다.

여자가 손을 내저어 모기를 쫓았고, 그러는 동안 사내는 일어서서 셔츠 자락을 바지 속으로 여며 넣었다.

"누가 있는지 알아보고 올게"라고 사내가 말했다. "아무도 없을 것 같기는 하지만, 혹시 있을지도 모르잖아. 일단 가격부터 알아봐야 할 것 아냐."

"얼마를 부르건 간에, 일단 십달러를 깎고 보라구. 그 방법은 언제나 잘 통하거든."라고 여자가 말했다.

"게다가 어쩌면 무슨 사정이 있어서 헐값에라도 팔아치우려 할지도 모르잖아."

"텔레비전은 꽤 괜찮은 것 같은데."라고 사내가 말했다.

"얼만지나 물어 봐."

[3]

그는 봉지 하나를 들고 시장에서 돌아오고 있었다. 봉지 안에는 샌드위치와 맥주, 위스키가 들어 있었다. 그는 진입로에 차가 한 대 서 있는 것을 발견했고, 침대에는 여자가 누워 있는 것이 보였다. 둘러보니 텔레비전이 켜져 있었고, 현관 앞에는 새파랗게 젊은 청년이 서 있었다.

"안녕하시오."라고 그가 여자를 향해 인사를 건넸다. "침대가 마음에 들어요? 꽤 좋은 물건인데."
"안녕하세요."라고 여자가 침대에서 일어나며 말했다. "감이 어떤지 한 번 누워 본 참이었어요." 여자는 침대를 가볍게 두들겨 보았다.
"정말 괜찮은 침대 같아요."
"좋은 침대지." 그는 그렇게 말하고는 봉지를 내려놓고 맥주와 위스키를 꺼냈다.
"우린 아무도 안 계신 줄 알았어요."라고 청년이 말했다. "우린 이 침대에 관심이 있어서요. 텔레비전도 괜찮은 것 같구요. 책상도 쓸 만하더군요. 침대는 얼마에 파실 겁니까?"
"난 오십달러를 생각하고 있소."라고 그가 말했다.
"사십달러에 안될까요?"라고 여자가 물었다.
"그럼 그렇게 하지."
그는 상자에서 유리잔을 하나 꺼냈다. 잔을 싸고 있던 신문지를 벗겨낸 다음, 위스키 병을 땄다.
"텔레비전은 얼마죠?"라고 청년이 물었다.
"이십오달러."
"십오달러엔 안될까요?"라고 여자가 물었다.
"십오달러라, 좋지. 십오달러만 받겠소"
여자는 청년을 돌아보았다.
"자, 두 분도 한 잔씩 들어요."라고 그가 말했다. "저 상자 안에 잔이 있으니까. 난 저 소파에 좀 앉아야겠소." 그는 소파에 앉아 몸을 뒤로 기댄 채 청년과 여자를 바라보았다.

[4]

청년은 잔 두 개를 꺼내 위스키를 따랐다.
"됐어."라고 여자가 말했다. "난 물을 좀 탔으면 좋겠는데."
그녀는 의자를 하나 끌어다가 식탁 앞에 앉았다.
"저쪽에 수도꼭지가 있소,"라고 그가 말했다. "꼭지를 돌리면 물이 나올 거요."
청년이 여자의 위스키에 물을 섞어 왔다. 그는 헛기침을 한번 하고 식탁 위에 걸터앉으며 싱긋 미소를 지었다. 그러나 그는 자기 잔을 입으로 가져가지는 않았다.
남자는 텔레비전을 쳐다보고 있었다. 잔이 비자, 또 한 잔을 따랐다. 그리고는 손을 뻗어 거실용 램프를 켰다. 그때, 그가 들고 있던 담배가 미끄러져 떨어지며 쿠션 사이로 들어가 버렸다. 여자가 얼른 일어나서 그가 떨어뜨린 담배 찾는 것을 도와주었다.
"또 뭐 필요한 것 없어?"라고 청년이 여자를 향해 물었다.
청년은 수표책을 꺼내 골똘히 생각에 잠긴 표정으로 그걸 입술에 대고 있었다.
"책상도 사고 싶어."라고 여자가 말했다. "책상은 얼마죠?"
그는 손을 내저었다.
"알아서 불러 봐요."
그는 식탁에 앉아 있는 두 사람을 가만히 바라보았다. 램프 불빛 때문에 그들의 얼굴이 약간 이상하게 보였다. 좋아 보이기도 했고, 혹은 좀 천박해 보이기도 했다. 잠시 아무도 말이 없었다.

[5]

"텔레비전을 끄고 전축이나 한 번 켜 봐야겠군."라고 남자가 말했다. "이 전축도 팔 거요. 아주 싸게. 원하는 가격을 말해 봐요."
그는 위스키를 좀 더 따르고는 맥주도 땄다.
"여기 있는 건 모두 다 팔 거요."라고 그가 말했다.
그는 여자가 내민 잔에 맥주를 따라 주었다.
"고마워요."라고 그녀가 말했다. "정말 친절하시네요."
"많이 마시면 머리가 아플 텐데."라고 청년이 말했다. "난 벌써 골머리가 쑤시기 시작했어."라고 그는 자기 잔을 집어 들고 가볍게 흔들어 보며 그렇게 말했다.
남자는 잔을 비우고 또다시 한 잔을 따른 다음, 레코드가 든 상자를 찾아냈다.

"아무거나 골라 봐요." 그는 여자를 향해 그렇게 말하며 상자를 내밀었다.
청년은 수표에 금액을 적어넣고 있었다.
"이거요." 여자는 아무거나 손에 집히는 대로 레코드를 한 장 골랐다. 재킷에 쓰여 있는 가수의 이름은 그녀가 모르는 이름이었다. 그녀는 한 번 몸을 일으켰다가 도로 주저앉았다. 왠지 가만히 앉아 있을 수가 없었다.
"그건 현찰로 할게요."라고 청년이 말했다.
"좋지,"라고 남자가 대답했다.
그들은 술을 마시며 레코드를 들었다. 잠시 후 그는 다른 레코드를 틀었다.
당신들, 춤 한 번 추는 게 어떻소? 그는 그렇게 말해 볼까하고 생각했다. 그리고 그렇게 말했다. "춤 한 번 추는 게 어떻소?"
"글쎄요, 별로 그러고 싶지 않군요."라고 청년이 말했다.
"춰봐요."라고 남자가 말했다. "여긴 내 집 마당이오. 추고 싶으면 얼마든지 춰도 괜찮소."
네 개의 팔로 연결된 두 개의 몸뚱이가 진입로를 오르내렸다. 청년과 여자는 춤을 추기 시작한 것이다. 음악이 끝나자, 같은 곡을 다시 한번 틀었다. 그것마저 끝나자 청년이 말했다. "난 취했어."
여자가 말했다. "아냐, 안 취했어."
"글쎄, 취한 것 같은데."라고 청년이 말했다.
청년은 레코드를 뒤집어 끼우는 남자를 바라보며 말했다. "정말이야."
"더 추자."라고 여자는 청년을 향해 그렇게 말했다가, 이번에는 남자를 돌아보았다. 그가 천천히 몸을 일으키자, 그녀는 두 팔을 활짝 벌린 채 그에게로 다가갔다.

[6]

"저쪽에서 사람들이 보고 있어요."라고 여자가 말했다.
"괜찮소."라고 그가 대답했다. "여긴 내 집이니까."
"그래요, 보려면 보라지, 뭐."라고 여자가 말했다.
"괜찮다니까."라고 그가 말했다. "아마 그들은 여기서 일어난 일을 전부 다 봤다고 생각할 거요. 하지만 이런 장면은 못 봤을 거야, 그렇지 않소?"
그는 자신의 목덜미에 와닿는 여자의 숨결을 느꼈다.
"침대가 마음에 들었으면 좋겠군."라고 그가 말했다.
여자는 눈을 한 번 감았다 떴다. 그리고는 얼굴을 남자의 가슴에 묻었다. 그녀는 그의 허리를 힘껏 끌어당겼다.
"무슨 사정이 있는 모양이군요."라고 여자가 말했다.

[7]

몇 주가 지났을 무렵, 여자가 말했다. "그 아저씬 중년쯤 되어 보였어. 살림살이를 전부 다 마당에 내다 놓았더라구. 거짓말 아냐. 우리는 잔뜩 취해서 춤을 췄어. 마당에서 말야. 아, 맙소사. 웃지 마. 그 사람이 우리에게 이 레코드를 틀어 주었다구. 이 전축 좀 봐. 그 아저씨가 이걸 우리한테 주었어. 이 싸구려 레코드도 전부 다. 한 번 들어볼래?"
그녀는 만나는 사람마다 붙잡고 그런 이야기를 늘어놓았다. 그러나 거기에는 뭔가 더할 이야기가 있었다. 여자는 그때마다 그걸 이야기하려고 애썼다. 좀 더 시간이 지나자, 그녀는 이윽고 그런 시도를 포기했다.

02 인물(Character)

소설 속의 인물이 제기하는 문제들이란 구성과 동떨어진 것이 아니다. 따라서 독자들이 인물을 제대로 파악하기 위해서는 그가 일으킨 사건을 검토해서 평가를 내려야 한다. 즉, 인물과 사건 사이에, 나아가 인물과 구성 사이에 상호 밀접한 관계가 있는 것이다.

근본적으로 작품 속의 인물은 우리와 같은 실제 인물로서의 성격이나 인간성을 갖추어야 한다. 그러나 특수한 경우에는 어떤 등장인물이 다른 등장인물보다 특별해야 한다. 작가는 어떤 식으로 인물의 성격을 묘사해야 하는가? 인물 성격의 여러 가지 특징을 요약해서 묘사하는 직접적인 방법이 있을 수 있고, 또는 대화와 행위를 통해 극적으로 표현하는 방법도 있을 것이다. 어느 방법을 택하느냐는 작품을 쓰는 목적 및 작품의 규모나 범위에 따라 결정된다.

직접적인 성격 묘사 방법은 간단하고 전형적인 성격 묘사이며, 다소 형식적인 소재의 묘사를 단시간 내에 끝내는 데 아주 효과적이다. 인물의 성격 묘사에 직접적인 묘사 방법을 쓰고 있다면, 이는 작가가 독자에게 무엇을 느끼고 생각해야 하는지를 요구하는 것이며, 우리의 상상력이 힘을 발휘할 수 있는 장면을 제공하는 것은 아니다. 여기서 다룰 D. H. 로렌스(D. H. Lawrence)의 ≪차표 좀 봅시다 Tickets, Please≫라는 작품은 인물의 성격 묘사에 있어서의 진술 형식이나 인물의 동기에 대한 명시적 해설 방법이 때로 매우 효과적임을 입증해 준다.

비록 모든 주인공이 어느 정도 우리 모두를 대신 표현해주고 있더라도, 순수한 추상이나 인간성의 공통분모만을 나타내는 것을 소설로 받아들일 수는 없다. 인물에 대해 보다 깊이 관찰해 보면 누구나 복잡성과 특수성을 갖고 있음을 밝힐 수 있다. 위대하고 흥미를 끄는 인물은 사실 어떤 면에서는 독특하고 예측하기 어려운 존재이다. 3장의 주제(Theme)에서 다룰 윌리엄 포크너(William Faulkner)의 ≪에밀리에게 장미를 A Rose for Emily≫이라는 작품에서 작가는 우리에게 미쳤다 싶을 정도로 비정상적인 인물의 이야기를 들려주는데, 인간성에 관한 상당히 의미 있는 작품으로 볼 수 있다.

작가가 등장인물의 성격을 어떻게 묘사하느냐는 몇 가지 사항에 달려있음을 알 수 있다. 등장인물의 특징이나 사건을 요약해야 할 시기, 직접적인 묘사 장면, 인물의 감정을 대화나 행위를 통해 표현할 시기 등은 작품의 전반적인 목표나, 작품의 행위가 발단이 되어 복잡해지는 중간 과정을 거쳐 필연적인 결말에 이르게 되는 과정의 표현 방식에 달린 것이다. 인물 성격 묘사 방법 중 하나는 '인물들이 말하는 태도'의 묘사로서, 작가는 설득력을 갖추기 위해 인물들을 그들의 '성격에 맞게' 묘사하여야 하며, 독특한 방언이나 특별한 표현을 동원할 수 있다. 인물 요약이나 성격 묘사와 같은 간접화법은 빠르게 화제를 바꿀 수 있어서 소설 작품에서 나름대로 중요한 기능을 발휘한다.

소설에서 인물이 차지하는 비중은 대단히 크다. 그러므로 어떤 작품의 기본적인 패턴을 밝혀보려면 작품 속에 펼쳐지는 사건이 누구의 상황, 혹은 누구의 운명에 관한 것인가를 따져보는 것이 중요하다.

Eveline

James Joyce(1882-1941)

She sat at the window watching the evening invade the avenue. Her head was leaned against the window curtains and in her nostrils was the odour of dusty cretonne. She was tired.

Few people passed. The man out of the last house passed on his way home; she heard his footsteps clacking along the concrete pavement and afterwards crunching on the cinder path before the new red houses. One time there used to be a field there in which they used to play every evening with other people's children. Then a man from Belfast bought the field and built houses in it — not like their little brown houses but bright brick houses with shining roofs. The children of the avenue used to play together in that field — the Devines, the Waters, the Dunns, little Keogh the cripple, she and her brothers and sisters. Ernest, however, never played: he was too grown up. Her father used often to hunt them in out of the field with his blackthorn stick; but usually little Keogh used to keep nix and call out when he saw her father coming. Still they seemed to have been rather happy then. Her father was not so bad then; and besides, her mother was alive. That was a long time ago; she and her brothers and sisters were all grown up her mother was dead. Tizzie Dunn was dead, too, and the Waters had gone back to England. Everything changes. Now she was going to go away like the others, to leave her home.

Home! She looked round the room, reviewing all its familiar objects which she had dusted once a week for so many years, wondering where on earth all the dust came from. Perhaps she would never see again those familiar objects from which she had never dreamed of being divided. And yet during all those years she had never found out the name of the priest whose yellowing photograph hung on the wall above the broken harmonium beside the coloured print of the promises made to Blessed Margaret Mary Alacoque. He had been a school friend of her father. Whenever he showed the photograph to a visitor, her father used to pass it with a casual word: "He is in Melbourne now."

She had consented to go away, to leave her home. Was that wise? She tried to weigh each side of the question. In her home anyway she had shelter and food; she had those whom she had known all her life about her. Of course she had to work hard, both in the house and at business. What would they say of her in the Stores when they found out that she had run away with a fellow? Say she was a fool, perhaps; and her place would be filled up by advertisement. Miss Gavan would be glad. She had always had an edge on her, especially whenever there were people listening.

"Miss Hill, don't you see these ladies are waiting?"

"Look lively, Miss Hill, please."

She would not cry many tears at leaving the Stores.

But in her new home, in a distant unknown country, it would not be like that. Then she would be married — she, Eveline. People would treat her with respect then. She would not be treated as her mother had been. Even now, though she was over nineteen, she sometimes felt herself in danger of her father's violence. She knew it was that that had given her the palpitations. When they were growing up he had never gone for her like he used to go for Harry and Ernest, because she was a girl but latterly he had begun to threaten her and say what he would do to her only for her dead mother's sake. And no she had nobody to protect her. Ernest was dead and Harry, who was in the church decorating business, was nearly always down somewhere in the country. Besides, the invariable squabble for money on Saturday nights had begun to weary her unspeakably. She always gave her entire wages — seven shillings — and Harry always sent up what he could but the trouble was to get any money from her father. He said she used to squander the money, that she had no head, that he wasn't going to give her his hard-earned money to throw about the streets, and much more, for he was usually fairly bad on Saturday night. In the end he would give her the money and ask her had she any intention of buying Sunday's dinner. Then she had to rush out as quickly as she could and do her marketing, holding her black leather purse tightly in her hand as she elbowed her way through the crowds and returning home late under her load of provisions. She had hard work to keep the house together and to see that the two young children who had been left to hr charge went to school regularly and got their meals regularly. It was hard work — a hard life — but now that she was about to leave it she did not find it a wholly undesirable life.

She was about to explore another life with Frank. Frank was very kind, manly, open-hearted. She was to go away with him by the night-boat to be his wife and to live with him in Buenos Ayres where he had a home waiting for her. How well she remembered the first time she had seen him; he was lodging in a house on the main road where she used to visit. It seemed a few weeks ago. He was standing at the gate, his peaked cap pushed back on his head and his hair tumbled forward over a face of bronze. Then they had come to know each other. He used to meet her outside the Stores every evening and see her home. He took her to see The Bohemian Girl and she felt elated as she sat in an unaccustomed part of the theatre with him. He was awfully fond of music and sang a little. People knew that they were courting and, when he sang about the lass that loves a sailor, she always felt pleasantly confused. He used to call her Poppens out of fun. First of all it had been an excitement for her to have a fellow and then she had begun to like him. He had tales of distant countries. He had started as a deck boy at a pound a month on a ship of the Allan Line going out to Canada. He told her the names of the ships he had been on and the names of the different services. He had sailed through the Straits of Magellan and he told her stories of the terrible Patagonians. He had fallen on his feet in Buenos Ayres, he said, and had come over to the old country just for a holiday. Of course, her father had found out the affair and had forbidden her to have anything to say to him.

"I know these sailor chaps," he said.

One day he had quarrelled with Frank and after that she had to meet her lover secretly.

The evening deepened in the avenue. The white of two letters in her lap grew indistinct. One was to Harry; the other was to her father. Ernest had been her favourite but she liked Harry too. Her father was becoming old lately, she noticed; he would miss her. Sometimes he could be very nice. Not long before, when she had been laid up for a day, he had read her out a ghost story and made toast for her at the fire. Another day, when their mother was alive, they had all gone for a picnic to the Hill of Howth. She remembered her father putting on her mothers bonnet to make the children laugh.

Her time was running out but she continued to sit by the window, leaning her head against the window curtain, inhaling the odour of dusty cretonne. Down far in the avenue she could hear a street organ playing. She knew the air Strange that it should come that very night to remind her of the promise to her mother, her promise to keep the home together as long as she could. She remembered the last night of her mother's illness; she was again in the close dark room at the other side of the hall and outside she heard a melancholy air of Italy. The organ-player had been ordered to go away and given sixpence. She remembered her father strutting back into the sickroom saying:

"Damned Italians! coming over here!"

As she mused the pitiful vision of her mother's life laid its spell on the very quick of her being — that life of commonplace sacrifices closing in final craziness. She trembled as she heard again her mother's voice saying constantly with foolish insistence:

"Derevaun Seraun! Derevaun Seraun!"

She stood up in a sudden impulse of terror. Escape! She must escape! Frank would save her. He would give her life, perhaps love, too. But she wanted to live. Why should she be unhappy? She had a right to happiness. Frank would take her in his arms, fold her in his arms. He would save her.

She stood among the swaying crowd in the station at the North Wall. He held her hand and she knew that he was speaking to her, saying something about the passage over and over again. The station was full of soldiers with brown baggages. Through the wide doors of the sheds she caught a glimpse of the black mass of the boat, lying in beside the quay wall, with illumined portholes. She answered nothing. She felt her cheek pale and cold and, out of a maze of distress, she prayed to God to direct her, to show her what was her duty. The boat blew a long mournful whistle into the mist. If she went, tomorrow she would be on the sea with Frank, steaming towards Buenos Ayres. Their passage had been booked. Could she still draw back after all he had done for her? Her distress awoke a nausea in her body and she kept moving her lips in silent fervent prayer.

A bell clanged upon her heart. She felt him seize her hand:

"Come!"

All the seas of the world tumbled about her heart. He was drawing her into them: he would drown her. She gripped with both hands at the iron railing.

"Come!"

No! No! No! It was impossible. Her hands clutched the iron in frenzy. Amid the seas she sent a cry of anguish.

"Eveline! Evvy!"

He rushed beyond the barrier and called to her to follow. He was shouted at to go on but he still called to her. She set her white face to him, passive, like a helpless animal. Her eyes gave him no sign of love or farewell or recognition.

작가소개 James Joyce(1882–1941)

더블린 출생. 20세기 문학에 커다란 변혁을 초래한 작가이다. 예수회 계통의 학교에서 교육받고 유니버시티 칼리지를 졸업하였다. 그리스·라틴·프랑스·이탈리아·독일 등 각국어에 통달하였고, 일찍부터 입센, 셰익스피어, 단테, 엘리자베스왕조 시인, 플로베르 등의 작품을 탐독하였으며, 아리스토텔레스, T. 아퀴나스, 비코 등의 철학을 흡수하였다.

아일랜드의 문예부흥 기운에 반발하여 학교 졸업과 동시에 파리로 갔으며, 1904년 벌리츠 학원의 영어 교사로 러시아의 폴라, 이탈리아의 트리에스테 등지에서 살았다. 제1차 세계대전이 일어나자 취리히로 피난, 1920년부터 파리로 옮겨 새로운 문학의 핵심적 존재가 되어, 주변에 각국의 시인 작가들이 모여들었다. 제2차 세계대전 중 독일군의 침입을 받자 다시 취리히로 가던 도중 병으로 죽었다.

그는 고향 더블린을 버리고 37년간이나 망명인으로서 국외를 방랑하였다. 빈곤과 고독 속에서 눈병에 시달리면서, 전인미답의 문학작품을 계속 집필하였는데, 작품의 대부분이 아일랜드·더블린·더블린 사람을 대상으로 한 것이었다. 젊었을 때 한때 신문발행과 영화관 경영을 계획한 적도 있었지만 둘 다 성공하지 못하였다.

1907년 고전적 아취를 지닌 연애 시를 모은 시집 ≪실내악 Chamber Music≫을 발표하고, 1914년에는 단편집 ≪더블린 사람들 Dubliners≫을 출간하였다. 그 대부분은 이미 1905년경 이전 탈고로 발표된 것도 몇 가지 있었다. 그 후 1914~1916년에 ≪에고이스트≫ 지(誌)에 연재된 자서전적 요소가 많은 ≪젊은 예술가의 초상 A Portrait of the Artist as a Young Man≫(1917)은 '의식의 흐름'을 따른 참신한 심리묘사로 크게 주목받았다.

이어 3막의 희곡 ≪유인(流人)≫(1918)을 간행하는 한편, 1918년부터 ≪율리시스 Ulysses≫(1922) 일부를 미국의 잡지 ≪리틀 리뷰≫에 발표하여 풍기 상 유해하다는 이유로 고소당하기도 하였으나, 조이스라는 이색작가의 존재를 널리 세계에 알리는 기회가 되었다.

1922년 파리에서 대본업을 하던 미국인 여성 실비아 비치의 희생적 노력으로 ≪율리시스≫가 간행되자, 그의 명성은 더욱 높아졌다. 그의 작품에 대한 비평은 훼예포폄(毁譽褒貶)이 엇갈렸으나, 출중한 문학적 재능에는 한결같이 경탄을 금하지 못하였다. 뿐만 아니라 그의 작품은 독일어와 프랑스어로 번역되었고 연구 해설서도 잇달아 출간되었다.

마지막 작품 ≪피네간의 경야 Finnegan's Wake≫(1939)는 진일보한 실험적 작품으로서 ≪율리시스≫에서 사용된 '의식의 흐름'의 수법이 종횡으로 구사되었다. 오늘날의 소설은 매스컴에 용해되어 있으나, 조이스는 그것을 거부할 수 있었던 최후의 예술지상주의를 신봉하는 시인적 작가였다.

작품분석

작품의 주인공인 이블린은 19살의 여성으로 더블린에 살고 있다. 그녀는 어머니가 죽은 후 비참한 삶을 살고 있다. 집에서는 아버지에 의해서 학대당하고 사는 데 아무도 그녀를 도와주는 사람이 없다. 또한 직장에서도 상사와 소유주로부터도 감정적 학대를 당하고 있다. 그래서 그녀는 남자 친구인 프랭크와 부에노스 아이레스로 떠나려고 한다. 거기에선 자신에 대한 존중과 더 나은 삶을 얻을 수 있을 것이라는 생각과 함께.

그녀가 프랭크를 정거장에서 만난 뒤 배를 타기 위해 떠나려 할 때, 이블린은 갑자기 그녀가 그와 함께 떠날 수 없음을 결심한다. 왜냐하면 "세상의 바다"에 그가 그녀를 빠뜨리려 하기 때문이다. 하지만 이블린이 프랭크를 거부하는 것은 단순히 사랑의 거부라기보다는 집에서의 죽음과도 같은 삶에서 벗어나 해외에서의 새로운 생활에 대한 거부이기도 하다. 여기서 바다(물)는 — 도피의 실제적 수단이기도 하면서 동시에 새로움과 정서적 생성의 상징이기도 한데 — 이블린이 자신의 두려움과 용기 없음으로 인해 잃게 되는 모든 것을 여러 가지 측면으로 보여주는 기능을 한다. 그녀 마음속에서 요동치는 세상의 바다 속으로 뛰어들지 않음으로서 이블린은 과거와 의무, 죽음을 위하여 도피와 삶, 사랑을 포기한다.

많은 다른 ≪더블린 사람들≫에 있는 단편들처럼 〈이블린〉에서도 동쪽으로 가는 것은 새로운 삶과 연관되어 있다. 하지만 이블린에게 프랭크와 동쪽으로 배를 타고 가는 것은 새로운 더 나은 삶에 대한 약속인 그만큼 도피이기도 하다. 우리는 이 단편의 앞쪽에서 이블린이 "수동적이고 지쳐"있음을 알 수 있다. 그녀는 다른 이웃들처럼 동쪽으로 가고 싶어 한다. 그녀는 점점 그의 아버지의 폭력의 위험을 감지하고 있으며, 그녀가 버는 얼마 안 되는 모든 돈을 아버지께 빼앗겨 가며 두 동생을 돌봐야 한다. 그녀는 자신의 일생이 결국 자신의 어머니와 같이 끝나게 될 것이란 것을 감지하고 있으며, 그것을 극복할 유일한 원천이 프랭크와 도주하는 것이란 것도 느끼고 있다.

하지만, 두 양극단 — 불행하게 집에 남아있느냐, 아니면 결혼을 위해 프랭크와 아르헨티나로 도주하는 것 — 에서 찢겨져 고통을 당하지만, 문제는 이블린에게 그 어떠한 것도 완전한 만족을 줄 가능성은 없다. 그녀의 딜레마는 우유부단이라기보다는 오히려 그녀에게는 그 어떠한 만족스러운 옵션이 없다는 것에 있다. 그녀가 떠나기 위해 선택을 해야만 할 때, 그녀는 어머니에게 했던 약속, 즉 가족을 돌보겠다는 그 약속을 기억해낸다. 그러면서 많진 않았지만 행복했던 몇 가지 — 자기가 아팠을 때 아버지가 간호해 주던 일, 어머니가 죽기 전 가족들이 소풍을 간 일 등 — 를 기억하는데, 이 순간 그런 기억들이 아버지의 학대라든가 어려운 일들을 덮어버리고 그녀에게 epiphany의 순간, — 즉 가족들과 함께 있어야 한다는 깨달음 — 이 만들어진다. 결국 행복과 불행의 명백한 선택의 순간에서 이블린은 불행을 택한다. 그녀의 가족에 대한 끈질긴 의무감은 사랑에 대한 두려움과 해외에서의 삶에 대한 두려움에서 기인한다.

한글 번역

이블린

그녀는 창가에 앉아서 저녁 빛이 가로수 길에 스며드는 것을 바라보고 있었다. 그녀는 창문의 커튼에 머리를 기대고 있었는데, 그녀의 콧속으로는 먼지 낀 크레톤 천의 냄새가 배어들었다. 그녀는 피곤했다.

지나가는 사람도 별로 없었다. 맨 끝 집에 사는 사람이 자기 집을 향해 지나갔다. 콘크리트 포도 위를 걸어가는 그의 딱딱한 발소리가 그녀에게 들려왔고 다음에는 새로 지은 붉은 벽돌집들 앞의 석탄재를 깐 길을 밟는 발소리가 들려왔다. 전에는 거기가 빈터였었기 때문에 그들은 이웃집 아이들과 매일 저녁 거기서 뛰놀곤 했었다. 그러다가 벨파스트에서 온 사람이 그 땅을 사서 거기에 주택지대를 만들었다. 그 집들은 그들의 작은 갈색 주택들과 같은 것이 아니라, 번쩍이는 지붕을 가진 멋진 벽돌집들이었다. 거리의 아이들은 으레 그 빈터에서 놀았다. 디바인, 워터, 던 등 여러 집의 아이들, 절름발이 꼬마인 키오, 그리고 그녀의 남매들이었다. 그러나 어네스트는 함께 놀지 않았다. 그는 같이 놀기에는 너무 나이가 많았던 까닭이었다. 그녀의 아버지는 으레 자두나무 지팡이를 들고 그들을 쫓아 나와 집 안으로 잡아들였다. 그러나 으레 꼬마 키오가 망을 보고 있다가 그녀의 아버지가 나타나는 것을 보면 소리쳐 신호를 해주었다. 하지만 그래도 그 무렵엔 그들은 행복했던 편이었다. 그녀의 아버지도 그 무렵에는 그렇게 사납지 않았었고, 게다가 그녀의 어머니가 살아 있었다. 그 동안에 그녀네 남매들은 모두 장성했고, 그녀의 어머니는 세상을 떠났다. 티지 던은 죽었고, 워터네 집도 영국으로 돌아갔다. 세상만사가 변하지 않는 일이 없는 법이다. 이제 그녀도 남들처럼 집을 떠나 먼 곳으로 가려고 하고 있었다.

가정! 그녀는 방안을 둘러보며, 거기 늘어 놓인 모든 낯익은 것들을 다시 살펴보았다. 그 모두가 오랜 세월 동안 그녀가, 도대체 이 먼지가 어디서 이렇게 날아들어 오는가를 궁금해 하며, 일주일에 한 번씩 먼지를 털었던 것들이었다. 혹시 그녀는, 그것들과 헤어지리라고는 꿈에도 생각지 못했던, 그 낯익은 것들을 다시는 보지 못하게 될지도 몰랐다. 그러나 그렇게 여러 해 동안 보았으면서도 벽에 걸려 있는 노랗게 변색된 사진의 주인공인 신부의 이름이 무엇인지를 알아내지 못했다. 그 사진은 색깔을 넣어 인쇄된, 마르게릿 마리 알라코크 수녀를 두고 한 맹세의 글의 액자 옆쪽, 부서진 올갠 상부의 벽에 걸려 있었다. 그는 아버지의 학교 시절의 친구였다. 그녀의 아버지는 손님에게 사진을 보여 줄 때에도 이 사진에 대해서만은 '지금 멜로른에 살고 있다'는 무성의한 말만 하고 지나치기가 일쑤였다.

그녀는 집을 떠나 먼 고장으로 간다는 일에 이미 동의를 하고 난 후였다. 잘한 일이었을까? 그녀는 집을 떠나고 안 떠나는 일의 장단점을 견주어 보려고 애썼다. 떠나지 않는다면 어찌 됐든 살 곳과 먹을 것은 보장되어 있는 것이었다. 그리고 그녀가 세상에 나온 후 친숙해진 모든 사람들 가까이에서 살게 되는 것이었다. 물론 그녀는 집안에서나 직장에 나가서나 고되게 일해야만 했다. 그녀가 어떤 사내와 눈이 맞아 달아났다는 것을 그녀가 다니는 백화점에서 알게 되면 무어라고들 할 건가? 바보라고 할지도 몰랐다. 그리고 그녀의 자리는 광고를 내서 딴 사람을 채용하여 채워질 것이었다. 미스 개번은 오히려 잘했다고 할지도 몰랐다. 그녀는 항상 그녀에게 심하게 굴었었다. 특히 주변에 누가 듣는 사람들이 있을 때에는 더했다.

"미스 힐, 여기 숙녀들께서 기다리고 계신 걸 몰라?"

"생기 있는 표정을 지어요, 미스 힐, 제발."

그녀는 백화점을 떠난다는 일에 대해서는 별로 눈물 흘릴 일이 없었다.

그러나 미지의 먼 나라에서 그녀가 갖게 될 새 가정에서는 그런 일이 없을 것이었다. 그녀—이블린은, 결혼을 해 있게 될 것이었다. 사람들은 그녀를 경의를 가지고 대할 것이었다. 그녀는 그녀의 어머니가 받았던 것과 같은 대우는 받지 않을 것이었다. 열아홉 살이 넘은 지금에도 그녀는 때때로 아버지의 폭력의 위협을 느낄 때가 있었다. 그녀에게 유난히 가슴이 뛰는 증세를 가져다준 것은 바로 그것임을 그녀는 알고 있었다. 물론 자식들이 나이가 들면서부터는, 아버지는 그녀의 오빠들인 헤리나 어네스트에게 달려들듯이 그녀에게 달려들지는 않았는데, 그것은 말할 것도 없이 그녀가 딸이라는 이유 때문이었다. 하지만 근래에 와서는 그녀에게도 위협적인 행동을 취하기 시작했고, 자신이 그녀를 위해 그만큼 해주는 것도 순전히 저세상에 있는 그녀의 어머니를 생각해서라는 이야기도 했다. 그런데 그녀에게는 이젠 아무도 그녀를 두둔해 줄 사람도 없어지고 말았다. 어네스트는 죽었고, 교회 장식업에 종사하는 헤리는 거의 언제나 지방 출장으로 돌아다니고 있기 때문이었다. 거기에다 또, 매주 토요일 밤이면 꼭 있게 되는 돈 문제로 인한 언쟁이 말할 수 없이 그녀를 피곤하게 하기 시작하고 있었다. 그녀는 언제나 자신의 총수입—7실링이었다—을 내놓았고, 해리도 가능한 한 최대한의 액수를 송금해오곤 했다. 그런데 문제는 그녀의 아버지로부터 돈을 받아내는 일이었다. 그는 그녀가 돈을 헤프게 뿌리고 다닌다느니 계산 머리가 없다느니 하며, 애써서 번 돈을 길에다 버리라고 내줄 수는 없다고 버티기도 했는데, 그것은 특히 토요일 밤에는 그의 주머니 사정이 좋지 않았기 때문이었다. 나중에 가서 돈을 내놓기는 하면서도 그는 이 돈을 받으면 일요일 정찬이나 먹여줄 요량이 있느냐고 묻곤 했다. 그렇게 해서 돈을 받아 쥐게 되면 그녀는 곧장 뛰어나가 장을 봐와야만 했다. 그래 그녀는 검은 가죽 지갑을 단단히 움켜쥐고 팔굽으로 사람들을 헤치며 시장을 누비고 돌아다니다가 일주일 치 장을 해나가는 외에, 그녀에게 맡겨진 두 동생을 제대로 학교에 보내고 때를 거르지 않게 밥을 먹여야 하는 고된 책무가 주어져 있었다. 그것은 참으로 힘든 일이었고 고단한 생활이었다. 그러나 이제 막상 그런 책무를 벗어난다 생각하니, 그것도 전혀 바람직하지 못한 생활은 아니라는 생각이 들었다.

그녀는 프랭크와 함께 새로운 인생을 개척하려 하고 있었다. 프랭크는 매우 친절하고 남자답고 속이 트인 사람이었다. 그녀는 그의 아내가 되어 그와 함께 부에노스아이레스에서 살기 위하여, 그날 밤 배로 떠나기로 되어 있었다. 그는 이미 거기에 그들이 살 보금자리를 마련해 놓고 있었다. 그녀는 그를 처음 만났을 때 일을 소상히 기억하고 있었다. 그는 그녀가 잘 다니던 중앙로의 어떤 집에 묵고 있었다. 그것은 몇 주 전 밖에는 안 되는 일로 생각되었다. 그의 앞 챙이 있는 캡을 뒤로 재껴 써, 구릿빛 얼굴로 머리털이 쏟아져 내리고 있는 모습으로, 그 집 문간에 서 있었다. 그러다가 그들은 아는 사이가 되었다. 그는 매일 저녁 백화점 밖에서 기다리고 있다가 그녀를 만나 그녀를 집에까지 바래다주곤 했다. 그는 그녀를 〈방랑 소녀〉라는 가극에도 데리고 갔는데, 그때 그녀는 평상시에 앉아보지 못한 상등석에 앉아 매우 우쭐한 느낌을 느꼈다. 그는 음악을 몹시 좋아했고, 노래도 어지간히 했다. 사람들은 그들 둘이 연애를 하고 있음을 알았고, 그가 선원을 사랑하는 소녀에 관한 대목의 노래를 부를 때 그녀는 언제나 기분이 좋아 어쩔 줄 몰랐다. 그는 장난기를 섞어서 그녀를, 그 가극에 나오는 인물 이름을 따 포핀즈라고 부르곤 했다. 무엇보다 그녀에게 있어서 신이 났던 것은 자신에게도 남자 친구가 있다는 사실이었다. 그러고 나자 그녀는 그가 좋아지기 시작했다. 그는 먼 외국들에 관한 여러 가지 이야기를 알고 있었다. 그는 캐나다로 정기 취항하고 있는 앨런 라인 기선회사 소속의 한 배에서 한 달에 1파운드를 받는 갑판 청소부로부터 선원 생활을 시작했다고 했다. 그는 그 후로 자신이 탔던 여러 배의 이름들이며, 그때마다 자신이 맡았던 직책들 이름을 말해 주었다. 그는 마젤란 해협도 지나 보았다고 했고, 끔찍스런 파타고니아 사람들에 관한 이야기도 해주었다. 그러다가 그는 부에노스아이레스에서 자립하기에 이르렀고, 잠시 휴가를 즐기기 위해 고국에 돌아온 참이었다는 이야기를 해주었다. 물론 그녀의 아버지는 그들 사이의 일을 알아냈고, 그녀에게 둘 사이의 관계를 끊으라고 명령했다.

"그 따위 뱃놈들이 어떤 놈들인지를 내가 모르는 줄 아느냐?"라고 그는 말했다.

어느 날 그는 프랭크와 언쟁을 했다. 그 이후로 그녀는 남모르게 애인을 만나야만 했다.

거리에 어둠이 짙어갔다. 그녀의 무릎에 놓여 있는 두 장의 편지의 휩스름한 형태가 점점 더 불분명해져 갔다. 한 장은 해리에게 보내는 것이었고, 한 장은 아버지의 것이었다. 그녀는 누구보다 어네스트를 좋아했지만 해리도 좋아했다. 그녀의 아버지가 근래 부쩍 늙어가고 있음을 그녀는 알고 있었다. 그녀가 없으면 아쉬워할 것이었다. 때때로 그는 몹시 친절해지는 때도 있었다. 얼마 전에 그녀가 병이 나서 하루 몸져누워 잇을 때에는 곁에 앉아 유령 이야기를 읽어 주기도 했고, 토스트를 구워주기도 했다. 또 어느 날인가, 어머니가 살아 있을 때였는데, 일가족이 하우드산으로 피크닉을 간 적이 있었다. 그때 그녀의 아버지가 어머니의 보니트 모자를 쓰고 아이들을 웃겨 주던 일을 그녀는 역력히 기억하고 있었다.

이제 시간이 얼마 남지 않았다. 그러나 그녀는 창문 커튼에 머리를 기대고 먼지 낀 크레톤 천 냄새를 들이마시며 그냥 앉아 있었다. 가로수 길 아래쪽에서 거리의 자동 풍금 소리가 들려오기 시작했다. 그녀가 알고 있는 곡조였다. 하필이면 그날 밤, 그녀가 어머니에게 했던 약속 — 힘자라는 데까지 집안 살림을 해나겠다던 약속 — 이 마음속에 떠오른다는 것은 기이한 일이었다. 그녀는 어머니가 세상을 떠나기 전날 밤의 어머니의 마지막 영상에서의 모습을 잊을 수가 없었다. 그녀의 어머니는 다시 홀 맞은편의 협착하고 어두운 방에 옮겨져 있었다. 그때 그녀는 밖에서 들려오는 그 구슬픈 이탈리아의 곡조를 들었다. 그 걸인은 6펜스가 주어져 쫓겨 갔다. 그때 그녀의 아버지가 성난 걸음걸이로 병실로 돌아와 하던 말을 그녀는 기억하고 있었다.

"망할 놈의 이탈리아 놈들! 여기까지 오다니!"

그녀가 회상에 잠겨 있는 동안에 눈 앞에 펼쳐지는 가엾은 그녀의 어머니의 일생이, 그녀의 존재 자체의 핵심을 어떤 마법으로 사로잡는 듯함을 그녀는 느꼈다. 그것은 결국 광기로 끝나 버리고 만, 평범한 희생의 일생이었다. 그녀는 고집스러울 정도로 끊임없이 뇌까려대던 어머니의 목소리가 머릿속에서 다시금 들려오자 몸을 부르르 떨었다.

"데레바운 세라운! 데레바운 세라운!"

그녀는 갑자기 엄습하는 두려움에, 벌떡 몸을 일으켰다. 탈출! 그녀는 탈출해야 했다! 프랭크가 그녀를 구해줄 것이었다. 그가 그녀에게 삶을 줄 것이었고, 사랑까지도 줄 것이었다. 그러나 무엇보다도 그녀는 살고 싶었다. 불행하게 살 이유가 무엇인가? 그녀에게도 행복해질 권리는 있었다. 프랭크가 두 팔로 그녀를 받아줄 것이었다. 그리고 그 두 팔로 감싸 안아 줄 것이었다. 그가 그녀를 구해줄 것이었다.

그녀는 노드월 역의 술렁이는 인파 속에 섞여 서 있었다. 그가 그녀의 손을 잡고 있었다. 그리고 그가 이야기를 하고 있음을 그녀는 알고 있었다. 몇 번이나 되풀이되는, 바다를 건너가는 항해에 관한 무슨 이야기였다. 역은 갈색 가방을 든 군인들로 가득 차 있었다. 활짝 열려진 대합실 문을 통해서, 그녀는 거대한 검은 선체를 볼 수 있었다. 그것은 부두의 안벽에 계류되어 있었는데, 현창마다 불이 밝혀져 있었다. 그녀는 아무 대꾸도 하지 않았다. 그녀는 자기의 뺨이 핏기가 없고 싸늘하게 식어감을 느끼고 있었다. 그리고 머릿속을 어지럽히고 있는 슬픔 속에서, 그녀는 기도했다. 제 길을 인도해 주소서. 제 할 일을 가르쳐 주소서 하고. 기선이 안개 속을 향해 길고 구슬픈 기적 소리를 울려댔다. 그녀가 떠난다면, 내일이면 그녀는 프랭크와 함께 바다 위에서 부에노스아이레스로 가고 있을 것이다. 그들은 이미 출항자 명부에 등록까지 되었다. 그가 지금껏 그토록 그녀를 위해 진력해 주었는데, 이제 와서 그녀가 몸을 뺄 수가 있을까? 그녀의 슬픔이 그녀의 전신에 역겨움을 일깨워 놓고 있었다. 그래 그녀는 입술만을 움직이며 소리 없는 열렬한 기도를 계속하고 있었다.

갑자기 울려온 종소리가 그녀의 가슴을 철렁하게 했다. 그녀는 그가 자신의 손을 움켜쥐는 것을 느꼈다.

"가자!"

세상의 모든 바다가 그녀의 마음 주위에서 출렁거렸다. 그가 그녀를 그 바닷속으로 끌어들이고 있었다. 그는 그녀를 익사시킬 것만 같았다. 그녀는 두 손으로 쇄 난간을 움켜쥐었다.

"가자고!"

안 돼! 안 돼! 안 돼! 그럴 수가 없었다. 그녀의 두 손은 미친 듯이 쇠 난간을 움켜쥐고 놓지 않았다. 그 거센 파도 속에서 그녀는 괴로움에 못 이겨 길게 절규했다.

"이블린! 이블린!"

그는 방책 저 편으로 밀려가면서 어서 따라오라고 그녀에게 소리쳤다. 그러나 그는 여전히 그녀를 부르고 있었다. 그녀는 의지할 데 없는 하나의 동물처럼 꼼짝도 못하고, 그녀의 창백한 얼굴을 그에게 보이고 있을 뿐이었다. 그를 향하고 있는 그녀의 시선에는 사랑의 표시도, 석별의 정도 없었고, 그가 누구임을 알아보는 빛도 보이지 않았다.

03 주제(Theme)

주제에 대한 브룩스와 워런의 견해는 다음과 같다. 작품의 주제에 대해 아무런 관심도 갖지 않고 작품 속의 인물이나 행동에만 많은 시간을 소비할 수는 없다. 하나의 소설 작품의 주제는 단순히 그 작품의 스토리가 갖는 화제에 그치는 것은 아니다. 주제는 화제를 재료로 해서 만들어진다. 즉, 주제는 스토리의 전개 과정에서 화제에 대한 어떤 견해를 드러내는 것이다.

주제란 하나의 소설 작품이 스스로 자신을 쌓아 올려가며 도달하게 되는 그 무엇이다. 주제는 인물과 사건의 아이디어와 중요성, 그리고 그것들에 대한 해석이다. 또한 작품 전체를 통해서 주제화되는 삶의 보편적이고 통합적인 견해이기도 하다. 구성에 대해 논의할 때 지적한 대로 주제는 작품 속에 주어지는 인간의 경험을 바탕으로 독자가 찾아내야 하는 것이다. 그리고 그 주제는 직접적이든 간접적이든 늘 인간의 본성과 행위에 대해, 선과 악에 대해, 사실과 거짓에 대해 일정한 견해를 밝히고 있을 뿐만 아니라, 그 세계 속에서 인간이 어떠한 위치를 점하고 있는가에 대한 인식까지 주고 있는 것이다.

혹자는 소설이 실례를 들어 도덕적 설교를 한다고 비판할 수도 있고, 유쾌하고 가볍고 코믹한 이야기는 소설 작품으로서 자격이 없다고 생각할 수도 있을 것이다. 훌륭한 소설 작품을 읽다 보면 정도는 다르겠지만 작품이 주는 많은 것 중 어느 것에라도 몰두할 수 있게 된다. 그러나 마지막에 이르러 항상 남는 물음은 그것이 어떻게 귀결되는가 혹은 그것이 무엇을 뜻하는가이다. 우리가 그러한 관심을 느낄 수밖에 없는 이유 중의 하나는 모든 게 질서정연한 하나의 완성체로 남기를 바라는 마음 때문이다. 즉, 우리는 소설도 스스로 하나의 통일체로 발전해 가는 과정을 보고 싶어 하는 것이다. 우리는 소설 속에서도 인과관계의 논리, 동기의 논리, 주제의 논리를 요구하는데, 이는 주제의 도덕성을 의미하는 것이 아니라 구조적인 필연성을 뜻하는 것이다. 늘 실례에 의해서 하나의 아이디어가 주어지기는 하지만 차차 그 본질이 스스로 밝혀지게 됨을 우리는 알고 있다. 성공적인 작품에서 상상력은 당연한 권리로서 존재하는 세계와 인물과 사건을 창조해 낸다. 걸작의 경우에 사실성은 아주 강하며 우리가 움직일 수 없는 불변의 사실이라고 알고 있는 것들보다 더욱 가깝게 우리에게 다가온다. 이와 같은 독립적인 세계에서 우리는 점차 스스로 발전해 나가는 주제를 피부로 느끼게 되는 것이다. 그것은 우리 자신의 삶의 과정에 의해서 창조된 이미지이며 그러한 삶의 과정을 통해 우리는 경험으로부터 의미를 발견하게 되는 것이다. 코미디도 인생에 대한 하나의 견해임을 부정할 수 없다. 코믹한 스토리는 특정한 상반된 해석에서 출발하지만 주제의 구조적 중요성이나 인간적 가치에 대한 중요성을 인정하고 있다.

주제란 인간적 가치에 대한 견해인데 우리가 받아들일 수 없는 주제를 가진 작품은 어떻게 받아들여야 하는가? 우리는 친구나 동료를 생각하듯 작가를 생각하고, 우리가 찬성하지 않는 작가의 가치관을 이해해 보려고 노력할 수 있다. 또 작가가 우리에게 제공해 주는 다양하고 풍부한 경험을 이해하기 위해 필요한 만큼 상상력을 동원할 수도 있다. 그러한 노력을 통해 독단적인 견해를 수정할 수도 있다. 첫 눈에 그럴듯하게 보이지 않더라도 그 작품의 주제가 발전해 나가는 논리를 이해해 보려고 시도할 수 있는 것이다. 주제가 작품 전체를 통해 일관성 있게 발전해 간다는 가정하에, 경험으로부터 의미를 찾아내려는 위대한 인간적 노력을 발견하고, 또한 그에 가담하고 있다는 사실을 깨닫는 것을 공통분모라고 한다. 결국, 소설 작품은 우리의 삶의 과정의 이미지, 즉 우리 자신의 이미지를 보여주고 있는 것이다.

그리하여 우리는 소설의 유기적 통일체로서의 성격을 다시 생각해 보지 않을 수 없다. 즉, 일관성의 원리와 일치의 원리를 구별해야 한다. 주제가 반감을 불러일으키기 때문에 작품을 배척한다고 하면 그것은 작품이 일치의 원리를 결여하고 있는 것이다. 즉, 그러한 작품의 주제는 우리가 인생과 인간적 가치에 대해서 진리라고 믿고 있는 것과는 일치하지 않기 때문에 배척당하는 것이다. 그리고 스토리가 설득력이 없어서 배척한다고 하면 그것은 작품이 일관성의 원리를 결여하고 있음을 지적하는 셈이 된다. 즉, 작품이 자체적으로 조리가 없기 때문에 그 작품의 의미가 스토리 안의 경험에서 나오는 것이 아니라고 부인하게 되는 것이다. 소설 작품을 연구하면서 우리가 부딪치는 대부분의 문제는 이 일관성의 원리와 관계가 있다. 일관성의 원리는 우리에게 훌륭한 작품의 의미가 일반적이며 보편적이라는 생각을 갖게 해 준다. 어느 작품이고 유기적 통일성을 갖고 있을 때 모든 부분은 나름대로 중요한 의미를 갖게 되는 것이며 또한 전체적인 의미와 일정한 관계를 갖게 된다. 즉, 모든 부분은 전체의 의미를 형성하는 데 저마다 기여를 하는 것이다.

우리는 어떤 종류의 인물과 어떠한 세계가 작품 속에서 그려지고 있는지 볼 수 있다. 이러한 작업은 하나의 출발점으로서 가치를 지니고 있다. 왜냐하면 그러한 작업을 통해 작가의 관심사와 경험치를 알 수 있기 때문이다. 우리는 인물이 어떠한 문제에 봉착해 있는가 혹은 그들은 무엇과 중대한 이해관계를 맺고 있는가와 같은 질문을 제기할 수 있다. 또한 구성 패턴에 대해서도 생각해 볼 수 있고, 중요한 의미를 지니며 반복해서 나타나는 것이 과연 무엇인가를 살펴볼 수도 있다. 그리고 작품의 결말에 이르러 과연 그 결말은 작품의 전체와 비교하여 논리적인가, 또 그 결말은 어떠한 점에서 중요한 의미를 지니고 있는가를 반문해 볼 수 있다. 또한 작품의 어조에 대해서도 생각해 볼 수 있다. 코믹한가, 풍자적인가, 냉정하고 탐방기사적인 성격을 띠는가, 감상적인가 등에 관해서 생각해 볼 수 있는 것이다. 또한 우리는 작가가 부당하게 독자의 감정적 반응을 요구하고 있지는 않은지 살펴볼 수도 있다. 또 작가의 문체나 등장인물의 대사가 작품의 다른 요소와 조화를 이루고 있는가에 대해서 분석해 볼 수도 있다. 한마디로 우리는 스토리가 얼마나 완전하고 깊이 있게 일관성을 유지하고 있는가와 같은 질문을 던져볼 수 있다. 이러한 질문에 대한 해답을 찾아내는 과정에서 우리는 작품의 주제에 대해 정의를 내리고 이미 그 주제를 받아들이거나 거부해 버린 우리 자신을 발견하게 될 것이다.

다음의 두 가지를 명심하는 것이 필요하다. 첫째, 훌륭하다고 인정되는 작품의 주제가 그 작품 속에 주어진 경험으로부터 어떻게 발전해 나가는지 살펴보는 것이다. 이것은 바로 그 작품의 일관성을 검토해 보는 것을 뜻한다. 둘째, 그 주제가 발전해 나가는 방법을 찾아보는 것이다. 이는 주제가 작품 속에서 처리되는 과정에서 수정되거나 독특한 특성을 부여받는 방법을 알아봄을 뜻한다. 이러한 과정을 통하여 작품이 말하려고 하는 다소 특이하고 나름대로 독특한 점을 발견할 수 있다.

A Rose for Emily

William Faulkner(1897-1962)

[1]

When Miss Emily Grierson died, our whole town went to her funeral: the men through a sort of respectful affection for a fallen monument, the women mostly out of curiosity to see the inside of her house, which no one save an old manservant — a combined gardener and cook — had seen in at least ten years.

It was a big, squarish frame house that had once been white, decorated with cupolas and spires and scrolled balconies in the heavily lightsome style of the seventies, set on what had once been our most select street. But garages and cotton gins had encroached and obliterated even the august names of that neighborhood; only Miss Emily's house was left, lifting its stubborn and coquettish decay above the cotton wagons and the gasoline pumps — an eyesore among eyesores. And now Miss Emily had gone to join the representatives of those august names where they lay in the cedar — bemused cemetery among the ranked and anonymous graves of Union and Confederate soldiers who fell at the battle of Jefferson.

Alive, Miss Emily had been a tradition, a duty, and a care; a sort of hereditary obligation upon the town, dating from that day in 1894 when Colonel Sartoris, the mayor — he who fathered the edict that no Negro woman should appear on the streets without an apron — remitted her taxes, the dispensation dating from the death of her father on into perpetuity. Not that Miss Emily would have accepted charity. Colonel Sartoris invented an involved tale to the effect that Miss Emily's father had loaned money to the town, which the town, as a matter of business, preferred this way of repaying. Only a man of Colonel Sartoris' generation and thought could have invented it, and only a woman could have believed it.

When the next generation, with its more modern ideas, became mayors and aldermen, this arrangement created some little dissatisfaction. On the first of the year they mailed her a tax notice. February came, and there was no reply. They wrote her a formal letter, asking her to call at the sheriff's office at her convenience. A week later the mayor wrote her himself, offering to call or to send his car for her, and received in reply a note on paper of an archaic shape, in a thin, flowing calligraphy in faded ink, to the effect that she no longer went out at all. The tax notice was also enclosed, without comment.

They called a special meeting of the Board of Aldermen. A deputation waited upon her, knocked at the door through which no visitor had passed since she ceased giving china-painting lessons eight or ten years earlier. They were admitted by the old Negro into a dim hall from which a stairway mounted into still more shadow. It smelled of dust and disuse — a close, dank smell. The Negro led them into the parlor. It was furnished in heavy, leather-covered furniture. When the Negro opened the blinds of one window, they could see that the leather was cracked; and when they sat down, a faint dust rose sluggishly about their thighs, spinning with slow motes in the single sun-ray. On a tarnished gilt easel before the fireplace stood a crayon portrait of Miss Emily's father.

They rose when she entered — a small, fat woman in black, with a thin gold chain descending to her waist and vanishing into her belt, leaning on an ebony cane with a tarnished gold head. Her skeleton was small and spare; perhaps that was why what would have been merely plumpness in another was obesity in her. She looked bloated, like a body long submerged in motionless water, and of that pallid hue. Her eyes, lost in the fatty ridges of her face, looked like two small pieces of coal pressed into a lump of dough as they moved from one face to another while the visitors stated their errand.

She did not ask them to sit. She just stood in the door and listened quietly until the spokesman came to a stumbling halt. Then they could hear the invisible watch ticking at the end of the gold chain.

Her voice was dry and cold. "I have no taxes in Jefferson. Colonel Sartoris explained it to me. Perhaps one of you can gain access to the city records and satisfy yourselves."

"But we have. We are the city authorities, Miss Emily. Didn't you get a notice from the sheriff, signed by him?"

"I received a paper, yes," Miss Emily said. "Perhaps he considers himself the sheriff … I have no taxes in Jefferson."

"But there is nothing on the books to show that, you see. We must go by the …"

"See Colonel Sartoris. I have no taxes in Jefferson"

"But, Miss Emily —"

"See Colonel Sartoris." (Colonel Sartoris had been dead almost ten years.) "I have no taxes in Jefferson. Tobe!" The Negro appeared. "Show these gentlemen out."

So she vanquished them, horse and foot, just as she had vanquished their fathers thirty years before about the smell.

[2]

That was two years after her father's death and a short time after her sweetheart — the one we believed would marry her — had deserted her. After her father's death she went out very little; after her sweetheart went away, people hardly saw her at all. A few of the ladies had the temerity to call, but were not received, and the only sign of life about the place was the Negro man — a young man then — going in and out with a market basket.

"Just as if a man — any man — could keep a kitchen properly," the ladies said; so they were not surprised when the smell developed. It was another link between the gross, teeming world and the high and mighty Griersons.

A neighbor, a woman, complained to the mayor, Judge Stevens, eighty years old.

"But what will you have me do about it, madam?" he said.

"Why, send her word to stop it," the woman said. "Isn't there a law?"

"I'm sure that won't be necessary," Judge Stevens said. "It's probably just a snake or a rat that nigger of hers killed in the yard. I'll speak to him about it."

The next day he received two more complaints, one from a man who came in different deprecation. "We really must do something about it, Judge. I'd be the last one in the world to bother Miss Emily, but we've got to do something." That night the Board of Aldermen met — three graybeards and one younger man, a member of the rising generation.

"It's simple enough," he said. "Send her word to have her place cleaned up. Give her a certain time to do it in, and if she don't …"

"Dammit, sir," Judge Stevens said, "will you accuse a lady to her face of smelling bad?

So the next night, after midnight, four men crossed Miss Emily's lawn and slunk about the house like burglars, sniffing along the base of the brickwork and at the cellar openings while one of them performed a regular sowing motion with his hand out of a sack slung from his shoulder. They broke open the cellar door and sprinkled lime there, and in all the outbuildings. As they recrossed the lawn, a window that had been dark was lighted and Miss Emily sat in it, the light behind her, and her upright torso motionless as that of an idol. They crept quietly across the lawn and into the shadow of the locusts that lined the street. After a week or two the smell went away.

That was when people had begun to feel really sorry for her. People in our town, remembering how old lady Wyatt, her great-aunt, had gone completely crazy at last, believed that the Griersons held themselves a little too high for what they really were. None of the young men were quite good enough for Miss Emily and such. We had long thought of them as a tableau; Miss Emily a slender figure in white in the background, her father a spraddled silhouette in the foreground, his back to her and clutching a horsewhip, the two of them framed by the back-flung front door. So when she got to be thirty and was still single, we were not pleased exactly, but vindicated; even with insanity in the family she wouldn't have turned down all of her chances if they had really materialized.

When her father died, it got about that the house was all that was left to her; and in a way, people were glad. At last they could pity Miss Emily. Being left alone, and a pauper, she had become humanized. Now she too would know the old thrill and the old despair of a penny more or less.

The day after his death all the ladies prepared to call at the house and offer condolence and aid, as is our custom. Miss Emily met them at the door, dressed as usual and with no trace of grief on her face. She told them that her father was not dead. She did that for three days, with the ministers calling on her, and the doctors, trying to persuade her to let them dispose of the body. Just as they were about to resort to law and force, she broke down, and they buried her father quickly.

We did not say she was crazy then. We believed she had to do that. We remembered all the young men her father had driven away, and we knew that with nothing left, she would have to cling to that which had robbed her, as people will.

[3]

She was sick for a long time. When we saw here again, her hair was cut short, making her look like a girl, with a vague resemblance to those angels in colored church windows — sort of tragic and serene.

The town had just let the contracts for paving the sidewalks, and in the summer after her father's death they began to work. The construction company came with niggers and mules and machinery, and a foreman named Homer Barron, a Yankee — a big, dark, ready man, with a big voice and eyes lighter than his face. The little boys would follow in groups to hear him cuss the niggers, and the niggers singing in time to the rise and fall of picks. Pretty soon he knew everybody in town. Whenever you heard a lot of laughing anywhere about the square, Homer Barron would be in the center of the group. Presently we began to see him and Miss Emily on Sunday afternoons driving in the yellow-wheeled buggy and the matched team of bays from the livery stable.

At first we were glad that Miss Emily would have an interest, because the ladies all said, "Of course a Grierson would not think seriously of a Northerner, a day laborer." But there were still others, older people, who said that even grief could not cause a real lady to forget noblesse oblige — without calling it noblesse oblige. They just said, "Poor Emily. Her kinsfolk should come to her." She had some kin in Alabama; but years ago her father had fallen out with them over the estate of old lady Wyatt, the crazy woman, and there was no communication between the two families. They had not even been represented at the funeral.

And as soon as the old people said, "Poor Emily," the whispering began. "Do you suppose it's really so?" they said to one another. "Of course it is. What else could …" This behind their hands; rustling of craned silk and satin behind jalousies closed upon the sun of Sunday afternoon as the thin, swift clop-clop-clop of the matched team passed: "Poor Emily."

She carried her head high enough — even when we believed that she was fallen. It was as if she demanded more than ever the recognition of her dignity as the last Grierson; as if it had wanted that touch of earthiness to reaffirm her imperviousness. Like when she bought the rat poison, the arsenic. That was over a year after they had begun to say "Poor Emily," and while the two female cousins were visiting her.

"I want some poison," she said to the druggist. She was over thirty then, still a slight woman, though thinner than usual, with cold, haughty black eyes in a face the flesh of which was strained across the temples and about the eye sockets as you imagine a lighthouse —

keeper's face ought to look. "I want some poison," she said.

"Yes, Miss Emily. What kind? For rats and such? I'd recom—"

"I want the best you have. I don't care what kind."

The druggist named several. "They'll kill anything up to an elephant. But what you want is—"

"Arsenic," Miss Emily said. "Is that a good one?"

"Is … arsenic? Yes, ma'am. But what you want—"

"I want arsenic."

The druggist looked down at her. She looked back at him, erect, her face like a strained flag. "Why, of course," the druggist said. "If that's what you want. But the law requires you to tell what you are going to use it for."

Miss Emily just stared at him, her head tilted back in order to look him eye for eye, until he looked away and went and got the arsenic and wrapped it up. The Negro delivery boy brought her the package; the druggist didn't come back. When she opened the package at home there was written on the box, under skull and bones: "For rats."

[4]

So the next day we all said, "She will kill herself"; and we said it would be the best thing. When she had first begun to be seen with Homer Barron, we had said, "She will marry him." Then we said, "She will persuade him yet," because Homer himself had remarked—he liked men, and it was known that he drank with the younger men in the Elk's Club—that he was not a marrying man. Later we said, "Poor Emily," behind the jalousiers as they passed on Sunday afternoon in the glittering buggy, Miss Emily with her head high and Homer Barron with his hat cocked and a cigar in his teeth, reins and whip in a yellow glove.

Then some of the ladies began to say that it was a disgrace to the town and a bad example to the young people. The men did not want to interfere, but at last the ladies forced the Baptist minister—Miss Emily's people were Episcopal—to call upon her. He would never divulge what happened during that interview, but he refused to go back again. The next Sunday they again drove about the streets, and the following day the minister's wife wrote to Miss Emily's relations in Alabama.

So she had blood—kin under her roof again and we sat back to watch developments. At first nothing happened. Then we were sure that they were to be married. We learned that Miss Emily had been to the jeweler's and ordered a man's toilet set in silver, with the letters H. B. on each piece. Two days later we learned that she had bought a complete outfit of men's clothing, including a nightshirt, and we said. "They are married." We were really glad. We were glad because the two female cousins were even more Grierson than Miss Emily had ever been.

So we were not surprised when Homer Barron — the streets had been finished some time since — was gone. We were a little disappointed that there was not a public blowing-off, but we believed that he had gone on to prepare for Miss Emily's coming, or to give her a chance to get rid of the cousins. (By that time it was a cabal, and we were all Miss Emily's allies to help circumvent the cousins.) Sure enough, after another week they departed. And, as we had expected all along, within three days Homer Barron was back in town. A neighbor saw the Negro man admit him at the kitchen door at dusk one evening.

And that was the last we saw of Homer Barron. And of Miss Emily for some time. The Negro man went in and out with the market basket, but the front door remained closed. Now and then we would see her a window for a moment, as the men did that night when they sprinkled the lime, but for almost six months she did not appear on the streets. Then we knew that this was to be expected too; as if that quality of her father which had thwarted her woman's life so many times had been too virulent and too furious to die.

When we next saw Miss Emily, she had grown fat and her hair was turning gray. During the next few years it grew grayer and grayer until it attained an even pepper-and-salt iron-gray, when it cease turning. Up to the day of her death at seventy-four it was still the vigorous iron-gray, like the hair of an active man.

From that time on her front door remained closed, save for a period of six or seven years, when she was about forty, during which she gave lessons in china-painting. She fitted up a studio in one of the downstairs rooms, where the daughters and granddaughters of Colonel Sartoris' contemporaries were sent to her with the same regularity and in the same spirit that they were sent to church on Sundays with a twenty-five-cent piece for the collection plate. Meanwhile her taxes had been remitted.

Then the newer generation became the backbone and the spirit of the town, and the painting pupils grew up and fell away and did not send their children to her with boxes of color and tedious brushes and pictures cut from the ladies' magazines. The front door closed upon the last one and remained closed for good. When the town got free postal delivery, Miss Emily alone refused to let them fasten the metal numbers above her door and attach a mailbox to it. She would not listen to them.

Daily, monthly, yearly we watched the Negro grow grayer and more stooped, going in and out with the market basket. Each December we sent her a tax notice, which would be returned by the post office a week later, unclaimed. Now and then we would see her in one of the downstairs windows — she had evidently shut up the top floor of the house — like the carven torso of an idol in a niche, looking or not looking at us, we could never tell which. Thus she passed from generation to generation — dear, inescapable, impervious, tranquil, and perverse.

And so she dies. Fell ill in the house filled with dust and shadows, with only a doddering Negro man to wait on her. We did not even know she was sick; we had long since given up trying to get any information from the Negro. He talked to no one, probably not even to her, for his voice had grown harsh and rusty, as if from disuse.

She died in one of the downstairs rooms, in a heavy walnut bed with a curtain, her gray head propped on a pillow yellow and moldy with age and lack of sunlight.

[5]

The Negro met the first of the ladies at the front door and let them in with their hushed, sibilant voices and their quick, curious glances, and then he disappeared. He walked right through the house and out the back and was not seen again.

The two female cousins came at once. They held the funeral on the second day, with the town coming to look at Miss Emily beneath a mass of bought flowers, with the crayon face of her father musing profoundly above the bier and the ladies sibilant and macabre, and the very old men — some in their brushed Confederate uniforms — on the porch and the lawn, talking of Miss Emily as if she had been a contemporary of theirs, believing that they had danced with her and courted her perhaps, confusing time with its mathematical progression, as the old do, to whom all the past is not a diminishing road, but, instead, a huge meadow which no winter ever quite touches, divided from them now by the narrow bottleneck of the most recent decade of years.

Already we knew that there was one room in that region above stairs which no one had seen in forty years, and which would have to be forced. They waited until Miss Emily was decently in the ground before they opened it.

The violence of breaking down the door seemed to fill this room with pervading dust. A thin, acid pall as of the tomb seemed to lie everywhere upon this room decked and furnished as for a bridal: upon the valance curtains of faded rose color, upon the rose-shaded lights, upon the dressing table, upon the delicate array of crystal and the man's toilet things backed with tarnished silver, silver so tarnished that the monogram was obscured. Among them lay a collar and tie, as if they had just been removed, which, lifted, lift upon the surface a pale crescent in the dust. Upon a chair hung the suit, carefully folded; beneath it the two mute shoes and the discarded socks.

The man himself lay in the bed.

For a long while we just stood there, looking down at the profound and fleshless grin. The body had apparently once lain in the attitude of an embrace, but now the long sleep that outlasts love, that conquers even the grimace of love, had cuckolded him. What was left of him, rotted beneath what was left of the nightshirt, had become inextricable from the bed in which he lay; and upon him and upon the pillow beside him lay that even coating of the patient and biding dust.

Then we noticed that in the second pillow was the indentation of a head. One of us lifted something from it, and leaning forward, that faint and invisible dust dry and acrid in the nostrils, we saw a long strand of iron-gray hair.

작가소개 William Faulkner(1897–1962)

1897년 9월 2일 미시시피주의 뉴올버니에서 출생하였다. 1949년도 노벨문학상 수상자이며, 두 차례 퓰리처상을 받았다. 미국 남부의 명문가에서 태어나 어릴 적에 근처인 옥스퍼드로 옮겨 그의 생애의 태반을 이곳에서 보냈다. 어려서부터 글을 좋아하여 고교 시절 시집을 탐독하고 스스로 시작을 시도하였으나 고교를 중퇴하였다.

제1차 세계대전이 일어나자 지원해서 캐나다의 영국공군에 입대하였고, 제대 후 퇴역군인의 특혜로 미시시피대학교에 입학하여 교내 정기간행물에 시를 계속해서 발표하였다.

1920년 대학도 중퇴하고 곧 고향으로 돌아와, 1924년 친구의 도움으로 처녀시집 ≪대리석의 목신상(牧神像) The Marble Faun≫을 출판하였다.

그 후 소설을 쓰기 시작하여, 1926년 전쟁으로 폐인이 된 한 공군 장교를 주인공으로 한 첫 작품 ≪병사의 보수 Soldier's Pay≫를 발표하고, 1927년 풍자소설 ≪모기 Mosquitoes≫, 1929년 남부 귀족 사토리스 일가(一家)의 이야기를 쓴 ≪사토리스 Sartoris≫를 발표하였다.

이어 1929년 또 다른 남부 귀족 출신인 콤프슨 일가의 몰락하는 모습을 그린 문제작 ≪음향과 분노 The Sound and the Fury≫를 발표하여 일부 평론가의 주목을 끌었다.

다시 1930년 가난한 백인 농부 아내의 죽음을 다룬 ≪임종의 자리에 누워서 As I Lay Dying≫, 1931년 한 여대생이 성불구자에게 능욕당하는 사건을 둘러싸고 살인사건이 벌어지는 작품 ≪성역(聖域) Sanctuary≫(1931)을 발표하여 일반 독자에게도 이름이 알려지게 되었다.

그 후 ≪8월의 햇빛 Light in August≫(1932), ≪압살롬, 압살롬 Absalom, Absalom!≫(1936), ≪야성의 종려(棕櫚) The Wild Palms≫(1939), ≪마을≫, ≪무덤의 침입자 Intruder in the Dust≫(1948), ≪우화(寓話) A Fable≫(1954, 퓰리처상 수상), ≪읍내(邑內) The Town≫(1957), ≪저택(邸宅) The Mansion≫(1959), 그리고 유머를 특색으로 하는 ≪자동차 도둑≫(1962, 퓰리처상 수상) 등 장편소설을 계속해서 발표하였다.

이 밖에도 중편과 단편도 상당히 써서 ≪곰 The Bear≫을 비롯한 몇 권의 단편집도 펴냈다.

이상의 여러 작품을 통해서 포크너는 미국 남부 사회의 변천해온 모습을 연대기적으로 묘사하였다. 이를 위해 그는 '요크나파토파군(Yoknapatawpha 郡)'이라는 가공적인 지역을 설정하고 그 곳을 무대로 해서 19세기 초부터 20세기의 1940년대에 걸친 시대적 변천과, 남부 사회를 형성하는 것으로 생각되는 대표적인 인물들을 등장시켜 한결같이 배덕적(背德的)이며 부도덕한 남부 상류사회의 사회상(社會相)을 고발하였다.

이것은 결국 인간에 대한 신뢰와 휴머니즘의 역설적 표현을 통해 인간의 보편적인 모습을 규명하려는 그의 의지의 발현(發現)이라 할 수 있다.

작품분석

기본적으로 이 단편은 공포의 서사이다. 독자는 쓰러져 가는 오래된 저택 속에서 세상으로부터 격리된 주인공이 습기 찬 벽면으로 둘러싸인 어둠 속에서 자라는 어떤 균류처럼 기괴한 존재로 변해 가는 과정을 접하게 된다. 미스 에밀리 그리어슨은 스스로 정상적인 일들이 벌어지는 보통 인간 세계의 소란과 먼지와 햇빛에서 격리되어, 어떤 내면적인 강박 의식의 사슬에 묶인 채 외롭게 살아간다. 그리고 그녀의 저택 위층에 있는 방안에서 사람들이 발견한 것은 섬뜩한 공포감을 안겨 주고도 남는다.

이 공포감은 오로지 독자들에게 공포심을 안겨 주려고 조성된 것인가? 아니면 왜 작가는 그토록 많은 기괴한 것들을 스토리 속으로 삽입시키려 애를 썼을까? 바꾸어 묻는다면, 이 공포감은 포크너 작품의 주제에 어떤 기여를 하고 있는가? 이 공포심은 그 자체에 의미를 지니고 있는가?

이 질문에 맞는 해답을 구하기 위해서 우리는 스토리의 앞부분에 나오는 몇 가지 이야기를 주의 깊게 살펴볼 필요가 있다. 우선 에밀리가 기괴한 행위를 저지르는 이유는 과연 무엇인가? 그녀의 행위에는 알맞은 동기가 부여되어 있는가? 우리는 포크너가 스토리의 종결 부분을 위해서 세심한 준비를 해 두었음을 알 수 있을 것이다. 스토리의 앞부분에 이미 에밀리는 현실과 환상을 명확하게 구별할 줄 모르는 사람이라는 점이 드러나 있다. 예를 들어 그녀는 세금을 내야 할 의무가 있음을 인정하지 않는다. 대신 그녀는 시의회 의원들에게, 독자가 이미 읽어 알고 있듯이, 거의 10년 전에 죽어 버린 사아토리스 대령을 만나 따져 보라고 말한다. 에밀리는 분명 사아토리스 대령이 아직도 살아 있다고 믿었던 것이다. 작품의 종결 부분을 위해 작가 윌리엄 포크너가 세심하게 준비해 두었다는 것을 증명하는 또 다른 예는 그녀의 아버지가 죽지 않았다고 주장하는 장면에서 나타난다. 사람들이 어쩔 수 없이 법과 완력으로 일을 처리하려고 하자 그녀는 주저앉아 울음을 터뜨리고 사람들은 재빨리 그녀의 아버지를 매장해 버렸다.

에밀리가 병적인 존재였다는 점은 분명하다. 화자는 마을 사람들이 그녀가 미쳤다고 믿고 있었음을 충분하게 시사해 주고 있다. 이 모든 설명으로 우리는 에밀리가 그녀의 애인을 놓치지 않으려고 저지른 행위를 맞이할 준비를 할 수 있게 되는 것이다. 그녀에게 죽은 애인은 어떤 점에서는 아직 살아 있었다. 현실과 환상의 교차가 한꺼번에 일어나는 장면인 것이다. 그러나 그렇다고 해서 우리가 스토리의 타당성을 인정할 준비가 다 되어 있는 것은 아니다. 만일 포크너가 단지 비정상적인 한 인간의 심리를 담은 병력을 전달하는 것에만 관심이 있었다면, 우리는 '임상 보고서'의 문제를 제기해서 이 스토리를 하나의 작품으로서의 의미와 타당성을 결여하여 그 자격을 갖추고 있지 못하다고 말할 수도 있다. 만일 어떤 스토리가 타당성을 갖고 있다고 인정될 수 있으려면, 그 스토리 속에는 도덕적인 의미 — 단지 심리학적인 견지에서 끝나는 것이 아니라 도덕적인 견지에서 의미가 있다고 보는 — 가 존재하고 있어야 하기 때문이다.

한마디 덧붙이면, 이 작품은 오로지 독자의 흥미를 자극하기 위하여 쓰인 끔찍스러운 병력으로 잘못 이해되기 쉽다. 포크너는 종종 그의 작품 속에서 단지 그런 효과만을 노리고 있는 것으로 비난을 받기도 한다.

따라서 환상과 현실, 삶과 죽음 사이의 구별이 불확실하다는 점은 에밀리의 행위의 동기를 설명하는 데에 약간의 기여를 하고 있다는 점에서 나름대로 중요한 뜻을 갖고는 있지만, 단지 이러한 불확실성에 주목하는 것으로서는 스토리의 주제를 충분히 설명할 수 없다.

그리고 또한 다음과 같은 질문으로 에밀리의 행위의 동기에 접근할 수도 있을 것이다. 에밀리는 과연 어떤 여자였는가? 그녀의 성격이 그렇게 변하게 된 주된 이유는 무엇인가? 그녀가 환상과 현실을 명확하게 구별할 능력을 결여하고 있는 주된 요인은 무엇인가? 분명히 그녀는 무서울 정도로 대단한 의지력의 소유자였다. 광기가 있는 여자이기는 했어도 세금 문제에서 그녀는 전혀 당황해하지 않았다. 그녀는 극도의 침착성을 보여 주었다. 그녀는 자신을 찾아온 위원회 의원들을 압도함으로써, 오히려 그들이 겁을 집어먹게 만들었다. 자기의 입장을 고수하는 데 있어서 그녀는 의회 의원들보다 한 수 위에 있었다. 극약을 사러 약사를 찾아간 장면에서도 그녀는 약사의 기를 완전히 꺾어 놓고 말았다. 그녀는 허식을 보이지 않았다. 약사의 요구에도 불구하고 그녀는 극약의 용도를 밝히지 않았다. 그러나 그녀의 이러한 굳은 의지력과 무쇠 같은 자만심도 그녀가 좌절하고 마음의 상처를 입는 것을 막아 주지 못했다. 그녀의 아버지는 그녀를 만나러 찾아온 젊은이들을 모두 쫓아버렸다. 해설자는 그녀의 아버지와 그녀를 하나의 그림 속으로 집어넣고 있었다. "하얀 옷을 입은 가냘픈 에밀리는 뒤에 서 있고, 그녀의 아버지는 그녀 앞에서 말채찍을 움켜쥐고 다리를 벌린 채 서 있는 모습의 실루엣으로 보이는, 그리고 두 사람 모두 활짝 열린 현관의 문틀로 테를 두른 그림 속의 모습으로 우리는 오랫동안 생각했다." 이 그림이 실제 기억 속에 살아 있는 그림이든, 아니면 단지 상징적인 이미지이든 간에, 이것은 해설자의 마음속에 살아 있는 그림인 것이다.

우리는 그녀의 자만심이 여론에 대한 그녀의 경멸감과 연결되어 있음을 시사했다. 물론 그녀의 자만심은 사람들이 그녀보다 못하다고 믿었던 십장과 함께 마차를 타고 시내에 나타나는 장면에 이르러 두드러지게 나타난다. 그리고 그녀가 끝에 가서 애인이 떠날 수 없도록 만들 수 있었던 것은 형식적인 규율이나 관습, 혹은 그녀 자신의 의지와는 상반되는 다른 사람들의 의지를 냉소에 붙일 수 있었던 그녀의 오만이 마음속에 존재하고 있기 때문이었다. 애인이 그녀를 차버리려는 문제에 직면하자 그녀는 그의 의지, 그리고 다른 사람들의 의지는 고사하고 죽음의 법칙까지 무시하며 함께 파멸의 늪에 빠지는 결과를 낳고 만다.

그러나 이러한 것들도 스토리의 의미를 충분히 설명해 주지 못한다. 왜냐하면 지금껏 이야기해 온 것을 통해 우리는 겨우 하나의 심리적 이상 상태를 설명한 것에 불과했기 때문이다. 아직 비정상적인 병력을 다루는 것으로부터 벗어나지 못했기 때문이다. 이 스토리 속의 어떤 사례가 의미 깊은 것으로 다루어질 수 있으려면, 우리는 에밀리의 생각과 행동을 지역 사회의 정상적인 생활과 연결시켜, 그들 사이의 모종의 관계를 밝혀 두어야 할 것이다. 그리고 이러한 작업을 위해서 우리는 스토리의 전개 과정에서 한 가지 두드러진 단서가 있음을 발견할 수 있다. 바로 이 스토리는 마을 사람들 중의 한 사람에 의해서 전달되고 있다는 사실이 그 단서가 되는 것이다. 그리고 이 해설자의 진술 속에는 늘 마을 사람들이 에밀리를 어떻게 생각하고 있었는지를 밝혀 주고 있다. 스토리 전반에 걸쳐서, '우리'가 무슨 말을 했고, '우리'가 무슨 행동을 했으며, '우리'에게 진실처럼 느껴진 것이 무엇이었든가 하는 점들이 반복해서 등장하고 있다. 해설자는 다른 사람들보다 더 날카로운 상상력으로 상황을 설명해 나간다. 그는 에밀리가 마을 사람들에게 '귀엽고, 달아날 길이 없고, 무감각하고, 평온하고, 고집스럽게' 보였다고 말하고 있다. 이 형용사들은 각기 중요한 의미들을 내포하고 있다. 어떤 점에서 에밀리는 그녀의 고집과 고립이라는 사실 때문에 전체 지역 사회에 소속되어 있다. 지역 사회는 그녀를 소중하게 여기기까지 한다. 아이러니컬하게도, 에밀리가 관습으로부터 독립하여 귀족적인 생활을 하는 것이 어떤 것인지 왜곡하고, 사람들의 의지를 경멸함으로써 그녀의 생활은 오히려 마을 사람들의 관심의 대상이 되고, 공공성을 띠기까지 한다. 그리고 해설자는 그녀의 입장을 바라보는 견해를 뒷받침하기 위해 여러 가지 다양한 문구를 동원하고 있다. 그 예로, 그녀의 얼굴은 '우리가 상식적으로 그려볼 수 있는 등대지기의 얼굴처럼' 보인다는 문구를 들 수가 있다. 자신이 밝힌 불빛이 공공의 기능에 기여하는 등대지기가 홀로 고립된 생활을 영위하면서 어둠 속을 내다보는 것처럼, 그녀도 이와 비슷하게 보였던 것이다. 또 그녀는 아버지가 죽고 난 후 얼마 동안 앓다가 다시 사람들에게 모습을 보인 적이 있었는데, 그때 그녀는 "마치 교회 창문의 스테인드글라스에 그려진 천사처럼, 약간은 비애에 젖은 소녀 같았다."고 말하고 있다. 이러한 묘사를 우리가 어떻게 이해하든지 간에 작가는 확실히 천사들이나 지닐 법한 탈속적이며 신비롭고 '이 세상의 것이 아닌' 일종의 평온과 위엄을 시사 하려고 애를 쓰고 있다.

그렇다면 에밀리는 마을 사람들에게 우상과 제물이라는 두 가지 의미로 받아들여진 것이다. 한편 마을 사람들은 에밀리에 대해 애정을 느끼기도 했다. 그녀는 지역 사회가 자랑스럽게 여기던 과거 속의 그 무엇인가를 상징한 것으로 시사되고 있다. 그들은 그녀에게 일종의 경외감을 느끼기도 했다. 그녀의 앞에서 시장과 시의원들이 취한 행동이 그 점을 설명해 주고 있다. 다른 한편으로, 그녀가 보통의 일상생활에서는 마을 사람들과 경쟁을 할 수 없었다는 사실, 그리고 그녀가 현대적인 생활과는 절망적으로 단절되어 있다는 사실 등, 그녀의 기묘한 모습을 보여 주는 이러한 사실들은 마을 사람들로 하여금 그녀에 대해서 우월감을 갖도록 해 주고, 또한 그녀가 상징하는 과거에 대해서도 미련을 버릴 수 있도록 해 준다. 그렇다면 그녀의 행위가 지역 사회에 대하여 특별한 의미를 가질 수 있도록 해 주는 것은 바로 그녀의 완벽한 초연성이라고 할 수 있을 것이다.

에밀리는 스스로 귀족이라고 믿었고 다른 사람들과는 비교할 수 없도록 우월하다고 믿었기 때문에 그리고 그녀의 행동은 다른 사람들의 행동 규범 위에 존재하고, 또한 그 행동 규범에 구애를 받지 않기 때문에 동시에 다른 사람들보다 열등한 위치에 있을 수 있다. 사실상 그녀는 마을 사람들에 비해 끔찍할 정도로 열등한 존재였다. 그녀는 열등한 존재이지만, 화자는 그녀가 동시에 마을 사람들의 애정을 받고 있다는 점을 시사해 주고 있다. 이러한 해설자의 노력은 또 다른 의문을 낳고 있다. 어떻게 마을 사람들은 그녀에게 애정을 가질 수 있었는가?

어쩌면 에밀리가 최후에 저지를 행위의 가공스럽고도 찬탄할 만한 양상은 그녀의 근본적인 성격에서 비롯된 것인지도 모른다. 그녀는 세상사가 자기 나름대로의 판단으로 받아들여지기를 고집했다. 그녀는 결코 위축되거나 동정을 구하지도 않았다. 그리고 곱게 노처녀로 늙는 것을 거부하기도 했다. 또한 지역 사회의 평범한 가치관들을 전혀 고려하지 않았다. 이와 같은 독립 정신과 자만심은 한 개인을 비뚤어지게 만들어 일종의 괴인으로 변하게 할 수도 있는 것이지만, 그녀의 경우에는 실제로 그녀가 그렇게 하기로 했던 것처럼 속세의 가치를 부인하고 자신만의 가치를 고집하는 데 용기가 있었어야 했으며, 그에 따른 위엄도 함께 지니고 있어야만 했다. 마을 사람들이 그녀의 장례식을 예를 갖추어 치르고 난 다음에야 위층의 방문을 부수고 들어갔다는 사실에서 우리는 마을 사람들이 그녀의 용기와 위엄을 인정했음을 알 수 있다. 말하자면, 그녀가 마을의 역사에 기록되는 인물이 될 때까지, 그녀 자신의 사생활을 보호받을 권리를 향유하고 있었다는 데에 대한 일종의 은밀한 이해가 이루어지고 있는 셈이다. 더욱이 화자가 말하는 바대로, 마을 사람들이 위층은 거의 40년 동안이나 아무도 본 적이 없고, 부수지 않고는 들어갈 수 없는 방이 하나 있다는 사실을 알고 있었음에도 불구하고 그녀의 장례식은 마을의 공식 행사의 하나인 것처럼 치러졌다. 그리고 장례식에 참석했던 노인들이 어떻게 묘사되고 있는지 다시 살펴보자.

"나이가 많이 든 사람들은 — 그들 중 몇 사람은 먼지를 털어 낸 남부군 복장을 하고 있었다 — 현관과 잔디밭 위에서 에밀리에 대한 얘기를 나누고 있었다. 그들은 그녀와 같은 세대를 살아 온 사람들같이 이야기했다. 그들은 그녀와 함께 춤을 춘 적도 있었고, 어쩌면 그녀에게 구애를 한 적도 있을지 모른다고 생각하고 있었다…"

요컨대 지역 사회는 그녀를 그 영광스러운 역사 속으로 받아들이고 있었던 것이다. 이 모든 것은 에밀리의 의지의 승리에 대한 무언의 인정으로 작용하고 있다. 마을 사람들은 그녀가 사실상 타락한 여자가 되었다고 믿었을 때 그녀를 가엾게 여기고 싶어 했던 것처럼, 그녀가 한 푼도 물려받은 것이 없음을 알게 되었을 때 동정을 베풀어 주려고 했지만, 그녀는 마을 사람들의 다른 모든 태도들을 이겨냈던 것처럼 그들의 동정과 연민과 비난을 이겨 냈다.

그러나 우리가 앞에서 약간 비추었던 대로 에밀리는 미쳐 있었다고 말할 수 있을 것이다. 이렇게 말할 수 있으려면 우리는 두 가지를 고려해 보아야 할 것이다. 우선 그녀의 광기가 갖는 특수한 조건들을 생각해 보아야 한다. 그녀의 광기는 단지 그녀의 자만심과 평범한 행동 기준에 굴복하는 것을 거부하는 마음이 발전된 결과이다. 따라서 이러한 사실 때문에 그녀의 광기는 결국 나름대로 의미를 갖게 된다. 그것은 실제로 중요한 의미를 가지며 의식적으로 도덕적 선택의 세계와 관련된 문제들을 포함한다. 둘째로 지역 사회는 그녀의 광기를 의미심장한 것으로 해석하고 있다. 마을 사람들은 비록 그녀가 그들의 동정을 받는 것을 거부하여 그녀에 대해 실망하기는 하지만, 그래도 그녀에게 애정을 잃지는 않는다. 그리고 그 지역 사회의 대변인인 화자는 종국에 이르러 밝혀지는 그녀의 행위를 그녀가 자신의 가치관을 끝까지 버리지 않았다는 증거로 받아들이고 있다. 그녀는 마을 사람들의 의사에는 아랑곳하지 않고, 평범한 노무자에 불과했던 호머 배런과 결혼할 생각이었다. 그녀는 버림을 받지 않으려 했다. 그리고 그녀는 그를 애인으로 붙잡아 두려 했다. 그러나 그것은 모두 독불장군 격이었던 그녀의 생각뿐이었다. 그녀는 철저하게 타인 위에 군림하면서 일상생활에 대해서는 경멸하는 태도를 고수하고 있었던 것이다.

많은 비평가들은 비극 소설을 비판하는 자리에서, 비극 소설 작품들은 오로지 자신밖에 모르고, 세상사를 자기 나름대로 해석하기를 고집하며, 어떤 목적에 강렬하게 매달리거나, 혹은 강렬한 삶을 영위하느라 어떠한 타협도 받아들이려 하지 않는 주인공들만을 다루는 실수를 범한다고 주장한다. 이 작품을 ≪햄릿≫이나 ≪리어왕≫과 같은 걸작들과 비교할 수는 없는 일이겠지만, 이 작품도 나름대로는 똑같은 기본적인 비극적 요소를 다루고 있다고 말할 수는 있다. 확실히 에밀리의 자만심, 고립된 생활, 독립 정신 등은 우리들에게 전형적인 비극의 주인공들이 소유했던 성격 속의 인자들을 상기시켜 주고 있다. 그리고 그녀의 행위의 공포가 지역 사회의 평범한 생활 밖에 놓여 있었던 것처럼, 그녀의 독립 정신이 지역 사회 속에 존재하는 평범한 가치들과는 또 다른 가치들을 지니고 있다는 점은 지적될 만하다.

한글 번역

에밀리에게 장미를

[1]

에밀리 그리어슨 양이 죽었을 때, 우리 마을 사람들은 모두 그녀의 장례식을 보러 갔다. 남자들은 무너진 기념비에 대한 일종의 경의에 찬 감정에서였고, 여자들은 대부분 그녀의 집안을 한 번 구경하고 싶은 호기심에서였다. 적어도 10년 동안 정원사와 요리사 노릇을 겸한 늙은 노인을 제외하고 그 집안에 들어가 본 사람은 거의 없었다.

집은 크고 네모난 목조 건물이었다. 한때 그 집은 원형 지붕과 뾰족탑, 그리고 1870년대의 묵직하면서도 우아한 스타일을 한 소용돌이 모양의 발코니를 자랑이라도 하듯 하얀 색으로 단장한 채 우리 마을의 고급 주택가에 서 있었다. 그러나 차고와 조면 공장이 들어서면서 이웃의 당당하던 집들을 삼켜 버리고 말았다. 오로지 에밀리의 집만이 쇠퇴해 가는 완고하고 요염한 모습을 고집하며 목화 수레와 가솔린펌프 위로 우뚝 서 있어서 눈에 가시 중의 가시 노릇을 하고 있었다. 그리고 이제 에밀리는 제퍼슨 전투에서 쓰러져 간 북부군과 남부군 병사들의 이름 없는 무덤이 줄지어 늘어서 있고, 삼목으로 가려진 묘지에 저 당당하던 이웃 사람들과 함께 눕기 위해 가 버리고 말았다.

살아서 에밀리는 하나의 전통, 하나의 의무, 하나의 근심을 지니고 있었다. 아버지로부터 물려받은 마을에 대한 일종의 빚 때문이었다. 빚 이야기는 1894년 당시 시장이었던 사아토리스 대령 — 그는 흑인 여자는 누구건 앞치마를 두르지 않고는 거리에 나와서는 안 된다는 포고령을 직접 쓴 사람이었다 — 이 그녀의 세금을 면제해 준 날로 거슬러 올라간다. 세금의 면제는 그녀의 아버지가 사망한 날로부터 영원히 효력을 갖는 것으로 되어 있었다. 에밀리가 동정을 구했기 때문은 아니었다. 에밀리의 아버지가 마을에 돈을 빌려준 적이 있으니 거래상의 문제로서 마을이 그 돈을 이런 식으로 갚는다는 내용의 소문을 꾸며 내었던 것이다. 그러나 사아토리스 대령과 같은 세대에 살고 같은 사고방식을 가지고 있던 사람들이나 여자들을 빼놓고는 그런 소문을 믿어 줄 사람은 없었다.

현대적인 사고방식을 지닌 다음 세대가 등장하여 시장이 되고 시의회 의원이 되면서, 사아토리스 대령의 결정에 대한 불만이 조금씩 표면에 나타나게 되었다. 그 해 첫날, 그들은 그녀에게 세금 통지서를 보냈다. 그러나 2월이 되어도 응답이 없었다. 그들은 다시 편리한 시간에 보안관 사무실로 출두해 줄 것을 요구하는 공식 서한을 띄웠다. 일주일 후 시장은 다시 그녀를 직접 찾아가든가 아니면 자신의 차를 보내 주겠다는 내용의 편지를 직접 써서 보냈다. 그 후 시장은 그녀로부터 고풍스러운 형태의 종이 위에 색 바랜 잉크로 가늘고 유려한 달필로 쓰인 메모를 받았다. 그 메모에는 이제는 그녀가 전혀 외출하지 않는다는 내용과 함께 전에 보냈던 세금 통지서가 그대로 동봉되어 있었다.

그들은 시의회 특별 위원회를 소집했다. 그리고 대표단을 구성하여 그녀의 집을 찾아가 그녀가 8년인가 10년인가 전에 도자기 공예 교습을 그만둔 이후, 그 어느 방문객도 통과한 적이 없는 현관문을 두드렸다. 대표단은 늙은 흑인에 의해서 어두운 현관 안으로 안내되었다. 그곳에는 보다 더 어두운 위층으로 연결된 계단이 하나 있었다. 계단에는 사용한 적이 없는 듯 먼지가 쌓여 있었고, 답답하고 습기 찬 냄새를 풍기고 있었다. 흑인 하인은 그들을 응접실로 안내했다. 하인이 한 창문의 블라인드를 올리자 그 틈으로 들어오는 햇빛에 희미한 먼지가 그들의 허벅지 주위에서 슬며시 피어올라 작은 알맹이가 되어 서서히 돌며 떨어지는 모습을 보여 주었다. 금박을 입혔으나 변색되어 버린 벽난로 앞의 이즐 위에는 크레용으로 그린 에밀리 아버지의 초상화가 얹혀 있었다.

그녀가 방안으로 들어서자 그들은 자리에서 일어났다 — 키가 작고 뚱뚱한 여자였다. 그녀가 입은 검은 옷 위에는 가슴으로 내려와 허리 위 벨트 속으로 숨어 버리는 가는 금줄이 걸려 있었다. 그리고 그녀는 색 바랜 금빛 자루가 달린 흑단 지팡이에 몸을 의지하고 있었다. 그녀의 골격은 작고 볼품없었다. 그래서 다른 사람이었다면 단지 통통한 정도의 몸집이었겠지만, 그녀라서 비만해 보이는 듯했다. 그녀의 몸은 오랫동안 괴어 있는 물속에 잠겨 있었기라도 한 듯 부풀어 있었다. 얼굴은 무척 창백해 보였다. 방문객들이 찾아온 용건을 말하자, 한 얼굴 한 얼굴을 훑어보는 그녀의 눈은 지방으로 툭 불거진 얼굴 속에 파묻힌 것이 마치 반죽 덩어리 속으로 쑤셔 던져진 두 개의 작은 석탄 조각 같아 보였다.

그녀는 방문객들에게 앉으라고 권하지 않았다. 그녀는 사람들이 더듬거리며 말을 하다가 그칠 때까지 문가에 서서 조용히 듣고만 있었다. 사람들이 말을 그치자 금줄 끝에서 째깍거리는 시계의 소리만이 들릴 뿐이었다.

그녀의 음성은 메마르고 차가웠다. "제퍼슨 시절부터 세금을 내지 않았어요. 사아토리스 대령이 세금을 내지 않아도 된다고 설명해 주었지요. 아마 시청 문서를 뒤져 보면 잘 알 수 있을 거예요."

"하지만, 우리도 이미 뒤져 보았습니다. 우리가 바로 시 당국자들이니까요. 에밀리 양, 보안관이 직접 사인한 통지서를 받지 않으셨습니까?"

"종이를 한 장 받기는 했지요."라고 에밀리 양이 대답했다. "아마 그는 자신이 보안관이라고 생각하는 모양이군요. 여하튼 나는 제퍼슨 시절부터 세금을 낼 필요가 없었어요."

"하지만, 그것을 증명할 만한 기록이 전혀 없습니다. 아시겠습니까? 우리는 언제나…"

"사아토리스 대령을 만나서 물어 보세요. 나는 제퍼슨 시절부터 세금을 낼 필요가 없었어요."

"하지만 에밀리 양—"

"사아토리스 대령을 만나 보시란 말이에요." (사아토리스 대령은 거의 10년 전에 죽고 없는 사람이었다) "나는 세금을 낼 필요가 없단 말이에요. 토우브!" 흑인 하인이 나타났다. "이 분들을 밖으로 모셔요."

그렇게 그녀는 30년 전 악취에 관한 문제로 그들의 아버지를 물리쳤던 것처럼 그들을 물리쳐 버렸다.

[2]

그 사건은 그녀의 아버지가 죽고 난 2년 뒤의 일이었으며, 그녀의 애인—우리는 그가 그녀와 결혼하리라고 믿었다—이 달아난 지 얼마 되지 않아서였다. 그녀는 아버지가 죽은 뒤 바깥출입을 거의 하지 않고 있었다. 그리고 그녀의 애인이 모습을 감추자, 마을 사람들은 그녀의 모습을 더 이상 볼 수 없었다. 몇몇 여자가 애써 찾아가 보았지만 집 안으로 들어가지도 못했다. 그 집에 사람이 살고 있다는 유일한 흔적이라고는 시장바구니를 들고 들락거리는 흑인 하인—그때는 젊은 남자였다—뿐이었다.

"꼭 남자라야 부엌일을 잘 할 수 있다는 얘기 같군." 여자들은 이렇게 쑤군거렸다; 그래서 사람들은 그 집에서 악취가 풍겨 나와도 전혀 놀라지 않았다. 그 악취는 야비하고 시끌벅적한 속세와 매우 도도하고 오만한 그리어슨 가를 이어 주는 또 다른 교량이었다.

이웃에 살던 한 여인이 시장(市長)이던 80세의 스티븐스 판사에게 정식으로 호소해 왔다.

"제가 어떻게 도와 드리라는 얘기입니까, 부인?"이라고 그가 말했다.

"그야, 그 여인에게 냄새를 풍기지 말라고 지시를 내리는 거지요." 여자는 이렇게 말하고는 한마디 덧붙였다. "법이 있잖아요?"

"제 생각에는 그럴 필요가 없을 것 같군요."라고 스티븐스 판사가 말했다. "그 냄새는 아마 그녀의 흑인 하인이 뜰에서 잡은 뱀이나 쥐가 썩는 냄새일 겁니다. 내가 그 여자의 하인에게 얘기를 해 두지요."

다음 날, 시장인 스티븐스 판사는 또 다시 두 건의 호소를 받았다. 하나는 다른 사람들의 주장을 듣고 찾아온 한 남자의 호소였다. "우린 정말 어떤 조처를 내려야 합니다. 판사님, 저는 에밀리 양을 괴롭히고 싶은 마음은 전혀 없지만, 이제 어떤 수를 쓰지 않을 수 없다고 생각합니다." 그날 밤 시의회 위원회가 소집되었다. 수염이 희끗희끗한 세 명의 노인과, 새로운 세대의 일원인 젊은 사람 한 명이 위원회의 구성 인원이었다.

"아주 간단한 일입니다."라고 젊은 위원이 입을 열었다. "그 여자에게 집 안을 깨끗이 청소하라고 지시를 내립시다. 그 여자가 알아서 그렇게 하도록 어느 정도 시간을 주고, 그래도 하지 않으면…"

"집어치우게, 이 사람아"라고 스티븐스 판사가 소리를 질렀다. "자네는 불쾌한 냄새가 난다고 면전에다 대고 여자에게 욕을 할 셈인가?"

다음날 밤, 열두 시가 넘은 시각에 네 명의 사나이가 강도처럼 에밀리의 집 잔디밭을 살금살금 걸으며, 벽돌 벽 기부 근처와 지하실 창문에 코를 들이대고 냄새가 어디서 나오나 찾게 되었다. 그리고 한 사나이는 어깨에 둘러맨 자루에다 연신 무엇인가를 꺼내 씨를 뿌리는 듯한 동작을 반복했다. 사나이들은 지하실 문을 부수고, 거기에다 석회를 뿌렸다. 지하실뿐 아니라 모든 헛간에도 석회를 뿌렸다. 사나이들이 다시 잔디밭을 나오려 할 때, 어둡던 창문 하나에 불이 켜졌다. 에밀리가 불빛을 등 뒤로 둔 채 우상처럼 몸을 곧게 세우고 의자에 앉아 있는 모습이 보였다. 사나이들은 살금살금 기어서 잔디밭을 벗어나, 거리에 줄지어 선 아카시아 그림자 속으로 숨었다. 한두 주일쯤이 지나자 냄새는 사라져 버렸다.

그때는 사람들이 그녀에 대해 정말로 안됐다고 느끼기 시작하던 무렵이었다. 그녀의 대고모 와이야트 노부인이 끝내 어떻게 미쳐버리고 말았는지 생생하게 기억하던 마을 사람들은 그리어슨 가 사람들이 실제 자기네 형편에 비해 조금 지나칠 정도로 콧대를 세우며 살고 있다고 믿었다. 마을의 젊은이들 중에 그 누구도 에밀리에게 맞을 만한 사람이 없다고 생각될 정도였다. 우리는 그들을 하나의 인상적 정경으로 간주했었다. 하얀 옷을 입은 가냘픈 에밀리는 뒤에 서 있고 그녀의 아버지는 그녀 앞에서 말채찍을 움켜쥐고 다리를 벌린 채 서 있는 모습의 실루엣으로, 그리고 두 사람 모두 활짝 열린 현관의 문틀로 테를 두른 그림 속의 모습으로 우리는 오랫동안 생각했다. 그리하여 그녀가 나이 서른이 되었어도 아직 미혼이었을 때, 우리는, 정확하게 말해서, 기뻐했던 것이 아니라, 오히려 그녀를 옹호하고 싶은 심정이었다. 비록 그녀의 가족 중에 미친 사람이 있었다고 하더라도, 결혼의 기회가 실현 가능성이 있는 것이었었다면, 그녀는 그 기회들을 모두 거절하진 않았을 것이다.

그녀의 아버지가 세상을 뜨자, 그녀에게 남겨진 것은 집이 전부라는 소문이 떠돌았다. 그리고 어떤 면에서 마을 사람들은 기뻐하기까지 했다. 그들은 마침내 에밀리에게 동정심을 베풀 수 있는 기회가 왔다고 생각하는 것 같았다. 홀로 빈털터리가 된 그녀는 차츰 인간적인 면을 보이기 시작했다. 이제 그녀도 역시 한 푼의 돈이 있고 없고에 따라 생기게 되는 흔해빠진 절망과 스릴을 만만치 않게 알게 될 것이었다.

그녀의 아버지가 죽은 다음날, 마을의 모든 여자들은 관습대로 그녀의 집을 찾아가 위로도 해 주고, 일도 거들어 주었다. 에밀리는 동네 여자들을 현관에서 맞이했다. 그러나 그녀의 복장은 평소 때와 전혀 다르지 않았고, 얼굴에는 슬픈 표정도 보이지 않았다. 그녀는 사람들에게 아버지가 죽지 않았다고 말했다. 방문한 목사와 그녀에게 시신을 내놓으라고 설득하는 의사들에게 그녀는 사흘 동안 이 말만 되풀이했다. 그들이 어쩔 수 없이 법과 완력에 의해서 일을 처리하려 하자 그녀는 주저앉아 울음을 터뜨리고 말았다. 사람들은 재빨리 그녀의 아버지를 매장했다.

그때 우리는 그녀가 미쳤다고 말하지는 않았다. 우리는 그녀가 그럴 수밖에 없다고 믿었다. 우리는 그녀의 아버지가 내쫓아버린 모든 젊은이들을 기억하고 있었다. 그리고 아무 것도 남겨진 것이 없는 그녀가 그녀의 중요한 것을 송두리째 빼앗아 가 버린 존재에 대해 집착하지 않을 수 없다는 것을 알고 있었다. 다른 사람도 그녀와 같은 처지였다면 그랬을 것이라고 생각했다.

[3]

그녀는 오랫동안 자리에 누워 앓았다. 그녀가 사람들 앞에 모습을 드러내었을 때, 그녀의 머리는 짧게 커트 되어 마치 어린 소녀처럼 보였다. 그리고 그녀는 마치 교회 창문의 스테인 글라스에 그려진 천사처럼, 약간은 비애에 젖은 소녀 같았다.

시에서는 인도를 포장하는 도급 계약을 끝내 놓은 상태였었다. 그리고 그녀의 아버지가 죽은 뒤 처음 돌아온 여름, 사람들은 포장 일을 시작했다. 건설 회사의 흑인 노무자들, 노새, 그리고 장비가 마을로 들어왔다. 그 일행 속에는 호머 배런이라는 이름의 십장이 끼어 있었다. 북부 양키였다. 그는 크고 검은 몸집을 지닌 행동이 민첩한 사람이었다. 목소리도 상당히 컸고, 눈은 그의 얼굴보다 더 밝은 빛을 발하고 있었다. 어린 아이들은 그의 뒤를 졸졸 따라다니며, 그가 흑인 노무자들에게 욕설을 퍼붓는 소리를 듣고, 흑인 노무자들이 곡괭이를 쳐들었다가 내려치면서 박자에 맞추어 노래 부르는 소리를 듣기도 했다. 얼마 지나지 않아, 그는 마을 사람들을 모두 알게 되었다. 작업장 주위의 어느 곳에 서든지, 사람들이 모여 떠들며 웃는 소리가 들릴 때면 호머 배런은 항상 그 사람들 한가운데에 있었다. 그리고 우리는 곧 마차 대여소에서 나온 한 쌍의 적갈색 말이 끄는 노란 바퀴의 4륜 마차에 탄 호머 배런과 에밀리의 모습을 일요일 오후마다 보게 되었다.

처음에 우리는 에밀리가 관심을 갖기 시작한 일이 있다는 것을 보고 내심 기뻐했다. 여자들은 모두 이렇게 말했다. "틀림없이 그리어슨 가의 여자가 날품팔이 북부인을 심각하게 생각하지는 않을 거야." 그러나 나이 든 사람들 중에 달리 말하는 여자도 있었다. 그들은 아무리 슬픈 일이 있더라도, 숙녀라면 노블레스 오블리지를 망각해서는 안 된다고 말했다. 물론 그들이 직접 노블레스 오블리지라는 말을 쓴 것은 아니었다. 그들은 단지 이렇게 말했다. "불쌍한 에밀리, 그녀의 친척들이 자주 찾아와 봐야 하는 건데…" 그녀는 앨라배마에 친척을 두고 있었다; 그러나 수년 전 그녀의 아버지가 머리가 돌아버린 와이야트 노부인의 토지를 놓고 그들과 다투는 바람에, 두 집안의 연락이 끊어지고 말았다. 그들은 장례식에도 사람을 보내지 않았다.

나이 든 여자들이 "불쌍한 에밀리"라고 부르자 여자들은 서로 수군거렸다. "정말 그럴 거라고 생각하세요?" 그들은 서로 이렇게 물었다. "물론이지, 그 밖에 무슨…" 이것은 그들이 손을 쓸 수 없는 일이었다. 한 쌍의 말이 다가닥-다가닥-다가닥 하는 말발굽 소리와 함께 가볍게 걸어 지나갈 때, 일요일 오후의 태양을 가리고 있는 베니션블라인드 뒤에서 앞으로 숙여진 비단과 공단 자락들이 와스락거리고 있었다: "불쌍한 에밀리"

그녀는 머리를 꽤나 높이 쳐들고 다녔다. 우리가 보기에는 그녀가 풀이 죽어 있을 때에도 마찬가지였다. 그녀는 그 어느 때보다도 사람들로부터 그녀가 그리어슨 가의 마지막 여자로서 위엄을 갖추고 있음을 인정받고 싶어 하는 것처럼 보였다; 마치 그녀의 무감각을 재확인하기 위해서 그러한 세속적인 인정을 필요로 하는 것 같았다. 그녀가 쥐약인 비소를 살 때에도 그랬다. 그때는 사람들이 "불쌍한 에밀리"라고 부르기 시작한 후 1년쯤 지났을 때였다. 그리고 당시에는 두 명의 사촌 자매가 그녀를 방문하고 있을 때였다.

"극약 좀 주세요."라고 그녀는 약사에게 말했다. 그때 그녀의 나이 서른이 넘었고, 평소보다 야위기는 했지만 우리가 상상으로 볼 수 있는 등대지기의 얼굴처럼, 관자놀이를 지나는 부분과 눈구멍 주위의 살이 꽉 죄는 얼굴에, 차갑고 거만한 검은 눈동자를 가진 에밀리는 여전히 작고 여윈 몸매를 갖고 있었다. "극약을 사러 왔어요."

"네, 에밀리 양, 어떤 종류의 극약을 드릴까요? 쥐 잡는 약 같은 것 말인가요? 제가 권하고 싶은 것은—"

"제일 독한 걸로 주세요. 종류는 상관하지 말고요."

약사는 몇 가지 종류의 극약 이름을 말해 주었다. "이런 것들이면 코끼리까지도 죽일 수 있지요. 하지만 어떤 걸 원하시는—"

"비소"라고 에밀리는 짤막하게 대답했다. "그게 약효는 좋지요?"

"비소… 말인가요? 그럼요, 아가씨, 하지만 아가씨가—"

"비소를 주세요."

약사는 그녀를 내려다보았다. 그녀는 얼굴을 펼쳐든 깃발처럼 올리며 약사를 똑바로 되쏘아보았다. "예, 그야 물론…"라고 약사는 이어 말했다. "그것이 아가씨가 원하는 거라면야. 하지만 법률상 그것을 어디다 쓰실 건지 말씀해 주셔야 합니다."

에밀리는 다만 그를 응시할 뿐 아무 말이 없었다. 약사와 눈싸움이라도 하듯 고개를 뒤로 젖히고 그를 똑바로 쳐다보았다. 약사는 그녀의 시선을 피하여 그 자리를 물러선 후 비소를 꺼내 포장을 했다. 그러나 그 비소 포장을 가지고 나온 사람은 그 약사가 아니라 심부름꾼인 흑인 소년이었다. 약사는 다시 얼굴을 보이지 않았다. 그녀가 집에 돌아와 포장을 뜯자, 상자 위에는 해골과 뼈가 그려진 표지 밑에 '구서용'이라고 쓰여 있었다.

[4]

다음날 우리는 모두 "그 여자 자살할 거야."라고 말했다. 그리고 그 여자를 위해서는 그것이 최선의 방법일 거라고 말했었다. 그녀가 호머 배런과 데이트하는 것을 처음 보았을 때 우리는 그녀가 그와 결혼할 것이라고 말한 적이 있었다. 그러나 그 후 우리는 그녀가 그를 설득하고 있을 거라고 말한 적도 있었다. 왜냐하면 호머 배런은 남자들, 특히 젊은 남자들과 어울려 엘크이 선술집에서 술을 마시며, 자신은 결혼 같은 것을 생각하는 사람이 아니라고 말했다는 소문이 떠돌았기 때문이다. 그 후 우리는 에밀리를 보고 "불쌍한 에밀리"라고 부르기 시작했다. 일요일 오후, 머리를 높이 쳐든 그녀가 모자를 삐딱하게 쓰고 입에 시가를 문 채 노란 장갑을 낀 손에 고삐와 채찍을 들고 화려한 마차를 모는 호머 배런과 함께 모습을 보일 때면 우리는 그 말을 잊지 않았다.

그러다가, 몇몇 여자들이 그녀의 행동이 마을의 수치이며 아이들 교육상 나쁜 영향을 미칠 수 있다는 주장을 펴기 시작했다. 남자들은 여자들의 주장을 못 들은 척했지만, 끝내 여자들은 침례교회 목사에게 그녀를 찾아가 보라고 강요했다—그녀의 가족은 감리교 신자였다—목사는 에밀리를 만난 결과에 대해서 입을 열려고 하지 않았고 또다시 그녀를 만나려 하지도 않았다. 다음 일요일 오후, 두 사람은 또 거리에 모습을 나타내었다. 그러자 다음 날 목사 부인은 앨라배마의 에밀리 친척에게 편지 한 통을 보냈다.

그리하여 그녀는 다시 친척과 함께 한 지붕 밑에서 지내게 되었고, 우리는 한 걸음 물러서서 사태의 추이를 지켜보게 되었다. 처음에는 아무런 일도 없었다. 그래서 우리는 두 사람이 곧 결혼하게 되리라는 확신을 가졌다. 우리는 곧 에밀리가 보석상을 찾아가 물건마다 H. B. 라는 글자를 넣은 남자용 은제 화장 도구 세트를 주문했다는 사실을 알게 되었다. 그리고 이틀 후 우리는 그녀가 잠옷까지 포함한 남자용 의상 일체를 샀다는 사실까지 알게 되었다. 그리고 우리는 두 사람이 결국 결혼하고 말았다고 생각했다. 우리는 진심으로 기뻐했다. 우리가 기뻐했던 것은 그녀의 두 사촌 자매가 에밀리보다 훨씬 더 그리어슨 가의 가풍을 간직하고 있음을 알았기 때문이었다.

그래서 우리는 호머 배런이 자취를 감추었을 때에도 놀라지 않았다. 도로포장 공사는 벌써 끝나 있었다. 우리는 모든 사실이 분명하게 드러나지 않았기 때문에 다소 실망하고는 있었지만, 그가 에밀리를 부를 자리를 마련하고 있거나, 아니면 그녀가 사촌 자매들을 쫓아낼 기회를 주기 위해 잠시 마을을 떠난 것으로 생각했다(그 당시 마을 사람들은 마치 하나의 비밀 결사대를 조직해 놓은 것처럼, 모두 그녀 사촌들의 눈을 속이기 위한 일에 열성이었다.) 아니나 다를까, 한 주일이 지나자 그녀의 사촌 자매들은 떠나고 말았다. 그리고 우리 모두 기대하고 있었던 것처럼 사흘도 안 되어 호모 배런의 모습이 다시 시내에 나타났다. 어느 날 저녁 땅거미가 질 무렵 흑인 하인이 부엌에서 그를 맞이하는 것을 한 이웃 사람이 보았던 것이다.

그것이 우리가 호머 배런을 마지막으로 본 것이었다. 그리고 얼마 동안 에밀리의 모습도 볼 수 없었다. 흑인 하인이 시장바구니를 들고 들락날락하는 모습은 눈에 띄었어도, 현관문은 언제나 잠겨 있었다. 이따금 우리는 네 명의 사나이가 그녀의 집 주위에 석회를 뿌리던 날 밤 본 것처럼 잠깐씩 창가에 나타나는 그녀의 모습을 볼 수는 있었다. 그러나 거의 6개월 동안 그녀는 거리로 나온 적이 없었다. 그때 우리는 이것도 역시 우리가 예상할 수 있는 것이었다고 생각했다. 여자로서 그녀 인생의 길을 여러 번 가로막았던 그녀 아버지의 성격이 너무도 독하고 강해서 아직 그 집안에 남아 있는 것처럼 생각되기도 했다.

그 후 우리가 에밀리를 보았을 때, 우리는 그녀의 몸집이 뚱뚱해지고, 머리카락은 흰빛으로 변하고 있음을 보았다. 그 후 몇 년 동안 계속 희게 변하더니 마침내 철회색의 머리카락이 되고 말았다. 74세의 나이로 그녀가 숨을 거둘 때까지 그 머리카락은 활동적인 사나이의 머리카락처럼 여전히 생기에 넘치는 철회색 빛이었다.

그 후로 그녀의 집 현관문은 굳게 잠겨 열릴 줄 몰랐다. 단지 그녀가 40세 정도 되었을 무렵 6~7년간 도자기 공예 강습소를 차렸을 때는 예외였다. 그녀는 아래층에 있는 방 하나에 화실을 차렸다. 사아토리스 대령과 그와 같은 세대 인물들의 딸, 손녀딸들이 그녀의 강습을 받으러 다녔다. 그 학생들은 성금 함에 집어넣기 위해 25센트짜리 동전을 받아 들고 일요일마다 집을 나서는 기분으로 그녀의 강습소를 찾았던 것이다. 그러는 사이, 그녀에게는 세금 면제의 혜택이 주어졌던 것이다.

그러다 새로운 세대가 시의 중추적인 자리를 차지하고 새로운 분위기를 불러일으키기 시작했다. 에밀리의 강습소에 다니던 어린 여자애들도 성장해서 흩어진 후 자신들의 자녀에게 그림물감 통이나 너저분한 붓, 여성 잡지에서 오려 낸 그림을 쥐어 주며 그녀의 강습소로 보내는 일을 중지해 버렸다. 그리고 그녀의 집 현관은 굳게 닫혀졌고, 다시는 열리지 않았다. 마을의 우편배달부가 자유로이 집 안으로 들어가 우편물을 배달할 수 있는 제도를 채택했을 때 유독 에밀리만은 현관문에 금속 번지 판을 붙이는 것을 허락하지 않고 대신 우편함을 달아 놓았다. 도무지 사람들의 말에 귀를 기울이려 하지 않았다.

날이 바뀌고, 달이 지나고, 한 해 두 해 지나면서, 우리는 시장바구니를 들고 들락날락거리는 흑인 하인의 머리가 더욱 희어지고 허리가 굽어 가는 것을 지켜보았다. 매년 12월이면 그녀에게 세금 통지서를 보냈지만 1주일 후에 수취인 불명으로 우체국으로 환송되곤 했다. 이따금 우리는 아래층 창문을 통해서 그녀의 모습을 보기는 했지만 — 그녀는 집 위층을 봉쇄해 버린 것이 분명했다 — 그녀가 우리를 쳐다보는지, 아니면 쳐다보지 않는지 알 수가 없었다. 그녀는 그렇게 귀엽고, 달아날 길 없고, 무감각하고, 평온하고, 고집스러운 모습으로 세대와 세대를 거쳐 갔다.

그리하여 그녀는 죽었다. 먼지와 그림자들로 가득 찬 집안에서 비틀거리는 흑인 하인만이 곁에서 시중을 드는 가운데 병을 앓다가 죽어간 것이었다. 그녀가 병들어 있었다는 사실을 우리는 전혀 몰랐다. 흑인 하인으로부터 집안 소식을 얻어 내려는 우리의 노력은 이미 오래 전에 포기되었다. 그 흑인 하인은 아무에게도 말하는 법이 없었다. 에밀리에게조차 아무 말 안 하는 것처럼 느껴질 정도였다. 어쩌면 전혀 목소리를 내지 않아 그만 목소리가 쉬고 녹슬어 버린 때문인지도 몰랐다.

그녀는 아래층에 있던 방에서 오랫동안 햇빛을 받지 못해 누렇게 변하고 곰팡내 나는 베개 위에 흰 머리를 누이고 휘장이 쳐진 묵직한 호두나무 침대 위에서 숨을 거두었다.

[5]

흑인 하인은 여자 조문객들을 현관에서 맞았다. 여자들은 서로 쉬쉬하며 조용하게 말을 하면서 호기심에 찬 눈초리를 재빨리 여기저기 던졌다. 흑인 하인은 여자들을 집안으로 안내한 뒤 사라져 버렸다. 그는 곧장 집안으로 걸어 들어가 뒤뜰로 나간 다음 다시는 나타나지 않았다.

그녀의 두 사촌 자매들도 곧 도착했다. 사람들은 이틀째 되던 날 장례식을 치렀다. 온 마을 사람이 찾아와 숱한 꽃송이 밑에 누운 에밀리를 바라보았다. 크레용으로 그려진 그녀 아버지의 얼굴이 관 위에서 깊은 묵상에 잠겨 있었고, 사람들은 쉬쉬하며 떠들지 않았으나 섬뜩한 기분에 젖어 있었다. 나이가 많이 든 사람들은 — 그들 중 몇 사람은 먼지를 털어 낸 남부군 복장을 하고 있었다 — 현관과 잔디밭 위에서 에밀리에 대한 이야기를 나누고 있었다. 그들은 그녀와 같은 세대를 살아 온 사람들같이 이야기했다. 그들은 그녀와 함께 춤을 춘 적도 있었고, 어쩌면 그녀에게 구애를 한 적도 있을지 모른다고 생각하고 있었다. 그들은 대개의 늙은 노인들이 그러하듯 세월의 흐름을 정확히 느끼지 못하고 있었다. 그들에게는 모든 과거가 멀리 작게 보이는 길이 아니라 겨울이 결코 찾아오는 적이 없는 드넓은 초원처럼 보이는 것이었다. 단지 이제는 가장 최근의 10년이란 세월이 좁은 통로가 되어 그들을 그 과거와 갈라놓고 있을 뿐이었다.

이미 우리는 계단 위층에 지난 40년 이래 아무도 본 적이 없는, 강제로 열지 않으면 열리지 않는 방이 하나 있음을 알고 있었다. 사람들은 에밀리가 조용히 땅 속에 묻힐 때까지 그 방문을 열지 않고 기다렸다.

그 문을 강제로 열어젖히자 방안의 먼지가 짙게 피어올라 선뜻 방안으로 들어설 수 없을 정도였다. 무덤을 덮을 때 쓰는, 매캐한 냄새가 나는 얇은 천이 혼례를 치르기 위해 가구를 들여놓고 장식까지 해 놓은 그 방의 여기저기에 널려 있었다. 색 바랜 장밋빛 침대 막이 커튼 위에도 걸려 있었고, 장밋빛 조명 기구와 경대 위, 섬세하게 배열된 수정 그릇과 변색된 은 제품들 위, 너무나 색이 바래 버려 글자까지 희미한 남자용 은제 화장 도구 위에도 널려 있었다. 그리고 그 물건들 사이에는 마치 방금 벗어 놓은 듯한 칼라와 타이가 놓여 있었다. 그 칼라와 타이를 집어 들자 먼지로 덮인 바닥 위에는 희미한 초승달의 형상이 그려졌다. 의자 위에는 조심스럽게 개어 놓은 양복이 걸려 있었다. 그리고 그 밑에는 두 짝의 구두와 내던진 양말이 말없이 놓여 있었다.

사나이는 침대에 누워 있었다.

한참 동안 우리는 움직이지 않고 그 자리에 서서 살점이라고는 붙어 있지 않은 채 싱긋이 그윽한 웃음을 짓고 있는 얼굴을 내려다보았다. 시체는 한때 포옹의 자세로 누워 있었던 것이 분명했다. 하지만 지금은 사랑보다도 길고 사랑의 잔인한 행위까지도 극복하고 있는 긴 잠이 자신도 모르는 사랑의 표현을 연출하고 있을 뿐이었다. 그가 누워있던 침대 위에는 그가 입던 잠옷의 잔해와 그 자신의 잔해가 서로 뒤엉켜 있었다. 그의 시신과 바로 곁의 베개는 오랫동안 머물러 쌓인 먼지로 덮여 있었다.

그때 우리는 두 번째 베개에 움푹 들어간 머리 자국이 있음을 발견했다. 희미한 채 잘 보이지 않는 먼지의 건조하고 매운 냄새로 콧구멍이 막히는 것을 무릅쓰고 한 사람이 그 베개에서 무엇인가를 집어 들어 앞으로 몸을 굽혔을 때, 우리는 그것이 기다란 철회색 머리카락 한 올임을 알았다.

작품 이해를 위한 문제

01 The following passages show the change of villagers' feelings toward Emily. Which of the following best describes it?

[1]
A neighbor, a woman, complained to the mayor, Judge Stevens, eighty years old.

"But what will you have me do about it, madam?" he said.

"Why, send her word to stop it," the woman said. "Isn't there a law?"

[2]
That was when people had begun to feel really sorry for her. People in our town, remembering how old lady Wyatt, her great-aunt, had gone completely crazy at last, believed that the Griersons held themselves a little too high for what they really were. None of the young men were quite good enough for Miss Emily and such. We had long thought of them as a tableau; Miss Emily a slender figure in white in the background, her father a spraddled silhouette in the foreground, his back to her and clutching a horsewhip, the two of them framed by the back-flung front door. So when she got to be thirty and was still single, we were not pleased exactly, but vindicated; even with insanity in the family she wouldn't have turned down all of her chances if they had really materialized.

[3]
Then some of the ladies began to say that it was a disgrace to the town and a bad example to the young people. The men did not want to interfere, but at last the ladies forced the Baptist minister — Miss Emily's people were Episcopal — to call upon her. He would never divulge what happened during that interview, but he refused to go back again.

[4]
And so she dies. Fell ill in the house filled with dust and shadows, with only a doddering Negro man to wait on her. We did not even know she was sick; we had long since given up trying to get any information from the Negro. He talked to no one, probably not even to her, for his voice had grown harsh and rusty, as if from disuse.

① Understanding — Respect — Proud — Relieved
② Discontent — Sympathy — Indifference — Boycott
③ Discontent — Sympathy — Boycott — Indifference
④ Understanding — Respect — Proud — Empathy
⑤ Discontent — Overwhelmed — Boycott — Relieved

02 **Which of the following is the main theme of the fiction in relation to the passage below?**

And now Miss Emily had gone to join the representatives of those august names where they lay in the cedar—bemused cemetery among the ranked and anonymous graves of Union and Confederate soldiers who fell at the battle of Jefferson. [···]

The violence of breaking down the door seemed to fill this room with pervading dust. A thin, acid pall as of the tomb seemed to lie everywhere upon this room decked and furnished as for a bridal: upon the valance curtains of faded rose color, upon the rose-shaded lights, upon the dressing table, upon the delicate array of crystal and the man's toilet things backed with tarnished silver, silver so tarnished that the monogram was obscured. Among them lay a collar and tie, as if they had just been removed, which, lifted, lift upon the surface a pale crescent in the dust. Upon a chair hung the suit, carefully folded; beneath it the two mute shoes and the discarded socks.

The man himself lay in he bed.

For a long while we just stood there, looking down at the profound and fleshless grin. The body had apparently once lain in the attitude of an embrace, but now the long sleep that outlasts love, that conquers even the grimace of love, had cuckolded him. What was left of him, rotted beneath what was left of the nightshirt, had become inextricable from the bed in which he lay; and upon him and upon the pillow beside him lay that even coating of the patient and biding dust.

① Love
② Death
③ Community life
④ Legacy
⑤ A spinster's life

03 This is the excerpt from a fiction. Below this, there is another passage which explains it. Which of the following best completes each blank?

They rose when she entered — a small, fat woman in black, with a thin gold chain descending to her waist and vanishing into her belt, leaning on an ebony cane with a tarnished gold head. Her skeleton was small and spare; perhaps that was why what would have been merely plumpness in another was obesity in her. She looked bloated, like a body long submerged in motionless water, and of that pallid hue. Her eyes, lost in the fatty ridges of her face, looked like two small pieces of coal pressed into a lump of dough as they moved from one face to another while the visitors stated their errand.

She did not ask them to sit. She just stood in the door and listened quietly until the spokesman came to a stumbling halt. Then they could hear the invisible watch ticking at the end of the gold chain.

Her voice was dry and cold. "I have no taxes in Jefferson. Colonel Sartoris explained it to me. Perhaps one of you can gain access to the city records and satisfy yourselves."

"But we have. We are the city authorities, Miss Emily. Didn't you get a notice from the sheriff, signed by him?"

"I received a paper, yes," Miss Emily said. "Perhaps he considers himself the sheriff … I have no taxes in Jefferson."

"But there is nothing on the books to show that, you see. We must go by the …"

"See Colonel Sartoris. I have no taxes in Jefferson"

"But, Miss Emily —"

"See Colonel Sartoris." (Colonel Sartoris had been dead almost ten years.) "I have no taxes in Jefferson. Tobe!" The Negro appeared. "Show these gentlemen out."

So she vanquished them, horse and foot, just as she had vanquished their fathers thirty years before about the smell.

Miss Emily, then, is a combination of idol and scapegoat for the community. On the one hand, the community feels (　A　) for Miss Emily — she represents something in the past of the community that the community is proud of. They feel a sort of (　B　) of her, as is illustrated by the behavior of the mayor and the committee in her presence.

	(A)		(B)
①	Scary	—	Love
②	Melancholy	—	Embarrassed
③	Admiration	—	Awe
④	Jealousy	—	Shame
⑤	Pride	—	Joy

Answer

01. ③
02. ②
03. ③

유희태 영미문학 ②

영미소설의 이해

Part 02

실제 작품읽기

Chapter 01

19세기 주요작품

01 Drowne's Wooden Image

Nathaniel Hawthorne(1804-1869)

[1]

One sunshiny morning, in the good old times of the town of Boston, a young carver in wood, well known by the name of Drowne, stood contemplating a large oaken log, which it was his purpose to convert into the figure-head of a vessel. And which he discussed within his own mind what sort of shape or similitude it were well to bestow upon this excellent piece of timber, there came into Drowne's workshop a certain Captain Hunnewell, owner and commander of the good brig called the Cynosure, which had just returned from her first voyage to Fayal.

"Ah! that will do, Drowne, that will do!" cried the jolly captain, tapping the log with his rattan. "I bespeak this very piece of oak of the figure-head of the Cynosure. She has shown herself the sweetest craft that ever floated, and I mean to decorate her prow with the handsomest image that the skill of man can cut out of timber. And, Drowne, you are the fellow to execute it."

"You give me more credit than I deserve, Captain Hunnewell," said the carver, modestly, yet as one conscious of eminence in his art. "But, for the sake of the good brig, I stand ready to do my best. And which of these designs do you prefer? here"—pointing to a staring, half-length figure in a white wig and scarlet coat—"here is an excellent model, the likeness of your gracious king. Here is the valiant Admiral Vernon. Or, if you prefer a female figure, what say you to Britannia with the trident?"

"All very fine, Drowne; all very fine," answered the mariner. "But as nothing like the brig ever swam the ocean. So I am determined she shall have such a figure-head as old Naptune never saw in his life. And what is more, as there is a secret in the matter you must pledge your credit not to betray it."

"Certainly," said Drowne, marvelling, however, what possible mystery there could be in reference to an affair so open, of necessity, to the inspection of all the world as the figure-head of a vessel. "You may depend. Captain, on my being as secret as the nature of the case will permit."

Captain Hunnewell then took Drowne by the button, and communicated his wishes in so low a tone that it would be unmannerly to repeat what was evidently intended for the carver's private ear. We shall, therefore, take the opportunity to give the reader a few desirable particulars about Drowne himself.

[2]

He was the first American who is known to have attempted — in a very humble line, it is true — that art in which we can now reckon so many names already distinguished, or rising to distinction. From his earliest boyhood he had exhibited a knack — for it would be too proud a word to call it genius — a knack, therefore, for the imitation of the human figure in whatever material came most readily to hand. The snows of a New England winter had often supplied him with a species of marble as dazzlingly white, as the Parian or the Carrara, and if less durable, yet sufficiently so to correspond with any claims to permanent existence possessed by the boy's frozen statues. Yet they won admiration from maturer judges than his schoolfellows, and were, indeed, remarkably clever, though destitute of the native warmth that might have made the snow melt beneath his hand. As he advanced in life, the young man adopted pine and oak as eligible materials for the display of his skill, which now began to bring him a return of solid silver as well as the empty praise that had been an apt reward enough for his productions of evanescent snow. He became noted for carving ornamental pump-heads, and wooden urns for gate-posts, and decorations, more grotesque than fanciful, for mantel-pieces. No apothecary would have deemed himself in the way of obtaining custom, without setting up a gilded mortar, if not a head of Galen or Hippocrates, from the skilful hand of Drowne.

But the great scope of his business lay in the manufacture of figure-heads for vessels. Whether it were the monarch himself, or some famous British admiral or general, or the governor of the province, or perchance the favorite daughter of the ship-owner, there the image stood above the prow, decked out in gorgeous colors, magnificently gilded, and staring the whole world out of countenance, as if from an innate consciousness of its own superiority. These specimens of native sculpture had crossed the sea in all directions, and been not ignobly noticed among the crowded shipping of the Thames, and wherever else the hardy mariners of New England had pushed their adventures. It must be confessed that a family likeness pervaded these respectable progeny of Drowne's skill; that the benign countenance of the king resembled those of his subjects, and that Miss. Peggy Hobart, the merchant's daughter, bore a remarkable similitude to Britannia, Victory, and other ladies of the allegoric sisterhood; and, finally, that they all had a kind of wooden aspect, which proved an intimate relationship with the unshaped blocks of timber in the carver's workshop. But at least there was no inconsiderable skill of hand, nor a deficiency of any attribute to render them really works of art, except that deep quality, be it of soul or intellect, which bestows life upon the lifeless and warmth upon the cold, and which, had it been present, would have made Drowne's wooden image instinct with spirit.

The captain of the Cynosure had now finished his instructions.

"And, Drowne," said he, impressively, "you must lay aside all other business and set about this forthwith. And as to the price, only do the job in first-rate style, and you shall settle that point yourself."

"Very well captain." answered the carver, who looked grave and somewhat perplexed, yet had a sort of smile upon his visage; "depend upon it. I'll do my utmost to satisfy you."

From that moment the men of taste about Long Wharf and the Town Dock who were wont to show their love for the arts by frequent visit to Drowne's workshop, and admiration of his wooden images, began to be sensible of a mystery in the carver's conduct. Often he was absent in the daytime. Sometimes, as might be judged by gleams of light from the shop-windows, he was at work until a late hour of the evening; although neither knock nor voice, on such occasions, could gain admittance for a visitor, or elicit any word of response. Nothing remarkable, however, was observed in the shop at those late hours when it was thrown open. A fine piece of timber, indeed, which Drowne was known to have reserved for some work of especial dignity, was seen to be gradually assuming shape. What shape it was destined ultimately to take was a problem to his friends and a point on which the carver himself preserved a rigid silence. But day after day, though Drowne was seldom noticed in the act of working upon it, this rude form began to be developed until it became evident to all observers that a female figure was growing into mimic life. At each new visit they beheld a larger pile of wooden chips and a nearer approximation to something beautiful. It seemed as if the hamadryad of the oak had sheltered herself from the unimaginative world within the heart of her native tree, and that it was only necessary to remove the strange shapelessness that had incrusted her, and reveal the grace and loveliness of a divinity. Imperfect as the design, the attitude, the costume, and especially the face of the image still remained, there was already an effect that drew the eye from the wooden cleverness of Drowne's earlier productions and fixed it upon the tantalizing mystery of this new project.

[3]

Copley, the celebrated painter, then a young man and a resident of Boston, came one day to visit Drowne; for he had recognized so much of moderate ability in the carver as to induce him, in the dearth of professional sympathy, to cultivate his acquaintance. On entering the shop the artist glanced at the inflexible image of king, commander, dame, and allegory that stood around, on the best of which might have been bestowed the questionable praise that it looked as if a living man had here been changed to wood, and that not only the physical, but the intellectual and spiritual part, partook of the stolid transformation. But in not a single instance did it seem as if the wood were imbibing the ethereal essence of humanity. What a wide distinction is here! And how far would the slightest portion of the latter merit have outvalued the utmost degree of the former!

"My friend Drowne," said Copley, smiling to himself, but alluding to the mechanical and wooden cleverness that so invariably distinguished the images, "you are really a remarkable person! I have seldom met with a man in your line of business that could do so much; for one other touch might make this figure of General Wolfe, for instance, a breathing and intelligent human creature."

"You would have me think that you are praising me highly, Mr. Copley," answered Drowne, turning his back upon Wolfe's image in apparent disgust. "But there has come a light into my mind. I know, what you know as well, that the one touch which you speak of as deficient is the only one that would be truly valuable, and that without it these works of mine are no better than worthless abortions. There is the same difference between them and the works of an inspired artist as between a signpost daub and one of your best pictures."

"This is strange," cried Copley, looking him in the face, which now, as the painter fancied, had a singular depth of intelligence, though hitherto it had not given him greatly the advantage over his own family of wooden images. "What has come over you? How is it that, possessing the idea which you have now uttered, you should produce only such works as these?"

The carver smiled, but made no reply. Copley turned again to the images, conceiving that the sense of deficiency which Drowne had just expressed, and which is so rare in a merely mechanical character, must surely imply a genius, the tokens of which had heretofore been overlooked. But no; there was not a trade of it. He was about to withdraw when his eyes chanced to fall upon a half-developed figure which lay in a corner of the workshop, surrounded by scattered chips of oak. It arrested him at once.

"What is here? What has done this?" he broke out, after contemplating it in speechless astonishment for an instant. "Here is the divine, the life-giving touch. What inspired hand is beckoning this wood to arise and live? Whose work is this?"

"No man's work." replied Drowne. "The figure lies within that block of oak, and it is my business to find it."

"Drowne," said the true artist, grasping the carver fervently by the hand, "you are a man of genius!"

As Copley departed, happening to glance backward from the threshold, he beheld Drowne bending over the half-created shape, and stretching forth his arms as if he would have embraced and drawn it to his heart; while, had such a miracle been possible, his countenance expressed passion enough to communicate warmth and sensibility to the lifeless oak.

"Strange enough!" said the artist to himself. "Who would have looked for a modern Pygmalion in the person of a Yankee mechanic!"

[4]

As yet, the image was but vague in its outward presentment; so that, as in the cloud-shapes around the western sun, the observer rather felt, or was led to imagine, than really saw what was intended by it. Day by day, however, the work assumed greater precision, and settled its irregular and misty outline into distincter grace and beauty. The general design was now obvious to the common eye. It was a female figure, in what appeared to be a foreign dress; the gown being laced over the bosom, and opening in front so as to disclose a skirt or petticoat, the folds and inequalities of which were admirably represented in the oaken substance. She wore a hat of singular gracefulness, and abundantly laden with flowers, such as never grew in the rude soil of New England, but which, with all their fanciful luxuriance, had a natural truth that it seemed impossible for the most fertile imagination to have attained without copying from real prototypes. There were several little appendages to this dress, such as a fan, a pair of earrings, a chain about the neck, a watch in the bosom, and a ring upon the finger, all of which would have been deemed beneath the dignity of sculpture. They were put on, however, with as much taste as a lovely woman might have shown in her attire, and could therefore have shocked none but a judgment spoiled by artistic rules.

The face was still imperfect; but gradually, by a magic touch, intelligence and sensibility brightened through the features, with all the effect of light gleaming forth from within the solid oak. The face became alive. It was a beautiful, though not precisely regular, and somewhat haughty aspect, but with a certain piquancy about the eyes and mouth, which, of all expressions, would have seemed the most impossible to throw over a wooden countenance. And now, so far as carving went, this wonderful production was complete.

"Drowne," said Copley, who had hardly missed a single day in his visits to the carver's workshop, "if this work were in marble it would make you famous at once; nay, I would almost affirm that it would make an era in the art. It is as ideal as an antique statue, and yet as real as any lovely woman who one meets at a fireside or in the street. But I trust you do not mean to desecrate this exquisite creature with paint, like those staring kings and admirals yonder?"

"Not paint her!" exclaimed Captain Hunnewell, who stood by; "not paint the figure-head of the Cynosure! And what sort of a figure should I cut in a foreign port with such an unpainted oaken stick as this over my prow! She must, and she shall, be painted to the life, from the topmost flower in her hat down to the silver spangles on her slippers."

"Mr. Copley," said Drowne, "I know nothing of marble statuary, and nothing of the sculptor's rules of art; but of this wooden image, the work of my hands, this creature of my heart" — and here his voice faltered and choked in a very singular manner — "of this — of her — I may say that I know something. A wellspring of inward wisdom gushed within me as I wrought upon the oak with my whole strength, and soul, and faith. Let others do what they may with marble and adopt what rules they choose. If I can produce my desired effect by painted wood, those rules are not for me, and I have a right to disregard them."

"The very spirit of genius," muttered Copley to himself. "How otherwise should this carver feel himself entitled to transcend all rules and make me ashamed of quoting them?"

He looked earnestly at Drowne, and again saw that expression of human love which, in a spiritual sense, as the artist could not help imagining, was the secret of the life that had been breathed into this block of wood.

[5]

The carver, still in the same secrecy that made all his operations upon this mysterious image, proceeded to paint the habiliments in their proper colors, and the countenance with nature's red and white. When all was finished he threw open his workshop, and admitted the towns-people to behold what he had done. Most persons, at their first entrance, felt impelled to remove their hats, and pay such reverence as was due to the richly-dressed and beautiful young lady who seemed to stand in a corner of the room, with oaken chips and shavings scattered at her feet. Then came a sensation of fear; as if, not being actually human, yet so like humanity, she must therefore be something preternatural. There was, in truth, an indefinable air and expression that might reasonably induce the query, Who and from what sphere this daughter of the oak should be? The strange, rich flowers of Eden on her head, the complexion, so much deeper and more brilliant than those of our native beauties; the foreign, as it seemed, and fantastic garb, yet not too fantastic to be worn decorously in the street; the delicately-wrought embroidery of the skirt; the broad gold chain about her neck; the curious ring upon her finger; the fan, so exquisitely sculptured in open work, and painted to resemble pearl and ebony; — where could Drowne, in his sober walk of life, have beheld the vision here so matchlessly embodied! And then her face! In the dark eyes and around the voluptuous mouth, there played a look made up of pride, coquetry, and a gleam of mirthfulness, which impressed Copley with the idea that the image was secretly enjoying the perplexing admiration of himself and other beholders.

"And will you," said he to the carver, "permit this masterpiece to become the figure-head of a vessel? Give the honest captain yonder figure of Britannia — it will answer his purpose far better — and send this fairy queen to England, where, for aught I know, it may bring you a thousand pounds."

"I have not wrought it for money." said Drowne.

"What sort of a fellow is this!" thought Copley. "A Yankee, and throw away the chance of making his fortune! He has gone mad; and thence has come this gleam of genius."

There was still further proof of Drowne's lunacy, if credit were due to the rumor that he had been seen kneeling at the feet of the oaken lady, and gazing with a lover's passionate ardor into the face that his own hands had created. The bigots of the day hinted that it would be no matter of surprise if an evil spirit were allowed to enter this beautiful form and seduce the carver to destruction.

The fame of the image spread far and wide. The inhabitants visited it so universally that after a few days of exhibition there was hardly an old man or a child who had not become minutely familiar with its aspect. Even had the story of Drowne's wooden image ended here, its celebrity might have been prolonged for many years by the reminiscences of those who looked upon it in their childhood, and saw nothing else so beautiful in after life. But the town was now astounded by an event, the narrative of which has formed itself into one of the most singular legends that are yet to be met with in the traditionary chimney corners of the New England metropolis, where old men and women sit dreaming of the past, and wag their heads at the dreamers of the present and the future.

[6]

One fine morning, just before the departure of the Cynosure on her second voyage to Fayal, the commander of that gallant vessel was seen to issue from his residence in Hanover Street. He was stylishly dressed in a blue broadcloth coat, with gold lace at the seams and button-holes, an embroidered scarlet waistcoat, a triangular hat, with a loop and broad binding of gold, and wore a silver-hilted hanger at his side. But the good captain might have been arrayed in the robes of a prince or the rags of a beggar, without in either case attracting notice, while obscured by such a companion as now leaned on his arm. The people in the street started, rubbed their eyes, and either leaped aside from their path, or stood as if transfixed to wood or marble in astonishment.

"Do you see it? — do you see it?" cried one, with tremulous eagerness. "It is the very same!"

"The same?" answered another, who had arrived in town only the night before. "Who do you mean? I see only a sea-captain in his shore-going clothes and a young lady in a foreign habit, with a bunch of beautiful flowers in her hat. On my word, she is as fair and bright a damsel as my eyes have looked on this many a day!"

"Yes, the same! — the very same!" repeated the other. "Drowne's wooden image has come to life!"

Here was a miracle indeed! Yet, illuminated by the sunshine, or darkened by the alternate shade of the houses, and with its garments fluttering lightly in the morning breeze, there passed the image along the street. It was exactly and minutely the shape, the garb, and the face which the towns-people had so recently thronged to see and admire. Not a rich flower upon her head, not a single leaf, but had had its prototype in Drowne's wooden workmanship, although now their fragile grace had become flexible, and was shaken by every footstep that the wearer made. The broad gold chain upon the neck was identical with the one represented on the image, and glistened with the motion imparted by the rise and fall of the bosom which it decorated. A real diamond sparkled on her finger. In her right hand she bore a pearl and ebony fan, which she flourished with a fantastic and bewitching coquetry, that was likewise expressed in all her movements as well as in the style of her beauty and the attire that so well harmonized with it. The face, with its brilliant depth of complexion, had the same piquancy of mirthful mischief that was fixed upon the countenance of the image, but which was here varied and continually shifting, yet always essentially the same, like the sunny gleam upon a bubbling fountain. On the whole, there was something so airy and yet so real in the figure, and withal so perfectly did it represent Drowne's image, that people knew not whether to suppose the magic wood etherealized into a spirit or warmed and softened into an actual woman.

"One thing is certain," muttered a Puritan of the old stamp, "Drowne has sold himself to the Devil; and doubtless this gay Captain Hunnewell is a party to the bargain."

"And I," said a young man who overheard him, "would almost to be the third victim, for the liberty of saluting those lovely lips.

"And so would I," said Copley, the painter, "for the privilege of taking her picture."

The image, or the apparition, whichever it might be, still escorted by the bold captain, proceeded from Hanover street through some of the cross lanes that make this portion of the town so intricate, to Ann Street thence into Dock Square, and so downward to Drowne's shop, which stood just on the water's edge. The crowd still followed, gathering volume as it rolled along. Never had a modern miracle occurred in such broad daylight, nor in the presence of such a multitude of witnesses. The airy image, as if conscious that she was the object of the murmurs and disturbance that swelled behind her, appeared slightly vexed and flustered, yet still in a manner consistent with the light vivacity and sportive mischief that were written in her countenance. She was observed to flutter her fan with such vehement rapidity that the elaborate delicacy of its workmanship gave way, and it remained broken in her hand.

[7]

Arriving at Drowne's door, while the captain threw it open, the marvellous apparition paused an instant on the threshold, assuming the very attitude of the image, and casting over the crowd that glance of sunny coquetry which all remembered on the face of the oaken lady. She and her cavalier then disappeared.

"Ah!" murmured the crowd, drawing a deep breath as with one vast pair of lungs.

"The world looks darker now that she has vanished," said some of the young men.

But the aged, whose recollections dated as far back as witch times, shook their heads, and hinted that our forefathers would have thought it a pious deed to burn the daughter of the oak with fire.

"If she be other than a bubble of the elements," exclaimed Copley. "I must look upon her face again."

He accordingly entered the shop; and there, in her usual corner, stood the image, gazing at him, as it might seem, with the very same expression of mirthful mischief that had been the farewell look of the apparition when, but a moment before, she turned her face towards the crowd. The carver stood beside his creation, mending the beautiful fan, which by some accident was broken in her hand. But there was no longer any motion in the lifelike image, nor any real woman in the workshop, nor even the witchcraft of a sunny shadow, that might have deluded people's eyes as it flitted along the street. Captain Hunnewell, too, had vanished. His hoarse, sea-breezy tones, however, were audible on the other side of a door that opened upon the water.

"Sit down in the stern sheets, my lady," said the gallant captain. "Come, bear a hand, you lubbers, and set us on board in the turning of minute-glass."

And then was heard the stroke of oars.

"Drowne," said Copley, with a smile of intelligence, "you have been a truly fortunate man. What painter or statuary ever had such a subject! No wonder that she inspired a genius into you, and first created the artist who afterwards created her image."

Drowne looked at him with a visage that bore the traces of tears, but from which the light of imagination and sensibility, so recently illuminating it, had departed. He was again the mechanical carver that he had been known to be all his lifetime.

"I hardly understand what you mean, Mr. Copley," said he, putting his hand to his brow. "This image! Can it have been my work? Well, I have wrought it in a kind of dream; and now that I am broad awake I must set about finishing yonder figure of Admiral Vernon."

[8]

And forthwith he employed himself on the stolid countenance of one of his wooden progeny, and completed it in his own mechanical style, from which he was never known afterwards to deviate. He followed his business industriously for many years, acquired a competence, and in the latter part of his life attained to a dignified station in the church, being remembered in records and traditions as Deacon Drowne, the carver. One of his productions, and Indian chief, gilded all over, stood during the better part of a century on the cupola of the Province House, bedazzling the eyes of those who looked upward, like an angel of the sun. Another work of the good deacon's hand — a reduced likeness of his friend Captain Hunnewell, holding a telescope and quadrant — may be seen to this day, at the corner of Broad and State Streets, serving in the useful capacity of sign to the shop of a nautical instrument maker. We know not how to account for the inferiority of this quaint old figure as compared with the recorded excellence of the Oaken Lady, unless on the supposition that in ever human spirit there is imagination, sensibility, creative power, genius, which, according to circumstances, may either be developed in this world or shrouded in a mask of dulness until another state of being. To our friend Drowne there came a brief season of excitement, kindled by love. It rendered him a genius for that one occasion, but, quenched in disappointment, left him again the mechanical carver in wood, without the power even of appreciating the work that his own hands had wrought. Yet, who can doubt that the very highest state to which a human spirit can attain, in its loftiest aspirations, is its truest and most natural state, and that Drowne was more consistent with himself when he wrought the admirable figure of the mysterious lady, than when he perpetrated a whole progeny of blockheads?

There was a rumor in Boston, about this period, that a young Portuguese lady of rank, on some occasion of political or domestic disquietude, had fled from her home in Fayal and put herself under the protection Captain Hunnewell, on board of whose vessel, and at whose residence she was sheltered until a change of affairs. This stranger must had been the original of Drowne's Wooden Image.

작가소개 **Nathaniel Hawthorne(1804–1869)**

매사추세츠주 세일럼에서 선장의 아들로 태어났다. 17세기의 근본주의적 청교도인이 조상에 많이 있었고, 그 청교도의 사상과 생활 태도에 깊은 관심을 가지고 많은 작품을 썼다. 1825년 보든 대학교 졸업 후 1828년 최초의 소설 ≪판쇼≫를 출판하였다. 경제적 안정을 위해 보스턴 세관에 근무하였고 이 경험이 1850년 그의 대표작이 된 ≪주홍글자 The Scarlet Letter≫에도 반영되어 있다. 1851년 청교도를 선조로 가진 오래된 집의 자손에게 악의 저주가 걸린 ≪일곱 박공이 있는 집 The House of the seven Gables≫을 발표하였다. 이듬해 자신이 참가했던 실험적 공동농장을 무대로 한 ≪블라이스데일 로맨스 The Blithedale Romance≫를 출판하여 지상낙원에 모인 사람들의 심리적 갈등을 그렸다. 1853년 영국의 리버풀 영사로 부임하였으며, 그 후 이탈리아를 여행하였다. 이 여행 뒤에 목신(牧神)이 죄를 짓고 비로소 지성과 양심의 깨달음을 경험하는 ≪대리석의 목신상 The Marble Faun≫(1860)을 집필하였다. 청교도주의를 비판하면서도 그 전통을 계승한 그는 범죄나 도덕적 또는 종교적 죄악에 빠진 사람들과 자기중심, 벽, 고독에 사로잡힌 사람들의 내면생활을 도덕·종교·심리 등 여러 측면에 비추어 엄밀하게 묘사하였다. 그러다 보니 그의 작품은 한 편으로 교훈적 경향이 강하지만, 상징주의에 의한 철학적·종교적·심리적으로 의미심장한 세계가 전개되는 정교한 면도 동시에 있다.

한글 번역

드로운의 목상

[1]

좋았던 옛 시절, 어느 화창한 아침, 보스턴에 드로운이라 불리는 소문난 젊은 목재 조각가가 커다란 오크제 통나무를 배의 선수상으로 바꿔 놓으려는 의도로 그것을 응시하며 서 있었다. 그가 이 훌륭한 목재에 어떤 종류의 형태 또는 상을 부여해 주어야 적당할지 혼자 고민하고 있는 동안, 그의 작업장에는 훈어웰이라고 하는 선장이 들어왔다. 선장은 소웅좌호라 불리는 훌륭한 쌍돛대 범선의 지휘관이자 주인이었고, 그 소웅좌호는 막 파얄 섬으로 첫 항해를 다녀왔다.

"오! 됐어, 드로운, 그만하면 됐어!"라고 선장이 그의 등나무 지팡이로 통나무를 톡톡 치며 떠들썩하게 말했다. "바로 이 오크나무를 소웅좌호 선수상으로 만들어 주게. 소웅좌호는 지금껏 항해했던 배들 가운데 가장 훌륭한 배임을 증명했어, 그래서 소웅좌호의 뱃머리를 가장 멋있는 상으로 장식해 주고 싶다네. 나무를 이용해서 인간의 기술이 만들 수 있는 가장 멋진 상으로 말이야. 이것을 할 수 있는 친구는 자네뿐이네."

"과찬이십니다. 훈어웰 선장님,"이라고 조각가는 겸손하면서도 그의 기술상의 탁월성을 의식하는 사람처럼 말했다. "그 훌륭한 범선을 위해서라면 최선을 다해 드리죠. 자, 여기 이 형상들 중에서 골라 보세요."라고 뚫어지게 응시하고 있는, 백발 가발을 쓰고 주홍색 외투를 입은 한 반신상을 가리키며 말했다. "이것은 아주 훌륭한 모델입니다. 인자하신 왕과 유사하죠. 여기, 이것은 용감한 베르논 장군입니다. 혹시, 여자 상을 원하신다면 삼지창을 든 브리타니아 상이 어떠신지요?"

"모두 아주 좋군, 드로운, 다 훌륭해,"라고 선장이 대답했다. "하지만 소웅좌호 같은 범선이 여태껏 한 번도 바다를 항해한 적이 없잖은가. 그래서 바다의 신 넵튠조차 한 번도 보지 못한 그런 반신상을 범선에 갖춰주기로 결심했네. 더군다나, 이건 비밀이니 발설하지 않겠다고 맹세해줘야겠네."

"물론입니다,"라고 드로운은 선박의 선수상처럼 모든 세상 사람들의 눈에 공공연한 일에 관해서 도대체 어떤 비밀이 가능한 건지 의아해하면서 대답했다. "절 믿으세요, 선장님, 상황이 허락하는 한 꼭 비밀을 지킬께요."

그러자 훈어웰 선장은 드로운을 붙잡고 자신의 의도를 아주 나지막한 소리로 털어놓았기에, 조각가의 귀에만 들리게 한 이야기를 옮기는 일은 실례일 것이다. 이쯤에서, 우리는 독자에게 드로운에 관한 몇 가지 바람직한 신상 명세를 제시하려고 한다.

[2]

그는 미국인으로서는 최초로 예술을 시도했다고 알려졌는데, ―부족하나마 이것은 사실이다― 현재 우리가 수많은 유명해진 사람들과, 유명해지고 있는 사람들의 이름을 떠올리게 되는 그 예술 말이다. 그는 아주 어렸을 때부터 손재주를 선보였는데, ―이를 천부적인 재능이라고 한다면 너무 오만한 말일 것이다― 가장 쉽게 손에 닿는 소재이면 종류를 불문하고 인간의 형상으로 모방해내는 기술이었다. 뉴잉글랜드 겨울의 눈은 그에게 눈부시게 하얀 대리석, 파로스산 백색도기, 카라라산 대구석이나 다름없는 재료를 제공하였다. 비록 그것이 오래가지는 못하더라도, 소년의 얼음 조상들은 영구적 존재의 자격을 요구하기에 충분하였다. 또한 소년의 조상들은 또래 친구들보다 더 분별 있는 감식가들로부터 칭찬을 받았다. 비록 그의 손 밑에서 눈이 녹게 만들 만한 타고난 따뜻함은 없었지만 과연 탁월하였다. 세월이 흘러 청년이 된 그는 자신의 솜씨를 보이기 위해 적당한 재료로서 소나무와 오크나무를 택하게 되었는데, 그는 없어지기 쉬운 얼음 조상들에 대한 적절한 보상이었던 그 말뿐인 칭찬만이 아니라, 이제는 순은으로 답례를 받기 시작했다. 그는 펌프 꼭지의 장식이나, 문기둥의 단지 모양, 기발하기보다는 기괴한 벽난로 장식들을 조각하면서 유명해졌다. 어떤 약제사도 갈렌이나 히포크라테스의 두상은 아니더라도, 드로운의 능숙한 손놀림으로 만든 금도금한 약사발을 세워 놓지 않고서는 고객을 확보할 수 있다고 여기지 않았다.

그러나 그의 거대한 작업의 영역은 선박의 선수상 제조에까지 확대되었다. 배의 장식이 군주이거나, 유명한 영국 제독이나 장군, 지방의 통치자, 혹은 선주의 사랑스런 딸이든 간에, 그가 만든 조상은 뱃머리 위에 서서, 화려한 색채로 장식하고, 멋들어진 금박 장식을 한 채, 자신만의 우월성을 내적으로 의식하고 있는 듯, 온 세상을 노려보아 무안하게 하고 있었다. 이러한 본래 조각의 표본들은 온 바다 사면을 횡단하면서 템스강에 떼 지어 모인 선박들 사이에서 촌스러워 보이지 않았고, 뉴잉글랜드의 용감한 수부들이 그들의 탐험 영역을 넓혀갔다. 고백해야 할 사실은, 이러한 훌륭한 드로운의 작품들이 가족같이 닮은꼴을 하고 있다는 것이다. 즉, 왕의 자애로운 얼굴은 신하들의 얼굴과 닮았고, 상인의 딸 페기 호바트양은 브리타니아, 빅토리, 그리고 우화 속 자매지간의 여인들을 상당 부분 닮았는데, 결국 그들 모두는 드로운의 작업장에서 형태가 없는 나무토막이었다는 친밀한 관계를 입증하는 목재 형상이었다. 그러나 거기에는 상당한 손재간이라든가, 형태가 없는 나무토막을 실제로 예술 작품으로 만드는 어떤 특질도 충분했다. 하지만 그것이 영혼이든 지력이든 간에 어떤 깊은 자질은 부족하였는데, 바로 이것이 생명 없는 것에는 생명을, 차가운 것에는 따뜻함을 부여해 주는 것인데, 만약 이것이 있었더라면 드로운의 목상을 생기로 가득 차게 만들었을 것이다.

이제 소웅좌호의 선장은 그의 지시를 마쳤다.

"그리고 드로운,"이라고 그가 의미심장하게 말했다. "다른 작업은 모두 미루고 이일에 즉시 착수해 주게. 댓가는 말일세, 자네가 일류로 만들기만 한다면 값은 직접 책정하게."

"좋습니다. 선장님,"이라고 조각가는 다소 당황스럽고도 진지한 표정으로 그러나 약간의 미소를 머금은 채 말했다. "맡겨 주십시오. 만족하시도록 최선을 다합지요."

그 순간부터, 마을 선창가와 부두에 대해 취향을 가진 사람들이 드로운의 작업장을 자주 방문하면서 자신들의 예술에 대한 애호를 드러내며 드로운의 나무 조각상을 찬미하곤 했었는데, 조각가의 행동에서 어떤 신비함을 의식하기 시작했다. 대낮에 그는 종종 자리를 비웠다. 작업장 창문에 비치는 빛줄기를 미루어 짐작컨대 그는 밤늦게까지 일을 했다. 그런 상황에서는, 문을 두드리거나 소리를 친다고 해서 방문객이 들어갈 수 있거나, 무슨 대꾸를 들을 수 있는 게 아니었다. 그러나 그 늦은 시간에 작업장 문이 활짝 열려 있을 때에도 별로 특이한 게 보이지 않았다. 실은, 드로운이 특별하게 위엄 있는 작품을 위해 보관해 두었다는 그 훌륭한 목재 토막만은 차츰 형태를 취해 가는 것이 보였다. 그것이 궁극적으로 무슨 형태로 나타날 운명인지가 그의 친구들에게는 문제였고, 드로운 자신에게는 엄숙하게 침묵을 지켜야 했던 중요 사항이었다. 시간이 흘러도 드로운이 작업하고 있는 게 좀처럼 눈에 띄지 않았지만, 이 미완성 형상은 진전을 보이기 시작했으며, 마침내 보는 이들은 이 여자 상이 점점 실물을 그대로 모방한 모조물로 바뀌어 간다고 확신하게 되었다. 다시 방문할 때 마다, 더욱 불어나 있는 나무 대팻밥 더미와 어떤 아름다운 형상의 유사물을 보았다. 이것은 마치 오크나무의 요정 하마드리아데스가 상상력이 없는 세계를 피해 자신의 본래 나무속에 숨어 있었던 것처럼, 그녀를 덮고 있던 이상한 무형성을 제거해서 신과 같은 우아함과 사랑스러움을 드러내기만 하면 되었다. 비록 상의 모습, 태도, 복장, 특히 얼굴은 여전히 불완전한 채였지만, 이미 하나의 결과물로서 그의 초기의 나무에 표현된 솜씨로부터 사람들의 시선을 끌어내어 이 새로운 작품의 감질 나는 신비함 위로 그 시선을 고정시켰다.

[3]

어느 날, 보스턴에 사는 젊은 유명 화가 코플리가 그를 방문했다. 그는 드로운의 평범한 능력을 잘 알고 있었으므로, 직업적으로 공감하기는 어려워도 드로운과 친분관계를 맺어보려고 했다. 화가는 작업장에 들어서자마자 빙 둘러서 있는 왕, 지휘관, 귀부인, 상징 등의 고정된 상을 보았다. 그중 제일 좋은 것 하나는 미심쩍은 찬사가 보내어졌을지도 모를 터인데, 즉 마치 살아있는 사람이 나무로 변해 여기에 서 있으며, 육체적인 면뿐 아니라 지적이고 정신적인 면도 둔하게 변형되는 데 한몫했겠다는 평가였다. 그러나 한순간도 목재가 인간성의 영묘한 본질을 흡수한 것 같지 않았다. 여기에 얼마나 큰 차이가 있는지? 후자의 특질(지적이고 정신적인 면)의 극도로 작은 부분도 전자(육체적인 면)의 최대치보다 압도적으로 더 가치가 있는 것이다.

"나의 친구 드로운," 코플리는 미소 지었지만, 그의 조각상들을 항상 (다른 작가들의 조각상들과는 다르게) 두드러지게 보이게 만드는 기계적이고 경직된 솜씨 좋음을 암시하며 말했다. "당신은 정말 뛰어난 사람이오! 조각가 중에 당신처럼 많은 작품을 만들 수 있는 사람은 처음 보았소. 예를 들어, 한 번만 좀 다른 식으로 만지면, 이 울프장군 상을 생생하고 지적인 인간상으로 만들 수 있을 텐데 말이오."

"절 굉장히 칭찬하시는 걸로 착각하겠군요, 코플리씨."라고 드로운은 울프의 상에서 등을 돌리며 역력히 불쾌한 기색으로 대답했다. "하지만 나에게 교화의 빛을 주시는 군요. 저도 압니다. 당신이 부족한 것으로 말하는 그 한 번의 마무리를 말이오. 그건 무척 귀중한 것이죠. 그게 없는 나의 이런 작품들은 가치 없는 싸구려들과 다름없지요. 그것들과 영감을 받은 예술가의 작품들 사이에는 간판 그림과 당신의 최우수 작품 하나 사이에 있는 것과 똑같은 차이가 있습니다."

"알 수가 없는 일이군요."라고 코플리가 그의 얼굴을 쳐다보며 외쳤다. 지금 코플리는 그의 얼굴에서 어떤 비범한 지성의 깊이를 느꼈다. 비록 지금까지는 그 자신의 목각상들 훨씬 능가하는 장점을 그에게 주지 못했더라도 말이다. "왜죠? 당신이 방금 얘기했던 그 생각을 가지고 있다면 어째서 이런 작품들만을 만들지요?"

조각가는 웃을 뿐 대답하지 않았다. 코플리는 방금 전 조각가가 말했던 그 결핍감에 대해 그리고 단순하고 기계적인 조각가들에게선 매우 보기 드문, 지금까지는 마치 발견하지 못했던 어떤 천재의 증표 같은 것을 암시하고 있음에 틀림없다고 생각하며 다시 상들을 올려다보았다. 그러나 아니었다. 아무 데도 그런 흔적은 없었다. 그는 하는 수 없이 상들에게서 눈을 떼려 하는데, 바로 그때였다. 그의 작업장 한 모퉁이에 오크나무 부스러기들이 여기저기 널려 있고, 그 가운데 우뚝 서 있는 반쯤 완성된 조상 하나가 보였다. 그게 즉각 그를 사로잡았다.

"여기 이건 뭐죠? 뭘 해 놓은 건가요?"라며 잠시 동안 형용할 수 없는 놀라움에 말없이 바라보던 그가 외쳤다. "이것은 생명을 주는 신성한 솜씨입니다. 도대체 어떤 영감을 받은 손이 이 목재에게 부활하여 살아 있으라고 손짓하는 거죠? 누구의 작품인가요?"

"누구의 작품도 아닙니다."라고 드로운이 대답했다. "이 조상은 저 오크나무 목재 속에 들어 있어요. 다만 이것을 발견해내는 것이 내 일이죠."

"드로운, 당신은 천재요!"라고 진정한 예술가 코플리는 조각가의 손을 꽉 움켜쥐며 말했다.

코플리가 떠나면서 잡고 있던 손을 놓고 문지방으로부터 뒤쪽으로 시선을 던지고 있을 때, 그는 드로운이 반쯤 된 그 형상을 마치 그의 가슴에 끌어다 안고 있듯이 상체를 굽히고서 팔을 쭉 내뻗고 있는 것을 보았다. 그러는 동안 그의 얼굴은, 만약 그러한 기적이 가능한 일이라면, 생명 없는 오크나무에 온기와 감성을 전해주었을 만큼의 열정을 보이고 있었다.

"이건 불가사의야!"라고 예술가는 혼자 중얼거렸다. "미국 동부의 기계적인 조각가들 중에서 어느 누가 현대의 피그말리온을 찾으려 했겠는가!"

[4]

그러나 상의 겉모습은 아직 애매하다. 마치 서쪽 해 주변의 구름 모양과 같이 모호했다. 그래서 이 상을 보는 사람들은 이것이 어떤 모습으로 완성될 것인가를 실제로 본다기보다 오히려 그것을 느끼고 상상하게 되었다. 그러나 날이 갈수록 작품은 점점 명확한 형태를 갖추어 갔으며, 그 불규칙하고 어렴풋한 윤곽이 더 분명한 우아함과 아름다움으로 확정지어졌다. 이젠 누가 봐도 전체 모양을 확실히 알 수 있었다. 그녀는 외국 의상처럼 보이는 옷을 입은 여자 상이었다. 드레스는 가슴 전면에 걸쳐 레이스로 장식되어 있고 스커트 또는 속옷이 보이게 하기 위해서 앞을 터 놨는데 그것의 주름과 기복들이 오크나무에 훌륭하게 드러나 보였다. 그녀의 모자는 색다르고 우아했는데 뉴잉글랜드의 투박한 흙에서 자라지도 못할 그런 꽃들이 한 아름 담겨 있었다. 그 꽃들은 환상적으로 화려하면서도, 상상력이 대단히 풍부한 사람이라도 진짜 원형을 복사하지 않고서는 얻을 수 없을 것 같은 실제의 아름다움을 간직했다. 그녀의 드레스에는 부채, 귀걸이 한 쌍, 목걸이, 가슴에다는 시계, 반지 등 몇몇 작은 장식품이 달려 있었는데, 모두 조각의 품위에는 어울리지 않는 것으로 여겨질 것이었다. 그러나 그것들은 어느 어여쁜 여인의 옷치장에서 보였을 만큼 아주 멋지게 장식되었고, 그러므로 아무도 놀라지 않았으나 예술적 규범을 가지고 왈가왈부하기는 했다.

그녀의 얼굴은 아직도 불완전했다. 그러나 점차, 지성과 감성의 마술 같은 마무리에 의해 무정한 오크나무 안에서 발산하는 빛의 모든 효과와 더불어 용모의 구석구석까지 환해졌다. 얼굴은 생기가 돌기 시작했다. 얼굴은 아름다웠고, 정확한 규칙성은 없었지만, 약간의 오만한 면이 보였고, 두 눈과 입에는 어떤 짜릿함 같은 것이 감돌았는데, 이것은 모든 표현들 중 가장 나무 위에 조각하기 불가능한 표정이었을 것이다. 그리고 이제, 이 대단한 작품의 조각 작업이 완성되었다.

"드로운,"이라고 거의 하루도 빼 놓지 않고 조각가의 작업장을 찾아왔던 코플리가 말했다. "이 작품이 대리석으로 만들어졌다면 당신은 금세 유명해졌을 거요. 아니, 거의 확신하건데, 예술계에서 하나의 획기적인 사건이 되었을 것이요. 이것은 고대의 상처럼 이상적이지만, 흔히 난로가나 거리에서 만나게 되는 아름다운 여인처럼 아주 사실적이군요. 그러나 난 당신이 이 기이한 작품에 저쪽 현란한 왕들이나 장군들처럼 색을 칠해서 가치를 떨어뜨릴 생각은 절대 아니겠지요?"

"색을 칠하지 않다니!"라고 옆에 서 있던 훈어웰 선장이 소리쳤다. "소웅좌호 선수에 색이 없다니! 내 배의 이물 위에 이 창백한 오크나무 토막을 달고 외국 항에 나가면 내 꼴이 어떻겠는가? 소웅좌호는 모자 꼭대기의 꽃부터 슬리퍼의 은붙이까지 실물처럼 색을 칠해야 마땅하고, 색을 칠할 걸세."

"코플리씨"라고 드로운이 조용히 말했다. "난 대리석 조상에 대해서 잘 모릅니다. 예술에 있어서의 조각가의 규범들에 대해서도 아는 바가 없지요. 오직 내 손으로 만든, 내 가슴으로 창조한 이 목각상에 대해서만 알 뿐입니다"—그는 매우 특이하게 감정을 억누르며 말소리를 더듬었다—"이 목각상… 그러니까 그녀…에 대해서만 알고 있다는 말입니다. 내 안에서 지혜의 샘이 분출되었을 때 나는 내 모든 힘과 영혼과 믿음으로 오크나무를 깎았어요. 다른 사람들에게나 대리석으로 작업하고, 규범을 택해 따르라고 하세요. 나무에 색을 가미함으로써 내가 의도했던 작품을 만들어 낼 수만 있다면 나는 그러한 규범들을 인정하지 않을 것입니다. 나에겐 그것들을 무시할 권리가 있습니다."

"천재의 영혼이구나."라고 코플리는 중얼거렸다. "그렇지 않고서야 어떻게 이 조각가가 스스로 모든 규범들을 초월할 자격이 있다고 느끼고, 또 내가 규범 운운한 데 대해 수치스럽게 만드는가?"

그는 진지하게 드로운을 보았고, 다시 그 인간적인 사랑의 표정을 보았는데, 그는 그것이 영적인 의미에서 이 나무 토막 속에 숨을 불어넣었던 바로 그 신비한 생기였다고 상상하지 않을 수 없었다.

[5]

조각가는 이 신비한 상위에 그의 모든 작업의 비밀을 여전히 간직한 채, 얼굴은 천연의 붉고 흰색으로, 그리고 복장은 각각의 어울리는 색들로 칠해 갔다. 모든 작업이 끝나자, 비로소 그는 작업장 문을 열고 마을 사람들이 그의 완성된 작품을 감상하게 하였다. 사람들은 처음으로 작업장에 들어서자마자 자신들의 모자를 벗어야만 할 것 같았고, 작업장 구석에서 오크나무 부스러기와 대팻밥들이 발아래 흩어져 있는 가운데 우뚝 서 있는 것 같은 화려한 드레스 차림의 아름다운 숙녀에게 경외감을 표해야 한다는 생각이 들었다. 그런 다음에는 공포감이 느껴졌다. 실제 사람은 아니면서도 너무나 인간과 흡사하여, 마치 초자연적 존재라는 확신이 들었다. 사실상 어떤 알 수 없는 기운과 표정으로 인해, 이 오크나무의 딸은 누구이며 어디에서 온 것인가 하는 궁금증이 드는 게 당연했다. 그녀 머리에 있는 에덴의 이색적이고 화려한 꽃들, 인간의 순진한 아름다움보다도 더 깊고 찬란한 얼굴 표정, 환상적이면서도 거리에 단정히 입고 나오기에 그다지 이상야릇하지 않은 옷차림, 섬세하게 수놓아진 스커트의 자수, 목에 감긴 널찍한 금목걸이, 손가락에 낀 이상한 반지, 진귀하게 도림질 세공이 조각되고 진주와 흑단 비슷한 색이 칠해진 부채 — 그의 온전한 작업 어느 곳에서 이토록 비길 데 없이 구체화된 모습을 볼 수 있었던가! 그녀의 얼굴은 어떤가! 검은 눈과 관능적인 입 언저리는 자신감과 추파, 그리고 즐거움의 빛을 형성하는 표정을 선사했는데, 코플리는 이 상이 비밀스럽게 자신과 다른 보는 이들의 당혹스런 찬양을 즐기고 있다는 인상을 받았다.

코플리가 조각가에게 말했다. "이 걸작을 배의 선수상이 되게 할 거요? 차라리 그 정직한 선장에게 저쪽의 브리타니아 상을 주는 것이 그의 목적에 더 맞을 것이오. 이 아름다운 여왕을 영국에 보내시오. 내가 아는 한 천 파운드는 족히 벌 거요."

"돈 때문에 이 상을 만들지 않았소."라고 드로운이 말했다.

'이 사람은 어떤 종류의 친구인가! 일개 미국인이 재산을 불릴 기회를 마다하다니! 정신이 나갔어. 그래서 이 천재성이 나타난 게지.'하고 코플리는 생각했다.

드로운이 미쳤다는 증거는 더 많이 있었다. 만약 그가 오크나무 숙녀의 발아래서 무릎을 꿇고 자신의 손으로 만든 그녀의 얼굴을 연인의 열정적 열기로 응시하는 것을 보았다는 소문이 확실하다면 말이다. 당시의 완고한 편견을 지닌 자들은 이 아름다운 형상 속에 악령이 들어가 조각가를 파멸로 유인하고 있을지도 모른다고 넌지시 말했다.

이 조상의 명성은 널리 그리고 멀리 퍼져갔다. 상을 공개한 후 며칠 만에 상을 방문하지 않은 주민은 거의 없을 정도였고, 어린 아이 또는 노인까지 거의 모두가 이 상과 금방 친숙해져 있었다. 설령 드로운의 목각상 이야기가 여기서 끝났더라도, 그 명성은 어린 시절 이후 이만큼 아름다운 상을 다시는 볼 수 없게 된 어른들의 옛 추억거리로서 오랜 세월동안 유지되었을 것이다. 그러나 지금 이 마을은 한 사건으로 인해 화들짝 놀라게 되었는데, 그 화제가 할아버지 할머니들이 과거를 회상하며 앉아있거나, 과거와 미래의 몽상가들 속에서 머리를 조이리는 뉴잉글랜드 지방의 전통적인 노변에서 듣게 되는 하나의 가장 비범한 전설을 만들었다.

[6]

어느 화창한 아침, 소웅좌호가 파얄 섬으로의 두 번째 항해를 떠나기 바로 직전, 그 늠름한 배의 선장이 하노버 가의 거주지에서 나서는 게 보였다. 그는 화려한 광직 모직 코트를 입었는데, 옷의 솔기와 단추 구멍에 금으로 된 레이스가 달렸고, 주홍색 수가 놓인 조끼를 입었으며, 금으로 된 고리 장식과 가장자리 장식이 있는 삼각모를 썼다. 그러나 선장이 왕의 관복이나 거지의 누더기 옷을 차려입었다고 하더라도 어느 쪽도 주목을 끌지는 못했을 것인데, 지금 그의 팔에 기대고 있는 동반자에 의해서 무색해졌을 터였다. 거리에서 사람들은 놀라기 시작했다. 눈을 비비고 인도 옆길로 뛰어들거나 선 채로 오금을 못 쓰게 되어 나무나 대리석이 된 것처럼 서 있기도 했다.

"보이니? — 너도 보여?"라고 한 사람이 열망적인 떨림으로 소리쳤다. "아주 똑같아!"

"똑같다고?"라고 겨우 전날 밤 마을에 도착한 다른 한 사람이 대답했다. "누구 말이야? 항해 떠날 복장을 입은 선장과 모자에 한 다발의 예쁜 꽃을 달고 특이한 차림을 한 젊은 아가씨밖에 안 보이는데. 세상에 이럴 수가, 오랫동안 내 눈을 뗄 수 없을 만큼 아름답고 눈부신 아가씨야!"

"그래, 똑같아! — 아주 똑같아!"라고 나머지 한 사람이 반복했다. "드로운의 목각상이 실제로 살아났어!"

이것은 분명 기적이었다! 태양이 빛을 더해주고 갈마드는 집 그늘에 가려진 채 그 조상이 아침 미풍에 옷자락을 가볍게 휘날리며 거리를 지나갔다. 정확하게 그리고 아무리 보아도 이것은 아주 최근 마을 사람들이 벌떼처럼 몰려가서 감상하고 감탄했던 바로 그 형상, 복장, 얼굴이었다. 비록 지금은 깨지기 쉬운 우아함이 유연해지고 착용자가 걸을 때마다 흔들리고는 있었지만, 그녀 머리 위의 화려한 꽃과 특이한 잎 그 어느 것 하나도 드로운의 작업장에서 이것의 원형이 가지고 있지 않았던 것은 없었다. 목에 걸린 널찍한 금목걸이도 조상에 드러나 있던 그 금목걸이와 동일하였는데, 가슴을 장식하던 굽이치는 주름의 율동으로 반짝반짝 거렸다. 그녀의 손가락에서는 진짜 다이아몬드가 번쩍거렸다. 오른쪽 손에 지니고 있던 진주와 흑단 부채는 환상적이고 매력적인 교태를 과시했는데, 그와 잘 어우러지는 그녀의 아름다운 맵시와 치장뿐 아니라, 그녀의 움직임에서도 교태가 드러났다. 얼굴은 찬란한 깊이를 띠면서도 얼굴상 위에 고정된 명랑한 장난기는 여전했고, 다양하게 또 계속해서 변화하면서도, 활기찬 분수대 위에 내리쬐는 태양 빛처럼 늘 본질적으로 같았다. 전체적으로 그 모습이 뭔가 너무 공허하면서도 사실적이었고, 게다가 드로운의 상을 너무도 완벽하게 나타내고 있어서, 사람들은 마법의 나무가 영화되어 요정으로 변했다고 생각해야 할지, 아니면 온기를 받고 부드러워져 실제 여자로 변했다고 생각해야 할지 몰랐다.

"틀림없어,"라고 전형적인 청교도인으로 보이는 노인이 중얼거렸다. "드로운은 자신을 악마에게 판 거야. 분명 이 건방진 훈어웰 선장이 거래 당사자일 거야."

그의 말을 건네 들은 젊은이가 말했다. "저 아름다운 입술에 경의를 표할 자유를 위해서라면 제 삼의 희생자라도 될 텐데."

"나도 그렇소, 그녀의 초상을 그릴 수 있는 특권을 위해서라면." 화가 코플리의 말이었다.

조상이든 유령이든 간에, 대담한 선장은 그녀를 호송하고 있었다. 목조상은 하노버 가를 나서, 이쪽 시내를 번잡스럽게 만들고 있는 교차로들을 통과하여 앤가로 옮겨졌고, 거기서 선창가로 들어간 다음, 바닷가 끝자락에 있는 드로운의 작업장까지 쭉 내려갔다. 사람들은 계속 쫓아왔고, 길을 지나면서 군중들이 눈덩이처럼 커져갔다. 한 번도 현대의 기적이 그렇게 환한 대낮에 또한 그렇게 다수의 목격자가 보는 가운데 일어난 적은 없었다. 그 공허한 형상은 마치 그녀 자신이 바로 그녀 뒤로 불어나 있는 소란한 혼란의 대상이라는 것을 의식이나 하듯 약간은 초조하고 당혹스러워 보였으나, 그녀 얼굴에 쓰여 있는 가벼운 쾌활함과 명랑한 장난기는 여전히 지니고 있었다. 그녀가 너무 급하게 부채질을 해댄 듯 결국 그 만듦새의 정교한 섬세함이 무너져 버리고, 부채는 그녀의 손에서 깨져있었다.

[7]

드로운의 작업장 문에 도착해서 선장이 문을 열어젖히는 동안, 그 우아한 환영은 잠시 문지방에 멈춰 서서 조상 원래의 자태를 지어 보이고, 모두가 오크나무 여인의 얼굴에서 보았던 쾌활한 교태의 눈길을 군중들에게 던지고 있었다. 그리고는 그녀와 그녀의 기사는 모습을 감추어 버렸다.

"아!"라고 군중들은 감탄사를 내뱉으며 모두가 똑같이 깊은 한숨을 쉬었다.

"그녀가 사라지고 나니 세상이 더 어두워 보여,"라고 젊은이들 몇몇이 말했다.

그러나 마녀 시대만큼이나 먼 과거로 거슬러 올라가 회상에 잠긴 노인들은 고개를 흔들며, 선조들이었다면 이 오크나무의 딸을 불에 태우는 일을 경건한 행동으로 생각했을 거라고 넌지시 말했다.

"그녀가 만약 거품 같은 것이 아니라면, 그녀의 얼굴을 한 번 더 봐야겠네."라고 코플리가 외쳤다.

그는 자신의 말에 따라 작업장 안으로 들어갔다. 거기서 그녀가 평소 때처럼 작업장 모퉁이에 서서 그를 응시하였는데, 마치 바로 그 명랑한 장난기의 표정이 바로 조금 전 그녀가 군중을 향하여 얼굴을 돌렸을 때는 작별 인사를 하는 표정이었다. 조각가는 자신의 작품 옆에서 사고로 인해 망가져 있는 손의 아름다운 부채를 수선하며 서 있었다. 그러나 더 이상의 살아있는 조상의 움직임은 없었고, 작업장에 실물과 같은 여인도 없었고, 심지어 거리를 휙휙 지나면서 사람들의 눈을 현혹시켰을 쾌활한 유령의 마법까지도 온데간데없었다. 훈어웰 선장 역시 사라지고 없었다. 그러나 그의 거칠고 해풍 같은 목소리가 바다 쪽으로 나 있는 맞은편 문을 통해서 들려왔다.

"나의 아가씨여, 고물(배의 뒤) 좌석에 앉으시오."라고 씩씩한 선장이 말했다. "어서 도와라, 느려터진 놈들아, 어서 신속하게 승선하도록."

그리고는 배의 노 젓는 소리가 났다.

"드로운,"이라고 코플리가 지적인 미소를 지으며 말했다. "당신은 진정 운이 좋은 사람이오. 어떤 화가나 조각가가 저런 작품을 만들 수 있었겠소! 나무의 요정이 당신에게 그 영감의 재능을 불어넣어서 먼저 예술가를 탄생시켰고, 그런 다음 그 예술가가 그녀의 상을 탄생시킨 것은 그리 놀라운 일이 아니오."

드로운은 눈물 자국이 배어 있는, 그러나 아주 최근까지만 해도 그 빛을 발하던 상상과 감성의 빛이 이젠 사라지고 없는 얼굴로 그를 바라보았다. 그는 다시, 전에 그의 전 생애를 통해 알려졌던 기계적인 조각가였다.

"코플리씨, 난 당신이 무슨 말을 하는지 잘 모르겠습니다."라고 그가 이마에 손을 얹으며 말했다. "이 목각상! 이것이 나의 작품이라고요? 오, 나는 꿈속에서 이걸 만들었는걸요. 이제 완전히 그 꿈에서 깨어났으니, 어서 저 베르논 장군상을 끝마쳐야 합니다."

[8]

그리고 나서 그는 무표정한 얼굴을 한 나무 작품들을 만드는 데 열중했고, 그 특유의 기계적인 스타일로 이것을 완성했다. 그 후로 그는 한 번도 이 스타일을 벗어나지 않았다고 한다. 그는 오랜 동안 근면하게 자기의 직업에 충실했고, 아주 유능해졌다. 그리고 그의 인생의 후반기에는 교회에서 위엄 있는 지위를 얻어, 조각가이며 집사로서 기록이나 전설 속에 기억되었다. 그의 작품 중 하나인 금으로 온몸을 입힌 인디언 추장은 한 세기의 대부분을 식민지 청사의 둥근 지붕 위에 서 있었는데, 태양의 수호신과 같이 올려다보는 사람들의 눈을 어리둥절하게 만들었다. 또한 존경스런 집사의 손으로 만든 또 다른 작품(망원경과 사분의(四分儀)를 쥐고 있는 그의 친구 훈어웰 선장과 유사함)은 오늘날 브로드나 스테이트 스트리트의 모퉁이에서 눈에 띌지 모르겠는데, 항해도구 제작자의 점포를 가리키는 유용한 간판 역할을 하고 있을 것이다. 그 오크나무 여인의 탁월성과 비교하여 이 변덕스런 구식 상의 열등성을 어떻게 설명해야 할지 우리는 알지 못한다. 모든 인간의 영혼 속에는 상상, 감정, 창조력, 천재성이 있으며, 이것들은 상황에 따라서 이 세계에서 개발될 수도, 다른 존재의 상태가 될 때까지 답답한 외피에 씌워져 있을 수도 있을 것이라고 추정할 뿐이다. 우리의 친구 드로운에게도 사랑이 부채질 해 놓은 짤막한 흥분의 도가니가 있었던 것이다. 그 하나의 사건으로 인해 그는 천재로 여겨졌지만, 실망스럽게 식어서 다시 기계적인 나무 조각가가 되어버렸고, 자신의 솜씨로 만든 작품을 감상할 힘조차 없게 되었다. 그러나 한 인간의 영혼이 도달할 수 있는 최상의 상태란, 최고로 열망하면서, 가장 진실하고 가장 자연스런 상태라는 것을, 또 드로운이 얼간이 상들을 만들어 내던 때보다 신비한 여인의 우아한 상을 만들었을 때 훨씬 그 자신과 일치했다는 것을 누가 의심할 수 있겠는가?

그 당시, 보스턴에서는 소문이 하나 돌았는데, 어느 귀족 집안의 포르투갈 아가씨가 정치적인 불안이었는지, 집안의 불화였는지 하는 문제로 집을 떠나 파얄 섬으로 가출을 해서, 항해 중이던 훈어웰 선장의 보호 아래 자신을 맡기며 그의 범선에 승선했고, 상황이 바뀔 때까지 그의 배에 피신해 있었다는 것이다. 이 이방인이 틀림없이 드로운의 목각상의 원조였을 것이다.

01 **<A> and <B> are the excerpts from the fiction and one of Greek mythology respectively which inspire the author of the fiction.**

A

Most persons, at their first entrance, felt impelled to remove their hats, and pay such reverence as was due to the richly-dressed and beautiful young lady who seemed to stand in a corner of the room, with oaken chips and shavings scattered at her feet. Then came a sensation of fear; as if, not being actually human, yet so like humanity, she must therefore be something preternatural. There was, in truth, an indefinable air and expression that might reasonably induce the query, Who and from what sphere this daughter of the oak should be? The strange, rich flowers of Eden on her head, the complexion, so much deeper and more brilliant than those of our native beauties; the foreign, as it seemed, and fantastic garb, yet not too fantastic to be worn decorously in the street; the delicately-wrought embroidery of the skirt; the broad gold chain about her neck; the curious ring upon her finger; the fan, so exquisitely sculptured in open work, and painted to resemble pearl and ebony; — where could Drowne, in his sober walk of life, have beheld the vision here so matchlessly embodied! And then her face! In the dark eyes and around the voluptuous mouth, there played a look made up of pride, coquetry, and a gleam of mirthfulness, which impressed Copley witty the idea that the image was secretly enjoying the perplexing admiration of himself and other beholders.

B

『(   ) was a sculptor who carved a woman out of. Some versions state that it was an image of. According to Ovid, after seeing the prostituting themselves, he is 'not interested in women', but his statue is so realistic that he falls in love with it. He offers the statue presents and eventually prays to Aphrodite. She takes pity on him and brings the statue to life. They marry and have a son, Paphos.』

Which of the following best completes the blank in <B>?

① Artemis
② Pandora
③ Pygmalion
④ Hercules
⑤ Hesiod

02 **This is the excerpt from the fiction. According to this passage, which of the following choices is most relevant to the theme of the fiction?**

> The carver smiled, but made no reply. Copley turned again to the images, conceiving that the sense of deficiency which Drowne had just expressed, and which is so rare in a merely mechanical character, must surely imply a genius, the tokens of which had heretofore been overlooked. But no; there was not a trade of it. He was about to withdraw when his eyes chanced to fall upon a half-developed figure which lay in a corner of the workshop, surrounded by scattered chips of oak. It arrested him at once.
>
> "What is here? What has done this?" he broke out, after contemplating it in speechless astonishment for an instant. "Here is the divine, the life-giving touch. what inspired hand is beckoning this wood to arise and live? Whose work is this?"
>
> "No man's work." replied Drowne. "The figure lies within that block of oak, and it is my business to find it."
>
> "Drowne," said the true artist, grasping the carver fervently by the hand, "you are a man of genius!"

① Artists' hard works
② Ideas concerning creativity
③ The uselessness of oaks as a material for art
④ The definition of the artist
⑤ What provides a person with art skills

03 **Which of the following statements can be most effectively inferred from the following passage?**

> To our friend Drowne there came a brief season of excitement, kindled by love. It rendered him a genius for that one occasion, but, quenched in disappointment, left him again the mechanical carver in wood, without the power even of appreciating the work that his own hands had wrought. Yet, who can doubt that the very highest state to which a human spirit can attain, in its loftiest aspirations, is its truest and most natural state, and that Drowne was more consistent with himself when he wrought the admirable figure of the mysterious lady, than when he perpetrated a whole progeny of blockheads?
>
> There was a rumor in Boston, about this period, that a young Portuguese lady of rank, on some occasion of political or domestic disquietude, had fled from her home in Fayal and put herself under the protection Captain Hunnewell, on board of whose vessel, and at whose residence she was sheltered until a change of affairs. This stranger must had been the original of Drowne's Wooden Image.

① Drowne has relied on a living model for his carved image.
② Drowne is full of creativity so that he carves the beautiful statue.
③ Drowne is given all information of a model by Captain Hunnewell.
④ Drowne and Captain Hunnewell carve the statue together.
⑤ A young Portuguese lady is a completely imagined creature.

Answer
01. ③
02. ②
03. ①

02 The Purloined Letter

Edgar Allan Poe(1809-1849)

Nil sapientiae odiosius acumine nimio. — *Seneca*

[1]

At Paris, just after dark one gusty evening in the autumn of 18--, I was enjoying the twofold luxury of meditation and a meerschaum, in company with my friend, C. Auguste Dupin, in his little back library, or book-closet, au troisième, No. 33, Rue Dunôt, Faubourg St. Germain. For one hour at least we had maintained a profound silence; while each, to any casual observer, might have seemed intently and exclusively occupied with the curling eddies of smoke that oppressed the atmosphere of the chamber. For myself, however, I was mentally discussing certain topics which had formed matter for conversation between us at an earlier period of the evening; I mean the affair of the Rue Morgue, and the mystery attending the murder of Marie Rogêt. I looked upon it, therefore, as something of a coincidence, when the door of our apartment was thrown open and admitted our old acquaintance, Monsieur G--, the Prefect of the Parisian police.

We gave him a hearty welcome; for there was nearly half as much of the entertaining as of the contemptible about the man, and we had not seen him for several years. We had been sitting in the dark, and Dupin now arose for the purpose of lighting a lamp, but sat down again, without doing so, upon G.'s saying that he had called to consult us, or rather to ask the opinion of my friend, about some official business which had occasioned a great deal of trouble.

"If it is any point requiring reflection," observed Dupin, as he forbore to enkindle the wick, "we shall examine it to better purpose in the dark."

"That is another one of your odd notions," said the Prefect, who had the fashion of calling everything "odd" that was beyond his comprehension, and thus lived amid an absolute legion of "oddities."

"Very true," said Dupin, as he supplied his visitor with a pipe, and rolled toward him a comfortable chair.

"And what is the difficulty now?" I asked. "Nothing more in the assassination way, I hope?"

"Oh, no; nothing of that nature. The fact is, the business is very simple indeed, and I make no doubt that we can manage it sufficiently well ourselves; but then I thought Dupin would like to hear the details of it because it is so excessively odd."

"Simple and odd," said Dupin.

"Why, yes; and not exactly that either. The fact is, we have all been a good deal puzzled because the affair is so simple, and yet baffles us altogether."

"Perhaps it is the very simplicity of the thing which puts you at fault," said Dupin.

"What nonsense you do talk!" replied the Prefect, laughing heartily.

"Perhaps the mystery is a little too plain," said Dupin.

"Oh, good heavens! who ever heard of such an idea?"

"A little too self-evident."

"Ha! ha! ha! —ha! ha! ha! —ho! ho! ho!" roared our visitor, profoundly amused, "oh, Dupin, you will be the death of me yet!"

"And what, after all, is the matter on hand?" I asked.

"Why, I will tell you," replied the Prefect, as he gave a long, steady, and contemplative puff, and settled himself in his chair. "I will tell you in a few words; but, before I begin, let me caution you that this is an affair demanding the greatest secrecy, and that I should most probably lose the position I now hold, were it known that I confided it to any one."

"Proceed," said I.

"Or not," said Dupin.

[2]

"Well, then; I have received personal information, from a very high quarter, that a certain document of the last importance has been purloined from the royal apartments. The individual who purloined it is known; that beyond a doubt; he was seen to take it. It is known, also, that it still remains in his possession."

"How is this known?" asked Dupin.

"It is clearly inferred," replied the Prefect, "from the nature of the document, and from the non-appearance of certain results which would at once arise from its passing out of the robber's possession—that is to say, from his employing it as he must design in the end to employ it."

"Be a little more explicit," I said.

"Well, I may venture so far as to say that the paper gives its holder a certain power in a certain quarter where such power is immensely valuable." The Prefect was fond of the cant of diplomacy.

"Still I do not quite understand," said Dupin.

"No? Well; the disclosure of the document to a third person, who shall be nameless, would bring in question the honor of a personage of most exalted station; and this fact gives the holder of the document an ascendancy over the illustrious personage whose honor and peace are so jeopardized."

"But this ascendancy," I interposed, "would depend upon the robber's knowledge of the loser's knowledge of the robber. Who would dare—"

"The thief," said G., "is the Minister D--, who dares all things, those unbecoming as well as those becoming a man. The method of the theft was not less ingenious than bold. The document in question—a letter, to be frank—had been received by the personage robbed while alone in the royal boudoir. During its perusal she was suddenly interrupted by the entrance of the other exalted personage from whom especially it was her wish to conceal it. After a hurried and vain endeavor to thrust it in a drawer, she was forced to place it, open as it was, upon a table. The address, however, was uppermost, and, the contents thus unexposed, the letter escaped notice. At this juncture enters the Minister D--. His lynx eye immediately perceives the paper, recognizes the handwriting of the address, observes the confusion of the personage addressed, and fathoms her secret. After some business transactions, hurried through in his ordinary manner, he produces a letter somewhat similar to the one in question, opens it, pretends to read it, and then places it in close juxtaposition to the other. Again he converses, for some fifteen minutes, upon the public affairs. At length, in taking leave, he takes also from the table the letter to which he has no claim. Its rightful owner saw, but, of course, dared not call attention to the act, in the presence of the third personage who stood at her elbow. The Minister decamped; leaving his own letter—one of no importance—upon the table."

"Here, then," said Dupin to me, "you have precisely what you demand to make the ascendancy complete—the robber's knowledge of the loser's knowledge of the robber."

"Yes," replied the Prefect; "and the power thus attained has, for some months past, been wielded, for political purposes, to a very dangerous extent. The personage robbed is more thoroughly convinced, every day, of the necessity of reclaiming her letter. But this, of course, cannot be done openly. In fine, driven to despair, she has committed the matter to me."

"Than whom," said Dupin, amid a perfect whirlwind of smoke, "no more sagacious agent could, I suppose, be desired, or even imagined."

"You flatter me," replied the Prefect; "but it is possible that some such opinion may have been entertained."

[3]

"It is clear," said I, "as you observe, that the letter is still in the possession of the Minister; since it is this possession, and not any employment of the letter, which bestows the power. With the employment the power departs."

"True," said G, "and upon this conviction I proceeded. My first care was to make a thorough search of the Minister's hotel; and here my chief embarrassment lay in the necessity of searching without his knowledge. Beyond all things, I have been warned of the danger which would result from giving him reason to suspect our design."

"But," said I, "you are quite au fait in these investigations. The Parisian police have done this thing often before."

"Oh, yes; and for this reason I did not despair. The habits of the Minister gave me, too, a great advantage. He is frequently absent from home all night. His servants are by no means numerous. They sleep at a distance from their master's apartment, and, being chiefly Neapolitans, are readily made drunk. I have keys, as you know, with which I can open any chamber or cabinet in Paris. For three months a night has not passed, during the greater part of which I have not been engaged, personally, in ransacking the D-- Hotel. My honor is interested, and, to mention a great secret, the reward is enormous. So I did not abandon the search until I had become fully satisfied that the thief is a more astute man than myself. I fancy that I have investigated every nook and corner of the premises in which it is possible that the paper can be concealed."

"But is it not possible," I suggested, "that although the letter may be in possession of the Minister, as it unquestionably is, he may have concealed it elsewhere than upon his own premises?"

"This is barely possible," said Dupin. "The present peculiar condition of affairs at court, and especially of those intrigues in which D-- is known to be involved, would render the instant availability of the document — its susceptibility of being produced at a moments notice — a point of nearly equal importance with its possession."

"Its susceptibility of being produced?" said I.

"That is to say, of being destroyed," said Dupin.

"True," I observed; "the paper is clearly then upon the premises. As for its being upon the person of the Minister, we may consider that as out of the question."

"Entirely," said the Prefect. "He has been twice waylaid, as if by footpads, and his person rigidly searched under my own inspection."

"You might have spared yourself this trouble," said Dupin. "D--, I presume, is not altogether a fool, and, if not, must have anticipated these waylayings, as a matter of course."

"Not altogether a fool," said G., "but then he is a poet, which I take to be only one removed from a fool."

"True," said Dupin, after a long and thoughtful whiff from his meerschaum, "although I have been guilty of certain doggerel myself."

[4]

"Suppose you detail," said I, "the particulars of your search."

"Why, the fact is, we took our time, and we searched everywhere. I have had long experience in these affairs. I took the entire building, room by room; devoting the nights of a whole week to each. We examined, first, the furniture of each apartment. We opened every possible drawer; and I presume you know that, to a properly trained police-agent, such a thing as a 'secret' drawer is impossible. Any man is a dolt who permits a 'secret' drawer to escape him in a search of this kind. The thing is so plain. There is a certain amount of bulk—of space—to be accounted for in every cabinet. Then we have accurate rules. The fiftieth part of a line could not escape us. After the cabinets we took the chairs. The cushions we probed with the fine long needles you have seen me employ. From the tables we removed the tops."

"Why so?"

"Sometimes the top of a table, or other similarly arranged piece of furniture, is removed by the person wishing to conceal an article; then the leg is excavated, the article deposited within the cavity, and the top replaced. The bottoms and tops of bedposts are employed in the same way."

"But could not the cavity be detected by sounding?" I asked.

"By no means, if, when the article is deposited, a sufficient wadding of cotton be placed around it. Besides, in our case, we were obliged to proceed without noise."

"But you could not have removed—you could not have taken to pieces all articles of furniture in which it would have been possible to make a deposit in the manner you mention. A letter may be compressed into a thin spiral roll, not differing much in shape or bulk from a large knitting-needle, and in this form it might be inserted into the rung of a chair, for example. You did not take to pieces all the chairs?"

"Certainly not; but we did better — we examined the rungs of every chair in the hotel, and, indeed, the jointings of every description of furniture, by the aid of a most powerful microscope. Had there been any traces of recent disturbance we should not have failed to detect it instantly. A single grain of gimlet-dust, for example, would have been as obvious as an apple. Any disorder in the gluing — any unusual gap in the joints — would have sufficed to insure detection."

"I presume you looked to the mirrors, between the boards and the plates, and you probed the beds and the bedclothes, as well as the curtains and carpets."

"That of course; and when we had absolutely completed every particle of the furniture in this way, then we examined the house itself. We divided its entire surface into compartments, which we numbered, so that none might be missed; then we scrutinized each individual square inch throughout the premises, including the two houses immediately adjoining, with the microscope, as before."

[5]

"The two houses adjoining!" I exclaimed; "you must have had a great deal of trouble."

"We had; but the reward offered is prodigious."

"You included the grounds about the houses?"

"All the grounds are paved with brick. They give us comparatively little trouble. We examined the moss between the bricks, and found it undisturbed."

"You looked among D--'s papers, of course, and into the books of the library?"

"Certainly; we opened every package and parcel; we not only opened every book, but we turned over every leaf in each volume, not contenting ourselves with a mere shake, according to the fashion of some of our police officers. We also measured the thickness of every book-cover, with the most accurate admeasurement, and applied to each the most jealous scrutiny of the microscope. Had any of the bindings been recently meddled with, it would have been utterly impossible that the fact should have escaped observation. Some five or six volumes, just from the hands of the binder, we carefully probed, longitudinally, with the needles."

"You explored the floors beneath the carpets?"

"Beyond doubt. We removed every carpet, and examined the boards with the microscope."

"And the paper on the walls?"

"Yes."

"You looked into the cellars?"

"We did."

"Then," I said, "you have been making a miscalculation, and the letter is not upon the premises, as you suppose."

"I fear you are right there," said the Prefect. "And now, Dupin, what would you advise me to do?"

"To make a thorough research of the premises."

"That is absolutely needless," replied G. "I am not more sure that I breathe than I am that the letter is not at the hotel."

"I have no better advice to give you," said Dupin. "You have, of course, an accurate description of the letter?"

"Oh, yes!" — And here the Prefect, producing a memorandum-book, proceeded to read aloud a minute account of the internal, and especially of the external, appearance of the missing document. Soon after finishing the perusal of this description, he took his departure, more entirely depressed in spirits than I have ever known the good gentleman before.

[6]

In about a month afterward he paid another visit, and found us occupied very nearly as before. He took a pipe and a chair and entered into some ordinary conversation. At length I said:

"Well, but G--, what of the purloined letter? I presume you have at last made up your mind that there is no such thing as overreaching the Minister?"

"Confound him, say I — yes; I made the re-examination, however, as Dupin suggested — but it was all labor lost, as I knew it would be."

"How much was the reward offered, did you say?" asked Dupin.

"Why, a very great deal — a very liberal reward — I don't like to say how much precisely; but one thing I will say, that I wouldn't mind giving my individual check for fifty thousand francs to any one who could obtain me that letter. The fact is, it is becoming of more and more importance every day; and the reward has been lately doubled. If it were trebled, however, I could do no more than I have done."

"Why, yes," said Dupin, drawlingly, between the whiffs of his meerschaum, "I really — think, G--, you have not exerted yourself — to the utmost in the matter. You might — do a little more, I think, eh?"

"How? — in what way?"

"Why -- puff, puff -- you might -- puff, puff -- employ counsel in the matter, eh? -- puff, puff, puff. Do you remember the story they tell of Abernethy?"

"No; hang Abernethy!"

"To be sure! hang him and welcome. But, once upon a time, a certain rich miser conceived the design of spunging upon this Abernethy for a medical opinion. Getting up, for this purpose, an ordinary conversation in a private company, he insinuated his case to the physician, as that of an imaginary individual. 'We will suppose,' said the miser, 'that his symptoms are such and such; now, doctor, what would you have directed him to take?' 'Take!'" said Abernethy, 'why, take advice, to be sure.'"

"But," said the Prefect, a little discomposed, "I am perfectly willing to take advice, and to pay for it. I would really give fifty thousand francs to any one who would aid me in the matter."

"In that case," replied Dupin, opening a drawer, and producing a check-book, "you may as well fill me up a check for the amount mentioned. When you have signed it, I will hand you the letter."

I was astonished. The Prefect appeared absolutely thunderstricken. For some minutes he remained speechless and motionless, looking incredulously at my friend with open mouth, and eyes that seemed startling from their sockets; then apparently recovering himself in some measure, he seized a pen, and after several pauses and vacant stares, finally filled up and signed a check for fifty thousand francs, and handed it across the table to Dupin. The latter examined it carefully and deposited it in his pocket-book; then, unlocking an escritoire, took thence a letter and gave it to the Prefect. This functionary grasped it in a perfect agony of joy, opened it with a trembling hand, cast a rapid glance at its contents, and then, scrambling and struggling to the door, rushed at length unceremoniously from the room and from the house, without having uttered a syllable since Dupin had requested him to fill up the check.

[7]

When he had gone, my friend entered into some explanations.

"The Parisian police," he said, "are exceedingly able in their way. They are persevering, ingenious, cunning, and thoroughly versed in the knowledge which their duties seem chiefly to demand. Thus, when G-- detailed to us his mode of searching the premises at the Hotel D--, I felt entire confidence in his having made a satisfactory investigation — so far as his labors extended."

"So far as his labors extended?" said I.

"Yes," said Dupin. "The measures adopted were not only the best of their kind, but carried out to absolute perfection. Had the letter been deposited within the range of their search, these fellows would, beyond a question, have found it."

I merely laughed — but he seemed quite serious in all that he said.

"The measures, then," he continued, "were good in their kind, and well executed; their defect lay in their being inapplicable to the case and to the man. A certain set of highly ingenious resources are, with the Prefect, a sort of Procrustean bed, to which he forcibly adapts his designs. But he perpetually errs by being too deep or too shallow for the matter in hand; and many a schoolboy is a better reasoner than he. I knew one about eight years of age, whose success at guessing in the game of 'even and odd' attracted universal admiration. This game is simple, and is played with marbles. One player holds in his hand a number of these toys, and demands of another whether that number is even or odd. If the guess is right, the guesser wins one; if wrong, he loses one. The boy to whom I allude won all the marbles of the school. Of course he had some principle of guessing; and this lay in mere observation and admeasurement of the astuteness of his opponents. For example, an arrant simpleton is his opponent, and, holding up his closed hand, asks, 'Are they even or odd?' Our schoolboy replies, 'Odd,' and loses; but upon the second trial he wins, for he then says to himself: 'The simpleton had them even upon the first trial, and his amount of cunning is just sufficient to make him have them odd upon the second; I will therefore guess odd'; — he guesses odd and wins. Now, with a simpleton a degree above the first, he would have reasoned thus: 'This fellow finds that in the first instance I guessed odd, and, in the second, he will propose to himself, upon the first impulse, a simple variation from even to odd, as did the first simpleton; but then a second thought will suggest that this is too simple a variation, and finally he will decide upon putting it even as before. I will therefore guess even'; — he guesses even, and wins. Now this mode of reasoning in the schoolboy, whom his fellows termed 'lucky,' — what, in its last analysis, is it?"

"It is merely," I said, "an identification of the reasoner's intellect with that of his opponent."

"It is," said Dupin; "and, upon inquiring of the boy by what means he effected the thorough identification in which his success consisted, I received answer as follows: 'When I wish to find out how wise, or how stupid, or how good, or how wicked is any one, or what are his thoughts at the moment, I fashion the expression of my face, as accurately as possible, in accordance with the expression of his, and then wait to see what thoughts or sentiments arise in my mind or heart, as if to match or correspond with the expression.' This response of the schoolboy lies at the bottom of all the spurious profundity which has been attributed to Rochefoucault, to La Bougive, to Machiavelli, and to Campanella."

[8]

"And the identification," I said, "of the reasoner's intellect with that of his opponent, depends, if I understand you aright, upon the accuracy with which the opponent's intellect is admeasured."

"For its practical value it depends upon this," replied Dupin; "and the Prefect and his cohort fail so frequently, first, by default of this identification, and, secondly, by ill-admeasurement, or rather through non-admeasurement, of the intellect with which they are engaged. They consider only their own ideas of ingenuity; and, in searching for anything hidden, advert only to the modes in which they would have hidden it. They are right in this much — that their own ingenuity is a faithful representative of that of the mass; but when the cunning of the individual felon is diverse in character from their own, the felon foils them, of course. This always happens when it is above their own, and very usually when it is below. They have no variation of principle in their investigations; at best, when urged by some unusual emergency — by some extraordinary reward — they extend or exaggerate their old modes of practice, without touching their principles. What, for example, in this case of D--, has been done to vary the principle of action? What is all this boring, and probing, and sounding, and scrutinizing with the microscope, and dividing the surface of the building into registered square inches — what is it all but an exaggeration of the application of the one principle or set of principles of search, which are based upon the one set of notions regarding human ingenuity, to which the Prefect, in the long routine of his duty, has been accustomed? Do you not see he has taken it for granted that all men proceed to conceal a letter, not exactly in a gimlet-hole bored in a chair-leg, but, at least, in some out-of-the-way hole or corner suggested by the same tenor of thought which would urge a man to secrete a letter in a gimlet-hole bored in a chair-leg? And do you not see also, that such recherchés nooks for concealment ar adapted only for ordinary occasions, and would be adopted only by ordinary intellects; for, in all cases of concealment, a disposal of the article concealed — a disposal in this recherché manner, — is, in the very first instance, presumable and presumed; and thus its discovery depends, not at all upon the acumen, but altogether upon the mere care, patience, and determination of the seekers;

and where the case is of importance — or, what amounts to the same thing in the political eyes, when the reward is of magnitude, — the qualities in question have never been known to fail. You will now understand what I mean in suggesting that, had the purloined letter been hidden anywhere within the limits of the Prefect's examination — in other words, had the principle of its concealment been comprehended within the principles of the Prefect — its discovery would have been a matter altogether beyond question. This functionary, however, has been thoroughly mystified; and the remote source of his defeat lies in the supposition that the Minister is a fool, because he has acquired renown as a poet. All fools are poets; this the Prefect feels; and he is merely guilty of a non distributio medii in thence inferring that all poets are fools."

"But is this really the poet?" I asked. "There are two brothers, I know; and both have attained reputation in letters. The Minister I believe has written learnedly on the Differential Calculus. He is a mathematician, and no poet."

"You are mistaken; I know him well; he is both. As a poet and as a mathematician, he would reason well; as a mere mathematician, he could not have reasoned at all, and thus would have been at the mercy of the Prefect."

[9]

"You surprise me," I said, "by these opinions, which have been contradicted by the voice of the world. You do not mean to set at naught the well-digested ideas of centuries. The mathematical reason has long been regarded as the reason par excellence."

"'Il y a à parier,'" replied Dupin, quoting from Chamfort, "'que toute idée publique, toute convention reçue, est une sottise, cor elle a convenue au plus grand nombre.' The mathematicians, I grant you, have done their best to promulgate the popular error to which you allude, and which is none the less an error for its promulgation as truth. With an art worthy a better cause, for example, they have insinuated the term 'analysis' into application to algebra. The French are the originators of this particular deception; but if a term is of any importance — if words derive any value from applicability — then 'analysis' conveys 'algebra' about as much as, in Latin, 'ambitus' implies 'ambition,' 'religio' 'religion,' or 'homines honesti' 'a set of honorable men.'"

"You have a quarrel on hand, I see," said I, "with some of the algebraists of Paris; but proceed."

"I dispute the availability, and thus the value, of that reason which is cultivated in any especial form other than the abstractly logical. I dispute, in particular, the reason educed by mathematical study. The mathematics are the science of form and quantity; mathematical reasoning is merely logic applied to observation upon form and quantity. The great error lies in supposing that even the truths of what is called pure algebra are abstract or general truths. And this error is so egregious that I am confounded at the universality with which it has been received. Mathematical axioms are not axioms of general truth. What is true of relation — of form and quantity — is often grossly false in regard to morals, for example. In this latter science it is very usually untrue that the aggregated parts are equal to the whole. In chemistry also the axiom fails. In the consideration of motive it fails; for two motives, each of a given value, have not, necessarily, a value when united, equal to the sum of their values apart. There are numerous other mathematical truths which are only truths within the limits of relation. But the mathematician argues from his finite truths, through habit, as if they were of an absolutely general applicability — as the world indeed imagines them to be. Bryant, in his very learned 'Mythology,' mentions an analogous source of error, when he says that 'although the pagan fables are not believed, yet we forget ourselves continually, and make inferences from them as existing realities.' With the algebraists, however, who are pagans themselves, the 'pagan fables' are believed, and the inferences are made, not so much through lapse of memory as through an unaccountable addling of the brains. In short, I never yet encountered the mere mathematician who would be trusted out of equal roots, or one who did not clandestinely hold it as a point of his faith that x2 + px was absolutely and unconditionally equal to q. Say to one of these gentlemen, by way of experiment, if you please, that you believe occasions may occur when x2 + px is not altogether equal to q, and, having made him understand what you mean, get out of his reach as speedily as convenient, for beyond doubt, he will endeavor to knock you down."

[10]

"I mean to say," continued Dupin, while I merely laughed at his last observations, "that if the Minister had been no more than a mathematician, the Prefect would have been under no necessity of giving me this check. I knew him, however, as both mathematician and poet, and my measures were adapted to his capacity, with reference to the circumstances by which he was surrounded. I knew him as a courtier, too, and as a bold intriguant. Such a man, I considered, could not fail to be aware of the ordinary political modes of action. He could not fail to be anticipate — and events have proved he did not fail to anticipate — the waylayings to which he was subjected. He must have foreseen, I reflected, the secret investigations of his premises. His frequent absences from home at night, which were hailed by the Prefect as certain aids to his success, I regarded only as ruses, to afford opportunity for thorough search to the police, and thus sooner to impress them with the conviction to which G--, in fact, did finally arrive — the conviction that the letter was not upon the premises. I felt, also, that the whole train of thought, which I was at some pains in detailing to you just now, concerning the invariable principle of policial action in searches for articles concealed — I felt that this whole train of thought would necessarily pass through the mind of the Minister. It would imperatively lead him to despise all the ordinary nooks of concealment. He could not, I reflected, be so weak as not to see that the most intricate and remote recess of his hotel would be as open as his commonest closets to the eyes, to the probes, to the gimlets, and to the microscopes of the Prefect. I saw, in fine, that he would be driven, as a matter of course, to simplicity, if not deliberately induced to it as a matter of choice. You will remember, perhaps, how desperately the Prefect laughed when I suggested, upon our first interview, that it was just possible this mystery troubled him so much on account of its being so very self-evident."

"Yes," said I, "I remember his merriment well. I really thought he would have fallen into convulsions."

"The material world," continued Dupin, "abounds with very strict analogies to the immaterial; and thus some color of truth has been given to the rhetorical dogma, that metaphor, or simile, may be made to strengthen an argument as well as to embellish a description. The principle of the vis inertiae, for example, seems to be identical in physics and metaphysics. It is not more true in the former, than a large body is with more difficulty set in motion than a smaller one, and that its subsequent momentum is commensurate with this difficulty, than it is, in the latter, that intellects of the vaster capacity, while more forcible, more constant, and more eventful in their movements than those of inferior grade, are yet the less readily moved, and more embarrassed, and full of hesitation in the first few steps of their progress. Again: have you ever noticed which of the street signs, over the shop doors, are the most attractive of attention?"

"I have never given the matter a thought," I said.

"There is a game of puzzles," he resumed, "which is played upon a map. One party playing requires another to find a given word — the name of town, river, state, or empire — any word, in short, upon the motley and perplexed surface of the chart. A novice in the game generally seeks to embarrass his opponents by giving them the most minutely lettered names; but the adept selects such words as stretch, in large characters, from one end of the chart to the other. These, like the over-largely lettered signs and placards of the street, escape observation by dint of being excessively obvious; and here the physical oversight is precisely analogous with the moral inapprehension by which the intellect suffers to pass unnoticed those considerations which are too obtrusively and too palpably self-evident. But this is a point, it appears, somewhat above or beneath the understanding of the Prefect. He never once thought it probable, or possible, that the Minister had deposited the letter immediately beneath the nose of the whole world, by way of best preventing any portion of that world from perceiving it. But the more I reflected upon the daring, dashing, and discriminating ingenuity of D--; upon the fact that the document must always have been at hand, if he intended to use it to good purpose; and upon the decisive evidence, obtained by the Prefect, that it was not hidden within the limits of that dignitary's ordinary search — the more satisfied I became that, to conceal this letter, the Minister had resorted to the comprehensive and sagacious expedient of not attempting to conceal it at all."

[11]

"Full of these ideas, I prepared myself with a pair of green spectacles, and called one fine morning, quite by accident, at the Ministerial hotel. I found D-- at home, yawning, lounging, and dawdling, as usual, and pretending to be in the last extremity of ennui. He is, perhaps, the most really energetic human being now alive — but that is only when nobody sees him. To be even with him, I complained of my weak eyes, and lamented the necessity of the spectacles, under cover of which I cautiously and thoroughly surveyed the whole apartment, while seemingly intent only upon the conversation of my host. I paid especial attention to a large writing-table near where he sat, and upon which lay confusedly, some miscellaneous letters and other papers, with one or two musical instruments and a few books. Here, however, after a long and very deliberate scrutiny, I saw nothing to excite particular suspicion. At length my eyes, in going the circuit of the room, fell upon a trumpery filigree card-rack of pasteboard, that hung dangling by a dirty blue ribbon, from a little brass knob just beneath the middle of the mantelpiece. In this rack, which had three or four compartments, were five or six visiting cards and a solitary letter. The last was much soiled and crumpled. It was torn nearly in two, across the middle — as if a design, in the first instance, to tear it entirely up as worthless, had been altered, or stayed, in the second. It had a large black seal, bearing the D-- cipher very conspicuously, and was addressed, in a diminutive female hand, to D--, the Minister, himself. It was thrust carelessly, and even, as it seemed, contemptuously, into one of the uppermost divisions of the rack. No sooner had I glanced at this letter than I concluded it to be that of which I was in search. To be sure, it was, to all appearance, radically different from the one of which the Prefect had read to us so minute a description. Here the seal was large and black, with the D-- cipher; there it was small and red, with the ducal arms of the S-- family. Here, the address, to the Minister, was diminutive and feminine; there the superscription, to a certain royal personage, was markedly bold and decided; the size alone formed a point of correspondence. But, then, the radicalness of these differences, which was excessive; the dirt; the soiled and torn condition of the paper, so inconsistent with the true methodical habits of D--, and so suggestive of a design to delude the beholder into an idea of the worthlessness of the document; —these things, together with the hyperobtrusive situation of this document, full in the view of every visitor, and thus exactly in accordance with the conclusions to which I had previously arrived; these things, I say, were strongly corroborative of suspicion, in one who came with the intention to suspect. I protracted my visit as long as possible, and, while I maintained a most animated discussion with the Minister, upon a topic which I knew well had never failed to interest and excite him, I kept my attention really riveted upon the letter. In examination, I committed to memory its external appearance and arrangement in the rack; and also fell, at length, upon a discovery which set at rest whatever trivial doubt I might have entertained. In scrutinizing the edges of the paper, I observed them to be more chafed than seemed necessary. They presented the broken appearance which is manifested when a stiff paper, having been once folded and pressed with a folder, is refolded in a reversed direction, in the same creases or edges which had formed the original fold. This discovery was sufficient. It was clear to me that the letter had been turned, as a glove, inside out, re-directed and re-sealed. I bade the Minister good-morning, and took my departure at once, leaving a gold snuff-box upon the table."

[12]

"The next morning I called for the snuff-box, when we resumed, quite eagerly, the conversation of the preceding day. While thus engaged, however, a loud report, as if of a pistol, was heard immediately beneath the windows of the hotel, and was succeeded by a series of fearful screams, and the shoutings of a terrified mod. D-- rushed to a casement, threw it open, and looked out. In the meantime I stepped to the card-rack, took the letter, put it in my pocket, and replaced it by a fac-simile, (so far as regards externals) which I had carefully prepared at my lodgings —imitating the D-- cipher, very readily, by means of a seal formed of bread. The disturbance in the street had been occasioned by the frantic behavior of a man with a musket. He had fired it among a crowd of women and children. It proved, however, to have been without ball, and the fellow was suffered to go his way as a lunatic or a drunkard. When he had gone, D-- came from the window, whither I had followed him immediately upon securing the object in view. Soon afterward I bade him farewell. The pretended lunatic was a man in my own pay."

"But what purpose had you," I asked, "in replacing the letter by a fac-simile? Would it not have been better, at the first visit, to have seized it openly, and departed?"

"D--," replied Dupin, "is a desperate man, and a man of nerve. His hotel, too, is not without attendants devoted to his interests. Had I made the wild attempt you suggest, I might never have left the Ministerial presence alive. The good people of Paris might have heard of me no more. But I had an object apart from these considerations. You know my political prepossessions. In this matter, I act as a partisan of the lady concerned. For eighteen months the Minister has had her in his power. She has now him in hers — since, being unaware that the letter is not in his possession, he will proceed with his exactions as if it was. Thus will he inevitably commit himself, at once, to his political destruction. His downfall, too, will not be more precipitate than awkward. It is all very well to talk about the facilis descensus Averni; but in all kinds of climbing, as Catalani said of singing, it is far more easy to get up than to come down. In the present instance I have no sympathy — at least no pity — for him who descends. He is the monstrum horrendum, an unprincipled man of genius. I confess, however, that I should like very well to know the precise character of his thoughts, when, being defied by her whom the Prefect terms 'a certain personage,' he is reduced to opening the letter which I left for him in the card-rack."

"How? did you put any thing particular in it?"

"Why — it did not seem altogether right to leave the interior blank — that would have been insulting. D--, at Vienna once, did me an evil turn, which I told him, quite good-humoredly, that I should remember. So, as I knew he would feel some curiosity in regard to the identity of the person who had outwitted him, I thought it a pity not to give him a clew. He is well acquainted with my MS., and I just copied into the middle of the blank sheet the words —

'— Un dessein si funeste,
S'il n'est digne d'Atrée, est digne de Thyeste.'
They are to be found in Crébillon's Atrée."

작가소개 Edgar Allan Poe(1809-1849)

1809년 보스턴에서 배우 부부 사이에서 둘째로 태어났다. 아버지는 1810년 가정을 버리고 떠나 버렸고, 이듬해 어머니가 죽어 고아가 되었다. 이후 버지니아주 리치먼드에 살던, 부유한 상인 존 앨런과 프란세스 앨런 부부 가정에서 청소년이 될 때까지 키워졌다(앨런 부부는 포를 정식으로 입양하지는 않았다). 17세에 버지니아대학에 입학하였으나, 양부로부터의 학비 조달이 제대로 되지 않는 등 어려운 여건 속에서 도박 등 무절제한 생활을 하여 1년도 못되어 퇴학당하였다. 그 이후 양부와의 불화와 화해라는 비참한 생활이 시작되었다. 1827년 '보스턴 사람(Bostonian)'이라는 필명으로 ≪타메를란 Tamerlane and Other Poem≫을 출간했다. 그러나 아무런 비평도 받지 못하고, 생활이 궁한 나머지 군대에 들어가 한때 웨스트포인트 육군 사관학교에 적을 두기도 하였다. 그 동안에도 두 번째 시집 ≪알 아라프, 티무르 Al Aaraaf, Tamerlane, and Minor Poems≫(1829)를 볼티모어에서 출판하였으나 묵살당하였고, 세 번째 시집 ≪포 시집 Poems by Edgar A. Poe≫(1831)을 출판하기에 이르렀으나, 시 쓰기를 단념하고 소설을 쓰기 시작했다.

1831년부터는 미망인인 숙모와 그의 딸 버지니아와 함께 볼티모어에 살면서 각종 잡지와 신문의 현상 소설에 응모하였다. 1832년에는 ≪병 속의 수기 A MS. Found in a Bottle≫가, 1843년에는 ≪황금 풍뎅이 The Gold Bug≫가 당선, 이로부터 그의 단편의 전성 시기가 찾아왔다. 1836년에는 14세밖에 되지 않은 버지니아와 결혼하였고, 각종 잡지의 편집자로 있으면서 단편을 계속 발표, 1840년 ≪라이지아 Ligeia≫(1838), ≪어셔 가의 몰락 The Fall of the House of Usher≫(1839)을 포함한 〈괴기 단편집〉(2권)을 간행하였다. 그 후 ≪모르그 가(街)의 살인사건 The Murders in the Rue Morgue≫(1841), ≪큰 소용돌이에 빨려 들어서 A Descent into a Maelstrom≫(1841), ≪붉은 죽음의 가면(假面) The Masque of the Red Death≫(1842), ≪검은 고양이 The Black Cat≫(1845), ≪도난당한 편지 The Purloined Letter≫(1845) 등을 썼다.

보들레르는 이들 단편을 읽고 놀라 "여기에는 내가 쓰고 싶었던 작품의 모든 것이 있다"고 하면서 평생을 포의 작품 번역에 바쳤다. 포는 ≪어셔 가의 몰락≫에서의 주인공처럼 현실에 등을 돌리고 내면의 심연에 끌리면서도, 한편으로 추리와 분석 능력을 활용하여 ≪모르그 가의 살인사건≫에서의 탐정 뒤팡과 같은 인물을 창조하여 후세의 ≪셜록 홈스≫ 등 추리소설의 장르를 개척하였다.

한글 번역

도둑맞은 편지

지혜에 있어서 지나치게 명민한 것보다 더 미운 것은 없다. - 세네카

[1]

18xx년 가을, 파리에서, 바람이 휘몰아치는 저녁 어둠이 깃들기 시작한 때였다. 나는 후이부울상 제르망 듀오노가 33번지 4층에 있는 내 친구인 오귀스트 뒤팡의 작은 서고 겸 서재에서 뒤팡과 함께, 명상과 해포석 담배 파이프라는 이중의 호사를 즐기고 있었다. 우리들은 적어도 한 시간, 깊은 침묵을 계속하고 있었다. 만약 누군가가 우연히 우리들의 모양을 보았다면 방 안의 공기를 무섭게 압박하고 있는 담배 연기의 소용돌이 속에 마음마저 빼앗기고 있는 것으로 알았을지도 모르겠다. 그러나 적어도 나는 조금 전에 둘이서 얘기하던 사건에 관해서 이것저것 생각을 하고 있었던 것이다. 그 화제는 저 모르그가의 사건, 또는 마리 로제의 살인 사건의 수수께끼였다. 그러므로 아파트의 문이 열리고 구면인 경시총감 G--씨가 들어왔을 때 마치 일종의 우연과 같은 생각이 떠올랐을 정도였다.

우리들은 기꺼이 그를 환영했다. 왜냐하면 그는 몹시 비열한 인물인 주제에 퍽 재미스러운 데가 있는 사나이였기 때문이다. 게다가 우리들이 그를 만난 지가 몇 년째가 되었다. 램프에 불을 붙이기 위해서 뒤팡은 일어섰다. 그때까지 우리는 어둠 속에 앉아 있었던 것이다. 그러나 G--가 몹시 곤란하게 된 어떤 사건에 관해서 우리들에게 의논하러 왔다기보다 오히려 내 친구의 의견을 들으러 왔다는 얘기를 했을 때 뒤팡은 램프 불을 붙이지 않고 그냥 앉았다.

"생각을 해야 할 일이라면,"이라고 그는 램프의 심지에 불을 붙이는 걸 중지하고 말했다. "어둠 속이 한결 더 좋지."

"아니 이상한 얘기를 다 하는군."하고 경시총감은 말했다. 그는 자기 머리로 이해하지 못하는 것은 무엇이나 '이상한'이라고 말하는 버릇이 있어서, 즉 그는 '이상한'이란 말에 둘러싸여 살고 있는 것이었다.

"사실이야."라고 뒤팡은 말하고 경시총감에게 파이프를 건네주며 안락의자를 한 채 그에게 밀어 주었다.

"그런데, 이번에는 어려운 사건인가?"라고 나는 물었다. "살인 사건은 아주 질색이라네."

"아니야, 그런 게 아니야, 사실을 말하자면 사건은 지극히 단순한 것이라네. 우리들 손으로도 충분히 처리할 수도 있지. 그러나 뒤팡이 자세한 얘기를 듣고 싶어 할 것 같은 생각이 들어서, 아무튼 몹시 별난 얘기니까."

"단순하고 별나다,"라고 뒤팡이 말했다.

"그런 셈이지만 그렇다고 만도 할 수 없는데, 지극히 단순한 사건인데도 전혀 뜻을 모르겠네. 모두가 완전히 방향을 잃고 있는 것이니까."

"자네들에게 곤란을 주고 있는 바로 그 정체는 아마도 그 극단적인 단순성 때문일 거네."라고 뒤팡이 말했다.

"바보 같은 소리만 하는군!"이라고 경시총감은 큰 소리로 웃으면서 그 말에 대답했다.

"아마도 너무 간단한 수수께끼겠지."라고 뒤팡이 말했다.

"아니, 아니! 이것은 금시초문인데."

"지나치게 명백하지."

"하하하! 하하하! 호호호!"하고 방문객은 심히 즐거운 듯이 웃으며 말을 이었다. "아아, 뒤팡, 나를 웃다 죽게 할 작정인가?"

"그런데 사건이란 대체 어떤 일인데?"라고 나는 물었다.

"아, 지금 얘기하지."라고 경시총감은 담배 연기를 천천히 끊지 않고 마치 명상에 잠긴 것처럼 내뱉으면서 겨우 의자에 앉았다. "요점만 말하겠어. 그렇지만 양해를 받지 않으면 안 돼. 이것은 극비의 사건이니까. 누구에게 얘기한 게 알려지면 다분히 나는 파면될 것으로 생각되거든."

"얘기를 계속하게."라고 내가 말했다.

"싫으면 그만두게."라고 뒤팡이 말했다.

[2]

"자아, 얘기하겠네. 신분이 높은 분께서 몰래 알려온 일인데 지극히 중요한 서류가 왕궁으로부터 도난당했네. 누가 훔친 것인가는 알고 있지. 그 점만은 의문이 없어. 훔치는 것을 보았으니까. 거기에다 아직 그의 수중에 있다는 것도 알고 있네."

"어떻게 알지?"라고 뒤팡이 물었다.

"그 점은 확실히 추리할 수 있지."라고 경시총감이 말했다. "하나는 그 서류의 성질로써, 그리고 다른 한 가지는 그 서류가 범인의 손을 떠나면 곧바로 일어날 결과가 아직 일어나지 않은 까닭으로… 결국, 그가 마지막에는 그 서류를 이런 식으로 사용하려는 것임에 틀림없으니까. 어떤 사용 방법이 있으니까."

"더 명확하게 말해 보게."라고 내가 말했다.

"그럼 말하지. 그 서류는 말일세, 그 서류의 소유자에게 있는 권력을… 그 권력이 굉장히 귀중한 방면에 있어서 주어지는 것이라네." 경시총감은 외교관 식의 어법을 좋아했다.

"역시 아무리 해도 잘 모르겠는걸."이라고 뒤팡이 말했다.

"모르겠다고? 저 만약에 그 서류가, 성함은 말할 수 없지만 어느 제 3자에게 폭로되면 그 고귀한 분의 명예가 문제된다네. 그런 일이 있으니까 서류의 소유자는 명예와 안전이 위협을 받게 되어 있는 그 유명한 분에 대해서 유리한 위치에 처해 있다는 뜻이지."

"그래도 유리한 위치라고는 한다지만."이라고 나는 말참견을 했다. "누가 훔쳤는지를 피해자 측에서 알고 있다는 걸 범인 측에서도 알고 있을 테니까. 아무리 범인이 철면피라 하더라도—"

"훔친 사람은 D--라네"라고 G는 말했다. "그 사람이라면 그런 것쯤은 충분히 해 넘기지. 인간에게 알맞은 일이든지, 격에 맞지 않는 일이든지 간에 그 방법이 또한 대담하고도 교묘하게 훔쳤기 때문이거든. 문제의 서류—사실을 말하자면 편지인데—는 어떤 사람에 의해 왕궁의 귀부인에게, 그 분이 혼자 있을 때 전해졌고, 그 귀부인이 편지를 읽고 있을 때 갑자기 또 한 사람의 높으신 분께서 들어오셨어. 그 높으신 분에게는 특별히 감추고 싶은 편지였었지. 급히 서둘러서 서랍 속에 넣으려는 데 실패했다네. 하는 수 없이 봉투가 열린 채로 테이블 위에 놓아뒀어요. 그래도 수취인 쪽이 위로 나와 편지 알맹이는 숨겨져 있으니까, 그 편지는 눈치채지 못하고 지났지. 바로 그때 D--장관이 들어와서, 살쾡이 같은 예리한 눈으로 바로 그 편지를 찾아내고 말았어. 겉봉의 필적은 기억이 있었다네. 거기에다 귀부인의 당황하는 것을 보니 아마도 비밀에 속한다고 느꼈던 모양이지. 언제나 하는 식으로 여담을 급히 끝마치고는 그는 문제의 그 편지와 비슷한 편지를 꺼내 들고 그것을 펼쳐서 읽는 체했다네. 그런 후에 이번에는 바로 그 문제의 편지와 바싹 붙여서 테이블 위에다 놓았다더군. 그리고 다시 15분쯤 공무에 대해서 떠들었지. 마지막에 물러갈 때가 되어서 자기의 것이 아닌 편지를 테이블에서 집었어. 진짜 소유주 쪽에서는 그것을 보고 있었지. 그래도 장관의 행위를 나무랄 수는 물론 없었다네. 어쨌든지 제 3자가 바로 옆에 있었으니까. 장관은 나갔어. 테이블 위에 자신의 편지를 남겨둔 채—아니, 아무 것도 아닌 보통 편지지."

"결국 그래서."라고 뒤팡은 나에게 말했다. "유리한 입장을 완벽하게 하기에는 오히려 잘 되었다는 뜻이지. 범인이 누구인지를 피해자가 알고 있다는 걸 범인은 알고 있을 테니까."

"그렇지"라고 경시총감은 대답했다. "게다가 이렇게 해서 손아귀에 넣은 권력이 요 수개월 동안 정치적인 목적을 위해서 실로 대대적으로 사용되고 있다는 거야. 피해자 쪽으로서는 편지를 되찾아야 할 필요성을 나날이 통감하고 있어. 그러나 물론 공공연하게 하지는 못할 것이고. 결국 고민에 고민을 거듭한 결과 그 귀부인은 나에게 이것을 위탁하게 된 것이지."

"자네 이상의 현명한 탐정이란 있을 수도 없고 상상도 할 수 없으니까"라고 뒤팡은 가득한 담배 연기 속에서 말했다.

"추켜올리지 말게나"라고 경시총감은 대답했다. "그런 의견이 있을 수 있을지도 모르지만."

[3]

"자네 말대로 편지가 아직 장관에게 있는 것은 확실하네"라고 내가 말했다. "그에게 힘을 내게 하는 것은 편지를 가지고 있다는 것이니까 편지를 다 써버리면 그 힘은 없어져 버리는 것이 아닐까."

"그렇지"라고 G는 말했다. "나는 그렇게 확신하고 수사를 진행했어. 우선 최초의 일로는 장관 저택을 철저하게 수색하는 일이었지. 이런 경우 제일 문제 되는 것은 눈치채지 않게 찾아야만 하는 것이라네. 이쪽 계획을 눈치채게 되면 어떤 위험한 일이 일어날지도 모른다고 나는 무엇보다도 그 일에 관해서 주의를 받았거든."

"그렇지만,"이라고 내가 말했다. "그런 수색쯤은 식은 죽 먹기 아닌가? 파리 경찰은 지금껏 줄곧 그런 짓을 해오지 않았던가."

"응, 그렇지. 그러니까 나는 절망하지 않았다네. 거기에다 그 장관의 습관은 이쪽에게는 썩 고마운 것이라네. 한밤 내내 집에 없을 때가 자주 있기 때문에 하인들도 많지도 않고, 하인들이 잠자는 곳은 주인의 거실로부터 훨씬 떨어진 곳이야. 게다가 놈들은 대개가 나폴리 놈이라서 술 취하게 하기에 꼭 알맞았지. 아는 바와 같이 내가 가지고 있는 열쇠를 사용하면 파리에 있는 어떤 방이나 캐비닛이라든지, 열 수가 있다네. 3개월 동안 내 자신이 쫓아가서 관저를 수색하지 않은 밤은 하룻밤도 없었어. 밤새도록 쭉 계속했다고 말해도 좋을 정도였어. 경찰관으로서의 내 명예에 관한 것이기도 하고, 거기에다가 이실직고하지만 보수가 막대하다네. 결국 수색을 단념했다는 뜻은 아니지만, 도둑이 나보다 머리가 좋다는 것을 자인했다는 결과가 되어버렸다네. 서류를 숨길 수 있는 곳을 집안 어디든지 철저하게 찾아보았지만."

"그런데 어떻게 됐지?"라고 나는 말했다. "편지는 분명히 장관이 가지고 있다고 나는 생각하지만, 자기 집 이외의 어딘가에 숨겨둔 것이 아닐까?"

"그것은 있을 수 없을 걸세."라고 뒤팡이 말했다. "두 개의 특수한 조건, 즉 궁정의 사정과 그리고 특히 D——가 말려들었다는 평판의 음모 사건으로 추리해서 생각하면 서류를 가지고 있을 필요가 있겠지. 만약에 일이 있을 때 곧 꺼내어 놓을 수 있다는 것이 소유하고 있다는 것과 같은 정도로 중요할 테니까."

"꺼내 놓으면 어쩌겠다고?"라고 내가 물었다.

"찢어 버리는 것이지."라고 뒤팡이 말했다.

"과연," 나는 인정했다. "서류가 관저에 있다는 것은 확실한 일이야. 장관 몸에 지니고 있을 가능성은 아마 생각할 필요가 전혀 없을 테니까 말이야."

"그렇지."라고 경시총감은 말했다. "그 점에 관해서라면 두 번이나 덮쳤었지. 노상강도처럼 꾸미게 하고, 내가 직접 엄밀하게 조사했다네."

"그런 짓 하지 않아도 좋았는데,"라고 뒤팡이 말했다. "D——도 바보는 아니라고 생각하네. 바보가 아닌 이상 잠복할 것쯤 당연히 예측할 수 있다네."

"전혀 바보가 아니야."라고 G는 말했다. "그러면 시인이란 말이지. 시인과 바보와는 아주 근소한 차이가 있다고 생각하네."

"사실이야."라고 뒤팡은 해포석 파이프를 입에 문 채 천천히 생각에 잠긴 듯 연기를 뿜고 나서 말했다. "엉터리 시를 쓴 기억은 나에게도 있었다네."

[4]

"수사한 경위를 더 자세히 설명해 주게"라고 나는 말했다.

"충분한 시간을 가지고 모든 곳을 찾았지. 나는 그런 일에는 다년간의 경험이 있었으니까. 건물 전체의 방 하나하나를 차례로 조사해갔어. 방 하나를 조사하는 데 꼬박 1주일 씩 걸려서, 우선 각 방의 가구를 조사했다네. 서랍이란 서랍은 모조리 열고 조사했지. 알다시피 올바른 훈련을 받은 경찰관에게 있어서는 '비밀'의 서랍 같은 것은 있을 수가 없어.

그런 수사를 하면서 소위 '비밀'의 서랍을 놓친다면 그런 놈은 바보거든. 명백한 사실이지만, 모든 캐비닛은 용적이 정확하게 정해져 있지. 그리고 우리들 손에는 정확한 척도를 재는 자가 있었고. 1미리의 오십 분의 일이라도 놓치지 않아. 캐비닛 다음에는 의자를 조사했다네. 쿠션은 언젠가 사용법을 자네에게 보인 일이 있는 가늘고 기다란 바늘로 일일이 검사했지. 테이블은 위판을 떼어버렸어."

"어째서 그런 짓까지도?"

"물건을 숨기려고 하면 테이블이라든가 그런 따위의 위판을 떼어 놓는 놈들이 있거든. 그 위에서 다리에다 구멍을 뚫고 구멍 속에다 숨기고 나서 원형대로 위판을 얹지. 침대 기둥에도 위 꼭대기나 바닥에 같은 수법을 사용하도록 한다네."

"구멍은 두들겨보면 소리로 알 수 있는 게 아닌가?"라고 내가 물었다.

"아니야, 아니지. 숨긴 물건 주위를 가득히 솜으로 메우면 아주 안 들리거든. 그리고 이 사건에서는 소리를 내어서는 안 된다고 생각해."

"그럼, 떼어낼 수는 없지? 결국 가구를 하나하나 살펴보았지. 편지 한 통쯤, 가늘게 꼬면 모양도 용적도 기다란 뜨개바늘과 똑같은 정도의 것이 되지. 그렇게 되면, 예를 든다면 의자 다시 속에라도 들어가게 돼. 자네는 의자를 전부 부수지는 않았지?"

"물론 그런 짓은 안 했어. 좀 더 꾀 있는 짓을 했다네. 관저의 의자 살은 하나도 남김없이 조사했고, 가구라고 이름 붙은 것의 이음매는 모조리 크게 보이는 확대경으로 검사했어. 최근에 무엇인가 고친 자리가 있으면 곧 알 수 있을 테니까. 아무튼 나사 모양의 송곳으로 뚫린 먼지의 단 하나라도 사과같이 똑똑하게 보이니까, 아교풀로 붙인 데가 깨끗하지가 않든지 이음매가 보통보다 넓든지 하면 확실히 조사해 보았어."

"거울의 뒤판과 유리창의 사이도 조사했겠지? 그리고 침대나 침대보, 커튼이나 융단도."

"물론이야. 그런 식으로 가구류를 전부 철저하게 조사를 끝내고 나서 이번에는 가옥 쪽으로 수색을 옮겼었네. 총면적을 구분해서 조사가 미치지 못하는 곳이 없도록 하나하나 번호를 붙였지. 그리고 나서 전과 똑같이 확대경을 사용해서 가옥 안을 1평 방 인치마다 조사했어. 이웃 두 채의 집까지도."

[5]

"이웃집 두 채도라니!"라고 나는 소리쳤다. "고생 꽤나 했겠는데."

"그럼, 그래도 보수가 막대한 것이니까."

"저택 내의 땅까지도 조사한 셈인가?"

"세 채 모두 지면은 벽돌로 포장되어 있으므로 그리 많은 수고는 하지 않았지. 벽돌 사이를 다 조사해 봤지만 흔적이 없었네."

"물론 D--의 서류나 서고의 책도 보았겠지?"

"당연한 일이 아닌가. 짐 꾸러미나 작은 꾸러미도 하나도 남김없이 모두 풀어보았지. 책도 전부 펴보았어. 형사들이 가끔 하는 것처럼 흔들어 보는 방법만으로는 부족하다기에 한 페이지씩 넘기며, 그리고 모든 책의 표지의 두께도 재었지. 정확하기 이를 데 없는 자를 가지고 말이야. 그리고 확대경으로 굉장히 의심스러운 눈으로 검사를 했다네. 만약 최근에 장정을 매만진 흔적이 있는 기미가 보이면 놓치지 않고 샅샅이 뒤져 보았어. 출판사에서 갓 도착한 오, 육 권의 책은 특별히 공을 들여 바늘로 검사를 했고."

"융단 아래 마룻바닥은?"

"물론 보았지. 융단을 모두 걷어 올리고 마룻바닥을 확대경으로 들여다보았어."

"벽지도?"

"그럼."

"지하실은 보았는가?"

"보았지."

"그럼,"이라고 나는 말했다. "자네는 생각을 잘못한 게 아닌가. 편지는 자네가 생각하고 있던 대로 저택 안에 있는 게 아닌 것 같은데."

"그런 것 같네."라고 경찰국장도 맞장구쳤다. "뒤팡, 이제 어떻게 하면 좋겠는가, 좋은 의견이 없는가?"

"다시 한번 철저히 저택 안을 조사해 보는 수밖에 없겠지."

"소용없는 일이야."라고 G가 말했다. "저택 안에 그 편지가 없는 게 확실해."

"하지만 나에게는 더 좋은 의견이 없는데."라고 뒤팡이 말했다. "물론 편지 모양은 잘 알고 있지?"

"알고말고!" 경찰국장은 수첩을 꺼내 잃어버린 편지의 내용이며 특히 겉모양에 관해 자세히 큰 소리로 설명하기 시작했다. 다 말하고 나서 그는 곧 가버렸다. 그때처럼 낙심한 그의 얼굴을 나는 본 적이 없었다.

[6]

그 뒤 한 달쯤 뒤 그가 또 찾아왔는데, 우리는 전에 그가 왔을 때와 다름없이 이때에도 담배 연기 속에서 생각에 잠겨 있었다. 그는 파이프를 들고 의자에 앉아 이것저것 이야기를 시작했다. 마침내 내가 물었다.

"그래, G—, 도둑맞은 편지는 그 뒤 어떻게 되었는가? 장관을 이길 수 없어 단념해 버렸는가?"

"그 작자, 정말 지긋지긋한 녀석이야 — 뒤팡 말대로 다시 조사해 봤는데, 내가 생각했던 대로 역시 헛수고였다네."

"제공된 보수가 얼마라고 했지?"라고 뒤팡이 물었다.

"아주 막대하지 — 두둑한 보수야. 얼마라고 확실히는 말 못하겠지만, 그 편지를 누구든 나에게 주는 사람이 있다면 5만 프랑을 내 개인 수표로 서슴지 않고 내놓겠다는 것만은 이 자리에서 분명히 밝혀 두지. 그 편지의 중요성은 날이 갈수록 더해져 요즘 와서 보수가 두 배로 뛰었어. 그러나 세 배가 된다 하더라도 난 더 이상 아무것도 할 수가 없어."

"아, 그래,"라고 뒤팡이 해포석 파이프를 빨며 느리게 말했다. "하지만 G—, 난 자네가 이 사건에 최선을 다했다고는 생각지 않는데. 좀 더 노력할 수 있지 않았을까?"

"어떻게, 어떤 방법으로 말인가?"

"글쎄 — 뻑뻑 — 자네가 — 뻑뻑 — 이 사건에서 다른 사람의 충고를 듣는다든지 말야? — 뻑뻑뻑. 자네 애버니디 (유명한 영국 외과 의사) 이야기를 아는가?"

"아니, 애버니디 따윈 모르네."

"그럴 테지! 당신 좋을 대로. 근데, 옛날에 어느 돈 많은 구두쇠가 애버니디 의사의 소견을 슬쩍 좀 들을 수 없을까 궁리했다네. 그럴 목적으로 와서 일상적인 이야기를 주고받다가, 자기 사례를 제 3자의 이야기인 양 의사에게 넌지시 떠보았다네. '저희가 보기에는' 구두쇠가 말했지, '환자의 병세가 이러저러한데, 의사 선생, 환자에게 어떻게 처방하시겠소?' '그야, 물론 의사의 충고를 써야지요.'하고 애버니디가 대답했다네."

"하지만,"이라고 얼마쯤 낭패한 얼굴로 경찰국장은 말했다. "나는 서슴지 않고 다른 사람의 의견도 듣고 보답도 하겠네. 이 사건을 도와주는 사람에게는 누구에게나 5만 프랑을 내놓겠어."

"그럼," 뒤팡은 서랍을 열고 수표책을 꺼내놓으며 말했다. "지금 말한 금액의 수표를 써주게. 수표에 서명만 하면 당장 편지를 건네주지."

나는 깜짝 놀랐다. 경찰국장은 마치 벼락 맞은 사람처럼 잠시 동안은 말도 못하고 움직이지도 못하며 믿을 수 없다는 듯 입을 벌린 채 튀어나올 듯한 눈으로 뒤팡을 쳐다보고 있었다. 조금 뒤 정신이 좀 드는지 펜을 들고 몇 번이나 머뭇거리던 그는 수표를 멍하니 쳐다보더니 5만 프랑이라고 써넣고 서명한 다음 뒤팡에게 건네주었다. 뒤팡은 그것을 자세히 살펴본 다음 지갑에 집어넣고 사무용 책상 서랍을 열어 편지를 꺼내더니 경찰국장에게 주었다. 경찰국장은 몹시 기쁜 듯이 그것을 꼭 움켜쥔 다음 떨리는 손으로 펴들어 급히 그 내용을 읽더니 비틀거리며 문으로 달려가 인사 한마디 없이 방에서, 그리고 집에서 나가버렸다. 뒤팡이 수표를 써달라고 말한 때부터 그는 줄곧 한마디도 하지 못했던 것이다.

[7]

경찰국장이 가 버리자 뒤팡은 설명을 시작했다.

"파리의 경찰은 그 방면에 있어 아주 유능하네. 인내심도 있고 교묘하게 교활하며, 직무상 필요한 지식은 무엇이든 가지고 있지. 그래서 G—가 D—장관의 집안을 조사한 수색 방법을 이야기했을 때, 그가 노력한 범위 안에서는 충분한 조사를 했다고 나는 완전히 그 말을 믿었네."

"그가 노력한 범위 안에서란 말이지?"라고 내가 말했다.

"그렇지."라고 뒤팡이 말했다. "그런 방면에서는 최상의 방법으로 절대 안전하게 실행했을 테니, 편지가 그들의 수색 범위 안에 감춰져만 있었다면 반드시 눈에 띄었을 걸세."

나는 웃음 지었으나 뒤팡은 진심으로 이야기하는 것 같았다.

"채택된 방법이 훌륭했고 실행도 빈틈없었지. 그러나 한 가지 옥의 티라고 하면, 방법이 이번 경우와 같은 상대방에게 알맞지 않았다는 점일세. 경찰국장이 자랑하는 아주 교묘한 수단이라는 게 사실은 프로크루스테스의 침대와 같은 것으로, 그는 그 침대에 자기 계획을 억지로 두들겨 맞추었던 것일세. 그는 앞에 놓인 사건에 대해 지나치게 얕게 생각하거나 또는 길게 생각하여 늘 실패만 하고 있지. 이런 점에 있어선 초등학교 아이가 그보다 훨씬 더 영리하다네. 나는 8살 쯤 된 어떤 아이를 잘 알고 있는데, 그 애는 '짝수냐? 홀수냐?'하는 놀이에서 너무도 잘 알아맞혀 여러 사람의 칭찬을 받았지. 그 놀이는 돌을 갖고 하는 간단한 것일세. 한 아이가 여러 개의 돌을 쥐고 '짝수냐? 홀수냐?'라고 묻네. 맞히면 맞힌 아이가 따고, 틀리면 질문한 아이가 맘대로 따게 되는 거라네. 이제 내가 이야기한 아이는 학교 아이들의 돌을 모두 땄지. 물론 그 아이에게는 맞히는 데 원칙이 있었다네. 그것은 다른 아이들의 꾀를 관찰하여 잘 추측한 데 지나지 않네. 만일 다른 아이가 바보라고 하세. 이 아이가 손을 들며 '짝수냐? 홀수냐?'라고 묻는단 말이야. 이 아이는 처음에 '홀수'라고 하여 져버리네. 그러나 다음에는 이기지. 이 아이는 '이 바보가 첫 번에는 짝수로 이겼으니 이 바보의 머리 정도는 둘째 번에는 기껏해야 홀수를 쥘 거다. 그러니 이번에는 홀수를 불러보아야지' 이렇게 생각하고 '홀수!'라고 불러 이긴단 말일세. 상대가 이보다 좀 나은 바보라면 이 아니는 이렇게 추리하지. '이 녀석은 내가 먼저 홀수라고 했으니 둘째 번에는 아까 그 바보처럼 곧 짝수를 홀수로 바꿔볼까 생각하겠지만, 그것이 너무 간단한 변화란 생각에서 결국 처음과 같이 짝수로 나갈 것이다.' 그리하여 그 아이는 '짝수'하고 불러 결국 이긴단 말일세. 자, 이 아이의 이러한 추리 법을 다른 아이들은 '요행수'로 단정해 버리는데, 그게 정말 요행일까, 아니면 무엇이겠나? 이것이 아이들 사이에서 '재주가 좋다'는 말을 듣는 그 아이의 추리법인데, 자, 끝까지 이 논법을 분석하면 어떻게 되겠나?"

"그야,"라고 내가 말했다. "추리자의 지력을 상대방의 지력에 일치시켜 보는 데 지나지 않는 것 아니겠나."

"바로 그걸세."라고 뒤팡이 말했다. "그래, 내가 '너는 어떻게 해서 그렇게도 잘 알아맞혀 이길 수 있느냐'고 물어보니 대답하더군. '누구든지 그 아이가 얼마나 영리할까, 바보일까, 착할까, 나쁠까, 그 순간 이 아이가 무슨 생각을 하고 있을까 — 그것이 알고 싶을 때에는 내 얼굴 표정을 그 아이의 표정에 되도록 정확하게 맞춰요. 그런 다음 그 표정에 따라 내 마음에 어떤 생각이나 감정이 떠오르는지 기다려요.' 이 초등학생의 대답에는 라 로시푸코, 라 브뤼에르, 마키아벨리, 캄파넬라 등의 노력의 결과인 모든 그럴 듯한 심오함의 근저를 이루는 그 뭔가가 있네…"

[8]

"그러니까 결국 자네 말은,"이라고 내가 말했다. "추리자의 지력과 상대방의 지력의 일치는 이쪽이 상대방의 지력을 확실히 추측하고 있느냐 없느냐에 달려 있다는 거로군."

"그 실제적인 가치는 거기에 달려 있지."라고 뒤팡이 대답했다. "경찰국장과 그 부하들이 여러 번 실패한 원인은 우선 이 일치가 안 되었던 것과, 상대방의 지력을 잘못 계산한 것 — 아니, 오히려 아무 계산도 하지 않은 데 있네. 그들은 다만 자기네 재주만 믿고 감춘 물건을 찾는 데 있어 자기들이 감추었을 법한 방법에만 매달렸지. 그들의 재주는 이런 의미에서 — 즉 여느 사람들이 가지고 있는 재주의 충실한 대표라는 의미에서는 옳은 것이네. 그러나 특별히 경험과 교활함이 풍부한 악한의 머리 회전이 그들의 재주란 것과 차원이 다를 때에는 말할 것도 없이 악한에게 넘어가 버리지. 상대의 지력이 그들의 지력보다 높은 경우에는 언제든지 반드시 넘어가고, 또 이하일 때에도 마찬가지라네. 그들은 수색의 원칙에 있어 음기응변이 없었네. 어떤 비상사태에 부닥쳤을 때 — 막대한 보수라도 있으면 — 그 원칙을 좀 바꾸어보려고도 하지 않고, 고작해야 자기네들의 상투적 수단을 확대하거나 확장하는 정도지. 예를 들면 G--의 경우에도 행동의 원칙에 무슨 변화가 있었단 말인가. 구멍을 파보고, 송곳으로 쑤셔보고, 두들겨보고, 확대경으로 자세히 조사해 보고, 집 안을 각 제곱 인치로 나누어 번호를 매긴 것 등의 일들이 다 무엇이란 말인가. 그런 건 모두 경찰국장이 오랜 재직 중에 습득한 어느 제한된 인간의 지력을 바탕으로 하고 있는 수색 방법 가운데 하나 또는 몇 개의 원칙을 과장하여 응용한 것에 지나지 않는 걸세. 그는 누구나 다 반드시 의자 다리에 구멍을 파고 그곳에 편지를 감추지는 않는다 하더라도, 적어도 그런 방법으로부터 암시되는 사람 눈에 띄지 않는 구멍이나 틈에 당연히 편지를 감출 거라고 생각한 게 아닌가? 자네는 어떤가? 그러나 이런 성가신 구멍 따위에 무언가를 감추는 것은 다만 여느 경우에 평범한 지력을 가진 사람들이 흔히 하는 짓일세. 물건을 감출 때 이런 성가신 방법으로 감춰진 물건을 대번에 드러나기 쉽고 또 실제로 쉽게 드러나고 마는 거라네. 그러므로 발견해 내는 것도 수색자의 날카로움에 있는 게 아니라, 오로지 주의의 열성과 결심에 있지. 그리고 중대한 사건일지라도 — 경찰의 눈에는 다 같아 보이겠지만, 보수가 굉장할 때 — 이제 내가 말한 수색의 특징이 조금도 변함없이 그대로 이루어지네. 따라서 도둑맞은 편지가 경찰국장의 수색 범위 안의 어떤 곳에 있기만 하면 — 즉 범인의 은닉 원칙이 경찰국장의 수색원칙에 포함되어 있었다면 — 그것은 의심할 여지 없이 발견됐을 테지. 그러나 경찰국장은 철두철미 속아 넘어가 버렸네. 그의 실패 원인은 장관이 시인이라는 평판을 가지고 있으므로 그를 바보로 여겨버린 점에 있네. '모든 시인은 바보'로 생각하고, 이 전제로부터 추론을 내려 그는 판단이 개념을 끌어내지 못하는 잘못을 저지른 것일세."

"그러나 장관이 정말로 시인일까?"라고 내가 물었다. "형제가 둘 다 학문 방면에 이름을 날리고 있으며, 장관은 미분학에 대한 뛰어난 저술이 있다고 기억하는데. 그는 수학자이지 시인은 아닐세."

"아니, 그건 자네 오해일세. 난 장관을 잘 알고 있는데, 그는 둘 다야. 시인이면서 수학자지. 시인 겸 수학자이므로 높은 추리력을 갖고 있지. 수학자일 뿐이라면 추리가 다 뭔가, 경찰국장의 굴레에 빠졌을 걸세."

[9]

"놀랍군," 내가 말했다. "그렇다면 세상의 여느 의견과 모순되지 않는가. 자네는 여러 세기 동안 내려오는 전설을 무시하는 건 아니겠지. 수학적 추리 법은 오랫동안 최상의 추리 법으로 인정되어 왔지 않나."

"'단언할 수 있는 것은'—"이라고 뒤팡은 샹포르(프랑스 문인)의 말을 인용하며 말을 이었다. "'모든 세속적 관념 또는 모든 세속적 관례는 거의 대중의 의견에 적용되는 것이므로 어리석네.' 수학자는 자네가 이제 말한 그 통속적인 오류를 보급시키는 데 온 힘을 다 기울여 온 셈일세. 그것이 진리로써 보급되어 왔다고 해도 오류는 역시 오류거든. 예를 들면 그들은 이런 것에 쓰기에는 좀 어울리지 않는 기술을 가지고 '분석'이라는 말을 대수학에 교묘하게 적응시키고 있지. 이 특수한 기만의 장본인은 프랑스인일세. 그러나 만일 용어에 어떠한 중요성이 있다면—용어가 그 적응성으로부터 가치를 유도한다면—라틴어의 ambitus가 거기서 나온 영어의 ambition(야망)을, religio가 영어의 religion(종교)를, homines honesti가 영어의 honorable men을 의미하지 않는 것처럼 '분석'이 '대수학'을 의미하는 것은 아닐세."

"자넨 파리의 대수학자에게 선전 포고를 하는 것인가? 어쨌든 어서 이야기나 계속하게."

"나는 순수한 논리적 형식 이외의 특수한 형식에서 비롯되는 추리의 효력 또는 가치에 항의하는 것일세. 수학적 연구에서 유도된 이론에 대해 나는 특히 반대하네. 수학은 형식과 수향의 과학이며, 수학적 추리는 형식과 수향에 관한 관찰에 적용된 논리에 지나지 않아. 이른바 순수 대수학이라는 것의 진리를 추상적 또는 보편적인 진리라고 가정하고 있는 점이 큰 오류일세. 그리고 이 오류가 놀랄 만큼 일반적으로 통용되고 있다는 사실에 대해 정말 감탄하지 않을 수 없네. 수학의 공리는 보편적 진리의 공리가 아닐세. 형식과 수량의 관계에 있어서는 진리라고 여겨지는 것이 이를테면 윤리학에선 큰 오류로 되는 경우가 많거든. 윤리학에서는 부분의 총화가 전체와 같다는 이론은 대개 진리가 아닐세. 화학에 있어서도 공리는 소용이 없네. 동기를 고려해 보면 알지. 저마다 일정한 가치를 가진 두 개의 동기는, 그것을 합치더라도 반드시 두 배의 가치를 가진다고는 할 수 없으니까. 형식과 수량의 관계 범위 안에서만 가치가 있는 수학적 진리는 그 밖에도 얼마든지 있네. 그러나 수학자는 습관상 그들의 한계 있는 진리가 절대적으로 보편적 적응성을 가지고 있는 것처럼 주장하고, 세상 사람들도 그와 같이 생각하고 있는 것일세. 브라이언트가 그의 해박한 〈신화학〉에서 '우리는 아무도 이교도의 우화를 믿지 않는다. 그러면서도 우리들은 으레 그것을 망각하고 그것을 실화같이 인정하며 그런 우화로부터 추론한다.'라고 한 말을 똑같은 오류의 근원을 지적한 말일세. 하지만 그들 자신이 이교적인 대수학자들의 경우는 이교도의 우화를 믿고 있으며, 그들의 추론은 망각에서라기보다 뭐라고 설명할 수 없는 두뇌의 혼란에서 나오는 걸세. 요컨대 나는 등근(等根) 이외의 것으로 신용할 수 있는 수학자, 또는 x2+px가 무조건 q와 같다는 것을 슬그머니 자기 신조로 삼지 않는 수학자를 아직까지 만난 적이 없네. 시험적으로 이러한 수학자 한 사람에게는 q가 아닐 수도 있다는 주장을 해 보게. 그리고 그것을 그에게 이해시킨다 해도 곧 달아나지 않으면 큰일나네. 틀림없이 자네를 때려죽이려고 할 테니까."

[10]

"내 이야기의 취지는," 그의 이 마지막 이야기에 내가 웃자 뒤팡은 다시 말을 이었다. "만일 D—장관이 수학자에 지나지 않는 사람이었다면 경찰국장은 이 수표를 나에게 줄 필요가 없었을 걸세. 그러나 나는 그가 수학자이며 또한 시인인 것을 알았네. 나는 그 환경의 여러 사정을 감안하여 나의 시각을 그의 능력에 맞게 맞추었지. 나는 아첨꾼이며 대담한 음모가로서의 그를 알고 있었네. 이러한 사나이는 경찰의 상투적인 수단을 잘 알고 있을 테고, 거리에 경찰이 잠복해 있을 것을 예측치 못했을 리 없네. 그리고 결과는 그가 예측한 바와 같이 딱 들어맞았지. 물론 가택 수색의 경우도 마찬가지였을 테고, 그가 가끔 밤에 집을 비운 것을 경찰국장은 하늘의 도우심이라며 좋아했지만, 사실은 경찰에게 충분한 수색 기회를 주어 편지가 집 안에 없다는 확신을—G--는 사실 결국 그렇게 생각했네만—한층 빨리 주기 위한 모략에 지나지 않았다고 나는 생각했네. 경찰의 상투적 수색 방법에 관해 이제 내가 자네에게 힘들여 자세히 설명한 생각쯤은 반드시 장관의 머리에도 떠올랐을 것일세. 이런 생각은 그에게 평범한 은닉방식을 피하게 했겠지. 그 저택 안이 아무리 복잡하고 눈에 띄지 않는 곳이라도 경찰국장의 바늘과, 송곳과 확대경 앞에서는 날마다 쓰는 벽장과 같다고 생각 못할 만큼 그는 바보가 아니란 말일세. 결국 나는 그가 오히려 '어수룩한 방법'을 선택하게 되리라는 걸 꿰뚫어 보았지. 의식적으로 그런 방법을 택하지는 않을지라도 말일세. 맨 첫날, 우리들이 경찰국장을 만난 날, 이 사건은 너무도 단순한 것이어서 그를 괴롭히는 건지도 모른다고 내가 말했을 때 그가 배가 터질 듯 웃어댄 것을 자네는 기억하고 있겠지."

"그랬지,"라고 내가 말했다. "생각나네. 참 유쾌하게 웃었지. 나는 경찰국장의 허파가 터진 줄만 알았네."

"물질계에는," 뒤팡이 계속했다. "비물질계와 비슷한 것이 얼마든지 있네. 그러므로 은유와 직유가 문장을 꾸며줄 뿐 아니라 토론에 힘을 주는 역할도 한다는 수사학상의 독단이 얼마쯤 진리의 색채를 띠게 되는 것일세. 이를테면, 타성의 원칙 같은 것은 물리학에 있어서나 형이상학에 있어서나 같은 것으로 생각되네. 물리학에서 볼 때 큰 물체는 작은 물체보다 움직이기에 더 힘이 들고 거기에 따르는 운동량은 이 힘에 정비례하는데, 이 사실은 형이상학에 있어서도 마찬가지일세. 즉 우수한 지력은 열등한 지력보다 동작에 있어 더 강하고, 불변적이며, 효과적이지만 초기 동작에 있어선 좀처럼 움직이지 않고, 귀찮아하고, 주저하게 되는 것일세. 자네는 혹시 거리의 가게에 걸려 있는 간판 중에서 어떤 것이 가장 눈에 잘 띌 것인지 생각해 본 적 있나?"

"한 번도 없는데."

"지도를 펴놓고 하는 지명 찾기라는 놀이가 있네. 한 사람이 어떤 지명을 부르면 상대편은 그 지명을 찾는 거지. 읍, 강, 주, 또는 나라, 아무튼 지도 위의 어떤 지명이라도 상관없네. 장난에 서투른 풋내기는 괜히 깨알만 한 지명으로 상대편을 골리려 하지만, 익숙한 사람은 큰 글자로 지도 한 끝에서 한 끝까지 펼쳐있는 이름을 고른다네. 이러한 것은 아주 큰 글자로 쓰인 거리의 간판이나 광고처럼 도리어 사람들 눈에 띄지 않지. 그리고 이러한 것을 보지 못하고 지나가는 물리적 착각은 때때로 사람들이 지나치게 명백한 것에는 도리어 생각이 닿지 않아 그대로 지나치고 마는 정신상의 부주의와 비슷한 것일세. 경찰국장의 이해를 어느 정도 넘어서거나, 그에 못 미친 게 관건인 듯하네. 그는 꿈에라도, 장관이 세상의 어디도 눈치채지 못하도록 방지하는 방법으로, 편지를 바로 등잔 밑에 숨겨놓았다고는 전혀 생각이 미치지 못했어. D––장관의 대담하고도 당돌하며 영리한 두뇌의 교묘한 술수를 생각하면 할수록 — 그가 그 편지를 필요로 할 때 언제든지 곧 찾을 수 있는 곳에 두어야 한다는 사실과, 그 편지가 경찰국장의 수색 범위 안에 숨겨지지 않았다는 경찰국장 자신이 제공한 결정적인 증거 — 나는 장관이 그것을 감추기 위해서는 도리어 감추려 애썼다는 흔적을 남기지 않는 영리하고도 생각 깊은 방법을 택할 것을 알았다네."

[11]

"나는 이러한 생각으로 머리가 가득 차서 어느 맑게 갠 아침 푸른 안경을 쓰고 느닷없이 장관 댁을 찾아갔네. 장관은 집에 있더군. 여전히 하품이나 하며 노곤해 하고 할 일이 없어 견딜 수 없는 듯한 태도를 하고 있었지. 세상에 이 사람처럼 정력가는 없을 걸세. 우선, 나는 요즈음 갑자기 눈이 나빠져 안경을 쓰지 않으면 안 되게 되었다고 불평하며 그 안경으로 그의 주의를 돌려놓고, 주인 이야기에 귀 기울이는 척하며 낱낱이 방안을 살펴보았네. 그 옆에 있는 큰 책상이 특히 나의 주의를 끌었네. 그 위에는 여러 통의 편지와 서류, 그리고 두서너 개의 악기와 책이 난잡하게 놓여 있더군. 한동안 세밀히 살펴보았지만, 특히 의심할만한 건 아무것도 없음을 알았네. 방안을 휘휘 둘러보다가 마침내 내 눈을 벽난로 한복판 아래의 조그마한 구립 집게로부터 더러운 파란 리본이 매달리고 끝이 겉보기만 번드레한 철사로 꾸며진 마분지 편지꽂이로 떨어졌네. 서로 구분으로 나눠진 이 편지꽂이에는 몇 장의 명함과 한 통의 편지가 들어있었지. 그 편지는 아주 더럽게 구겨져 있고, 처음에는 불필요한 것으로 여겨 찢어버리려다가 다시 그대로 꽂아둔 것처럼 가운데가 둘로 찢어져 있지 않겠나. 그 편지에는 시커멓게 큰 봉인이 있고, D 라고 기호가 뚜렷했으며, 가느다란 여자 필적으로 D––장관에게 보낸 것이었네. 그것은 편지꽂이 맨 윗자리에 아무렇게나 내던져진 듯 꽂혀 있었지. 나는 이거야말로 내가 찾고 있는 편지임이 틀림없다고 생각했네. 물론 이 편지는 경찰국장이 우리들에게 자세히 설명한 것과는 전혀 달랐지. 이 편지의 봉인은 크고 검었으며 D 라는 기호였네. 경찰국장이 말한 편지는 봉인이 작고 붉은색이며 S 집안 공작 문장이었지. 또 이 편지의 주소는 가는 여자 필적으로 씌어 있는데, 도둑맞은 편지는 어느 왕족이 보낸 거라고 경찰국장이 말하지 않았나, 다만 편지의 크기만이 같단 말일세. 그러나 편지의 외양이 극단적으로 다른 점과 손때 묻고 더럽고 찢어진 편지 모양이 D––의 빈틈없는 일상생활의 습관과 모순되어 있는 점, 그 편지를 보는 사람에게 아무 쓸모 없는 것처럼 생각게 하려는 계획의 암시, 내가 이미 도달한 결론과 완전히 일치했네. 이러한 사실은 수색의 목적을 안고 온 나에게 대번에 큰 의심을 안겨주었지. 나는 되도록 오랫동안 머뭇거리고 앉아 그의 흥미를 끌기 위해 노력했지. 그를 감동시킬 만한 문제를 쓸어내어 열렬한 토론을 벌이면서도 편지로부터는 한 순간도 주의를 떼지 않았네. 조사를 계속하는 동안 나는 편지의 겉모양과 편지꽂이에 꽂혀 있는 모양들을 머릿속에 깊이 새겨 넣었네. 그리고는 정말 확실한 점을 발견하게 되었지. 이젠 조금도 망설일 필요가 없어진 걸세. 편지 모서리를 유심히 살펴보니 필요 이상으로 구겨져 있더란 말이야. 딱딱한 종이를 한 번 접어 그 위를 집게로 누른 다음 그 꺾인 자리를 반대쪽으로 다시 꺾을 때 나타나는 갈라진 모양을 하고 있었네. 이것만으로 충분했지. 편지를 장갑처럼 뒤집어 주소를 고쳐 쓰고 다시 봉인한 것이 확실했네. 나는 장관에게 작별 인사를 하고 일부러 금으로 만든 담뱃갑을 책상 위에 놓고 곧 돌아왔네."

[12]

"다음 날 아침 나는 담뱃갑을 찾으러 가서 전날 우리들이 하던 이야기를 다시 꺼내 열심히 토론했지. 이때 갑자기 창문 아래에서 권총 소리 같은 쾅 하는 소리가 들려오고 이어서 무서운 비명과 군중의 놀란 듯한 소리가 들려왔네. D—는 창 쪽으로 달려가 창문을 열고 밖을 내다보았네. 그 순간 나는 재빨리 편지꽂이로 가서 그 편지를 꺼내 주머니에 넣은 다음 겉모양이 똑같은 가짜 편지를 대신 넣었네. 그것은 빵으로 만든 봉인으로 D 기호를 흉내 내어 집에서 미리 빈틈없이 만들어 가지고 간 것이었어. 거리의 소동은 총을 가진 사나이의 미친 짓 때문에 일어난 일이었네. 부인과 아이들에게 대고 쏘았지만 탄알 없이 공포를 쏜 게 밝혀져 미친 사람 아니면 주정꾼 탓으로 돌려버리고 그냥 풀어주었네. 나도 편지를 손에 넣고는 곧바로 D--의 뒤를 쫓아 창 옆에 가 있었지. 사나이가 가 버린 뒤 D—는 다시 자리로 돌아왔으며, 나는 곧 인사를 하고 그 집을 떠났네. 물론 그 사나이는 내가 시킨 가짜 미치광이였지."

"그런데 뭣 하러 자네는,"이라고 내가 물었다. "가짜 편지 같은 걸 거기 넣었단 말인가? 자네가 처음에 방문했을 때 버젓이 빼 오지 않고."

"D--는,"이라고 뒤팡이 대답했다. "물불을 가리지 않는 대담한 작자거든. 또 그의 집에는 그를 위해 생명을 내던질 하인들이 있으니 어디 될 말인가? 만일 자네 말대로 했다간 괜히 흠씬 얻어맞기나 하지. 파리 시민들은 내가 그 뒤 어떻게 됐는지 알지 못하게 될 걸세. 그러나 이런 문제 말고도 나에게는 다른 목적이 있었네. 내가 정치적 편견을 가진 것은 자네도 잘 알고 있겠지? 이번 사건에서 나는 그 귀부인의 한 당원으로 활동한 걸세. 18개월 동안 장관은 그 귀부인을 자기 손아귀에 움켜쥐고 있었는데, 이번에는 그가 그 귀부인에게 무릎을 꿇을 차례지. 아직 편지가 자신의 손안에 있는 줄 알고 그는 여전히 제멋대로 행동할 게 아닌가? 그러다간 대번에 정치적 파멸을 초래할 거란 말일세. 그 떨어지는 꼴이야말로 절벽을 굴러떨어지는 듯 숨 막힐 지경일 것일세. '지옥으로 떨어지기는 쉽다'라는 말이 있지. 그러나 카탈라니가 성악에 관해 이야기한 것 중에 저음에서 고음으로 올라가며 노래하는 편이 그 반대보다 훨씬 쉽다고 말했듯 올라가는 것이 떨어지는 것보다야 훨씬 기분 좋은 일이지. 이 경우에 있어서 나는 떨어지는 자에게 아무 동정도 하기 싫네. 조금도 가엾게 여겨지지 않아. 그는 무서운 괴물, 파렴치한 천재야. 그러나 경찰국장이 말하던 그 '어떤 귀부인'의 반항에 부딪혀 내가 편지꽂이에 쑤셔 넣은 그 편지를 펴보지 않으면 안 될 경우, 그가 어떻게 생각할 것인지 나는 퍽 궁금하다네."

"어째서? 무언가 색다른 것이라도 써 넣었나?"

"물론 — 그냥 백지만 넣기도 좀 뭣하지 않은가. 그것은 D--를 모욕하는 것만 같았어. D--는 언제가 한 번 빈에서 나를 크게 골린 적이 있다네. 그때 나는 불쾌한 낯을 하지 않고 다만 언제든지 이 일을 기억하고 있겠노라고 했지. 그래서 그가 이번에 자신의 모략보다 한 걸음 더 앞선 사람이 누군지 궁금해질 것 같고, 또 실마리를 알리지 않는 것도 가엾을 것 같았네. 내 필체는 그도 잘 알고 있으므로 백지에 다음과 같은 글을 써 넣었지.

'이러한 무참한 계획은
아트레에게는 알맞지 않을지라도
티에스트에게는 어울리리라.'[1)]

이 글은 크레비용(프랑스 시인)의 명작에 나오는 구절이네."

1) 아트레와 티에스트(티에스트는 아트레의 아내를 유혹한 죄로 국외 추방을 당하는데, 아트레가 화해하자고 하며 술자리를 베풀고는 티에스트의 두 아들을 죽여 그 고기를 그에게 먹인 뒤 사실을 고백하여 복수했다는 그리스 전설을 극화한 것)

01 This is the excerpt from the fiction. Which of the following choices is most relevant to the theme of the fiction?

> "Sometimes the top of a table, or other similarly arranged piece of furniture, is removed by the person wishing to conceal an article; then the leg is excavated, the article deposited within the cavity, and the top replaced. The bottoms and tops of bedposts are employed in the same way."
>
> "But could not the cavity be detected by sounding?" I asked.
>
> "By no means, if, when the article is deposited, a sufficient wadding of cotton be placed around it. Besides, in our case, we were obliged to proceed without noise."
>
> "But you could not have removed — you could not have taken to pieces all articles of furniture in which it would have been possible to make a deposit in the manner you mention. A letter may be compressed into a thin spiral roll, not differing much in shape or bulk from a large knitting-needle, and in this form it might be inserted into the rung of a chair, for example. You did not take to pieces all the chairs?"
>
> "Certainly not; but we did better — we examined the rungs of every chair in the hotel, and, indeed, the jointings of every description of furniture, by the aid of a most powerful microscope. Had there been any traces of recent disturbance we should not have failed to detect it instantly. A single grain of gimlet-dust, for example, would have been as obvious as an apple. Any disorder in the gluing — any unusual gap in the joints — would have sufficed to insure detection."

① Search
② Logic
③ Murder
④ Robbery
⑤ Missing

02 **The statement below defines the genre of the above fiction. Write the name of the genre in the blank below with two words.**

( ) is a branch of that centers upon the investigation of a crime, usually, by a, either professional or amateur. ( ) is the most popular form of both and crime fiction. Commonly in this fiction, the investigator has some source of income other than detective work and some undesirable eccentricities or striking characteristics. He or she frequently has a less able assistant who acts as an audience surrogate for the explanation of the mystery at the end of the story.

Answer

01. ②

02. Detective story

03 Bartleby, the Scrivener: A Story of Wall Street

Herman Melville(1819-1891)

I am a rather elderly man. The nature of my avocations for the last thirty years has brought me into more than ordinary contact with what would seem an interesting and somewhat singular set of men of whom as yet nothing that I know of has ever been written: —I mean the law-copyists or scriveners.

I have known very many of them, professionally and privately, and if I pleased, could relate divers histories, at which good-natured gentlemen might smile, and sentimental souls might weep. But I waive the biographies of all other scriveners for a few passages in the life of Bartleby, who was a scrivener the strangest I ever saw or heard of. While of other law-copyists I might write the complete life, of Bartleby nothing of that sort can be done. I believe that no materials exist for a full and satisfactory biography of this man. It is an irreparable loss to literature. Bartleby was one of those beings of whom nothing is ascertainable, except from the original sources, and in his case those are very small. What my own astonished eyes saw of Bartleby, that is all I know of him, except, indeed, one vague report which will appear in the sequel.

Ere introducing the scrivener, as he first appeared to me, it is fit I make some mention of myself, my employees, my business, my chambers, and general surroundings; because some such description is indispensable to an adequate understanding of the chief character about to be presented.

Imprimis: I am a man who, from his youth upwards, has been filled with a profound conviction that the easiest way of life is the best … Hence, though I belong to a profession proverbially energetic and nervous, even to turbulence, at times, yet nothing of that sort have I ever suffered to invade my peace. I am one of those unambitious lawyers who never addresses a jury, or in any way draws down public applause; but in the cool tranquillity of a snug retreat, do a snug business among rich men's bonds and mortgages and title-deeds. The late John Jacob Astor, a personage little given to poetic enthusiasm, had no hesitation in pronouncing my first grand point to be prudence; my next, method. I do not speak it in vanity, but simply record the fact, that I was not unemployed in my profession by the last John Jacob Astor; a name which, I admit, I love to repeat, for it hath a rounded and orbicular sound to it, and rings like unto bullion. I will freely add, that I was not insensible to the late John Jacob Astor's good opinion.

Some time prior to the period at which this little history begins, my avocations had been largely increased. The good old office, now extinct in the State of New York, of a Master in Chancery, had been conferred upon me. It was not a very arduous office, but very pleasantly remunerative. I seldom lose my temper; much more seldom indulge in dangerous indignation at wrongs and outrages; but I must be permitted to be rash here and declare, that I consider the sudden and violent abrogation of the office of Master of Chancery, by the new Constitution, as a —premature act; inasmuch as I had counted upon a life-lease of the profits, whereas I only received those of a few short years. But this is by the way.

My chambers were up stairs at No. —Wall-street. At one end they looked upon the white wall of the interior of a spacious sky-light shaft, penetrating the building from top to bottom. This view might have been considered rather tame than otherwise, deficient in what landscape painters call "life." But if so, the view from the other end of my chambers offered, at least, a contrast, if nothing more. In that direction my windows commanded an unobstructed view of a lofty brick wall, black by age and everlasting shade; which wall required no spy-glass to bring out its lurking beauties, but for the benefit of all near-sighted spectators, was pushed up to within ten feet of my window panes. Owing to the great height of the surrounding buildings, and my chambers being on the second floor, the interval between this wall and mine not a little resembled a huge square cistern.

At the period just preceding the advent of Bartleby, I had two persons as copyists in my employment, and a promising lad as an office-boy. First, Turkey; second, Nippers; third, Ginger Nut. These may seem names, the like of which are not usually found in the Directory. In truth they were nicknames, mutually conferred upon each other by my three clerks, and were deemed expressive of their respective persons or characters. Turkey was a short, pursy Englishman of about my own age, that is, somewhere not far from sixty. In the morning, one might say, his face was of a fine florid hue, but after twelve o'clock, meridian —his dinner hour —it blazed like a grate full of Christmas coals; and continued blazing —but, as it were, with a gradual wane —till 6 o'clock, P.M. or thereabouts, after which I saw no more of the proprietor of the face, which gaining its meridian with the sun, seemed to set with it, to rise, culminate, and decline the following day, with the like regularity and undiminished glory. There are many singular coincidences I have known in the course of my life, not the least among which was the fact that exactly when Turkey displayed his fullest beams from his red and radiant countenance, just then, too, at the critical moment, began the daily period when I considered his business capacities as seriously disturbed for the remainder of the twenty-four hours. Not that he was absolutely idle, or averse to business then; far from it. The difficulty was, he was apt to be altogether too energetic. There was a strange, inflamed, flurried, flighty recklessness of activity about him. He would be incautious in dipping his pen into his inkstand. All his blots upon my documents, were dropped there after twelve o'clock, meridian. Indeed, not only would he be reckless and sadly given to making blots in the afternoon, but some days he went further, and was rather noisy. At such times, too, his face flamed with augmented blazonry, as if cannel coal had been heaped on anthracite. He made an unpleasant racket with his chair; spilled his sand-box; in mending his pens, impatiently split them all to pieces, and threw them on the floor in a sudden passion; stood up and leaned over his table, boxing his papers about in a most indecorous manner, very sad to behold in an elderly man like him.

Nevertheless, as he was in many ways a most valuable person to me, and all the time before twelve o'clock, meridian, was the quickest, steadiest creature too, accomplishing a great deal of work in a style not easy to be matched — for these reasons, I was willing to overlook his eccentricities, though indeed, occasionally, I remonstrated with him. I did this very gently, however, because, though the civilest, nay, the blandest and most reverential of men in the morning, yet in the afternoon he was disposed, upon provocation, to be slightly rash with his tongue, in fact, insolent. Now, valuing his morning services as I did, and resolved not to lose them; yet, at the same time made uncomfortable by his inflamed ways after twelve o'clock; and being a man of peace, unwilling by my admonitions to call forth unseemingly retorts from him; I took upon me, one Saturday noon (he was always worse on Saturdays), to hint to him, very kindly, that perhaps now that he was growing old, it might be well to abridge his labors; in short, he need not come to my chambers after twelve o'clock, but, dinner over, had best go home to his lodgings and rest himself till tea-time. But no; he insisted upon his afternoon devotions. His countenance became intolerably fervid, as he oratorically assured me — gesticulating with a long ruler at the other end of the room — that if his services in the morning were useful, how indispensible, then, in the afternoon?

"With submission, sir," said Turkey on this occasion, "I consider myself your right-hand man. In the morning I but marshal and deploy my columns; but in the afternoon I put myself at their head, and gallantly charge the foe, thus!" — and he made a violent thrust with the ruler.

"But the blots, Turkey," intimated I.

"True, — but, with submission, sir, behold these hairs! I am getting old. Surely, sir, a blot or two of a warm afternoon is not the page — is honorable. With submission, sir, we both are getting old."

This appeal to my fellow-feeling was hardly to be resisted. At all events, I saw that go he would not. So I made up my mind to let him stay, resolving, nevertheless, to see to it, that during the afternoon he had to do with my less important papers.

Nippers, the second on my list, was a whiskered, sallow, and, upon the whole, rather piratical-looking young man of about five and twenty. I always deemed him the victim of two evil powers — ambition and indigestion. The ambition was evinced by a certain impatience of the duties of a mere copyist, an unwarrantable usurpation of strictly profession affairs, such as the original drawing up of legal documents. The indigestion seemed betokened in an occasional nervous testiness and grinning irritability, causing the teeth to audibly grind together over mistakes committed in copying; unnecessary maledictions, hissed, rather than spoken, in the heat of business; and especially by a continual discontent with the height of the table where he worked. Though of a very ingenious mechanical turn, Nippers could never get this table to suit him. He put chips under it, blocks of various sorts, bits of pasteboard, and at last went so far as to attempt an exquisite adjustment by final pieces of folded blotting-paper. But no invention would answer. If, for the sake of easing his back, he brought the table lid at a sharp angle well up towards his chin, and wrote there like a man using the steep roof of a Dutch house for his desk: — then he declared that it stopped the circulation in his arms. If now he lowered the table to his waistbands, and stooped over it in writing, then there was a sore aching in his back. In short, the truth of the matter was, Nippers knew not what he wanted. Or, if he wanted anything, it was to be rid of a scrivener's table altogether.

Among the manifestations of his diseased ambition was a fondness he had for receiving visits from certain ambiguous-looking fellows in seedy coats, whom he called his clients. Indeed I was aware that not only was he, at times, considerable of a ward-politician, but he occasionally did a little business at the Justices' courts, and was not unknown on the steps of the Tombs. I have good reason to believe, however, that one individual who called upon him at my chambers, and who, with a grand air, he insisted was his client, was no other than a dun, and the alleged title-deed, a bill.

But with all his failings, and the annoyances he caused me, Nippers, like his compatriot Turkey, was a very useful man to me; wrote a neat, swift hand; and, when he chose, was not deficient in a gentlemanly sort of deportment. Added to this, he always dressed in a gentlemanly sort of way; and so, incidentally, reflected credit upon my chambers. Whereas with respect to Turkey, I had much ado to keep him from being a reproach to me. His clothes were apt to look oily and smell of eating-houses. He wore his pantaloons very loose and baggy in summer. His coats were execrable; his hat not to be handled. But while the hat was a thing of indifference to me, inasmuch as his natural civility and deference, as a dependent Englishman, always led him to doff it the moment he entered the room, yet his coat was another matter. Concerning his coats, I reasoned with him; but with no effect. The truth was, I suppose, that a man with so small an income, could not afford to sport such a lustrous face and a lustrous coat at one and the same time. As Nippers once observed, Turkey's money went chiefly for red ink.

One winter day I presented Turkey with a highly-respectable looking coat of my own, a padded gray coat, of a most comfortable warmth, and which buttoned straight up from the knee to the neck. I thought Turkey would appreciate the favor, and abate his rashness and obstreperousness of afternoons. But no. I verily believe that buttoning himself up in so downy and blanket-like a coat had a pernicious effect upon him; upon the same principle that too much oats are bad for horses. In fact, precisely as a rash, restive horse is said to feel his oats, so Turkey felt his coat. It made him insolent. He was a man whom prosperity harmed.

Though concerning the self-indulgent habits of Turkey I had my own private surmises, yet touching Nippers I was well persuaded that whatever might be his faults in other respects, he was, at least, a temperate young man. But indeed, nature herself seemed to have been his vintner, and at his birth charged him so thoroughly with an irritable, brandy-like disposition, that all subsequent potations were needless. When I consider how, amid the stillness of my chambers, Nippers would sometimes impatiently rise from his seat, and stooping over his table, spread his arms wide apart, seize the whole desk, and move it, and jerk it, with a grim, grinding motion on the floor, as if the table were a perverse voluntary agent, intent on thwarting and vexing him; I plainly perceive that for Nippers, brandy and water were altogether superfluous.

It was fortunate for me that, owing to its course — indigestion — the irritability and consequent nervousness of Nippers, were mainly observable in the morning, while in the afternoon he was comparatively mild. So that Turkey's paroxysms only coming on about twelve o'clock, I never had to do with their eccentricities at one time. Their fits relieved each other like guards. When Nippers' was on, Turkey's was off, and vice versa. This was a good natural arrangement under the circumstances.

Ginger Nut, the third on my list, was a lad some twelve years old. His father was a carman, ambitious of seeing his son on the bench instead of a cart, before he died. So he sent him to my office as a student at law, errand boy, and cleaner and sweeper, at the rate of one dollar a week. He had a little desk to himself, but he did not use it much. Upon inspection, the drawer exhibited a great array of the shells of various sorts of nuts. Indeed, to this quick-witted youth the whole noble science of the law was contained in a nut-shell. Not the least among the employments of Ginger Nut, as well as one which he discharged with the most alacrity, was his duty as cake and apple purveyor for Turkey and Nippers. Copying law papers being proverbially a dry, husky sort of business, my two scriveners were fain to moisten their mouths very often with Spitzenbergs to be had at the numerous stalls nigh the Custom House and Post Office. Also, they sent Ginger Nut very frequently for that peculiar cake — small, flat, round, and very spicy — after which he had been named by them. Of a cold morning when business was but dull, Turkey would gobble up scores of these cakes, as if they were mere wafers — indeed they sell them at the rate of six or eight for a penny — the scrape of his pen blending with the crunching of the crisp particles in his mouth. Of all the fiery afternoon blunders and flurried rashnesses of Turkey, was his once moistening a ginger-cake between his lips, and clapping it on to a mortgage for a seal. I came within an ace of dismissing him then. But he mollified me by making an oriental bow, and saying — "With submission, sir, it was generous of me to find you in stationery on my own account."

Now my original business — that of a conveyancer and title hunter, and drawer-up of recondite documents of all sorts — was considerably increased by receiving the master's office. There was now great work for scriveners. Not only must I push the clerks already with me, but I must have additional help.

In answer to my advertisement, a motionless young man one morning, stood upon my office threshold, the door being open, for it was summer. I can see that figure now — pallidly neat, pitiably respectable, incurably forlorn! It was Bartleby.

After a few words touching his qualifications, I engaged him, glad to have among my corps of copyists a man of so singularly sedate an aspect, which I thought might operate beneficially upon the flighty temper of Turkey, and the fiery one of Nippers.

I should have stated before that ground glass folding-doors divided my premises into two parts, one of which was occupied by my scriveners, the other by myself. According to my humor I threw open these doors, or closed them. I resolved to assign Bartleby a corner by the folding-doors, but on my side of them, so as to have this quiet man within easy call, in case any trifling thing was to be done. I placed his desk close up to a small side window in that part of the room, a window which originally had afforded a lateral view of certain grimy back-yards and bricks, but which, owing to subsequent erections, commanded at present no view at all, though it gave some light. Within three feet of the panes was a wall, and the light came down from far above, between two lofty buildings, as from a very small opening in a dome. Still further to a satisfactory arrangement, I procured a high green folding screen, which might entirely isolate Bartleby from my sight, though not remove him from my voice. And thus, in a manner, privacy and society were conjoined.

At first Bartleby did an extraordinary quantity of writing. As if long famishing for something to copy, he seemed to gorge himself on my documents. There was no pause for digestion. He ran a day and night line, copying by sun-light and by candle-light. I should have been quite delighted with his application, had be been cheerfully industrious. But he wrote on silently, palely, mechanically.

It is, of course, an indispensable part of a scrivener's business to verify the accuracy of his copy, word by word. Where there are two or more scriveners in an office, they assist each other in this examination, one reading from the copy, the other holding the original. It is a very dull, wearisome, and lethargic affair. I can readily imagine that to some sanguine temperaments it would be altogether intolerable. For example, I cannot credit that the mettlesome poet Byron would have contentedly sat down with Bartleby to examine a law document of, say five hundred pages, closely written in a crimpy hand.

Now and then, in the haste of business, it had been my habit to assist in comparing some brief document myself, calling Turkey or Nippers for this purpose. One object I had in placing Bartleby so handy to me behind the screen, was to avail myself of his services on such trivial occasions.

It was on the third day, I think, of his being with me, and before any necessity had arisen for having his own writing examined, that, being much hurried to complete a small affair I had in hand, I abruptly called to Bartleby. In my haste and natural expectancy of instant compliance, I sat with my head bent over the original on my desk, and my right hand sideways, and somewhat nervously extended with the copy, so that immediately upon emerging from his retreat, Bartleby might snatch it and proceed to business without the least delay.

In this very attitude did I sit when I called to him, rapidly stating what it was I wanted him to do—namely, to examine a small paper with me. Imagine my surprise, nay, my consternation, when without moving from his privacy, Bartleby in a singularly mild, firm voice, replied,"I would prefer not to."

I sat awhile in perfect silence, rallying my stunned faculties. Immediately it occurred to me that my ears had deceived me, or Bartleby had entirely misunderstood my meaning. I repeated my request in the clearest tone I could assume. But in quite as clear a one came the previous reply, "I would prefer not to."

"Prefer not to," echoed I, rising in high excitement, and crossing the room with a stride,

"What do you mean? Are you moon-struck? I want you to help me compare this sheet here — take it," and I thrust it towards him.

"I would prefer not to," said he.

I looked at him steadfastly. His face was leanly composed; his gray eye dimly calm. Not a wrinkle of agitation rippled him. Had there been the least uneasiness, anger, impatience or impertinence in his manner; in other words, had there been any thing ordinarily human about him, doubtless I should have violently dismissed him from the premises. But as it was, I should have as soon thought of turning my pale plaster-of-paris bust of Cicero out of doors. I stood gazing at him awhile, as he went on with his own writing, and then reseated myself at my desk. This is very strange, thought I. What had one best do? But my business hurried me. I concluded to forget the matter for the present, reserving it for my future leisure. So calling Nippers from the other room, the paper was speedily examined.

A few days after this, Bartleby concluded four lengthy documents, being quadruplicates of a week's testimony taken before me in my High Court of Chancery. It became necessary to examine them. It was an important suit, and great accuracy was imperative. Having all things arranged I called Turkey, Nippers and Ginger Nut from the next room, meaning to place the four copies in the hands of my four clerks, while I should read from the original. Accordingly Turkey, Nippers and Ginger Nut had taken their seats in a row, each with his document in hand, when I called to Bartleby to join this interesting group.

"Bartleby! quick, I am waiting." I heard a low scrape of his chair legs on the unscraped floor, and soon he appeared standing at the entrance of his hermitage.

"What is wanted?" said he mildly.

"The copies, the copies," said I hurriedly. "We are going to examine them. There" — and I held towards him the fourth quadruplicate.

"I would prefer not to," he said, and gently disappeared behind the screen.

For a few moments I was turned into a pillar of salt, standing at the head of my seated column of clerks. Recovering myself, I advanced towards the screen, and demanded the reason for such extraordinary conduct.

"Why do you refuse?"

"I would prefer not to."

With any other man I should have flown outright into a dreadful passion, scorned all further words, and thrust him ignominiously from my presence. But there was something about Bartleby that not only strangely disarmed me, but in a wonderful manner touched and disconcerted me. I began to reason with him.

"These are your own copies we are about to examine. It is labor saving to you, because one examination will answer for your four papers. It is common usage. Every copyist is bound to help examine his copy. Is it not so? Will you not speak? Answer!"

"I prefer not to," he replied in a flute-like tone.

It seemed to me that while I had been addressing him, he carefully revolved every statement that I made; fully comprehended the meaning; could not gainsay the irresistible conclusion; but, at the same time, some paramount consideration prevailed with him to reply as he did.

"You are decided, then, not to comply with my request — a request made according to common usage and common sense?"

He briefly gave me to understand that on that point my judgment was sound. Yes: his decision was irreversible.

It is not seldom the case that when a man is browbeaten in some unprecedented and violently unreasonable way, he begins to stagger in his own plainest faith. He begins, as it were, vaguely to surmise that, wonderful as it may be, all the justice and all the reason is on the other side. Accordingly, if any disinterested persons are present, he turns to them for some reinforcement for his own faltering mind.

"Turkey," said I, "what do you think of this? Am I not right?"

"With submission, sir," said Turkey, with his blandest tone, "I think that you are."

"Nippers," said I, "what do you think of it?"

"I think I should kick him out of the office."

(The reader of nice perceptions will here perceive that, it being morning, Turkey's answer is couched in polite and tranquil terms, but Nippers replies in ill-tempered ones. Or, to repeat a previous sentence, Nipper's ugly mood was on duty, and Turkey's off.)

"Ginger Nut," said I, willing to enlist the smallest suffrage in my behalf, "what do you think of it?"

"I think, sir, he's a little luny," replied Ginger Nut, with a grin.

"You hear what they say," said I, turning towards the screen, "come forth and do your duty."

But he vouchsafed no reply. I pondered a moment in sore perplexity. But once more business hurried me. I determined again to postpone the consideration of this dilemma to my future leisure. With a little trouble we made out to examine the papers without Bartleby, though at every page or two, Turkey deferentially dropped his opinion that this proceeding was quite out of the common; while Nippers, twitching in his chair with a dyspeptic nervousness, ground out between his set teeth occasional hissing maledictions against the stubborn oaf behind the screen. And for his (Nipper's) part, this was the first and the last time he would do another man's business without pay.

Meanwhile Bartleby sat in his hermitage, oblivious to every thing but his own peculiar business there.

Some days passed, the scrivener being employed upon another lengthy work. His late remarkable conduct led me to regard his way narrowly. I observed that he never went to dinner; indeed that he never went any where. As yet I had never of my personal knowledge known him to be outside of my office. He was a perpetual sentry in the corner. At about eleven o'clock though, in the morning, I noticed that Ginger Nut would advance toward the opening in Bartleby's screen, as if silently beckoned thither by a gesture invisible to me where I sat. That boy would then leave the office jingling a few pence, and reappear with a handful of ginger-nuts which he delivered in the hermitage, receiving two of the cakes for his trouble.

He lives, then, on ginger-nuts, thought I; never eats a dinner, properly speaking; he must be a vegetarian then, but no; he never eats even vegetables, he eats nothing but ginger-nuts. My mind then ran on in reveries concerning the probable effects upon the human constitution of living entirely on ginger-nuts. Ginger-nuts are so called because they contain ginger as one of their peculiar constituents, and the final flavoring one. Now what was ginger? A hot, spicy thing. Was Bartleby hot and spicy? Not at all. Ginger, then, had no effect upon Bartleby. Probably he preferred it should have none.

Nothing so aggravates an earnest person as a passive resistance. If the individual so resisted be of a not inhumane temper, and the resisting one perfectly harmless in his passivity; then, in the better moods of the former, he will endeavor charitably to construe to his imagination what proves impossible to be solved by his judgment. Even so, for the most part, I regarded Bartleby and his ways. Poor fellow! thought I, he means no mischief;

it is plain he intends no insolence; his aspect sufficiently evinces that his eccentricities are involuntary. He is useful to me. I can get along with him. If I turn him away, the chances are he will fall in with some less indulgent employer, and then he will be rudely treated, and perhaps driven forth miserably to starve. Yes. Here I can cheaply purchase a delicious self-approval. To befriend Bartleby; to humor him in his strange willfulness, will cost me little or nothing, while I lay up in my soul what will eventually prove a sweet morsel for my conscience. But this mood was not invariable with me. The passiveness of Bartleby sometimes irritated me. I felt strangely goaded on to encounter him in new opposition, to elicit some angry spark from him answerable to my own. But indeed I might as well have essayed to strike fire with my knuckles against a bit of Windsor soap. But one afternoon the evil impulse in me mastered me, and the following little scene ensued: "Bartleby," said I, "when those papers are all copied, I will compare them with you."

"I would prefer not to."

"How? Surely you do not mean to persist in that mulish vagary?"

No answer. I threw open the folding-doors near by, and turning upon Turkey, exclaimed in an excited manner — "He says, a second time, he won't examine his papers. What do you think of it, Turkey?"

It was afternoon, be it remembered. Turkey sat glowing like a brass boiler, his bald head steaming, his hands reeling among his blotted papers.

"Think of it?" roared Turkey; "I think I'll just step behind his screen, and black his eyes for him!"

So saying, Turkey rose to his feet and threw his arms into a pugilistic position. He was hurrying away to make good his promise, when I detained him, alarmed at the effect of incautiously rousing Turkey's combativeness after dinner.

"Sit down, Turkey," said I, "and hear what Nippers has to say. What do you think of it, Nippers? Would I not be justified in immediately dismissing Bartleby?"

"Excuse me, that is for you to decide, sir. I think his conduct quite unusual, and indeed unjust, as regards Turkey and myself. But it may only be a passing whim."

"Ah," exclaimed I, "you have strangely changed your mind then — you speak very gently of him now."

"All beer," cried Turkey; "gentleness is effects of beer — Nippers and I dined together to-day. You see how gentle I am, sir. Shall I go and black his eyes?"

"You refer to Bartleby, I suppose. No, not to-day, Turkey," I replied; "pray, put up your fists."

I closed the doors, and again advanced towards Bartleby. I felt additional incentives tempting me to my fate. I burned to be rebelled against again. I remembered that Bartleby never left the office.

"Bartleby," said I, "Ginger Nut is away; just step round to the Post Office, won't you? (it was but a three minutes walk,) and see if there is any thing for me."

"I would prefer not to."

"You will not?"

"I prefer not."

I staggered to my desk, and sat there in a deep study. My blind inveteracy returned. Was there any other thing in which I could procure myself to be ignominiously repulsed by this lean, penniless with?—my hired clerk? What added thing is there, perfectly reasonable, that he will be sure to refuse to do?

"Bartleby!"

No answer.

"Bartleby," in a louder tone.

No answer.

"Bartleby," I roared.

Like a very ghost, agreeably to the laws of magical invocation, at the third summons, he appeared at the entrance of his hermitage.

"Go to the next room, and tell Nippers to come to me."

"I prefer not to," he respectfully and slowly said, and mildly disappeared.

"Very good, Bartleby," said I, in a quiet sort of serenely severe self-possessed tone, intimating the unalterable purpose of some terrible retribution very close at hand. At the moment I half intended something of the kind. But upon the whole, as it was drawing towards my dinner-hour, I thought it best to put on my hat and walk home for the day, suffering much from perplexity and distress of mind.

Shall I acknowledge it? The conclusion of this whole business was that it soon became a fixed fact of my chambers, that a pale young scrivener, by the name of Bartleby, had a desk there; that he copied for me at the usual rate of four cents a folio (one hundred words); but he was permanently exempt from examining the work done by him, that duty being transferred to Turkey and Nippers, one of compliment doubtless to their superior acuteness; moreover, said Bartleby was never on any account to be dispatched on the most trivial errand of any sort; and that even if entreated to take upon him such a matter, it was generally understood that he would prefer not to—in other words, that he would refuse point-blank.

As days passed on, I became considerably reconciled to Bartleby. His steadiness, his freedom from all dissipation, his incessant industry (except when he chose to throw himself into a standing revery behind his screen), his great stillness, his unalterableness of demeanor under all circumstances, made him a valuable acquisition. One prime thing was this, — he was always there; — first in the morning, continually through the day, and the last at night. I had a singular confidence in his honesty. I felt my most precious papers perfectly safe in his hands. Sometimes to be sure I could not, for the very soul of me, avoid falling into sudden spasmodic passions with him. For it was exceeding difficult to bear in mind all the time those strange peculiarities, privileges, and unheard of exemptions, forming the tacit stipulations on Bartleby's part under which he remained in my office. Now and then, in the eagerness of dispatching pressing business, I would inadvertently summon Bartleby, in a short, rapid tone, to put his finger, say, on the incipient tie of a bit of red tape with which I was about compressing some papers. Of course, from behind the screen the usual answer, "I prefer not to," was sure to come; and then, how could a human creature with the common infirmities of our nature, refrain from bitterly exclaiming upon such perverseness — such unreasonableness. However, every added repulse of this sort which I received only tended to lessen the probability of my repeating the inadvertence.

Here is must be said, that according to the custom of most legal gentlemen occupying chambers in densely-populated law buildings, there were several keys to my door. One was kept by a woman residing in the attic, which person weekly scrubbed and daily swept and dusted my apartments. Another was kept by Turkey for convenience sake. The third I sometimes carried in my own pocket. The fourth I knew not who had.

Now, one Sunday morning I happened to go to Trinity Church, to hear a celebrated preacher, and finding myself rather early on the ground, I thought I would walk round to my chambers for a while. Luckily I had my key with me; but upon applying it to the lock, I found it resisted by something inserted from the inside. Quite surprised, I called out; when to my consternation a key was turned from within; and thrusting his lean visage at me, and holding the door ajar, the apparition of Bartleby appeared, in his shirt sleeves, and otherwise in a strangely tattered dishabille, saying quietly that he was sorry, but he was deeply engaged just then, and — preferred not admitting me at present. In a brief word or two, he moreover added, that perhaps I had better walk round the block two or three times, and by that time he would probably have concluded his affairs.

Now, the utterly unsurmised appearance of Bartleby, tenanting my law-chambers of a

Sunday morning, with his cadaverously gentlemanly nonchalance, yet withal firm and self-possessed, had such a strange effect upon me, that incontinently I slunk away from my own door, and did as desired. But not without sundry twinges of impotent rebellion against the mild effrontery of this unaccountable scrivener.

Indeed, it was his wonderful mildness chiefly, which not only disarmed me, but unmanned me, as it were. For I consider that one, for the time, is a sort of unmanned when he tranquilly permits his hired clerk to dictate to him, and order him away from his own premises. Furthermore, I was full of uneasiness as to what Bartleby could possibly be doing in my office in his shirt sleeves, and in an otherwise dismantled condition of a Sunday morning. Was any thing amiss going on? Nay, that was out of the question. It was not to be thought of for a moment that Bartleby was an immoral person. But what could he be doing there? —copying? Nay again, whatever might be his eccentricities, Bartleby was an eminently decorous person. He would be the last man to sit down to his desk in any state approaching to nudity. Besides, it was Sunday; and there was something about Bartleby that forbade the supposition that we would by any secular occupation violate the proprieties of the day.

Nevertheless, my mind was not pacified; and full of a restless curiosity, at last I returned to the door. Without hindrance I inserted my key, opened it, and entered. Bartleby was not to be seen. I looked round anxiously, peeped behind his screen; but it was very plain that he was gone. Upon more closely examining the place, I surmised that for an indefinite period Bartleby must have ate, dressed, and slept in my office, and that too without plate, mirror, or bed. The cushioned seat of a rickety old sofa in one corner bore t faint impress of a lean, reclining form. Rolled away under his desk, I found a blanket; under the empty grate, a blacking box and brush; on a chair, a tin basin, with soap and a ragged towel; in a newspaper a few crumbs of ginger-nuts and a morsel of cheese. Yet, thought I, it is evident enough that Bartleby has been making his home here, keeping bachelor's hall all by himself. Immediately then the thought came sweeping across me, What miserable friendlessness and loneliness are here revealed! His poverty is great; but his solitude, how horrible! Think of it. Of a Sunday, Wall-street is deserted as Petra; and every night of every day it is an emptiness. This building too, which of week-days hums with industry and life, at nightfall echoes with sheer vacancy, and all through Sunday is forlorn. And here Bartleby makes his home; sole spectator of a solitude which he has seen all populous — a sort of innocent and transformed Marius brooding among the ruins of Carthage!

For the first time in my life a feeling of overpowering stinging melancholy seized me. Before, I had never experienced aught but a not-unpleasing sadness. The bond of a common humanity now drew me irresistibly to gloom. A fraternal melancholy! For both I and Bartleby were sons of Adam. I remembered the bright silks and sparkling faces I had seen that day in gala trim, swan-like sailing down the Mississippi of Broadway; and I contrasted them with the pallid copyist, and thought to myself, Ah, happiness courts the light, so we deem the world is gay; but misery hides aloof, so we deem that misery there is none. These sad fancyings — chimeras, doubtless, of a sick and silly brain — led on to other and more special thoughts, concerning the eccentricities of Bartleby. Presentiments of strange discoveries hovered round me. The scrivener's pale form appeared to me laid out, among uncaring strangers, in its shivering winding sheet.

Suddenly I was attracted by Bartleby's closed desk, the key in open sight left in the lock. I mean no mischief, seek the gratification of no heartless curiosity, thought I; besides, the desk is mine, and its contents too, so I will make bold to look within. Every thing was methodically arranged, the papers smoothly placed. The pigeon holes were deep, and removing the files of documents, I groped into their recesses. Presently I felt something there, and dragged it out. It was an old bandanna handkerchief, heavy and knotted. I opened it, and saw it was a savings' bank.

I now recalled all the quiet mysteries which I had noted in the man. I remembered that he never spoke but to answer; that though at intervals he had considerable time to himself, yet I had never seen him reading — no, not even a newspaper; that for long periods he would stand looking out, at his pale window behind the screen, upon the dead brick wall; I was quite sure he never visited any refectory or eating house; while his pale face clearly indicated that he never drank beer like Turkey, or tea and coffee even, like other men; that he never went any where in particular that I could learn; never went out for a walk, unless indeed that was the case at present; that he had declined telling who he was, or whence he came, or whether he had any relatives in the world; that though so thin and pale, he never complained of ill health. And more than all, I remembered a certain unconscious air of pallid — how shall I call it? — of pallid haughtiness, say, or rather an austere reserve about him, which had positively awed me into my tame compliance with his eccentricities, when I had feared to ask him to do the slightest incidental thing for me, even though I might know, from his long-continued motionlessness, that behind his screen he must be standing in one of those dead-wall reveries of his.

Revolving all these things, and coupling them with the recently discovered fact that he made my office his constant abiding place and home, and not forgetful of his morbid moodiness; revolving all these things, a prudential feeling began to steal over me. My first emotions had been those of pure melancholy and sincerest pity; but just in proportion as the forlornness of Bartleby grew and grew to my imagination, did that same melancholy merge into fear, that pity into repulsion. So true it is, and so terrible too, that up to a certain point the thought or sight of misery enlists our best affections; but, in certain special cases, beyond that point it does not. They err who would assert that invariably this is owing to the inherent selfishness of the human heart. It rather proceeds from a certain hopelessness of remedying excessive and organic ill. To a sensitive being, pity is not seldom pain. And when at last it is perceived that such pity cannot lead to effectual succor, common sense bids the soul be rid of it. What I saw that morning persuaded me that the scrivener was the victim of innate and incurable disorder. I might give alms to his body; but his body did not pain him; it was his soul that suffered, and his soul I could not reach.

I did not accomplish the purpose of going to Trinity Church that morning. Somehow, the things I had seen disqualified me for the time from church-going. I walked homeward, thinking what I would do with Bartleby. Finally, I resolved upon this; — I would put certain calm questions to him the next morning, touching his history, &c., and if he declined to answer then openly and reservedly (and I supposed he would prefer not), then to give him a twenty dollar bill over and above whatever I might owe him, and tell him his services were no longer required; but that if in any other way I could assist him, I would be happy to do so, especially if he desired to return to his native place, wherever that might be, I would willingly help to defray the expenses. Moreover, if after reaching home, he found himself at any time in want of aid, a letter from him would be sure of a reply.

The next morning came.

"Bartleby," said I, gently calling to him behind the screen. No reply.

"Bartleby," said I, in a still gentler tone, "come here; I am not going to ask you to do any thing you would prefer not to do — I simply wish to speak to you."

Upon this he noiselessly slid into view.

"Will you tell me, Bartleby, where you were born?"

"I would prefer not to."

"Will you tell me anything about yourself?"

"I would prefer not to."

"But what reasonable objection can you have to speak to me? I feel friendly towards you."

He did not look at me while I spoke, but kept his glance fixed upon my bust of Cicero, which as I then sat, was directly behind me, some six inches above my head.

"What is your answer, Bartleby?" said I, after waiting a considerable time for a reply, during which his countenance remained immovable, only there was the faintest conceivable tremor of the white attenuated mouth.

"At present I prefer to give no answer," he said, and retired into his hermitage.

It was rather weak in me I confess, but his manner on this occasion nettled me. Not only did there seem to lurk in it a certain disdain, but his perverseness seemed ungrateful, considering the undeniable good usage and indulgence he had received from me.

Again I sat ruminating what I should do. Mortified as I was at his behavior, and resolved as I had been to dismiss him when I entered my office, nevertheless I strangely felt something superstitious knocking at my heart, and forbidding me to carry out my purpose, and denouncing me for a villain if I dared to breathe one bitter word against this forlornest of mankind. At last, familiarly drawing my chair behind his screen, I sat down and said: "Bartleby, never mind then about revealing your history; but let me entreat you, as a friend, to comply as far as may be with the usages of this office. Say now you will help to examine papers tomorrow or next day: in short, say now that in a day or two you will begin to be a little reasonable: — say so, Bartleby."

"At present I would prefer not to be a little reasonable was his idly cadaverous reply."

Just then the folding-doors opened, and Nippers approached. He seemed suffering from an unusually bad night's rest, induced by severer indigestion than common. He overheard those final words of Bartleby.

"Prefer not, eh?" gritted Nippers — "I'd prefer him, if I were you, sir," addressing me — "I'd prefer him; I'd give him preferences, the stubborn mule! What is it, sir, pray, that he prefers not to do now?"

Bartleby moved not a limb.

"Mr. Nippers," said I, "I'd prefer that you would withdraw for the present."

Somehow, of late I had got into the way of involuntary using this word "prefer" upon all sorts of not exactly suitable occasions. And I trembled to think that my contact with the scrivener had already and seriously affected me in a mental way. And what further and deeper aberration might it not yet produce? This apprehension had not been without efficacy in determining me to summary means.

As Nippers, looking very sour and sulky, was departing, Turkey blandly and deferentially approached.

"With submission, sir," said he, "yesterday I was thinking about Bartleby here, and I think that if he would but prefer to take a quart of good ale every day, it would do much towards mending him, and enabling him to assist in examining his papers."

"So you have got the word too," said I, slightly excited.

"With submission, what word, sir," asked Turkey, respectfully crowding himself into the contracted space behind the screen, and by so doing, making me jostle the scrivener.

"What word, sir?"

"I would prefer to be left alone here," said Bartleby, as if offended at being mobbed in his privacy.

"That's the word, Turkey," said I — "that's it."

"Oh, prefer oh yes — queer word. I never use it myself. But, sir as I was saying, if he would but prefer —"

"Turkey," interrupted I, "you will please withdraw."

"Oh, certainly, sir, if you prefer that I should."

As he opened the folding-door to retire, Nippers at his desk caught a glimpse of me, and asked whether I would prefer to have a certain paper copied on blue paper or white. He did not in the least roguishly accent the word prefer. It was plain that it involuntarily rolled from his tongue. I thought to myself, surely I must get rid of a demented man, who already has in some degree turned the tongues, if not the heads of myself and clerks. But I thought it prudent not to break the dismission at once.

The next day I noticed that Bartleby did nothing but stand at his window in his dead-wall revery. Upon asking him why he did not write, he said that he had decided upon doing no more writing.

"Why, how now? what next?" exclaimed I, "do no more writing?"

"No more."

"And what is the reason?"

"Do you not see the reason for yourself," he indifferently replied.

I looked steadfastly at him, and perceived that his eyes looked dull and glazed. Instantly it occurred to me, that his unexampled diligence in copying by his dim window for the first few weeks of his stay with me might have temporarily impaired his vision.

I was touched. I said something in condolence with him. I hinted that of course he did wisely in abstaining from writing for a while; and urged him to embrace that opportunity of taking wholesome exercise in the open air. This, however, he did not do. A few days after this, my other clerks being absent, and being in a great hurry to dispatch certain letters by the mail, I thought that, having nothing else earthly to do, Bartleby would surely be less inflexible than usual, and carry these letters to the post-office. But he blankly declined. So, much to my inconvenience, I went myself.

Still added days went by. Whether Bartleby's eyes improved or not, I could not say. To all appearance, I thought they did. But when I asked him if they did, he vouchsafed no answer. At all events, he would do no copying. At last, in reply to my urgings, he informed me that he had permanently given up copying.

"What!" exclaimed I; "suppose your eyes should get entirely well-better than ever before —would you not copy then?"

"I have given up copying," he answered, and slid aside.

He remained as ever, a fixture in my chamber. Nay—if that were possible—he became still more of a fixture than before. What was to be done? He would do nothing in the office: why should he stay there? In plain fact, he had now become a millstone to me, not only useless as a necklace, but afflictive to bear. Yet I was sorry for him. I speak less than truth when I say that, on his own account, he occasioned me uneasiness. If he would but have named a single relative or friend, I would instantly have written, and urged their taking the poor fellow away to some convenient retreat. But he seemed alone, absolutely alone in the universe. A bit of wreck in the mid Atlantic. At length, necessities connected with my business tyrannized over all other considerations. Decently as I could, I told Bartleby that in six days' time he must unconditionally leave the office. I warned him to take measures, in the interval, for procuring some other abode. I offered to assist him in this endeavor, if he himself would but take the first step towards a removal. "And when you finally quit me, Bartleby," added I, "I shall see that you go not away entirely unprovided. Six days from this hour, remember."

At the expiration of that period, I peeped behind the screen, and lo! Bartleby was there. I buttoned up my coat, balanced myself; advanced slowly towards him, touched his shoulder, and said, "The time has come; you must quit this place; I am sorry for you; here is money; but you must go."

"I would prefer not," he replied, with his back still towards me.

"You must."

He remained silent.

Now I had an unbounded confidence in this man's common honesty. He had frequently restored to me six pences and shillings carelessly dropped upon the floor, for I am apt to be very reckless in such shirt-button affairs. The proceeding then which followed will not be deemed extraordinary.

"Bartleby," said I, "I owe you twelve dollars on account; here are thirty-two; the odd twenty are yours. — Will you take it? and I handed the bills towards him. But he made no motion.

"I will leave them here then," putting them under a weight on the table. Then taking my hat and cane and going to the door I tranquilly turned and added — "After you have removed your things from these offices, Bartleby, you will of course lock the door — since every one is now gone for the day but you — and if you please, slip your key underneath the mat, so that I may have it in the morning. I shall not see you again; so good-bye to you. If hereafter in your new place of abode I can be of any service to you, do not fail to advise me by letter. Good-bye, Bartleby, and fare you well."

But he answered not a word; like the last column of some ruined temple, he remained standing mute and solitary in the middle of the otherwise deserted room.

As I walked home in a pensive mood, my vanity got the better of my pity. I could not but highly plume myself on my masterly management in getting rid of Bartleby. Masterly I call it, and such it must appear to any dispassionate thinker. The beauty of my procedure seemed to consist in its perfect quietness. There was no vulgar bullying, no bravado of any sort, no choleric hectoring and striding to and fro across the apartment, jerking out vehement commands for Bartleby to bundle himself off with his beggarly traps. Nothing of the kind. Without loudly bidding Bartleby depart — as an inferior genius might have done — I assumed the ground that depart he must; and upon the assumption built all I had to say. The more I thought over my procedure, the more I was charmed with it. Nevertheless, next morning, upon awakening, I had my doubts, — I had somehow slept off the fumes of vanity. One of the coolest and wisest hours a man has, is just after he awakes in the morning. My procedure seemed as sagacious as ever, — but only in theory. How it would prove in practice — there was the rub. It was truly a beautiful thought to have assumed Bartleby's departure; but, after all, that assumption was simply my own, and none of Bartleby's. The great point was, not whether I had assumed that he would quit me, but whether he would prefer so to do. He was more a man of preferences than assumptions.

After breakfast, I walked down town, arguing the probabilities pro and con. One moment I thought it would prove a miserable failure, and Bartleby would be found all alive at my office as usual; the next moment it seemed certain that I should see his chair empty. And so I kept veering about. At the corner of Broadway and Canal-street, I saw quite an excited group of people standing in earnest conversation.

"I'll take odds he doesn't," said a voice as I passed.

"Doesn't go? — done!" said I, "put up your money."

I was instinctively putting my hand in my pocket to produce my own, when I remembered that this was an election day. The words I had overheard bore no reference to Bartleby, but to the success or non-success of some candidate for the mayoralty. In my intent frame of mind, I had, as it were, imagined that all Broadway shared in my excitement, and were debating the same question with me. I passed on, very thankful that the uproar of the street screened my momentary absent-mindedness.

As I had intended, I was earlier than usual at my office door. I stood listening for a moment. All was still. He must be gone. I tried the knob. The door was locked. Yes, my procedure had worked to a charm; he indeed must be vanished. Yet a certain melancholy mixed with this: I was almost sorry for my brilliant success. I was fumbling under the door mat for the key, which Bartleby was to have left there for me, when accidentally my knee knocked against a panel, producing a summoning sound, and in response a voice came to me from within — "Not yet; I am occupied."

It was Bartleby.

I was thunderstruck. For an instant I stood like the man who, pipe in mouth, was killed one cloudless afternoon long ago in Virginia, by summer lightning; at his own warm open window he was killed, and remained leaning out there upon the dreamy afternoon, till some one touched him, when he fell.

"Not gone!" I murmured at last. But again obeying that wondrous ascendancy which the inscrutable scrivener had over me, and from which ascendancy, for all my chafing, I could not completely escape, I slowly went down stairs and out into the street, and while walking round the block, considered what I should next do in this unheard-of-perplexity. Turn the man out by an actual thrusting I could not; to drive him away by calling him hard names would not do; calling in the police was an unpleasant idea; and yet, permit him to enjoy his cadaverous triumph over me, — this too I could not think of. What was to be done? or, if nothing could be done, was there any thing further that I could assume in the matter? Yes, as before I had prospectively assumed that Bartleby would depart, so now I might retrospectively assume that departed he was. In the legitimate carrying out of this assumption, I might enter my office in a great hurry, and pretending not to see Bartleby at all, walk straight against him as if he were air. Such a proceeding would in a singular degree have the appearance of a home-thrust. It was hardly possible that Bartleby could withstand such an application of the doctrine of assumptions. But upon second thoughts the success of the plan seemed rather dubious. I resolved to argue the matter over with him again.

"Bartleby," said I, entering the office, with a quietly severe expression.

"I am seriously displeased. I am pained, Bartleby. I had thought better of you. I had imagined you of such a gentlemanly organization, that in any delicate dilemma a slight hint would suffice — in short, an assumption. But it appears I am deceived. Why,"

I added, unaffectedly starting, "you have not even touched the money yet," pointing to it, just where I had left it the evening previous.

He answered nothing.

"Will you, or will you not, quit me?" I now demanded in a sudden passion, advancing close to him.

"I would prefer not to quit you," he replied, gently emphasizing the not.

"What earthly right have you to stay here? do you pay any rent? Do you pay my taxes? Or is this property yours?"

He answered nothing.

"Are you ready to go on and write now? Are your eyes recovered? Could you copy a small paper for me this morning? or help examine a few lines? or step round to the post-office? In a word, will you do any thing at all, to give a coloring to your refusal to depart the premises?"

He silently retired into his hermitage.

I was now in such a state of nervous resentment that I thought it but prudent to check myself at present from further demonstrations. Bartleby and I were alone. I remembered the tragedy of the unfortunate Adams and the still more unfortunate Colt in the solitary office of the latter; and how poor Colt, being dreadfully incensed by Adams, and imprudently permitting himself to get wildly excited, was at unawares hurried into his fatal act — an act which certainly no man could possibly deplore more than the actor himself. Often it had occurred to me in my ponderings upon the subject, that had that altercation taken place in the public street, or at a private residence, it would not have terminated as it did. It was the circumstance of being alone in a solitary office, up stairs, of a building entirely unhallowed by humanizing domestic associations — an uncarpeted office, doubtless of a dusty, haggard sort of appearance; — this it must have been, which greatly helped to enhance the irritable desperation of the hapless Colt.

But when this old Adam of resentment rose in me and tempted me concerning Bartleby,

I grappled him and threw him. How? Why, simply by recalling the divine injunction: "A new commandment give I unto you, that ye love one another." Yes, this it was that saved me. Aside from higher considerations, charity often operates as a vastly wise and prudent principle — a great safeguard to its possessor. Men have committed murder for jealousy's sake, and anger's sake, and hatred's sake, and selfishness' sake, and spiritual pride's sake; but no man that ever I heard of, ever committed a diabolical murder for sweet charity's sake. Mere self-interest, then, if no better motive can be enlisted, should, especially with high-tempered men, prompt all beings to charity and philanthropy. At any rate, upon the occasion in question, I strove to drown my exasperated feelings towards the scrivener by benevolently construing his conduct. Poor fellow, poor fellow! thought I, he don't mean any thing; and besides, he has seen hard times, and ought to be indulged.

I endeavored also immediately to occupy myself, and at the same time to comfort my despondency. I tried to fancy that in the course of the morning, at such time as might prove agreeable to him, Bartleby, of his own free accord, would emerge from his hermitage, and take up some decided line of march in the direction of the door. But no. Half-past twelve o'clock came; Turkey began to glow in the face, overturn his inkstand, and become generally obstreperous; Nippers abated down into quietude and courtesy; Ginger Nut munched his noon apple; and Bartleby remained standing at his window in one of his profoundest deadwall reveries. Will it be credited? Ought I to acknowledge it? That afternoon I left the office without saying one further word to him.

Some days now passed, during which, at leisure intervals I looked a little into Edwards on the "Will" and "Priestly on Necessity". Under the circumstances, those books induced a salutary feeling. Gradually I slid into the persuasion that these troubles of mine touching the scrivener, had been all predestinated from eternity, and Bartleby was billeted upon me for some mysterious purpose of an all-wise Providence, which it was not for a mere mortal like me to fathom. Yes, Bartleby, stay there behind your screen, thought I; I shall persecute you no more; you are harmless and noiseless as any of these old chairs; in short, I never feel so private as when I know you are here. At least I see it, I feel it; I penetrate to the predestinated purpose of my life. I am content. Others may have loftier parts to enact; but my mission in this world, Bartleby, is to furnish you with office-room for such period as you may see fit to remain.

I believe that this wise and blessed frame of mind would have continued with me, had it not been for the unsolicited and uncharitable remarks obtruded upon me by my professional friends who visited the rooms. But thus it often is, that the constant friction of illiberal minds wears out at last the best resolves of the more generous. Though to be sure, when I reflected upon it, it was not strange that people entering my office should be struck by the peculiar aspect of the unaccountable Bartleby, and so be tempted to throw out some sinister observations concerning him. Sometimes an attorney having business with me, and calling at my office, and finding no one but the scrivener there, would undertake to obtain some sort of precise information from him touching my whereabouts; but without heeding his idle talk, Bartleby would remain standing immovable in the middle of the room. So after contemplating him in that position for a time, the attorney would depart, no wiser than he came.

Also, when a Reference was going on, and the room full of lawyers and witnesses and business was driving fast; some deeply occupied legal gentleman present, seeing Bartleby wholly unemployed, would request him to run round to his (the legal gentleman's) office and fetch some papers for him. Thereupon, Bartleby would tranquilly decline, and remain idle as before. Then the lawyer would give a great stare, and turn to me. And what could I say? At last I was made aware that all through the circle of my professional acquaintance, a whisper of wonder was running round, having reference to the strange creature I kept at my office. This worried me very much. And as the idea came upon me of his possibly turning out a long-lived man, and keep occupying my chambers, and denying my authority; and perplexing my visitors; and scandalizing my professional reputation; and casting a general gloom over the premises; keeping soul and body together to the last upon his savings (for doubtless he spent but half a dime a day), and in the end perhaps outlive me, and claim possession of my office by right of his perpetual occupancy: as all these dark anticipations crowded upon me more and more, and my friends continually intruded their relentless remarks upon the apparition in my room; a great change was wrought in me. I resolved to gather all my faculties together, and for ever rid me of this intolerable incubus. Ere revolving any complicated project, however, adapted to this end, I first simply suggested to Bartleby the propriety of his permanent departure. In a calm and serious tone, I commended the idea to his careful and mature consideration. But having taken three days to meditate upon it, he apprised me that his original determination remained the same; in short, that he still preferred to abide with me.

What shall I do? I now said to myself, buttoning up my coat to the last button. What shall I do? what ought I to do? what does conscience say I should do with this man, or rather ghost. Rid myself of him, I must; go, he shall. But how? You will not thrust him, the poor, pale, passive mortal, —you will not thrust such a helpless creature out of your door? you will not dishonor yourself by such cruelty? No, I will not, I cannot do that. Rather would I let him live and die here, and then mason up his remains in the wall. What then will you do? For all your coaxing, he will not budge. Bribes he leaves under your own paperweight on your table; in short, it is quite plain that he prefers to cling to you.

Then something severe, something unusual must be done. What! surely you will not have him collared by a constable, and commit his innocent pallor to the common jail? And upon what ground could you procure such a thing to be done?—a vagrant, is he? What! he a vagrant, a wanderer, who refuses to budge? It is because he will not be a vagrant, then, that you seek to count him as a vagrant. That is too absurd. No visible means of support: there I have him. Wrong again: for indubitably he does support himself, and that is the only unanswerable proof that any man can show of his possessing the means so to do. No more then. Since he will not quit me, I must quit him. I will change my offices; I will move elsewhere; and give him fair notice, that if I find him on my new premises I will then proceed against him as a common trespasser.

Acting accordingly, next day I thus addressed him: "I find these chambers too far from the City Hall; the air is unwholesome. In a word, I propose to remove my offices next week, and shall no longer require your services. I tell you this now, in order that you may seek another place." He made no reply, and nothing more was said.

On the appointed day I engaged carts and men, proceeded to my chambers, and having but little furniture, every thing was removed in a few hours. Throughout, the scrivener remained standing behind the screen, which I directed to be removed the last thing. It was withdrawn; and being folded up like a huge folio, left him the motionless occupant of a naked room. I stood in the entry watching him a moment, while something from within me upbraided me.

I re-entered, with my hand in my pocket—and—and my heart in my mouth.

"Good-bye, Bartleby; I am going—good-bye, and God some way bless you; and take that," slipping something in his hand. But it dropped to the floor, and then,—strange to say—I tore myself from him whom I had so longed to be rid of.

Established in my new quarters, for a day or two I kept the door locked, and started at every footfall in the passages. When I returned to my rooms after any little absence, I would pause at the threshold for an instant, and attentively listen, ere applying my key. But these fears were needless. Bartleby never came nigh me.

I thought all was going well, when a perturbed looking stranger visited me, inquiring whether I was the person who had recently occupied rooms at No. —Wall-street.

Full of forebodings, I replied that I was.

"Then, sir," said the stranger, who proved a lawyer, "you are responsible for the man you left there. He refuses to do any copying; he refuses to do any thing; he says he prefers not to; and he refuses to quit the premises."

"I am very sorry, sir," said I, with assumed tranquillity, but an inward tremor, "but, really, the man you allude to is nothing to me—he is no relation or apprentice of mine, that you should hold me responsible for him."

"In mercy's name, who is he?"

"I certainly cannot inform you. I know nothing about him. Formerly I employed him as a copyist; but he has done nothing for me now for some time past."

"I shall settle him then,—good morning, sir."

Several days passed, and I heard nothing more; and though I often felt a charitable prompting to call at the place and see poor Bartleby, yet a certain squeamishness of I know not what withheld me.

All is over with him, by this time, thought I at last, when through another week no further intelligence reached me. But coming to my room the day after, I found several persons waiting at my door in a high state of nervous excitement.

"That's the man—here he comes," cried the foremost one, whom recognized as the lawyer who had previously called upon me alone.

"You must take him away, sir, at once," cried a portly person among them, advancing upon me, and whom I knew to be the landlord of No. —Wall-street. "These gentlemen, my tenants, cannot stand it any longer; Mr. B—" pointing to the lawyer, "has turned him out of his room, and he now persists in haunting the building generally, sitting upon the banisters of the stairs by day, and sleeping in the entry by night. Every body is concerned; clients are leaving the offices; some fears are entertained of a mob; something you must do, and that without delay."

Aghast at this torment, I fell back before it, and would fain have locked myself in my new quarters. In vain I persisted that Bartleby was nothing to me—no more than to any one else. In vain:—I was the last person known to have any thing to do with him, and they held me to the terrible account. Fearful then of being exposed in the papers (as one person present obscurely threatened) I considered the matter, and at length said, that if the lawyer would give me a confidential interview with the scrivener, in his (the lawyer's) own room, I would that afternoon strive my best to rid them of the nuisance they complained of.

Going up stairs to my old haunt, there was Bartleby silently sitting upon the banister at the landing.

"What are you doing here, Bartleby?" said I.

"Sitting upon the banister," he mildly replied.

I motioned him into the lawyer's room, who then left us.

"Bartleby," said I, "are you aware that you are the cause of great tribulation to me, by persisting in occupying the entry after being dismissed from the office?"

No answer.

"Now one of two things must take place. Either you must do something or something must be done to you. Now what sort of business would you like to engage in? Would you like to re-engage in copying for some one?"

"No; I would prefer not to make any change."

"Would you like a clerkship in a dry-goods store?"

"There is too much confinement about that. No, I would not like a clerkship; but I am not particular."

"Too much confinement," I cried, "why you keep yourself confined all the time!"

"I would prefer not to take a clerkship," he rejoined, as if to settle that little item at once.

"How would a bar-tender's business suit you? There is no trying of the eyesight in that."

"I would not like it at all; though, as I said before, I am not particular."

His unwonted wordiness inspirited me. I returned to the charge.

"Well then, would you like to travel through the country collecting bills for the merchants? That would improve your health."

"No, I would prefer to be doing something else."

"How then would going as a companion to Europe, to entertain some young gentleman with your conversation, — how would that suit you?"

"Not at all. It does not strike me that there is any thing definite about that. I like to be stationary. But I am not particular.

"Stationary you shall be then," I cried, now losing all patience, and for the first time in all my exasperating connection with him fairly flying into a passion. "If you do not go away from these premises before night, I shall feel bound — indeed I am bound — to — to — to quit the premises myself!"

I rather absurdly concluded, knowing not with what possible threat to try to frighten his immobility into compliance. Despairing of all further efforts, I was precipitately leaving him, when a final thought occurred to me — one which had not been wholly unindulged before.

"Bartleby," said I, in the kindest tone I could assume under such exciting circumstances, "will you go home with me now — not to my office, but my dwelling — and remain there till we can conclude upon some convenient arrangement for you at our leisure? Come, let us start now, right away."

"No: at present I would prefer not to make any change at all."

I answered nothing; but effectualy dodging every one by the suddenness and rapidity of my flight, rushed from the building, ran up Wall-street towards Broadway, and jumping into the first omnibus was soon removed from pursuit. As soon as tranquility returned I distinctly perceived that I had now done all that I possibly could, both in respect to the demands of the landlord and his tenants, and with regard to my own desire and sense of duty, to benefit Bartleby, and shield him from rude persecution. I now strove to be entirely care-free and quiescent; and my conscience justified me in the attempt; though indeed it was not so successful as I could have wished. So fearful was I of being again hunted out by the incensed landlord and his exasperated tenants, that, surrendering my business to Nippers, for a few days I drove about the upper part of the town and through the suburbs, in my rockaway; crossed over to Jersey City and Hoboken, and paid fugitive visits to Manhattanville and Astoria. In fact I almost lived in my rockaway for the time.

When again I entered my office, lo, a note from the landlord lay upon desk. I opened it with trembling hands. It informed me that writer had sent to police, and Bartleby removed the Tombs as a vagrant. Moreover, since I knew more about him than any one else, he wished me to appear at that place, and make a suitable statement of the facts. These tidings had a conflicting effect upon me. At first I was indignant; but at last almost approved. The landlord's energetic, summary disposition, had led him to adopt a procedure which I do not think I would have decided upon myself; and yet as a last resort, under such peculiar circumstances, it seemed the only plan.

As I afterwards learned, the poor scrivener, when told that he must be conducted to the Tombs, offered not the slightest obstacle, but in his pale unmoving way, silently acquiesced.

Some of the compassionate and curious bystanders joined the party; and headed by one of the constables arm in arm with Bartleby, the silent procession filed its way through all the noise, and heat, and joy of the roaring thoroughfares at noon.

The same day I received the note I went to the Tombs, or to speak more properly, the

Halls of Justice. Seeking the right officer, I stated the purpose of my call, and was informed that the individual I described was indeed within. I then assured the functionary that Bartleby was a perfectly honest man, and greatly to be compassionated, however unaccountably eccentric. I narrated all I knew, and closed by suggesting the idea of letting him remain in as indulgent confinement as possible till something less harsh might be done — though indeed I hardly knew what. At all events, if nothing else could be decided upon, the alms-house must receive him. I then begged to have an interview.

Being under no disgraceful charge, and quite serene and harmless in all his ways, they had permitted him freely to wander about the prison, and especially in the inclosed grass-platted yards thereof. And so I found him there, standing all alone in the quietest of the yards, his face towards a high wall, while all around, from the narrow slits of the jail windows, I thought I saw peering out upon him the eyes of murderers and thieves.

"Bartleby!"

"I know you," he said, without looking round, — "and I want nothing to say to you."

"It was not I that brought you here, Bartleby," said I, keenly pained at his implied suspicion. "And to you, this should not be so vile a place. Nothing reproachful attaches to you by being here. And see, it is not so sad a place as one might think. Look, there is the sky, and here is the grass."

"I know where I am," he replied, but would say nothing more, and so I left him.

As I entered the corridor again, a broad meat-like man in an apron, accosted me, and jerking his thumb over his shoulder said — "Is that your friend?"

"Yes."

"Does he want to starve? If he does, let him live on the prison fare, that's all.

"Who are you?" asked I, not knowing what to make of such an unofficially speaking person in such a place.

"I am the grub-man. Such gentlemen as have friends here, hire me to provide them with something good to eat."

"Is this so?" said I, turning to the turnkey.

He said it was.

"Well then," said I, slipping some silver into the grub-man's hands (for so they called him). "I want you to give particular attention to my friend there; let him have the best dinner you can get. And you must be as polite to him as possible."

"Introduce me, will you?" said the grub-man, looking at me with an expression which seemed to say he was all impatience for an opportunity to give a specimen of his breeding.

Thinking it would prove of benefit to the scrivener, I acquiesced; and asking the grub-man his name, went up with him to Bartleby.

"Bartleby, this is a friend; you will find him very useful to you."

"Your sarvant, sir, your sarvant," said the grub-man, making a low salutation behind his apron. "Hope you find it pleasant here, sir; — spacious grounds — cool apartments, sir — hope you'll stay with us some time — try to make it agreeable. What will you have for dinner today?"

"I prefer not to dine to-day," said Bartleby, turning away. "It would disagree with me; I am unused to dinners."

So saying he slowly moved to the other side of the inclosure, and took up a position fronting the dead-wall.

"How's this?" said the grub-man, addressing me with a stare of astonishment. "He's odd, ain't he?"

"I think he is a little deranged," said I, sadly.

"Deranged? deranged is it? Well now, upon my word, I thought that friend of yourn was a gentleman forger; they are always pale and genteel-like, them forgers. I can't help pity 'em — can't help it, sir. Did you know Monroe Edwards?" he added touchingly, and paused. Then, laying his hand pityingly on my shoulder, sighed, "he died of consumption at Sing-Sing. so you weren't acquainted with Monroe?"

"No, I was never socially acquainted with any forgers. But I cannot stop longer. Look to my friend yonder. You will not lose by it. I will see you again."

Some few days after this, I again obtained admission to the Tombs, and went through the corridors in quest of Bartleby; but without finding him.

"I saw him coming from his cell not long ago," said a turnkey, "may be he's gone to loiter in the yards."

So I went in that direction.

"Are you looking for the silent man?" said another turnkey passing me.

"Yonder he lies." — sleeping in the yard there.

"Tis not twenty minutes since I saw him lie down."

The yard was entirely quiet. It was not accessible to the common prisoners. The surrounding walls, of amazing thickness, kept off all sound behind them. The Egyptian character of the masonry weighed upon me with its gloom. But a soft imprisoned turf grew under foot. The heart of the eternal pyramids, it seemed, wherein, by some strange magic, through the clefts, grass-seed, dropped by birds, had sprung.

Strangely huddled at the base of the wall, his knees drawn up, and lying on his side, his head touching the cold stones, I saw the wasted Bartleby. But nothing stirred. I paused; then went close up to him; stooped over, and saw that his dim eyes were open; otherwise he seemed profoundly sleeping. Something prompted me to touch him. I felt his hand, when a tingling shiver ran up my arm and down my spine to my feet.

The round face of the grub-man peered upon me now.

"His dinner is ready. Won't he dine to-day, either? Or does he live without dining?"

"Lives without dining," said I, and closed the eyes.

"Eh! — He's asleep, aint he?"

"With kings and counsellors," murmured I.

There would seem little need for proceeding further in this history. Imagination will readily supply the meagre recital of poor Bartleby's interment. But ere parting with the reader, let me say, that if this little narrative has sufficiently interested him, to awaken curiosity as to who Bartleby was, and what manner of life he led prior to the present narrator's making his acquaintance, I can only reply, that in such curiosity I fully share, but am wholly unable to gratify it. Yet here I hardly know whether I should divulge one little item of rumor, which came to my ear a few months after the scrivener's decease. Upon what basis it rested, I could never ascertain; and hence how true it is I cannot now tell.

But inasmuch as this vague report has not been without a certain strange suggestive interest to me, however said, it may prove the same with some others; and so I will briefly mention it. The report was this: that Bartleby had been a subordinate clerk in the Dead Letter Office at Washington, from which he had been suddenly removed by a change in the administration. When I think over this rumor, I cannot adequately express the emotions which seize me. Dead letters! does it not sound like dead men? Conceive a man by nature and misfortune prone to a pallid hopelessness, can any business seem more fitted to heighten it than that of continually handling these dead letters and assorting them for the flames? For by the cart-load they are annually burned. Sometimes from out the folded paper the pale clerk takes a ring: — the bank-note sent in swiftest charity: — he whom it would relieve, nor eats nor hungers any more; pardon for those who died despairing; hope for those who died unhoping; good tidings for those who died stifled by unrelieved calamities. On errands of life, these letters speed to death.

Ah Bartleby! Ah humanity!

작품설명

This short story, which was written by Herman Melville, was first serialized anonymously in two parts in the November and December 1853 issues of *Putnam's Magazine,* and reprinted with minor textual alterations in his The Piazza Tales in 1856. "Bartleby the Scrivener" is one of Melville's most famous stories.

작품분석

This story is one of the most difficult to interpret. For decades, critics have argued over numerous interpretations of the story. The plot is deceptively simple. The Lawyer, a well-established man of sixty working on Wall Street, hires a copyist — seemingly no different from any other copyist, though the Lawyer is well-accustomed to quirky copyists. But Bartleby is different. Bartleby's initial response of "I would prefer not to," seems innocent at first, but soon it becomes a mantra, a slogan that is an essential part of Bartleby's character. It is, as the Lawyer points out, a form of "passive resistance."

Bartleby's quiet, polite, but firm refusal to do even the most routine tasks asked of him has always been the main source of puzzlement. Bartleby has been compared to philosophers ranging from Cicero, whose bust rests a few inches above the Lawyer's head in his office, to Mahatma Gandhi. His refusal of the Lawyer's requests has been read as a critique of the growing materialism of American culture at this time. It is significant that the Lawyer's office is on Wall Street; in fact, the subtitle of "Bartleby" is "A Story of Wall Street." Wall Street was at this time becoming the hub of financial activity in the United States, and Melville (as well as other authors, including Edgar Allan Poe) were quick to note the emerging importance of money and its management in American life. Under this reading, Bartleby's stubborn refusal to do what is asked of him amounts to a kind of heroic opposition to economic control.

But if this interpretation is correct — if Melville intended such a reading — it seems to be an extremely subtle theme, since the Lawyer never really contemplates Bartleby's refusal to be a working member of society. He is simply amazed by Bartleby's refusal to do anything, even eat, it seems, or find a place to live. Throughout the story, Bartleby simply exists; he does do some writing, but eventually he even gives that up in favor of staring at the wall. There are many more interpretations of Bartleby and the story, which will be discussed in the next section. It is important to note the other characters in the story, as well as Melville's style.

Aside from the Lawyer and Bartleby, the only other characters in the story are Turkey, Nippers and Ginger Nut. Turkey and Nippers are the most important. Neither of their nicknames appears to really fit their character. Turkey does not seem to resemble a turkey in any way, unless his wrinkled skin, perhaps turned red when he has one of his characteristic fits, makes him look like he has a turkey's neck. Nippers might be so named because he is ill-tempered and "nippy" in the morning, but this too seems like a rather glib interpretation. Melville seems to have named the characters in a way that makes them memorable, but in a way that also alienates them somewhat; by refusing to give them real names, Melville emphasizes the fact that they can easily be defined by their function, behavior or appearance — each is just another nameless worker.

Turkey and Nippers are also reminiscent of nursery rhyme or fairy tale characters, partially due to their strange names, but also in the way their behavior complements one another. Turkey is a good worker in the morning, while Nippers grumbles over a sour stomach and plays with his desk. In the afternoon, Turkey is red-faced and angry, making blots on his copies, while Nippers works quietly and diligently. As the Lawyer points out, they relieve each other like guards. They are the Tweedledee and Tweedledum of the Wall Street world.

Some critics have proposed that the Lawyer is a "collector" of sorts; that is, he collects "characters" in the from of strange scriveners: "I have known very many of them and, if I pleased, could relate diverse histories, at which good-natured gentlemen might smile, and sentimental souls might weep." Bartleby, then, is the "prize" of the Lawyer's collection, the finest tale: the Lawyer says, "I waive the biographies of all other scriveners for a few passages in the life of Bartleby, who was a scrivener, the strangest I ever saw, or heard of." Under this reading, the Lawyer seems a little cold in his recollection — as if Bartleby were no more than an interesting specimen of an insect. The role of the Lawyer is just one of the many hotly debated aspects of the story. Of particular interest is the question of whether the Lawyer is ultimately a friend or foe to Bartleby. His treatment of Bartleby can be read both as sympathetic, pitying, or cold, depending on one's interpretation. Some readers simply resign themselves to the fact that nothing in Melville is set in such black-and-white terms.

한글 번역

필경사 바틀비

이제 나도 노년의 나이에 접어들었다. 지난 30여 년 동안 직업의 성격상 나는 흥미 있고, 어떤 면에서는 기인이라고 할 수 있는 사람들과 보통 이상의 접촉을 하게 되었는데, 내가 알고 있는 바로는 지금까지 아무도 그들에 대해서 글을 쓴 일이 없는 것 같다. 그 사람들이란 바로 법원 필경사, 혹은 서기를 말한다.

직업적으로 그리고 개인적으로 나는 그런 사람들을 아주 많이 알고 있어서 마음만 먹는다면 가지각색의 전기를 써서 점잖은 신사들을 미소 짓게 만들고, 감상적인 독자들은 눈물을 흘리게 만들 수 있을 것이다. 그러나 다른 모든 법원 서기들의 전기는 전부 제쳐 두고, 내가 만난 서기들 가운데서, 아니 내가 이야기를 들어 본 서기들 가운데서 가장 기이한 존재인 바틀비라는 서기의 생애에 대해서 몇 가지만 적어 보겠다. 다른 법원 필경사들에 대해서라면 그 사람의 생애 전체를 쓸 수 있겠지만, 바틀비에 대해서만큼은 그런 식의 일이 불가능했다. 바틀비에 대해서 완벽하고 만족스러운 전기를 쓸 만한 자료가 전혀 존재하지 않기 때문이다. 그것은 전기를 쓰는 데 치명적인 결점인 것이다. 바틀비는 기본적인 자료를 빼고는 다른 방법으로는 전혀 확인할 길이 없는 사람인데, 그의 경우 자료가 너무나도 적었다. 나 자신도 경악하면서 목격한 사실, 그것이 내가 그에 관해서 알고 있는 것 전부이고, 그밖에는 한 가지의 막연한 소문이 존재할 뿐인데, 그것에 대해서는 추후에 차차 써 나가겠다.

내 앞에 처음 나타난 바틀비를 소개하기 전에, 우선 나 자신과 내가 고용하고 있는 사람들, 나의 직업, 사무실과 그 주변에 관한 것을 대충 소개해 두는 것이 일의 순서인 것 같다. 왜냐하면 지금부터 등장하려고 하는 주인공을 적절히 이해하기 위해서는 그러한 얼마간의 서술은 필요 불가결한 것이기 때문이다.

우선 첫째로, 나는 젊었을 때부터 인생은 될 수 있는 대로 편하게 사는 것이 최고라는 신념을 굳게 지니고 살아온 사람이다. 따라서 내가 종사해 온 직업은 널리 알려진 바와 같이, 많은 정력을 필요로 하고 짜증이 나고, 심지어는 위험한 고비 같은 것도 있었지만, 그런 고충 때문에 내 마음의 평화를 위협당한 일은 한 번도 없었다. 나는 배심원 앞에서 열변을 토하거나, 또는 대중의 갈채를 이끌어내려는 짓은 절대로 하지 않는 야심이 없는 변호사로, 아늑한 방에서 차분하고 조용히 부자들의 공채, 양도 증서, 부동산 권리증 같은 것에 둘러싸여 실속 있는 사건들만 취급하고 있었다. 나를 알고 있는 모든 사람들은 나를 더할 수 없이 안전한 법률가라고 생각했다. 이미 고인이 된 존 제이콥 애스터는 — 사실 그는 시적인 정열 같은 것에는 관심이 없는 사람이었다 — 나의 첫 번째 장점은 신중함이고, 두 번째 장점은 착실함이라고 아무런 망설임 없이 언명했던 것이다. 이런 말을 하는 것은, 단순한 허영심 때문이 아니라, 변호사로서 나도 고(故) 존 제이콥 애스터의 사건을 맡았었다는 사실을 기록해 두고 싶어서이다. 그리고 솔직히 말해서 나는 그 이름을 되풀이해서 말하기를 좋아한다. 그도 그럴 것이, 그것은 세련되고 완전한 것을 의미하는 이름이고 황금을 연상시키는 울림을 지니고 있기 때문이다. 가벼운 마음으로 한 마디 덧붙이겠는데, 나는 고 존 제이콥 애스터의 칭찬을 무심하게 들어넘길 수가 없었던 것이다.

이 조그만 이야기가 시작되기 얼마 전부터 우리 사무실의 업무량이 크게 증가하고 있었다. 지금은 뉴욕 주에서 폐지되었지만, 옛날의 그 좋은 형평법원장 자리가 나에게 주어졌던 것이다. 그것은 별로 힘이 드는 자리는 아니었지만 꽤나 부수입이 많은, 실속 있는 지위였다. 나는 좀처럼 신경질을 부리지 않고, 잘못된 일이나 억울한 일이 있어도 웬만해서는 불같이 화를 내는 성격이 아니지만, 새로운 헌법에 의해서 갑작스럽게 형평법원장 자리를 폐지한 폭거는 내가 보기에는 시기상조이므로 이번만은 그 경솔한 행동이 허용되어야 할 것이다. 왜냐하면 나는 그 자리에서 평생 덕을 볼 것을 기대하고 있었는데, 불과 2, 3년 짧은 기간밖에 그 덕을 보지 못했기 때문이다. 그러나 이것은 여담에 지나지 않는다.

나의 변호사 사무실은 월스트리트 XX번지의 2층에 있었다. 사무실은 빌딩 꼭대기부터 밑바닥까지 채광을 위해 넓게 뚫어 놓은 수직 공간 안쪽의 하얀 벽에 면해 있었다. 이 전망은 풍경화가가 말하는 '생기'가 없다기보다는 오히려 '단조롭다'고 하는 편이 옳을 것이다. 그렇다 하더라도 내 사무실 반대쪽에서 볼 수 있는 전망과는 적어도 좋은 대조를 이루고 있었다. 이쪽 창문에서는 어떤 방해도 없이 세월과 함께 흐려진, 그늘 속에 검게 치솟은 벽돌벽을 볼 수 있는데, 그 벽은 숨어 있는 갖가지 아름다움을 알아보는 데 쌍안경을 사용할 필요도 없었으며, 어떤 근시안도 볼 수 있는 거리인 내 사무실 창가에서 10피트도 안 되는 곳까지 삐져나와 있었다. 주위에 있는 엄청나게 높은 고층 빌딩들 때문에, 그리고 내 사무실이 빌딩 2층에 있었기 때문에 이 벽과 사무실 벽 사이의 공간은 마치 거대한 사각의 물탱크와도 같았다.

바틀비가 출현하기 바로 얼마 전까지, 나는 두 명의 필경사와 장래가 유망한 한 소년을 급사로 고용하고 있었다. 그 첫 번째가 '칠면조'이고, 두 번째가 '펜치'이고, 세 번째가 '생강 비스킷'이었다. 이것들은 이름처럼 보일 수도 있지만, 인명부에서는 보통 찾아볼 수 없는 이름들이다. 사실 이것은 내가 고용한 세 명의 필경사들이 자기네들끼리 서로에게 붙여 준 별명인데, 그들 각자의 인품과 성격을 잘 나타내 준다고 생각한다. '칠면조'는 나하고 나이가 비슷한 — 그러니까 거의 60세가 다 된 나이다 — 키가 작은 땅달마간 영국인이었다. 아침나절이면 그의 얼굴은 불그레하니 혈색이 좋다고 할 수가 있었으나, 정오 12시 — 그의 점심식사 시간이다 — 가 지난 뒤에는 마치 크리스마스 날 석탄을 잔뜩 집어넣은 벽난로처럼 달아올라서 그 상태가 — 그러나 그 불길은 서서히 약해진다 — 오후 6시경까지 계속된다. 그 후에는 이 얼굴의 소유자를 보지 못하게 되지만, 이 얼굴은 태양의 운행에 따라 빛의 정점에 다다랐다가 태양과 함께 가라앉는데, 태양과 같은 규칙성과 꺼지지 않는 영광을 가지고 다음날도 다시 떠올라서 극점에 이르렀다가 가라앉는 것처럼 보였다. 인생을 살아오는 동안 나는 무수히도 기묘하다는 우연의 일치를 겪어 왔지만, 그 가운데에서도 다른 것에 못지않은 것은 정확히 칠면조의 붉고 광채가 나는 얼굴이 최고의 빛을 발할 때, 그 바로 결정적인 순간에, 내가 보기에는 24시간 중 그 나머지 시간의 그의 사무 능력이 심하게 저하되기 시작한다는 사실이었다. 그렇다고 그가 더할 수 없이 게으르다거나 일을 싫어하는 것은 아니었다. 아니, 오히려 그 반대였다. 너무나 지나치게 정력적인 경향이 있는 것이 흠이었다. 그가 일하는 태도에는 이상스러운 성급함, 혼란스러움, 변덕스러움, 무모함 같은 것이 뒤섞여 있었다. 잉크 스탠드에 펜을 집어넣는 것조차 조심성이 없었다. 내 서류에 묻은 잉크 얼룩은 모두 정오 12시가 지나서 흘려진 것들이었다. 실제로 오후에 들어서면, 혼란스러워져서 서류에 잉크를 흘릴 뿐만 아니라, 어떤 날에는 더욱 심해져서 소란까지 피워대는 것이었다. 그럴 때면 그의 얼굴은 역시 마치 무연탄 위에 올려놓은 촉탄처럼 시뻘겋게 달아올랐다. 의자로 불쾌한 소음을 내는가 하면, 잉크를 받아들이는 모래통을 뒤집어버렸다. 펜을 수선하려고 하다가는 자기 성질에 못 이겨 산산조각을 내서 마룻바닥에 내동이쳤다. 그리고는 꼴사나운 모습으로 책상 위에 몸을 잔뜩 구부리고 서류를 뒤적이는 늙은이의 모습을 보는 것은 참으로 서글픈 일이었다.

그럼에도 불구하고, 그는 여러 가지 면에서 나에게는 더할 수 없이 소중한 인물이었다. 정오 12까지는 어느 누구도 따라갈 수 없을 정도로 가장 빠르게, 가장 정확하게, 그리고 가장 능률적으로 대향의 사무를 처리해 냈기 때문이다 — 이런 이유들 때문에 나는 그의 기행을 너그럽게 보아주려고 했지만, 때로는 잔소리를 하지 않을 수 없었다. 그러나 잔소리를 해도 무척 부드럽게 하려고 노력했다. 오전 중에는 어느 누구보다도 예의가 바르고, 아니 누구보다도 근실하고 존경심으로 가득 찬 인간이, 오후만 되면 조금이라고 신경에 거슬리는 말을 들으면 성급한 말대꾸를 — 솔직히 말하면 무례한 말까지도 서슴지 않고 내뱉기 때문이었다. 그래서 나는 그의 오전 중의 업무 능력을 높이 사서 오랫동안 데리고 있어야겠다는 결심을 하고 있었지만 — 그러나 동시에 12시 이후의 불안한 활화산과 같은 그의 태도에 불안을 느끼고도 있었다. 그래도 모든 것을 조용하게 모가 나지 않게 해결하기를 좋아하는 나는 내가 내 충고가 그에게서 꼴사나운 험악한 말대꾸를 이끌어낼 수도 있다고 생각하고, 마음을 단단히 먹고 어느 토요일 오후(그는 토요일이면 한층 더 거칠어졌다)에 특별히 상냥한 말투로 이야기를 꺼냈다 — 즉, 이제 당신도 나이를 많이 먹었으니까 업무량을 조금씩 줄여 나가는 것이 좋지 않겠는가? 간단히 말하면 12시 이후에는 사무실에 돌아올 필요가 없이, 점심식사가 끝나면 곧장 하숙집으로 돌아가서 차 마실 시간까지 쉬는 것이 좋지 않겠는냐는 것이었다. 그러나 안 된다고, 오후에도 계속 근무하겠다고 그는 우겨댔다. 만약 오전에 하는 일이 유용하다면, 그것이 어떻게 오후에는 필요 없을 수 있겠느냐고 웅변적으로 나를 설득하러 들었을 때 — 그는 사무실 반대편에서 기다란 자막대기를 흔들어댔다 — 그의 얼굴은 또다시 새빨갛게 달아올랐다.

"실례지만, 형평법원장님"이라고 그날 칠면조가 말했다. "나는 나 자신을 법원장님의 오른팔이라고 생각하고 있습니다. 오전에는 부하들을 집합시켜 배치를 할 뿐이지미나, 오후에는 내가 직접 선두에 서서 용감무쌍하게 적을 향해 돌격을 하는 겁니다, 이렇게요" — 그리고는 자막대기를 힘차게 앞으로 찔러댔다.

"하지만 잉크 얼룩은 어떻게 하죠, 칠면조 씨?"라고 나는 연상시켰다.

"그건 사실입니다. 그러나 실례지만 법원장님, 이 머리칼을 좀 보아주십시오! 나도 꽤 늙었습니다. 사실 따듯한 오후에 잉크를 한두 방울 흘렸다고 해서 흰머리의 늙은이를 이렇게 심하게 닦아세울 수는 없다고 생각합니다. 나이를 먹었다는 것은 — 비록 서류에 얼룩을 묻혔다 하더라도 — 존중받아야 하는 것입니다. 실례지만 법원장님, 우리 두 사람은 똑같이 늙어가고 있는 것 아닙니까?"

이런 식으로 동류의식에 호소하는 데는 나도 어떻게 저항해 볼 도리가 없었다. 무슨 일이 있어도 그는 일찍 퇴근할 의사가 없다는 것을 나는 알아차렸다. 그래서 나도 지금까지처럼 그대로 일을 시키기로 마음먹었으나, 그럼에도 불구하고 오후 동안에는 그다지 중요하지 않은 서류들만 취급하게 해야겠다고 결심했다.

나의 두 번째 서기인 '펜치'는 구레나룻을 기르고 얼굴이 흙빛인, 언뜻 보아서는 해적 같은 인상을 주는 젊은이로 나이는 25세 가량 되었다. 나는 항상 그를 야심과 소화불량이라는 두 가지 사악한 힘의 희생자라고 생각하고 있었다. 야심은 단순한 필경사로서의 의무를 충실히 이행하기를 꺼린다든가, 예를 들어 법률 문서를 자기 손으로 집필하고 싶어 하는 식의, 엄격하게 전문가만이 해야 할 일에 주제넘게 손을 대고 싶어 하는 것 등에 의해서 잘 나타나 있었다. 한편 소화불량은, 자주 화를 내고 짜증을 부리는 데 잘 나타나 있는 것처럼 보였으며, 그것은 또 필경을 할 때 실수를 하면 옆 사람이 듣도록 큰 소리로 이빨을 가는 것의 원인이 되었다. 그리고 일에 열중하면 말로 하기보다는 혀를 차면서 쓸데없는 욕지거리를 퍼붓고, 특별히 그가 일을 하고 있는 책상의 높이에 대해서 항상 불만을 털어놓는 것이 그 증거였다. 기계를 만지는 데는 매우 뛰어난 재능을 지니고 있었지만 펜치는 결코 그 책상을 자신에게 맞도록 조절할 수가 없었다. 온갖 나뭇조각, 다양한 종류의 블록제, 골판지, 그리고 최후에는 압지를 접어서까지 다리 밑에 괴어 높이를 조절하려고 시도했다. 그러나 어떤 발명도 그 문제를 해결하지 못했다. 가령 등을 편하게 하기 위해 책상 뚜껑을 그의 턱에 닿을 정도까지 가파른 각도로 높이고서 마치 네덜란드식 건물의 가파른 지붕 위에서 일을 하는 사람처럼 자기 책상에서 필경을 하면, 그는 금세 팔의 혈액순환이 차단된다고 떠들어댔다. 또 이번에는 책상을 허리띠 높이로까지 낮추고 몸을 잔뜩 구부리고 필경을 하면, 금세 등이 쑤신다고 불평을 해댔다. 간단히 말한다면, 문제의 진상은 펜치가 그 자신이 무엇을 원하고 있는지를 모르고 있다는 것이었다. 혹은 무엇인가를 원하고 있다면 그것은 필경사의 책상 그 자체를 완전히 없애 버리는 것이었을 것이다.

그의 병든 야심의 표현들 가운데는 그가 고객이라고 부르는 초라한 코트를 걸친 수상쩍게 보이는 사나이들의 방문을 즐겨 맞는 것도 포함되어 있었다. 실제로 펜치는 꽤나 알려진 구의회 의원일 뿐만 아니라 이따금 법원에서 자질구레한 사건들을 맡고, 뉴욕 교도소 같은 곳에서도 이름이 알려져 있다는 것을 나는 알고 있었다. 하지만 우리 사무실로 그를 찾아온 사나이가, 펜치가 우쭐거리면서 그의 고객이라고 우겨댄 사나이가, 빚쟁이 외에 아무도 아니며, 이른바 부동산 권리증이라는 것은 청구서 외에 아무것도 아니라는 것을 믿을 만한 충분한 이유를 나는 갖고 있었던 것이다.

그러나 이러한 결점이 있는데도, 또 그가 여러 가지로 폐를 끼치는 데도 불구하고, 펜치는 동료이 칠면조와 마찬가지로 나에게는 무척 도움을 주는 직원이었다. 그는 정확하고 빠르게 글씨를 썼다. 그리고 마음만 먹으면 그는 신사로서의 행동거지에 조금도 손색이 없었다. 게다가 펜치는 언제나 신사 같은 옷차림을 하고 있어서, 우연이기는 하지만 우리 사무실의 신용을 높이는 데 도움이 되었다. 그에 반하여 칠면조의 경우, 그가 사무실의 체면을 손상시키지 않도록 하기 위해 나는 온갖 법석을 다 떨었다. 그의 옷은 기름때가 묻어 있는 것처럼 보였고, 음식점 냄새가 났다. 여름이면 아주 크고 헐렁한 바지를 입었다. 코트는 보기가 흉하고 모자는 손을 댈 수 없을 정도였다. 그러나 모자는 나에게는 관심 밖의 일이었다. 그도 그럴 것이, 모자는 영국의 고용인으로서의 천성적인 예의와 겸양으로 사무실에 들어오는 순간 언제나 벗게 되어 있었지만, 코트는 그렇지 않았다. 그의 코트에 관해서 말하자면, 나는 그를 여러 가지로 설득하였으나 아무런 효과가 없었다. 내 생각에는 사실은 그렇게 적은 수입을 가진 인간에게, 기름때가 묻은 얼굴과 기름때가 묻은 코트를 한꺼번에 동시에 바꾸라는 것은 애당초 무리인 것 같았다. 펜치가 언젠가 지적했듯이, 칠면조의 수입은 주로 붉은 포도주에 쓰여지고 있었다.

어느 해 겨울, 나는 칠면조에게 내가 입던 아주 점잖게 보이는 코트를 한 벌 주었다 — 패드를 넣은 회색 코트인데, 더할 수 없이 따스하고, 무릎에서 목까지 단추가 줄줄이 달려 있었다. 나는 칠면조가 그 호의를 감사히 받아들여서 오후의 분별없는 짓과 소란스러운 행동을 삼가 주지 않을까 하고 기대했었다. 하지만 천만의 말씀이었다. 그에게 그처럼 포근한 담요 같은 코트를 단정하게 단추를 채워 입게 하는 것은, 귀리를 너무 많이 먹이면 말에게 해로운 것과 같은 논리로 그에게도 유해하다는 것을 믿지 않을 수가 없었다. 실제로 고집이 세고 난폭한 말이 귀리를 보고 날뛰는 것처럼 칠면조는 코트를 보고 날뛰었다. 코트는 그를 거들먹거리게 만들었던 것이다. 그러한 인간에게는 부(富)가 해로운 것이었다.

칠면조의 방종한 습관에 대해서 내 나름대로 많은 생각을 하고 있었으나, 펜치에 관해서는 다른 여러 가지 면에서 결점이 있을지도 모르지만, 최소한 그가 술을 마시지 않는 젊은이라는 점만은 높이 사고 있었다. 그러나 생각해 보면, 자연 그 자체가 그의 양조장이었는지도 모르고, 태어날 때부터 화를 잘 내는 브랜디 같은 기질이 철저히 주입되어 있었기 때문에 진짜 술 따위는 필요 없었는지도 모른다. 조용한 나의 사무실에서 이따금 펜치가 더 이상 못 참겠다는 듯이 자리에서 일어나 책상 넓이만큼 양팔을 잔뜩 벌린 채 책상 위에 몸을 기울이고, 마치 그 책상이 자신을 훼방 놓고 짜증스럽게 할 의도를 가진 사악하고 심술궂은 악령이라고 되는 듯이 악에 바친 모습으로 그것을 이러저리 말고 다니는 광경을 보았을 때, 나는 펜치에게는 브랜디가 전혀 필요 없다는 것을 분명히 느끼는 것이었다.

나에게는 무척 다행스러운 일이지만, 펜치의 과민함과 그것에서 기인하는 신경질은 주로 소화불량에 그 원인이 있었기 때문에 대개 오전 중에 관찰할 수가 있었으며, 오후에는 비교적 조용했다. 반면에 칠면조의 주기적인 발작은

12시경에만 찾아오기 때문에 두 사람의 기벽을 동시에 당해야 하는 불행한 사태는 일어나지 않았다. 그들의 발작은 경비병처럼 서로 교대를 했다. 펜치가 보초를 설 때에는 칠면조는 비번이었다. 또 그 반대의 경우도 있었다. 이런 상황 아래서는 하늘이 베푼 고마운 배열이었다.

세 번째 배열인 '생강 비스킷'은 열두 살 쯤 어린 소년이었다. 아버지는 짐마차의 마부인데, 자신이 죽기 잔에 아들이 짐마차 대신에 법정의 의자에 앉아 있는 것을 보고 싶다는 야망을 품고 있었다. 그래서 그는 아들을 주급 1달러로 우리 사무실의 법률 문하생 겸 사환 겸 청소부로 취직을 시켰던 것이다. 소년은 자기 소유의 작은 책상을 갖고 있었지만 별로 쓸 일이 없었다. 그 서랍을 한번 살펴본 바에 의하면, 온갖 종류의 견과류 껍질이 잔뜩 들어 있을 뿐이었다. 실제로 이 약삭빠른 소년에게 있어서는 고상한 법률학 전체가 그 호두 껍데기 속에 들어 있는 것 같았다. 생강 비스킷의 업무 중에서 적지 않은 부분을 차지함과 동시에 민첩하게 처리해 낸 일은, 칠면조와 펜치를 위해 과자나 사과를 조달하는 일이었다. 법률 문서를 베끼는 것은 일반적으로 무미건조하기 짝이 없는 일이었으므로, 두 필경사는 세관과 우체국 부근의 수많은 노점에서 사 온 사과로 빈번히 입을 축여 주지 않을 수가 없었던 것이다. 또한 그들은 생강 비스킷을 무척 자주 그 기묘하게 생긴 과자—작고 납작하고 둥글고 무척이나 매운—를 사로 보냈는데, 결국 그들은 그 과자의 이름을 그 소년의 별명으로 삼아 버렸다. 추운 날 아침 일이 손에 잡히지 않을 때, 칠면조는 마치 그것이 웨이퍼[살짝 구운 얇은 과자]라도 되는 것처럼 십여 개 씩 먹어 치우곤 했기 때문에—노점에서 1페니에 6개나 8개씩 팔고 있었다—펜을 긁적이는 소리와 입 안에서 비스킷을 와삭와삭 씹는 소리가 뒤섞여서 들려 왔다. 칠면조가 오후에 흥분해서 저지르는 경솔한 행동이나 실수들 가운데서 가장 특기할 만한 것은, 언젠가 그가 생강 비스킷을 입술에 적셔서 그것을 저당 증서의 봉인으로 붙인 일이었다. 그때만은 나도 그를 정말로 해고시킬 생각이었다. 그러나 그는 동양식으로 깊은 절을 하고, 이렇게 말함으로써 나의 예봉을 꺾어 놓았다. "실례지만, 법원장님, 내 주머닛돈으로 당신의 인지대를 대신 냈으니까 나답지 않은 인심을 쓴 셈이라고요."

그런데 나의 본래의 업무—부동산 양도 업무라든가, 권리 취득, 그 밖의 모든 종류의 난해한 서류의 작성이라든가—는 형평법원장 자리에 앉음으로써 엄청나게 불어나게 되었다. 따라서 필경사들의 일도 그만큼 불어났다. 이미 고용한 서기들을 다그치는 것도 필요했지만, 아무래도 새 서기를 구하지 않으면 안 되었다.

내 구인 광고를 보고, 어느 날 아침, 전혀 꾸밈새 없는 한 젊은이가 여름이라서 활짝 열어놓은 사무실 문턱을 들어섰다. 나는 지금도 그 모습을 생생하게 기억할 수가 있다—핏기가 전혀 없는 창백한 단정함, 비참할 정도의 존경스러움, 구제할 길 없는 고독! 그것이 바로 바틀비였던 것이다.

그의 자격에 관해서 몇 가지를 물어본 뒤에 나는 그를 고용했다. 이와 같이 특별하리만큼 침착한 외관을 지닌 인물을 나의 '필경사 군단' 속에 집어넣음으로써, 칠면조의 신경질적인 행동이나 펜치의 불같이 급한 성질에 좋은 영향을 미칠지도 모른다고 생각하고, 나는 더할 수 없이 기뻐했던 것이다.

미리 말을 했어야 하는 일이지만, 두 짝의 우윳빛 유리문이 우리 사무실 전체를 두 부분으로 나누고 있는데, 한쪽은 필경사들이 쓰고 다른 쪽은 내가 쓰고 있었다. 그날의 기분에 따라서, 나는 그 문들을 열어놓기도 하고 닫아놓기도 했었다. 나는 바틀비에게 두짝문 바로 옆의 모퉁이, 그것도 내 방 쪽에 자리를 정해 주기로 했다. 그것은 자질구레한 일이 생겼을 때 이 조용한 사나이를 손쉽게 불러들일 수 있도록 하기 위해서였다. 나는 그의 책상을 사무실의 옆 창문에 바짝 붙여놓게 했다. 본래 그 창문으로는 약간은 음침한 뒤뜰과 단조로운 벽돌벽을 곁눈질로 볼 수 있었는데, 그 뒤의 건물의 증축 탓으로 지금은, 얼마간의 밝은 빛이 비쳐들기는 하지만, 아무것도 볼 수 없게 되고 말았다. 창틀에서 3피트도 안 떨어진 곳에 벽이 들어서서, 빛은 두 개의 높은 빌딩 사이로 마치 원형 천장에 뚫린 아주 조그만 공간에서 비쳐 드는 광선처럼 까마득히 높은 곳에서 내려오고 있었다. 더욱 만족스러운 배열을 하기 위해서, 나는 접는 식으로 된 키가 높은 녹색 칸막이를 하나 사들였다. 그것은 바틀비를 나의 시야에서 완전히 차단시키기는 했지만, 내 목소리가 미치는 범위 안에 그를 두게 하는 이점이 있었다. 이렇게 하여 어떤 의미에서 개인의 프라이버시와 사회성의 공존이 이루어진 것이다.

처음에 바틀비는 엄청나게 많은 양의 필경을 했다. 마치 오랫동안 무엇인가를 옮겨 쓰는 일에 굶주려 온 것처럼, 그는 나의 법률 기록을 걸신들린 듯이 먹어 치워 버리는 것 같았다. 소화를 위한 휴식 같은 것도 없었다. 바틀비는 밤낮을 가리지 않고 계속해서 일을 했는데, 낮에는 햇빛을, 밤에는 촛불을 의지해서 필경을 했다. 그가 즐겁게 부지런히 일을 했더라면, 나는 그의 근면함을 더할 수 없이 기뻐했을 것이다. 그러나 바틀비는 말없이 조용하게, 그리고 음침하게 기계적으로 베껴 나갔다.

한마디 한마디를 정확하게 베꼈는가를 비교 검토하는 것도 물론 필경사의 일 중에서 빼놓을 수 없는 중요한 업무였다. 한 사무실에 두 사람 혹은 그 이상의 필경사가 있는 경우에는 한 사람은 복사한 것을 낭독하고, 다른 사람은 원본을 비교하며 서로 검토하는 것을 도와주는 것이다. 이것은 무척 따분하고 진절머리가 나고 맥 빠지는 작업이었다. 다혈질인 사람으로서는 도저히 견딜 수 없는 일이라는 것은 나도 쉽사리 상상할 수가 있다. 예를 들면, 혈기왕성한 시인인 바이런이 바틀비와 마주 앉아서 찌그러진 필체로 빽빽하게 쓴 5백 페이지나 되는 법률 기록의 대조를 꽤히 승낙해 주리라고는 도저히 상상할 수가 없다.

때때로 시간이 촉박한 서류인 경우, 나는 칠면조와 펜치를 불러나 놓고 나 자신이 직접 짧은 문서 같은 것을 대조하는 습관이 있었다. 바틀비를 가까운 칸막이 뒤에 있게 한 목적 중 하나도 이런 사소한 일을 할 때 부리기 쉽도록 하기 위해서였다.

그것은 그가 우리 사무소에 출근한 지 3일째 되는 날의 일이었다고 생각한다. 따라서 아직 그 자신이 필경한 문서를 검토해 볼 필요는 없을 때였지만, 나는 그때 마침 취급하고 있던 작은 사건을 마무리하기 위해 무척이나 서두르고 있어서 급한 목소리로 바틀비를 불렀다. 서두르고 있었고, 또 그가 당연히 즉각 응답해 주리라고 믿고 있었기 때문에, 나는 책상 위의 원본에 머리를 숙이고 앉아서 복사할 것은 든 오른손을 신경질적으로 옆으로 쑥 내밀고 있었다. 은신처에서 달려 나온 바틀비가 그것을 받아들고 잠시의 지체도 없이 일을 진행시킬 수 있게 하기 위해서였다.

바로 이와 같은 자세로 앉아서 나는 그의 이름을 부르고, 빠른 말투로 그에게 시킬 일의 내용, 즉 짧은 문서를 나와 함께 대조할 것을 말했다. 그러나 자신의 은신처에서 나오지도 않은 채, 바틀비가 이상하게 조용하지만 단호한 목소리로 이렇게 대답했을 때, 나의 놀라움, 아니 아연실색하여 당황해하는 모습을 상상해 보라—“그러고 싶지 않습니다.”

잠시 동안 나는 아무 말도 하지 못하고 앉아서 쇼크 상태에서 벗어나려고 안간힘을 쓰고 있었다. 내가 잘못 들었거나, 아니면 바틀비가 내가 한 말을 완전히 다른 말로 착각한 것인지도 모른다는 생각이 퍼뜩 떠올랐다. 나는 이번에는 아주 똑똑한 목소리로 지시 사항을 다시 되풀이했다. 그러나 마찬가지로 분명하게 들려 온 것은 조금 전에 한 대답이었다.

“그러고 싶지 않습니다.”

“그러고 싶지 않다고?”라고 말하면서 나는 의자에서 벌떡 일어나 흥분한 채 방을 성큼성큼 가로질러 걸어갔다. “그게 도대체 무슨 소린가? 자네, 머리가 돈 것 아닌가? 나는 자네에게 여기 있는 이 서류를 대조하는 일을 도와달라고 했네—자아, 받게.”라고 말하면서 서류를 그에게 내밀었다.

“그러고 싶지 않습니다.”라고 그는 말했다.

나는 바틀비를 쏘아보았다. 그의 여윈 얼굴은 태연했고, 회색 눈은 어둡지만 고요했다. 동요의 그림자조차 그에게서는 찾아볼 수가 없었다. 그의 태도에서 조금이나마 불안이나 분노나 초조함 또는 불손한 빛이 보였다면, 즉 다른 말로 해서 그에게 보통 사람 같은 면이 있었다면, 의심할 것 없이 그를 사무실에서 우격다짐으로라도 내쫓았을 것이다. 그러나 이대로는 키케로의 석고상을 사무실 밖으로 내던지는 것과 무엇이 다르겠는가! 나는 그가 필경을 다시 계속하는 것을 응시하면서 한참 동안 그 자리에 서 있다가 다시 내 책상으로 돌아와 앉고 말았다. 정말 별 이상한 일도 다 있다고 혼자 생각했다. 도대체 이럴 때는 어떻게 하면 좋단 말인가? 하지만 하던 일을 마무리짓지 않으면 안 된다. 이 문제는 지금 당장은 덮어두었다가 나중에 천천히 생각해 보기로 해야겠다고 결론을 내렸다. 그래서 다른 방에 있는 펜치를 불러서 서류의 대조를 빨리 끝냈다.

이런 일이 있은 지 2, 3일 뒤, 바틀비는 4통의 긴 기록을 베꼈는데 그것은 나의 형평법원에서 행해진 일주일 간의 증언을 4통으로 작성한 것으로, 그것을 대조할 필요가 생겼다. 그것은 중요한 소송이어서 기록이 정확하지 않으면 안 되는 것이었다. 모든 준비가 끝났으므로 나는 4통의 복사본을 4명의 필경사에게 각자 한 통씩 나누어 주고, 내가 원본을 읽으면서 대조해 나가기 위해 옆방으로부터 칠면조와 펜치와 생강 비스킷이 각자 손에 서류를 들고 한 줄로 의자에 앉았을 때, 나는 이들 흥미 있는 그룹에 바틀비를 포함시키기 위해 그를 불렀다.

“바틀비, 빨리 오게! 자네만 오면 다 되네.”

카펫을 깔지 않은 마룻바닥에 의자 끌리는 소리가 들리더니, 곧 독방 입구에 그가 모습을 나타냈다.

“무슨 일입니까?”라고 바틀비가 조용히 말했다.

“복사본 말일세. 복사본,”하고 나는 서둘러 말했다. “복사본을 대조하려는 거야. 이것은 자네 것일세”하고 네 번째 서류를 그에게 내밀었다.

“그러고 싶지 않습니다”하고 바틀비는 말하더니 칸막이 뒤로 점잖게 사라졌다.

얼마 동안 나는 ‘소금 기둥’으로 변한 채 필경사들이 앉아 있는 줄의 선두에 멍하니 서 있었다. 정신을 차리고 나서 나는 칸막이로 다가가, 그와 같은 무례한 행동을 한 이유를 따지고 들었다.

“왜 거절을 하는 것인가?”

“그러고 싶지 않습니다.”

다른 사람이었다면 당장 불 같은 격정에 몸을 내맡겨 울화통을 떠뜨려서 마구 욕지거리를 퍼붓고 사무실 안에서 내쫓아 버렸을 것이다. 그러나 바틀비에게는 이상하게도 나의 적의를 가라앉힐 뿐만 아니라, 놀랍게도 내 마음을 움직이게 하고 당황하게 만드는 무엇인가가 있었다. 나는 이치를 따져서 그를 설득하기 시작했다.

"우리가 대조하려고 하는 것은 자네가 필경한 서류들일세. 이것은 자네의 수고를 덜어 주는 일이란 말이지. 왜냐하면 단 한 번으로 자네가 베낀 4통의 서류를 모두 대조할 수가 있으니까. 이것은 어디서나 모두들 하는 일일세. 필경사들은 누구나 자신이 베낀 것을 대조하게 되어 있네. 그렇지 않은가? 말을 하지 않을 텐가? 어디, 대답을 좀 해 보게!"

"그러고 싶지 않습니다."라고 바틀비는 피리 같은 말투로 대답했다.

내가 그에게 연설하는 동안, 그는 내가 하는 모든 말을 하나하나 신중하게 음미하고, 그 의미를 완전히 이해하고, 그 필연적인 결론을 반박할 수 없다는 것을 깨달은 것처럼 보였으나, 동시에 어떤 절대적인 존재가 그를 그와 같이 대답하도록 만들고 있는 것고 같았다.

"그렇다면 자네는 나의 요구에 응하지 않기로 결정했단 말이지 — 일반적인 관습과 상식에 의거해서 이루어진 요구에도 말이지?"

그는 나의 판단이 옳다는 것을 간단한 몸짓으로 이해시켰다. 그렇다. 그의 결정은 결코 번복할 수가 없는 것이다.

인간이란 전례가 전혀 없고, 또 전혀 말도 안 되는 우격다짐으로 자신의 요구를 거부당하게 되면, 그때까지 가장 명백하고 자명하다고 생각했던 신념까지도 흔들리기 시작하는 경우가 흔히 있다. 말하자면 정말로 이상한 일이지만, 모든 정의와 모든 타당성은 상대방에게 있을지도 모른다는 막연한 생각을 하기 시작하는 법이다. 따라서 그곳에 만일 공평한 제삼자가 있다면, 자기 자신의 동요하는 마음을 다잡기 위해 응원을 청하게 되는 것이다.

"칠면조"라고 나는 말했다.

"이것을 당신은 어떻게 생각하시오? 내가 잘못한 거요?"

"실례입니다만"이라고 칠면조는 더할 수 없이 부드러운 말투로 대답했다.

"그렇지 않다고 생각합니다."

"펜치"라고 나는 물었다.

"자네는 이것을 어떻게 생각하나?"

"제 생각에는 사무실에서 쫓아내는 것이 좋을 것 같습니다."(총명한 독자라면, 여기서 칠면조의 대답은 공손하고 점잖은 말투인 반면에 펜치의 대답은 신경질적이라는 사실로 미루어 이것이 오전 중에 일어난 일이라는 것을 추측할 수 있을 것이다. 앞에서 말한 것을 되풀이한다면, 펜치의 험악한 분위기는 당번이었고, 칠면조의 것은 비번이었던 것이다.)

"생강 비스킷"이라고 나는 가장 어린 한 표라도 나에게 끌어들여 보려고 말했다.

"너는 이것을 어떻게 생각하니?"

"제 생각에는 저 아저씨 머리가 돈 것 같습니다."라고 생강 비스킷을 해죽이 웃으면서 대답했다.

"자네도 직원들이 말하는 것을 들었겠지?"라고 나는 칸막이 쪽으로 돌아서면서 말했다.

"자아, 이리 나와서 일을 하게."

그러나 바틀비는 아무런 대답도 하지 않았다. 나는 곤혹스러운 얼굴로 한 순간 깊은 생각에 잠겼다. 하지만 다시 한번 다급한 일이 나를 재촉했다. 또 다시 나는 이 딜레마에 대한 고찰을 뒷날의 한가한 시간까지 미루기로 결심했다. 약간 곤란하기는 했지만, 우리들은 바틀비를 빼놓고 서류들을 대조하기 시작했다. 칠면조는 한 페이지마다, 혹은 두 페이지마다 이런 일은 정말로 상식에서 벗어나는 일이라고 점잖게 자신의 의견을 늘어놓았고, 한편에서 펜치는 소화불량에서 오는 짜증스러움으로 의자에서 몸을 비틀고, 이빨을 부드득 갈고, 이따금 칸막이 뒤의 고집 센 저능아에 대해서 욕설을 퍼부었다. 펜치로서는 한 푼의 보수도 받지 않고 남의 일을 하는 것은 이것이 처음이자 마지막이었던 것이다.

한편 바틀비는 자신의 은신처에 들어앉아서 자기 자신의 기묘한 일 외에는 모든 것을 다 잊고 있었다.

며칠인가가 지나갔고, 필경사들은 또 다른 긴 서류에 매달려 있었다. 전날의 놀라운 소행 때문에 나는 바틀비의 행동을 유심히 지켜보게 되었다. 나는 그가 점심 식사를 하러 전혀 나가지 않는다는 것을 알았다. 아니, 전혀 아무데도 나가지를 않았다. 내가 알고 있는 한 오늘날까지 바틀비가 사무실 밖에 나가 있는 것을 본 적이 없었다. 그는 우리 사무실의 교대 없는 보초나 다름이 없었다. 그런데 매일 오전 11시경이 되면, 생강 비스킷이 바틀비의 칸막이 공간 쪽으로 다가가곤 하는 것을 나는 주의해서 보게 되었다. 아마 바틀비는 내가 앉은 곳에서는 보이지 않도록 조용히 손짓으로 소년을 불러들이고 있는 것 같았다. 소년은 이내 몇 페니인가를 짤랑거리면서 사무실을 나가, 얼마 뒤에 한 줌의 생강 비스킷을 들고 다시 나타나서 칸막이 뒤로 들어갔다가, 심부름 값으로 두 개의 과자를 받아들고 자기 자리로 돌아가곤 하는 것이었다.

그렇다면 생강 비스킷으로 연명해 가고 있는 모양이라고 나는 생각했다. 단적으로 말하면 점심 식사는 전혀 하지 않는다는 얘기이다. 그렇다면 채식주의자가 틀림없다. 그러나 그것도 아니다. 그는 야채조차 먹지 않았다, 바틀비는 생강 비스킷 외에는 아무것도 먹지 않는 것이었다. 그러자 나는 전적으로 생강 비스킷만 먹고 살게 되면 인간의 성격에 어떤 영향을 미칠 수 있는가에 관한 공상을 하게 되었다. 생강 비스킷이란, 독특한 성분의 하나로 생강을 포함하고 있으며, 결정적으로 그 향기를 내기 때문에 그렇게 불리고 있는 것이다. 그렇다면 생강이란 무엇인가? 얼얼하고 매운 식물이다. 바틀비가 얼얼하고 매운가? 전혀 그렇지 않다. 그렇다면 생강은 바틀비에게 아무런 영향도 미치지 않은 것이다. 아마도 그는 그러고 싶지 않은 것일지도 모른다.

무저항의 저항만큼 성실한 인간을 화나게 만드는 것은 없을 것이다. 만일 저항 당하는 인간이 비인간적인 기질이 아니고, 또 저항하는 인간이 그의 수동성에 전혀 악의가 없다면, 전자는 자신의 판단력으로 풀 수 없다는 것이 증명된 것일지라도 기꺼이 상상력으로 짜 맞추려고 노력할 것이 틀림없다. 대체로 그런 식으로 나는 바틀비와 그 행동을 주시해 보고 있었다. 불쌍한 친구로구나! 하고 나는 생각했다. 그에게는 아무런 악의도 없는 것이다. 무례한 행동을 할 의도가 전혀 없는 것은 명백했다. 그의 태도로 보아 그의 기벽은 본의적인 것이 아니라는 것을 알 수가 있다. 그는 나에게는 크게 쓸모가 있다. 그와 얼마든지 함께 일을 해 나갈 수 있다. 만일 그를 쫓아낸다면 아마 나보다 관대하지 못한 고용주를 만나서 형편없는 대우를 받고, 쫓겨나서 결국에는 비참하게 굶어 죽게 될지도 모른다. 그렇다. 자기만족에 빠진 인간을 값싸게 사들인 것인지도 모른다. 바틀비와 친구가 되어 그의 기괴한 고집을 너그럽게 보아 넘긴다 해도 내가 손해를 보는 것은 하나도 없을 것이다. 한편으로 언젠가는 양심의 달콤한 양식이 될 수 있는 것을 내 영혼 속에 저축해 가면서 말이다. 하지만 이런 무드가 언제나 변함이 없는 것은 아니었다. 때때로 바틀비의 수동적인 태도가 나를 짜증스럽게 만들기도 했다. 그의 새로운 반대에 부딪혀 보고 싶다 — 나 자신의 분노에 걸맞는 노여움의 불꽃을 그에게서 이끌어내 보고 싶다는 기묘한 자극을 느꼈다. 그러나 실제로 그것은 하얀 화장비누 조각에다 주먹을 비벼대서 불을 켜 보려고 시도하는 것이나 다름이 없었다. 그런데 어느 날 오후에 나는 악한 충동의 꾐에 빠져서 다음과 같은 어처구니없는 소동을 일으키고 말았다.

"바틀비"라고 나는 말을 걸었다.

"그 서류들을 모두 필경하고 나면 나하고 함께 대조를 좀 해 보세."

"그러고 싶지 않습니다."

"뭐라고! 설마 그 말도 안 되는 황소고집을 끝까지 밀고 나갈 생각은 아니겠지?" 아무런 대꾸도 없었다.

나는 바로 옆에 있는 두짝문을 열어젖히고 칠면조 쪽으로 돌아서서 큰 소리로 외쳤다.

"바틀비가 벌써 두 번씩이나 자신의 서류를 검토하지 않겠다고 하는데, 이것에 대해서 당신은 어떻게 생각하시오, 칠면조 씨?"

이것이 오후라는 것을 잊지 말기 바란다. 칠면조는 놋쇠 주전자처럼 달아올라서 앉아 있을 때였다. 그의 벗어진 머리에서는 김이 솟아오르고 있었고, 양손은 얼룩진 서류 사이를 들락거리고 있었다.

"어떻게 생각하느냐구요?"라고 칠면조가 고함을 질렀다. "당장 칸막이 뒤로 달려가서 눈에 시퍼렇게 멍이 들게 만들어 버리겠소!"

그렇게 말을 하면서 칠면조는 자리에서 벌떡 일어나 양손을 들어 권투하는 자세를 취했다. 조금 전에 한 말을 당장이라도 실천에 옮길 기세라서, 나는 칠면조의 점심 식사 뒤의 호전성을 경솔하게 자극하게 된 결과에 경계심을 느끼고 황급히 그를 제지했다.

"자리에 앉으시오, 칠면조 씨"라고 나는 말했다. "그리고 펜치가 뭐라고 하는지 얘기를 좀 들어 봅시다. 자네는 어떻게 생각하나, 펜치? 이 정도면 내가 즉각 바틀비를 해고시켜도 정당한 것 아니겠나?"

"죄송합니다만, 그것은 당신이 결정하실 일이라고 생각합니다, 법원장님. 제 생각으로는 그의 행동은 전적으로 비정상적입니다. 사실 칠면조 씨나 저 자신과 비교해 보더라도 정당하지가 않습니다. 하지만 단순한 일시적인 변덕일지도 모릅니다."

"아, 그래?"라고 이번에는 내가 소리쳤다. "그렇다면 자네는 또 이상하게 마음을 바꾸었군그래 — 전과는 달리 그에 대해서 아주 호의적으로 말하는데그래."

"모두 맥주 때문입니다."라고 칠면조가 악을 썼다. "관대한 것은 맥주의 영향입니다. 펜치와 나는 오늘 함께 점심 식사를 했거든요. 내가 얼마나 관대한지 알 수 있겠지요, 법원장님. 내가 들어가서 눈두덩이를 한 대 갈겨 줄까요?"

"바틀비에 대해 말하는 모양인데, 안 됩니다. 오늘은 안 돼요, 칠면조 씨"라고 나는 황급히 말했다. "제발 주먹을 좀 치워요."

나는 두짝문을 닫고 다시 바틀비 쪽으로 걸어갔다. 다시 한번 자신의 운명에 도전해 보고 싶은 강한 충동을 느꼈다. 나는 또 다시 반항을 당해 보고 싶은 강한 욕구를 느꼈다. 그때 바틀비가 사무실에서 한번도 밖에 나간 적이 없다는 사실이 머리에 떠올랐다.

"바틀비"라고 나는 말했다. "생강 비스킷이 외출을 해서 그러는데, 자네가 우체국에 잠시 갔다 와 주지 않겠나?(우체국은 걸어서 겨우 3분 거리에 있었다.) 그리고 나에게 우편물이 와 있나 알아봐 주겠나?"

"그러고 싶지 않습니다."

"안 가겠다는 말인가?"

"하기 싫습니다."

나는 가까스로 내 책상으로 돌아와 그곳에 앉아서 곰곰이 생각을 해 보았다. 나의 맹목적인 집념이 다시 고개를 쳐들었다. 이 말라빠진, 땡전 한 푼 없는 인간에게 나 자산이 굴육적으로 거절을 당할 만한 일은 또 달리 없을까? — 내가 고용한 필경사 녀석에게? 완전히 합리적인 일인데도 이 녀석이 거절할 것이 틀림없는 일은 또 추가로 없을까?

"바틀비!" 아무런 대답도 없었다.

"바틀비!" 이번에는 좀 더 큰 소리로 불렀다. 그래도 대답이 없었다.

"바틀비!"라고 나는 악을 썼다. 진짜 유령이라도 되는 것처럼, 마법의 초혼(招魂)의 주문에 답하듯이 세 번째 부름에 그는 은신처 입구에 모습을 나타냈다.

"옆방으로 가서 펜치에게 나한테 오라고 전하게."

"그러고 싶지 않습니다."라 말하고 바틀비는 예의 바르게 천천히 대답하고 조용히 사라졌다.

"그래 좋아, 바틀비"하고 나는 조용하고 담담하고 매우 침착한 어조로 말을 함으로써, 가까운 장래에 어떤 무시무시한 보복이 있을 것이라는 단호한 결의를 넌지시 암시했다. 그 순간에는 절반쯤 그런 종류의 보복을 마음속으로 생각하고 있었다. 그러나 때마침 저녁 식사 시간이 다가와서 마음속으로는 당혹감과 우울함 때문에 괴로워하면서도 일단 모자를 쓰고 집으로 돌아가는 것이 최선이라고 생각했다.

이것을 내가 시인해야만 할까? 이러한 모든 소동의 결과가 어떤 것이냐 하면, 다음과 같은 것이 내 사무실 안에서는 곧 하나의 기정사실이 되었다. 즉, 바틀비라는 이름을 가진 창백한 얼굴의 젊은 필경사는 사무실 안에 한 개의 책상을 갖고 있고 1폴리오(1백 단어)당 보통 4센트라는 돈을 받고 나를 위해 필경을 하지만, 그는 영구히 그 자신이 베껴 쓴 문서를 검토하는 일에서는 제외되고 그 의무는 칠면조와 펜치에게 돌아가게 되었는데, 그것은 의심할 바 없이 두 사람의 빼어난 정확성에 경의를 표해서 그렇게 된 것이었다. 그뿐만 아니라, 바틀비는 어떤 사정이 있더라도 어떤 종류의 아무리 사소한 일이라도 절대로 심부름을 보내지 않았고, 설사 그에게 그러한 일을 해 달라고 간청을 했다 하더라도 그는, "그러고 싶지 않습니다" — 즉, 바꿔 말해서 정면으로 맞대 놓고 거절할 것이라는 것을 일반적으로 모두 양해하고 있었다.

날이 흘러갈수록 나는 바틀비에게 꽤나 우호적인 감정을 갖게 되었다. 그의 착실성, 낭비라는 것은 찾아볼 수도 없는 검소함, 쉬지 않는 근면성(단, 칸막이 뒤에서 끝없는 공상에 잠겨 있을 때만을 제외하고), 그의 누구도 흉내 낼 수 없는 조용함, 어떤 상황하에서도 변함이 없는 행동거지 등, 모든 것이 그가 더할 수 없이 소중한 일꾼이라는 것을 말해 주고 있었다. 특히 강조할 만한 것은 그는 언제나 거기 있다는 것이었다 — 아침에는 제일 먼저 출근을 하고, 하루 종일 자리를 비우지 않으며, 저녁에는 제일 끝까지 남아 있었다. 그리고 나는 그의 정직성에 이상하리만큼 강한 믿음을 가지고 있었다. 가장 중요한 서류를 그에게 맡겨도 절대로 안전하다고 느끼고 있었다. 하지만 이따금 아무리 노력을 해도 갑자기 그에게 발작적으로 화를 내는 경우도 있었다. 왜냐하면 바틀비가 우리 사무실에서 누리고 있는 암묵적인 조건, 즉 온갖 기묘한 특례, 특권, 일찍이 들어 보지 못한 예외 조항들을 항상 마음속에 담아 두는 것은 굉장히 어려운 일이었기 때문이다. 때때로 화급한 용건을 처리하기 위해 다급한 나머지 나는 빠른 말투로 바틀비를 불러, 묶으려고 하는 서류 끈의 매듭을 손가락으로 눌러 달라고 한다. 물론 칸막이 뒤에서는 언제나처럼 "그러고 싶지 않습니다."라는 대답이 되돌아올 것이 틀림없다. 그러면 인간인 이상 — 인간이면 누구나 지니고 있는 약점이지만 — 이처럼 외고집에다 몰지각한 행동에 대해서 어떻게 화를 내지 않을 수 있겠는가? 그러나 내가 받은 이런 종류의 거절이 거듭될 때마다 내 쪽에서도 그를 찾는 경우가 차츰 적어져 갔다.

여기서 미리 말해 두고 넘어가야 할 것은, 많은 변호사들의 사무실이 있는 법률 사무실 빌딩에는 많은 사람들이 수시로 들락거리기 때문에, 다른 곳처럼 우리 사무실에도 여러 개의 열쇠로 열고 들어올 수 있게 되어 이었다. 하나는 매주 한 번씩 사무실을 물로 닦고 매일 청소를 하는 지붕 밑 방에 사는 청소부 아주머니가 가지고 있었고, 또 하나는 편의상 칠면조가 보관하고 있었다. 세 번째 열쇠는 내가 이따금 주머니에 집어넣고 가지고 다녔으며, 네 번째 열쇠는 누가 가지고 있는지 나도 모르고 있었다.

그런데 어느 일요일 아침, 나는 유명한 설교자의 설교를 들으려고 우연히 트리니티 교회에 가게 되었는데, 도착해 보니까 시간이 너무 일러서 잠시 사무실까지 산책이나 해야겠다고 생각했다. 다행이 열쇠를 갖고 있었다. 그러나 자물쇠에 열쇠를 꽂으려고 하는데 무엇인가가 안쪽에서 꽂혀 있어서 들어가지 않는다는 것을 알았다. 몹시 놀라서 큰 소리로 안에 누가 있느냐고 불러 보았다. 게다가 더욱 놀랍게도 안에서 열쇠를 돌리는 소리가 들리더니 깡마른 얼굴이 문 사이로 조금 보이고, 그대로 문을 꽉 고정시킨 채 바틀비의 모습이 나타났다. 그는 외출복도 아니도 셔츠 바람에 남루한 파자마를 걸치고 있었다. 바틀비는 조용한 목소리로, 미안하지만 지금 대단히 중요한 일을 하고 있는 중이라서 지금은 들어오게 할 수가 없으며, 그리고 간략하게, 이 블록을 두세 바퀴 가량 돌고 오면 그때까지는 아마 지금 하고 있는 일을 끝낼 수 있을 것이라고 덧붙여 말하는 것이었다.

이 전혀 뜻하지 않은 바틀비의 출현과 일요일 아침의 내 법률 사무실을 셋방 삼고 있는, 시체와 같이 창백하면서도 신사처럼 태연자약하고, 게다가 확신과 침착성까지 갖춘 모습을 보고는 나는 이상한 감동을 느끼고 나답지 않게 내 사무실 문을 떠나서 그가 시키는 대로 행동했다. 그러나 이 불가사의한 필경사의 점잖으면서도 파렴치한 행동에 대한 무력한 반항심이 온갖 형태로 가슴을 쿡쿡 쑤셔댔다.

사실 그의 놀라울 정도로 점잖은 태도가 주로 나를 무장 해제시켰지만, 그것은 거기서 멈추지 않고 나의 사내다움까지 빼앗아 갔다. 왜냐하면 자신이 고용한 서기가 주인에게 명령을 내리고 자기 자신의 사무실에서 나가라고 지시를 할 경우, 그 사람은 그때 이미 사내다움을 잃은 것이라고 나는 생각하기 때문이다. 게다가 나는 바틀비가 셔츠와 꾀죄죄한 파자마 차림으로 나의 사무실에서 도대체 무슨 짓을 하고 있었을지 도무지 불안해서 견딜 수가 없었다. 무슨 범죄가 꾸며지고 있는 것은 아닐까? 아니다. 그것은 말도 안 된다. 바틀비가 부도덕한 인간이라는 것은 잠시도 생각할 수 없는 일이다. 그렇다면 그는 그곳에서 도대체 무엇을 하고 있었을까? — 필경을 하고 있었을까? 아니, 그것도 아니다. 그 아무리 꾀자하고 해도 바틀비는 품행이 빼어나게 단정한 인물이다. 벌거숭이에 가까운 꼴로 자기 책상 앞에 앉다니, 그것은 말도 안 된다. 게다가 오늘은 일요일 아닌가! 더구나 바틀비에게는 신성한 일요일을 어떤 세속적인 직업으로 더럽힐 것이라고 추측하는 것을 용납하지 않는 무엇인가가 있었던 것이다.

그럼에도 불구하고 내 마음은 편하지 않았다. 그래서 불안한 호기심으로 가득 차서 마침내 사무실로 다시 돌아왔다. 아무런 방해도 없이 나는 열쇠를 꽂고 문을 열고 사무실 안으로 들어갔다. 바틀비의 모습은 아무 데서도 찾아볼 수가 없었다. 나는 불안스럽게 방안을 둘러보고 칸막이 뒤까지도 들여다보았으나 그가 사무실을 나간 것은 명백했다. 사무실 안을 좀 더 세밀하게 살펴본 결과, 나는 언제부터인지는 모르지만 바틀비가 내 법률 사무실에서 먹고 옷을 갈아입고 잠까지 잤다는 것, 그것도 접시도 거울도 침대도 없이 그렇게 지냈으리라고 추측했다. 사무실 구석에 있는 부서져 가는 낡은 소파의 쿠션 위에 여윈 몸을 뉘었던 흔적이 남아 있었다. 그의 책상 밑에서 똘똘 말아놓은 담요를 한 장 발견했다. 벽난로 받침대 밑에는 검정 구두약과 구둣솔이, 의자 위에는 비누와 누더기 타월이 담긴 양철 세숫대야가, 그리고 신문지 사이에는 생강 비스킷 부스러기와 치즈 조각이 있었다. 그렇다. 바틀비가 이곳을 집으로 삼고 독신생활을 영위해 온 곳이 틀림없다고 나는 생각했다. 그때 내 머리를 스쳐 지나간 생각은, 이 얼마나 비참한 혈혈단신의 고독을 나타내고 있는가! 하는 것이었다. 그는 너무나 가난했다. 그의 고독은 얼마나 소름 끼치는 끔찍한 일인가! 한번 생각해 보라. 일요일이면 월스트리트는 페트라처럼 폐허가 되어 버린다. 그리고 매일 밤이면 온 거리가 텅 비어 버린다. 이 빌딩 역시 평일의 낮 동안에는 부지런함과 활기로 시끌시끌하지만, 밤이 찾아오면 철저한 공동이 메아리칠 뿐이고, 일요일은 온종일 버림받은 땅이다. 그런데 바틀비는 이곳을 집으로 삼았다. 붐비는 한낮을 보아 온 그가 처절한 고독의 외로운 목격자가 된다 — 카르타코의 폐허에서 명상하는 무고한 마리우스의 전락한 모습 같다고나 할까!

난생처음으로 가슴을 쿡쿡 찌르듯이 압도해 오는 우울한 감정이 나를 사로잡았다. 지금까지 나는 달콤한 슬픔 같은 것밖에는 경험한 적이 없었다. 다 같은 인간이라는 유대감이 저항할 수 없는 힘으로 나를 암울함 속으로 끌어들이고 있었다. 형제 같은 우애의 우울감! 왜냐하면 나와 바틀비는 모두 아담의 후예이기 때문이다. 나는 그날 보고 온, 브로드웨이의 미시시피강을 헤엄쳐 가는 백조처럼 축제 의상으로 장식한 군중의 찬란한 비단옷과 반짝이는 얼굴을 기억해 냈다. 그리고 그들과 시체처럼 창백한 필경사를 비교해 보고 혼자 생각했다. 아아, 행복은 빛을 발하기 때문에 우리는 이 세상을 즐거운 것으로 보지만, 비참함은 초연히 숨기 때문에 이 세상에 비참함은 없다고 생각하는 것이다. 이러한 서글픈 생각들 — 그것은 의심할 바 없이 병들고 어리석은 머리에서 나오는 망상이겠지만 — 은 바틀비의 기행에 관한 또 다른, 좀 더 특별한 생각으로 이어져 갔다. 기괴한 발견들이 앞으로도 계속될 것이라는 불길한 예감이 내 머리를 떠나지 않았던 것이다. 나는 그 필경사의 창백한 몸이 무관심한 이방인들 속에서 수의에 감싸여 누워 있는 것을 보았다.

그때 갑자기 나는 바틀비의 닫혀진 책상에 주의가 끌렸다. 자물쇠 구멍에 열쇠가 꽂힌 채로 있지 않은가! 나쁜 짓을 할 생각은 없다. 그리고 비정한 호기심을 충족시키려는 것도 아니라고 나는 생각했다. 게다가 책상은 내 것이고 내용물 또한 내 것이다. 그래서 나는 대담하게 책상 서랍 속을 들여다보았다. 모든 것이 질서정연하게 정돈되어 있고 필경

용지도 단정하게 쌓여 있었다. 작은 서랍들이 좀 깊어서, 서류철을 옆으로 치우고 후미진 곳을 손으로 더듬었다. 손에 잡히는 것이 있어서 그것을 끄집어냈다. 그것은 낡은 대형 손수건이었는데, 묵직한 무엇인가가 싸 매어져 있었다. 그것을 풀어 보니까 저금통이었다.

이제 나는 바틀비에 대해서 품고 있었던 모든 조용한 수수께끼들을 기억해 냈다. 즉, 그는 대답을 하는 것 외에는 절대로 말을 하지 않았고, 이따금 자유롭게 쓸 수 있는 상당한 시간의 여유가 있었는데도 불구하고 책을 읽는 것을 한 번도 본 적이 없었다 — 하여간 신문조차도 읽지 않았다. 그는 칸막이 뒤의 어두침침한 창가에 서서 꽤 오랫동안 죽음과 같은 벽돌벽을 응시하고 있곤 했다. 단 한 번도 큰 식당이나 레스토랑 같은 곳에 간 적이 없다고 나는 확신한다. 또한 창백한 얼굴이 명백히 말해 주듯이, 그는 칠면조처럼 맥주를 마시지도 않았고, 다른 사람들처럼 홍차나 커피조차도 마시지 않았다. 내가 아는 바로는 그는 어떤 특정한 장소에 가는 일도 없었다. 산책을 하러 나가는 일도 없었다(지금 산책을 나갔다면 그것은 예외지만). 그리고 바틀비는 누구인지, 어디서 왔는지, 이 세상에 친척이 한 사람이라도 있는지 어떤지에 대하여 말하기를 거부해 왔다. 그처럼 야위고 안색이 창백했지만, 건강이 나쁘다고 불평을 늘어놓은 적이 없었다. 그리고 다른 무엇보다도 먼저 생각나는 것은 창백한 죽음의 — 그것을 어떻게 표현해야 할까? — 창백한 죽음의 오만함이라고나 할까, 아니면 그가 지닌 준엄한 자제력이라고 할까, 그런 어떤 무의식적인 태도가 나를 두렵게 만들고 그의 기행에 순순히 영합하게 만든다는 것이다. 따라서 설사 그가 오래 전부터 꼼짝도 하지 않고 칸막이 뒤에서 벽을 들여다보며 공상에 빠져 있다는 것을 알았다 할지라도, 나는 아주 사소한 일이라도 그에게 시키는 것을 두려워하게 되었던 것이다.

이런 모든 일들을 생각하고 또 그가 내 사무소를 영속적인 자신의 거처로 삼고 있었다는 방금 발견한 그 사실을 그것에 결부시키고, 특히 그의 병적인 우울한 태도를 잊지 않는다면 — 즉, 이와 같은 모든 사실들을 숙고할 때 조심스러운 어떤 감정이 나를 살포시 감싸는 것이었다. 나의 첫 번째 감정은 순수한 우울과 충심에서 우러난 연민의 감정이었으나, 바틀비의 절망적인 고독이 점점 더 커지면서 나의 상상력을 자극하게 되어서 그와 비례하여 우울이 공포로 변하고 연민이 혐오로 변했다. 그것은 너무나도 진실하고 또한 끔찍한 일이어서, 어떤 점까지는 비참함을 인식하거나 목격하거나 하는 것이 우리들에게 두터운 친밀의 정을 불러일으켜 주지만, 어떤 특별한 경우에는 그 점을 넘어서면 오히려 그렇지 않게 된다. 이것을 예외 없이 인간의 마음속에 선천적으로 존재하는 이기심에서 기인하는 것이라고 주장하는 것은 잘못이다. 차라리 그것은 과도하고 근본적인 병을 치유하는 데 대한 어떤 절망감에서 비롯된 것이다. 감수성이 강한 사람에게 있어서는 연민은 종종 고통이 될 수 있다. 그리고 그러한 연민이 효과적인 구원에 이르지는 못한다는 것을 마침내 깨달았을 때, 상식은 영혼에게 그것을 버리라고 명하는 것이다. 그날 아침에 본 것은 나에게 바틀비가 선천적인 불치의 정신이상의 피해자라는 것을 납득시켜 주었다. 나는 그의 육체에 은혜를 베풀 수는 있겠지만, 그를 괴롭히는 것은 그의 육체가 아니었다. 고통을 당하고 있는 것은 그의 영혼이며, 그의 영혼에는 내 손이 닿지 않는 것이다.

그날 아침, 나는 트리니티 교회에 간다는 목적을 끝내 이루지 못했다. 어쨌든 그날 본 일들이 그때 교회에 갈 기분을 잡쳐 버렸던 것이다. 바틀비에 대해서 어떤 조치를 취해야 할까를 생각하면서 걸어서 집으로 되돌아왔다. 결국 나는 다음과 같은 결정을 내렸다 — 내일 아침 그의 과거와 기타 사항에 대해서 조용히 몇 가지를 물어본다. 그리고 만약 그가 까놓고 서슴없이 그 질문에 대답할 것을 거절한다면(아마 그는 그러고 싶지 않다고 대답할 것이다), 그에게 줄 급료에다 20달러를 더 얹어 주고 더 이상 우리 사무소에서 일할 필요가 없다고 말을 한다. 그리고 만약 다른 방법으로 그를 도와줄 수가 있다면 나는 기꺼이 그렇게 할 것이다. 특히 그가 고향으로 돌아가고 싶어 한다면, 그곳이 어디든 간에 고향으로 가는 경비를 모두 부담해 주겠다. 그리고 또 고향으로 돌아간 뒤에라도 도움을 청할 일이 생길 경우, 편지만 써 보내면 언제든 즉각 답장을 해 주겠다고 말할 것이다.

다음날 아침이 찾아왔다.

"바틀비"라고 나는 상냥하게 칸막이 뒤의 그를 불렀다. 아무런 대답이 없었다.

"바틀비"라고 나는 계속 다정한 목소리로 말했다. "이리 와 보게. 그러고 싶지 않은 일은 절대로 물어 보지 않을 생각이니까 — 다만 자네에게 몇 가지 얘기할 것이 있어서 그러네."

이 말을 듣고서야 바틀비는 소리 없이 내 시야 안으로 미끄러져 들어왔다.

"자네는 어디 태생인가, 바틀비? 나에게 말해 줄 수 없겠나?"

"그러고 싶지 않습니다."

"자네 자신에 관해서 무슨 일이든 나에게 말해 줄 수 없겠나?"

"그러고 싶지 않습니다."

"그런데 자네, 나하고 이야기하는 것을 거절할 만한 어떤 합리적인 이유라도 있나? 나는 자네에 대해서 우호적인 감정을 갖고 있는데 말일세."

내가 말하고 있는 동안, 바틀비는 나를 보지 않고 계속 시선을 키케로의 흉상에 고정시키고 있었다. 그 흉상은 내가 앉아 있는 바로 뒤쪽에, 정확히 말해서 내 머리 위 6인치쯤 되는 곳에 놓여 있었다.

"뭐라고 대답을 좀 해주지 않겠나, 바틀비?"

나는 한참 동안 그의 대답을 기다리고 나서 입을 열었다. 그 동안 그의 표정은 전혀 변하지 않았으나, 다만 핏기 없는 얇은 입술이 가늘게 떨리고 있었다.

"현재로서는 대답을 드리고 싶지가 않습니다." 바틀비는 이렇게 말하고 자신의 은신처로 다시 들어가 버렸다.

솔직히 말해서 나는 마음이 약한 편이라고 할 수 있었는데, 이번에는 그의 태도에 대해서 화가 났다. 거기에는 일종의 조용한 경멸이 잠재해 있는 것처럼 보였을 뿐만 아니라 그의 비뚤어진 외고집은 나에게서 받은 것이 부정할 수 없는 호의에 넘친 관대함이었음을 감안할 때 도저히 용서할 수 없는 것처럼 보였다.

다시 한번 나는 어떻게 하면 좋을까 하고 앉아서 곰곰이 생각을 했다. 그의 태도에 화가 나서 사무실에 들어갔을 때는 그를 해고시켜야겠다고 단단히 마음먹었었지만, 그럼에도 불구하고 이상스럽게도 무엇인가 미신적인 가슴 설렘이 목적의 실행을 저지하고, 만약 모든 인간들 가운데서 가장 고독한 이 사람에게 감히 한 마디라도 무정한 말을 내뱉는다면 나야말로 악당이라는 비난을 받을 것이라고 느끼게 만드는 것이었다. 결국 나는 하는 수 없이 칸막이 뒤로 내 의자를 끌고 들어가 앉아서 다정하게 다시 말을 했다.

"바틀비, 그렇다면 자네의 신상 이야기는 하지 않아도 되네. 그러나 친구로서 부탁하겠는데, 최소한 이 사무실의 관례만은 따라 주지 않겠나? 그러니까 내일이나 모레부터 자네도 서류를 검토하는 일을 도와주기 바라네. 간단히 말하면 글쎄, 내일이나 모레부터 자네도 약간 융통성이 있는 인간이 되어 달라는 것일세—그렇게 하겠다고 대답해 주게, 바틀비."

"현재로는 약간의 융통성을 갖고 싶지가 않습니다." 이것이 그의 조용한 시체와 같은 대답이었다.

바로 그때 두짝문이 열리고 펜치가 다가왔다. 그는 평소보다 심한 소화불량으로 지난 밤에는 잠도 못 자고 고생을 한 것 같았다. 그는 바틀비의 마지막 말을 엿들었던 것이다.

"그러고 싶지 않다고?"라고 펜치는 이를 갈았다. "내가 당신이라면 법원장님, 이 녀석이 그러고 싶도록 만들겠습니다" 하고 펜치는 나를 보고 말했다—"그러고 싶게 만들고말고요! 이런 고집 센 노새 같으니라고! 그러고 싶도록 만들겠습니다. 도대체 무슨 일입니까, 법원장님, 그 녀석이 그러고 싶지 않다는 것이?"

바틀비는 끄떡도 하지 않고 앉아 있었다.

"펜치 군"이라고 나는 말했다.

"나는 지금 당장 자네가 여기를 나가 주었으면 싶네."

어찌 된 일인지, 최근에 나는 이 '싶네'라는 말을 적절한 곳이 아닌데도 무의식적으로 써 버리는 경향이 있었다. 바틀비와 접촉한 영향이 이렇게 심각하게 나의 정신기능에까지 미쳤구나 하고 생각하니까 가슴이 섬뜩했다. 그리고 앞으로 더욱 괴이한 현상이 나타나지 않으리라고 어떻게 장담할 수 있겠는가? 내가 과감한 조치를 취하려고 결심한 것도 이런 걱정이 잠재해 있었기 때문이었던 것 같다.

펜치가 기분이 몹시 상한 얼굴로 거칠게 방을 나가자, 이번에는 칠면조가 점잖게 다가왔다.

"미안합니다만, 법원장님"라고 칠면조가 말했다.

"어제 나도 여기 있는 바틀비에 대해서 생각해 보았는데요. 내 생각에는 만약 그가 매일 한 쿼트의 맥주를 들이켜고 싶어 하기만 한다면, 결점을 고치게 하고 서류 대조에도 자발적으로 참가하게 만들 수 있을 것 같습니다."

"흠, 당신도 그 말에 전염이 되었군요."라고 나는 약간 흥분해서 말했다.

"미안합니다만, 법원장님. 무슨 말입니까?" 칠면조가 물으면서 비좁은 칸막이 뒤의 공간으로 비집고 들어왔기 때문에 나는 바틀비를 떠미는 모습이 되었다. "무슨 말인데요, 법원장님?"

"저는 이곳에 혼자 있고 '싶습'니다."라고 바틀비는 마치 자기 방에 사람이 많이 들어와 있는 것이 못마땅한 듯이 말했다.

"바로 저 말일세, 칠면조 씨"라고 나는 신이 나서 말했다. "바로 그 말이라니까."

"아아, 그러고 싶다는 말 말이군요? 그렇습니다—묘한 말입니다. 나는 그 말을 한 번도 사용한 적이 없습니다. 그러나 내가 말한 적은요, 만약 그가 마시고 '싶다'고…"

"칠면조 씨"라고 나는 말을 가로막았다. "당신도 이 방에서 나가 주었으면 좋겠소."

"아아 물론이지요, 법원장님. 내가 나가는 것이 좋다 싶으시면…"

그가 자기 방으로 가기 위해 두짝문을 열자, 자기 책상에 앉아 있던 펜치가 나를 보고는 서류를 흰 종이와 푸른색 종이 중 어느 쪽에 베끼고 싶은가를 물어 왔다. 그는 '싶다'는 말을 전혀 장난기가 섞이지 않은 악센트로 발음했다.

그 말은 자연스럽게 흘러나온 것이 명백했다. 나는 저 머리가 좀 이상한 녀석을 무슨 일이 있어도 제거해야겠다고 마음속으로 생각했다. 이 녀석은 나 자신과 서기들의 머리까지는 아니라 하더라도, 이미 혓바닥을 어느 정도 이상하게 돌아가게 만들어 버렸으니까. 그러나 나는 지금 당장 해고를 선언하는 것은 현명하지 않다고 생각했다.

이튿날, 나는 바틀비가 아무 일도 하지 않고 언제나 처럼 창가에 서서 죽음의 벽을 응시하며 공상에 잠겨 있는 것을 보았다. 왜 필경을 하지 않느냐고 물으니까, 바틀비는 더 이상 필경은 하지 않기로 결정했다고 말했다.

"뭐라고? 그게 무슨 말인가? 어떻게 할 생각인가?"라고 나는 외쳤다. "더 이상 필경은 하지 않겠다고?"

"더 이상은요."

"그렇다면 그 이유는 무엇인가?"

"당신은 그 이유를 모르겠습니까?"라고 바틀비는 냉담하게 말했다.

나는 똑바로 그를 쳐다보았다. 그리고 그의 눈이 둔탁하게 흐려져 있다는 것을 알았다. 그 순간 그가 우리 사무실에 들어와서부터 몇 주일 동안 침침한 창가에서 일찍이 그 예를 찾아볼 수 없을 정도로 쉬지 않고 부지런히 필경을 해왔기 때문에, 일시적으로 시력이 나빠졌을지도 모른다는 생각이 떠올랐다.

나는 감동을 받았다. 동정하는 말을 몇 마디 하고는, 물론 얼마 동안 필경을 중단하는 것이 현명하다고 말하고 이 기회에 야외에 나가서 운동을 좀 하는 것이 좋을 것이라고 권했다. 그러나 바틀비는 이 충고를 따르지 않았다. 이런 일이 있은 지 며칠 뒤, 다른 서기들은 모두 외출해서 없고 아주 급히 몇 통의 편지를 부칠 일이 생겨서 나는 천상천하에 아무것도 할 일이 없는 바틀비가 다른 때보다는 고분고분해져서 그 편지를 가지고 우체국으로 가 줄지도 모른다는 생각을 했다. 그러나 그는 매정하게 거절을 했다. 그래서 무척 힘이 들기는 했지만 내가 직접 우체국으로 달려갔다.

다시 며칠이 지나갔다. 바틀비의 시력이 좋아졌는지 더 나빠졌는지는 나로서는 알 수가 없었다. 겉으로 보는 한 좋아진 것 같다고 생각했다. 하지만 눈이 좀 좋아졌느냐고 내가 물으면 꿀 먹은 벙어리처럼 바틀비는 대답을 하지 않았다. 어쨌든 그는 죽어도 필경을 하지 않았다. 마침내 나의 끈질긴 질문에 대답을 한다는 것이 그는 앞으로는 영원히 필경을 하지 않겠다고 선언하는 것이었다.

"뭐라고!"라고 나는 고함을 질렀다. "자네의 눈이 완전히 좋아져도 — 아니, 이전보다 더 좋아져도 — 자네는 필경은 하지 않겠단 말인가?"

이전처럼 바틀비는 거기에 있었다. 마치 내 사무실의 비품이라도 되는 것처럼, 아니 — 만약 그런 일이 가능하다면 — 그는 이전보다 한층 더 비품답게 되어 버렸다. 도대체 이 일을 어떻게 처리하면 좋단 말인가? 그는 사무실에서 아무 일도 하지 않는다. 그런데 어째서 그는 거기에 머물러 있단 말인가? 명백한 사실은 그는 이제 나에게 연자맷돌이 되었다는 것이다. 목에 걸 수도 없을 뿐만 아니라, 짊어질 수도 없었다[성경에 나오는 비유]. 그런데도 나는 그가 불쌍해서 견딜 수가 없었다. 그의 딱한 처지를 생각하면 이따금 불안해진다고 말하는 정도로는 진실을 다 말했다고 할 수 없을 것이다. 만약 바틀비가 한 사람의 친척이나 친구의 이름이라도 말해 준다면, 나는 당장 편지를 써서 어디든 좋으니까 이 불쌍한 친구를 데려가라고 신신당부를 할 것이다. 그러나 바틀비는 이 우주에 집도 절도 없이 단 혼자 살고 있는 것처럼 보였다. 대서양 한가운데에 떠 있는 난파선의 한 조각이다. 그러나 결국은 나의 일과 관련된 필요성이 다른 모든 동정심을 짓밟고 맹위를 발휘하게 되었다. 될 수 있는 대로 점잖은 말투로 나는 바틀비에게, 지금부터 6일 이내에 무조건 이 사무실을 떠나 달라고 고했던 것이다. 그 동안에 다른 잠자리를 찾아볼 궁리를 해야 할 것이라고 경고까지 했다. 그가 이사를 가기 위한 첫 번째 조치만 취해 주어도 그 노력에 대해서 응분의 도움을 주겠다고 제의했다. "그리고 자네가 정말로 여기를 그만둘 때에는"하고 나는 덧붙였다. "빈손으로 떠나 보내지는 않을 것일세. 정확히 6일 후의 바로 이 시간까지일세. 잘 기억해 두게."

그 기한이 완료되었을 때 나는 칸막이 뒤를 들여다보았다. 그러나 보라! 바틀비는 그냥 거기에 있었다.

나는 코트 단추를 모두 채우고 마음을 가라앉힌 다음, 천천히 바틀비 쪽으로 걸어가서, 그의 어깨에 손을 얹고 말했다.

"기한이 다 되었네. 이제는 이 사무실을 나가 주게. 자네에게는 안됐지만, 여기를 나가주게. 자아, 그 동안의 급료를 받게."

"그러고 싶지 않습니다."라고 바틀비는 아직도 나에게 등을 돌린 채 대답을 했다.

"나가 달라니까!"

그는 계속 입을 다물고 있었다.

나는 그때 이 사람의 평소의 정직성에 대해서 거의 무한대의 신뢰를 보내고 있었다. 나는 잔돈 같은 것에 대해서 굉장히 무관심했기 때문에 흔히 6펜스나 1실링짜리 동전을 마룻바닥에 흘리고 다녔는데, 그는 번번이 그것들을 주워서 나에게 되돌려주곤 했었다. 따라서 그다음에 내가 취한 조치는 그다지 상식에 벗어난 행동이라고 생각하지는 않을 것이다.

"바틀비"하고 나는 말했다. "자네에게 지불할 급료가 12달러인데, 여기에 32달러가 있네. 급료를 제외한 20달러는 그냥 받아 두게—받아 주겠지?"라고 나는 지폐를 그에게 건네주었다. 그러나 바틀비는 몸을 꼼짝도 하지 않았다.

"그럼, 돈을 여기에 놓아 두고 나가겠네."

그리고는 모자와 지팡이를 집어들고 문 쪽으로 걸어가다가 조용히 고개를 돌리고 덧붙여 말했다.

"사무실에서 자네 물건을 모두 들고 나간 다음에 물론 문을 잠그는 것을 잊지 않겠지, 바틀비?—자네를 빼고 모두들 오늘은 퇴근을 했으니까 말일세—그리고 그 열쇠는 매트 밑에 밀어 넣어 주게. 그래야만 내일 아침에 내가 챙길 수 있으니까—이제 다시는 자네를 만날 수 없겠지. 그러니 잘 가게. 만일 앞으로 새 일자리가 정해져서 도움이 필요하면 나에게 편지를 하게. 잘 가게, 바틀비. 앞날의 행운을 빌겠네."

그러나 바틀비는 한 마디도 하지 않았다. 폐허가 된 성당의 마지막 남은 돌기둥처럼, 그는 자기 외에는 아무도 없는 방 한가운데 말없이 외롭게 계속 서 있었다.

씁쓸한 기분으로 집으로 걸어가면서 나의 허영심은 연민의 정을 몰아냈다. 나는 바틀비를 제거하는 데 있어서 내가 발휘한 교묘한 솜씨를 자랑스럽게 생각하지 않을 수가 없었다. 교묘하다고 나는 말했는데, 감정에 움직이지 않는 사람이라면 모두 그렇게 인정해 줄 것이다. 내가 취한 조치의 좋은 점은 모든 것을 완벽하게 조용히 해결했다는 점에 있는 것 같다. 천박한 욕지거리를 퍼붓거나 어떤 종류의 허세를 부리거나 고래고래 고함을 치거나, 사무실 안을 왔다 갔다 하면서 바틀비에게 그 지저분한 보따리를 싸서 가지고 당장 나가라고 악의에 찬 명령을 내리지도 않았다. 그런 종류의 일은 일체 하지 않았다. 바틀비에게 나가라고 큰 소리로 명하지 않고—아마 덜 현명한 사람들은 그렇게 했을 것이다—나는 그가 자기 발로 걸어 나가지 않을 수 없는 상황을 만들어내고, 그런 전제하에서 내가 할 말들을 생각해 냈다. 나 자신이 취한 방법을 생각하면 할수록 자랑스러워 견딜 수가 없었다. 그럼에도 불구하고 다음 날 아침 잠에서 깨어났을 때, 의심스러운 생각들이 떠올랐다—잠자는 사이에 나의 허영심의 독기가 증발되어 버린 것이다. 인간이 가장 냉정해지고 현명해지는 시간대 중 하나는 아침에 잠에서 깨어난 직후일 것이다. 내가 취한 조치는 여전히 현명한 것처럼 보였지만—그것은 다만 이론일 뿐이지 않은가? 실제로는 어떻게 실천이 될까? 그것이 문제다. 바틀비가 떠나지 않을 수 없게 설정한 것은 정말로 멋진 아이디어였지만, 그러나 결국은 그런 설정은 단순히 나 혼자만의 생각이지 바틀비와는 아무런 상관도 없다. 중요한 포인트는 그가 그만두도록 내가 꾸몄느냐 아니냐가 아니라, 그가 그러고 싶으냐 그러고 싶지 않으냐 하는 문제인 것이다. 즉, 바틀비는 나의 설정에 의해서 움직이기보다는 자신의 취향에 따라서 행동하는 인간인 것이다.

아침 식사를 끝내고 사무실을 향해 걸어가면서 나는 여러 가지 가능성들을 이리저리 생각해 보았다. 어떤 순간에는 나의 계획이 비참한 실패로 끝나서 바틀비는 언제나처럼 사무실에 버티고 있을 것이라는 생각이 들었고, 또 다음 순간에는 그의 자리가 틀림없이 비어 있을 것이라는 생각이 들었다. 그런 식으로 나는 계속 갈팡질팡했다. 브로드웨이와 커낼스트리트가 교차하는 모퉁이에서 나는 꽤 많은 사람들이 몰려서서 흥분한 모습으로 이야기를 주고받고 있는 것을 보았다.

"나는 그가 안 나온다는 쪽에 돈을 걸겠네"라고 그 옆을 지나갈 때 누군가가 큰소리로 말했다.

"뭐, 안 나온다고?—아냐, 나오고말고!"라고 나는 반박했다. "그럼, 돈을 걸게나."

본능적으로 주머니에 손을 쑤셔 넣는 순간, 나는 그날이 선거일이라는 것을 기억해 냈다. 내가 엿들은 것은 바틀비와는 아무런 상관도 없는 어떤 시장 후보자가 출마하느냐 출마하지 않느냐 하는 이야기였던 것이다. 말하자면 그때의 나의 심리상태는 브로드웨이 전체가 나와 함께 흥분하고 있었고, 나와 같은 문제로 토론을 벌이고 있다고 상상하고 있었던 것이다. 길거리의 소동이 나 자신을 순간적인 방심상태로부터 구해 준 것을 감사하면서 나는 발걸음을 옮겼다.

미리 의도했던 대로 나는 여느 때보다 일찍 사무실에 도착했다. 잠시 동안 그곳에 서서 귀를 기울였다. 방안은 조용하기만 했다. 바틀비는 틀림없이 사무실에서 나갔을 것이다. 손잡이를 돌려 보았다. 문은 잠겨 있었다. 그래, 내 조치가 멋지게 효력을 발휘한 것이다. 바틀비는 제 손으로 보따리를 싸서 가지고 사라진 것이다. 그런데도 찜찜한 기분을 떨쳐 버릴 수가 없었다. 나의 혁혁한 전과가 오히려 후회스럽기까지 했다. 나는 바틀비가 나를 위해 남겨놓고 갔을 사무실 열쇠를 찾으려고 매트 밑을 손으로 더듬었다. 그때 우연히 내 무릎이 문에 부딪히면서 노크를 하는 것 같은 소리를 냈다. 그러자 그것에 대답해서 방안으로부터 목소리가 들려 왔다—"아직 안 됩니다. 지금 바쁘니까요."

그것은 바틀비의 목소리였다.

나는 벼락을 맞은 것 같은 느낌이었다. 한순간 나는, 오래 전에 버지니아에서 어느 맑게 갠 날 오후에 파이프를 입에 문 채 여름날의 벼락에 맞아 죽은 사람처럼 거기에 넋을 잃고 서 있었다. 그 사람은 활짝 열어젖힌 창가에서 죽어 있었는데, 누군가가 손을 대서 폭삭 사그라질 때까지 꿈 같은 오후의 풍경을 감상하느라고 그곳에서 몸을 내밀고 서 있었다고 한다.

"떠나지 않았군!" 한참 만에야 나는 입 속으로 중얼거렸다. 그러나 또 다시 그 불가해한 필경사가 나에게 갖고 있는 놀라운 마력이 시키는 대로 — 아무리 안달을 해도 완전히 벗어날 수 없는 그의 마력이 시키는 대로 — 나는 천천히 계단을 내려가 길거리로 나갔다. 그리고 주위를 한 바퀴 돌면서, 나는 이 전대미문의 난처한 입장에 놓인 나 자신이 다음에 어떤 행동을 취해야 하는가에 대해서 생각을 했다. 완력으로 그를 끌어내는 것은 불가능하다. 험한 욕지거리를 해서 그를 쫓아내는 것도 전혀 성공할 가능성이 없다. 경찰을 부르는 것도 마음 내키는 일이 아니다. 그렇다고 그에게 나에 대해서 죽음과 같은 섬뜩한 승리의 기쁨을 맛보게 한다는 것 역시 나로서는 생각할 수 없는 일이었다. 어떤 조치를 취해야 한단 말인가? 만일 어떤 조치를 취할 수 없다면, 더 이상 이 문제에 대해서 나는 손을 쓸 수가 없단 말인가? 그렇다. 이전에 나는 바틀비가 그만둘 것이라는 가정을 예상해서 했지만, 이번에는 이미 그가 그만두었다고 하는 가정을 회고적으로 하면 된다. 이런 가정을 올바로 실행에 옮기려면, 서둘러 사무실로 돌아가서 바틀비를 전혀 보지 못한 것처럼 가장하고 마치 그가 공기라도 되는 것처럼 그를 행해서 걸어가면 된다. 이런 방법이 문제의 급소를 찔러서 그 기괴한 면을 여실히 드러내 보일 수도 있을 것이다. 바틀비도 이처럼 가정의 이론을 적용 당하게 되면 도저히 견뎌낼 재간이 없을 것이다. 그러나 다시 한번 생각해 보니 이 계획의 성공도 역시 의심스러워 보였다. 나는 다시 한번 이 문제를 그와 의논해 보기로 마음 먹었다.

"바틀비"라고 나는 사무실로 들어가면서 조용하면서도 엄격한 어조로 말했다.

"나는 굉장히 불쾌하네. 그리고 화가 치미네, 바틀비. 나는 자네가 좀 더 훌륭한 사람이라고 생각했네. 자네를 신사라고 생각했기 때문에, 어떤 미묘한 딜레마에 빠져 있어도, 아주 조그만 암시만으로도 충분하다고 상상했었네 — 하지만 내가 잘못 생각했던 것 같네."

"아니, 이럴 수가!"하고 나는 정말로 깜짝 놀라면서 덧붙였다. "자네는 그 돈에 아직 손도 대지 않았군그래."

돈은 어제저녁에 내가 놓아둔 곳에 그대로 있었다. 바틀비는 아무런 대답도 하지 않았다.

"그만둘 텐가? 아니면, 그만두지 않을 텐가?"라고 나는 분노에 사로잡혀서 그에게 다가가면서 따지고 들었다.

"저는 이곳을 그만두고 싶지 않습니다." 그는 '싶지 않다'는 말을 강조하면서 조용히 대답했다.

"도대체 무슨 권리로 자네는 여기에 남아 있겠다는 것인가? 자네가 집세라도 낸다는 것인가? 내 세금을 내주겠단 말인가? 아니면, 이 사무실이 자네 것이라도 된단 말인가?"

바틀비는 아무 대답도 하지 않았다.

"그래, 앞으로는 필경을 할 마음의 준비가 되어 있단 말인가? 자네의 시력은 완전히 회복이 되었나? 오늘 아침에 나를 위해 간단한 서류를 복사해 줄 수 있겠나? 아니면 몇 줄 대조하는 것을 도와주겠나? 아니면 우체국까지 심부름을 가 주겠나? 요컨대 이 사무실을 나가는 것을 거절할 생각이면 표면적으로라도 무슨 일이든 해 줄 생각이 있느냔 말일세?"

바틀비는 말없이 자신의 은신처로 돌아가 버렸다.

나는 너무나 신경질적인 노여움의 상태에 있었기 때문에 지금 더 이상 공격을 가하는 것은 신중하지 못한 짓이라고 애써 내 자신을 타일렀다. 바틀비와 나밖에는 아직 아무도 출근을 하지 않았다. 나는 불행한 애덤스와 그보다 더욱 붙행한 콜트가 후자의 사무실에 두 사람만 있었을 때 일어난 비극을 생각해 냈다. 애덤스의 짓궂은 도발을 받고 경솔하게도, 분노의 감정에 사로잡혀서 무의식중에 치명적인 잘못 — 물론 그 누구보다도 그 배우 자신의 천추의 한이 될 수 있는 잘못 — 을 저지르고 말았다. 이 비극을 되돌이켜볼 때마다 나는 종종 그 언쟁이 사람들이 많이 다니는 길거리나 누군가의 집에서 일어났다면, 그런 식으로 사건이 결말나지는 않았을 것이라고 생각했다. 인간미 넘치는 가정적 분위기를 연상시킬 것이 아무것도 없는 빌딩 2층의 외따로 떨어진 사무실 안에 단 둘이 있었다는 상황 — 의심할 바 없이 카펫도 깔려 있지 않은 먼지투성이의 살풍경한 외양을 지닌 사무실이었다는 상황 — 이런 상황이야말로 불운한 콜트로 하여금 절망적인 범행을 저지르게 만든 커다란 원동력이 되었을 것이다.

그러나 이런 원한이라는 인성의 악이 내 마음에 고개를 쳐들고 바틀비에 대해서 유혹했을 때, 나는 그놈의 목을 붙잡고 내동댕이쳐 버렸다. 어째서? 그것은 간단하다. 다음과 같은 신성한 충고를 머리에 떠올렸기 때문이다. "새 생명을 너희에게 주나니, 서로 사랑하라." 그렇다. 나를 구해 준 것은 이 성경 말씀이었다. 골치 아프게 생각할 것도 없이 박애는 광대한 지혜와 분별의 원리로서 작용하고, 그 소유자에게는 커다란 보호자로서 작용하는 법이다. 인간은 질투 때문에 사람을 죽이고, 이기심 때문에, 그리고 영적인 교만 때문에도 사람을 죽이지만, 내가 들은 바로는 어떤 인간도 달콤한 박애 때문에 잔인한 살인을 범하지는 않는다. 그렇다면 다른 고상한 동기를 내세울 것까지도 없이 단순히 자신의 이익을 위해서라도 모든 사람들은 특히 성을 잘 내는 사람들에게 박애와 자선의 덕을 일깨워 주지 않으면 안 될 것이다. 어쨌든 이 경우의 문제에 대하여 나는 그의 행동을 선의로 해석함으로써 필경사에 대한 끓어오르는 분노를 가라앉히려고 노력했다. 불쌍한 녀석, 불쌍한 녀석! 하고 나는 속으로 생각했다. 어떤 악의가 있는 것은 아니다. 게다가 그는 여러 가지로 고통을 겪지 않았는가! 제멋대로 하게 내버려두도록 하자.

또한 나는 즉각 나 자신을 일에 몰두하게 만들려고 애쓰고, 동시에 바틀비에게서 당한 굴욕을 달래 보려고 노력했다. 그래서 잘하면 혹시 오전 중에 바틀비가 자진해서 은신처에서 나타나 문 쪽으로 걸어 나가 줄지도 모른다—고 하는 어리석은 공상에 잠기기도 했다. 그러나 그런 일은 일어나지 않았다. 12시 반이 되자 칠면조는 얼굴이 벌겋게 달아오르기 시작하고 얼마 뒤에 잉크스탠드를 뒤집어엎더니, 늘 그렇듯 소란을 피우기 시작했다. 펜치는 마음이 약해져서 조용해지고 예의바르게 되었다. 생강 비스킷은 점심 대신에 사과를 먹고 있었다. 그리고 바틀비는 언제나처럼 창가에 서서 죽음의 벽을 응시하며 공상에 잠겨 있었다. 이런 일을 다른 사람이 믿어 줄까? 과연 이런 일을 인정해야만 할까? 그날 오후 나는 그에게 더 이상 한 마디도 하지 않고 사무실을 나왔다.

이렇게 해서 또 며칠이 지나갔다. 그 동안 여가가 있을 때면 나도, 에드워즈의 ≪의지론≫과 프리스틀리의 ≪숙명론≫을 읽어 보았다. 그런 상황 아래에서는 이 두 권의 책이 건전한 정서를 가져다 주었다. 차츰 그 필경사로 인해서 생기는 나의 갖가지 트러블은 태초부터 미리 정해진 운명이고, 만사에 현명한 하느님의 신비로운 목적을 위해 나에게 보내진 인간이니까, 나와 같은 평범한 피조물은 헤아릴 수가 없다는 생각이 굳어져 갔다. 그래, 좋다. 바틀비, 그 칸막이 뒤에 죽치고 앉아 있어라 하고 나는 생각했다. 이제 나는 너를 비난하지 않겠다. 너는 저기 놓인 낡은 의자처럼 누구에게 해를 끼치지도 않고 시끄럽게 굴지도 않는다. 간단히 말하면, 네가 여기 있다는 것을 알고 있어도 나는 혼자 있는 것처럼 느끼는 것이다. 이제서야 그것을 알게 되었다. 그것을 느끼게 되었다. 내 인생의 전생부터 정해져 있는 목적을 이제서야 나는 깨달았다. 나는 만족스럽다. 다른 인간들은 좀 더 고상한 역할을 하도록 정해져 있는지도 모른다. 그러나 이 세상에서의 내 사명은 바틀비가 필요하다고 생각하는 것만큼 그를 이 사무실에 머물게 하는 일이다.

나는 이런 현명하고도 축복받은 마음의 상태가 우리 사무실에 찾아오는 동업자인 변호사 친구들의 주제넘고 비정한 참견이 아니었더라면 영원히 계속되었으리라고 믿는다. 그러나 세상에는 흔히 있는 일이지만, 도량이 좁은 사람들과 계속 마찰을 빚다 보면 훨씬 관대한 인간의 가장 선한 결심까지도 마침내는 흔들리게 된다. 하지만 다시 생각해 볼 때, 우리 사무실을 찾아온 사람들이 정체를 알 수 없는 바틀비의 기괴한 행동을 보고 충격을 받아 자연히 그에 관해서 좋지 않은 말을 털어놓게 되는 것은 조금도 이상할 것이 없다. 이따금 나와 업무상으로 관계가 있는 변호사가 우리 사무실을 찾아와 그 필경사밖에 아무도 없는 것을 발견했을 때, 그는 하는 수 없이 그 직원에게 내가 어디 있는지 알려고 여러 가지를 묻곤 한다. 그러나 그 변호사의 질문은 들은 척도 하지 않고 바틀비는 꼼짝 않고 사무실 한가운데에 우뚝 서 있곤 한다. 그러면 얼마 동안 그런 자세를 취하고 있는 바틀비를 이리저리 살펴본 다음에, 그 변호사는 아무것도 알아내지 못하고 방을 나가 버린다.

또 이런 일도 있었다. 어떤 조정 협의가 열리고 있었을 때, 사무실 안은 변호사와 증인들로 붐비고 일은 바쁘게 진행되고 있었다. 한창 일에 쫓기고 있던 한 변호사가 빈둥거리고 있는 바틀비를 발견하고, 그에게 자기 사무실로 달려가서(그 사람의 법률 사무실은 같은 건물에 있었다.) 자신을 위해 어떤 서류를 가져다 달라고 부탁을 했다. 그랬더니 바틀비는 점잖게 거절하고, 계속 이전처럼 그곳에서 빈둥대고 있었다. 그러자 그 변호사는 그를 빤히 쳐다보고 있다가 내 쪽으로 돌아섰다. 그렇지만 내가 도대체 무슨 말을 할 수 있었겠는가? 결국 나는 나의 모든 직업적인 동료들 사이에서 내가 사무실에 두고 있는 그 기괴한 사나이의 정체에 관해서 의아스러워하는 수군거림이 전염병처럼 퍼져 나가고 있다는 것을 깨닫게 되었다. 이것은 나를 무척이나 고민하게 만들었다. 그는 아주 무지무지하게 오래 살 인간일지도 모른다. 내 사무실을 차지하고 나의 권위를 부인한다면 어떻게 할까? 방문객들을 곤혹스럽게 만들고, 나의 직업적인 명성을 위협하고, 사무실 주위를 온통 음침하게 만들고, 저금통을 모두 써 버릴 때까지 정신과 신체를 함께 유지하고(의심할 바 없이 그는 하루에 5센트밖에 쓰지 않을 테니까), 끝에 가서는 나보다 오래 살아서 여태까지 그곳에서 살았다는 이유로 사무실의 소유권을 주장할지도 모른다. 이런 온갖 불길한 예상들이 나를 더욱 더 심하게 괴롭히고, 친구들은 계속 우리 사무실에 있는 유령에 대해서 가차 없는 질책을 퍼붓고 있었다. 나에게 커다란 변화가 찾아왔다. 나는 자신이 지닌 모든 능력을 동원하여 나를 몹시도 괴롭히는 악몽 같은 존재를 영원히 제거하기로 결심했다.

그러나 이 목적에 걸맞는 복잡한 계획을 세우기 앞서, 우선 먼저 바틀비에게 사무실에서 깨끗이 나가 달라고 단순하게 제의해 보았다. 분별 있는 어른답게 그것을 숙고해 보라고 냉정하고 진지한 말투로 권했다. 그러나 3일 동안을 심사숙고하고 난 뒤, 바틀비는 종전의 결심—요컨대 사무실에 남아 있고 싶다는 결심—을 바꿀 수는 없다고 통고해 왔다.

이제 어떻게 하면 좋단 말인가? 나는 코트의 단추를 남김없이 잠그면서 혼자 속으로 중얼거렸다. 어떻게 해야 할까? 어떤 조치를 취해야 할까? 이 인간, 아니 이 유령에게 양심은 어떻게 해결하라고 명할까? 그를 제거해야 한다. 그는 떠나지 않으면 안 된다. 하지만 어떻게? 이런 불쌍하고 창백하고 무저항인 인간을 내쫓을 수는 없지 않은가?—이와 같이 집도 절도 없는 인간을 사무실 밖으로 쫓아낼 수는 없지 않은가? 안 된다. 그런 짓을 하지는 않을 것이고, 할 능력도 없다. 그럴 바에야 차라리 그를 여기서 살고 여기서 죽도록 내버려 두겠다. 그리고 죽은 다음에는 그의 시체를 벽 속에 집어넣고 벽돌로 발라 버려야겠다. 그렇지 않다면 도대체 어떻게 하란 말인가? 아무리 달래고 타일러도 그는 끄덕도 하지 않는다. 돈으로 매수하려고 해도 그는 내 책상의 문진 밑에 그 돈을 끼워 놓았다. 요컨대 그가 이 사무실에 머물고 싶어 하는 것은 명백하다.

그렇다면 무엇인가 중대한, 색다른 수단을 쓰지 않으면 안 된다. 어떤 수단을? 분명히 경찰관을 시켜서 그의 멱살을 끌로 나가게 할 수는 없다. 그 죄 없는 창백한 몸을 파렴치범들이 있는 감옥으로 보낼 수는 없지 않은가? 그리고 어떤 근거로 그런 잔인한 짓을 할 수가 있단 말인가? ─ 그가 부랑자라도 된단 말인가? 말도 안 된다! 그가 부랑자라고? 여기를 나가려고 하지 않는 인간이 떠돌이 부랑자라고? 그는 부랑자가 되기 싫어하는 놈이니까 아예 부랑자로 만들어 버리면 되는 것이다. 그것도 또한 말이 안 된다. 명확한 생활 수단을 갖지 못한 인간 ─ 이 정도면 되겠지. 또 틀렸다. 왜냐하면 그는 의심할 여지 없이 자신의 생계를 유지해 나가고 있으며, 그것은 생계 수단을 갖고 있다는 것을 보여줄 수 있는 반박할 수 없는 유일한 증거이기 때문이다. 그렇다면 더 이상 할 말이 없다. 그가 나를 떠나지 않겠다면 내가 그를 떠날 수밖에 없다. 내가 사무실을 옮기면 되는 것이다. 다른 곳으로 이사를 가고, 만약 새로 이사를 간 곳까지 그가 따라온다면 가택 침입죄로 고발을 하겠다고 정정당당하게 통고를 하자.

이 계획을 실천에 옮기기 위해 다음날, 나는 그에게 통고했다.

"이 사무실은 시청에서 너무 멀리 떨어져 있고 공기도 좋지 않네. 그래서 나는 다음 주에 이사를 할 생각일세. 그리고 자네는 더 이상 이곳에서 일을 할 필요가 없네. 이것은 자네가 다른 데서 일자리를 구해보는 것이 좋을 것 같아서 미리 말해 두는 것일세." 바틀비는 아무런 대답도 하지 않았고, 나도 더 이상 말을 하지 않았다.

예정된 날짜에 나는 짐수레와 인부를 고용하여 사무실로 갔다. 가구가 그다지 많지 않아서 이사는 불과 몇 시간 만에 끝났다. 그동안 내내 바틀비는 칸막이 뒤에 남아 있었기 때문에 칸막이를 마지막에 옮기기로 했다. 드디어 거대한 서류처럼 접혀진 칸막이가 치워졌다. 그리고 그 뒤의 텅 빈 방에 그는 꼼짝도 않고 서 있었다. 잠시 문턱에 서서 그를 지켜보고 서 있는 동안 나의 내부에서 무엇인가가 나를 신랄하게 꾸짖고 있었다.

주머니에 손을 찔러 넣고 다시 방으로 들어간 나는 가슴이 조마조마했다.

"잘 있게, 바틀비. 나는 가네 ─ 잘 있게. 하느님의 가호가 있기를. 그리고 이것을 받아 두게."

얼마간의 돈을 그의 손에 쥐어 주었다. 그러나 그것은 마룻바닥에 떨어져 버렸다. 그리고 ─ 좀 이상한 말이지만 ─ 나는 그토록 제거하기를 열망하던 인간으로부터 억지로 내 몸을 떼어냈다.

새 사무실로 옮기고 나서 하루 이틀 동안, 나는 문을 단단히 걸어 잠그고 복도에서 발소리가 날 때마다 깜짝깜짝 놀라곤 했다. 잠시 외출했다가 사무실에 돌아올 때면, 나는 한 순간 문 앞에 서서 열쇠를 꽂기 전에 조심스럽게 주위를 둘러보고 귀를 기울였다. 그러나 그런 염려는 필요가 없었다. 바틀비는 내 근처에는 얼씬도 하지 않았다.

모든 것이 잘 해결되었구나 하고 생각하고 있었을 때, 혼란스러운 표정을 한 낯선 신사가 나를 찾아와서 나보고 월스트리트 몇 번지에 최근까지 사무실을 갖고 있던 사람이 아니냐고 묻는 것이었다.

가슴이 방망이질 치는 것을 느끼면서 나는 그렇다고 대답했다.

"그렇다면, 선생님!"이라고 자기가 변호사라는 것을 밝힌 그 낯선 신사가 말했다. "당신은 그곳에 남겨두고 온 인물에 대해서 책임이 있습니다. 그 사람은 필경도 하기를 거부하고 어떤 일도 하기를 거부하고 있습니다. 그는 그러고 싶지 않다고만 말하고 있습니다. 그리고는 사무실을 나가 달라고 해도 그것까지도 거부하고 있습니다."

"그것참 안됐습니다, 선생님"라고 나는 겉으로는 태연한 체 했지만, 마음속으로는 가슴이 조마조마해서 말했다. "그러나 당신이 언급한 그 사람은 나하고는 아무런 관계가 없습니다 ─ 그 사람은 친척이 되는 것도 아니고, 나의 고용인도 아닙니다. 그런데 어떻게 나에게 책임이 있다고 하십니까?"

"도대체 그 사람은 누구입니까?"

"나로서도 그 사람에 대해서 한 가지도 아는 바가 없습니다. 그 사람에 관해서는 아무것도 모릅니다. 이전에 필경사로 고용을 했었지만, 오래 전부터 나를 위해서는 아무 일도 하지 않았습니다."

"그렇다면 내가 해결할 수밖에 없겠군요 ─ 실례했습니다, 선생님."

며칠이 지나갔으나 아무런 소식도 없었다. 그러나 나는 가끔 옛날의 정을 생각해서 그곳을 찾아가 불쌍한 바틀비를 만나 보고도 싶었으나 어떤 까닭 모를 공포감이 나를 제지했다.

그다음 주에도 아무런 소식이 들려오지 않아서 나는 이번에야말로 바틀비의 일은 완전히 끝장이 났구나 하고 생각하게 되었다. 그러나 다음날 출근을 해 보니까, 사무실 앞에 흥분한 사람이 몇 명 몰려 서 있는 것이 보였다.

"바로 저 사람이오 ─ 이제야 출근하는군!"이라고 맨 앞에 서 있는 사람이 소리쳤다. 자세히 보니 그 사람은 지난번에 혼자서 나를 찾아왔던 변호사였다.

"당장 그 사람을 데려가십시오."라며 그들 사이에 있던 뚱뚱한 사나이가 나에게로 다가오면서 외쳤다. 그 사람은 월스트리트에서 내가 세 들어 있던 사무실 빌딩의 주인이라는 것을 나는 알고 있었다. "여기 있는 신사분들은 내 건물에 세든 분들인데 더 이상 참을 수가 없다고 합니다. 여기 B 씨께서는…" 변호사를 가리키면서 말했다. "그 사람을 사무실에서 내쫓았더니, 이번에는 건물 전체를 휘젓고 다니면서 낮에는 계단의 난간에 앉아 있고, 밤에는 현관에서 잠을 자고 있는 상태입니다. 모든 사람들이 불안에 떨고 있습니다. 고객들은 사무실을 찾아오려고 하지 않습니다. 무슨 끔찍한 변이 일어날 것만 같습니다. 그러니까 당신이 무슨 조치를 취해 줘야 하겠습니다. 그것도 지금 당장요."

이런 상황의 전개에 당황한 나는 새 사무실로 뛰어 들어가 문을 잠가 버리고 싶었다. 바틀비와 나와는 아무런 관계도 없다 — 여기 있는 여러분과 다를 바가 없다고 항변을 했으나, 아무 소용이 없었다 — 나야말로 그를 어떻게 조치해야 할지 몰라서 사무실까지 이리로 옮겨 온 처지인데, 그들은 날더러 끔찍한 책임을 지라고 요구하고 있는 것이다. 그러나 신문이 시끄럽게 떠들어댈 것이 두려워서(그들 중 한 사람은 은근히 그렇게 협박하고 있었다.) 이것저것 생각한 끝에 나는 한참 만에야 만약 변호사가 그의 사무실에서 그 필경사와 단독으로 만나게 해 준다면, 그날 오후 안으로 그들의 골칫덩어리인 그 사람을 그 건물에서 쫓아내도록 최선을 다해 보겠다고 말했다.

옛날 사무실의 계단을 올라가니까 바틀비가 층계참의 난간에 조용히 앉아 있는 것이 보였다.

"여기서 무엇을 하고 있나, 바틀비?"라고 내가 물었다.

"난간에 앉아 있습니다."라고 그는 점잖게 대답했다.

나는 그를 변호사 사무실로 데리고 들어갔다. 그러자 변호사는 우리 두 사람을 남겨두고 방을 나갔다.

"바틀비"라고 나는 조용히 타일렀다.

"자네는 우리 사무실에서 해고된 뒤에도 이 건물의 현관에서 잠을 자거나 해서 나에게 커다란 폐를 끼치고 있다는 것을 깨닫고 있나?"

아무런 대답도 없었다.

"이제 두 가지 중에서 한 가지 길을 택할 수밖에 없네. 자네가 무슨 일을 하든가 무슨 일인가가 자네에게 취해지든가 할 수밖에 없네. 지금 자네가 하고 싶어 하는 일은 무엇인가? 다시 어딘가에 취직을 해서 필경 일을 하고 싶은가?"

"싫습니다. 나는 어떤 변화도 갖고 싶지가 않습니다."

"의류 가게의 점원은 어떤가?"

"너무 구속이 많아서 싫습니다. 점원은 딱 질색입니다. 그렇다고 특별히 좋아하는 일도 없습니다만."

"너무 구속이 많다고?"라고 나는 외쳤다. "그런데 왜 자네는 항상 그 구석에 틀혀 박혀 있었나?"

"점원은 하고 싶지 않습니다." 바틀비는 마치 이런 시시한 문제는 즉각 해결해 버리고 싶다는 듯이 잘라 말했다.

"바텐더 직업은 자네에게 맞지 않을까? 그 직업이라면 눈을 그다지 많이 쓰지 않으니까."

"전혀 마음에 들지 않습니다. 아까도 말했듯이 특별한 기호가 있는 것은 아닙니다만."

그의 예상외의 다변이 내 힘을 북돋아 주었다. 나는 다시 질문으로 되돌아갔다.

"그렇다면 지방을 돌아다니면서 상인들을 위해 수금을 하는 일은 어떤가? 그 일은 자네의 건강에도 좋을 것일세."

"싫습니다. 그것보다는 다른 일을 하고 싶습니다."

"그렇다면 부잣집 아들의 말동무가 되어서 유럽 여행을 가는 일은 어떤가? — 그 일이라면 마음에 들겠지?"

"전혀 마음에 들지 않습니다. 의미 있는 일 같지가 않아서 싫습니다. 나는 움직이지 않는 것을 좋아합니다. 하지만 특별히 좋아하는 일은 없습니다."

"그렇다면 꼼짝 말고 있게!"라고 나는 더 이상 참을 수가 없어서 소리를 쳤다. 그리고 그와의 분통 터지는 관계를 가져 온 이래 처음으로 진짜로 화를 냈다. "만약 자네가 오늘 밤 이전에 이 건물 안에서 나가지 않는다면, 나도 큰맘 먹고 — 정말로 나도 큰맘을 먹고 — 그러니까 — 내가 여기서 나갈 수밖에 없겠지!"

꼼짝하지 않고 있는 그를 쫓아내려면 어떤 협박이 효과가 있는지를 모르고 있는 나로서는 그런 앞뒤가 맞지 않는 결론밖에 내릴 수가 없었다. 이제는 더 이상 할 말도 없겠다 싶어서 나는 그 자리를 황급히 떠나려고 했다. 그때 마지막으로 한 가지 생각이 떠올랐다 — 이전에 한 번도 생각해 보지 않았던 것은 아니었지만.

"바틀비"하고 이렇게 흥분한 상황 아래서 할 수 있는 가장 상냥한 목소리를 내서 나는 말했다. "나하고 함께 집으로 가지 않겠나? — 우리 사무실이 아니라 본집으로 말일세 — 그곳에서 천천히 머물면서 다른 일자리를 찾아보도록 하는 게 어떻겠나? 자아, 가세. 지금 당장 우리 집으로 가도록 하세."

"싫습니다. 지금 나는 어떤 변화도 갖고 싶지가 않습니다."

나는 아무 대꾸도 하지 않고 아무도 눈치채지 못하도록 갑작스럽고 재빠르게 건물을 도망쳐 나와 브로드웨이 쪽을 향해서 월스트리트를 빠져나온 다음, 처음에 눈에 띄는 합승 마차에 뛰어올라 추적을 뿌리치고 종적을 감추고 말았다.

냉정을 되찾자마자 나는 건물 주인과 세입자들의 요구에 대해서도, 그리고 바틀비를 도와주고 잔인한 박해에서 보호해 주려는 나의 욕구와 의무감에 대해서도 모두, 내가 할 수 있는 일을 다했다는 것을 분명히 느꼈다. 이제는 아무런 걱정이 없는 고요함 속에서 살 수 있도록 노력해야겠다. 그리고 나의 양심도 그런 시도에 정당성을 인정해 주었다 — 실제로 내가 바라고 있던 만큼 그것이 성공하지는 못했지만 말이다. 나는 화가 난 건물 주인과 약이 바짝 오른 세입자들이 또 다시 뒤쫓아올 것이 너무나 두려운 나머지, 업무는 펜치에게 맡겨 두고 며칠 동안 내 사륜마차를 타고 시내의 위쪽과 교외를 드라이브하고 다녔다. 저지시티와 호보켄까지 갔고, 맨해튼 빌과 아스토리아까지 도피행을 했다. 사실 나는 그 동안 호텔에도 묵지 못하고 마차 속에서 살다시피 했다.

다시 사무실에 출근했을 때, 예상했던 대로 건물 주인에게서 온 편지가 책상 위에 놓여 있었다. 나는 떨리는 손으로 그 편지를 펴 보았다. 그 편지에는 주인이 경찰에 고발하여 바틀비를 부랑자로 뉴욕시 교도소에 수감하게 했다고 쓰여 있었다. 게다가 다른 누구보다도 내가 바틀비에 대해서 많은 것을 알고 있을 테니까 교도소에 가서 적절한 사실 진술을 해 달라고 덧붙이고 있었다. 이 소식은 나에게 두 가지 상충되는 영향을 가져다주었다. 처음에는 화가 났으나 마지막에는 대충 찬성했다. 건물 주인의 신속하고 과감한 기질은 나 같으면 도저히 마음이 약해서 결단을 내릴 수 없는 조치를 취하도록 만들었다. 이와 같은 특이한 상황 아래에서는 결국 그것만이 유일한 해결책인 것처럼 생각되었다.

나중에 알게 된 일이지만, 그 불쌍한 필경사는 자신이 뉴욕시 교도소에 수감될 것이라는 이야기를 들었을 때 조금도 저항을 하지 않고 창백하고 무감동한 얼굴로 조용히 명령에 따랐다고 한다.

동정심과 호기심에서 몇 사람의 구경꾼들이 그 일행을 따라갔다. 경찰관 하나가 바틀비의 팔을 잡고 앞장을 서고, 말없는 행렬은 떠들썩한 한낮의 큰 거리를 소음과 열기 속을 헤치고 통과해 갔다.

편지를 받은 그날 나는 뉴욕시 교도소, 아니 좀 더 적절하게 표현하면 '정의의 전당'으로 찾아갔다. 담당 관리를 만나서 나의 방문 목적을 말하자, 그는 분명히 내가 묘사한 인물이 실제로 그곳에 수감되어 있다고 알려주었다. 그래서 나는, 바틀비는 비록 그 행동을 예측할 수 없이 기괴하기는 하지만 정직한 사람이고, 충분히 동정을 받을 만한 여지가 있는 사람이라고 장담을 했다. 나는 내가 알고 있는 것을 모조리 털어놓고, 가능한 대로 속박을 가하지 말고 구류해 두었다가 좀 더 가벼운 벌을 받을 수 있게 해 주었으면 좋겠다는 말로 끝을 맺었다 — 사실 그것이 어떤 벌인지는 잘 알 수가 없었지만. 어쨌든 다른 대책이 없으면 사설 구빈원이 그를 맡아야 할 것이다. 이야기가 끝나자 나는 면회를 신청했다.

파렴치한 죄를 저지른 것도 아니고, 또 태도도 무척 얌전하고 모든 면에서 무해해 보였기 때문에 교도관들은 교도소 안을 자유롭게 걸어 다니도록 허용하고, 특히 풀이 돋아 있는 안뜰은 언제든지 그에게 개방되어 있었다. 그래서 나는 안뜰의 가장 조용한 곳에 혼자 서 있는 그를 발견할 수가 있었다. 그의 얼굴은 높은 벽을 향해 있었다. 그의 주위에는 좁은 감방의 창문들이 둘러쳐져 있었고, 나는 그 창문 틈으로 살인범이나 절도범들의 눈이 그에게 집중되어 있는 것 같은 느낌을 받았다.

"바틀비!"

"당신인지 다 알고 있습니다."라고 바틀비는 고개도 돌리지 않고 말했다. "하지만 당신에게는 아무 말도 하고 싶지 않습니다."

"자네를 이곳에 집어넣은 것은 내가 아닐세, 바틀비."라고 나는 그의 비난하는 듯한 말투에 가슴 아파하며 서둘러 말했다. "자네에게는 이곳은 그다지 나쁜 곳만은 아닐 것일세. 여기 있다고 해서 누가 뭐라고 할 사람도 없을 것이고, 보다시피, 이곳은 사람들이 생각하는 것처럼 그렇게 비참하기만 한 곳도 아니지 않은가? 보게나, 저기는 하늘도 있고, 여기는 풀도 있고 말일세."

"내가 어디에 있는지는 나도 알고 있습니다."라고 바틀비는 대답했다. 그러나 더 이상 아무 말도 하지 않았기 때문에 나는 그곳을 떠났다.

다시 복도로 들어가려니까 덩치가 큰 불그스레한 얼굴의 남자가 앞치마를 걸치고 나에게 다가오더니, 엄지손가락으로 어깨 너머를 가리키고는 이렇게 물었다.

"저 사람은 당신의 친구인가요?"

"그렇소."

"저 사람은 굶어 죽기를 원하고 있습니까? 만일 그렇다면 교도소의 밥을 먹게 하면 됩니다. 정말입니다."

"당신은 도대체 누굽니까?" 나는 이런 장소에서 그러한 관리답지 않은 말을 하는 사나이의 정체를 알 수가 없어서 황급히 물었다.

"나는 사식 업자요. 이곳에 친구가 수감되어 있는 신사분들은 나를 고용해서 친구에게 좋은 음식을 먹을 수 있도록 해 주지요."

"정말 그렇습니까?"라고 고개를 돌려서 교도관에게 물어 보았다.

"그렇다면 좋소."라고 말하면서 나는 몇 개의 은화를 사식 업자(여기서는 모두 그를 그렇게 부른다.)의 손에 쥐어 주었다. "저기 있는 내 친구에게 특별한 주의를 기울여 주기를 부탁합니다. 당신이 손에 넣을 수 있는 최고의 식사를 제공해 주고, 될 수 있는 대로 정중하게 대해 주기 바랍니다."

"저를 소개시켜 주시겠습니까?"라고 사식 업자가 말했는데, 자신의 출신이 좋다는 것을 보여줄 기회를 갖기 위해서는 어떤 것이라도 참겠다는 표정으로 나를 보며 말했다.

바틀비에게 이익이 되는 일이라고 생각한 나는 승낙했다. 그리고 사식 업자에게 그의 이름을 묻고, 그와 함께 바틀비가 서 있는 곳으로 갔다.

"바틀비, 이 사람은 친구일세. 이 사람이 자네에게 유용한 사람이라는 것을 곧 알게 될 것일세."

"당신의 하인입니다, 나리. 당신의 하인이 되겠습니다."라고 사식 업자가 앞치마를 두른 허리를 굽히며 말했다. "이곳이 마음에 드시길 바랍니다, 나리. 선선한 방 — 멋진 뜰 — 느긋하게 묵으시며 — 기분 좋게 지내십시오. 오늘 점심에는 무엇을 들고 싶으십니까?"

"오늘 점심은 먹고 싶지 않습니다."라고 바틀비는 고개를 돌리면서 말했다. "아마 배탈이 날 것입니다. 점심 같은 것은 먹어 보지 않았으니까."

그렇게 말하면서 뜰의 반대쪽으로 천천히 걸어갔다. 그리고는 죽음의 벽과 마주 보는 자세를 취했다.

"아니, 어떻게 저럴 수가?" 사식 업자는 깜짝 놀란 얼굴로 나를 바라보며 말했다. "저 사람, 머리가 좀 이상한 것 아닙니까?"

"내 생각에는 약간 착란이 온 것 같아요."라고 나는 슬픈 얼굴로 말했다.

"착란이라고요? 그것을 착란이라고 합니까? 지금 생각해 보니까, 당신 친구는 문서위조범인 것 같아요. 그런 사람들은 항상 얼굴이 창백하고 신사인 체하지요. 난 저런 사람들을 보면 불쌍해 죽겠습니다 — 정말로 측은해 못 견디겠다구요. 당신은 몬로 에드워즈를 아시지요?"라고 그는 애처로운 듯이 덧붙이고 잠시 말을 중단했다. 그리고는 안 됐다는 듯이 손을 내 어깨 위에 얹어 놓았다. "그 사람은 싱싱 교도소에서 폐병으로 죽었습니다. 당신은 정말로 몬로를 모르시는 모양이군요?"

"모릅니다. 나는 어떤 위조범과도 안면이 없었으니까요. 그러나 더 이상 여기 머무를 수가 없어요. 내 친구를 잘 부탁합니다. 당신도 손해를 보지는 않을 거요. 그럼 또 만납시다."

그로부터 며칠이 지난 뒤, 나는 다시 교도소에서 면회 허가를 받고 바틀비를 찾아 복도를 돌아다녔으나 그를 찾을 수가 없었다.

"조금 전에 그가 감방에서 나오는 것을 보았습니다."라고 교도관이 가르쳐 주었다. "아마 안뜰로 산책을 나갔을 겁니다."

그래서 나는 그쪽 방향으로 발길을 돌렸다.

"당신은 그 조용한 사나이를 찾고 있습니까?"라고 또 다른 교도관이 내 옆을 지나가면서 물었다. "저쪽에 누워 있습니다 — 저쪽 안뜰에서 자고 있더군요. 잠이 든 지 20분 정도밖에 안 되었어요."

안뜰은 쥐 죽은 듯이 고요했다. 그곳은 보통 죄수들은 접근할 수가 없는 곳이었다. 놀랄 만큼 두꺼운 주위의 벽들은 그 너머의 모든 소음을 차단하고 있었다. 돌로 만든 이집트식 벽이 그 어둠으로 나를 압도했다. 그러나 발밑에서는 부드러운 잔디가 자라나고 있었다. 불멸의 피라미드 속에 어떤 불가사의한 마법에 의 해서 돌들의 틈새로, 새들이 떨어뜨리고 간 잔디의 씨앗이 싹을 틔운 것처럼 보였다.

그 돌벽 밑에 두 무릎을 끌어안고 기묘하게 웅크린 자세로, 머리는 차디찬 돌에 얹고 옆으로 누워 있는 소모된 바틀비의 모습을 나는 보았다. 그러나 몸을 꼼짝도 하지 않고 있었다. 나는 걸음을 멈추었다. 그리고는 그에게로 다가가서 몸을 구부려 들여다보았다. 그의 침침한 눈이 뜨여 있는 것이 보였다. 그렇지 않았다면 그가 깊이 잠들어 있는 것처럼 보였을 것이다. 무엇인가가 나로 하여금 그를 건드려 보게 했다. 그의 손을 만진 순간, 싸늘한 전율이 내 팔을 지나서 척추를 지나 발끝까지 전해져 내려갔다.

사식 업자의 둥근 얼굴이 위에서 나를 내려다보고 있었다.

"이 사람의 점심이 준비되어 있습니다. 오늘은 식사를 하지 않을 작정일까요? 그렇지 않으면 먹지 않고도 살 수 있는 것일까요?"

"먹지 않고도 살 수 있소."라고 나는 대답하고 그의 눈을 감겨 주었다.

"이런 — 자고 있는 줄 알았는데요 — 자는 것 아닙니까?"

"자고 있소. 역대의 왕들과 고문들과 함께 말이오."라고 나는 중얼거렸다.

이 기록을 더 이상 계속해 나갈 필요가 없을 것 같다. 불쌍한 바틀비의 매장에 대한 서술 같은 것은 상상력만으로도 충분할 것이다. 그러나 독자와 작별하기 전에, 이것만은 말해 두고 싶다. 즉, 이 짧은 이야기가 독자의 흥미를 불러일으켜 바틀비의 정체가 무엇이며 필자가 그를 알기 전까지 어떤 생활을 해 왔느냐에 관해서 알고 싶은 호기심을 자극했다 하더라도, 나는 다만 이렇게 대답할 수밖에 없다. 나도 그러한 호기심을 느끼고 있지만, 유감스럽게도 그것을 만족시킬 방법이 없다고, 다만 그 필경사가 죽은 지 몇 달 뒤에 내 귀에 들어온 조그만 소문은 여기서 털어놓아야 할지 어떨지 알 수가 없다. 그 소문이 어디에 근거를 둔 것인지 나로서는 확인할 길이 없고, 따라서 그것이 얼마나 진실에 가까운 것인지 지금으로서는 알 수가 없다.

그러나 이 막연한 보도가 썩 달갑지 않은 것이기는 하지만, 다른 사람들의 흥미를 얼마간 충족시켜 줄 수도 있을 것이므로 여기에 간략하게 소개하기로 한다. 그 보도는 이런 것이다. 즉, 바틀비는 워싱턴에 있는 '배달 불능 우편물과'의 말단 서기로 있었는데 행정부의 인사이동 때 갑자기 감원되었다는 것이다. 이 풍문에 대해서 곰곰이 생각해 볼 때 나는 그것에서 받는 감회를 잘 표현할 수 없는 것을 느낀다. 배달 불능 우편물! 그것은 사자(死者)라는 말과 우사한 울림을 갖고 있잖은가? 어떤 인간의 타고난 천성과 불행이 죽음의 절망감에 사로잡히기 쉽다면, 갈 곳 없는 편지의 쉴 새 없는 분류, 그리고 그것을 소각로에 던져 넣는 일은 다른 어떤 직업보다도 그의 절망감을 더욱 더 높여 주지 않았겠는가? 그 편지들은 1년에 한 번씩 짐수레에 실려서 소각로에 던져 넣어지는 것이다.

때때로 그 창백한 얼굴의 서기는 접혀진 종이 속에서 반지를 한 개 끄집어낸다 — 그 반지를 끼워야 할 손가락은 어쩌면 무덤 속에서 썩어 가고 있을 것이다. 인정 많은 사람이 바쁘게 보내는 지폐 한 장 — 그것으로 구원받을 사람은 이미 먹지도 못하고 굶지도 않는 상태가 되어 있을지도 모른다. 또는 절망에 빠져서 죽은 사람에 대한 용서의 편지, 희망을 잃고 죽은 사람에 대한 희망의 편지, 구원받을 길이 없는 재난에 짓눌려서 죽은 사람에 대한 좋은 소식도, 생명의 사자로서 보내어졌지만, 이 편지들은 죽음을 서두르는 것이었다.

아아, 바틀비여! 아아, 인간이라는 존재여!

Read the passage and follow the directions.

There would seem little need for proceeding further in this history. Imagination will readily supply the meagre recital of poor Bartleby's interment. But ere parting with the reader, let me say, that if this little narrative has sufficiently interested him, to awaken curiosity as to who Bartleby was, and what manner of life he led prior to the present narrator's making his acquaintance, I can only reply, that in such curiosity I fully share, but am wholly unable to gratify it. Yet here I hardly know whether I should divulge one little item of rumor, which came to my ear a few months after the scrivener's decease. Upon what basis it rested, I could never ascertain; and hence how true it is I cannot now tell. But inasmuch as this vague report has not been without a certain strange suggestive interest to me, however said, it may prove the same with some others; and so I will briefly mention it. The report was this: that Bartleby had been a subordinate clerk in the Dead Letter Office at Washington, from which he had been suddenly removed by a change in the administration. When I think over this rumor, I cannot adequately express the emotions which seize me.

Dead letters! does it not sound like dead men? Conceive a man by nature and misfortune prone to a pallid hopelessness, can any business seem more fitting to heighten it than that of continually handling these dead letters, and assorting them for the flames? Sometimes from out the folder paper the pale clerk takes a ring — the finger it was meant for, perhaps, moulders in the grave; a bank-note sent in swiftest charity — he whom it would relieve, nor eats nor hungers any more … on errands of life, these letters speed to death. Ah, Bartleby! Ah, humanity!

Complete the commentary below by filling in the blank with the TWO consecutive words from the passage above.

Commentary

The narrator has heard a rumor that Bartleby once worked in the Dead Letter section of a post office. For the Lawyer, the __________ become a way of explaining Bartleby's nature. The Lawyer believes that the endless pile-up of sad, forgotten letters, often intended for people now dead, must have caused Bartleby to slowly withdraw from human society, perhaps even from his own existence. Bartleby may very well have continued working if he had not lost his job due to a change in the administration. It is possible that Bartleby became his job, and when he couldn't do it any more he lost his sense of purpose.

Answer dead letters

04 The Celebrated Jumping Frog of Calaveras County

Mark Twain(1835-1910)

In compliance with the request of a friend of mine, who wrote me from the East, I called on good-natured, garrulous old Simon Wheeler, and inquired after my friend's friend, Leonidas W. Smiley, as requested to do, and I hereunto append the result. I have a lurking suspicion that Leonidas W. Smiley is a myth; that my friend never knew such a personage; and that he only conjectured that, if I asked old Wheeler about him, it would remind him of his infamous Jim Smiley, and he would go to work and bore me nearly to death with some infernal reminiscence of him as long and tedious as it should be useless to me. If that was the design, it certainly suceeded.

I found Simon Wheeler dozing comfortably by the barroom stove of the old, dilapidated tavern in the ancient mining camp of Angel's, and I noticed that he was fat and bald-headed, and had an expression of winning gentleness and simplicity upon his tranquil countenance. He roused up and gave me good-day. I told him a friend of mine had commissioned me to make some inquiries about a cherished companion of his boyhood named Leonidas W. Smiley — Rev. Leonidas W. Smiley — a young minister of the Gospel, who he had heard was at one time a resident of Angel's Camp. I added that, if Mr. Wheeler could tell me anything about this Rev. Leonidas W. Smiley, I would feel under many obligations to him.

Simon Wheeler backed me into a corner and blockaded me there with his chair, and then sat me down and reeled off the monotonous narrative which follows this paragraph. He never smiled, he never frowned, he never changed his voice from the gentle-flowing key to which he tuned the initial sentence, he never betrayed the slightest suspicion of enthusiasm; but all through the interminable narrative there ran a vein of impressive earnestness and sincerity, which showed me plainly that, so far from his imagining that there was anything ridiculous or funny about his story, he regarded it as a really important matter, and admired its two heroes as men of transcendent genius in finesse. To me, the spectacle of a man drifting serenely along through such a queer yarn without ever smiling, was exquisitely absurd. As I said before, I asked him to tell me what he knew of Rev. Leonidas W. Smiley, and he replied as follows. I let him go on in his own way, and never interrupted him once:

There was a feller here once by the name of Jim Smiley, in the winter of '49 — or maybe it was the spring of '50 — I don't recollect exactly, somehow, though what makes me think it was one or the other is because I remember the big flume wasn't finished when he first came to the camp; but anyway, he was the curiousest man about always betting on anything that turned up you ever see, if he could get anybody to bet on the other side; and if he couldn't, he'd change sides. Any way that suited the other man would suit him —any way just so's he got a bet, he was satisfied. But still he was lucky, uncommon lucky; he most always come out winner. He was always ready and laying for a chance; there couldn't be no solit'ry thing mentioned but that feller'd offer to bet on it, and take any side you please, as I was just telling you. If there was a horse race, you'd find him flush, or you'd find him busted at the end of it; if there was a dogfight, he'd bet on it; if there was a cat-fight, he'd bet on it; if there was a chicken-fight, he'd bet on it; why, if there was two birds setting on a fence, he would bet you which one would fly first; or if there was a camp meeting, he would be there reg'lar, to bet on Parson Walker, which he judged to be the best exhorter about here, and so he was, too, and a good man. If he even seen a straddlebug start to go anywheres, he would bet you how long it would take him to get wherever he was going to, and if you took him up, he would foller that straddlebug to Mexico but what he would find out where he was bound for and how long he was on the road. Lots of the boys here has seen that Smiley, and can tell you about him. Why, it never made no difference to him—he would bet on anything—the dangdest feller. Parson Walker's wife laid very sick once, for a good while, and it seemed as if they warn't going to save her; but one morning he come in, and Smiley asked how she was, and he said she was considerable better—thank the Lord for his inf'nit mercy—and coming on so smart that, with the blessing of Prov'dence, she'd get well yet; and Smiley, before he thought, says, "Well, I'll risk two-and-a-half that she don't, anyway."

Thish-yer Smiley had a mare—the boys called her the fifteen-minute nag, but that was only in fun, you know, because, of course, she was faster than that—and he used to win money on that horse, for all she was so slow and always had the asthma, or the distemper, or the consumption, or something of that kind. They used to give her two or three hundred yards start, and then pass her under way; but always at the fag end of the race she'd get excited and desperate-like, and come cavorting and straddling up, and scattering her legs around limber, sometimes in the air, and sometimes out to one side amongst the fences, and kicking up m-o-r-e dust, and raising m-o-r-e racket with her coughing and sneezing and blowing her nose—and always fetch up at the stand just about a neck ahead, as near as you could cipher it down.

And he had a little small bull pup, that to look at him you'd think he wan't worth a cent, but to set around and look ornery, and lay for a chance to steal something. But as soon as money was up on him, he was a different dog; his underjaw'd begin to stick out like the fo-castle of a steamboat, and his teeth would uncover, and shine savage like the furnaces. And a dog might tackle him, and bullyrag him, and bite him, and throw him over his shoulder two or three times, and Andrew Jackson — which was the name of the pup — Andrew Jackson would never let on but what he was satisfied, and hadn't expected nothing else — and the bets being doubled and doubled on the other side all the time, till the money was all up; and then all of a sudden he would grab that other dog jest by the j'int of his hind leg and freeze to it — not chaw, you understand, but only jest grip and hang on till they throwed up the sponge, if it was a year. Smiley always come out winner on that pup, till he harnessed a dog once that didn't have no hind legs, because they'd been sawed off by a circular saw, and when the thing had gone along far enough, and the money was all up, and he come to make a snatch for his pet holt, he saw in a minute how he'd been imposed on, and how the other dog had him in the door, so to speak, and he 'peared surprised, and then he looked sorter discouraged-like, and didn't try no more to win the fight, and so he got shucked out bad. He give Smiley a look, as much as to say his heart was broke, and it was his fault for putting up a dog that hadn't no hind legs for him to take holt of, which was his main dependence in a fight, and then he limped off a piece and laid down and died. It was a good pup, was that Andrew Jackson, and would have made a name for hisself if he'd lived, for the stuff was in him, and he had genius — I know it, because he hadn't had no opportunities to speak of, and it don't stand to reason that a dog could make such a fight as he could under them circumstances, if he hadn't no talent. It always makes me feel sorry when I think of that last fight of his'n, and the way it turned out.

Well, thish-yer Smiley had rat-tarriers, and chicken cocks, and tomcats, and all them kind of things, till you couldn't rest, and you couldn't fetch nothing for him to bet on but he'd match you. He ketched a frog one day, and took him home, and said he cal'klated to edercate him; and so he never done nothing for three months but set in his back yard and learn that frog to jump. And you bet you he did learn him too. He'd give him a little punch behind, and the next minute you'd see that frog whirling in the air like a doughnut — see him turn one summerset, or may be a couple, if he got a good start, and come down flatfooted and all right, like a cat. He got him up so in the matter of catching flies, and kept him in practice so constant, that he'd nail a fly every time as far as he could see him. Smiley said all a frog wanted was education, and he could do most anything — and I believe him. Why, I've seen him set Dan'l Webster down here on this floor — Dan'l Webster was the name of the frog — and sing out, "Flies, Dan'l, flies!" and quicker'n you could wink, he'd spring straight up, and snake a fly off'n the counter there, and flop down on the floor again as solid as a gob of mud, and fall to scratching the side of his head with his hind foot as indifferent as if he hadn't no idea he'd been doin' any more'n any frog might do. You never see a frog so modest and straightfor'ard as he was, for all he was so gifted. And when it came to fair and square jumping on a dead level, he could get over more ground at one straddle than any animal of his breed you ever see. Jumping on a dead level was his strong suit, you understand; and when it come to that, Smiley would ante up money on him as long as he had a red. Smiley was monstrous proud of his frog, and well he might be, for fellers that had traveled and been everywheres, all said he laid over any frog that ever they see.

Well, Smiley kept the beast in a little lattice box, and he used to fetch him downtown sometimes and lay for a bet. One day a feller — a stranger in the camp, he was — come across him with his box, and says: "What might it be that you've got in the box?"

And Smiley says, sorter indifferent like, "It might be a parrot, or it might be a canary, maybe, but it an't — it's only just a frog."

And the feller took it, and looked at it careful, and turned it round this way and that, and says, "H'm — so 'tis. Well, what's he good for?"

"Well," Smiley says, easy and careless, "he's good enough for one thing, I should judge — he can outjump ary frog in Calaveras county."

The feller took the box again, and took another long, particular look, and give it back to Smiley, and says, very deliberate, "Well, I don't see no p'ints about that frog that's any better'n any other frog."

"Maybe you don't," Smiley says. "Maybe you understand frogs, and maybe you don't understand 'em; maybe you've had experience, and maybe you an't only a amature, as it were. Anyways, I've got my opinion, and I'll risk forty dollars that he can outjump any frog in Calaveras county."

And the feller studied a minute, and then says, kinder sad like, "Well, I'm only a stranger here, and I an't got no frog; but if I had a frog, I'd bet you."

And then Smiley says, "That's all right — that's all right — if you'll hold my box a minute, I'll go and get you a frog." And so the feller took the box, and put up his forty dollars along with Smiley's and set down to wait.

So he set there a good while thinking and thinking to hisself, and then he got the frog out and prized his mouth open and took a teaspoon and filled him full of quail shot —

filled him pretty near up to his chin — and set him on the floor. Smiley he went to the swamp and slopped around in the mud for a long time, and finally he ketched a frog, and fetched him in, and give him to this feller, and says: "Now, if you're ready, set him alongside of Dan'l, with his fore-paws just even with Dan'l and I'll give the word." Then he says, "one-two-three-jump!" and him and the feller touched up the frogs from behind, and the new frog hopped off, but Dan'l give a heave, and hysted up his shoulders — so — like a French-man, but it wan't no use — he couldn't budge; he was planted as solid as an anvil, and he couldn't no more stir than if he was anchored out. Smiley was a good deal surprised, and he was disgusted too, but he didn't have no idea what the matter was, of course. The feller took the money and started away; and when he was going out at the door, he sorter jerked his thumb over his shoulders — this way — at Dan'l, and says again, very deliberate, "Well, I don't see no p'ints about that frog that's any better'n any other frog."

Smiley he stood scratching his head and looking down at Dan'l a long time, and at last he says, "I do wonder what in the nation that frog throw'd off for — I wonder if there an't something the matter with him — he 'pears to look might baggy, somehow." And he ketched Dan'l by the nap of the neck, and lifted him up and says, "Why, blame my cats, if he don't weigh five pound!" and turned him upside down, and he belched out a double handful of shot. And then he see how it was, and he was the maddest man — he set the frog down and took out after that feller, but he never ketched him.

And — [Here Simon Wheeler heard his name called from the front yard, and got up to see what was wanted.] And turning to me as he moved away, he said: "Just set where you are, stranger, and rest easy — I an't going to be gone a second."

But, by your leave, I did not think that a continuation of the history of the enterprising vagabond Jim Smiley would be likely to afford me much information concerning the Rev. Leonidas W. Smiley, and so I started away.

At the door I met the sociable Wheeler returning, and he buttonholed me and recommenced: Well, thish-yer Smiley had a yaller one-eyed cow that didn't have no tail, only jest a short stump like a bannanner, and —"

"Oh! hang Smiley and his afflicted cow!" I muttered, good-naturedly, and bidding the old gentleman good-day, I departed.

작품설명

This story, which was written by Mark Twain in 1865, was his first great success as a writer and brought him national attention. The story has also been published as "Jim Smiley and His Jumping Frog" (its original title) and "The Notorious Jumping Frog of Calaveras County". In it, the narrator retells a story he heard from a bartender, Simon Wheeler, at the Angels Hotel in Angels Camp, California, about the gambler Jim Smiley.

The Celebrated Jumping Frog of Calaveras County, and Other Sketches is also the title story of an 1867 collection of short stories by Mark Twain. It was Twain's first book and collected 27 stories that were previously published in magazines and newspapers.

작품분석

A man from the East comes to a western mining town. At the request of a friend, the narrator speaks with Simon Wheeler in order to ask after a man named Leonidas W. Smiley. Instead of giving the narrator the information that he asks for, Wheeler launches into a tall tale about a man named Jim Smiley.

The story goes something like this: Jim Smiley was a man who would bet on anything. He turned a frog into a pet and bet a stranger that his frog, Dan'l Webster, could jump higher than any other frog. While Smiley wasn't looking, the stranger filled Dan'l Webster with quail shot, and Smiley lost the bet. Before he could figure out what happened, the stranger disappeared with the $40 he won by cheating.

Sick of the long-winded tale about Jim Smiley and his frog, the narrator tries to escape from Wheeler before he launches into another story. The narrator realizes that his friend probably intended for him to suffer through Wheeler's tedious tale.

한글 번역

캘라베라스 카운티의 명성이 자자한 뜀뛰는 개구리

나는 동부에서 편지를 보낸 어느 친구의 요구에 심성 괜찮고 수다스러운 사이몬 휠러를 찾아가 내 친구의 친구가 되는 리오나이다스 스마일리의 안부를 물은 적이 있었는데, 그 결과를 아래에 적어 보겠다. 지금 생각해 보면 리오나이다스 스마일리란 인물은 순전한 가공의 인물이 아니었던가 하는 의심이 자꾸 들게 된다. 즉 나의 친구가 그런 이름을 가진 인물과 안면이 있던 것은 결코 아니고, 다만 그 이름을 늙은 휠러에게 전하면 휠러로 하여금 그 악명 높은 짐 스마일리의 행적을 연상케 하여, 따라서 그 수다스러운 늙은이가 내게는 하등의 소용도 닿지 않을 뿐더러 길고도 지루한 짐 스마일리의 행적을 밑도 끝도 없이 늘어 놓음으로써 나를 괴롭히리라는 것을 미리 알고 꾸며낸 수작이 아니었던가 하고 의심한다는 말이다. 만일 내 친구의 계교가 그런 것이었다면 그의 의도한 바는 적중하고도 남음이 있다.

이제는 폐촌이 되다시피 한 에인절 광산촌으로 사이몬 휠러를 찾아갔을 때에 그는 다 쓰러져 가는 어느 주막집의 난롯가에서 꾸벅꾸벅 졸고 있었다. 그는 뚱뚱하게 살이 찌고 머리가 벗겨진데다가 그 조용한 얼굴에는 그지없는 부드러움과 소박한 기운이 감돌고 있었다. 후닥닥 잠이 깬 그는 내게 인사를 하였다. 나는 그에게 내 친구의 한 사람이 그의 소시적의 다정한 친구였던 리오나이다스 W 스마일리라는 젊은 교직자인 목사님이 이 에인절 광산촌에 산 일이 있다 하며, 그의 안부를 묻는 일을 내게 위촉하였노라고 말했다. 나는 휠러 씨가 이 리오나이다스 W 스마일리의 근황에 관하여 무엇이든 말씀하여 주시면 그 은혜를 잊지 않을 것이라고 덧붙였다.

사이몬 휠러는 방구석으로 나를 몰더니 자기의 의자로 나의 퇴로를 막다시피 하고 그 의자에 걸터앉자 다음과 같은 지루한 얘기를 하는 동안, 그는 한 번도 웃지 않았을 뿐만 아니라 한 번도 눈살을 찌푸리지도 않았고, 그의 목소리는 처음에 얘기를 시작할 때와 조금도 다름없이 술술 풀려나오는 억양을 한 번도 바꾸지 않았다. 그렇다고 제 얘기에 제물로 신이 나서 하는 일도 한 번도 없었으며, 그 밑도 끝도 없는 얘기를 그는 열심히, 그리고 성실하게 지껄일 따름이었는데, 이것은 그의 얘기에 무슨 우스운 점이 있다면 그것이 중요한 일이며, 또 그의 얘기의 주인공 두 명이 정말로 절세의 천재였다고 그가 경의를 표하고 있는 증좌라고 나는 느꼈다. 나는 그가 지껄이는 대로 내버려 두고 한 번도 그의 얘기를 가로막지 않았다.

"리오나이다스 W 목사라구요? 흠, 리오나이다스라 ─ 글쎄 그런 양반은 모르지만 짐 스마일리라는 이름의 사나이가 이 광산촌에 있었던 것은 사실입죠. 가만 있자, 그게 그러니까 천팔백사십구 년의 겨울이 아니면 오십 년의 봄이 틀림없습니다. 왜 내가 그렇게 생각하는고 하면 그가 처음 이 촌에 왔을 때엔 선광용의 큰 물홈통이 아직 완성되지 않았을 무렵이었으니까요. 좌우간 그는 세상에도 야릇한 버릇이 있는 친구였죠. 어느 때나, 또 누구하고나, 상대방으로 하여금 돈을 걸게만 할 수 있다면 무엇에든 돈을 거는 버릇이 있었단 말씀이야. 상대방이 싫다고 하면 입장을 바꾸어 반대로 걸어도 좋다는 거지. 돈 걸기 내기를 하는 한 상대방만 만족하면 자기는 어느 쪽에 걸던 무방하다는 뱃심이죠. 한데 이상하지, 언제나 재수가 좋았단 말씀이야 십중팔구 이겼으니까. 누가 뭐라고 얼씬거리기만 하면 벌써 이 친구는 내기를 하자고 덤벼들고, 방금 얘기한 대로 상대방이 어느 쪽에 걸건 자기는 그 반대편에다 돈을 걸겠다고 나서는 것이죠. 경마가 있던 날, 경마가 끝나고 보면 그 친구는 돈이 득실득실하거나 아니면 동전 한푼 없게 된단 말야. 개 싸움이 있으면 거기에 돈을 걸고, 고양이 싸움이 있으면 고양이에 돈을 걸고, 닭 싸움이 있으면 닭에다 돈을 걸고 하는 식이란 말씀이야. 더 말할 것 없이 새 두 마리가 울타리에 앉아 있는 것을 보면 어느 쪽 새가 먼저 날 것이라는 데다 돈을 걸어 내기를 하는 친구란 말씀이야. 또 야외에서 부흥전도회가 있을 땐 빼놓지 않고 나타나서 누가 설교를 제일 잘 하느냐에 내기를 거는데 꼭 워커 목사한테 돈을 걸었단 말씀이야. 하긴 그분이 정말로 설교를 제일 잘 하시고 또 사람도 좋은 분이었어. 심지어 쇠똥구리가 꾸물거리기 시작하는 것만 보아도 그 놈이 어디로 가는지 내기를 하자는 거지. 그래서 상대방이 내기를 응하기만 한다면 그 놈이 멕시코까지 가는 한이 있어도 어디로 가는 것인가, 또 얼마나 시간이 걸리나를 보려고 그 뒤를 밟는단 말씀이야. 이 동리에 사는 친구들 가운데에 스마일리를 본 친구들이 많으니까 그 친구들한테 물어 보면 알아요. 하여간 괴상한 친구였습죠. 무엇에건 내기를 걸지 않고는 못 배기는 친구였으니까. 워커 목사님의 부인이 한번은 대단히 편치 못하여 오랫동안 누워 있어서 아마 이번엔 회춘하시기 힘들다고 생각들을 한 일이 있었죠. 한데 어느 날 아침에 목사님이 들어오시는데 스마일리가 일어나 부인의 병세가 좀 어떠냐고 묻자 목사님이 오늘은 훨씬 나아졌다고 말하고 이대로만 믿고 나아가면 하나님의 은총과 섭리의 도움으로 병이 완쾌하게 될지도 모르겠다고 대답하자, 마치 그 말이 떨어지기도 전에 스마일리는 자기의 말끝이 어떻게 돌아가는지 생각지도 않고, "난 부인이 절대로 낫지 않는다고 이 달러 오십 센트를 걸 테니 내기합시다."라고 불쑥 말했습죠.

바로 스마일리가 말씀이야, 암놈의 말을 한 마리 갖고 있었는데 ─ 동리의 입이 건 친구들은 한 바퀴에 십오 분 걸리는 몹쓸 말이라고 했지만 물론 그것은 농담이었죠. 왜냐하면 그 말은 그보다는 빨리 뛰는 말이었으니까요 ─ 여하간에 그놈의 말이 언제나 해수병이 아니면, 디스템퍼에 걸려 있거나 아니면 폐병이라든가, 아니면, 이와 비슷한 다른 병에 걸려 있어, 뛰는 속도가 느렸음에도 불구하고 경마에서 주인한테 돈을 벌게 해 주는 말이었습죠. 사람들은 그 말을 이삼백 야드 가량 앞세워 놓고 경주를 시작하여도 도중에서 따라잡아 오히려 앞서곤 했습죠만 웬일인지 그 말은 언제나 끝판에 가선 막바지 고비에 흥분하고 기를 쓰며 깡충깡충 뛰고, 다리를 사방팔방으로 내흔들었죠. 어떤 때는 도랑 쪽으로, 또 어떤 때는 하늘 쪽으로, 또 어떤 때는 울타리 쪽으로 다리를 내저으며 씩씩거리는 숨결과 콧김과 기침으로 온통 먼지와 야단법석을 피우면서, 결승점에 이르러서는 언제나 자로 잰 듯이 목 하나의 길이만큼 앞서서 골인을 했단 말씀이거든.

한데 그 친구는 또 수캉아지 한 마리를 데리고 있었죠. 겉보기에는 언제나 나자빠져 지저분한 꼴을 하고 있거나 뭣을 훔쳐 먹을 궁리만 하지만, 일단 개 싸움의 돈내기만 걸리면 단연코 개의 성질이 돌변한단 말씀이야. 그놈 아래턱이 마치 기선의 앞 갑판처럼 내밀고 드러낸 이빨은 보일러의 아궁이처럼 번쩍번쩍 빛나는 것이었죠. 그래서 상대방의 개가 앤드루 잭슨, 이것이 그 강아지의 이름이었답니다 ─ 앤드루 잭슨에게 덤벼들어 메어치고 물어뜯고 어깨 너머로 두어 서너 번 메어꽂아도 속으로는 끄떡 없지만 겉으로는 죽어가는 시늉을 하면 내기의 돈이 두 배, 세 배로 뛰어올라 드디어 있는 돈이 몽땅 걸렸을 때 느닷없이 그놈은 상대방 개의 뒷다리의 관절을 물고 늘어진단 말씀이야. 물어뜯는 것이 아니야. 알아 들어요, 그냥 잠자코 상대방이 항복할 때까지 물고 늘어지는 거란 말이야. 일 년이 걸리는 한이 있더라도. 스마일리는 이 개 때문에 언제나 돈을 벌었는데 단 한 번 실수한 일이 있었습죠. 제재소의 동그란 톱을 갖고 뒷다리를 잘랐기 때문에 뒷다리가 없는 개하고 맞붙었을 때입니다. 싸움에 한창 열이 올라 이젠 돈도 걸대로 걸었고 그의 장기를 발휘할 시기가 되었을 때, 그만 뒷다리가 없는 것이 알려지자 당황하고 아차 하는 표정을 짓더니 만사를 체념하는 빛이 돌고, 그 이상 싸움엔 이기려는 노력을 포기하고 그만 져버리고 말았습죠. 개는 가슴 아픈 표정으로 스마일리를 쳐다보며 도대체 개 싸움에서 자기의 장기는 뒷다리를 물구 늘어지는 것인데, 뒷다리가 없는 개하고 싸움을 붙여준 것은 주인의 잘못이라는 듯이 원망스럽게 보더니 저만큼 비실비실 걸어가 주저앉더니 그만 죽어 버리고 말았습죠. 그놈은 참 좋은 개였습죠. 앤드루 잭슨 말씀입니다. 오래 살았더면 꼭 한번은 이름을 올리고 출세할 놈이었는데 ─ 그럴 소질과 재간이 충분히 있었단 말씀이야. 도대체 그놈의 환경이 좋은 것도 아니었는데 그만한 싸움을 벌이는 개라면 소질 없이는 안 되는 노릇이란 말씀이야. 그 마지막 싸움과 결과를 되생각할 때마다 참 마음에 안 됐다고 지금도 난 느끼지요.

이 스마일리는 강아지, 투계, 고양이 하여튼 돈 내기 싸움을 시킬 수 있는 것은 무엇이고 갖고 있었습죠. 그래서 우리가 시합을 하자고 덤벼들어 물건이 없어 시합에 응하지 못하겠다고 해 본 일이 한 번도 없었을 정도였습니다. 그는 어느 날 개구리를 한 마리 잡아 집으로 갖고 가 그놈을 교육하겠다고 말했답니다. 그래서 그날부터 석 달 동안 아무것도 안 하고 뒷마당에 앉아 그 개구리한테 높이뛰기 공부를 배워줬더란 말씀이야. 한데 놀랍게도 성공을 했더란 말이지. 그놈의 꽁무니를 한 번 쥐지르면 마치 도우넛 덩어리가 하늘로 치솟듯이 껑충 뛰어올라 한 번 아니면 두 번 재주를 넘고 날씬하게 고양이처럼 땅 위에 내려 앉는단 말씀이야. 처음에는 파리를 잡아 먹는 것으로 높이뛰기를 시작하여 늘 훈련을 계속하다 보니 눈에 띄는 파리는 아무리 먼 곳에 있어도 영락없이 잡아먹게 됐거든. 보통 개구리도 교육시킬 나름으로 무엇이든 할 수 있는 것이라고 스마일리가 늘 말했는데, 나 역시 그 말을 믿지 않을 수가 없는 것이, 스마일리가 대늘 웹스터 — 대늘 웹스터란 그 개구리의 이름이었습니다 — 란 놈을 여기 이 마루바닥에 놓고 "파리다, 대늘, 파리야!"라고 소리만 치면 번개같이 곧장 뛰어올라 저기 저 카운터에서 파리 한 마리를 잡아 먹고 철썩하고 다시 내려앉아 진흙 덩어리처럼 육중하게 자리잡고, 마치 보통 개구리가 하는 짓 이상으로 특별한 짓을 한 것은 아무것도 없다는 듯이 태연하게 드러누워, 뒷다리로 머리를 슬슬 긁는 꼴을 내 눈으로 본 일이 한두 번이 아니니까 말씀이지. 그렇게 재주가 있으면서도 겸손하고 솔직담백한 개구리는 처음 봤죠. 평지에서 뛰기 시합을 하면 그 족속 중의 어느 놈보다도 한 번에 멀리 뛰었단 말입니다. 즉 넓이뛰기가 그놈의 장기였단 말씀입니다. 알아들으세요? 그래서 넓이뛰기 시합이라면 스마일리는 귀 떨어진 동전 한 푼이라도 있으면 내기를 걸었단 말씀이야. 스마일리는 되게 그 개구리를 자랑 삼았는데, 그도 그럴 법한 것이 세상 각처 안 다녀 본 곳이 없는 친구들도, 그렇게 잘 뛰는 개구리는 처음 보았다고 감탄하는 판이었으니까요.

여하튼 스마일리는 이 개구리를 조그만 격자 상자에다 놓아두고 이따금 그 상자를 거리고 들고나와 돈내기를 하곤 했습죠. 어느 날 이 마을에는 처음 오는 낯선 친구가 상자를 들고 오는 그 친구를 보고 이렇게 말했습니다.

"그 상자에 든 것이 뭐요?"라고 물으니까 스마일리는 별로 관심이 없다는 듯이 "글쎄올시다. 앵무새일 수도 있고 카나리아일 수도 있지만 그게 아니라 개구리 한 마리요"라고 대답했습죠.

그러니까 그 친구가 상자를 받아 들고 이리저리로 한참 동안 구경하더니 "흠, 정말 그렇군. 한데 이 개구리 장기는 뭐죠?"라고 물었습니다.

스마일리는 아주 천연스럽게, "이놈이 장기는 꼭 한 가지 있습니다. 이놈은 캘라베라스군의 어떤 개구리보다도 높이 뛴답니다."라고 하니까, 그 친구는 다시 한번 상자를 받아 들고 오랫동안 유심히 보고 나서 상자를 스마일리에게 돌려주면서 "글쎄 이 개구리가 다른 개구리보다 잘났다는 건 난 통 이해 못하겠는데"라고 남의 비위를 긁듯이 말했죠.

그러니까 스마일리는 "당신이 개구리를 잘 알지도 모르고, 모를지도 모르고, 경험이 있을지라도 모르고, 풋내기 아마추어가 아닐지도 모르지만 난 나대로 의견이 있으니까, 캘라베라스군의 어떤 개구리보다도 이 개구리가 더 잘 뛴다고 생각하니 사십 달러를 걸겠수다."라고 말했죠.

그러니까 그 낯선 친구는 잠시 동안 곰곰이 생각하다가 슬픈 듯이 "난 낯선 고장에 혼자 와서 개구리 한 마리도 없는 몸이오. 하지만 개구리 한 마리만 있으면 당장에라도 돈을 걸겠소"라고 대답했죠.

그러니까 스마일리는 "염려 마슈, 염려 마슈, 이 상자를 잠깐 들고 있으면 내가 가서 개구리 한 마리를 잡아다 드리리다."라고 했습니다. 그래서 그 친구는 스마일리가 건 돈 곁에다 자기도 돈 사십 달러를 내놓고 상자를 들고 앉아, 스마일리가 돌아오는 것을 기다리게 됐습죠.

그래서 그 친구는 거기 앉아 오랫동안 곰곰이 생각하다가 드디어 개구리를 꺼내고 호주머니에서 숟갈을 꺼내 개구리의 입을 벌리고 메추리 잡는 납덩어리 산탄알을 잔뜩 쑤셔 넣어 턱까지 채워 마루 위에 내려놓았죠. 그 동안 스마일리는 늪으로 가서 진흙탕 속에서 철벅거리고 다니면서 드디어 개구리 한 마리를 잡아 가지고 돌아와 그 친구에게 주면서, "자 준비가 됐으면 그놈을 대늘 곁에 앞발을 가지런히 맞추어 놓으시오. 내가 신호를 할 테니"라고 말했습니다. 그리고 나서 "하나-둘-셋-가라!"라고 악을 쓰니 두 사람이 각기 자기 개구리의 꽁무니를 건드렸습니다. 그러니까 새로 잡아온 개구리는 신이 나서 뛰어갔지만 대늘이란 놈은 숨을 크게 몰아쉬고 양쪽 어깨를 이렇게 프랑스 사람처럼 움츠릴 뿐 꼼짝도 못했습니다. 그는 교회당 건물처럼 육중하게 주저앉아 마치 닻을 내린 것 모양으로 꼼짝을 못했단 말씀이야. 스마일리는 놀라고 당황하고 분통이 터졌지만 물론 그 까닭을 알 도리는 없었단 말씀이지. 그 친구는 돈을 집어 들고 가 버리는데 문간을 나가면서 이렇게 엄지손가락으로 대늘을 가리키며 다시 한번 "글쎄, 저 개구리가 다른 개구리보다 잘났다는 건 난 통 이해 못하겠는데"라고 남의 비위를 긁듯이 말했습죠.

스마일리는 오랫동안 머리를 긁적거리며 대늘을 내려다보고 섰다가 '도대체 웬일로 이 개구리가 그 짓을 하였을까 — 뭣 잘못된 점이 있는 것 같다 — 아니, 웬일인지 몸이 부풀어 보이는데' 하면서 개구리의 목덜미를 잡아 올리면서 '아니 이놈의 개구리 무게가 오 파운드는 실하니, 웬일일까?'하고 개구리를 거꾸로 잡아 흔드니까 산탄 두 줌을 토해 냈단 말씀입죠. 어찌 된 영문인가를 그제서야 알고 스마일리는 펄쩍 뛰고 그 친구의 뒤를 쫓아 나갔지만 결국 잡지 못하고 말았습죠. 그래서 말씀야—"

바로 이때에 밖에서 사이몬 휠러의 이름을 부르는 소리가 나 그는 뭣 때문에 그러나 하고 일어섰다. 그는 걸어가면서 내 쪽을 돌아보고, "잠깐만 그대로 앉아 계슈. 내 금방 돌아올 테니"라고 말하였다. 그러나 이 이상 더 기업 정신이 왕성한 부랑자인 짐 스마일리의 얘기를 계속 들어 보았댔자 리오나이다스 스마일리 목사의 안부에 관하여 하등의 소식을 들을 것 같지 않아 나는 자리를 떴다. 문간에서 나는 이 붙임성 많은 휠러가 되돌아오는 것과 맞닥뜨렸다. 그는 나를 몰아세워 놓고 다시 얘기를 계속했다.

"이 스마일리라는 친구가 말씀이야, 언젠가 한 번은 꼬리가 없는 노란색의 애꾸눈의 암소를 한 마리 갖고 있었는데, 꼬리가 없어 그냥 바나나 같은 몽땅한 밑둥만 남은 놈이란 말씀이야—"

"아, 스마일리나 그 인간한테 시달리는 소나 뒈져버리라지!" 나는 사람 좋은 얼굴로 이렇게 내뱉고는 노신사에게 인사 후 길을 떠났다.

작품 이해를 위한 문제

Read the passage and complete the commentary below by filling in the blank with the ONE most appropriate word from the passage.

There was a feller here once by the name of Jim Smiley, in the winter of '49 — or maybe it was the spring of '50 — I don't recollect exactly, somehow, though what makes me think it was one or the other is because I remember the big flume wasn't finished when he first came to the camp; but anyway, he was the curiosest man about always betting on any thing that turned up you ever see, if he could get any body to bet on the other side; and if he couldn't, he'd change sides. [⋯] Why, it never made no difference to him he would bet on any thing the dangdest feller. Parson Walker's wife laid very sick once, for a good while, and it seemed as if they warn's going to save her; but one morning he come in, and Smiley asked how she was, and he said she was considerable better thank the Lord for his inf'nit mercy and coming on so smart that, with the blessing of Providence, she'd get well yet; and Smiley, before he thought, says, "Well, I'll risk two-and-a-half that she don't, any way."

Commentary

Jim Smiley's main characteristic is his love of or addiction for ________. He likes the competition, even though he's good-natured about it. His honesty shows that even pastimes as shady as gambling have codes of honor attached to them. Unfortunately, he can also be quite tactless, like when he bets that the parson's wife will stay sick.

Answer betting

05 Désirée's Baby

Kate Chopin(1850-1904)

[1]

As the day was pleasant, Madame Valmonde drove over to L'Abri to see Desiree and the baby.

It made her laugh to think of Desiree with a baby. Why, it seemed but yesterday that Desiree was little more than a baby herself; when Monsieur in riding through the gateway of Valmonde had found her lying asleep in the shadow of the big stone pillar.

The little one awoke in his arms and began to cry for "Dada." That was as much as she could do or say. Some people thought she might have strayed there of her own accord, for she was of the toddling age. The prevailing belief was that she had been purposely left by a party of Texans, whose canvas-covered wagon, late in the day, had crossed the ferry that Coton Mais kept, just below the plantation. In time Madame Valmonde abandoned every speculation but the one that Desiree had been sent to her by a beneficent Providence to be the child of her affection, seeing that she was without child of the flesh. For the girl grew to be beautiful and gentle, affectionate and sincere — the idol of Valmonde.

It was no wonder, when she stood one day against the stone pillar in whose shadow she had lain asleep, eighteen years before, that Armand Aubigny riding by and seeing her there, had fallen in love with her. That was the way all the Aubignys fell in love, as if struck by a pistol shot. The wonder was that he had not loved her before; for he had known her since his father brought him home from Paris, a boy of eight, after his mother died there. The passion that awoke in him that day, when he saw her at the gate, swept along like an avalanche, or like a prairie fire, or like anything that drives headlong over all obstacles.

Monsieur Valmonde grew practical and wanted things well considered: that is, the girl's obscure origin. Armand looked into her eyes and did not care. He was reminded that she was nameless. What did it matter about a name when he could give her one of the oldest and proudest in Louisiana? He ordered the corbeille from Paris, and contained himself with what patience he could until it arrived; then they were married.

[2]

Madame Valmonde had not seen Desiree and the baby for four weeks. When she reached L'Abri she shuddered at the first sight of it, as she always did. It was a sad looking place, which for many years had not known the gentle presence of a mistress, old Monsieur Aubigny having married and buried his wife in France, and she having loved her own land too well ever to leave it. The roof came down steep and black like a cowl, reaching out beyond the wide galleries that encircled the yellow stuccoed house. Big, solemn oaks grew close to it, and their thick-leaved, far-reaching branches shadowed it like a pall. Young Aubigny's rule was a strict one, too, and under it his negroes had forgotten how to be gay, as they had been during the old master's easy-going and indulgent lifetime.

The young mother was recovering slowly, and lay full length, in her soft white muslins and laces, upon a couch. The baby was beside her, upon her arm, where he had fallen asleep, at her breast. The yellow nurse woman sat beside a window fanning herself.

Madame Valmonde bent her portly figure over Desiree and kissed her, holding her an instant tenderly in her arms. Then she turned to the child.

"This is not the baby!" she exclaimed, in startled tones. French was the language spoken at Valmonde in those days.

"I knew you would be astonished," laughed Desiree, "at the way he has grown. The little cochon de lait! Look at his legs, mamma, and his hands and fingernails — real fingernails. Zandrine had to cut them this morning. Isn't it true, Zandrine?"

The woman bowed her turbaned head majestically, "Mais si, Madame."

"And the way he cries," went on Desiree, "is deafening. Armand heard him the other day as far away as La Blanche's cabin."

Madame Valmonde had never removed her eyes from the child. She lifted it and walked with it over to the window that was lightest. She scanned the baby narrowly, then looked as searchingly at Zandrine, whose face was turned to gaze across the fields.

"Yes, the child has grown, has changed," said Madame Valmonde, slowly, as she replaced it beside its mother. "What does Armand say?"

Desiree's face became suffused with a glow that was happiness itself.

"Oh, Armand is the proudest father in the parish, I believe, chiefly because it is a boy, to bear his name; though he says not — that he would have loved a girl as well. But I know it isn't true. I know he says that to please me. And mamma," she added, drawing Madame Valmonde's head down to her, and speaking in a whisper, "he hasn't punished one of them — not one of them — since baby is born. Even Negrillon, who pretended to have burnt his leg that he might rest from work — he only laughed, and said Negrillon was a great scamp. Oh, mamma, I'm so happy; it frightens me."

What Desiree said was true. Marriage, and later the birth of his son had softened Armand

Aubigny's imperious and exacting nature greatly. This was what made the gentle Desiree so happy, for she loved him desperately. When he frowned she trembled, but loved him. When he smiled, she asked no greater blessing of God. But Armand's dark, handsome face had not often been disfigured by frowns since the day he fell in love with her.

[3]

When the baby was about three months old, Desiree awoke one day to the conviction that there was something in the air menacing her peace. It was at first too subtle to grasp. It had only been a disquieting suggestion; an air of mystery among the blacks; unexpected visits from far-off neighbors who could hardly account for their coming. Then a strange, an awful change in her husband's manner, which she dared not ask him to explain. When he spoke to her, it was with averted eyes, from which the old love-light seemed to have gone out. He absented himself from home; and when there, avoided her presence and that of her child, without excuse. And the very spirit of Satan seemed suddenly to take hold of him in his dealings with the slaves. Desiree was miserable enough to die.

She sat in her room, one hot afternoon, in her peignoir, listlessly drawing through her fingers the strands of her long, silky brown hair that hung about her shoulders. The baby, half naked, lay asleep upon her own great mahogany bed, that was like a sumptuous throne, with its satin-lined half-canopy. One of La Blanche's little quadroon boys — half naked too — stood fanning the child slowly with a fan of peacock feathers. Desiree's eyes had been fixed absently and sadly upon the baby, while she was striving to penetrate the threatening mist that she felt closing about her. She looked from her child to the boy who stood beside him, and back again; over and over. "Ah!" It was a cry that she could not help; which she was not conscious of having uttered. The blood turned like ice in her veins, and a clammy moisture gathered upon her face.

She tried to speak to the little quadroon boy; but no sound would come, at first. When he heard his name uttered, he looked up, and his mistress was pointing to the door. He laid aside the great, soft fan, and obediently stole away, over the polished floor, on his bare tiptoes.

She stayed motionless, with gaze riveted upon her child, and her face the picture of fright.

Presently her husband entered the room, and without noticing her, went to a table and began to search among some papers which covered it.

"Armand," she called to him, in a voice which must have stabbed him, if he was human. But he did not notice. "Armand," she said again. Then she rose and tottered towards him.

"Armand," she panted once more, clutching his arm, "look at our child. What does it mean? Tell me."

He coldly but gently loosened her fingers from about his arm and thrust the hand away from him. "Tell me what it means!" she cried despairingly.

"It means," he answered lightly, "that the child is not white; it means that you are not white."

A quick conception of all that this accusation meant for her nerved her with unwonted courage to deny it. "It is a lie; it is not true, I am white! Look at my hair, it is brown; and my eyes are gray, Armand, you know they are gray. And my skin is fair," seizing his wrist. "Look at my hand; whiter than yours, Armand," she laughed hysterically.

"As white as La Blanche's," he returned cruelly; and went away leaving her alone with their child.

[4]

When she could hold a pen in her hand, she sent a despairing letter to Madame Valmonde.

"My mother, they tell me I am not white. Armand has told me I am not white. For God's sake tell them it is not true. You must know it is not true. I shall die. I must die. I cannot be so unhappy, and live."

The answer that came was brief:

"My own Desiree: Come home to Valmonde; back to your mother who loves you. Come with your child."

When the letter reached Desiree she went with it to her husband's study, and laid it open upon the desk before which he sat. She was like a stone image: silent, white, motionless after she placed it there.

In silence he ran his cold eyes over the written words.

He said nothing. "Shall I go, Armand?" she asked in tones sharp with agonized suspense.

"Yes, go."

"Do you want me to go?"

"Yes, I want you to go."

He thought Almighty God had dealt cruelly and unjustly with him; and felt, somehow, that he was paying Him back in kind when he stabbed thus into his wife's soul. Moreover he no longer loved her, because of the unconscious injury she had brought upon his home and his name.

She turned away like one stunned by a blow, and walked slowly towards the door, hoping he would call her back.

"Good-by, Armand," she moaned.

He did not answer her. That was his last blow at fate.

Desiree went in search of her child. Zandrine was pacing the sombre gallery with it. She took the little one from the nurse's arms with no word of explanation, and descending the steps, walked away, under the live-oak branches.

It was an October afternoon; the sun was just sinking. Out in the still fields the negroes were picking cotton.

Desiree had not changed the thin white garment nor the slippers which she wore. Her hair was uncovered and the sun's rays brought a golden gleam from its brown meshes. She did not take the broad, beaten road which led to the far-off plantation of Valmonde. She walked across a deserted field, where the stubble bruised her tender feet, so delicately shod, and tore her thin gown to shreds.

She disappeared among the reeds and willows that grew thick along the banks of the deep, sluggish bayou; and she did not come back again.

[5]

Some weeks later there was a curious scene enacted at L'Abri. In the centre of the smoothly swept back yard was a great bonfire. Armand Aubigny sat in the wide hallway that commanded a view of the spectacle; and it was he who dealt out to a half dozen negroes the material which kept this fire ablaze.

A graceful cradle of willow, with all its dainty furbishings, was laid upon the pyre, which had already been fed with the richness of a priceless layette. Then there were silk gowns, and velvet and satin ones added to these; laces, too, and embroideries; bonnets and gloves; for the corbeille had been of rare quality.

The last thing to go was a tiny bundle of letters; innocent little scribblings that Desiree had sent to him during the days of their espousal. There was the remnant of one back in the drawer from which he took them. But it was not Desiree's; it was part of an old letter from his mother to his father. He read it. She was thanking God for the blessing of her husband's love: —

"But above all," she wrote, "night and day, I thank the good God for having so arranged our lives that our dear Armand will never know that his mother, who adores him, belongs to the race that is cursed with the brand of slavery."

작가소개 **Kate Chopin(1850-1904)**

Kate Chopin (born Katherine O'Flaherty on February 8, 1850 – August 22, 1904) was an American author of short stories and novels, mostly of a Louisiana Creole background. She is now considered to have been a forerunner of feminist authors of the 20th century.

From 1889 to 1902, she wrote short stories for both children and adults which were published in such magazines as Atlantic Monthly, Vogue, the Century, and Harper's Youth's Companion. Her major works were two short story collections, "Bayou Folk"(1894) and "A Night in Acadie"(1897). Her important short stories included "Desiree's Baby", a tale of miscegenation in antebellum Louisiana; "The Story of an Hour" and "The Storm."

Chopin also wrote two novels: "At Fault"(1890) and "The Awakening"(1899), which is set in New Orleans and Grand Isle. The people in her stories are usually inhabitants of Louisiana. Many of her works are set about Natchitoches in north central Louisiana. In time, literary critics determined that Chopin addressed the concerns of women in all places and for all times in her literature.

한글 번역

데지레의 아기

[1]

날씨가 상쾌했기에, 발몽 부인은 데지레와 그녀의 아기를 보러 라브리로 차를 몰았다.

데지레와 그녀의 아기 모습은 생각만 해도 웃음이 나왔다. 아닌 게 아니라, 데지레 자신이 갓난아기였을 때가 바로 엊그제 같았기 때문이다. 그때 남편 발몽이 커다란 돌기둥 아래 그늘에 누워 잠이 든 아기를 발견했었다.

조그마한 아기는 그의 팔 안에서 잠을 깨고 '다다'라고 말하며 울기 시작했다. 그것이 그녀가 할 수 있는, 또는 말할 수 있는 것의 전부였다. 어떤 사람들은 그녀가 혼자 그곳에서 길을 잃어버린 것이라고 생각했다. 왜냐하면 그녀는 걸음마를 하는 나이였기 때문이었다. 일반적인 믿음은, 어느 늦은 오후에 천으로 싸인 마차를 가지고 있는 텍사스 사람들이 농장 바로 밑에 흐르는 코튼 메이스의 나루터를 건넜을 때 그녀를 의도적으로 텍사스인들의 일행이 버렸다는 것이다. 그 당시 발몽 부인은 그녀에게 자식이 없었으므로 자비로운 신의 섭리로 데지레가 그녀에게 보내졌고, 그녀의 사랑을 받는 아이가 되도록 보내졌다는 것을 빼고는 모든 추측들을 떨쳐버렸다. 여자아이는 아름답고, 매력적이면서도 사려 깊은 아이로 자라났다 — 아이는 발몽의 우상이었다.

18년 전 돌기둥 그늘 아래서 잠자고 있던 그 아이가 똑같은 돌기둥에 기대어 있는 것을 지나가다 본 아르망 오빅니가 그녀와 사랑에 빠진 것은 당연한 일이었다. 마치 총알을 한 방 맞듯이, 오빅니 가문 사람들은 그렇게 사랑에 빠지곤 했다. 오히려 아르망의 어머니가 죽은 후 8살의 아르망 오빅니의 아버지가 파리로부터 그를 데리러 온 후로 그녀를 알았었던 동안, 즉 그 전에 데지레를 사랑하지 않았다는 것이 이상한 일이다. 아르망이 그 문에서 데지레를 보았던 그 날 아르망을 깨웠던 열정은 눈사태처럼 대초원의 불처럼 혹은 모든 장애물을 극복할 것처럼 휩쓸었다.

발몽 씨는 현실적이었으며 딸의 불분명한 출생이 잘 여겨지길 바랐다. 아르망은 그녀의 눈을 들여다보고 걱정하지 않았다. 다른 사람들은 그에게 그녀가 이름이 없다는 것을 상기시켜 주었다. 이름이 무슨 문제란 말인가? 그는 그녀에게 루이지애나의 가장 오래되고 자랑스러운 이름을 주었다. 그는 파리에서 corbeillea를 주문했고 도착할 때까지 고통을 참았다. 그런 다음 결혼했다.

[2]

발몽 부인은 데지레와 아기를 4주 동안 보지 못했다. 라브리에 도착하자, 언제나 그랬듯이, 그녀는 첫 번째 맞는 광경에 몸을 떨었다. 그곳은 수년간 안주인의 부드러운 존재감이 결여된, 슬픈 느낌이 드는 곳이었다. 오빅니 씨는 프랑스에서 아내와 결혼하고 그 땅에 그녀를 묻었는데, 그녀는 고국을 너무도 사랑한 나머지 떠나지 못한 것이었다. 굴뚝 뚜껑처럼 검은 지붕은 가파른 경사를 이루며 처져 있었고, 그것은 노란색 흙칠을 한 집을 둘러싼 발코니를 훨씬 넘어 뻗어 있었다. 크고 무거운 참나무들이 집 가까이에 자라 있었는데, 빽빽이 들어찬 이파리들과 멀리까지 뻗은 가지들은 음침한 장막을 친 듯 그림자를 드리우고 있었다. 젊은 오빅니의 집안에서의 규율도 엄격한 것이어서, 그 아래 일하는 검둥이들은 편하고 관대한 이전 주인의 밑에서 일할 때 지었던 즐거운 표정들을 잃었다.

산모는 소파 위에, 부드럽고 하얀 무명과 레이스로 된 옷을 입고 쭉 뻗고 누워 서서히 회복하고 있는 중이었다. 아기는 그녀와 같이 있었는데, 그녀의 팔에 안겨 가슴께에서 잠들어 있었다. 동양인 보모는 환풍기 근처에 자리를 잡고 앉았다.

발몽 부인은 중년의 몸매를 굽혀 잠시 부드럽게 팔로 안은 채 데지레에게 키스를 했다. 그다음 그녀는 아기를 보았다.

"이건 아기가 아니잖아!"라고 그녀는 깜짝 놀라 외쳤다. 그 당시 발몽에서는 프랑스어를 썼다.

"아이가 자란 걸 보고 놀라실 줄 알았어요."라고 말하며 데지레가 웃었다. "작은 꽃돼지죠… 아이의 손발과 진짜 손톱 같은 손톱 좀 보세요 엄마, 잔드린이 오늘 아침에 깎았어요. 그렇지, 잔드린?"

그 여자는 터번을 한 머리를 공손하게 숙였다. "물론입니다."

데지레는 계속 말했다. "애가 울 때는 귀를 먹먹하게 해요. 아르망은 이틀 전에 라 블랑쉬의 오두막집만큼 멀리 떨어진 곳에서 그의 목소리를 들었대요"

발몽 부인은 아이에게서 눈을 떼지 못했다. 그녀는 아이를 안고서 가장 밝은 창문 쪽으로 아이와 함께 걸어갔다. 그녀는 아이를 정밀하게 자세히 살펴보았고 그런 다음 들판 너머를 응시하고 있는 잔드린을 예리하게, 탐색하듯이 쳐다보았다.

"그래, 애는 크는 셈이지, 또 변하기도 하고"라고 발몽 부인은 천천히 아기를 제 엄마에게 돌려주며 말했다. "아르망은 뭐라고 하니?"

데지레의 얼굴은 행복 그 자체의 빛으로 가득 찼다.

"응, 아르망은 동네에서 가장 자랑스러운 아버지라고 생각하고 있어요. 왜냐하면 애가 남자아이라서 자기의 성을 돌려받을 수 있어서 그런 것 같아요. 자기는 아니라고 여자아이도 똑같이 사랑할 것이라고는 하지만요, 하지만 그건 거짓말이에요. 단지 저를 보고 하는 말일 뿐이죠. 그리고 "엄마"라고 말하며 그녀는 발몽 부인의 머리를 자신에게 기울이도록 한 채 속삭이면서 덧붙였다. "그이는 아무에게도 벌을 주지 않았어요 — 하인 중 아무에게도요, 우리 애가 태어난 후부터요. 네그릴리온이 발을 데인 척하면서 일을 쉬겠다고 하는데도 단지 웃으면서 정말 건달 같은 놈이라고만 했어요. 엄마, 전 너무 행복해요. 너무 행복해서 겁이 날 정도로요 —"

데지레가 말한 것은 사실이었다. 결혼에 이은 아들의 탄생은 아르망 오빅니의 전제적이고 냉철한 성질을 크게 누그러뜨렸다. 이 일 때문에 온순하고, 남편을 너무도 사랑하는 데지레는 그렇게 행복했던 것이었다. 그가 인상을 쓸 때는 두려움에 떨었지만 그래도 그를 사랑했다. 그가 웃으면, 그녀는 신의 축복 이상을 바라지 않았다. 하지만 아르망의 어둡고 잘생긴 얼굴은 그녀의 사랑에 빠진 후 인상을 씀으로써 구겨지는 일은 별로 없게 되었다.

[3]

아기가 3개월이 되던 때 데지레는 어느 날 잠에서 깨어나 그녀의 평화를 무참히 짓밟는 무엇이 공기 중에 감돌고 있음을 확신했다. 처음엔 그 느낌이 너무나 미미해서 무엇인지 감을 잡기 어려웠다. 단지 불안한 생각이었을 뿐이었다. 검둥이들 사이에 감도는 비밀스러움, 멀리 떨어진 이웃의 도무지 이유를 종잡을 수 없는 불시적 방문, 그리고 그녀의 남편의 태도에서 일어나는 감히 물어볼 수도 없는 이상하고 무시무시한 변화가 이어졌다. 그가 그녀에게 이야기할 땐 시선은 다른 곳을 향하고 있었고, 그 눈은 예전의 사랑의 불꽃이 사그라진 상태였다. 그는 집을 비웠다. 그리고 집에 있을 때는 아무 이유 없이 그녀나 아이의 존재를 피하곤 했다. 그리고 갑자기 사탄의 악령이 나타나 그가 노예들을 다루는 태도를 주관하기 시작했다. 데지레는 죽고 싶은 만큼 비참했다.

어느 더운 날 그녀는 자신의 방에 실내복을 입고 앉아서 어깨에 내려뜨린 길고 매끄러운 갈색 머릿결을 손가락으로 무기력하게 가다듬고 있었다. 아기는 반쯤 옷을 벗은 채 그녀의 커다란 마호가니 침대에 누워 자고 있었는데, 침대를 반쯤 덮은 면으로 가장자리가 처리된 침대 차양 때문에 침대는 마치 호화스러운 왕관처럼 보였다. 블랑쉬네 혼혈아들들 — 역시 반쯤 옷을 걸치고 있는 — 은 아이 집에서 서서 공작 깃털로 만든 부채를 천천히 부쳐주고 있었다. 점점 가까이 다가오는 것 같은 위험한 안개를 헤쳐 나가려고 기를 쓰고 있는 동안 데지레의 공허하고 슬픈 시선은 아기에게 고정되었다. 그녀는 아기 옆에 서 있는 아이에게 잠시 눈을 뒀다가 다시 아기에게로 눈을 돌렸다. 계속 그렇게 반복하고 있었다. "아!" 그녀는 드디어 한숨을 참을 수 없었다. 스스로도 모를 만큼 무의식적인 한숨이었다. 혈관 속의 피는 얼어붙는 듯했으며 얼굴엔 끈적끈적한 물기가 흐르는 듯했다.

그녀는 혼혈 아이에게 말하려고 했다. 그러나 처음엔 아무 소리도 낼 수 없었다. 아이가 자신의 이름을 듣고 고개를 들자, 안주인인 데지레는 손으로 문을 가리켰다. 아이는 커다랗고 부드러운 부채를 옆에 두고 반질반질하게 닦은 마룻바닥을 맨발 발끝으로 디디며 복종하듯 자리를 피했다.

미동도 하지 않은 채 그녀의 시선은 아이에게 고정되었고, 얼굴엔 두려움의 빛이 비쳤다.
그때 그녀의 남편이 그녀를 의식하지 않은 채 방으로 들어와 테이블로 가더니 그 위를 덮고 있는 종이 더미 사이로 뭔가를 찾기 시작했다.
"아르망"이라고 그녀는 불렀고, 만일 인간이라면 그 목소리에 움찔했을 정도였다. 하지만 그는 알아듣지 못했다. "아르망"이라고 그녀는 다시 불렀다. 그다음 그녀는 일어나 그를 향해 넘어질 듯 다가갔다.
"아르망"이라고 그녀는 그의 팔을 붙잡고 다시금 헐떡이며 말했다. "우리 애를 봐요, 어떤 생각이 들죠? 말해 봐요."
그는 차갑지만 부드럽게 그녀의 손가락의 자신의 팔에서 빼고는 그녀의 손을 뿌리쳤다. "어떤 생각이 드냐고요!" 그녀는 절망적인 어조로 소리쳤다.
"그 애는" 그는 가벼운 말투로 말했다. "백인이 아니야, 그 말은 당신도 백인이 아니라는 소리지."
그의 이런 비난에 담긴 뜻을 알아차리는 순간 그녀는 자신도 모르게 그것을 부인하려는 용기가 생겼다. "거짓말, 거짓말이에요. 난 백인이라구요! 내 머리카락 갈색이잖아요. 그리고 내 눈은 회색이에요. 아르망 당신도 내 눈이 회색인 걸 알잖아요. 그리고 내 피부는 하얀색이에요."라며 그녀는 그의 팔목을 붙들었다. "제 손을 보세요. 당신보다 더 희어요, 아르망"이라고 말하며 그녀는 신경질적으로 웃어댔다.
"블랑쉬의 피부만큼 하얗군" 그는 잔인하게 돌아섰다. 그리고 그들의 아이와 함께 그녀는 홀로 남겨두고 나가버렸다.

[4]

그녀가 그녀의 손으로 펜을 잡을 수 있게 되었을 때 그녀는 발몽 여사에게 절망적인 편지를 보냈다.
"나의 어머니, 그들이 내가 백인이 아니라고 말을 합니다. 아르망은 나더러 백인이 아니라고 말했어요. 제발 그들에게 사실이 아니라고 말 좀 해주세요. 어머니는 그게 사실이 아니라는 걸 알아야 해요. 난 죽을 거예요. 나는 죽어야 해요. 나는 이렇게 불행하게 살 수 없어요."
도착한 답장은 간단했다.
"나의 데지레야, 발몽의 집으로 오렴. 너를 사랑하는 너의 어머니에게 돌아오렴. 너의 아이와 함께 오렴."
그 편지가 데지레에게 도착했을 때 그녀는 그 편지를 가지고 남편의 서재로 갔다. 그리고 그가 앉던 책상 위에 편지를 개봉한 상태로 놓아두었다. 그녀는 그 편지를 그 곳에 두고 나서 과묵하고 창백하고 움직이지 않는 돌과 같은 모습이었다.
침묵 속에서 그는 그의 차가운 눈을 쓰인 글귀에 놓아두었다.
그는 아무 말도 하지 않았다. "내가 나갈까요? 아르망?" 그녀는 고민스런 걱정과 함께 날카로운 말투로 물어보았다.
"그래, 가."
"당신은 내가 떠나길 원해요?"
"그래, 당신이 떠났으면 좋겠어."
그는 전지전능한 신이 그를 이렇게 잔인하고 불공평하게 다루었다고 생각했다. 그리고 어쨌든 그는 그 아내의 영혼에 그렇게 상처를 입히는 방식으로 신에게 되갚음을 하고 있다고 생각했다. 게다가 그는 더 이상 그녀를 사랑하지 않는다. 왜냐하면 그녀가 그의 가문과 그의 이름에 손상을 입혔기 때문이다.
그녀는 충격으로 멍해져서 돌아서 버렸다. 그가 그녀를 다시 불러주길 바라면서 천천히 문 쪽으로 향해 걸어갔다.
"안녕, 아르망"이라며 그녀가 신음처럼 내뱉었다.
그는 대답하지 않았다. 그것은 그의 마지막 복수였다.
데지레는 그녀의 아이를 찾으러 갔다. 잔드린은 아이를 안고 어두침침한 복도를 걷고 있었다. 그녀는 아무 설명 없이 잔드린의 팔에서 아이를 데려갔고 계단을 내려갔고 참나무 아래를 지나 멀리 갔다.
10월 오후였다. 태양은 막 지고 있었고 고요한 들판에서 검둥이들은 목화를 따고 있었다.
데지레는 얇은 하얀색 옷을 바꿔 입지도 않았고, 신었던 슬리퍼도 갈아 신지 않았다. 그녀는 모자를 쓰지도 않았고 햇빛은 그녀의 브라운 망사 옷을 비추었다. 데지레는 넓고 잘 다져진 발몽의 먼 농장 길을 택하지 않았다. 그녀는 황량한 들판을 가로질러 갔고 거기서 남은 그루터기가 그녀의 부드러운 발을 멍들게 했다. 그리하여 그녀의 얇은 가운을 갈기갈기 찢어 섬세하게 선을 그었다.
그녀는 갈대밭과 깊고 흐름이 굼뜬 강어미를 따라 두껍게 자라고 있는 버드나무 사이에서 사라졌다. 그리고 그녀는 다시 돌아오지 않았다.

[5]

몇 주 후 호기심을 돋우게 하는 장면이 라브리에서 행해졌다. 부드럽게 휩쓸고 간 뒤뜰의 중앙에는 거대한 모닥불이 있었다. 아르망 오빅니는 스펙터클한 화면이 내려다보이는 넓은 복도에 앉아 있었다. 그리고 그가 이 불이 계속하여 타도록 한 6명의 검둥이들을 다루고 있었다.

단아한 버드나무 요람이 우아할 정도로 윤이 나게 닦여진 채로 장작더미 위에 놓여 있었다. 그곳은 이미 아주 귀중한 용품들로 넘쳐나고 있었다. 그리고 거기에는 실크 가운이 있었고 우단과 공단으로 지어진 옷이 여기에 더해졌다. 또한 레이스도 그러했고, 자수품도 그러했다. 보넷과 장갑 또한 그러했다.

마지막으로 더해진 것은 작은 편지 다발이었다. 데지레가 혼례 기간에 그에게 보낸 순수한 작은 글씨가 있었다. 그가 그것들을 꺼낸 서랍의 맨 뒤에 나머지 편지가 있었다. 그러나 그것은 데지레의 것이 아니었다. 그것은 그의 어머니가 그의 아버지에게로 보내는 낡은 편지의 일부였다. 그는 그것을 읽었다. 그녀는 그녀의 남편의 사랑을 축복한 것에 대해 하나님께 감사했다.

"그러나 그중에서도"라고 그녀는 썼다. "나는 늘 우리의 사랑스런 아르망이 아르망을 사랑하는 어머니가 종으로 낙인된 저주받는 인종에 속해있음을 결코 알지 못하도록 우리의 삶을 계획하여 두신 좋으신 하나님에게 감사드립니다."

작품 이해를 위한 문제

01 **This is the excerpt from Désirée's Baby. Which of the following best describes Désirée's psychology shown in the excerpt?**

> She tried to speak to the little quadroon boy; but no sound would come, at first. When he heard his name uttered, he looked up, and his mistress was pointing to the door. He laid aside the great, soft fan, and obediently stole away, over the polished floor, on his bare tiptoes.
>
> She stayed motionless, with gaze riveted upon her child, and her face the picture of fright.
>
> Presently her husband entered the room, and without noticing her, went to a table and began to search among some papers which covered it.
>
> "Armand," she called to him, in a voice which must have stabbed him, if he was human. But he did not notice. "Armand," she said again. Then she rose and tottered towards him. "Armand," she panted once more, clutching his arm, "look at our child. What does it mean? Tell me."
>
> He coldly but gently loosened her fingers from about his arm and thrust the hand away from him. "Tell me what it means!" she cried despairingly.

① She is stunned by two reasons, one concerning her supposed race and one concerning his own.
② She is nervous of talking the truth that she has cheated on him.
③ She is angry because her husband does not answer her question.
④ She is full of hatred of the baby of hers.
⑤ She is embarrassed because her husband loosens her fingers without her consent.

02 **This shows the conversation between Désirée and her husband. Which of the followings cannot be inferred from the passage?**

> "It means," he answered lightly, "that the child is not white; it means that you are not white."
>
> A quick conception of all that this accusation meant for her nerved her with unwonted courage to deny it. "It is a lie; it is not true, I am white! Look at my hair, it is brown; and my eyes are gray, Armand, you know they are gray. And my skin is fair," seizing his wrist. "Look at my hand; whiter than yours, Armand," she laughed hysterically.
>
> "As white as La Blanche's," he returned cruelly; and went away leaving her alone with their child.
>
> When she could hold a pen in her hand, she sent a despairing letter to Madame Valmonde.
>
> "My mother, they tell me I am not white. Armand has told me I am not white. For God's sake tell them it is not true. You must know it is not true. I shall die. I must die. I cannot be so unhappy, and live."
>
> The answer that came was brief: "My own Desiree: Come home to Valmonde; back to your mother who loves you. Come with your child."
>
> When the letter reached Desiree she went with it to her husband's study, and laid it open upon the desk before which he sat. She was like a stone image: silent, white, motionless after she placed it there.

① La Blanche's name refers to her in the visual image.

② La Blanche's appearance illustrates the contradiction of a racial system based on color.

③ In this concept a person who looks white but has a drop of black blood is labeled black.

④ The one-drop rule leads to the problem of invisible blackness like Désirée.

⑤ La Blanche's name represents her racial identity.

03 **This is the excerpt from Désirée's Baby and the explanation of the main conflict in the novel. Which of the following best completes the blank?**

In silence he ran his cold eyes over the written words.

He said nothing. "Shall I go, Armand?" she asked in tones sharp with agonized suspense.

"Yes, go."

"Do you want me to go?"

"Yes, I want you to go."

He thought Almighty God had dealt cruelly and unjustly with him; and felt, somehow, that he was paying Him back in kind when he stabbed thus into his wife's soul. Moreover he no longer loved her, because of the unconscious injury she had brought upon his home and his name.

She turned away like one stunned by a blow, and walked slowly towards the door, hoping he would call her back.

"Good-by, Armand," she moaned.

He did not answer her. That was his last blow at fate.

Desiree went in search of her child. Zandrine was pacing the sombre gallery with it. She took the little one from the nurse's arms with no word of explanation, and descending the steps, walked away, under the live-oak branches.

『(　　　　), which lies at the heart of the contradiction marks the point at which sexual politics most clearly intersect with racial politics. Theoretically either parent in an interracial union could belong to either race. Nonetheless, "by far the greatest incidence of (　　　　) took place between white men and black female slaves."』

① Bigamy　　② Polygamy

③ Miscegenation　　④ Monogamy

⑤ International marriage

Answer

01. ①
02. ⑤
03. ③

06 The Yellow Wallpaper

Charlotte Perkins Gilman(1860-1935)

[1]

It is very seldom that mere ordinary people like John and myself secure ancestral halls for the summer. A colonial mansion, a hereditary estate, I would say a haunted house, and reach the height of romantic felicity — but that would be asking too much of fate!

Still I will proudly declare that there is something queer about it.

Else, why should it be let so cheaply? And why have stood so long untenanted?

John laughs at me, of course, but one expects that in marriage.

John is practical in the extreme. He has no patience with faith, an intense horror of superstition, and he scoffs openly at any talk of things not to be felt and seen and put down in figures.

John is a physician, and perhaps — (I would not say it to a living soul, of course, but this is dead paper and a great relief to my mind) — perhaps that is one reason I do not get well faster.

You see, he does not believe I am sick!

And what can one do?

If a physician of high standing, and one's own husband, assures friends and relatives that there is really nothing the matter with one but temporary nervous depression — a slight hysterical tendency — what is one to do?

My brother is also a physician, and also of high standing, and he says the same thing.

So I take phosphates or phosphites — whichever it is, and tonics, and journeys, and air, and exercise, and am absolutely forbidden to "work" until I am well again.

Personally, I disagree with their ideas.

Personally, I believe that congenial work, with excitement and change, would do me good.

But what is one to do?

I did write for a while in spite of them; but it does exhaust me a good deal — having to be so sly about it, or else meet with heavy opposition.

I sometimes fancy that in my condition if I had less opposition and more society and stimulus — but John says the very worst thing I can do is to think about my condition, and I confess it always makes me feel bad.

So I will let it alone and talk about the house.

The most beautiful place! It is quite alone, standing well back from the road, quite three miles from the village. It makes me think of English places that you read about, for there are hedges and walls and gates that lock, and lots of separate little houses for the gardeners and people.

There is a delicious garden! I never saw such a garden — large and shady, full of box-bordered paths, and lined with long grape-covered arbors with seats under them.

There were greenhouses, too, but they are all broken now.

There was some legal trouble, I believe, something about the heirs and co-heirs; anyhow, the place has been empty for years.

That spoils my ghostliness, I am afraid; but I don't care — there is something strange about the house — I can feel it.

I even said so to John one moonlight evening, but he said what I felt was a draught, and shut the window.

I get unreasonably angry with John sometimes. I'm sure I never used to be so sensitive. I think it is due to this nervous condition.

But John says if I feel so I shall neglect proper self-control; so I take pains to control myself, — before him, at least, — and that makes me very tired.

I don't like our room a bit. I wanted one downstairs that opened on the piazza and had roses all over the window, and such pretty old-fashioned chintz hangings! but John would not hear of it.

He said there was only one window and not room for two beds, and no near room for him if he took another.

He is very careful and loving, and hardly lets me stir without special direction.

I have a schedule prescription for each hour in the day; he takes all care from me, and so I feel basely ungrateful not to value it more.

He said we came here solely on my account, that I was to have perfect rest and all the air I could get.

"Your exercise depends on your strength, my dear," said he, "and your food somewhat on your appetite; but air you can absorb all the time." So we took the nursery, at the top of the house.

It is a big, airy room, the whole floor nearly, with windows that look all ways, and air and sunshine galore. It was nursery first and then playground and gymnasium, I should judge; for the windows are barred for little children, and there are rings and things in the walls.

The paint and paper look as if a boys' school had used it. It is stripped off — the paper — in great patches all around the head of my bed, about as far as I can reach, and in a great place on the other side of the room low down. I never saw a worse paper in my life.

One of those sprawling flamboyant patterns committing every artistic sin.

It is dull enough to confuse the eye in following, pronounced enough to constantly irritate, and provoke study, and when you follow the lame, uncertain curves for a little distance they suddenly commit suicide — plunge off at outrageous angles, destroy themselves in unheard-of contradictions.

The color is repellant, almost revolting; a smouldering, unclean yellow, strangely faded by the slow-turning sunlight.

It is a dull yet lurid orange in some places, a sickly sulphur tint in others.

No wonder the children hated it! I should hate it myself if I had to live in this room long.

There comes John, and I must put this away, — he hates to have me write a word.

[2]

We have been here two weeks, and I haven't felt like writing before, since that first day.

I am sitting by the window now, up in this atrocious nursery, and there is nothing to hinder my writing as much as I please, save lack of strength.

John is away all day, and even some nights when his cases are serious.

I am glad my case is not serious!

But these nervous troubles are dreadfully depressing.

John does not know how much I really suffer. He knows there is no reason to suffer, and that satisfies him.

Of course it is only nervousness. It does weigh on me so not to do my duty in any way!

I meant to be such a help to John, such a real rest and comfort, and here I am a comparative burden already!

Nobody would believe what an effort it is to do what little I am able — to dress and entertain, and order things.

It is fortunate Mary is so good with the baby. Such a dear baby!

And yet I cannot be with him, it makes me so nervous.

I suppose John never was nervous in his life. He laughs at me so about this wallpaper!

At first he meant to repaper the room, but afterwards he said that I was letting it get the better of me, and that nothing was worse for a nervous patient than to give way to such fancies.

He said that after the wallpaper was changed it would be the heavy bedstead, and then the barred windows, and then that gate at the head of the stairs, and so on.

"You know the place is doing you good," he said, "and really, dear, I don't care to renovate the house just for a three months' rental."

"Then do let us go downstairs," I said, "there are such pretty rooms there."

Then he took me in his arms and called me a blessed little goose, and said he would go down cellar if I wished, and have it whitewashed into the bargain.

But he is right enough about the beds and windows and things.

It is as airy and comfortable a room as any one need wish, and, of course, I would not be so silly as to make him uncomfortable just for a whim.

I'm really getting quite fond of the big room, all but that horrid paper.

Out of one window I can see the garden, those mysterious deep-shaded arbors, the riotous old-fashioned flowers, and bushes and gnarly trees.

Out of another I get a lovely view of the bay and a little private wharf belonging to the estate. There is a beautiful shaded lane that runs down there from the house. I always fancy I see people walking in these numerous paths and arbors, but John has cautioned me not to give way to fancy in the least. He says that with my imaginative power and habit of story-making a nervous weakness like mine is sure to lead to all manner of excited fancies, and that I ought to use my will and good sense to check the tendency. So I try.

I think sometimes that if I were only well enough to write a little it would relieve the press of ideas and rest me.

But I find I get pretty tired when I try.

It is so discouraging not to have any advice and companionship about my work. When I get really well John says we will ask Cousin Henry and Julia down for a long visit; but he says he would as soon put fire-works in my pillow-case as to let me have those stimulating people about now.

I wish I could get well faster.

But I must not think about that. This paper looks to me as if it knew what a vicious influence it had!

There is a recurrent spot where the pattern lolls like a broken neck and two bulbous eyes stare at you upside-down.

I get positively angry with the impertinence of it and the everlastingness. Up and down and sideways they crawl, and those absurd, unblinking eyes are everywhere. There is one place where two breadths didn't match, and the eyes go all up and down the line, one a little higher than the other.

I never saw so much expression in an inanimate thing before, and we all know how much expression they have! I used to lie awake as a child and get more entertainment and terror out of blank walls and plain furniture than most children could find in a toy-store.

I remember what a kindly wink the knobs of our big old bureau used to have, and there was one chair that always seemed like a strong friend.

I used to feel that if any of the other things looked too fierce I could always hop into that chair and be safe.

The furniture in this room is no worse than inharmonious, however, for we had to bring it all from downstairs. I suppose when this was used as a playroom they had to take the nursery things out, and no wonder! I never saw such ravages as the children have made here.

The wallpaper, as I said before, is torn off in spots, and it sticketh closer than a brother —they must have had perseverance as well as hatred.

Then the floor is scratched and gouged and splintered, the plaster itself is dug out here and there, and this great heavy bed, which is all we found in the room, looks as if it had been through the wars.

But I don't mind it a bit—only the paper.

There comes John's sister. Such a dear girl as she is, and so careful of me! I must not let her find me writing.

She is a perfect, and enthusiastic housekeeper, and hopes for no better profession. I verily believe she thinks it is the writing which made me sick!

But I can write when she is out, and see her a long way off from these windows.

There is one that commands the road, a lovely, shaded, winding road, and one that just looks off over the country. A lovely country, too, full of great elms and velvet meadows.

This wallpaper has a kind of sub-pattern in a different shade, a particularly irritating one, for you can only see it in certain lights, and not clearly then.

But in the places where it isn't faded, and where the sun is just so, I can see a strange, provoking, formless sort of figure, that seems to sulk about behind that silly and conspicuous front design.

There's sister on the stairs!

[3]

Well, the Fourth of July is over! The people are gone and I am tired out. John thought it might do me good to see a little company, so we just had mother and Nellie and the children down for a week.

Of course I didn't do a thing. Jennie sees to everything now.

But it tired me all the same.

John says if I don't pick up faster he shall send me to Weir Mitchell in the fall.

But I don't want to go there at all. I had a friend who was in his hands once, and she says he is just like John and my brother, only more so!

Besides, it is such an undertaking to go so far.

I don't feel as if it was worth while to turn my hand over for anything, and I'm getting dreadfully fretful and querulous.

I cry at nothing, and cry most of the time.

Of course I don't when John is here, or anybody else, but when I am alone.

And I am alone a good deal just now. John is kept in town very often by serious cases, and Jennie is good and lets me alone when I want her to.

So I walk a little in the garden or down that lovely lane, sit on the porch under the roses, and lie down up here a good deal.

I'm getting really fond of the room in spite of the wallpaper. Perhaps because of the wallpaper.

It dwells in my mind so!

I lie here on this great immovable bed — it is nailed down, I believe — and follow that pattern about by the hour. It is as good as gymnastics, I assure you. I start, we'll say, at the bottom, down in the corner over there where it has not been touched, and I determine for the thousandth time that I will follow that pointless pattern to some sort of a conclusion.

I know a little of the principle of design, and I know this thing was not arranged on any laws of radiation, or alternation, or repetition, or symmetry, or anything else that I ever heard of.

It is repeated, of course, by the breadths, but not otherwise.

Looked at in one way each breadth stands alone, the bloated curves and flourishes — a kind of "debased Romanesque" with delirium tremens — go waddling up and down in isolated columns of fatuity.

But, on the other hand, they connect diagonally, and the sprawling outlines run off in great slanting waves of optic horror, like a lot of wallowing seaweeds in full chase.

The whole thing goes horizontally, too, at least it seems so, and I exhaust myself in trying to distinguish the order of its going in that direction.

They have used a horizontal breadth for a frieze, and that adds wonderfully to the confusion.

There is one end of the room where it is almost intact, and there, when the cross-lights fade and the low sun shines directly upon it, I can almost fancy radiation after all, — the interminable grotesques seem to form around a common centre and rush off in headlong plunges of equal distraction.

It makes me tired to follow it. I will take a nap, I guess.

[4]

I don't know why I should write this.

I don't want to.

I don't feel able.

And I know John would think it absurd. But I must say what I feel and think in some way — it is such a relief!

But the effort is getting to be greater than the relief.

Half the time now I am awfully lazy, and lie down ever so much.

John says I musn't lose my strength, and has me take cod-liver oil and lots of tonics and things, to say nothing of ale and wine and rare meat.

Dear John! He loves me very dearly, and hates to have me sick. I tried to have a real earnest reasonable talk with him the other day, and tell him how I wish he would let me go and make a visit to Cousin Henry and Julia.

But he said I wasn't able to go, nor able to stand it after I got there; and I did not make out a very good case for myself, for I was crying before I had finished.

It is getting to be a great effort for me to think straight. Just this nervous weakness, I suppose.

And dear John gathered me up in his arms, and just carried me upstairs and laid me on the bed, and sat by me and read to me till it tired my head.

He said I was his darling and his comfort and all he had, and that I must take care of myself for his sake, and keep well.

He says no one but myself can help me out of it, that I must use my will and self-control and not let any silly fancies run away with me.

There's one comfort, the baby is well and happy, and does not have to occupy this nursery with the horrid wallpaper.

If we had not used it that blessed child would have! What a fortunate escape! Why, I wouldn't have a child of mine, an impressionable little thing, live in such a room for worlds.

I never thought of it before, but it is lucky that John kept me here after all. I can stand it so much easier than a baby, you see.

Of course I never mention it to them any more, — I am too wise, — but I keep watch of it all the same.

There are things in that paper that nobody knows but me, or ever will.

Behind that outside pattern the dim shapes get clearer every day.

It is always the same shape, only very numerous.

And it is like a woman stooping down and creeping about behind that pattern. I don't like it a bit. I wonder — I begin to think — I wish John would take me away from here!

[5]

It is so hard to talk with John about my case, because he is so wise, and because he loves me so.

But I tried it last night.

It was moonlight. The moon shines in all around, just as the sun does.

I hate to see it sometimes, it creeps so slowly, and always comes in by one window or another.

John was asleep and I hated to waken him, so I kept still and watched the moonlight on that undulating wallpaper till I felt creepy.

The faint figure behind seemed to shake the pattern, just as if she wanted to get out.

I got up softly and went to feel and see if the paper did move, and when I came back John was awake.

"What is it, little girl?" he said. "Don't go walking about like that — you'll get cold."

I thought it was a good time to talk, so I told him that I really was not gaining here, and that I wished he would take me away.

"Why darling!" said he, "our lease will be up in three weeks, and I can't see how to leave before. The repairs are not done at home, and I cannot possibly leave town just now. Of course if you were in any danger I could and would, but you really are better, dear, whether you can see it or not. I am a doctor, dear, and I know. You are gaining flesh and color, your appetite is better. I feel really much easier about you."

"I don't weigh a bit more," said I, "nor as much; and my appetite may be better in the evening, when you are here, but it is worse in the morning when you are away."

"Bless her little heart!" said he with a big hug; "she shall be as sick as she pleases! But now let's improve the shining hours by going to sleep, and talk about it in the morning!"

"And you won't go away?" I asked gloomily.

"Why, how can I, dear? It is only three weeks more and then we will take a nice little trip of a few days while Jennie is getting the house ready. Really, dear, you are better!"

"Better in body perhaps"—I began, and stopped short, for he sat up straight and looked at me with such a stern, reproachful look that I could not say another word.

"My darling," said he, "I beg of you, for my sake and for our child's sake, as well as for your own, that you will never for one instant let that idea enter your mind! There is nothing so dangerous, so fascinating, to a temperament like yours. It is a false and foolish fancy. Can you not trust me as a physician when I tell you so?"

So of course I said no more on that score, and we went to sleep before long. He thought I was asleep first, but I wasn't,—I lay there for hours trying to decide whether that front pattern and the back pattern really did move together or separately.

[6]

On a pattern like this, by daylight, there is a lack of sequence, a defiance of law, that is a constant irritant to a normal mind.

The color is hideous enough, and unreliable enough, and infuriating enough, but the pattern is torturing.

You think you have mastered it, but just as you get well under way in following, it turns a back somersault and there you are. It slaps you in the face, knocks you down, and tramples upon you. It is like a bad dream.

The outside pattern is a florid arabesque, reminding one of a fungus. If you can imagine a toadstool in joints, an interminable string of toadstools, budding and sprouting in endless convolutions,—why, that is something like it.

That is, sometimes!

There is one marked peculiarity about this paper, a thing nobody seems to notice but myself, and that is that it changes as the light changes.

When the sun shoots in through the east window — I always watch for that first long, straight ray — it changes so quickly that I never can quite believe it.

That is why I watch it always.

By moonlight — the moon shines in all night when there is a moon — I wouldn't know it was the same paper.

At night in any kind of light, in twilight, candlelight, lamplight, and worst of all by moonlight, it becomes bars! The outside pattern I mean, and the woman behind it is as plain as can be.

I didn't realize for a long time what the thing was that showed behind, — that dim sub-pattern, — but now I am quite sure it is a woman.

By daylight she is subdued, quiet. I fancy it is the pattern that keeps her so still. It is so puzzling. It keeps me quiet by the hour.

I lie down ever so much now. John says it is good for me, and to sleep all I can.

Indeed, he started the habit by making me lie down for an hour after each meal.

It is a very bad habit, I am convinced, for, you see, I don't sleep.

And that cultivates deceit, for I don't tell them I'm awake, — oh, no!

The fact is, I am getting a little afraid of John.

He seems very queer sometimes, and even Jennie has an inexplicable look.

It strikes me occasionally, just as a scientific hypothesis, that perhaps it is the paper!

I have watched John when he did not know I was looking, and come into the room suddenly on the most innocent excuses, and I've caught him several times looking at the paper! And Jennie too. I caught Jennie with her hand on it once.

She didn't know I was in the room, and when I asked her in a quiet, a very quiet voice, with the most restrained manner possible, what she was doing with the paper she turned around as if she had been caught stealing, and looked quite angry — asked me why I should frighten her so!

Then she said that the paper stained everything it touched, that she had found yellow smooches on all my clothes and John's, and she wished we would be more careful!

Did not that sound innocent? But I know she was studying that pattern, and I am determined that nobody shall find it out but myself!

[7]

Life is very much more exciting now than it used to be. You see I have something more to expect, to look forward to, to watch. I really do eat better, and am more quiet than

I was.

John is so pleased to see me improve! He laughed a little the other day, and said I seemed to be flourishing in spite of my wallpaper.

I turned it off with a laugh. I had no intention of telling him it was because of the wallpaper — he would make fun of me. He might even want to take me away.

I don't want to leave now until I have found it out. There is a week more, and I think that will be enough.

[8]

I'm feeling ever so much better! I don't sleep much at night, for it is so interesting to watch developments; but I sleep a good deal in the daytime.

In the daytime it is tiresome and perplexing.

There are always new shoots on the fungus, and new shades of yellow all over it. I cannot keep count of them, though I have tried conscientiously.

It is the strangest yellow, that wallpaper! It makes me think of all the yellow things I ever saw — not beautiful ones like buttercups, but old foul, bad yellow things.

But there is something else about that paper — the smell! I noticed it the moment we came into the room, but with so much air and sun it was not bad. Now we have had a week of fog and rain, and whether the windows are open or not, the smell is here.

It creeps all over the house.

I find it hovering in the dining-room, skulking in the parlor, hiding in the hall, lying in wait for me on the stairs.

It gets into my hair.

Even when I go to ride, if I turn my head suddenly and surprise it — there is that smell!

Such a peculiar odor, too! I have spent hours in trying to analyze it, to find what it smelled like. It is not bad — at first, and very gentle, but quite the subtlest, most enduring odor I ever met.

In this damp weather it is awful. I wake up in the night and find it hanging over me.

It used to disturb me at first. I thought seriously of burning the house — to reach the smell.

But now I am used to it. The only thing I can think of that it is like is the color of the paper! A yellow smell.

There is a very funny mark on this wall, low down, near the mopboard. A streak that runs round the room. It goes behind every piece of furniture, except the bed, a long, straight, even smooch, as if it had been rubbed over and over.

I wonder how it was done and who did it, and what they did it for. Round and round and round — round and round and round — it makes me dizzy!

[9]

I really have discovered something at last.

Through watching so much at night, when it changes so, I have finally found out.

The front pattern does move — and no wonder! The woman behind shakes it!

Sometimes I think there are a great many women behind, and sometimes only one, and she crawls around fast, and her crawling shakes it all over. Then in the very bright spots she keeps still, and in the very shady spots she just takes hold of the bars and shakes them hard.

And she is all the time trying to climb through. But nobody could climb through that pattern — it strangles so; I think that is why it has so many heads.

They get through, and then the pattern strangles them off and turns them upside-down, and makes their eyes white!

If those heads were covered or taken off it would not be half so bad.

[10]

I think that woman gets out in the daytime!

And I'll tell you why — privately — I've seen her!

I can see her out of every one of my windows!

It is the same woman, I know, for she is always creeping, and most women do not creep by daylight.

I see her on that long shaded lane, creeping up and down. I see her in those dark grape arbors, creeping all around the garden.

I see her on that long road under the trees, creeping along, and when a carriage comes she hides under the blackberry vines. I don't blame her a bit. It must be very humiliating to be caught creeping by daylight!

I always lock the door when I creep by daylight. I can't do it at night, for I know John would suspect something at once. And John is so queer now, that I don't want to irritate him. I wish he would take another room! Besides, I don't want anybody to get that woman out at night but myself.

I often wonder if I could see her out of all the windows at once.

But, turn as fast as I can, I can only see out of one at one time.

And though I always see her she may be able to creep faster than I can turn!

I have watched her sometimes away off in the open country, creeping as fast as a cloud shadow in a high wind.

[11]

If only that top pattern could be gotten off from the under one! I mean to try it, little by little.

I have found out another funny thing, but I shan't tell it this time! It does not do to trust people too much.

There are only two more days to get this paper off, and I believe John is beginning to notice. I don't like the look in his eyes. And I heard him ask Jennie a lot of professional questions about me. She had a very good report to give.

She said I slept a good deal in the daytime. John knows I don't sleep very well at night, for all I'm so quiet!

He asked me all sorts of questions, too, and pretended to be very loving and kind.

As if I couldn't see through him!

Still, I don't wonder he acts so, sleeping under this paper for three months.

It only interests me, but I feel sure John and Jennie are secretly affected by it.

[12]

Hurrah! This is the last day, but it is enough. John is to stay in town over night, and won't be out until this evening.

Jennie wanted to sleep with me — the sly thing! but I told her I should undoubtedly rest better for a night all alone. That was clever, for really I wasn't alone a bit!

As soon as it was moonlight, and that poor thing began to crawl and shake the pattern, I got up and ran to help her.

I pulled and she shook, I shook and she pulled, and before morning we had peeled off yards of that paper.

A strip about as high as my head and half around the room.

And then when the sun came and that awful pattern began to laugh at me I declared I would finish it to-day! We go away to-morrow, and they are moving all my furniture down again to leave things as they were before.

Jennie looked at the wall in amazement, but I told her merrily that I did it out of pure spite at the vicious thing.

She laughed and said she wouldn't mind doing it herself, but I must not get tired.

How she betrayed herself that time!

But I am here, and no person touches this paper but me — not alive!

She tried to get me out of the room — it was too patent!

But I said it was so quiet and empty and clean now that I believed I would lie down again and sleep all I could; and not to wake me even for dinner — I would call when I woke.

So now she is gone, and the servants are gone, and the things are gone, and there is nothing left but that great bedstead nailed down, with the canvas mattress we found on it.

We shall sleep downstairs to-night, and take the boat home to-morrow.

I quite enjoy the room, now it is bare again.

How those children did tear about here!

This bedstead is fairly gnawed!

But I must get to work.

I have locked the door and thrown the key down into the front path.

I don't want to go out, and I don't want to have anybody come in, till John comes.

I want to astonish him.

I've got a rope up here that even Jennie did not find. If that woman does get out, and tries to get away, I can tie her!

But I forgot I could not reach far without anything to stand on!

This bed will not move!

I tried to lift and push it until I was lame, and then I got so angry I bit off a little piece at one corner — but it hurt my teeth.

Then I peeled off all the paper I could reach standing on the floor. It sticks horribly and the pattern just enjoys it! All those strangled heads and bulbous eyes and waddling fungus growths just shriek with derision!

I am getting angry enough to do something desperate. To jump out of the window would be admirable exercise, but the bars are too strong even to try. Besides I wouldn't do it. Of course not. I know well enough that a step like that is improper and might be misconstrued.

I don't like to look out of the windows even — there are so many of those creeping women, and they creep so fast.

I wonder if they all come out of that wallpaper as I did?

But I am securely fastened now by my well-hidden rope — you don't get me out in the road there!

I suppose I shall have to get back behind the pattern when it comes night, and that is hard!

It is so pleasant to be out in this great room and creep around as I please!

I don't want to go outside. I won't, even if Jennie asks me to.

For outside you have to creep on the ground, and everything is green instead of yellow.

But here I can creep smoothly on the floor, and my shoulder just fits in that long smooch around the wall, so I cannot lose my way.

Why, there's John at the door!

It is no use, young man, you can't open it!

How he does call and pound!

Now he's crying for an axe.

It would be a shame to break down that beautiful door!

"John dear!" said I in the gentlest voice, "the key is down by the front steps, under a plantain leaf!"

That silenced him for a few moments.

Then he said — very quietly indeed, "Open the door, my darling!"

"I can't," said I. "The key is down by the front door under a plantain leaf!"

And then I said it again, several times, very gently and slowly, and said it so often that he had to go and see, and he got it, of course, and came in. He stopped short by the door.

"What is the matter?" he cried. "For God's sake, what are you doing!"

I kept on creeping just the same, but I looked at him over my shoulder.

"I've got out at last," said I, "in spite of you and Jane! And I've pulled off most of the paper, so you can't put me back!"

Now why should that man have fainted? But he did, and right across my path by the wall, so that I had to creep over him every time!

한글 번역

누런 벽지

[1]

존과 나 같은 보통 사람이 여름 한 철을 위해 대대로 내려온 사당을 구하는 일은 매우 보기 어려운 일이다. 내가 보기엔 유령이 나올 것 같은 집인데, 식민지 시대 저택이다, 세습 소유지다 하면서 낭만적 지복에 푹 빠질 수도 있겠다 싶다. 허나 그것은 너무 많은 운명을 요구하는 일이리라!

하지만 나는 이 저택에 뭔가 이상한 것이 있다고 자신 있게 말할 수 있다.

그렇지 않다면 도대체 왜 이런 헐값에 세를 놓았겠는가? 또 왜 그렇게 오래도록 아무도 들어오지 않았겠는가?

물론 존은 내 말을 웃어넘기지만 결혼을 하고 나면 으레 그런 것이다.

존은 지극히 현실적이다. 신앙을 못 견뎌내고 미신이라면 질색을 한다. 손으로 만질 수 없고 눈으로 볼 수 없으며 숫자로 나타낼 수 없는 것에 대해 이야기하면 대놓고 비웃는다.

존은 의사다. 어쩌면—물론 사람을 마주하고는 이런 말을 하지 않겠지만, 이것은 생명이 없는 종이이니 마음 놓고 속내를 털어놓자면—어쩌면 그래서 내가 빨리 낫지 않는 것 같기도 하다.

남편은 내가 아프지 않다고 생각한다!

그러니 무엇을 어찌할 수 있겠는가?

평판 높은 의사인 남편이 친구들이나 친척들에게, 내 아내는 일시적인 신경 쇠약으로 약간의 히스테리 증세가 있을 뿐 아무 문제 없다고 딱 잘라 말하는데, 달리 어쩌겠는가?

내 오빠 또한 명망 높은 의사인데 똑같이 말한다.

그래서 나는 인산염이라나 아인산염이라나 하는 신경 쇠약 치료제와 강장제를 복용하고, 여행을 하고, 맑은 공기를 쐬고, 운동을 한다. 다시 건강해질 때까지 '일'은 절대 금물이다.

내 의견을 밝히자면, 나는 그들과 생각이 다르다.

내 생각으로는, 좋아하는 일을 즐겁게 하면서 변화를 꾀하는 편이 나한테 좋을 것 같다.

그렇지만 내가 무엇을 할 수 있겠는가?

나는 남편과 오빠의 반대를 무릅쓰고 한동안 글을 썼다. 하지만 여간 진이 빠지는 게 아니다. 들통나서 심한 반발에 부딪히지 않으려면 몰래 써야 하니 힘들 수밖에.

때로 내가 반대에 덜 부딪히고, 사람들과 좀 더 자주 어울리며 자극을 받는다면, 내 상태가 어떻게 변할까 하는 생각이 든다. 하지만 존은 내가 할 수 있는 최악의 일이란 바로 내 상태에 대해 생각하는 것이라고 한다. 고백하자면, 그 생각을 하면 늘 기분이 안 좋아진다.

그래서 그 생각은 접어 두고 집 이야기나 할까 한다.

이 집은 더없이 아름답다! 마을에서 5킬로미터쯤 떨어져 있고, 도로와도 한참 거리가 있는 곳에 호젓이 자리한 데다, 생울타리와 담장, 잠금장치가 달린 문, 정원사들과 일하는 사람들을 위한 아담한 별채들이 있어, 책에서 읽은 영국 저택을 떠올리게 하는 집이다.

멋진 정원도 있다! 이렇게 넓고 그늘이 많은 정원은 일찍이 본 적이 없다. 회양목 사이로 오솔길이 이리저리 뻗어 있고, 길게 늘어선 포도나무 덩굴 아래로 그늘진 산책로가 이어져 있을뿐더러, 그 아래에는 앉아 쉴 수 있는 의자들도 있다.

온실도 있었지만 지금은 모두 망가졌다.

상속인, 공동상속인과 관련된 법적 분쟁이 있었던 모양이다. 여하튼 이 저택은 수년간 비어 있었다.

그런 사정을 사실로 받아들이면, 유령이 나와서 집이 오래 비어 있었던 게 아닐까 하는 생각은 접어야겠지만 상관없다. 이 집에 으스스한 분위기가 감도는 것을 나는 느낄 수 있다.

어느 달 밝은 밤에 존에게 그 말을 하기도 했지만 그는 외풍 때문이라며 창문을 닫았다.

가끔 이유 없이 존에게 화가 난다. 결단코 예전에는 이렇게 예민하지 않았는데, 아무래도 신경 쇠약 때문인가 보다.

하지만 존은 내가 그렇게 생각하면 적당한 자기 통제를 소홀히 하게 되리라고 해서, 존 앞에서만이라도 애써 나 자신을 통제하려고 하는데, 그러려니 꽤 피곤하다.

나는 우리가 쓰는 방이 영 마음에 들지 않는다. 베란다로 통하고, 창문 위로 장미꽃이 흐드러지게 피어 있고, 아주 예쁘고 예스러운 사라사 무명 커튼이 드리워진 아래층 방이 나는 마음에 들었다. 하지만 존이 내 말을 들어주지 않았다.

그 방은 창문이 하나뿐인 데다 침대 두 개를 들여놓을 만큼 넓지 않다면서. 그리고 그가 다른 방을 쓴다 해도, 가까이에 쓸 만한 방이 없다면서.

세심하고 다정한 그는 특별한 지시가 없으면 나한테 손가락 하나 까딱하지 말라고 한다.

나는 매일 매시간 정해진 처방을 따른다. 존은 정말이지 나를 살뜰히 보살핀다. 그래서 그런 배려를 좀 더 중요시하지 않으면, 나는 은혜도 모르는 몰염치한 사람이 된 것 같은 기분이 든다.

존은 오로지 나를 위해 이곳에 왔다면서, 절대적으로 안정을 취하고, 되도록 바깥바람을 자주 쐬라고 말했다.

"여보, 운동은 체력이 뒷받침되어야 하고, 먹는 것은 어느 정도 식욕에 좌우되지만, 신선한 공기는 언제든 마실 수 있잖아." 그래서 우리는 결국 꼭대기 층에 있는 육아실을 쓰기로 했다.

꼭대기 층을 거의 다 차지하는 육아실은 바람이 잘 통하는 널찍한 방으로, 사방이 내다보이는 창문들이 있어서 바깥바람도 햇빛도 충분히 들어온다. 어린아이들을 위해 창문마다 창살이 덧대어져 있고, 벽에 고리 같은 것들이 달려 있는 모습을 보면 처음에는 육아실로 쓰이다가 나중에 놀이방 겸 운동방으로 바뀌지 않았을까 한다.

페인트 색과 벽지를 보면, 남자아이들이 같이 썼던 방 같다. 침대 머리맡을 빙 둘러서 내 손이 닿는 부분까지 벽지가 군데군데 찢겨 있고, 맞은편 벽 아래쪽에도 꽤 널따랗게 벗겨졌다. 살면서 이렇게 보기 흉한 벽지는 본 적이 없다.

미적인 면은 전혀 신경 쓰지 않은 벽지의 현란한 무늬들이 제멋대로 뻗어 있다.

무늬를 따라가다 보면 구분이 안 될 만큼 단조로운 면도 있고, 한편으로는 계속 신경에 거슬려 눈여겨보게 될 만큼 두드러진 면도 있다. 좀 떨어져서 보면 부자연스럽고 불안정한 곡선들이 갑자기 터무니없는 각도로 거꾸러지고, 당치 않게 어긋나 무너져 내리면서 어느새 사라져 버린다.

벽지의 색깔 또한 역겨울 만큼 눈에 거슬린다. 햇빛이 들어오는 방향이 서서히 바뀌는 탓에 묘하게 색이 바래서 그을린 듯 지저분한 누런색이다.

우중충하면서도 요란한 주황색으로 보이는 부분도 있고, 보기 싫은 레몬색을 띠는 부분도 있다.

아이들은 당연히 이 벽지를 싫어했을 것이다! 이 방에서 오래 지내야 한다면, 나 또한 싫어하게 될 터다.

존이 온다. 종이와 펜을 치워야겠다. 내가 한 글자라도 쓰는 걸 알면 좋아할 리 없으니까.

[2]

이곳에 온 지 2주가 지났는데, 첫날 이후로는 글을 쓰고 싶은 마음이 들지 않았다.

나는 지금 꼭대기 층에 있는 끔찍한 육아실 창가에 앉아 있다. 힘이 좀 부치기는 하지만 내가 마음껏 글을 쓰는 데 방해가 될 만한 일은 아무것도 없다.

존은 하루종일 집을 비운다. 심각한 환자가 있을 때는 밤에도 집에 들어오지 않는다.

내 증상이 심각하지 않아서 다행이다!

하지만 신경과민 탓에 지독하게 기분이 우울하다.

존은 내가 얼마나 힘들어하는지 모른다. 그는 내가 힘들어할 이유가 전혀 없다고 알고 있고, 그런 사실에 만족스러워한다.

물론 단지 신경과민일 뿐이지만, 그것에 짓눌려 내가 할 일을 전혀 할 수가 없다!

나는 존에게 도움이 되고 싶었다. 진정한 휴식과 위안을 주고 싶었다. 그런데 벌써 적잖은 짐이 되고 있다!

내가 하는 것이라고는 고작해야 옷을 차려입고, 손님을 접대하고, 소지품을 정리하는 하찮은 일뿐이지만, 그마저도 힘에 부친다는 사실을 아무도 믿지 못할 것이다.

메리가 아기를 잘 돌봐줘서 다행이다. 너무나도 소중한 우리 아기!

그렇지만 나는 아기 곁에 있을 수 없다. 아기 옆에 있으면 신경이 너무 곤두서는 탓이다.

존은 지금껏 신경이 과민해졌던 적이 한 번도 없는 사람 같다. 이 방의 벽지에 대해서 이야기하면 코웃음만 친다!

처음에 존은 이 방을 새로 도배하려고 했다. 하지만 나중에는 나 혼자 스스로 벽지에 사로잡혀 전전긍긍한다면서, 신경증 환자가 그런 공상에 빠지는 것보다 더 나쁜 일은 없다고 했다.

그리고 벽지를 바꾸고 나면 육중한 침대가 이상해 보일 테고, 그다음에는 창살을 덧댄 창문도, 계단참 위에 있는 문도, 또 다른 것들도 계속 이상해 보이리라고 말했다.

"이곳이 당신 건강에 좋은 거 알잖아. 그리고 솔직히 석 달만 빌린 집을 수리까지 하고 싶은 마음은 없어."

"그럼 아래층에 내려가서 지내요. 거기 깔끔한 방들이 있잖아요."

존은 두 팔로 나를 끌어안고는 철부지 어린애처럼 군다면서, 내가 원한다면 지하실로도 옮길 수 있고, 벽도 하얗게 칠해 줄 수 있다고 말했다.

침대나 창문 같은 것들에 대해서는 존의 말이 맞는 것 같다.

이 방은 누구에게라도 좋을 만큼 통풍이 잘되고 편리하다. 그리고 물론 나도 그저 일시적인 기분으로 남편을 불편하게 할 만큼 분별없는 사람이 되고 싶지는 않다.

사실 진저리 나는 벽지만 아니라면, 나도 널찍한 이 방이 점점 마음에 든다.

창밖으로 정원과 신비로울 만큼 짙게 드리워진 나무 그늘, 예스러운 분위기를 더하는 다채로운 색의 꽃들, 관목과 옹이가 박힌 멋들어진 나무들을 내려다볼 수 있으니까.

다른 창 너머로는 이 저택에 딸린 작은 부두와 바다의 아름다운 전망이 펼쳐져 있다. 저택에서 부두에 이르는, 푸르른 나무 사이로 난 운치 있는 오솔길도 보인다. 창밖을 볼 때면 언제나 이리저리로 뻗어 있는 길과 나무 그늘 사이를 거니는 상상을 하게 된다. 하지만 존은 내게 잠시라도 공상에 빠지지 않도록 주의하라고 했다. 나처럼 신경이 과민한 사람이 상상에 빠져 이야기 만들어 내기를 즐기면 온갖 허황된 생각에 빠져든다며, 굳은 의지와 의식으로 그렇게 되지 않도록 해야 한다고 했다. 그래서 나는 그러려고 애쓰는 중이다.

이따금 만일 내가 글을 쓸 수 있을 만큼만 건강하다면, 밀려드는 여러 생각을 풀어낼 수 있고, 그러면 편해지지 않을까 하는 생각이 든다.

하지만 글을 쓰려고 하면 몹시도 피곤해진다.

내 일에 대해 이야기를 나눌 사람도 없고 아무런 조언도 들을 수 없다는 사실은 정말 맥이 빠지는 일이다. 존은 내가 건강해지기만 하면 며칠 함께 지낼 수 있도록 사촌인 헨리와 줄리아를 초대할 생각이란다. 하지만 지금 그런 자극적인 사람들을 불러들이는 일은 내 베개 속에 폭죽을 넣어 두는 것과 같단다.

얼른 건강해졌으면 좋겠다.

하지만 그런 생각도 해서는 안 된다. 이 벽지는 마치 자신이 나한테 얼마나 악의적인 영향을 미치는지 알고 있는 것 같다!

벽지에 반복되는 무늬가 있는데, 마치 부러져 축 늘어진 목 같고 둥글납작해진 두 눈이 거꾸로 쳐다보는 것 같다.

그런 뻔뻔한 무늬가 계속 반복되는 것을 보면 정말 화가 치민다. 그런 무늬가 위아래로, 옆으로 기어 다닌다. 터무니없는 깜빡이지도 않는 눈들이 벽지 곳곳에 있다. 벽지를 이어 붙인 부분에 양쪽의 무늬가 딱 맞지 않는 곳이 한 군데 있는데, 한쪽 눈이 다른 쪽 눈보다 높은 상태로 이음 선을 따라 오르락 내리락 하는 모습이다.

생명 없는 벽지에 이토록 많은 표정이 있을 줄이야! 생명 없는 것들이 얼마나 많은 표정을 갖고 있는지 모두 알 것이다. 어렸을 때 나는 잠이 깨고 나서도 그대로 누워 아무 장식 없는 벽의 벽지와 가구를 보곤 했는데, 그러면 재미있기도 하고 무서운 느낌이 들기도 했다. 그럴 때 느끼는 재미와 공포는 아이들이 장난감 가게에서 느끼는 짜릿함보다 더 강렬했다.

오래된 큰 옷장의 손잡이들이 친근하게 눈을 찡긋댔던 기억도 나고, 언제나 힘센 친구 같던 의자도 하나 있었다.

다른 것들이 너무 무섭게 보일 때, 그 의자에 폴짝 뛰어오르면 안전할 것 같은 생각이 들었다.

하지만 이 방에 있는 가구들은 모두 아래층에서 가져온 것들이라 그야말로 오합지졸이다. 놀이방으로 쓰게 되면서 육아실 물품들을 다 치워야 했을 테니, 가구가 없는 것은 놀랄 일도 아니다. 아무튼 아이들이 얼마나 휘젓고 다녔는지 이런 쑥대밭은 정말 처음 본다.

앞에서 말했듯이 벽지는 군데군데 찢겨 너덜너덜하고, 형제보다 더 찰싹 붙어 있다. 아이들은 벽지를 싫어하는 데 그치지 않고, 끈덕지게 떼어 내려 했던 게 분명하다.

그리고 바닥도 긁히고 파이고 갈라져 있다. 회반죽 자체가 여기저기 파여 있다. 이 방에 남아 있던 유일한 가구인 육중한 침대도 마치 전쟁을 치른 듯한 모양새다.

하지만 벽지만 빼고 내 신경을 건드리는 것은 없다.

존의 누이가 온다. 시누이는 아주 살갑고, 나를 아주 세심하게 챙긴다. 내가 글 쓰는 걸 시누이가 알게 해서는 안 된다.

시누이는 집안일에 열성인, 나무랄 데 없는 살림꾼으로 더 나은 전문 직업을 바라지 않는다. 내가 보기에 시누이는 글 쓰는 일이 나를 병들게 한다고 생각하는 것 같다.

하지만 시누이가 나가면, 그녀가 창밖으로 멀어져 가는 모습이 보이면 글을 쓸 수 있다.

한 창문으로는 우거진 나무 그늘 아래로 굽이진 운치 있는 길이 내려다보이고, 다른 창문으로는 멀찍이 펼쳐진 시골 풍경이 내다보인다. 우람한 느릅나무와 초록 벨벳 같은 풀밭이 펼쳐진 아름다운 풍경이다.

이 벽지에는 색조가 다른 속 무늬 같은 게 있는데, 어떤 빛에는 보였다가 어떤 빛에는 흐릿하게 자취를 감춰서 정말 짜증이 난다.

벽지의 색이 바래지 않은 부분에 햇빛이 비칠 때면, 눈에 잘 띄는 겉 무늬 뒤로, 일정한 형태가 없어서 보다 보면 부아가 나는 이상야릇한 속 무늬가 슬금슬금 돌아다니는 것 같다.
시누이가 계단을 올라오고 있다!

[3]

아, 독립 기념일이 끝났다! 사람들이 모두 떠난 뒤 나는 완전히 녹초가 됐다. 존은 사람을 좀 만나는 일이 나한테 좋을 것 같다고 생각했고, 우리는 어머니와 넬리, 넬리의 아이들을 초대해서 1주일 동안 같이 지냈다.
물론 나는 집안일을 전혀 하지 않았다. 지금은 모든 일을 제니가 맡아 한다.
그런데도 피곤했다.
존은 내가 얼른 기운을 차리지 못하면 가을에 나를 위어미첼에게 보내 주겠단다.
하지만 나는 그 의사한테 가고 싶은 마음이 전혀 없다. 그 의사에게 치료받은 적 있는 친구로부터, 그 의사는 존이나 내 오빠와 다를 게 없다는 말을, 아니 더하다는 말을 들었다!
게다가 그렇게 멀리 가는 것도 쉽지 않은 일이다.
모든 일이 손 하나 까딱할 가치가 없는 것처럼 느껴진다. 괜히 조바심이 나고 짜증이 난다.
요즘 나는 아무것도 아닌 일에 눈물을 흘린다. 하루를 거의 울면서 보낸다.
물론 존이나 다른 사람이 있을 때는 그러지 않지만, 혼자 있을 때면 걸핏하면 운다.
요즘은 꽤 많은 시간을 혼자 보낸다. 존은 심각한 환자들 때문에 읍내에 나가는 일이 잦고, 착한 제니는 내 부탁을 거절하지 못하고 나를 혼자 있게 해 준다.
그래서 나는 정원을 거닐거나 운치 있는 길을 따라 산책도 하고, 장미 넝쿨이 드리워진 현관에 앉아 있기도 하고, 이 방으로 올라와 한참 동안 누워 있기도 한다.
벽지가 보기 흉하긴 하지만 이 방이 점점 좋아진다. 어쩌면 벽지 때문에 그런지도 모르겠다.
머릿속에서 벽지 생각이 떠나지 않는다!
못을 박아 고정했는지 꿈쩍도 않는 큰 침대에 누워 몇 시간째 벽지 무늬를 눈으로 좇고 있는데, 나는 이러는 것이 체조만큼이나 좋다고 생각한다. 누구의 손도 닿은 적 없는 모서리 맨 밑바닥에서 시작해, 무슨 의미인지 알 수 없는 저 무늬 끝까지 따라가 보겠다고 천 번째 마음을 다잡고 있다.
나는 디자인 원칙을 어느 정도 안다. 그래서 이 무늬는 방사, 교차 반복, 동일 반복, 대칭 혹은 내가 들어 본 어떤 원칙도 따르지 않았다는 점을 안다.
물론 일정한 너비마다 무늬가 반복되지만, 그 외의 반복은 없다.
한쪽에서 보면 각 폭의 벽지는 홀로 서 있다. '수준 낮은 로마네스크 양식'의 부풀어 오른 곡선과 장식이, 알코올 중독자가 술을 끊은 뒤 금단 현상을 겪는 것처럼 우둔하게 홀로 서 있는 기둥들을 비틀비틀 오르내린다.
하지만 다른 한편으로는 무늬들이 대각선으로 연결되어있고, 제멋대로 퍼져 나간 선들이 아찔하게 기운 파도 속에서 흔들거리며 질주하는 해초들처럼 줄달음질하는 모양이다.
가로로도 모든 무늬가 이어진다. 하여간 그렇게 보인다. 그래서 수평으로 무늬가 이어지는 순서를 알아보려다 지쳐 나가떨어지기 일쑤다.
가로로 장식 띠를 붙인 탓에 무늬는 더더욱 혼란스럽다.
방 한쪽 끝에 벽지가 거의 온전히 남아 있는 곳이 있는데, 교차 광선이 희미해지고 석양빛이 직접 그곳에 닿으면, 방사형 무늬가 아른아른 떠오르는 광경을 상상할 수 있다. 끝없이 계속되는 기괴한 무늬들이 중심 주변으로 생겨나는 듯 보이다가 사방으로 산만하게 거꾸로 쏟아져 내리는 것 같다.
무늬를 따라다니다 보니 진이 빠진다. 낮잠을 좀 자야겠다.

[4]

내가 왜 이런 글을 써야 하는지 모르겠다.
쓰고 싶지 않다.
쓸 수 있을 것 같지도 않다.
존은 이러는 걸 어처구니없다고 생각하겠지. 나도 안다. 그래도 어떻게든 내가 느끼고 생각하는 걸 표현해야 한다. 그러면 위안이 되니까!
하지만 글을 써서 위안을 얻기보다는 글을 쓰기 위해 점점 더 애만 많이 쓰고 있다.

이제 나는 대부분의 시간을 지독히도 게으르게 보낸다. 걸핏하면 드러눕는다.
존은 내게 기운을 잃으면 안 된다고 하면서, 대구 간유와 이런저런 강장제를 먹게끔 한다. 맥주와 와인, 살짝 익힌 고기는 말할 것도 없다.
다정한 존! 나를 끔찍이 사랑하는 존은 내가 병이 날까 봐 노심초사한다. 요전 날 나는 존하고 솔직하게 이성적으로 대화를 나눠 볼 요량으로, 사촌인 헨리와 줄리아를 만나러 가고 싶으니 부디 보내 줬으면 좋겠다고 말했다.
하지만 그는 내가 그 사촌들에게 갈 수도 없을뿐더러, 거기 가서 버티지도 못하리라고 대답했다. 나는 할 말도 다 못하고 울음을 터뜨렸고, 그 바람에 내 뜻을 밝히지도 못하고 말았다.
논리적으로 생각하는 일이 갈수록 힘들어진다. 이놈의 신경 쇠약 때문인 듯싶다.
다정한 존은 나를 번쩍 안아 올려 위층으로 데려가서 침대에 눕혔다. 그러고는 옆에 앉아 내 머리가 지끈지끈해질 때까지 책을 읽어 주었다.
존은 내가 자기에게 위안을 주는 사람이고 자신이 사랑하는 사람이고 자신의 전부라면서, 자기를 위해서라도 나 자신을 잘 챙기고 건강해야 한다고 했다.
그는 다른 누구가 아니라 나 자신만이 나를 신경 쇠약에서 벗어나도록 할 수 있다고, 내가 의지를 갖고 자제력을 발휘해서 어리석은 공상에 빠지지 않아야 한다고 말했다.
아기가 건강하게 잘 지내고, 흉물스러운 벽지가 덕지덕지 붙어 있는 이 방에 와 있지 않아도 된다는 데 그나마 마음이 놓인다.
우리가 이 방을 쓰지 않았다면, 저 사랑스러운 아기가 써야 했을 것이다! 그런 일은 면했으니 천만다행이다! 무슨 일이 있어도 내 아기가, 주위 환경에 민감한 어린 것이 이런 방에서 지내지 않게 하리라.
전에는 미처 생각하지 못했지만, 어쨌거나 존이 나한테 이 방을 쓰라고 한 것이 다행이라는 생각이 든다. 아기보다는 내가 이 방을 훨씬 더 수월하게 견딜 수 있을 테니까.
물론 이제 다른 사람들 앞에서 벽지 얘기는 하지 않는다. 나도 그 정도 분별은 있다. 그래도 계속 눈여겨보고는 있다.
나 말고는 아무도 모르는, 앞으로도 결코 모를 것들이 저 벽지 안에 있다.
바깥 무늬 뒤에서 어렴풋한 형체들이 날마다 뚜렷해지고 있다.
언제나 같은 모양이지만 그 수가 굉장히 많아졌다.
마치 한 여자가 몸을 숙이고 겉 무늬 뒤에서 살금살금 기어 다니는 것 같다. 정말 꺼림칙하다. 과연 그럴지 모르지만, 존이 나를 여기서 데리고 나가 주면 좋겠다는 생각이 들기 시작한다!

[5]

너무 신중하고, 또 나를 너무 사랑하는 존과 내 상태에 대해 이야기를 나누기는 보통 어려운 일이 아니다.
하지만 나는 지난밤에 이야기를 나눠 보려고 했다.
햇빛이 그러듯 달빛이 세상을 환히 비추는 밤이었다.
이따금 나는 그런 달빛이 싫다. 천천히 슬금슬금 움직이며, 이 창문 저 창문으로 쏟아져 들어오는 것이.
존은 잠이 들어 있었고, 나는 그를 깨우고 싶지 않았다. 그래서 꼼짝 않고 누워 물결무늬 벽지 위에 달빛이 비치는 광경을 지켜보았다. 그러다 보니 으스스한 느낌이 들었다.
벽지 뒷면의 희미한 형체가 빠져나오고 싶은 듯 무늬를 흔들어 대는 것처럼 보였다.
나는 살그머니 일어나서 벽지가 정말 움직였는지 눈으로 보고 만져 보러 갔다. 그러고 나서 침대로 돌아왔는데, 존이 깨어 있었다.
"여보, 무슨 일이야? 그렇게 돌아다니면 안 돼. 감기 걸린다고."
나는 남편과 이야기할 좋은 기회라고 생각했고, 그래서 실은 여기 와서 조금도 나아지지 않았으니, 이제 그만 나를 데리고 떠나 달라고 말했다.
존이 말했다.
"아, 여보! 앞으로 3주는 더 있어야 임대 기간이 끝나. 그 전에 어떻게 떠나자는 거야. 집수리도 아직 안 끝났고, 내 형편도 당장은 여길 떠날 수 없어. 물론 당신이 위험한 상태라면 당장 떠날 수 있지. 떠나고말고. 하지만 여보, 당신은 정말 좋아졌어. 당신은 모를 수도 있지만, 난 의사라서 알 수 있어. 당신이 살도 붙고 혈색도 좋아졌다는 걸. 식욕도 더 좋아졌잖아. 그래서 요즘 당신 걱정이 한결 줄었는데."

"살이 붙긴요, 그 전만큼도 안 나가요. 식욕도 저녁에 당신이 집에 있을 때는 더 좋아진 듯 보일지 몰라도, 아침에 당신이 나가고 나면 입맛이 싹 달아나요."

그가 나를 끌어안으며 말했다. "이런, 겁쟁이 같으니라고! 당신 병은 마음먹기에 따라 달라질 수 있어! 여하튼 지금은 내일을 위해 자 둬야 할 시간이니 아침에 얘기합시다!"

"그러니까 떠나지 않겠다고요?"라고 나는 어두운 표정으로 물었다.

"아니, 어떻게 떠나자는 거야. 3주만 더 지내자고. 그런 다음에 제니가 집 정리를 하는 동안 며칠 즐겁게 여행을 다녀오자. 당신은 정말 좋아졌다니까."

"몸은 좋아졌을지 모르지만…" 나는 반박하려다 말을 끊었다. 존이 똑바로 일어나 앉아서는 나무라는 듯 단호한 표정으로 쳐다봐서 더는 한마디도 할 수 없었다.

그가 말했다. "여보, 부탁할게. 당신을 위해서는 말할 것도 없고 우리 아이를 위해 한순간이라도 그런 생각은 하지 마! 당신처럼 신경이 예민한 사람한테 그보다 더 위험한 일은 없어. 그렇게 혹하기 쉬운 것도 없고. 그건 얼토당토않은 잘못된 억측일 뿐이야. 의사인 내가 하는 말을 못 믿는 거야?"

그래서 나는 더 이상 아무 말도 하지 못했고, 우리는 곧 잠자리에 들었다. 존은 내가 먼저 잠들었다고 생각했겠지만 그렇지 않았다. 나는 몇 시간 동안 꼼짝 않고 누워서 겉 무늬와 속 무늬가 같이 움직이는지 따로 움직이는지 알아내려고 애썼다.

[6]

낮에는 무늬에 일정한 순서도 규칙도 없는데, 그런 점이 끊임없이 내 마음을 흔들어 댄다.

색깔도 애매모호한 데다 신경에 거슬리고 짜증나지만, 무늬는 가히 고문과도 같다.

어떤 형태인지 파악했다고 생가하면서 계속 무늬를 따라 가는 순간, 무늬는 뒤로 재주라도 넘은 듯 어느새 제자리로 돌아가 있다. 무늬가 내 뺨을 때리고, 나를 때려눕히고, 밟아 뭉개는 것 같다. 악몽처럼.

벽지의 겉 무늬는 버섯을 떠오르게 하는 현란한 아라베스크다. 무수히 많은 균사들이 계속 생겨나 싹이 트고 자라고, 그러면서 끝없는 복잡한 모양으로 번져 나가는 독버섯을 상상할 수 있다면, 어떤 모습인지 짐작이 될 것이다.

때로는 딱 독버섯 같은 모양이다.

이곳 벽지에는 눈에 띄게 특이한 점이 하나 있는데, 나 말고는 아무도 눈치채지 못한 것 같다. 바로 빛에 따라 무늬가 변한다는 점이다.

방 안 깊숙이 햇살이 들어올 때마다 눈여겨보는데, 동쪽으로 난 창문을 통해 햇살이 쏟아져 들어오면, 무늬가 믿을 수 없을 만큼 빨리 변한다.

내가 벽지를 유심히 보는 이유가 바로 그 때문이다.

달이 뜨면 밤새도록 달빛이 방을 비추는데, 달빛 아래서는 햇빛이 비칠 때와 같은 벽지라고 보기 어려울 정도이다.

석양빛에든, 촛불 빛에든, 등불 빛에든, 가장 무시무시한 달빛에든, 밤이면 어떤 빛이 비치든 창살 무늬가 된다! 그렇게 벽지 겉 무늬가 창살이 되면, 창살 안의 여자가 더없이 또렷하게 보인다.

벽지 뒤로 보이는 것, 그러니까 흐릿한 속 무늬가 무엇인지 오랫동안 알아볼 수 없었는데, 이제는 그것이 여자라는 사실을 분명하게 알 수 있다.

낮에 여자는 쥐 죽은 듯 조용하다. 그 여자를 그토록 조용하게 만드는 것은 바로 그 무늬가 아닐까 하는 생각이 든다. 아무튼 참 알 수 없는 일이다. 그 때문에 나는 몇 시간이고 침묵한다.

요즘은 그 어느 때보다 누워서 보내는 시간이 많다. 존은 내게 누워 있는 게 좋다면서 되도록 많이 자라고 한다.

실제로 내가 식사를 하고 난 뒤 한 시간씩 눕는 습관을 들이게 된 것도 존 때문이다.

아주 좋지 않은 습관이다. 눈치챘겠지만, 내가 정말 자는 게 아니니 말이다.

누워만 있을 뿐 잠을 자지 않는다는 사실을 말하지 않다 보니 속임수만 자꾸 늘어난다. 그래도 말할 수는 없다!

솔직히 요즘 존이 조금씩 무서워진다.

가끔 그가 몹시 이상해 보인다. 제니도 알 수 없는 표정을 짓는다.

과학적 가설이라도 되는 양, 그 벽지 때문일지도 모른다는 생각이 이따금 뇌리를 스친다.

눈치채지 못하게 존을 몰래 지켜보기도 하고, 이상하게 생각하지 않을 법한 핑계를 대며 불쑥 방에 들어가 존이 벽지를 보고 있는 모습을 몇 번이나 목격했다! 제니도 마찬가지다. 한번은 제니가 벽지에 손을 대고 있는 모습을 본 적도 있다.

제니는 내가 방 안에 있는 줄 몰랐다. 내가 최대한 차분하게 나지막한 목소리로 벽지에 손을 대고 무엇을 하느냐고 물었더니, 그녀는 도둑질을 하다 들킨 사람처럼 홱 돌아서서는 노여운 얼굴로 왜 그렇게 사람을 놀라게 하느냐고 되물었다!

그런 뒤에 그녀는 벽지 때문에 옷마다 얼룩투성이라고 했다. 내 옷은 죄다 얼룩 범벅이고 존의 옷에도 누런 얼룩이 묻어 있었다면서 존도 나도 좀 더 조심하면 좋겠다고!

그 말을 곧이곧대로 믿으라고? 나는 제니가 그 무늬를 살펴보고 있었음을 안다. 나 말고는 아무도 그 무늬를 알아채지 못하도록 해야겠다.

[7]

요즘은 전과 다르게 하루하루가 흥미진진하다. 알겠지만 예상하고, 기대하고, 지켜볼 것이 더 많아져서 그렇다. 나는 이제 실제로 더 잘 먹고, 전보다 더 평온하다.

존은 내 상태가 좋아지는 걸 보고 굉장히 기뻐한다! 며칠 전에는 웃는 얼굴로, 벽지에도 불구하고 잘 지내는 듯 보인다고 말하기까지 했다.

나는 웃음으로 받아넘겼다. 실은 다 벽지 때문이라고 존에게 털어놓을 생각은 눈곱만큼도 없었다. 말하면 비웃을게 뻔하니까. 심지어 나를 데리고 이곳을 떠날 수도 있고.

벽지에 대해 다 알아내기 전까지는 떠나고 싶지 않다. 1주일이 더 남아 있다. 그 정도 시간이면 충분하리라!

[8]

한결 나아진 기분이다! 벽지가 어떻게 변하는지 지켜보는 일이 너무 재미있어서 밤에는 별로 자지 않지만, 대신 낮에 몇 시간씩 잔다.

낮에 벽지를 보려면 신경이 곤두서고 골치가 아프다.

벽지에 버섯들이 끊임없이 피어나면서 누런빛이 새로 떠오르기 때문에, 아무리 꼼꼼하게 세어 보려 해도 그 수를 헤아릴 수가 없다.

저 벽지는 그야말로 이상야릇한 노란색이다! 여태껏 내가 보아 온 노란 것들 모두를 떠올리게 한다. 미나리아재비처럼 예쁘게 노란 것이 아니라, 오래돼서 더럽고 보기 흉한 누런 것들을.

저 벽지의 문제는 색깔만이 아니다. 냄새도 문제다! 존과 함께 처음 이 방에 들어온 순간 알아차렸지만 그때는 통풍이 잘되고 해가 잘 들어서 냄새가 심하지 않았다. 지금은 1주일 간 계속 안개가 끼고 비가 온 뒤로 창문을 열든 닫든 냄새가 방 안에 그대로 남아 있다.

온 집 안에 냄새가 스멀스멀 기어 다닌다.

냄새는 주방에도 떠다니고, 거실에도 스며 있고, 복도에도 배어 있고, 계단에도 숨어서 나를 기다린다.

냄새는 내 머리카락 속으로도 파고든다.

마차를 타러 갈 때도 불현듯 냄새 생각이 나서 고개를 획 돌리면 그 냄새가 난다!

그것도 얼마나 특이한 냄새인지! 어떤 냄새인지 알아내려고 몇 시간 동안이나 쿵쿵대면서 분석하려 애쓴 적도 있다. 처음에 맡을 때는 그다지 독하지 않아서 그런대로 괜찮지만, 지금까지 맡아 본 것 중에 제일 이상하고 오래가는 냄새다.

이런 눅눅한 날씨에는 더 심해서, 밤에 자다가 깨도 냄새가 나를 감싸고 있는 걸 느낄 수 있다.

처음에는 냄새 때문에 신경이 곤두섰다. 집을 태워서라도 냄새를 잡을 생각까지 심각하게 했을 정도였다.

하지만 이제는 냄새에 익숙해졌다. 그 냄새를 생각할 때 한 가지 떠오르는 게 있다. 벽지 색깔과 비슷하다는 점이다! 냄새도 누르스름하다.

벽 아래쪽에 덧댄 굽도리널 부근에 아주 이상한 흔적이 있다. 방을 빙 둘러 기다란 줄무늬 얼룩이 이어져 있는 것이다. 침대를 뺀 모든 가구 뒤쪽으로 길게 이어져 있는데, 여러 번 박박 문지른 듯 주변으로 번져 있다.

그렇게 긴 줄무늬 얼룩을 누가, 어떻게, 무슨 이유로 만들었는지 궁금하다. 빙글, 빙글, 빙글, 빙글, 빙글, 그 무늬 때문에 어지럽다!

[9]

마침내 정말로 뭔가를 알아냈다.

무늬가 바뀌는 밤에 골똘히 지켜본 끝에 알아낸 것이다.

벽지 겉면의 무늬가 실제로 움직인다. 뒤쪽의 여자가 무늬를 마구 흔들어 대니 당연하다! 어떤 때는 뒤쪽에 아주 많은 여자들이 있는 것 같기도 하고, 때로는 한 명의 여자가 정신없이 이리저리 기어 다녀 무늬가 들썩거리는 것 같기도 하다. 그 후 그 여자는 빛이 환하게 비치는 부분에서는 쥐 죽은 듯 가만히 있고, 어스름하게 그늘진 부분에서만 창살을 움켜잡고 마구 흔들어 댄다.

그러면서 계속 창살 바깥으로 빠져나오려 안간힘을 쓴다. 하지만 누구도 그 바깥으로 빠져나올 수는 없다. 무늬에 목이 졸려 죽을 테니까. 그래서 벽지에 그토록 많은 머리들이 있는지도 모른다.

여자들이 벽지 뒤에서 나오려다 무늬에 끼면 목이 졸려 거꾸로 뒤집히고, 눈이 허예지는 것이다!

그 머리들을 가려 놓거나 치워 버리면 그나마 덜 흉측할 텐데.

[10]

그 여자가 낮에는 밖으로 나다니는 것 같다.

내가 이렇게 말하는 이유는, 비밀인데, 그녀를 본 적이 있어서다!

나는 이 방 창문 어디서든 그녀를 볼 수 있다.

내가 아는 한 언제나 같은 여자다. 그녀만 항상 기어 다니고, 다른 여자들은 대부분 낮에 기어 다니지 않기 때문이다.

그 여자가 우거진 녹음 아래 길게 뻗은 길을 기어서 오르내리는 모습도, 포도나무 덩굴 아래 그늘진 곳에 있는 모습도, 정원 곳곳을 기어 다니는 모습도 보인다.

나무들 사이로 난 저 기다란 길을 따라 기어가다, 마차가 지나가면 블랙베리 넝쿨 아래로 숨는 모습도 보인다. 그녀를 탓할 마음은 없다. 낮에 기어 다니다가 들키면 어지간히 창피하지 않겠는가!

나는 낮에 기어 다닐 때면 반드시 문을 잠근다. 하지만 밤에는 그럴 수 없다. 존이 곧바로 이상한 낌새를 알아챌 테니까. 더구나 요즘 존이 너무 이상해서 그의 신경을 거스르고 싶지 않다. 그가 다른 방을 쓰면 좋으련만! 그리고 밤에 그 여자를 밖으로 나오게 할 수 있는 사람이 나 말고는 아무도 없으면 좋겠다.

가끔 모든 창문에서 동시에 그 여자를 볼 수는 없을까 하는 생각이 든다.

하지만 아무리 빨리 몸을 돌려도 한 번에 한 창문으로만 볼 수 있다.

계속 그녀를 주시하지만, 내가 몸을 돌리는 속도보다 그 여자가 기어가는 속도가 더 빠른 모양이다.

나는 이따금 그 여자가 탁 트인 시골로 나가 거센 바람에 떠밀려가는 구름의 그림자만큼이나 재빨리 기어가는 모습을 본 적이 있다.

[11]

저 겉 무늬를 속 무늬에서 떼어 낼 수 있다면! 조금씩 시도해 봐야겠다.

재미있는 것을 또 하나 알아냈지만, 이번에는 말하지 않을 생각이다! 사람들을 지나치게 믿어서 좋을 것은 없으니까.

벽지를 떼어 낼 수 있는 시간이 이제 딱 이틀 남았는데, 존이 뭔가 알아챈 낌새다. 그의 눈빛이 심상치 않다. 나는 존이 제니한테 의사로서 나에 대해 이것저것 묻는 소리를 들었다. 제니는 많은 것을 일러바쳤다.

그녀는 내가 낮잠을 많이 잔다고 곧이곧대로 말했다. 존은 내가 밤에 거의 자지 않는다는 사실을 알고 있다. 내가 너무 조용하기 때문에!

그는 짐짓 다정하고 자상하게 나한테도 이런저런 것을 물었다.

내가 그 꿍꿍이를 모를 줄 알고!

뭐, 석 달이나 이런 벽지 아래에서 잤으니, 존이 그렇게 구는 것도 당연하다.

나는 벽지에 관심을 가졌을 뿐이지만, 존과 제니는 분명 알게 모르게 벽지의 영향을 받았을 것이다.

[12]

아! 마지막 날. 허나 시간은 충분하다. 존은 밤새 읍내에 머물고 저녁때에나 돌아올 테니까.

제니는 나와 자고 싶다고 했다. 음흉한 것 같으니! 나는 하룻밤 혼자 편히 쉬어야겠다고 말했다. 약삭빠른 대답이었다. 실은 나 혼자가 아니었으니까!

달빛이 비추기 무섭게 저 안쓰러운 것이 기어 다니며 무늬를 흔들어대기 시작했다. 나는 일어나서 그녀를 도와주려고 달려갔다.

내가 잡아당기면 그녀는 흔들고, 내가 흔들면 그녀는 잡아당기고 하면서, 우리는 아침이 밝기 전까지 벽지를 몇 미터 벗겨 냈다.

내 머리 높이까지 절반가량 벽지를 벗겨 냈다.
그러고 난 뒤 해가 떠오르고 그 끔찍한 무늬가 나를 비웃기 시작했을 때, 나는 기필코 오늘 안에 벽지를 다 뜯어내리라 마음먹었다!
내일이면 우리는 이 집을 떠난다. 그래서 사람들이 이 방의 가구를 모두 원래 있던 자리로 내리고 있다.
제니가 놀라서 넋을 잃고 벽을 쳐다보았지만, 나는 저 지독한 것이 보기 싫어서 그랬다고 쾌활하게 말했다.
제니는 웃으면서 자신이 얼마든지 뜯어낼 수 있으니, 나더러 기운을 빼면 안 된다고 했다.
그때 제니가 본심을 드러낸 것이었다!
하지만 내가 여기 있는 한, 나 말고는 아무도 벽지에 손을 대면 안 된다. 살아 있는 사람은 아무도!
제니는 나를 방에서 데리고 나가려 했다. 속내가 뻔했다!
나는 이제 방이 조용해진 데다 훤하니 깨끗해서 다시 누워 실컷 잘 수 있을 것 같다고 말했다. 그리고 자고 일어나서 부를 테니 저녁 식사 때도 깨우지 말라고 덧붙였다.
그래서 이제 제니도 가고, 일하는 사람들도 가고, 가구들도 방에서 모두 사라지고 없다. 남은 것은 캔버스 매트리스가 놓인, 못을 박아 고정한 큰 침대뿐이다.
오늘 밤 우리는 아래층에서 자고, 내일 배를 타고 집으로 돌아갈 것이다.
나는 다시 텅 빈 방을 독차지하고 있다.
그 아이들이 여기서 얼마나 난리를 피웠는지!
침대 틀을 보니 물어뜯은 자국투성이다.
어쨌거나 나는 일을 시작해야 한다.
나는 문을 잠그고 열쇠를 현관 앞길 쪽으로 던졌다.
존이 오기 전까지는 나가고 싶지 않고, 다른 사람이 들어오는 것도 싫다.
그를 깜짝 놀라게 해 주고 싶다.
제니 조차 모르게 방에 가져다 놓은 밧줄이 하나 있다. 만일 저 여자가 나와서 달아나려고 하면 묶어 둘 수 있다!
그런데 밟고 올라설 게 없으면 높은 곳까지 손이 닿지 않는다는 사실을 깜빡 잊었다!
이 침대는 꿈쩍도 안 할 텐데!
침대를 들어 올리려고도 해 보고 밀어 보려고도 했지만, 기운만 빠질 뿐이었다. 화가 치밀어 침대 한 귀퉁이를 조금 물어뜯었더니 이가 시큰거렸다.
그 뒤로는 바닥에 서서 손이 닿는 데까지 벽지를 모조리 뜯어냈다. 벽지는 지독하게 들러붙고, 무늬는 그걸 즐긴다! 모든 목 졸린 머리, 둥글납작한 눈, 와글와글 자라던 버섯들이 비웃으며 소리를 질러 댄다!
나는 극단적인 일도 서슴지 않을 만큼 화가 치밀어 오른다. 창밖으로 뛰어내려도 썩 좋을 것 같은데, 창살이 너무 튼튼해서 시도조차 할 수 없다. 창살이 아니더라도 그런 짓은 하고 싶지 않다. 당연히 안 할 것이다. 그런 행동은 적절치 않고 오해를 살 수 있음을 익히 알고 있다.
창밖은 내다보고 싶지도 않다. 정신없이 빨리 기어 다니는 여자들이 너무 많다.
그들 모두 나처럼 저 벽지에서 나온 것일까?
하지만 이제 나는 감쪽같이 숨겨 두었던 밧줄에 꽁꽁 묶여 있으니, 나를 저 길가로 내보내지 못한다! 밤이 되면 무늬 뒤로 돌아가야 할 텐데, 쉽지 않은 일이다!
이 널찍한 방에 나와서 마음대로 이리저리 기어 다니는 것이 참 좋다.
밖으로 나가고 싶지 않다. 제니가 부탁하더라도 나가지 않으리라.
밖에 나가면 땅바닥을 기어 다녀야 하고, 모든 게 누렇지 않고 푸르르지 않은가.
하지만 여기서는 방바닥을 미끄러지듯 기어 다닐 수 있다. 벽을 빙 둘러 길게 나 있는 줄무늬가 딱 내 어깨높이라서 길을 잃을 염려도 없고.
이런, 존이 문 앞에 와 있다!
소용없어, 이 사람아. 당신은 문을 열 수 없어!
존이 미친 듯이 내 이름을 부르며 문을 두드린다!
이제는 도끼를 가져오라고 소리친다.
저 멋진 문을 부숴 버리게 둘 수는 없지!
"존, 현관 계단 옆 질경이 잎 아래에 열쇠가 있어요."라고 나는 부드러운 목소리로 말했다.
그러자 그는 잠시 동안 말이 없었다. 그러고는 조용히, 아주 나지막이 말했다.

“여보, 문 열어!”
“못 열어요. 열쇠가 현관 옆 질경이 잎 아래 있다니까요!”
나는 다정하게 천천히 몇 번이나 그렇게 말했고, 그가 내려가서 열쇠를 찾아야 한다고 누누이 이야기했다. 그는 물론 열쇠를 찾아 방으로 들어왔다. 그러더니 문가에 뚝 멈춰 서서 소리쳤다.
“무슨 일이야? 세상에, 당신 뭐 하는 거야!”
나는 그대로 계속 기면서 어깨 너머로 존을 돌아보고 말했다.
“제니하고 당신이 막았지만 마침내 나왔어요! 벽지도 거의 다 뜯어냈고요. 그러니 도로 나를 집어넣을 수는 없어요!”
그런데 저 남자는 왜 기절한 거지? 아무튼 그는 기절했고, 그것도 벽 옆 내 길목을 가로막고 쓰러져서 나는 매번 그를 기어 넘어가야 했다.

Read the excerpt from a fiction and fill in each blank with the same ONE word from the excerpt.

> In the fiction above, the writer uses the conventions of the psychological horror tale to critique the position of women within the institution of marriage, especially as practiced by the "respectable" classes of her time. For the writer, the conventional nineteenth-century middle-class marriage, with its rigid distinction between the "domestic" functions of the female and the "active" work of the male, ensured that women remained second-class citizens. The story reveals that this gender division had the effect of keeping ________ in a childish state of ignorance and preventing their full development. John's assumption of his own superior wisdom and maturity leads him to misjudge, patronize, and dominate his wife, all in the name of "helping" her. The narrator is reduced to acting like a cross, petulant child, unable to stand up for herself without seeming unreasonable or disloyal. The narrator has no say in even the smallest details of her life, and she retreats into her obsessive fantasy, the only place she can retain some control and exercise the power of her mind.

____

____

Answer women

07 Under the Lion's Paw

Hamlin Garland(1860-1940)

It was the last of autumn and first day of winter coming together. All day long the ploughmen on their prairie farms had moved to and fro in their wide level fields through the falling snow, which melted as it fell, wetting them to the skin all day, notwithstanding the frequent squalls of snow, the dripping, desolate clouds, and the muck of the furrows, black and tenacious as tar. Under their dripping harness the horses swung to and fro silently with that marvellous uncomplaining patience which marks the horse. All day the wild geese, honking wildly, as they sprawled sidewise down the wind, seemed to be fleeing from an enemy behind, and with neck outthrust and wings extended, sailed down the wind, soon lost to sight.

Yet the ploughman behind his plough, though the snow lay on his ragged great-coat, and the cold clinging mud rose on his heavy boots, fettering him like gyves, whistled in the very beard of the gale. As day passed, the snow, ceasing to melt, lay along the ploughed land, and lodged in the depth of the stubble, till on each slow round the last furrow stood out black and shining as jet between the ploughed land and the gray stubble.

When night began to fall, and the geese, flying low, began to alight invisibly in the near corn-field, Stephen Council was still at work "finishing a land." He rode on his sulky plough when going with the wind, but walked when facing it. Sitting bent and cold but cheery under his slouch hat, he talked encouragingly to his four-in-hand.

"Come round there, boys! Round agin! We got t' finish this land. Come in there, Dan! Stiddy, Kate, stiddy! None o' y'r tantrums, Kittie. It's purty tuff, but got a be did. Tchk! tchk! Step along, Pete! Don't let Kate git y'r single-tree on the wheel. Once more!"

They seemed to know what he meant, and that this was the last round, for they worked with greater vigor than before. "Once more, boys, an' then, sez I, oats an' a nice warm stall, an' sleep f'r all."

By the time the last furrow was turned on the land it was too dark to see the house, and the snow was changing to rain again. The tired and hungry man could see the light from the kitchen shining through the leafless hedge, and he lifted a great shout, "Supper f'r a half a dozen!"

It was nearly eight o'clock by the time he had finished his chores and started for supper. He was picking his way carefully through the mud, when the tall form of a man loomed up before him with a premonitory cough.

"Waddy ye want ?" was the rather startled question of the farmer.

"Well, ye see," began the stranger, in a deprecating tone, "we'd like t' git in f'r the night. We've tried every house f'r the last two miles, but they hadn't any room f'r us. My wife's jest about sick, 'n' the children are cold and hungry —"

"Oh, y' want 'o stay all night, eh, ?"

"Yes, sir; it 'ud be a great accom —"

"Waal, I don't make it a practice t' turn anybuddy way hungry, not on sech nights as this. Drive right in. We ain't got much, but sech as it is —"

But the stranger had disappeared. And soon his steaming, weary team, with drooping heads and swinging single-trees, moved past the well to the block beside the path. Council stood at the side of the "schooner" and helped the children out two little half-sleeping children and then a small woman with a babe in her arms.

"There ye go!" he shouted jovially, to the children. "Now we're all right! Run right along to the house there, an' tell Mam' Council you wants sumpthin' t' eat. Right this way, Mis' keep right off t' the right there. I'll go an' git a lantern. Come," he said to the dazed and silent group at his side.

"Mother" he shouted, as he neared the fragrant and warmly lighted kitchen, "here are some wayfarers an' folks who need sumpthin' t' eat an' a place t' snoot." He ended by pushing them all in.

Mrs. Council, a large, jolly, rather coarse-looking woman, too the children in her arms.

"Come right in, you little rabbits. 'Mos asleep, hey? Now here's a drink o' milk f'r each o' ye. I'll have sam tea in a minute. Take off y'r things and set up t' the fire."

While she set the children to drinking milk, Council got out his lantern and went out to the barn to help the stranger about his team, where his loud, hearty voice could be heard as it came and went between the haymow and the stalls.

The woman came to light as a small, timid, and discouraged looking woman, but still pretty, in a thin and sorrowful way.

"Land sakes! An' you've travelled all the way from Clear Lake' t'-day in this mud! Waal! Waal! No wonder you're all tired out Don't wait f'r the men, Mis' —"

She hesitated, waiting for the name.

"Haskins."

"Mis' Haskins, set right up to the table an' take a good swig o tea whilst I make y' s'm toast. It's green tea, an' it's good. I tell Council as I git older I don't seem to enjoy Young Hyson n'r Gunpowder. I want the reel green tea, jest as it comes off'n the vines.

Seems t' have more heart in it, some way. Don't s'pose it has. Council says it's all in m' eye."

Going on in this easy way, she soon had the children filled with bread and milk and the woman thoroughly at home, eating some toast and sweet-melon pickles, and sipping the tea.

"See the little rats!" she laughed at the children. "They're full as they can stick now, and they want to go to bed. Now, don't git up, Mis' Haskins; set right where you are an' let me look after 'em. I know all about young ones, though I'm all alone now. Jane went an' married last fall. But, as I tell Council, it's lucky we keep our health. Set right there, Mis' Haskins; I won't have you stir a finger."

It was an unmeasured pleasure to sit there in the warm, homely kitchen. The jovial chatter of the housewife driving out and holding at bay the growl of the impotent, cheated wind. The little woman's eyes filled with tears which fell down upon the sleeping baby in her arms. The world was not so desolate and cold and hopeless, after all.

"Now I hope. Council won't stop out there and talk politics all night. He's the greatest man to talk politics an' read the Tribune — How old is it?"

She broke off and peered down at the face of the babe.

"Two months 'n' five days," said the mother, with a mother's exactness.

"Ye don't say! I want 'o know! The dear little pudzy-wudzy!" she went on, stirring it up in the neighborhood of the ribs with her fat forefinger.

"Pooty tough on 'oo to go gallivant'n' 'cross lots this way —"

"Yes, that's so; a man can't lift a mountain," said Council, entering the door. "Mother, this is Mr. Haskins, from Kansas. He's been eat up 'n' drove out by grasshoppers."

"Glad t' see yeh! Pa, empty that wash-basin 'n' give him a chance t' wash." Haskins was a tall man, with a thin, gloomy face. His hair was a reddish brown, like his coat, and seemed equally faded by the wind and sun, and his sallow face, though hard and set, was pathetic somehow. You would have felt that he had suffered much by the line of his mouth showing under his thin, yellow mustache.

"Hadn't Ike got home yet, Sairy?"

"Hadn't seen 'im."

"W-a-a-l, set right up, Mr. Haskins; wade right into what we've got; 'taint much, but we manage to live on it she gits fat on it," laughed Council, pointing his thumb at his wife.

After supper, while the women put the children to bed, Haskins and Council talked on, seated near the huge cooking-stove, the steam rising from their wet clothing. In the Western fashion Council told as much of his own life as he drew from his guest. He asked but few questions, but by and by the story of Haskins' struggles and defeat came out. The story was a terrible one, but he told it quietly, seated with his elbows on his knees, gazing most of the time at the hearth.

"I didn't like the looks of the country, anyhow," Haskins said, partly rising and glancing at his wife. "I was ust t' northern Ingyannie, where we have lots o' timber 'n' lots o' rain, 'n' I didn't like the looks o' that dry prairie. What galled me the worst was goin' s' far away acrosst so much fine land layin' all through here vacant.

"And the 'hoppers eat ye four years, hand runnin', did they?"

"Eat! They wiped us out. They chawed everything that was green. They jest set around waitin' f'r us to die t' eat us, too. My God! I ust t' dream of 'em sittin' 'round on the bedpost, six feet long, workin' their jaws. They eet the fork-handles. They got worse 'n' worse till they jest rolled on one another, piled up like snow in winter Well, it ain't no use. If I was t' talk all winter I couldn't tell nawthin'. But all the while I couldn't help thinkin' of all that land back here that nobuddy was usin' that I ought 'o had 'stead o' bein' out there in that cussed country."

"Waal, why didn't ye stop an' settle here?" asked Ike, who had come in and was eating his supper.

"Fer the simple reason that you fellers wantid ten 'r fifteen dollars an acre fer the bare land, and I hadn't no money fer that kind o' thing."

"Yes, I do my own work," Mrs. Council was heard to say in the pause which followed. "I'm a gettin' purty heavy t' be on m'laigs all day, but we can't afford t' hire, so I keep rackin' around somehow, like a foundered horse. S' lame I tell Council he can t tell how lame I am, f'r I'm jest as lame in one laig as t' other." And the good soul laughed at the joke on herself as she took a handful of flour and dusted the biscuit-board to keep the dough from sticking.

"Well, I hadn't never been very strong," said Mrs. Haskins. "Our folks was Canadians an' small-boned, and then since my last child I hadn't got up again fairly. I don't like t' complain. Tim has about all he can bear now but they was days this week when I jest wanted to lay right down an' die."

"Waal, now, I'll tell ye," said Council, from his side of the stove silencing everybody with his good-natured roar, "I'd go down and see Butler, anyway, if I was you. I guess he'd let you have his place purty cheap; the farm's all run down. He's teen anxious t' let t' somebuddy next year. It 'ud be a good chance fer you. Anyhow, you go to bed and sleep like a babe. I've got some ploughing t' do, anyhow, an' we'll see if somethin' can't be done about your case. Ike, you go out an' see if the horses is all right, an' I'll show the folks t' bed."

When the tired husband and wife were lying under the generous quilts of the spare bed, Haskins listened a moment to the wind in the eaves, and then said, with a slow and solemn tone,

"There are people in this world who are good enough t' be angels, an' only haff t' die to be angels."

Jim Butler was one of those men called in the West "land poor." Early in the history of Rock River he had come into the town and started in the grocery business in a small way, occupying a small building in a mean part of the town. At this period of his life he earned all he got, and was up early and late sorting beans, working over butter, and carting his goods to and from the station. But a change came over him at the end of the second year, when he sold a lot of land for four times what he paid for it. From that time forward he believed in land speculation as the surest way of getting rich. Every cent he could save or spare from his trade he put into land at forced sale, or mortgages on land, which were "just as good as the wheat," he was accustomed to say.

Farm after farm fell into his hands, until he was recognized as one of the leading landowners of the county. His mortgages were scattered all over Cedar County, and as they slowly but surely fell in he sought usually to retain the former owner as tenant. He was not ready to foreclose; indeed, he had the name of being one of easiest men in the town. He let the debtor off again and again, extending the time whenever possible.

"I don't want y'r land," he said.

"All I'm after is the int'rest on my money that's all. Now, if y' want 'o stay on the farm, why, I'll give y' a good chance. I can't have the land layint vacant."

And in many cases the owner remained as tenant.

In the meantime he had sold his store; he couldn't spend time in it — he was mainly occupied now with sitting around town on rainy days smoking and "gassin' with the boys," or in riding to and from his farms. In fishing-time he fished a good deal. Doc Grimes, Ben Ashley, and Cal Cheatham were his cronies on these fishing excursions or hunting trips in the time of chickens or partridges. In winter they went to Northern Wisconsin to shoot deer.

In spite of all these signs of easy life, Butler persisted in saying he "hadn't enough money to pay taxes on his land," and was careful to convey the impression that he was poor in spite of his twenty farms. At one time he was said to be worth fifty thousand dollars, but land had been a little slow of sale of late, so that he was not worth so much.

A fine farm, known as the Higley place, had fallen into his hands in the usual way the previous year, and he had not been able to find a tenant for it. Poor Higley, after working himself nearly to death on it in the attempt to lift the mortgage, had gone off to Dakota, leaving the farm and his curse to Butler.

This was the farm which Council advised Haskins to apply for; and the next day Council hitched up his team and drove down to see Butler.

"You jest let me do the talkin," he said.

"We'll find him wearin' out his pants on some salt barrel somew'ers; and if he thought you wanted a place he'd sock it to you hot and heavy. You jest keep quiet, I'll fix 'im."

Butler was seated in Ben Ashley's store telling fish yarns when Council sauntered in casually.

"Hello, But; lyin' agin, hey?"

"Hello, Steve! How goes it?"

"Oh, so-so. Too clang much rain these days. I thought it was goin' t freeze up f'r good last night. Tight squeak if I get m' ploughin' done. How's farmin' with you these days?"

"Bad. Ploughin' ain't half done."

"It 'ud be a religious idee f'r you t' go out an' take a hand y'rself."

"I don't haff to," said Butler, with a wink.

"Got anybody on the Higley place?"

"No. Know of anybody?"

"Waal, no; not eggsackly. I've got a relation back t' Michigan who's ben hot an' cold on the idea o' comin' West f'r some time. Might come if he could get a good lay-out. What do you talk on the farm?"

"Well, I d' know. I'll rent it on shares or I'll rent it money rent."

"Waal, how much money, say?"

"Well, say ten per cent, on the price two-fifty."

"Wall, that ain't bad. Wait on 'im till 'e thrashes?"

Haskins listened eagerly to this important question, but Council was coolly eating a dried apple which he had speared out of a barrel with his knife. Butler studied him carefully.

"Well, knocks me out of twenty-five dollars interest."

"My relation'll need all he's got t' git his crops in," said Council, in the same, indifferent way.

"Well, all right; say wait," concluded Butler.

"All right; this is the man. Haskins, this is Mr. Butler no relation to Ben the hardest-working man in Cedar County."

On the way home Haskins said: "I ain't much better off. I'd like that farm; it's a good farm, but it's all run down, an' so 'm I. I could make a good farm of it if I had half a show. But I can't stock it n'r seed it."

"Waal, now, don't you worry," roared Council in his ear. "We'll pull y' through somehow till next harvest. He's agreed t' hire it ploughed, an' you can earn a hundred dollars ploughin' an' y' c'n git the seed o' me, an' pay me back when y' can."

Haskins was silent with emotion, but at last he said, "I ain't got nothin' t' live on."

"Now, don't you worry 'bout that. You jest make your headquarters at ol' Steve Council's. Mother'll take a pile o' comfort in havin' y'r wife an' children 'round. Y' see, Jane's married off lately, an' Ike's away a good 'eal, so we'll be darn glad t' have y' stop with us this winter. Nex' spring we'll see if y' can't git a start agin." And he chirruped to the team, which sprang forward with the rumbling, clattering wagon.

"Say, looky here, Council, you can't do this. I never saw …" shouted Haskins in his neighbor's ear.

Council moved about uneasily in his seat and stopped his stammering gratitude by saying: "Hold on, now; don't make such a fuss over a little thing. When I see a man down, an' things all on top of 'm, I jest like t' kick 'em off an' help 'm up. That's the kind of religion I got, an' it's about the only kind."

They rode the rest of the way home in silence. And when the red light of the lamp shone out into the darkness of the cold and windy night, and he thought of this refuge for his children and wife, Haskins could have put his arm around the neck of his burly companion and squeezed him like a lover. But he contented himself with saying, "Steve Council, you'll git y'r pay f'r this some day."

"Don't want any pay. My religion ain't run on such business principles."

The wind was growing colder, and the ground was covered with a white frost, as they turned into the gate of the Council farm, and the children came rushing out, shouting, "Papa's come!" They hardly looked like the same children who had sat at the table the night before. Their torpidity, under the influence of sunshine and Mother Council, had given way to a sort of spasmodic cheerfulness, as insects in winter revive when laid on the hearth.

Haskins worked like a fiend, and his wife, like the heroic woman that she was, bore also uncomplainingly the most terrible burdens. They rose early and toiled without intermission till the darkness fell on the plain, then tumbled into bed, every bone and muscle aching with fatigue, to rise with the sun next morning to the same round of the same ferocity of labor.

The eldest boy now nine years old drove a team all through the spring, ploughing and seeding, milked the cows, and did chores innumerable, in most ways taking the place of a man.

An infinitely pathetic but common figure this boy on the American farm, where there is no law against child labor. To see him in his coarse clothing, his huge boots, and his ragged cap, as he staggered with a pail of water from the well, or trudged in the cold and cheerless dawn out into the frosty field behind his team, gave the city-bred visitor a sharp pang of sympathetic pain. Yet Haskins loved his boy, and would have saved him from this if he could, but he could not.

By June the first year the result of such Herculean toil began to show on the farm. The yard was cleaned up and sown to grass, the garden ploughed and planted, and the house mended.

Council had given them four of his cows.

"Take 'em an' run 'em on shares. I don't want 'o milk s' many. Ike's away s' much now, Sat'd'ys an' Sund'ys, I can't stand the bother anyhow."

Other men, seeing the confidence of Council in the newcomer, had sold him tools on time; and as he was really an able farmer, he soon had round him many evidences of his care and thrift. At the advice of Council he had taken the farm for three years, with the privilege of re-renting or buying at the end of the term.

"It's a good bargain, an' y' want 'o nail it," said Council. "If you have any kind ov a crop, you c'n pay y'r debts, an' keep seed an' bread."

The new hope which now sprang up in the heart of Haskins and his wife grew almost as a pain by the time the wide field of wheat began to wave and rustle and swirl in the winds of July. Day after day he would snatch a few moments after supper to go and look at it.

"Have ye seen the wheat today, Nettie?" he asked one night as he rose from supper.

"No, Tim, I ain't had time."

"Well, take time now. Le's go look at it."

She threw an old hat on her head, Tommy's hat, and looking almost pretty in her thin, sad way, went out with her husband to the hedge.

"Ain't it grand, Nettie? Just look at it."

It was grand. Level, russet here and there, heavy-headed, wide as a lake, and full of multitudinous whispers and gleams of wealth, it stretched away before the gazers like the fabled field of the cloth of gold.

"Oh, I think I hope we'll have a good crop, Tim; and oh, how good the people have been to us!"

"Yes; I don't know where we'd be t'-day if it hadn't teen f'r Council and his wife."

"They're the best people in the world," said the little woman, with a great sob of gratitude.

"We'll be in the field on Monday sure," said Haskins, gripping the rail on the fences as if already at the work of the harvest.

The harvest came, bounteous, glorious, but the winds came and blew it into tangles, and the rain matted it here and there close to the ground, increasing the work of gathering it threefold.

Oh, how they toiled in those glorious days! Clothing dripping with sweat, arms aching, filled with briers, fingers raw and bleeding, backs broken with the weight of heavy bundles, Haskins and his man toiled on. Tummy drove the harvester, while his father and a hired man bound on the machine. In this way they cut ten acres every day, and almost every night after supper, when the hand went to bed, Haskins returned to the field shocking the bound grain in the light of the moon. Many a night he worked till his anxious wife came out at ten o'clock to call him in to rest and lunch.

At the same time she cooked for the men, took care of the children, washed and ironed, milked the cows at night, made the butter, and sometimes fed the horses and watered them while her husband kept at the shocking.

No slave in the Roman galleys could have toiled so frightfully and lived, for this man thought himself a free man, and that he was working for his wife and babes. When he sank into his bed with a deep groan of relief, too tired to change his grimy, dripping clothing, he felt that he was getting nearer and nearer to a home of his own, and pushing the wolf of want a little farther from his door.

There is no despair so deep as the despair of a homeless man or woman. To roam the roads of the country or the streets of the city, to feel there is no rood of ground on which the feet can rest, to halt weary and hungry outside lighted windows and hear laughter and song within, these are the hungers and rebellions that drive men to crime and women to shame. It was the memory of this homelessness, and the fear of its coming again, that spurred Timothy Haskins and Nettie, his wife, to such ferocious labor during that first year.

"'M, yes;'m, yes; first-rate," said Butler, as his eye took in the neat garden, the pig-pen, and the well-filled barnyard. "You're gitt'n' quite a stock around yeh. Done well, eh?"

Haskins was showing Butler around the place. He had not seen it for a year, having spent the year in Washington and Boston with Ashley, his brother-in-law, who had been elected to Congress.

"Yes, I've laid out a good deal of money durin' the last three years. I've paid out three hundred dollars f'r fencin'."

"Um h'm! I see, I see," said Butler, while Haskins went on:

"The kitchen there cost two hundred; the barn ain't cost much in money, but I've put a lot o' time on it. I've dug a new well, and I —"

"Yes, yes, I see. You've done well. Stock worth a thousand dollars," said Butler, picking his teeth with a straw.

"About that," said Haskins, modestly. "We begin to feel's if we was gitt'n' a home f'r ourselves; but we've worked hard. I tell you we begin to feel it, Mr. Butler, and we're goin' t' begin to ease up purty soon. We've been kind o' plannin' a trip back t' her folks after the fall ploughin's done."

"Eggs-actly!" said Butler, who was evidently thinking of something else. "I suppose you've kind o' calc'lated on stayin' here three years more?"

"Well, yes. Fact is, I think I c'n buy the farm this fall, if you'll give me a reasonable show."

"Umm! What do you call a reasonable show?"

"Well, say a quarter down and three years' time."

Butler looked at the huge stacks of wheat, which filled the yard, over which the chickens were fluttering and crawling, catching grasshoppers, and out of which the crickets were singing innumerably. He smiled in a peculiar way as he said, "Oh, I won't be hard on yeh. But what did you expect to pay f'r the place?"

"Why, about what you offered it for before, two thousand five hundred, or possibly three thousand dollars," he added quickly, as he saw the owner shake his head.

"This farm is worth five thousand and five hundred dollars," said Butler, in a careless and decided voice.

"What!" almost shrieked the astounded Haskins. "What's that? Five thousand? Why, that's double what you offered it for three years ago."

"Of course, and it's worth it. It was all run down then — now it's in good shape. You've laid out fifteen hundred dollars in improvements, according to your own story."

"But you had nothin' t' do about that. It's my work an' my money."

"You bet it was; but it's my land."

"But what's to pay me for all my —"

"Ain't you had the use of 'em?" replied Butler, smiling calmly into his face.

Haskins was like a man struck on the head with a sandbag; he couldn't think; he stammered as he tried to say: "But I never'd git the use You'd rob me! More'n that: you agreed you promised that I could buy or rent at the end of three years at —"

"That's all right. But I didn't say I'd let you carry off the improvements, nor that I'd go on renting the farm at two-fifty. The land is doubled in value, it don't matter how; it don't enter into the question; an' now you can pay me five hundred dollars a year rent, or take it on your own terms at fifty-five hundred, or git out."

He was turning away when Haskins, the sweat pouring from his face, fronted him, saying again: "But you've done nothing to make it so. You hadn't added a cent. I put it all there myself, expectin' to buy. I worked an' sweat to improve it. I was workin' for myself an' babes —"

"Well, why didn't you buy when I offered to sell? What y' kickin' about?"

"I'm kickin' about payin' you twice f'r my own things, my own fences, my own kitchen, my own garden."

Butler laughed. "You're too green t' eat, young feller. Your improvements! The law will sing another tune."

"But I trusted your word."

"Never trust anybody, my friend. Besides, I didn't promise not to do this thing. Why, man, don't look at me like that. Don't take me for a thief. It's the law. The reg'lar thing. Everybody does it."

"I don't care if they do. It's stealin' jest the same. You take three thousand dollars of my money the work o' my hands and my wife's." He broke down at this point. He was not a strong man mentally. He could face hardship, ceaseless toil, but he could not face the cold and sneering face of Butler.

"But I don't take it," said Butler, coolly "All you've got to do is to go on jest as you've been a-coin', or give me a thousand dollars down, and a mortgage at ten per cent on the rest."

Haskins sat down blindly on a bundle of oats near by, and with staring eyes and drooping head went over the situation. He was under the lion's paw. He felt a horrible numbness in his heart and limbs. He was hid in a mist, and there was no path out.

Butler walked about, looking at the huge stacks of grain, and pulling now and again a few handfuls out, shelling the heads in his hands and blowing the chaff away. He hummed a little tune as he did so. He had an accommodating air of waiting.

Haskins was in the midst of the terrible toil of the last year. He was walking again in the rain and the mud behind his plough — he felt the dust and dirt of the threshing. The ferocious husking-time, with its cutting wind and biting, clinging snows, lay hard upon him. Then he thought of his wife, how she had cheerfully cooked and baked, without holiday and without rest.

"Well, what do you think of it?" inquired the cool, mocking, insinuating voice of Butler.

"I think you're a thief and a liar!" shouted Haskins, leaping up. "A black-hearted houn'!" Butler's smile maddened him; with a sudden leap he caught a fork in his hands, and whirled it in the air. "You'll never rob another man, damn ye!" he grated through his teeth, a look of pitiless ferocity in his accusing eyes.

Butler shrank and quivered, expecting the blow; stood, held hypnotized by the eyes of the man he had a moment before despised a man transformed into an avenging demon. But in the deadly hush between the lift of the weapon and its fall there came a gush of faint, childish laughter and then across the range of his vision, far away and dim, he saw the sun-bright head of his baby girl, as, with the pretty, tottering run of a two-year-old, she moved across the grass of the dooryard. His hands relaxed: the fork fell to the ground; his head lowered.

"Make out y'r deed an' mor'gage, an' git off'n my land, an' don't ye never cross my line agin; if y' do, I'll kill ye."

Butler backed away from the man in wild haste, and climbing into his buggy with trembling limbs drove off down the road, leaving Haskins seated dumbly on the sunny pile of sheaves, his head sunk into his hands.

작가소개 **Hamlin Garland(1860–1940)**

Hamlin Garland(1860–1940)는 위스콘신주 웨스트 샐럼에서 태어났다. 그는 어린 시절 내내 다양한 중서부 농장에서 살았지만 1884년 매사추세츠주 보스턴에 정착 하여 글쓰기 경력을 쌓았다. 보스턴 공립 도서관에서 독서를 하면서, 거기서 당대의 진보적 경제학자인 헨리 조지의 사상과 단일세금운동에 매혹되었다. 헨리조지의 사상을 문학적으로 형상화시킨 작품 등을 많이 썼다. 미국 중서부의 가혹한 환경속에서 살아가는 농부들의 삶을 다룬 작품들에서 헨리조지를 따르는 작가의 세계관이 잘 드러나 있다. 대표작으로는 "A Daughter of the Middle Border", "Main–Travelled Roads", "Jason Edwards: An Average Man〉", "A Member of the Third House", "Crumbling Idols"이 있고, 1922년에 퓰리처상을 받았다. 1940년 캘리포니아주 할리우드에서 사망하였다.

작품분석

"Under the Lion's Paw" is a realistic story(사실주의적 이야기) with characteristics of Garland's veritism(진정주의). He defines "veritism" as a form of realism that uses true–to–life detail with an impressionist's subjectivity. True–to–life detail is immediately apparent in the somber opening paragraphs as Garland describes the end of a farmer's (Council's) workday. Local color elements(지방색), such as the dialogue, help sustain the realism: Council, dressed in a ragged greatcoat against the cold weather, is plowing his field with four horses and calls out to them: "Come round there, boys! — Round agin! . . . Stiddy, Kate — stiddy! None o' y'r tantrums, Kittie." Garland captures the regional speech rhythms and words in the fashion of the true local colorist.

In his narration and description(서사와 묘사), he uses traditional figures of speech — simile, metaphor, personification, alliteration, and others — to fine effect: "squalls of snow," "dripping, desolate clouds," "tenacious as tar," "holding at bay the growl of the impotent, cheated wind," the children had a "sort of spasmodic cheerfulness, as insects in winter revive when laid on the hearth."

In addition to realism, there are elements of naturalism(자연주의) in "Under the Lion's Paw." Naturalism is suggested in the fact that Haskins is a victim of circumstances not of his making but of happenstance

한글 번역

사자의 발톱 아래

가을이 끝나는 동시에 겨울은 시작되었다. 농부들은 종일 그들의 초원지대에 있는 농장에서 눈이 떨어지는 넓고 평평한 들판을 이리저리 움직이는데, 그 눈은 떨어지자마자 녹아서 그들의 살갗을 적셨다. 종종 쏟아지는 눈보라, 빗물이 뚝뚝 떨어지는 어두운 구름, 그리고 타르처럼 시커멓고 끈끈한 밭고랑의 퇴비에도 불구하고 하루 종일, 흠뻑 젖은 마구를 얹고 있는 말들은, 말의 특징인 놀랄 정도로 불평을 하지 않는 인내심으로 묵묵히 이리저리 몸을 흔들며 나아갔다. 종일 바람에 밀리듯 날개를 길게 펴고 옆으로 날며 거칠게 울어 대는 기러기들은 뒤따라오는 적들을 피해 달아나는 듯했다. 그것들은 목은 길게 빼고 날개는 길게 편 채로 바람을 등지고 날아 곧 시야에서 사라졌다.

그러나 말에 맨 쟁기를 미는 그 농부는, 눈이 다 낡은 큰 외투 위로 떨어지고 차갑게 달라붙은 진흙이 그의 무거운 장화 위로 솟아올라 족쇄처럼 그를 구속하고 있다 할지라도, 바늘 끝같이 따가운 강풍 속에서도 휘파람을 불었다. 해가 저물면서 눈은 더 이상 녹지 않고 쟁기질 된 땅을 따라 쌓여, 그 후 느리게 도는 한 바퀴마다 그 전의 밭고랑은 마치 쟁기질 된 박공과 희끗희끗한 박공사이처럼 검고 빛이 나며 두드러져 보였다.

밤이 오기 시작하자 기러기들이 낮게 날아 근처 옥수수 밭에 내려 앉아 보이지 않게 되었을 때에도, 스티븐 카운슬 씨는 여전히 "밭 한쪽을 마무리 짓는" 일을 하고 있었다. 그는 바람을 등지고 갈 때는 말이 끄는 쟁기 위에 올라탔지만, 앞쪽에서 바람이 불 때면 걸었다. 몸은 굽혀서 앉고, 앞으로 차양이 처진 모자 아래로는 춥지만 기분 좋은 얼굴로 그는 말 네 필에게 격려하듯 말했다.

"거기서 돌아라, 얘들아! 다시 돌아라! 우리는 이쪽 밭을 다 마무리 지어야만 해. 거기 있어라. 댄! 가만있어, 케이트! 성내지 말고 가만히 있어. 키티! 매우 힘들겠지만 다 끝날 거야. 이랴! 이랴! 쭉 따라가, 페트! 케이트가 바퀴에 있는 네 물추리막대를 갖게 해서는 안 돼. 한 번 더!"

그 말들은 그의 말이 뜻하는 것이 무엇인지, 그리고 그들이 이전보다 더 힘들게 일하는 것을 보니 이것이 마지막 일이라는 것을 아는 것 같았다. "한 번만 더, 얘들아, 내가 말했지. 귀리, 따뜻하고 멋진 마구간, 그리고 자는 게 전부다."

마지막 밭고랑이 땅 위로 드러났을 때 즈음에는 너무 어두워 집을 볼 수가 없었고, 눈은 또 다시 비로 바뀌었다. 그 지치고 허기진 농부는 부엌에 켜진 불빛이 잎이 다 떨어진 울타리 너머로 비치는 것을 볼 수 있었고, 목청을 돋워 "저녁밥 6인분을 준비하라."고 큰소리로 외쳤다.

그가 허드렛일을 끝낸 후 저녁밥을 먹으려고 출발했을 때는 거의 8시가 되었다. 그는 진흙 길을 조심스레 골라가며 오고 있었는데 그때 한 키 큰 남자의 형상이 인기척을 내려는 기침 소리와 함께 그의 앞에 어렴풋이 나타나기 시작했다.

"게 누구요?"라고 농부가 다소 놀라서 물었다.

"저, 글쎄"라고 낯선 이가 사정하는 듯한 목소리로 말하기 시작했다. "밤 동안만 좀 묵어갔으면 좋겠는데요. 우리는 2마일을 걸으며 모든 집을 알아보았는데, 우리에게 내줄 방이 하나도 없다는 군요. 제 아내는 정말로 아프고요. 아이들은 춥고 배가 고파서."

"오, 당신은 밤 동안 머물 곳을 찾는군요. 그렇죠?"

"예, 선생님. 그럴 수 있다면 무척 고맙겠는데"

"글쎄요, 꼭 오늘 같은 밤이 아니더라도, 난 배고픈 사람들을 문전 박대하지는 않습니다만, 들어오시지요. 우린 가진 게 많지는 않지만, 상황이 이러니만큼"

그러나 그 낯선 이는 벌써 보이지 않았다. 그리고 곧 그의 지치고 땀을 흘리고 있는 말들은 고개를 숙이고 물추리막대를 흔들면서 우물을 지나 좁은 길옆 쪽에 있는 구역 쪽으로 갔다. 카운슬 씨는 '포장마차'의 옆쪽에 서서, 아이들―반쯤 잠이 든 어린아이 두 명이 그리고 다음에는 양팔에 아기를 안고 있는 자그마한 여인이 밖으로 나올 수 있도록 도왔다.

"저기로 가렴!"이라고 그는 쾌활하게 아이들에게 외쳤다. "이제 우리는 괜찮아. 저쪽에 있는 집으로 곧바로 달려가서, 카운슬 부인께 먹을 것 좀 달라고 해라. 자 이쪽으로, 부인, 바로 저쪽으로 가지 마세요. 제가 가서 랜턴을 가져오지요. 자,"라고 그는 자기 가까이에 있는 멍해져 아무 말도 못 하는 사람들에게 말했다.

"어머니," 그는 맛있는 냄새가 나고 따뜻하게 불이 비치는 부엌 가까이로 갔을 때 외쳤다. "여기에 먹을 것과 잠잘 곳이 필요한 길손들이 있어요." 그는 그들 모두를 집 안으로 밀어 넣으면서 말을 끝냈다.

카운슬 부인은 몸집이 좋고 쾌활해 보이며, 다소 얼굴이 거칠어 보였는데 그 아이들을 팔에 받아들였다.

"들어오거라, 귀여운 토끼들아. 다들 졸리구나, 응? 여기 너희들 모두에게 줄 우유가 있다. 내 금방 차를 끓여 줄게. 옷들 벗고, 불 쪽으로 와 앉아라."

그녀가 아이들에게 우유를 마시게 하고 있는 동안, 카운슬 씨는 랜턴을 꺼내 그의 말들 근처에 있는 낯선 이를 도우러 헛간으로 갔는데, 그곳에서 그의 우렁차고 따뜻한 목소리는 건초 더미와 마구간 사이에서 왔다 갔다 하는 것처럼 들렸다.

작고, 소심하고, 낙담한 모습이지만, 가냘프고 애처로워 보이는 듯한 예쁜 여인이 나타났다.

"어머나! 오늘 이런 진창 속에서 클리어 호수에서부터 줄곧 여행을 해왔구려. 어이구! 이런! 당신이 완전히 지쳐버린 것도 무리가 아니지. 남자들 기다리지 말아요. 이름이…"

그녀는 머뭇거리며 이름이 나오기를 기다렸다.

"해스킨즈."

"해스킨즈 부인, 식탁 쪽으로 와서 내가 토스트를 만들 동안 맛 좋은 차 좀 드세요. 이건 녹차인데 맛이 좋아요. 나이가 들면서 난 카운슬에게 영 하이슨이나 건파우더는 마시고 싶지 않은 것 같다고 말했지. 나는 줄기에서 떨어진 것 같은 진짜 녹차를 마시고 싶어. 어떤 면에서 거기에는 더 많은 영양이 들어 있을 것 같지요, 내 그런다고 해서 정말 그렇다고는 생각하지 마쇼. 카운슬은 그건 모두 내 선입견 탓이라고 해요."

이렇게 편안한 분위기로 이야기하였기 때문에, 아이들은 빵과 우유를 배불리 먹고 그 여자는 완전히 편안하게 약간의 토스트와 멜론 절임을 먹으면서 차를 홀짝홀짝 마실 수 있었다.

"귀여운 생쥐들 좀 보아요!" 그녀는 아이들을 보고 웃었다. "애들이 한껏 배가 불러서 잠자고 싶은가 봐요. 지금은 일어나지 마요, 해스킨즈 부인. 내가 아이들을 돌볼 테니 거기 그대로 앉아 있어요. 난 지금은 혼자지만 어린애들에 대해서는 뭐든지 안다우. 제인은 지난겨울 결혼해 떠났지요. 그렇지만 내가 카운슬에게 말한 것처럼 우리가 그대로 건강한 건 참 다행이에요. 거기 앉아요, 해스킨즈 부인. 난 당신이 손가락 하나 까딱하지 않게 할 테니."

따뜻하고 아늑한 부엌에서 앉아 있는 것은 한없이 기쁜 일이었다. 주부가 하는 즐거운 잡담은 기력 없고 속이는 듯한 바람의 으르렁거리는 소리를 몰아세워 꼼짝 못 하게 했다. 자그마한 여인의 눈에는 눈물이 가득 고여 그녀의 팔에 안겨 잠자고 있는 아기 위로 떨어졌다. 세상은 결국 그렇게 삭막하고 냉정하고 또 절망적이지만은 않았다.

"지금 난 카운슬 씨가 저 밖에서 밤새도록 정치에 대해 이야기하지 않길 바라요. 그이는 정치에 관한 이야기와 ≪트리뷴≫ 지 읽기를 가장 좋아해요. 아기가 몇 살이에요?"

그녀는 잠시 멈춰 아기의 얼굴을 자세히 내려다보았다.

"두 달하고 닷새,"라고 그 어머니는 엄마 특유의 정확성을 발휘하며 말했다.

"말하지 말아요! 내가 알고 싶어요! 귀여운 포동포동이!" 그녀는 그러면서 통통한 집게손가락으로 아기의 옆구리를 건드렸다.

"이렇게 천방지축 돌아다니는 게 너에겐 퍽 고될 게다."

"예, 정말 그래요. 인간이 산을 들어버릴 수는 없지요."라고 카운슬 씨가 문을 들어오면서 말했다.

"사라, 이 분은 캔자스에서 온 해스킨즈 씨이시다. 메뚜기 떼에 가진 것을 다 먹혀서 몰려 나오셨단다."

"만나서 반가워요. 아빠, 저 세숫대야를 비워 그가 씻을 수 있게 해주세요."

해스킨즈 씨는 여위고 침울한 안색의 키가 큰 남자였다. 그의 머리는 그의 코트처럼 붉은 갈색이었는데, 둘 다 바람과 햇빛에 바랜 것처럼 보였다. 그리고 그의 창백한 얼굴은 건장하고 단호할지라도 다소 측은해 보였다. 당신은 아마도 그의 성근 금발의 콧수염 아래로 보이는 입가의 주름을 보면 그가 무척이나 고생을 했다고 느낄 것이다.

"아이크는 아직 집에 오지 않았니, 새리?"

"보지 못했어요."

"자, 바로 앉아요. 해스킨즈 씨. 마음껏 드세요. 아주 많이 가지진 않았지만 그럭저럭 먹고살 만하다오. 저 사람은 그래서 살이 쪘지." 카운슬은 엄지손가락으로 그의 아내를 가리키면서 웃었다.

저녁을 먹은 후, 여인들이 아이들을 잠자리에 눕히는 동안, 해스킨즈 씨와 카운슬 씨는 커다란 요리스토브 근처에 앉아 이야기를 했고 그들의 젖은 옷에서는 김이 올라오고 있었다. 서부의 방식대로, 카운슬은 손님에게서 관심을 끌 만큼 많이 자신의 삶에 대해 말했다. 그는 질문은 거의 하지 않았다. 그러나 이윽고 해스킨즈의 투쟁과 패배에 관한 이야기가 나왔다. 그 이야기는 무시무시한 것이었으나 그는 팔꿈치를 무릎에 놓고 이야기하는 동안 대부분 벽난로를 응시하면서, 조용히 말했다.

"하여간, 난 그 지방의 모습을 좋아하지 않아요."라고 해스킨즈는 반쯤 일어나 그의 아내를 흘끗 보면서 말했다. "난 인디애나 주 북부에 주로 있었는데 거기에는 목재가 많고 비가 많이 내리는데, 나는 그렇게 건조한 초원 지대의 모습을 좋아하지 않았어요. 나에게 최악의 상태와 부딪히게 한 것이 아주 비옥한 토지를 가로질러 그토록 멀리에서 와서는 이곳의 모든 것을 텅 비게 했어요."

"그러면, 메뚜기들이 4년 연속으로 먹어 치웠나요, 그래요?"

"먹어 치웠어요! 그것들은 우리가 가진 것을 완전히 파괴해 버렸어요. 그들은 푸른 것이면 무엇이든 씹어버렸소. 그것들은 우리가 죽어서 우리들 또한 먹기를 기다리며 앉아 지내는 것만 같았어요. 세상에! 나는 그것들이 6피트 길이의 침대 기둥 위에 둘러 앉아서 턱을 막 움직이는 그런 꿈을 꾸곤 했답니다. 칼퀴자루까지 먹어요. 그것들은 서로가 마치 구르듯이 나아가 겨울에 내린 눈처럼 쌓일 때까지 점점 더 심해졌지요. 글쎄, 소용없어요. 겨울 얘기를 다 하자고 치면, 아무 얘기도 할 수 없어요. 하지만 계속해서 아무도 일구지 않는 그 땅들을 다 생각하게 돼요. 그 저주받은 땅에서 밖으로 전전해야 하는 걸요."

"그러면 여기서 그만 정착하는 건 어때요?" 집으로 들어와 저녁을 먹고 있는 아이크가 물었다.

"이유는 간단해요. 여러분들은 맨 땅 1에이커당 10달러 혹은 15달러를 원하지만, 난 그런 데에 쓸 돈이 하나도 없기 때문이요."

"그래요. 나는 내 일이나 해야겠어요."라고 카운슬 부인은 이야기를 듣고 그 뒤에 이야기가 멈춘 동안 말했다. "난 하루 종일 서 있기가 점점 힘이 들어가요. 그렇지만 사람을 부릴 여유는 없으니 비틀거리는 말처럼 어떻게든 계속 일해요. 내가 한쪽 다리만큼이나 다른 쪽 다리도 절기 때문에 남편은 내가 다리를 저는지도 모를 거라고 말하죠." 그리고 그 착한 부인은 그녀 자신에 대한 농담에 웃고서는 밀가루 한 주 먹을 쥐어서 밀가루 반죽이 달라붙지 않도록 비스킷 판에다 가루를 뿌렸다.

"그런데 전 아주 튼튼해 본 적이 없어요."라고 해스킨즈 부인이 말했다. "우리 민족은 캐나다계여서 뼈대가 가늘어요. 그리고 막내 아이를 낳은 이후로는 건강이 다시 제대로 회복되지 않았어요. 난 불평하고 싶지 않아요. 팀은 지금 그가 참을 수 있는 한계에 다 와 있고요. 그렇지만 이번 주에는 그냥 누워서 죽고만 싶을 때가 많았어요."

"자, 이제, 내가 말해야겠어요."라고 카운슬 씨가 그가 있는 스토브 쪽에서 말을 꺼냈고 그의 선량한 큰 목소리에 모든 사람이 조용했다. "내가 만약 당신이라면, 어쨌든 내려가 버틀러 씨를 만나보겠소. 내 생각으로는 그가 당신에게 아주 싼 가격으로 땅을 줄 것 같소. 왜냐하면 농장이 모두 황폐해 있기 때문이오. 그는 내년에 누군가에게 땅을 빌려주고 싶어 해요. 당신에게는 아마도 좋은 기회가 될 거요. 어떻든 간에 잠자리에 들어 아기처럼 자 둬요. 내게는 쟁기질할 것이 좀 있고, 당신에게 무언가 할 일이 없는지 살펴보기로 합시다. 아이크야. 말들이 모두 괜찮은지 나가 보거라. 나는 손님들을 잠자리로 모실 테니."

지친 남편과 아내는 예비 침대의 푸근한 이불 속에 누워 있었고, 해스킨즈 씨는 처마 끝에 부딪히는 바람 소리를 잠시 동안 듣고는 느리고 경건한 어조로 말했다.

"이 세상에는 마음씨가 고와서 후에 천사가 될 사람들이 있어. 죽어서 반드시 천사가 되어야지."

짐 버틀러는 서부에서 "토지는 있어도 현금은 없는" 사람들 중의 하나였다. 락리버 지방의 내력 초기에 그는 마을로 와서 소규모 식료품 상점을 시작하여 마을의 허술한 지역에 작은 건물을 가졌다. 이 당시에 그는 그가 가진 모든 것을 벌었고, 아침부터 밤늦게까지 콩을 가려내고 버터를 다시 만들어 그의 물건을 짐마차로 실어 역을 왔다 갔다 했다. 그러나 두 번째 해 말쯤 땅 한 뙈기를 그가 산 가격의 4배를 받고 팔았을 때 그에게 변화가 일었다. 그때 이후로 그는 땅 투기는 부자가 되는 가장 확실한 방법이라고 믿었다. 장사를 해서 저축하거나 모은 모든 돈을 공매나 땅을 저당 잡아서 그가 "꼭 밀만큼이나 좋다."라고 습관처럼 말하던 땅으로 바꾸어 놓았다.

농장들이 차례로 그의 손아귀에 들어왔고, 그는 그 군의 주요한 땅 주인들 중의 하나로서 인식되었다. 그에게 저당 잡힌 땅은 시더 군의 전역에 퍼져 있었고, 그것들이 느리지만 확실하게 기한이 다 되었을 때에는 보통 그 전의 땅 주인을 소작인으로 두려고 노력했다. 그는 금방 저당권을 행사하려 하지 않았다. 정말로 그는 그 마을에서 '가장 관대한' 사람 중의 하나라는 평판을 들었다. 그는 빚진 사람을 계속해서 면해 주었고 가능하면 언제나 기간을 연장해 주었다.

"나는 당신 땅이 필요 없어요."라고 그가 말했다.

"내가 바라는 건 단지 내 돈에 대한 이자요. 그게 전부요. 이제 만일 당신이 그 농장에 머물고 싶다면, 내 당신에게 좋은 기회를 주지. 난 땅이 텅 비어 있게 할 수는 없어요."

그리고 많은 경우에 땅 주인은 소작인으로 남았다.

그러는 동안 그는 그의 가게를 팔았다. 가게에서 시간을 보낼 수 없었기 때문이었다. 그는 주로 비가 오는 날에는 마을에서 빈둥빈둥 지내거나, 담배 피우며 '친구들과 잡담'을 하거나, 혹은 말을 타고 자신의 농장 여기저기를 다니느라 여념이 없었다. 낚시 철에 그는 상당히 많이 낚았다. 닥 그림즈, 벤 애슐리, 그리고 칼 취덤은 낚시질이나 새 새끼나 꿩들이 나타나는 시기에 하는 사냥 여행을 떠날 때의 그의 친구들이었다. 겨울에 그들은 사슴을 사냥하러 위스콘신 주 북부로 갔다.

이렇게 드러나는 모든 편안한 생활에도 불구하고, 버틀러는 "그의 땅에 부과되는 세금을 낼 만큼 충분한 돈이 없다."라고 되풀이하여 고집스럽게 말했고, 20여 개의 농장에도 불구하고 그가 가난하다는 인상을 주려고 조심했다. 한번은 그가 총재산이 5만 달러이지만 최근에는 땅이 다소 늦게 팔려서 재산이 그만큼 많지는 않다는 이야기를 들었다.

히글리 지방이라 알려진 훌륭한 농장은 그 전해에 보통 쓰던 방법으로 그의 소유가 되었는데 그는 농장의 소작인을 구할 수 없었다. 불쌍한 히글리 씨는 저당을 없애려 노력하느라 거의 죽을 정도로 일을 하고서 그 농장과 버틀러에 대한 저주를 남겨두고 다코타로 떠나버렸다. 이것이 카운슬 씨가 해스킨즈에게 신청해 보라고 조언을 한 농장이었다. 그리고 다음 날 카운슬은 한 무리의 말을 매어서 버틀러를 만나러 말을 몰고 읍내로 갔다.

"내가 이야기를 다 하게 그냥 둬요."라고 그가 말했다.

"우린 그가 어딘가 소금 통 위에 뭉개고 앉아서 세월 가는 줄 모르고 있는 걸 보게 될 거야. 그리고 만약 당신이 토지를 구하고 있다고 그가 생각하게 된다면, 그는 아마 당신에게 호되게 바가지를 씌울 것이오. 당신은 단지 잠자코 있기만 해요. 내가 그와 타협할 테니."

카운슬이 우연인 것처럼 어슬렁거리며 들어갈 때, 버틀러는 벤 애슐리의 가게에 앉아 '낚시질에 관한 허풍'을 떨고 있었다.

"안녕하시오. 이런 또 눌러 앉아 있소?"

"안녕, 스티브! 어떻게 지내오?"

"오, 그저 그래요. 요즘엔 망할 놈의 비가 너무 와서, 내 생각에 지난밤 꼬박 그게 얼고 있었나 봐요. 만약 내가 쟁기질을 다 끝낸다고 해도 빠듯할 거요. 당신은 요즘 농사짓는 건 어때요?"

"나빠요. 쟁기질이 아직 반도 끝나지 않았소."

"만약 당신이 손수 나가서 일을 한다면 기특한 일일 텐데."

"그럴 필요가 없잖소."라고 버틀러가 윙크하며 말했다.
"히글리 땅엔 누군가 들어왔소?"
"아니, 누구 아는 사람 있소?"
"글쎄, 없소, 정확히는 아니오. 미시건에 돌아온 내 친척이 하나 있는데 잠시 동안만 서부로 올까 하는 생각이 간절하다 말다 하는 모양이오. 그가 배당만 잘 받을 수 있다면 올지도 모르지. 그 농장에 대한 값을 어찌 호가하시오?"
"글쎄, 잘 모르겠는데, 소출의 비율제로 임대하거나 돈을 받고 임대할 거요."
"그러면, 얼마를 말하는 거요?"
"글쎄 대략 가격의 10퍼센트, 250달러."
"그래, 나쁘지는 않군, 그가 타작할 때까지 임대료를 기다려 주겠소?"
해스킨즈는 그가 한 중요한 질문에 대해 열심히 들었지만, 카운슬은 냉담하게 말린 사과를 통에서 그의 나이프로 찍어서 먹고 있었다. 버틀러는 조심스럽게 그를 눈여겨 살펴보았다.
"그리하면 내가 이자 돈 25달러를 손해 보게 되는데."
"내 친척은 농작물을 얻으려면 그가 가진 모든 것이 필요하게 될 거요." 카운슬 씨가 전과 같은 무관심한 태도로 말했다.
"그래, 좋아요. 기다리기로 합시다."라고 버틀러가 결정했다.
"좋아요, 이 사람이 그 친척이요. 해스킨즈, 이 분이 버틀러 씨야. 벤과는 친척이 아니고, 이 시더 군에서 가장 열심히 일하는 사람이지."
집으로 오는 길에 해스킨즈가 말했다. "훨씬 더 좋아진 것 같지는 않아요. 나는 그 농장이 좋아요. 그건 좋은 농장이지만 다 황폐해 있고 나 또한 그래요. 내게 만약 솜씨를 발휘할 수 있는 기회가 있다면, 그걸 훌륭한 농장으로 만들 수 있을 텐데. 그렇지만 난 거기에 가축을 키울 수도, 씨앗을 뿌릴 수도 없어요."
"자, 이제 걱정하지 말아요."라고 카운슬이 그의 귀에 대고 크게 말했다. "우리가 내년 수확 때까지 어떻게든 당신을 돕겠소. 그가 농장을 갈려고 세를 내주는 데 동의했으니, 당신은 100달러를 벌 수 있을 거요. 쟁기질을 하고 내가 씨앗을 줄 테니 여유가 생기면 갚아요." 해스킨즈는 감동하여 아무 말도 할 수 없었지만, 마침내 말을 했다. "난 먹고 살게 하나도 없어요."
"지금 거기에 대해서 걱정하지 말아요. 당신은 당신의 사령부를 늙은 스티브 카운슬의 집에 두기만 하면 돼요. 어머니는 당신 아내와 아이들을 근처에 두는 데에 아주 많은 위안을 받을 거예요. 당신도 알다시피 제인은 최근에 결혼하여 떠났고, 아이크는 상당히 긴 동안 집을 떠나 있으니, 당신이 올겨울 우리와 함께 지낸다면 아주 기쁠 거예요. 내년 봄엔 우리는 당신이 새로이 출발할 수 있는지 없는지를 알게 되겠죠." 그리고 그는 말들에 대고 이랴 낄낄하자 말은 앞으로 뛰어오르고, 마차는 덜그덕 덜그덕, 달각달각 소리를 냈다.
"글쎄, 이봐요, 카운슬 씨, 당신은 이렇게 할 수 없어요. 나는 결코 본 적이…"라고 해스킨즈는 그의 이웃의 귀에다 소리쳤다.
카운슬은 그의 자리에서 불편한 듯 움직이고서, 다음과 같이 말함으로써 그의 더듬거리며 말하는 고마움을 멈추게 했다. "이제, 그대로 있어요. 사소한 일에 대해 그렇게 소란 피우지 말아요. 난 어떤 이가 낙담하고 또 걱정거리에 눌려있는 것을 보면, 단지 그것들을 몰아내고 힘이 나도록 그를 돕고 싶어요. 그건 내가 가진 일종의 신조이고 그것이야말로 거의 유일한 종류이지."
그들은 집으로 오는 나머지 길을 아무 말도 없이 말을 타고 왔다. 그리고 램프의 붉은 불빛이 춥고 바람 부는 밤의 어둠 속으로 비추이고, 그의 아이들과 아내가 의지할 이곳에 대해 생각했을 때, 그는 자신의 팔을 체격이 건장한 동료의 목둘레에 놓고 여인처럼 그를 꼭 껴안지 않을 수 없었다. 그러나 그는 "스티브 카운슬 씨, 당신은 언젠가 여기에 대해 꼭 보답을 받을 겁니다."라고 말하며 만족했다.
"어떤 보답도 원하지 않아요. 내 신조는 그런 사업 원리에 따라 움직이는 게 아니니까."
바람은 더 차가워지고 있었고 땅은 하얀 서리로 덮였다. 그들이 카운슬 농장의 입구로 들어서자 아이들이 "아빠가 오신다."라고 소리치며 힘차게 달려 나왔다. 그들은 전혀 전날 밤 식탁에 앉아 있었던 것과 같은 아이들처럼 보이지 않았다. 시무룩했던 그들은 태양과 카운슬 아주머니의 영향을 받아 겨울에 대지 아래 누워있던 곤충들이 살아난 것처럼 갑작스럽게 유쾌해졌다.
해스킨즈는 미친 사람처럼 일했고, 그의 아내는 또한 영웅적인 여인처럼 대부분의 몹시 힘이 드는 고생을 아무런 불평 없이 참아냈다. 그들은 아침 일찍 일어나 어둠이 평야에 내릴 때까지 휴식 시간도 없이 일을 하고 나서 잠자리에 들면, 뼈와 근육 모두가 피곤하여 쑤셨다. 다음 날 아침이면 태양이 떠오를 때 일어나 전날만큼 힘겨운 일을 그만큼 한차례 또 했다.

이제야 아홉 살이 된 장남은 봄철 내내 한 팀의 말을 몰며 쟁기질하고 씨앗을 심고, 소젖을 짜고 또 무수히 많은 잡일을 하여 대부분의 면에서 어른 한 명의 일을 대신했다.

미국 농장에서는 한없이 측은하지만 일반적인 모습인 이 소년, 그곳에는 유아 노동을 막는 아무런 법도 없었다. 그가 우물에서 하나 가득 물이 든 양동이를 들고 비틀거리거나, 춥고 음울한 새벽에 말들을 앞장세우고 서리 앉은 들판으로 터덕터덕 걸어갈 때, 그가 입고 있는 거친 옷과 커다란 장화, 그리고 너덜너덜해진 모자를 보면 도시에서 자란 방문객은 동정에서 우러나오는 극심한 고통을 느낄 것이다. 그러나 해스킨즈는 그의 아들을 사랑했고, 가능하다면 이런 고통을 받지 않도록 하고 싶었다. 그러나 그는 그럴 수가 없었다.

첫 해 유월쯤 아주 많은 힘이 들었던 노고의 결과가 농장에서 나타나기 시작했다. 안뜰은 깨끗이 치워지고 씨가 뿌려져 잔디로 덮였고, 정원은 쟁기질되어 나무가 심어졌고, 집은 수리되었다.

카운슬은 그들에게 자신의 젖소 네 마리를 주었다.

"그것들을 받아서 분배식으로 운영해요. 난 우유가 그리 많이 필요하지가 않아. 아이크는 이제 아주 오랫동안 떠나 있으니, 토요일하고 일요일, 난 도대체 그 귀찮은 일을 견딜 수 없어."

다른 사람들은 카운슬이 이 풋내기를 신임하는 것을 보고 그에게 연장을 할부로 팔았고, 그는 정말로 능력 있는 농부이기 때문에, 곧 그가 책임 있고 검소하다는 증거를 그 주위에서 많이 찾을 수 있었다. 카운슬 씨의 충고로 3년 동안 그 농장을 빌려서, 재계약을 맺고 임대 기간 말에는 살 수 있는 특권을 가졌다.

"이건 유리한 거래이니, 재빨리 채결해 굳혀요."라고 카운슬이 말했다. "만일 당신이 다만 얼마간이라도 수확이 있으면 당신은 빚을 갚을 수 있을 거고, 종자와 양식을 남겨둘 수 있을 거요."

해스킨즈와 그의 아내의 가슴속에 이제 솟아나기 시작한 새로운 희망은 넓은 밀밭이 7월의 바람에 물결치며 바스락거리고 소용돌이칠 즈음 거의 고통으로서 크게 자라났다. 매일매일 그는 저녁 식사 후 몇 분간 짬을 내어 나가서 그것을 바라보곤 했다.

"오늘 밀을 본 적이 있소, 네티?"라며 어느 날 저녁을 먹고 일어나면서 그는 물었다.

"아니오, 팀, 시간이 없었어요."

"그러면 지금 시간을 가집시다. 나가서 그걸 봅시다."

그녀가 자신의 머리에 낡은 모자 — 토미의 모자인데 — 를 걸치니 가녀리고 슬픈 듯하면서도 아주 예뻐 보였다. 그녀는 남편과 함께 울타리 쪽으로 갔다.

"장엄하지 않소, 네티? 단지 보기만 해요."

그것은 장엄했다. 평평하고 여기저기에서 황갈색을 띠고 머리는 무거워져 호수처럼 넓게, 바람에 나부껴 웅성대는 속삭임 소리로 가득하고, 부유함으로 번쩍이며 그것은 전설에 나오는 황금 천으로 만든 들판처럼 바라보고 있는 두 사람 앞에 옆으로 넓게 펼쳐져 있었다.

"오, 저는 수확이 풍성하길 바라오, 팀. 사람들이 내내 우리들에게 얼마나 잘해주었어요!"

"그래요, 카운슬 씨와 그 부인이 없었더라면 오늘 우리는 어디에 있을지 모르겠소."

"그분들은 이 세상에서 가장 좋은 분이예요."라고 그 작은 여인은 말하면서, 고마움으로 크게 흐느껴 울었다.

"우리는 월요일에는 들판에 있을 거요, 틀림없이."라고 해스킨즈는 벌써 수확하는 일을 하고 있는 것처럼 울타리의 가로대를 꼭 쥐면서 말했다.

수확은 풍성하고 훌륭하게 되었지만, 강풍이 불어와 곡식은 날려 엉키었고 비는 내려 여기저기에서 땅바닥 바로 위에 엉켜 붙어서 그것을 주워 모으는 일을 3배로 증가시켜 놓았다.

아, 즐거웠던 지난 며칠 동안 그들은 얼마나 일을 했던가! 옷에서는 땀이 뚝뚝 떨어지고 팔은 가시나무로 가득 차 쑤셨고, 손가락은 상처가 아물지 않아 피가 나고 등뼈는 무거운 짐의 무게로 부러지는 듯해도 해스킨즈와 그의 식구들은 계속해서 일했다. 토미는 그의 아버지와 고용인들이 기계에 매여 있는 동안 수확기를 몰았다. 이런 식으로 해서 그들은 매일 10에이커를 베었고, 저녁을 먹은 후 거의 매일 밤 일손들이 잠자러 갔을 때 해스킨즈는 들판으로 되돌아와 달빛을 받으며 묶인 곡식을 쌓아 올렸다. 여러 날 밤, 걱정하는 그의 아내가 쉬면서 야찬을 들라고 부르러 나올 때까지 그는 일했다.

동시에 그녀는 사람들에게 줄 음식을 만들었고, 아이들을 돌보고, 빨래하고 다림질하고, 밤에는 젖소의 우유를 짜고, 버터를 만들고, 그리고 때로는 그의 남편이 곡식을 쌓아올리는 동안에 말들에게 먹이를 주고 물도 주었다.

로마의 대형 배에 타고 있던 어떤 노예도 그렇게 엄청나게 일하며 살 수 없었을 것이다. 왜냐하면 이 사람은 자신을 자유인이라 생각했고 또한 그는 아내와 아이들을 위해 일하고 있다고 생각했기 때문이다. 그가 안도감으로 깊은 신음 소리를 내며 잠자리에 쓰러졌을 때에는 너무나 피곤해 그의 더럽고 땀이 떨어지는 옷을 갈아입을 수조차 없었지만,

그는 그 자신의 집을 갖는 데 점점 더 가까워지고 있으며 가난의 늑대를 자신의 문밖으로 한 걸음이라도 더 밀어내고 있다고 느꼈다.

집 없는 남자와 여자의 절망만큼 깊은 절망은 없을 것이다. 시골길이나 도시의 거리를 방황하는 것, 다리를 쉬게 할 손바닥만한 땅 한 뙈기조차 없다고 느끼는 것, 불이 켜져 있는 창문 밖에 지치고 배고픈 채로 멈춰 서서 그 안에서 나는 웃음소리와 노랫소리를 듣는 것—이런 것들이야말로 남자들을 범죄로 몰고 여자들에게 수치심을 느끼게 하는 굶주림이고 반역이다. 그 첫해 동안 티모시 해스킨즈와 그의 아내 네티가 그렇게 맹렬하게 일을 할 수 있도록 박차를 가한 것은 바로 이러한 집 없는 기억과 그것이 또 다시 온다는 두려움이었다.

"음, 좋아, 음, 좋아, 훌륭해." 버틀러는 말하면서, 말끔한 정원, 돼지우리, 그리고 잘 채워진 헛간 앞뜰을 눈여겨보았다. "주위에 저장품들을 꽤 많이 가지고 있구려. 잘 끝냈소. 응?"

해스킨즈는 버틀러에게 농장 주변을 보여 주고 있었다. 그는 의원으로 선출이 된 그의 사촌 동생 애슐리와 워싱턴과 보스턴에서 그해를 보냈기 때문에 1년 동안 그 농장을 본 적이 없었다.

"그래요, 난 지난 3년 동안 상당히 많은 돈을 투자해 왔소. 울타리를 치는 데 300달러를 지불했지요."

"으흠! 알겠소, 알겠소."라고 버틀러가 말했고, 해스킨즈는 계속했다.

"저기 있는 부엌은 200달러가 들었소. 헛간엔 그리 많은 돈이 들진 않았지만 난 거기에 많은 시간을 보냈지요. 나는 우물도 새로 하나 팠고, 또 나는—"

"그래, 그래, 알겠소! 잘 했어요, 쌓아둔 곡식은 천 달러어치겠소."라고 버틀러는 밀짚으로 그의 이를 쑤시면서 말했다.

"그쯤,"이라고 해스킨즈가 삼가면서 말했다. "우리는 우리의 집을 갖게 될 것 같이 느끼기 시작했어요. 그렇지만 우리는 열심히 일해 왔지요. 우리는 이제 고통스러움을 느끼기 시작했다는 걸 당신에게 말해야겠어요. 우리는 가을의 쟁기질을 끝낸 후에는 아내의 가족들이 있는 곳으로 돌아갈 여행 계획을 세워왔지요."

"말한 대로!"라고 버틀러가 말했는데, 그는 뭔가 다른 것에 대해 생각하고 있었다. "내 생각인데, 어느 정도 당신은 여기에서 3년 더 머물려고 생각하고 있소?"

"글쎄, 그래요. 사실은, 당신이 만약 합당한 기회를 내게 준다면 올가을에 난 이 농장을 살 수 있다고 생각해요."

"으흠! 당신이 합당한 기회라고 부르는 게 뭐요!"

"글쎄요, 말하자면 4분의 1 정도 값을 내리면 3년 동안 일한 게 되겠지요."

버틀러는 마당을 가득 채운 거대한 밀 더미를 바라보았다. 마당에는 닭들이 퍼덕거리기도 하고 슬금슬금 걸으며 메뚜기들을 잡고 있었고 마당밖에는 귀뚜라미들이 셀 수도 없을 정도로 많이 울고 있었다. 그는 묘하게 웃으며 말했다.

"오, 난 당신에게 지독하게 굴지는 않을 거요. 그렇지만 당신은 이곳의 값으로 얼마를 지불하려고 예상하고 있소?"

"글쎄요, 대략 예전에 당신이 제안한 가격, 2천 5백 달러 정도, 혹은 3천 달러 정도도 가능해요."라고 그는 땅 주인이 고개를 흔드는 것을 보고 재빨리 덧붙였다.

"이 농장은 5천 5백 달러는 되오."라고 무심한 듯 단호한 목소리로 그는 말했다.

"뭐라고요!" 깜짝 놀란 해스킨즈는 거의 비명을 질렀다. "그게 뭐요? 5천 달러라고? 아니, 그건 3년 전 당신이 말한 값의 두 배요."

"물론이지. 왜냐하면 그만한 값어치가 있으니, 그때 농장은 황폐했었지. 그렇지만 이제는 상태가 좋잖아. 당신 말에 따르면, 보수하는 데 1천 5백 달러를 투자했다며."

"그러나 내가 한 모든 일에 대해 내게 뭘 지불할 거요?"

"당신은 그것들을 사용하지 않았소?" 버틀러는 대답했고, 그의 얼굴에는 미소가 번졌다.

해스킨즈는 모래주머니로 머리를 한 대 맞은 사람 같았다. 그는 아무런 생각도 할 수 없었다. 그는 더듬거리며 말하려 노력했다. "그렇지만—나는 하나도 이익을 얻지 못했어—당신은 날 약탈했어. 당신이 동의했잖아—당신이 약속했잖아, 3년이 다 되어 갈 때쯤이면 내가 사거나 임대할 수 있다고."

"바로 그렇소. 그러나 난 당신보고 보수를 하라고도 2백 5십 달러에 계속 임대를 해주겠다고 말하지도 않았소. 이 땅은 가치가 두 배로 올랐고, 어떻게 그렇게 됐는지는 중요하지 않아, 그건 이 문제와는 관계가 없으니, 이제 당신은 1년 임대하는 데 5백 달러를 지불하든지, 당신이 부른 값으로 5천 5백 달러에 이것을 갖든지, 그렇지 않으면—나가시오."

그가 돌아서려 할 때 해스킨즈는 얼굴에서 땀을 쏟으며 그의 앞에 서서 다시 말했다. "그러나 당신은 이걸 이렇게 만드는데 아무것도 한 게 없잖소. 당신은 동전 한 푼도 보태지 않았소. 나는 나 혼자서 그 모든 것을 거기다 해 놓았어, 살 것을 기대하면서, 난 그것을 보수하려고 일하고 땀 흘렸어. 나는 내 자신과 이이들을 위해 일했단 말이오."

"그래, 그러면 당신은 왜 내가 팔려고 내놓았을 때 사지 않았소? 뭐 때문에 야단법석이야?"

"나는 당신이 오로지 나의 것—내 자신의 울타리, 내 소유의 부엌, 내 소유의 정원에 대해 당신이 두 배로 돈을 내라는 것에 대해 뭐라고 하는 거요."

버틀러는 웃었다. "당신은 세상물정 모르는 풋내기군, 젊은 친구야. 당신이 개선한 것들이라고! 법의 심판을 받아보면 아마 전혀 다르게 될 걸."

"그렇지만 난 당신의 말을 믿었소."

"어느 누구도 믿지 마, 이 친구야. 게다가 난 이런 걸 하지 말라고 약속하지도 않았네. 아니, 저런, 그런 식으로 날 쳐다보지 말게. 날 도둑처럼 여기지 말란 말이야. 이게 바로 법이야. 일상적인 거지. 모든 사람들이 그렇게 해."

"그들이 그렇게 하든 말든 관계없소. 이건 도둑질과 꼭 마찬가지요. 당신은 내 돈에서 3천 달러를 뺏는 거야. 나와 내 아내가 일한 걸."이라며 그는 바로 그 순간에 정신없이 울었다. 그는 정신적으로는 강한 사람이 아니었다. 그는 고난, 즉 끊임없는 노동에 맞설 수 있었으나 버틀러의 냉정하고 비웃는 얼굴에 맞설 수는 없었다.

"그러나 난 그걸 빼앗지는 않겠네."라고 버틀러는 냉정하게 말했다. "당신이 해야 할 모든 것을 지금까지 해온 것처럼 똑같이 계속하든지, 아니면 내게 1천 달러를 덜 주고 그 나머지의 10퍼센트에 저당권을 주는 거요."

해스킨즈는 근처의 귀리 꾸러미 위에 무턱대고 앉아서 눈을 동그랗게 뜨고 고개를 숙인 채로 상황에 대해 자세히 살펴보았다. 그는 사자의 발톱 밑에 있었다. 그는 그의 심장과 사지가 격심하게 저리는 것을 느꼈다. 안개 속에 덮였는데 그가 빠져나갈 길은 없었다.

버틀러는 돌아다니면서 크게 쌓아 올린 곡식더미를 보고, 가끔씩 몇 주먹을 꺼내어 그의 손안에 이삭 끝에서 껍질을 벗겨 왕겨를 불어 날렸다. 그는 그가 그랬던 것처럼 약간의 곡조를 콧노래 불렀다. 그는 아량 있게 기다려 준다는 느긋한 태도를 지녔다.

해스킨즈는 작년에 했던 지독한 고생에서 아직 벗어나지 못했다. 그는 그의 쟁기를 밀며 비와 진흙 속에서 다시 걷고 있었고, 타작할 때의 먼지와 잔재를 느꼈다. 힘겨운 껍질 벗기는 때는 에이는 듯한 바람과 피부에 스며들어 들러붙는 눈과 함께 그를 거세게 공격했다. 그러고 나서 그는 그의 아내에 대해 생각했다. 그녀는 휴일이나 쉴 틈도 없이 얼마나 기쁘게 요리하고 햇볕에 그을렸던가.

"자, 거기에 대해 어떻게 생각하오?"라며 냉정하고 조롱하는 듯이 알랑거리면서 버틀러가 말했다.

"당신은 도둑이고 거짓말쟁이야!"라고 해스킨즈는 소리 지르며 펄쩍 뛰었다. "속이 시꺼먼 비열한!" 버틀러의 냉소는 그를 미치게 했다. 갑작스레 뛰면서 그는 쇠스랑을 손으로 잡고 공중에다 그것을 빙글빙글 돌렸다. "다시는 다른 사람을 약탈하지 못하게 될 거다. 빌어먹을 것!" 그는 이를 갈았고, 그의 비난하는 눈빛에는 무자비한 잔인성이 보였다.

버틀러는 움찔하며 떨면서 일격이 가해지리라 얘기했다. 바로 조금 전까지 그가 멸시했던 사람, 복수의 악마로 변해 버린 남자의 눈빛에 최면이 걸린 채로 서 있었다. 그러나 무기를 들었다 덮치는 사이의 죽음과 같은 침묵 속에 희미하지만 어린아이의 웃음이 쏟아져 나왔고, 그의 시야 너머로 멀고 희미하게 그는 어린 딸아이의 햇빛에 반짝이는 머리를 보았다. 두 살 된 아이가 그렇듯 예쁘게 뒤뚱거리며 달려서, 아이는 문 앞뜰의 풀밭을 가로질러 움직였다. 그의 손이 풀어져 쇠스랑은 땅바닥으로 떨어지고 그의 머리는 꺾였다.

"네가 한 짓과 저당권을 잘 생각해 보고, 내 땅에서 나가. 그리고 다시는 내 구획을 넘을 수 없어. 만약 그렇게 한다면 죽여버리겠어."

버틀러는 미친 듯이 급히 그 사람에게서 되돌아서서 떨리는 다리로 마차로 올라가 말을 몰아 그 길 아래로 떠났고, 해스킨즈는 그의 손 안에서 고개를 푹 숙이고 햇빛이 비치는 곡식단 더미 위에 아무 말 없이 앉은 채로 남아 있었다.

02

작품 이해를 위한 문제

Jim Butler was one of those men called in the West "land poor." Early in the history of Rock River he had come into the town and started in the grocery business in a small way, occupying a small building in a mean part of the town. At this period of his life he earned all he got, and was up early and late sorting beans, working over butter, and carting his goods to and from the station. But a change came over him at the end of the second year, when he sold a lot of land for four times what he paid for it. From that time forward he believed in land speculation as the surest way of getting rich. Every cent he could save or spare from his trade he put into land at forced sale, or mortgages on land, which were "just as good as the wheat," he was accustomed to say.

Farm after farm fell into his hands, until he was recognized as one of the leading landowners of the county. His mortgages were scattered all over Cedar County, and as they slowly but surely fell in he sought usually to retain the former owner as tenant.

Write the TWO consecutive words from the passage that best correspond to the underlined part.

Answer land speculation

08 The Upturned Face

Stephen Crane(1871-1900)

[1]

"What will we do now?" said the adjutant, troubled and excited.

"Bury him," said Timothy Lean.

The two officers looked down close to their toes where lay the body of their comrade. The face was chalk-blue; gleaming eyes stared at the sky. Over the two upright figures was a windy sound of bullets, and on the top of the hill Lean's prostrate company of Spitzbergen infantry was firing measured volleys.

"Don't you think it would be better —" began the adjutant. "We might leave him until tomorrow."

"No," said Lean. "I can't hold that post an hour longer. I've got to fall back, and we've got to bury old Bill."

"Of course," said the adjutant, at once. "Your men got intrenching tools?"

Lean shouted back to his little firing line, and two men came slowly, one with a pick, one with a shovel. They stared in the direction of the Rostina sharp-shooters. Bullets cracked near their ears. "Dig here," said Lean gruffly. The men, thus caused to lower their glances to the turf, became hurried and frightened merely because they could not look to see whence the bullets came. The dull beat of the pick striking the earth sounded amid the swift snap of close bullets. Presently the other private began to shovel.

"I suppose," said the adjutant, slowly, "we'd better search his clothes for — things."

Lean nodded. Together in curious abstraction they looked at the body. Then Lean stirred his shoulders suddenly, arousing himself.

"Yes," he said, "we'd better see what he's got." He dropped to his knees, and his hands approached the body of the dead officer. But his hands wavered over the buttons of the tunic. The first button was brick-red with drying blood, and he did not seem to dare touch it.

"Go on," said the adjutant, hoarsely.

Lean stretched his wooden hand, and his fingers fumbled the blood-stained buttons. At last he rose with a ghastly face. He had gathered a watch, a whistle, a pipe, a tobacco pouch, a handkerchief, a little case of cards and papers. He looked at the adjutant. There was a silence. The adjutant was feeling that he had been a coward to make Lean do all the grisly business.

"Well," said Lean, "that's all, I think. You have his sword and revolver?"

"Yes," said the adjutant, his face working, and then he burst out in a sudden strange fury at the two privates. "Why don't you hurry up with that grave? What are you doing, anyhow? Hurry, do you hear? I never saw such stupid —"

Even as he cried out in his passion, the two men were laboring for their lives. Ever overhead, the bullets were spitting.

[2]

The grave was finished, It was not a masterpiece — a poor little shallow thing. Lean and the adjutant again looked at each other in a curious silent communication.

Suddenly the adjutant croaked out a weird laugh. It was a terrible laugh, which had its origin in that part of the mind which is first moved by the singing of the nerves. "Well," he said, humorously to Lean, "I suppose we had best tumble him in."

"Yes," said Lean. The two privates stood waiting, bent over their implements. "I suppose," said Lean, "it would be better if we laid him in ourselves."

"Yes," said the adjutant. Then apparently remembering that he had made Lean search the body, he stooped with great fortitude and took hold of the dead officer's clothing. Lean joined him. Both were particular that their fingers should not feel the corpse. They tugged away; the corpse lifted, heaved, toppled, flopped into the grave, and the two officers, straightening, looked again at each other — they were always looking at each other. They sighed with relief.

The adjutant said, "I suppose we should — we should say something. Do you know the service, Tim?"

"They don't read the service until the grave is filled in," said Lean, pressing his lips to an academic expression.

"Don't they?" said the adjutant, shocked that he had made the mistake. "Oh, well," he cried, suddenly, "let us — let us say something — while he can hear us."

"All right," said Lean. "Do you know the service?"

"I can't remember a line of it," said the adjutant.

Lean was extremely dubious. "I can repeat two lines, but —"

"Well, do it," said the adjutant. "Go as far as you can. That's better than nothing. And the beasts have got our range exactly."

Lean looked at his two men. "Attention!" he barked. The privates came to attention with a click, looking much aggrieved. The adjutant lowered his helmet to his knee. Lean, bareheaded, stood over the grave. The Rostina sharpshooters fired briskly.

"O Father, our friend has sunk in the deep waters of death, but his spirit has leaped toward Thee as the bubble arises from the lips of the drowning. Perceive, we beseech, O Father, the little flying bubble, and—."

Lean, although husky and ashamed, had suffered no hesitation up to this point, but he stopped with a hopeless feeling and looked at the corpse.

The adjutant moved uneasily. "And from Thy superb heights—" he began, and then he, too, came to an end.

"And from Thy superb heights," said Lean.

The adjutant suddenly remembered a phrase in the back part of the Spitzbergen burial service, and he exploited it with the triumphant manner of a man who has recalled everything, and can go on.

"Oh, God, have mercy—"

"Oh, God, have mercy—" said Lean.

"Mercy," repeated the adjutant, in quick failure.

"Mercy," said Lean. And then he was moved by some violence of feeling, for he turned suddenly upon his two men and tigerishly said, "Throw the dirt in."

The fire of the Rostina sharpshooters was accurate and continuous.

[3]

One of the aggrieved privates came forward with his shovel. He lifted his first shovel-load of earth, and for a moment of inexplicable hesitation it was held poised above this corpse, which from its chalk-blue face looked keenly out from the grave. Then the soldier emptied his shovel on—on the feet.

Timothy Lean felt as if tons had been swiftly lifted from off his forehead. He had felt that perhaps the private might empty the shovel on—on the face. It had been emptied on the feet. There was a great point gained there—ha, ha!—the first shovelful had been emptied on the feet. How satisfactory!

The adjutant began to babble. "Well, of course—a man we've messed with all these years—impossible—you can't, you know, leave your intimate friends rotting on the field. Go on, for God's sake, and shovel, you!"

The man with the shovel suddenly ducked, grabbed his left arm with his right hand, and looked at his officer for orders. Lean picked the shovel from the ground. "Go to the rear," he said to the wounded man. He also addressed the other private. "You get under cover, too; I'll finish this business."

The wounded man scrambled hard still for the top of the ridge without devoting any glances to the direction whence the bullets came, and the other man followed at an equal pace; but he was different, in that he looked back anxiously three times.

This is merely the way — often — of the hit and unhit.

[4]

Timothy Lean filled the shovel, hesitated, and then in a movement which was like a gesture of abhorrence he flung the dirt into the grave, and as it landed it made a sound — plop! Lean suddenly stopped and mopped his brow — a tired laborer.

"Perhaps we have been wrong," said the adjutant. His glance wavered stupidly. "It might have been better if we hadn't buried him just at this time. Of course, if we advance tomorrow the body would have been —"

"Damn you," said Lean, "Shut your mouth!" He was not the senior officer.

He again filled the shovel and flung in the earth. Always the earth made that sound — plop! For a space Lean worked frantically, like a man digging himself out of danger.

Soon there was nothing to be seen but the chalk-blue face. Lean filled the shovel. "Good God," he cried to the adjutant. "Why didn't you turn him somehow when you put him in? This —" Then Lean began to stutter.

The adjutant understood. He was pale to the lips. "Go on, man," he cried, beseechingly, almost in a shout.

Lean swung back the shovel. It went forward in a pendulum curve. When the earth landed it made a sound — plop!

작가소개 **Stephen Crane(1871-1900)**

뉴저지 주 뉴어크에서 감리교 목사의 14남매 중 막내로 태어났다. 아홉 살 때 아버지가 죽자, 교회관계의 신문기사를 쓰는 어머니를 따라 같은 주의 애즈버리 파크로 이사했다. 그 후 라파예트대학, 시러큐스 대학에 다녔으나 모두 1년도 못 되어 그만두었다. 16세 때부터 신문통신원이 되어 ≪뉴욕 트리뷴≫에 기고하는 한편, 스케치풍의 단편을 썼다. 21세 때 뉴욕시의 바와리 지구에 살면서 빈민가의 실태를 알고 난 뒤, ≪거리의 여인 매기 Maggie: A Girl of the Streets≫(1893)를 자비로 출판하였다. 이 작품은 투신자살한 젊은 매춘부의 비참한 운명을 그린 것으로 미국 자연주의 소설의 선구적 작품으로 문학사적으로 중요한 작품으로 간주된다. 하지만 당대에는 햄린 갈런드나 윌리엄 D. 하웰스 정도만이 그 작품의 새로운 가치를 인정하였지, 대중들로부터 거의 무시당했다. 얼마 후 출간된 ≪붉은 무공훈장 The Red Badge of Courage≫(1895)은 매우 인기가 있었고, 그의 이름은 영국에 이어 미국에서 유명해졌으며, 작가로서의 지위가 굳어졌다. 그는 통신원으로서 서부와 멕시코를 여행했는데, 1897년에 취재차 쿠바혁명을 원조하려는 무기밀수선에 동승하였다가, 플로리다 앞바다에서 침몰하는 재난을 당했으며, 그 체험을 바탕으로 단편 ≪오픈 보트 The Open Boat and Other Tales of Adventure≫(1898)를 썼다. 이 무렵에 유곽의 여주인 콜러 테일러와 알게 되었으며, 그리스-투르크전쟁이 발발하자 그녀와 함께 그리스에서 보도활동을 하였다. 그 후 미국-스페인전쟁 때에는 쿠바특파원이 되었는데, 그의 사실적 소설을 부도덕하다고 여기던 미국 사회로부터 중상모략을 받자 영국으로 이주하였고, 그곳에서 조셉 콘래드, 헨리 제임스 등과 교류를 하였다. 그러나 지병인 결핵으로 요양하던 중 독일의 바덴바일러에서 파란 많은 짧은 일생을 마쳤다. 작품으로는 아이러니컬한 단편이 많고 그 밖에도 ≪조지의 어머니 George's Mother≫(1896), 단편 〈청색 호텔〉(1898), 〈괴물 The Monster and Other Stories〉(1898) 등이 있다. 그의 작품은 다음 시대의 사회적 사실주의에의 길을 열었으며, 또 속어를 섞은 간결한 문체와 상징적 수법으로 헤밍웨이를 비롯한 20세기 이후 미국작가들에게 커다란 영향을 주었다. 시에서도 이미지즘의 선구자로 평가하는 비평가들도 많다.

한글 번역

뒤집어진 얼굴

[1]

"이제 어떻게 하지?"라고 부관이 근심과 흥분에 싸여 말했다.

"묻어 버려."라고 티모시 린이 대답하였다.

두 장교는 발끝에 누워 있는 동료의 시체를 내려다보았다. 그의 얼굴엔 핏기가 없었고, 초점 잃은 눈으로 하늘을 보고 있었다. 서 있는 두 사람 위로 총탄이 바람을 가르는 소리를 내었다. 그리고 언덕 꼭대기에서 린의 스피츠버겐 군이 엎드린 채 일제 사격을 가하고 있었다.

"이러면 어떨까—"라고 부관이 다시 말을 이었다. "내일까지 그를 이대로 두는 거야."

"안 돼."라고 린이 말했다. "한 시간 이상 이 진지를 지킬 수가 없네, 우리는 후퇴해야 하고, 그러니 빌을 묻어야 해."

"그렇지."라고 부관이 즉시 승복하였다. "자네 부하들이 참호 연장을 갖고 있나?"

린이 소방어선을 향해 소리를 질렀다. 부하 둘이 각각 괭이와 삽을 들고 천천히 다가왔다. 그들은 로스티나 특등사수대 쪽으로 오고 있었다. 총탄이 그들의 귀전을 때렸다. "여길 파."라고 린이 퉁명스럽게 내뱉었다. 그 명령에 잔디를 내려다 본 병사들은 놀라 허둥대었다. 그건 단지 총알이 날아오는 방향을 종잡을 수 없었기 때문이다. 땅을 찍는 곡괭이의 둔탁한 소리가 귀를 스치는 총탄의 예음을 뚫고 들렸다. 곧 다른 병사가 삽질을 하기 시작하였다.

"내 생각엔,"이라고 부관이 천천히 운을 떼었다. "그의 군복에서 소지품을 찾아보는 게 좋을 것 같은데."

린이 고개를 끄덕였다. 둘 다 야릇한 기분으로 시체를 바라보았다. 불현듯 린이 어깨를 흔들며 스스로의 기분을 북돋았다.

"좋아,"라고 그가 말했다. "그의 소지품을 살펴봐야겠어." 그는 무릎을 구부려 죽은 병사의 시신을 향해 손을 내밀었다. 그러나 그의 손이 튜닉 단추 위에서 움칠했다. 첫 단추에 피가 말라붙어 벽돌의 붉은 빛을 내었다. 선뜻 만질 용기가 나지 않는 것 같았다.

"어서," 부관이 쉰 듯한 목소리로 재촉하였다.

린이 각목 같은 손을 내밀어 피엉긴 단추를 더듬었다. 마침내 그는 유령 같은 표정으로 일어섰다. 그의 손에는 시계, 호각, 파이프, 담배쌈지, 작은 카드 상자, 그리고 종이 등속이 들여 있었다. 그는 부관을 바라보았다. 침묵이 흘렀다. 부관은 린에게 이 소름 끼치는 일을 하게 한 것을 후회하고 있었다. 겁쟁이가 된 기분이었다.

"자,"라고 린이 입을 열었다. "이게 전부인 것 같군. 부관은 칼과 권총을 갖고 있게."

"그러지,"라고 부관이 대답하였다. 그의 얼굴 근육이 움찔거렸다. 그리곤 갑자기 두 병사를 향해 묘한 분노를 터뜨렸다. "그놈의 삽으로 뭘 꾸물거리는 거야? 도대체 뭐하나? 빨리, 내 말 들리나? 이런 멍청이들은 생전 처음이야—"

심지어 그의 두 병사가 죽을힘으로 일하고 있을 때조차, 감정적으로 울부짖었다. 머리 위로 계속 총탄이 튀었다.

[2]

무덤이 완성되었다. 그건 걸작이 아니었다. 초라하고 작은 웅덩이에 지나지 않았다. 린과 부관은 다시 서로를 바라보며 묘한 침묵의 대화를 건넸다.

갑자기 부관이 쿡하고 섬뜩한 웃음을 터뜨렸다. 그건 끔찍한 웃음이었으며, 분명 신경질적인 긴장으로 시작된 정신발작에 원인을 두고 있었다. "자,"라며 그는 린에게 농담하듯이 말했다. "이제 그를 재우는 게 좋겠구먼."

"좋아,"라고 린이 대답하였다. 두 병사는 도구에 기대어 서서 기다리고 있었다. "내 생각엔,"이라고 린이 말했다. "우리가 직접 그를 묻는 게 제일 좋겠어."

"좋아,"라고 부관이 말하였다. 그리곤 린에게 시체를 검색하게 한 것이 생각난 듯, 대단한 위용으로 몸을 굽혀 죽은 병사의 옷을 쥐었다. 린이 합세하였다. 둘 다 그들의 손가락으로 시체를 느끼지 못하는 것 같았다. 그들은 버쩍버쩍 나아갔다. 시체가 들어 올려 졌고, 흔들렸고, 쿵 하고 무덤 속에 떨어졌다. 그러자 두 병사가 몸을 세우고 다시 마주보았다. 그들은 항상 서로를 바라보고 있었다. 그리고는 안도의 한숨을 쉬었다.

부관이 말했다. "우리 뭔가를 말해야 하지 않을까. 혹시 알고 있는 기도문이 있나, 팀?"
"무덤이 채워지기 전에 기도문을 읽는 법은 없네."라고 린이 입술로 학구적인 분위기를 자아내며 말했다.
"그런가?"라고 실수했다는 사실에 충격을 받은 듯 부관이 우물거렸다. "무슨 상관이야."라고 갑자기 그가 외쳤다. "그가 우리말을 들을 수 있을 때, 기도하는 게 더 좋잖아."
"좋아,"라고 린이 인정하였다. "알고 있는 기도문이 있나?"
"한 줄도 기억하는 게 없어,"라고 부관이 대답하였다.
린은 무척 자신 있는 표정이었다. "두 줄 정도 외울 수는 있지만—"
"그럼 해 보게,"라고 부관이 재촉하였다. "할 수 있는 데까지 해 봐. 없는 것보단 낫잖아. 게다가 저 돼지들이 우리를 정확히 사격권 안에 잡고 있는데."
린이 두 병사를 바라보았다. "차렷,"이라고 그가 외쳤다. 병사들은 철컥 소리를 내며 차렷 자세를 취했으나, 무척 불만스러워 보였다. 부관은 헬멧을 무릎 밑으로 벗어 내렸다. 린도 군모를 벗고 무덤 위에 섰다. 로스티나 특등사수대가 활발하게 사격을 가하고 있었다.
"오 아버지, 우리의 친구가 죽음의 깊은 물 속에 빠졌습니다. 하지만 그의 영혼은, 마치 익사의 입술로부터 거품이 떠오르듯, 당신을 향해 뛰어 오릅니다. 간절히 바라오니, 오 주여 이 작은 물방울을 눈여겨 보아주소서, 그리하여—"
비록 목쉬고 또 멋쩍어했지만, 이때까지 린은 거침없이 나아갔다. 그러나 그는 무력감으로 말을 잇지 못하고 시체를 바라보고만 있었다.
부관은 불편한 듯 몸을 움직였다. "그리하여 당신의 성좌로부터—" 그가 말을 이었지만 그 역시 더 이상 갈 수가 없었다.
"그리하여 당신은 높은 성좌로부터,"라고 린이 반복하였다.
갑자기 부관은 스피츠버겐 장례식의 말미에서 기도문 한 구절을 기억해내고는, 모든 것을 기억해냈고, 또 계속 이어나갈 수 있을 것 같은 당당한 자신감으로 구절을 인용하였다.
"오 신이여, 자비를 베푸소서—"
"오 신이여, 자비를 베푸소서—"라며 린이 따라하였다.
"베푸소서,"라고 부관이 같은 단어를 반복하였다. 그새 끝나버렸다.
"베푸소서,"라고 린이 뒤를 이었다. 그리고 나자 그는 약간 기분이 상하고 말았다. 그래서 그는 두 병사에게 몸을 돌려 호랑이처럼 으르렁거렸다. "흙을 집어 던져."
로스티나 사격수들의 사격은 정확하고 지속적이었다.

[3]

기분 상한 두 병사 중 한 명이 삽을 들고 앞으로 나왔다. 그는 첫 삽을 떠서 잠깐 이유 모를 주저를 보이고는 시체 위에 자리 잡고 섰다. 시체는 그 납빛의 얼굴로 무덤 밖을 날카롭게 노려보았다. 그러자 병사는 삽 흙을 발 위에 던졌다.
티모시 린은 마치 몇 톤의 무게가 그의 이마로부터 재빨리 떨어져 나가는 기분을 느꼈다. 아마도 그는 그 병사가 흙을 시체의 얼굴에 던진 것으로 생각한 것 같았다. 그건 분명히 발 위에 뿌려졌다. 거기에는 대단한 의미가 담겨 있었다. —하, 하!— 첫 삽이 발 위에 던져진 것이다. 얼마나 만족스러운가!
부관이 지껄이기 시작했다. "좋아, 물론 몇 년 동안이나 우리와 생사고락을 같이 했던 사람이니까—불가능하지—자 계속해, 명령이다. 삽질해."
삽을 든 병사가 갑자기 머리를 숙였다. 그리고 왼손으로 바른 팔을 부여잡고, 다른 명령을 바라는 듯, 지휘관을 바라보았다. 린이 땅에서 삽을 주워들었다. "뒤쪽으로 가,"라고 그가 부상당한 병사에게 명령하였다. 그는 또 다른 사병에게도 명령을 내렸다. "너도 참호 안으로 들어가, 내가 이 일을 끝낼 테니까."
부상당한 사병은 총알이 날아오는 방향을 쳐다보지도 않고 산꼭대기를 향해 기어올랐다. 그리고 다른 병사도 같은 패턴으로 그 뒤를 따라갔다. 하지만 그에겐 다른 점이 있었다. 걱정스러운 듯이 세 번이나 돌아보았던 것이다.
이것은 단지 그리고 흔히 맞느냐, 맞지 않느냐의 문제이다.

[4]

티모시 린은 삽을 채우고, 주저하고, 그리고 질색이라는 듯한 제스처로 흙을 무덤 속으로 던져 넣었다. 흙이 땅에 떨어지는 순간 퍽 하는 소리를 내었다. 린은 갑자기 동작을 멈추고 이마의 땀을 훔쳤다. —고된 일이었다.
"어쩌면 우리가 실수했는지도 모르겠어."라고 부관이 말했다. 그의 시선이 얼빠진 사람처럼 흔들렸다. "우리가 지금 이 사람을 묻지 않았더라면 더 좋았을 텐데. 물론 우리가 내일 일을 진행했다면, 그 시체는 아마—"

"빌어먹을,"이라고 린이 짜증을 냈다. "입 좀 닥쳐."

그는 다시 삽을 채워 던져 넣었다. 흙은 언제나 그 소리를 냈다. —퍽! 린은 한동안 미친 듯이 일을 해 나갔다. 마치 자신을 위험 속에서 파내려는 사람 같았다.

이제 그 납색의 얼굴을 빼고는 전부 흙 속에 감추어졌다. 린은 삽을 채웠다. "제기랄,"이라고 그는 부관에게 소리 질렀다. "왜 도대체 저 놈을 던질 때, 그를 돌려 놓지 않은 거야? 이—" 그리고 린은 말을 더듬기 시작하였다.

부관은 무슨 말인지 이해하였다. 그는 입술까지 창백해졌다. "어서 해."라고 그도 소리 질렀다. 탄원 조였지만 거의 고함에 가까웠다.

린은 삽을 뒤로 젖혔다. 그것은 진자의 원을 그리며 앞으로 내밀렸다. 그리고 흙이 웅덩이 안에 떨어졌을 때, 소리가 들렸다. —퍽!

작품 이해를 위한 문제

Read the excerpt from The Upturned Face and filll in the blank with the ONE word from the excerpt.

Timothy Lean filled the shovel, hesitated, and then in a movement which was like a gesture of abhorrence he flung the dirt into the grave, and as it landed it made a sound—plop! Lean suddenly stopped and mopped his brow—a tired laborer.

"Perhaps we have been wrong," said the adjutant. His glance wavered stupidly. "It might have been better if we hadn't buried him just at this time. Of course, if we advance to-morrow the body would have been—"

"Damn you," said Lean, "Shut your mouth! He was not the senior officer."

He again filled the shovel and flung in the earth. Always the earth made that sound—plop! For a space Lean worked frantically, like a man digging himself out of danger.

Soon there was nothing to be seen but the chalk-blue face. Lean filled the shovel. "Good God," he cried to the adjutant. "Why didn't you turn him somehow when you put him in? This—" Then Lean began to stutter.

The adjutant understood. He was pale to the lips. "Go on, man," he cried, beseechingly, almost in a shout.

Lean swung back the _______. It went forward in a pendulum curve. When the earth landed it made a sound—plop!

Answer shovel

09 The Model Millionaire: A note of admiration

Oscar Wilde(1854-1900)

[1]

Unless one is wealthy there is no use in being a charming fellow. Romance is the privilege of the rich, not the profession of the unemployed. The poor should be practical and prosaic. It is better to have a permanent income than to be fascinating. These are the great truths of modern life which Hughie Erskine never realised. Poor Hughie! Intellectually, we must admit, he was not of much importance. He never said a brilliant or even an ill-natured thing in his life. But then he was wonderfully good-looking, with his crisp brown hair, his clear-cut profile, and his grey eyes. He was as popular with men as he was with women, and he had every accomplishment except that of making money. His father had bequeathed him his cavalry sword, and a "History of the Peninsular War" in fifteen volumes. Hughie hung the first over his looking-glass, put the second on a shelf between Ruff's "Guide" and Bailey's "Magazine", and lived on two hundred a year that an old aunt allowed him. He had tried everything. He had gone on the Stock Exchange for six months; but what was a butterfly to do among bulls and bears? He had been a tea-merchant for a little longer, but had soon tired of pekoe and souchong. Then he had tried selling dry sherry. That did not answer; the sherry was a little too dry. Ultimately he became nothing, a delightful, ineffectual young man with a perfect profile and no profession.

To make matters worse, he was in love. The girl he loved was Laura Merton, the daughter of a retired Colonel who had lost his temper and his digestion in India, and had never found either of them again. Laura adored him, and he was ready to kiss her shoe-strings. They were the handsomest couple in London, and had not a penny-piece between them. The Colonel was very fond of Hughie, but would not hear of any engagement.

"Come to me, my boy, when you have got ten thousand pounds of your own, and we will see about it," he used to say; and Hughie looked very glum on those days, and had to go to Laura for consolation.

One morning, as he was on his way to Holland Park, where the Mertons lived, he dropped in to see a great friend of his, Alan Trevor. Trevor was a painter. Indeed, few people escape that nowadays. But he was also an artist, and artists are rather rare. Personally he was a strange rough fellow, with a freckled face and a red ragged beard. However, when he took up the brush he was a real master, and his pictures were eagerly sought after. He had been very much attracted by Hughie at first, it must be acknowledged, entirely on account of his personal charm.

"The only people a painter should know," he used to say, "are people who are bete and beautiful, people who are an artistic pleasure to look at and an intellectual repose to talk to. Men who are dandies and women who are darlings rule the world, at least they should do so." However, after he got to know Hughie better, he liked him quite as much for his bright buoyant spirits and his generous reckless nature, and had given him the permanent entree to his studio.

[2]

When Hughie came in he found Trevor putting the finishing touches to a wonderful life-size picture of a beggar-man. The beggar himself was standing on a raised platform in a corner of the studio. He was a wizened old man, with a face like wrinkled parchment, and a most piteous expression. Over his shoulders was flung a coarse brown cloak, all tears and tatters; his thick boots were patched and cobbled, and with one hand he leant on a rough stick, while with the other he held out his battered hat for alms.

"What an amazing model!" whispered Hughie, as he shook hands with his friend.

"An amazing model?" shouted Trevor at the top of his voice; "I should think so! Such beggars as he are not to be met with every day. A trouvaille, mort cher; a living Velasquez! My stars! what an etching Rembrandt would have made of him!"

"Poor old chap! said Hughie", "how miserable he looks! But I suppose, to you painters, his face is his fortune?"

"Certainly," replied Trevor, "you don't want a beggar to look happy, do you?"

"How much does a model get for sitting?" asked Hughie, as he found himself a comfortable seat on a divan.

"A shilling an hour."

"And how much do you get for your picture, Alan?"

"Oh, for this I get two thousand!"

"Pounds?"

"Guineas. Painters, poets, and physicians always get guineas."

"Well, I think the model should have a percentage,' cried Hughie, laughing; 'they work quite as hard as you do."

"Nonsense, nonsense! Why, look at the trouble of laying on the paint alone, and standing all day long at one's easel! It's all very well, Hughie, for you to talk, but I assure you that there are moments when Art almost attains to the dignity of manual labour. But you mustn't chatter; I'm very busy. Smoke a cigarette, and keep quiet."

[3]

After some time the servant came in, and told Trevor that the frame-maker wanted to speak to him.

"Don't run away, Hughie," he said, as he went out, "I will be back in a moment."

The old beggar-man took advantage of Trevor's absence to rest for a moment on a wooden bench that was behind him. He looked so forlorn and wretched that Hughie could not help pitying him, and felt in his pockets to see what money he had. All he could find was a sovereign and some coppers.

'Poor old fellow,' he thought to himself, "he wants it more than I do, but it means no hansoms for a fortnight;" and he walked across the studio and slipped the sovereign into the beggar's hand.

The old man started, and a faint smile flitted across his withered lips. "Thank you, sir," he said, "thank you."

Then Trevor arrived, and Hughie took his leave, blushing a little at what he had done. He spent the day with Laura, got a charming scolding for his extravagance, and had to walk home.

That night he strolled into the Palette Club about eleven o'clock, and found Trevor sitting by himself in the smoking-room drinking hock and seltzer.

"Well, Alan, did you get the picture finished all right?" he said, as he lit his cigarette.

"Finished and framed, my boy!" answered Trevor; "and, by-the-bye, you have made a conquest. That old model you saw is quite devoted to you. I had to tell him all about you — who you are, where you live, what your income is, what prospects you have —"

"My dear Alan," cried Hughie, "I shall probably find him waiting for me when I go home. But of course you are only joking. Poor old wretch! I wish I could do something for him. I think it is dreadful that any one should be so miserable. I have got heaps of old clothes at home — do you think he would care for any of them? Why, his rags were falling to bits."

[4]

"But he looks splendid in them," said Trevor. "I wouldn't paint him in a frock-coat for anything. What you call rags I call romance. What seems poverty to you is picturesqueness to me. However, I'll tell him of your offer."

"Alan," said Hughie seriously, "you painters are a heartless lot."

"An artist's heart is his head," replied Trevor; "and besides, our business is to realise the world as we see it, not to reform it as we know it. a chacun son metier. And now tell me how Laura is. The old model was quite interested in her."

"You don't mean to say you talked to him about her?" said Hughie.

"Certainly I did. He knows all about the relentless colonel, the lovely Laura, and the $10,000."

"You told that old beggar all my private affairs?" cried Hughie, looking very red and angry.

"My dear boy," said Trevor, smiling, "that old beggar, as you call him, is one of the richest men in Europe. He could buy all London to-morrow without overdrawing his account. He has a house in every capital, dines off gold plate, and can prevent Russia going to war when he chooses."

"What on earth do you mean?" exclaimed Hughie.

"What I say," said Trevor. "The old man you saw to-day in the studio was Baron Hausberg. He is a great friend of mine, buys all my pictures and that sort of thing, and gave me a commission a month ago to paint him as a beggar. Que voulez-vous? La fantaisie d'un millionnaire! And I must say he made a magnificent figure in his rags, or perhaps I should say in my rags; they are an old suit I got in Spain."

"Baron Hausberg!" cried Hughie. "Good heavens! I gave him a sovereign!" and he sank into an armchair the picture of dismay.

[5]

"Gave him a sovereign!" shouted Trevor, and he burst into a roar of laughter. "My dear boy, you'll never see it again. Son affaire c'est l'argent des autres."

"I think you might have told me, Alan," said Hughie sulkily, "and not have let me make such a fool of myself."

"Well, to begin with, Hughie," said Trevor, "it never entered my mind that you went about distributing alms in that reckless way. I can understand your kissing a pretty model, but your giving a sovereign to an ugly one — by Jove, no! Besides, the fact is that I really was not at home to-day to any one; and when you came in I didn't know whether Hausberg would like his name mentioned. You know he wasn't in full dress."

"What a duffer he must think me!" said Hughie.

"Not at all. He was in the highest spirits after you left; kept chuckling to himself and rubbing his old wrinkled hands together. I couldn't make out why he was so interested to know all about you; but I see it all now. He'll invest your sovereign for you, Hughie, pay you the interest every six months, and have a capital story to tell after dinner."

"I am an unlucky devil," growled Hughie. "The best thing I can do is to go to bed; and, my dear Alan, you mustn't tell any one. I shouldn't dare show my face in the Row."

"Nonsense! It reflects the highest credit on your philanthropic spirit, Hughie. And don't run away. Have another cigarette, and you can talk about Laura as much as you like."

However, Hughie wouldn't stop, but walked home, feeling very unhappy, and leaving Alan Trevor in fits of laughter.

The next morning, as he was at breakfast, the servant brought him up a card on which was written, "Monsieur Gustave Naudin, de la part de M. le Baron Hausberg."

[6]

"I suppose he has come for an apology," said Hughie to himself; and he told the servant to show the visitor up.

An old gentleman with gold spectacles and grey hair came into the room, and said, in a slight French accent, 'Have I the honour of addressing Monsieur Erskine?'

Hughie bowed.

"I have come from Baron Hausberg," he continued. "The Baron —"

"I beg, sir, that you will offer him my sincerest apologies," stammered Hughie.

"The Baron," said the old gentleman, with a smile, "has commissioned me to bring you this letter;" and he extended a sealed envelope.

On the outside was written, "A wedding present to Hugh Erskine and Laura Merton, from an old beggar," and inside was a cheque for 10,000.

When they were married Alan Trevor was the best-man, and the Baron made a speech at the wedding-breakfast.

"Millionaire models," remarked Alan, "are rare enough; but, by Jove, model millionaires are rarer still!"

작가소개 **Oscar Wilde(1854–1900)**

Oscar Wilde(1854–1900)는 아일랜드 더블린에서 태어났다. 그는 트리니티 칼리지에서 고전문학을 전공했으며 1874년 옥스퍼드의 맥덜린 칼리지에 들어가 시 〈라베나〉로 뉴다이제스트 상을 받았다. '예술을 위한 예술 Art for Art's Sake'의 개념을 주장하는 유미주의 운동의 초기 리더 중 한 명이었고, 영국의 문학과 사회단체에서 중요한 인물이 되었다. 순수하고 아름다운 동화 ≪행복한 왕자≫를 비롯하여, 기득권층을 조롱하고 사회 병폐를 드러내는 단편 〈아서 새빌 경의 범죄〉, 파격적이고 치명적인 에로티시즘을 보이는 희곡 ≪살로메≫, 그리고 당대 빅토리아시대의 상층계급의 위선과 부조리를 다룬 희곡 ≪중요치 않은 여성≫, ≪진지함의 중요성≫, 그리고 유일한 장편소설 ≪도리언 그레이의 초상≫을 썼다.

셰익스피어 이후 가장 사랑받는 작가로 평가받기도 했던 와일드는 퀸즈베리 사건이라는 유명한 재판으로 인해 극적인 몰락을 겪게 되고, '막중한 풍기문란', 즉 동성애 사건으로 감옥에 2년(1895-97)이나 수감된다. 감옥에서 나온 그는 영국에서 영원히 추방되어 평생 돌아가지 못했으며 1900년 프랑스 파리에서 뇌수막염에 걸려 사망했다. 프랑스 파리 라쎄르빠즈 공동묘지에 그의 묘가 있다.

한글 번역

모범적인 백만장자 – 찬사

[1]

아무리 매력적이어도 부자가 아니라면 소용이 없다. 로맨스는 부자의 특권이지, 실업자의 것이 아니다. 가난한 사람들은 실질적이고 재미없는 생활을 해야 한다. 매력적이기보다는 안정된 수입이 있는 편이 더 낫기 때문이다. 휴기 어스킨은 이런 근대적 삶의 위대한 진리를 전혀 깨닫지 못한 사람이었다. 불쌍한 휴기! 물론 지적인 면에서 그가 대단치 않다는 사실을 인정할 수밖에 없다. 그는 평생 한 번도 똑똑한 소리, 심지어 심술궂은 소리조차 해 본 적이 없다. 그럼에도 그는 빼어나게 잘생긴 외모를 갖추었다. 곱슬곱슬한 갈색 머리, 깎아 낸 듯한 옆모습, 잿빛 눈. 그는 여자들만큼이나 남자들에게도 인기가 좋았으며, 돈을 버는 것만 빼면 모든 면에서 놀라운 성취를 이루었다. 그의 아버지는 기병대의 검과 ≪반도 전쟁의 역사≫ 열다섯 권을 물려주었다. 휴기는 검을 거울 위에 걸어 놓고 책은 러프의 ≪가이드≫와 베일리의 ≪매거진≫ 사이에 꽂아 두고, 늙은 숙모가 주는 일 년에 이백 파운드로 생활을 했다. 휴기는 온갖 일을 다 해 보았다. 여섯 달 동안 증권거래소에도 나가 보았다. 하지만 황소와 곰 사이에서 나비가 무슨 일을 한단 말인가? 그보다는 약간 길게 차 장사도 해 보았지만 피코와 소중에 곧 질리고 말았다. 그다음에는 쌉쌀한 셰리 주를 파는 일을 해 보았다. 그러나 이것도 답이 아니었다. 셰리는 지나치게 썼다. 결국 그는 아무 일도 하지 않게 되었다. 완벽한 옆모습에 직업은 없는 쾌활하고 무능한 청년이 된 것이다.

엎친 데 덮친 격으로 그는 사랑에 빠졌다. 그가 사랑한 처녀는 로러 머튼이었다. 그녀의 아버지는 은퇴한 대령으로, 인도에서 자제력과 소화 기능을 잃어버린 후 결국 둘 다 회복하지 못했다. 로러는 휴기를 사모했으며, 휴기는 로러의 구두끈에 입이라도 맞출 태세였다. 이들은 런던에서 가장 잘생긴 한 쌍이었지만 돈은 한 푼도 없었다. 대령은 휴기를 무척 좋아했지만 약혼 이야기는 들으려고 하지도 않았다.

"자네 마음대로 쓸 수 있는 돈 일만 파운드가 생기면 오게나, 젊은이. 그때 생각해 보자고." 대령은 그렇게 말하곤 했다. 그런 날이면 휴기는 무척 우울해 보였으며, 결국 위로를 받으러 로러에게 갈 수밖에 없었다.

휴기는 어느 날 아침 머튼 가족이 살고 있는 홀랜드파크로 가는 길에 절친한 친구 앨런 트레버에게 잠깐 들렀다. 트레버는 화가였다. 사실 요새는 거의 모두가 화가이긴 하지만. 그러나 트레버는 또 예술가이기도 했는데, 예술가는 요새도 드문 편이다. 트레버는 독특하고 거친 사람이었다. 얼굴에는 주근깨가 많고 붉은 수염이 텁수룩했다. 그러나 일단 붓을 잡으면 진짜 거장이었다. 그의 그림은 사람들에게 매우 인기를 끌었다. 트레버가 처음에 휴기에게 끌인 것은 전적으로 휴기라는 인간의 개인적인 매력 때문이었다. 트레버는 이렇게 말하곤 했다.

"예술가가 알아야 할 사람들은 오직 어리석고 아름다운 사람들뿐이야. 눈으로 보면 예술적 쾌락을 주고 대화를 하면 지적인 휴식을 주는 사람들. 멋쟁이 남자들과 귀여운 여자들이 세상을 지배하지. 아니라면 그렇게 되어야 해." 그러나 휴기를 더 잘 알게 된 뒤로는 그의 밝고 활기찬 정신과 관대하고 대범한 천성도 좋아하게 되었다. 그래서 그에게 자기 스튜디오 영구 입장권을 주었다.

[2]

휴기가 들어서자 트레버는 실물 크기의 멋진 거지 그림에 마지막 손질을 하고 있었다. 거지는 스튜디오 한쪽 구석에 높인 단 위에 서 있었다. 완전히 시들어 버린 노인으로 얼굴은 주름진 양피지 같았으며, 표정은 처량하기 그지없었다. 어깨에는 여기저기 찢어져 누더기가 된, 올이 성긴 망토를 걸치고 있었다. 두꺼운 장화에도 여기저기 기우고 때운 자국이 있었다. 한 손은 거친 지팡이를 짚고 있었으며 다른 손은 적선을 바라며 낡은 모자를 내밀고 있었다.

"놀라운 모델이로군!"이라고 휴기가 작은 소리로 말하며 친구와 악수를 했다.

"놀라운 모델이라고?"라고 트레버가 큰 소리로 외쳤다. "나도 그렇게 생각하네! 저런 거지는 매일 만날 수 없지. Trouvaille mort cher. 벨라스케스의 그림이 살아 움직이는 것 같아! 굉장해! 렘브란트라면 저 사람을 가지고 대단한 애칭을 만들었을 텐데 말이야!"

"가엾은 노인네로구먼!"이라고 휴기가 말했다. "정말 비참해 보여! 하지만 자네 같은 화가들에게는 저 얼굴이 저 사람의 팔자겠지?"

"물론이지." 트레버가 대답했다. "설마 거지가 행복해 보이기를 바라는 건 아니겠지, 안 그래?"

"저렇게 모델 노릇을 하면 얼마나 버나?"라고 휴기가 소파의 편안한 자리에 앉으며 물었다.

"한 시간에 일 실링"

"자네는 그림으로 얼마나 버는데, 앨런?"

"아, 이걸로 이천은 받지!"

"이천 파운드?"

"이천 기니. 화가, 시인, 의사는 늘 기니로 받는다네."

"그럼 저 모델도 그 돈을 나누어 가져야 할 것 같군."이라고 휴기가 소리치더니 웃음을 터뜨렸다. "모델도 자네만큼 열심히 일하니까 말이야."

"말도 안 돼, 말도 안 돼! 글쎄, 혼자서 물감을 칠하고, 하루 종일 이젤 앞에 서 있는다고 생각해 보게. 얼마나 고생이지 말이야! 그래, 다 좋아, 휴기. 그렇게 말할 수도 있지. 하지만 분명히 말하는데 예술이 육체노동의 위엄에 이르는 순간도 있지. 어쨌든 이제 잡담은 그만두게. 나는 바빠. 담배나 피우면서 입 좀 다물고 있게."

[3]

잠시 후에 하인이 들어오더니 액자 가게에서 트레버와 이야기를 하고 싶어 한다고 전했다.

"도망가지 말게, 휴기."라고 트레버는 밖으로 나가며 말했다. "금방 돌아올 거야."

늙은 거지는 트레버가 자리를 비운 틈을 이용해 뒤에 있는 나무 의자에 앉아 잠시 쉬었다. 노인이 너무 쓸쓸하고 비참해 보여 휴기는 동정심이 일었다. 그는 호주머니를 뒤져 가진 돈이 얼마나 되는지 보았다. 금화 한 닢과 동전 몇 닢뿐이었다.

'가엾은 노인네.'하고 휴기는 속으로 생각했다. '이건 나보다는 이 노인네한테 필요해. 하지만 이걸 줘 버리면 나는 두 주 동안 마차를 못 타고 걸어 다녀야겠지.'하고 휴기는 스튜디오를 가로질러 가서 거지의 손에 금화를 쥐어 주었다.

노인은 깜짝 놀랐다. 그의 시든 입술 위로 희미한 웃음이 번졌다. "고맙습니다, 선생님."이라고 노인이 말했다. "고맙습니다."

그때 트레버가 돌아왔고, 휴기는 자신이 한 일이 쑥스러워 얼굴을 약간 붉히며 자리를 떴다. 휴기는 그날 하루를 로러와 함께 보내면서 거지에게 돈을 써 버린 일 때문에 애교 섞인 꾸지람을 듣기도 했다. 그는 걸어서 집에 돌아가야 했다.

그날 밤 11시쯤 휴기는 어슬렁어슬렁 팰릿 클럽으로 들어갔다. 끽연실에서는 트레버 혼자 앉아 혹과 셀처를 마시고 있었다. "그래, 앨런, 그림은 잘 완성했나?"라고 휴기가 물어보며 담배에 불을 붙였다.

"완성해서 액자까지 돌렸지!" 트레버가 대답했다. "그런데 자네는 그사이에 사람 마음 하나를 빼앗았더군. 자네가 본 그 늙은 모델이 자네한테 완전히 빠져 버렸네. 그래서 자네 이야기를 다 해 주어야 했어. 자네가 누구인지, 어디 사는지, 수입이 얼마인지, 전망이 어떤지..."

"이런 앨런."라고 휴기가 소리쳤다. "집에 가면 그 노인네가 나를 기다리고 있을지도 모르겠군. 물론 자네야 지금 농담을 하는 거겠지만. 가엾은 노인네! 내가 뭘 해 줄 수 있으면 좋으련만. 사람이 그렇게 비참해질 수 있다니 생각만 해도 무서운 일이야. 집에 낡은 옷이 잔뜩 있는데 그걸 주면 좋아할까? 그 노인네가 입은 누더기는 당장이라도 찢어질 것 같더구먼."

[4]

"하지만 그걸 입으니 훌륭해 보이지 않던가."라고 트레버가 말했다. "만일 포록코트를 입고 있었다면 절대 그 사람을 그리지 않았을 걸세. 자네는 누더기라고 부르는 것을 나는 로맨스라고 부르지. 자네한테는 가난으로 보이는 것이 나에게는 그림으로 포착할 만한 모습이야. 어쨌든 자네 제안은 전하도록 하지."

"앨런."이라고 휴기가 진지한 얼굴로 말했다. "화가들은 정말 무정한 족속이로군."

"예술가는 심장이 머리라네." 트레버가 대답했다. "게다가 우리가 하는 일은 우리가 아는 세상을 개혁하는 것이 아니라 우리가 보는 세상을 구현하는 것이지. a chacun son metier. 로러는 어떻게 지내는지 이야기 좀 해 보게. 늙은 모델이 로러한테도 큰 관심을 보이던데."

"설마 그 노인네한테 로러 이야기까지 한 건 아니겠지?"라고 휴기가 말했다.

"했고말고. 그 노인네는 잔인한 대령과 어여쁜 로러, 일만 파운드에 대한 것 등등 모르는 것이 없네."
"그 늙은 거지한테 내 개인적인 일을 다 이야기했다고?"라고 휴기가 소리쳤다. 화가 나서 얼굴이 시뻘겠다.
"이보게나."라고 트레버가 웃음을 지으며 말했다. "자나게 늙은 거지라고 부르는 사람은 유럽에서 제일가는 부자로 꼽히는 사람이야. 은행에 넣어 둔 돈만 적당히 찾아도 내일 당장 런던 전체를 살 수 있어. 각 나라 수도마다 집이 있고, 금 접시로 식사를 하고, 원한다면 러시아가 전쟁에 나서는 일을 막을 수도 있지."
"그게 대체 무슨 말인가?"라고 휴기가 소리쳤다.
"내 말은 오늘 자네가 스튜디오에서 본 노인이 하우스베르크 남작이라는 걸세. 내 절친한 친구이고, 내 그림을 죄다 사주는 사람이지. 한 달 전에는 돈을 주면서 자기를 거지로 그려달라더군. Que voulez-vous? La fantaisie d'un millionnaire! 사실 말이지 누더기를 입으니깐 훌륭해 보이더군. 참, 그 누더기는 내 걸세. 스페인에서 구한 낡은 옷이지."
"하우스베르크 남작이라고!"라고 휴기가 소리쳤다. "맙소사! 내가 그 사람한테 금화 한 닢을 주었는데!" 휴기는 낙담한 표정으로 팔걸이의자에 주저앉았다.

[5]

"그 사람한테 금화 한 닢을 주었다고!"라고 트레버는 소리치더니 웃음을 터뜨렸다. "이보게, 그 돈은 두 번 다시 보지 못할 걸세. Son affaire c'est l'argent des autres."
"말을 해 줬어야지, 앨런." 휴기가 침울한 표정으로 말했다. "그랬으면 내가 그렇게 멍청한 짓을 하지 않았을 것 아닌가."
"글쎄, 우선, 휴기. 나는 자네가 그렇게 무모하게 적선을 하고 다닐 줄은 생각도 못 했네. 예쁜 모델한테 입을 맞추는 것이야 이해할 수 있지만, 추한 모델한테 금화를 주다니... 맙소사, 그럴 수가! 게다가 사실 나는 오늘 누구도 만날 생각이 아니었네. 자네가 들어왔을 때 하우스베르크 남작이 자신의 이름을 밝히는 것을 좋아할지 아닐지도 알 수가 없었지. 그 노인네가 사람을 만날 만한 옷차림도 아니었으니까 말이야."
"나를 완전히 바보로 알았겠군!"이라고 휴기가 말했다.
"그렇지 않아. 자네가 나간 뒤에 아주 기분이 좋던데, 혼자 낄낄거리며 주름진 두 손을 비비더라고. 나는 그 노인네가 왜 그렇게 자네에게 관심을 가지는지 이해할 수가 없었지. 하지만 이제야 알겠군. 그 노인네는 아마 자네를 위해 그 금화를 투자 할 걸세, 휴기. 그래서 여섯 달마다 이자를 지불할 거야. 대신 그 사람은 저녁 식사 뒤에 사람들에게 해 줄 좋은 이야깃거리를 얻은 셈이지."
"나는 정말 운도 없는 놈이야."라고 휴기가 으르렁거렸다. "내가 할 수 있는 최선의 일은 가서 자는 거겠군. 이보게, 앨런. 이 이야기는 아무한테도 하면 안 되네. 그랬다간 로에 얼굴 내놓고 다니기 힘들 거야."
"무슨 소리! 그건 자네의 박애 정신을 보여 주는 최고의 증거 아닌가, 휴기. 그리고 도망치지 말게. 담배나 한 대 더 피워. 그리고 로러 이야기나 실컷 해보게."
그러나 휴기는 그대로 밖을 나가 집으로 걸어갔다. 기분이 아주 언짢았다. 뒤에 남은 앨런은 발작을 일으키듯 웃음을 터뜨렸다.
다음 날 아침 식사를 하는데 하인이 명함을 한 장 들고 왔다. 거기에는 이렇게 적혀 있었다. "하우스베르크 남작 대리 므시외 구스타프 노댕."

[6]

'사과를 받으러 온 모양이군.'하고 휴기는 속으로 중얼거리며 손님을 들이라고 말했다.
금테 안경을 끼고 머리가 하얀 노신사가 방으로 들어왔다. 그는 프랑스 악센트가 약간 섞인 영어로 말했다. "므시외 어스킨 맞습니까?"
휴기는 고개를 숙였다.
"하우스베르크 남작께서 보내셔서 왔습니다. 남작께서는…"
"제가 진심으로 사과한다고 전해 주시기 바랍니다."라고 휴기가 더듬더듬 말했다.
"남작께서는…"라고 노신사는 웃음을 띤 얼굴로 말했다. "저더러 이 편지를 전해 드리라고 하였습니다." 노신사는 봉인된 봉투를 내밀었다.
겉에는 "휴 어스킨과 로러 머튼에게 늙은 거지가 보내는 결혼 선물"이라고 적혀 있고, 안에는 일만 파운드짜리 수표가 들어 있었다.
두 사람이 결혼을 했을 때 앨런 트레버는 들러리를 맡았고 남작은 결혼 축하 조찬에서 연설을 했다.
"백만장자 모델은 드물지."라고 앨런이 말했다. "하지만 정말이지 모범적인 백만장자"는 더욱 드물다네."

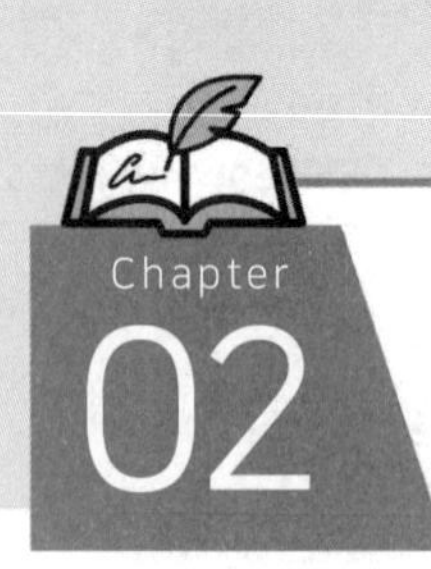

Chapter 02 20세기 주요작품

01 South of the Slot

Jack London(1876-1916)

Old San Francisco, which is the San Francisco of only the other day, the day before the Earthquake, was divided midway by the Slot. The Slot was an iron crack that ran along the center of Market Street, and from the Slot arose the burr of the ceaseless, endless cable that was hitched at will to the cars it dragged up and down. In truth, there were two Slots, but, in the quick grammar of the West, time was saved by calling them, and much more that they stood for, The Slot. North of the Slot were the theaters, hotels and shopping district, the banks and the staid, respectable business houses. South of the Slot were the factories, slums, laundries, machine-shops, boiler-works and the abodes of the working class.

The Slot was the metaphor that expressed the class cleavage of Society, and no man crossed this metaphor, back and forth, more successfully than Freddie Drummond. He made a practice of living in both worlds and in both worlds he lived signally well. Freddy Drummond was a professor in the Sociology Department of the University of California, and it was as a professor of sociology that he first crossed over the Slot, lived for six months in the great labor ghetto and wrote "The Unskilled Laborer" — a book that was hailed everywhere as an able contribution to the Literature of Progress and as a splendid reply to the Literature of Discontent. Politically and economically, it was nothing if not orthodox. Presidents of great railway systems bought whole editions of it to give to their employees. A manufacturers' association alone distributed fifty thousand copies of it. In a way, it was almost as immoral as the far-famed and notorious "Message to Garcia", while in its pernicious preachment oof thrift and content it ran "Mrs. Wiggs of the Cabbage Patch" a close second.

At first, Freddie Drummond found it monstrously difficult to get along among the working people. He was not used to their ways, and they certainly were not used to his. They were suspicious. He had no antecedents. He could talk of no previous jobs. His hands were soft. His extraordinary politeness was ominous. His first idea of the rôle he would play was that of a free and independent American who chose to work with his hands and no explanations given. But it wouldn't do, as he quickly discovered. At the beginning they accepted him, very provisionally, as a freak. A little later, as he began to know his way about better, he insensibly drifted into the only rôle that he could play with some degree of plausibility—namely, that of a man who had seen better days, very much better days, but who was down on his luck, though, to be sure, only temporarily.

He learned many things and generalized much and often erroneously, all of which can be found in the pages of "The Unskilled Laborer". He saved himself, however, after the sane and conservative manner of his kind, by labeling his generalizations as "tentative". One of his first experiences was in the great Wilmax Cannery, where he was put on piecework making small packing-cases. A box-factory supplied the parts, and all Freddie Drummond had to do was to fit the parts into a form and drive in the wire nails with a light hammer.

It was not skilled labor, but it was piecework. The ordinary laborers in the cannery got a dollar and a half a day. Freddie Drummond found the other men on the same job with him jogging along and earning a dollar and seventy-five cents a day. But the third day he was able to earn the same. But he was ambitious. He did not care to jog along, and, being unusually able and fit, on the fourth day earned two dollars. The next day, having keyed himself up to an exhausting high tension, he earned two dollars and a half. His fellow-workers favored him with scowls and black looks and made remarks, slangily witty and which he did not understand, about sucking up to the boss, and pace-making, and holding her down when the rains set in. He was astonished at their malingering on piece-work, generalized about the laziness of the unskilled laborer, and proceeded next day to hammer out three dollars' worth of boxes.

And that night, coming out of the cannery, he was interviewed by his fellow-workmen, who were very angry and incoherently slangy. He failed to comprehend the motive behind their action. The action itself was strenuous. When he refused to ease down his pace and bleated about freedom of contract, independent Americanism and the dignity of toil they proceeded to spoil his pace-making ability. It was a fierce battle, for Drummond was a large man and an athlete; but the crowd finally jumped on his ribs, walked on his face and stamped on his fingers, so that it was only after lying in bed for a week that he was able to get up and look for another job. All of this is duly narrated in that first book of his, in the chapter entitled "The Tyranny of Labor".

A little later, in another department of the Wilmax Cannery, lumping as a fruit-distributor among the women, he essayed to carry two boxes of fruit at a time and was promptly reproached by the other fruit-lumpers. It was palpable malingering; but he was there, he decided, not to change conditions, but to observe. So he lumped one box thereafter, and so well did he study the art of shirking that he wrote a special chapter on it, with the last several paragraphs devoted to tentative generalizations.

In those six months he worked at many jobs and developed into a very good imitation of a genuine worker. He was a natural linguist and he kept notebooks, making a scientific study of the workers' slang or argot until he could talk quite intelligibly. This language also enabled him more intimately to follow their mental processes and thereby to gather much data for a projected chapter in some future book which he planned to entitle Synthesis of "Working-Class Psychology".

Before he arose to the surface from that first plunge into the underworld, he discovered that he was a good actor and demonstrated the plasticity of his nature. He was himself astonished at his own fluidity. Once having mastered the language and conquered numerous fastidious qualms he found that he could flow into any nook of working-class life and fit it so snugly as to feel comfortably at home. As he said in the preface to his second book, "The Toiler", he endeavored really to know the working people; and the only possible way to achieve this was to work beside them, eat their food, sleep in their beds, be amused with their amusements, think their thoughts and feel their feelings.

He was not a deep thinker. He had no faith in new theories. All his norms and criteria were conventional. His Thesis on the French Revolution was noteworthy in college annals, not merely for its painstaking and voluminous accuracy, but for the fact that it was the driest, deadest, most formal and most orthodox screed ever written on the subject. He was a very reserved man, and his natural inhibition was large in quantity and steel-like in quality. He had but few friends. He was too undemonstrative, too frigid. He had no vices, nor had any one ever discovered any temptations. Tobacco he detested, beer he abhorred, and he was never known to drink anything stronger than an occasional light wine at dinner.

When a freshman he had been baptized 'Ice-Box' by his warmer-blooded fellows. As a member of the Faculty he was known as 'Cold-Storage'. He had but one grief, and that was 'Freddie'. He had earned it when he played fullback on the Varsity eleven, and his formal soul had never succeeded in living it down. Freddie he would ever be, except officially, and through nightmare vistas he looked into a future when his world would speak of him as Old Freddie.

For he was very young to be a doctor of sociology — only twenty-seven, and he looked younger. In appearance and atmosphere he was a strapping big college man, smooth-faced and easy-mannered, clean and simple and wholesome, with a known record of being a splendid athlete and an implied vast possession of cold culture of the inhibited sort. He never talked shop out of class and committee-rooms, except later when his books showered him with distasteful public notice and he yielded to the extent of reading occasional papers before certain literary and economic societies.

He did everything right — too right; and in dress and comportment was inevitably correct. Not that he was a dandy. Far from it. He was a college man, in dress and carriage as like as a pea to the type that of late years is being so generously turned out of our institutions of higher learning. His handshake was satisfyingly strong and stiff. His blue eyes were coldly blue and convincingly sincere. His voice, firm and masculine, clean and crisp of enunciation, was pleasant to the ear. The one drawback to Freddie Drummond was his inhibition. He never unbent. In his football days the higher the tension of the game the cooler he grew. He was noted as a boxer, but he was regarded as an automaton, with the inhuman action of a machine judging distance and timing blows, guarding, blocking and stalling. He was rarely punished himself, while he rarely punished an opponent. He was too clever and too controlled to permit himself to put a pound more weight into a punch than he intended. With him it was a matter of exercise. It kept him fit.

As time went by Freddie Drummond found himself more frequently crossing the Slot and losing himself in South of Market. His summer and winter holidays were spent there, and, whether it was a week or a week-end, he found the time spent there to be valuable and enjoyable. And there was so much material to be gathered. His third book "Mass and Master", became a textbook in the American universities, and almost before he knew it he was at work on a fourth one, the "Fallacy of the Inefficient".

Somewhere in his make-up there was a strange twist or quirk. Perhaps it was a recoil from his environment and training or from the tempered seed of his ancestors, who had been bookmen generation preceding generation; but, at any rate, he found enjoyment from being down in the working-class world. In his own world he was 'Cold-Storage', but down below he was 'Big' Bill Totts, who could drink and smoke and slang and fight and be an all-around favorite. Everybody liked Bill, and more than one working-girl made love to him. At first he had been merely a good actor, but as time went on simulation became second nature. He no longer played a part, and he loved sausages — sausages and bacon, than which, in his own proper sphere, there was nothing more loathsome in the way of food.

From doing the thing for the need's sake he came to doing the thing for the thing's sake. He found himself regretting it as the time drew near for him to go back to his lecture-room and his inhibition. And he often found himself waiting with anticipation for the dreary time to pass when hc could cross thc Slot and cut loosc and play the devil. He was not wicked, but as 'Big' Bill Totts he did a myriad things that Freddie Drummond would never have been permitted to do. Moreover, Freddie Drummond never would have wanted to do them. That was the strangest part of his discovery. Freddie Drummond and Bill Totts were two totally different creatures. The desires and tastes and impulses of each ran counter to the other's. Bill Totts could shirk at a job with a clear conscience, while Freddie Drummond condemned shirking as vicious, criminal and un-American, and devoted whole chapters to condemnation of the vice. Freddie Drummond did not care for dancing, but bill Totts never missed the nights at the various dancing clubs, such as The Magnolia, The Western Star, and The Elite; while he won a massive silver cup standing thirty inches high for being the best-sustained character at the butchers' and meat-workers' annual grand masked ball. And Bill Totts liked the girls, and the girls liked him, while Freddie Drummond enjoyed playing the ascetic in this particular, was open in his opposition to equal suffrage and cynically bitter in his secret condemnation of co-education.

Freddie Drummond changed his manners with his dress and without effort. When he entered the obscure little room used for his transformation scenes he carried himself just a bit too stiffly. He was too erect, his shoulders were an inch too far back, while his face was grave, almost harsh, and practically expressionless. But when he emerged in Bill Totts' clothes he was another creature. Bill Totts did not slouch, but somehow his whole form limbered up and became graceful. The very sound of the voice was changed and the laugh was loud and hearty, while loose speech and an occasional oath were as a matter of course on his lips. Also Bill Totts was a trifle inclined to late hours, and at times, in saloons, to be good-naturedly bellicose with other workmen. Then, too, at Sunday picnics or when he displayed a wit keen and delightful in the flirtatious badinage that was expected of a good fellow in his class.

So thoroughly was Bill Totts himself, so thoroughly a workman, a genuine denizen of South of the Slot, that he was as class-conscious as the average of his kind, and his hatred for a scab even exceeded that of the average loyal union man. During the water-front strike, Freddie Drummond was somehow able to stand apart from the unique combination, and, coldly critical, watch Bill Totts hilariously slug scab longshoremen. For Bill Totts was a dues-paying member of the Longshoremen's Union and had a right to be indignant with the usurpers of his job. 'Big' Bill Totts was so very big and so very able that it was big Bill to the front when trouble was brewing. From acting outraged feelings Freddie Drummond, in the rôle of his other self, came to experience genuine outrage, and it was only when he returned to the classic atmosphere of the university that he was able, sanely and conservatively, to generalize upon his underworld experiences and put them down on paper as a trained sociologist should. That Bill Totts lacked the perspective to raise him above the class-consciousness Freddie Drummond clearly saw. But Bill Totts could not see it. When he saw a scab taking his job away he saw red at the same time and little else did he see. It was Freddie Drummond, irreproachably clothed and comforted, seated at his study desk or facing his class in Sociology 17, who saw Bill Totts and all around Bill Totts, and all around the whole scab and union-labor problem and its relation to the economic welfare of the United States in the struggle for the world-market. Bill Totts wasn't able to see beyond the next meal and the prize-fight the following night at the Gayety Athletic Club.

It was while gathering material for "Women and Work" that Freddie received his first warning of the danger that he was in. He was too successful at living in both worlds. This strange dualism he had developed, after all, very unstable, and as he sat in his study and meditated he saw that it could not endure. It was really a transition stage; and if he persisted he saw that he would inevitably have to drop one world or the other. He could not continue in both. And as he looked at the row of volumes that graced the upper shelf of his revolving bookcase, his volumes, beginning with his Thesis and ending with "Women and Work", he decided that that was the world he would hold on to and stick by. Bill Totts had served his purpose, but he had become a too-dangerous accomplice. Bill Totts would have to cease.

Freddie Drummond's fright was due to Mary Condon, president of the International Glove-Workers' Union No. 974. He had seen her first from the spectators' gallery at the annual convention of the Northwest Federation of Labor, and he had seen her though Bill Totts' eyes, and that individual had been most favorably impressed by her. She was not Freddie Drummond's sort at all. What if she were a royal-bodied woman, graceful and sinewy as a panther, with amazing black eyes that could fill with fire or laughter-love, as the mood might dictate? He detested women with a too-exuberant vitality and a lack of—well, of inhibition. Freddie Drummond accepted the doctrine of evolution because it was quite universally accepted by college men, and he flatly believed that man had climbed up the ladder of life out of the weltering muck and mess of lower and monstrous organic things. But he was a trifle ashamed of this genealogy. Wherefore, probably, he practiced his iron inhibition and preached it to others, and preferred women of his own type who could shake free of this bestial and regrettable ancestral line and by discipline and control emphasize the wideness of the gulf that separated them from what their dim forebears had been.

Bill Totts had none of these considerations. He had liked Mary Condon from the moment his eyes first rested on her in the convention hall, and he had made it a point, then and there, to find out who she was. The next time he met her, and quite by accident, was when he was driving an express wagon for Pat Morrissey. It was in a lodging-house in Mission Street, where he had been called to take a trunk into storage. The landlady's daughter had called him and led him to the little bedroom, the occupant of which, a glove-maker, had just been removed to a hospital. But Bill did not know this. He stooped, up-ended the trunk, which was a large one, got it on his shouldered and struggled to his feet with his back toward the open door. At that moment he heard a woman's voice.

"Belong to the union?" was the question asked.

"Aw, what's it to you?" he retorted. "Run along now, an' git outa my way. I wanta turn 'round."

The next he knew, big as he was, he was whirled half around and sent reeling backward, the trunk overbalancing him, till he fetched up with a crash against the wall. He started to swear, but at the same instant found himself looking into Mary Condon's flashing, angry eyes.

"Of course I b'long to the union," he said.

"I was only kiddin' you."

"Where's your card?" she demanded in businesslike tones.

"In my pocket. But I can't git it out now. This trunk's too damn heavy. Come on down to the wagon an' I'll show it to you."

"Put that trunk down," was the command.

"What for? I got a card, I'm tellin' you."

"Put it down, that's all. No scab's going to handle that trunk. You ought to be ashamed of yourself, you big coward, scabbing on honest men. Why don't you join the union and be a man?"

Mary Condon's color had left her face and it was apparent that she was in a white rage.

"To think of a big man like you turning traitor to his class. I suppose you're aching to join the militia for a chance to shoot down union drivers the next strike. You may belong to the militia already, for that matter. You're the sort —"

"Hold on now; that's too much!" Bill dropped the trunk to the floor with a bang, straightened up and thrust his hand into his inside coat pocket.

"I told you I was only kiddin'. There, look at that."

It was a union card properly enough.

"All right, take it along," Mary Condon said. "And the next time, don't kid."

Her faced relaxed as she noticed the ease with which he got the big trunk to his shoulder and her eyes glowed as they glanced over the graceful massiveness of the man. But Bill did not see that. He was too busy with the trunk.

The next time he saw Mary Condon was during the laundry strike. The laundry workers, but recently organized, were green at the business, and had petitioned Mary Condon to engineer the strike. Freddie Drummond had had an inkling of what was coming and had sent Bill Totts to join the union and investigate. Bill's job was in the washroom, and the men had been called out first that morning in order to stiffen the courage of the girls; and Bill chanced to be near the door to the mangle-room when Mary Condon started to enter. The superintendent, who was both large and stout, barred her way. He wasn't going to have his girls called out and he'd teach her a lesson to mind her own business. And as Mary tried to squeeze past him he thrust her back with a fat hand on her shoulder. She glanced around and saw Bill.

"Here you, Mr. Totts," she called. "Lend a hand. I want to get in."

Bill experienced a startle of warm surprise. She had remembered his name from his union card. The next moment the superintendent had been plucked from the doorway, raving about rights under the law, and the girls were deserting their machines. During the rest of that short and successful strike, Bill constituted himself Mary Condon's henchman and messenger, and when it was over returned to the university to be Freddie Drummond and to wonder what Bill Totts could see in such a woman.

Freddie Drummond was entirely safe, but Bill had fallen in love. There was no getting away from the fact of it, and it was this fact that had given Freddie Drummond his warning. Well, he had done his work and his adventures could cease. There was no need for him to cross the Slot again. All but the last three chapters of his latest, ≪Labor Tactics and Strategy≫, was finished, and he had sufficient material on hand adequately to supply those chapters.

Another conclusion he arrived at was that, in order to sheet-anchor himself as Freddie Drummond, closer ties and relations in his own social nook were necessary. It was time that he was married anyway, and he was fully aware that if Freddie Drummond didn't get married Bill Totts assuredly would, and the complications were too awful to contemplate. And so enters Catherine Van Vorst. She was a college woman herself, and her father, the one wealthy member of the Faculty, was the head of the philosophy department. It would be a wise marriage from every standpoint, Freddie Drummond concluded when the engagement was entered into and announced. In appearance, cold and reserved, aristocratic and wholesomely conservative, Catherine Van Vorst, though warm in her way, possessed an inhibition equal to Drummond's.

All seemed well with him, but Freddie Drummond could not quite shake off the call of the underworld, the lure of the free and open, of the unhampered, irresponsible life South of the Slot. As the time of his marriage approached he felt that he had indeed sowed wild oats, and he felt, moreover, what a good thing it would be if he could have but one wild fling more, play the good fellow and the wastrel one last time ere he settled down to gray lecture-rooms and sober matrimony. And, further to tempt him, the very last chapter of "Labor Tactics and Strategy" remained unwritten for lack of a trifle more of essential data which he had neglected to gather.

So, Freddie Drummond went down for the last time as Bill Totts, got his data, and, unfortunately, encountered Mary Condon. Once more installed in his study it was not a pleasant thing to look back upon. It made his warning doubly imperative. Bill Totts had behaved abominably. Not only had he met Mary Condon at the Central Labor Council, but he had stopped in at a creamery with her, on the way home, and treated her to oysters. And before they parted at her door his arms had been about her and he had kissed her on the lips and kissed her repeatedly. And her last words in his ear, words uttered softly with a catch sob in the throat that was nothing more nor less than a love-cry, were, "Bill—dear, dear Bill."

Freddie Drummond shuddered at the recollection. He saw the pit yawning for him. He was not by nature a polygamist, and he was appalled at the possibilities of the situation. It would have to be put an end to, and it would end in one only of two ways; either he must become wholly Bill Totts and be married to Mary Condon, or he must remain wholly Freddie Drummond and be married to Catherine Van Vorst. Otherwise, his conduct would be horrible and beneath contempt.

In the several months that followed, San Francisco was torn with labor strife. The unions and the employers' associations had locked horns with a determination that looked as if they intended to settle the matter one way or the other for all time. But Freddie Drummond corrected proofs, lectured classes and did not budge. He devoted himself to Catherine Van Vorst and day by day found more to respect and admire in her — nay, even to love in her. The street-car strike tempted him, but not so severely as he would have expected; and the great meat strike came on and left him cold. The ghost of Bill Totts had been successfully laid, and Freddie Drummond with rejuvenescent zeal tackled a brochure, long planned, on the topic of 'Diminishing Returns'.

The wedding was two weeks off when, on one afternoon, in San Francisco, Catherine Van Vorst picked him up and whisked him away to see a Boys' Club recently instituted by the settlement workers with whom she was interested. They were in her brothers' machine, but they were alone except for the chauffeur. At the junction with Kearny Street, Market and Geary Streets intersect like the sides of a sharp-angled letter V. They, in the auto, were coming down Market with the intention of negotiating the sharp apex and going up Geary. But they did not know what was coming down Geary, timed by Fate to meet them at the apex. While aware from the papers that the meat strike was on and that it was an exceedingly bitter one, all thought of it at the moment was farthest from Freddie Drummond's mind. Was he not seated beside Catherine? And besides, he was carefully expounding to her his views on settlement work — views that Bill Tott's adventures had played a part in formulating.

Coming down Geary Street were six meat wagons. Beside each scab driver sat a policeman. Front and rear, and along each side of this procession, marched a protecting escort of one hundred police. Behind the police rear-guard, at a respectful distance, was an orderly but vociferous mob several blocks in length, that congested the street from sidewalk to sidewalk. The Beef Trust was making an effort to supply the hotels and, incidentally, to begin breaking of the strike. The St. Francis had already been supplied at a cost of many broken windows and broken heads, and the expedition was marching to the relief of the Palace Hotel.

All unwitting, Drummond sat beside Catherine talking settlement work as the auto, honking methodically and dodging traffic, swung in a wide curve to get around the apex. A big coal wagon, loaded with lump coal and drawn by four huge horses, just debouching from Kearny Street as though to turn down Market, blocked their way. The driver of the wagon seemed undecided, and the chauffeur, running slow but disregarding some shouted warning from the policemen, swerved the auto to the left, violating the traffic rules in order to pass in front of the wagon.

At that moment Freddie Drummond discontinued his conversation. Nor did he resume it again, for the situation was developing with the rapidity of a transformation scene. He heard the roar of the mob at the rear and caught a glimpse of the helmeted police and the lurching meat wagons. At the same moment, laying on his whip and standing up to his task, the coal-driver rushed horses and wagon squarely in front of the advancing procession, pulled the horses up sharply and put on the brake. Then he made his lines fast to the brake-handle and sat down with the air of one who had stopped to stay. The auto had been brought to a stop, too, by his big, panting leaders.

Before the chauffeur could back clear, an old Irishman, driving a rickety express wagon and lashing his one horse to a gallop, had locked wheels with the auto. Drummond recognized both horse and wagon, for he had driven them often himself. The Irishman was Pat Morrissey. On the other side a brewery wagon was locking with the coal wagon, and an east-bound Kearny Street car, wildly clanging its gong, the motorman shouting defiance at the crossing policemen, was dashing forward to complete the blockade. And wagon after wagon was locking and blocking and adding to the confusion. The meat wagons halted. The police were trapped. The roar at the rear increased as the mob came on to the attack, while the vanguard of the police charged the obstructing wagons.

"We're in for it," Drummond remarked coolly to Catherine.

"Yes," she nodded with equal coolness. "What savages they are!"

His admiration for her doubled on itself. She was indeed his sort. He would have been satisfied with her even if she had screamed and clung to him, but this — this was magnificent. She sat in that storm-center as calmly as if it had been no more than a block of carriages at the opera.

The police were struggling to clear a passage. The driver of the coal wagon, a big man in shirt sleeves, lighted a pipe and sat smoking. He glanced down complacently at a captain of police who was raving and cursing at him, and his only acknowledgement was a shrug of the shoulders. From the rear arose the rat-tat-tat of clubs on heads and a pandemonium of cursing, yelling and shouting. A violent accession of noise proclaimed that the mob had broken through and was dragging a scab from a wagon. The police captain was reënforced from his vanguard and the mob at the rear was repelled. Meanwhile, window after window in the high office-building on the right had been opened and the class-conscious clerks were raining a shower of office furniture down on the heads of police and scabs. Waste-baskets, ink-bottles, paper-weights, typewriters — anything and everything that came to hand was filling the air.

A policeman, under orders from his captain, clambered to the lofty seat of the coal wagon to arrest the driver. And the driver, rising leisurely and peacefully to meet him, suddenly crumpled him in his arms and threw him down on top of the captain. The driver was a young giant, and when he climbed on top his load and poised a lump of coal in both hands a policeman, who was just scaling the wagon from the side, let go and dropped back to earth. The captain order half a dozen of his men to take the wagon. The teamster, scrambling over the load from side to side, beat them down with huge lumps of coal.

The crowd on the sidewalks and the teamsters on the locked wagons roared encouragement and their own delight. The motorman, smashing helmets with his controller-bar, was beaten into insensibility and dragged from his platform. The captain of the police, beside himself at the repulse of his men, led the next assault on the coal wagon. A score of police were swarming up the tall-sided fortress. But the teamster multiplied himself. At times there were six or eight policemen rolling on the pavement and under the wagon. Engaged in repulsing an attack on the rear end of his fortress the teamster turned about to see the captain just in the act of stepping on the seat from the front end. He was still in the air and in most unstable equilibrium when the teamster hurled a thirty-pound lump of coal. It caught the captain fairly on the chest and he went over backward, striking on a wheeler's back, tumbling to the ground and jamming against the rear wheel of the auto.

Catherine thought he was dead, but he picked himself up and charged back. She reached out her gloved hand and patted the flank of the snorting, quivering horse. But Drummond did not notice the action. He had eyes for nothing save the battle of the coal wagon, while somewhere in his complicated psychology one Bill Totts was heaving and straining in an effort to come to life. Drummond believed in law and order and the maintenance of the established; but this riotous savage within him would have none of it. Then, if ever, did Freddie Drummond call upon his iron inhibition to save it. But it is written that the house divided against itself must fall. And Freddie Drummond found that he had divided all the will and force of him with Bill Totts, and between them the entity that constituted the pair of them was being wrenched in twain.

Freddie Drummond sat in the auto quite composed, alongside Catherine Van Vorst; but looking out of Freddie Drummond's eyes was Bill Totts, and somewhere behind those eyes, battling for control of their mutual body, was Freddie Drummond, the sane and conservative sociologist, and Bill Totts, the class-conscious and bellicose union working-man. It was Bill Totts looking out of those eyes who saw the inevitable end of the battle on the coal wagon. He saw a policeman gain the top of the load, a second and a third. They lurched clumsily on the loose footing, but their long riot-clubs were out and swinging. One blow caught the teamster on the head. A second he dodged, receiving it on the shoulder. For him the game was plainly up. He dashed in suddenly, clutched two policemen in his arms, and hurled himself a prisoner to the pavement.

Catherine Van Vorst was sick and faint at sight of the blood and brutal fighting. But her qualms were vanquished by the sensational and most unexpected happening that followed. The man beside her emitted an unearthly yell and rose to his feet. She saw him spring over the front seat, leap to the broad rump of the wheeler and from there gain the wagon. His onslaught was like a whirlwind. Before the bewildered officer on top the load could guess the errand of this conventionally-clad but excited-seeming gentleman he was the recipient of a punch that arched him back through the air to the pavement. A kick in the face led an ascending policeman to follow his example. A rush of three more gained the top and locked with Bill Totts in a gigantic clinch, during which his scalp was opened up by a club, and coat, vest and half his starched shirt were torn from him. But the three policemen were flung wide and far, and Bill Totts, raining down lumps of coal, held the fort.

The captain let gallantly to the attack, but was bowled over by a chunk of coal that burst on his head in black baptism. The need of the police was to break the blockade in front before the mob could break in at the rear, and Bill Totts' need was to hold the wagon till the mob did break through. So the battle of the coal went on.

The crowd had recognized its champion. Big Bill, as usual, had come to the front, and Catherine Van Vorst was bewildered by the cries of "Bill! Oh, you Bill!" that arose on every hand. Pat Morrissey, on his wagon-seat, was jumping and screaming in an ecstasy: "Eat 'em, Bill! Eat 'em! Eet 'em alive!" From the sidewalk she heard a woman's voice cry out, "Look out, Bill — front end!" Bill took the warning, and with well-directed coal, cleaned the front end of the wagon of assailants. Catherine Van Vorst turned her head and saw on the curb of sidewalk a woman with vivid coloring and flashing black eyes who was staring with all her soul at the man who had been Freddie Drummond a few minutes before.

The windows of the office-building became vociferous with applause. The mob had broken through on one side the line of wagons and was advancing, each segregated policeman the center of a fighting group. The scabs were torn from their seats, the traces of the horses cut and the frightened animals put in flight. Many policemen crawled under the coal wagon for safety, while the loose horses, with here and there a policeman on their backs or struggling at their heads to hold them, surged across the sidewalk opposite the jam and broke into Market Street.

Catherine Van Vorst heard the woman's voice calling in warning. She was back on the curb again and crying out:

"Beat it, Bill! Now's your time! Beat it!"

The police for the moment had been swept away. Bill Totts leaped to the pavement and made his way to the woman on the sidewalk. Catherine Van Vorst saw her throw her arms around him and kiss him on the lips; and Catherine Van Vorst watched him curiously as he went on down the sidewalk, one arm around the woman, both talking and laughing, and he with a volubility and abandon she could never have dreamed possible.

The police were back again and clearing the jam while waiting for reënforcements and new drivers and horses. The mob had done its work and was scattering, and Catherine Van Vorst, still watching, could see the man she had known as Freddie Drummond. He towered a head above the crowd. His am was still about the woman. And she in the motor car, watching, saw the pair cross Market Street, cross the Slot and disappear down Third Street into the labor ghetto.

In the years that followed no more lectures were given in the University of California by one Drummond and no more books on economics and the labor question appeared over the name of Frederick A. Drummond. On the other hand, there arose a new labor leader, William Totts by name. He it was who married Mary Condon, president of the International Glove-Workers' Union No. 974, and he it was who called the notorious cooks and waiters' strike, which, before its successful termination, brought out with it scores of other unions, among which, of the more remotely allied, were the chicken-pickers and the undertakers.

작가소개 **Jack London(1876–1916)**

Jack London(1876–1916)은 떠돌이 점성술사인 아버지 윌리엄 체이니와 어머니 플로라 웰맨이 1년간 동거하는 과정에서 샌프란시스코에서 태어났다. 체이니는 생부임을 부정했으며, 그의 어머니는 이후 홀아비로 지내던 존 런던과 재혼해 그는 런던이라는 성을 얻게 되었다. 의붓아버지 밑에서 자라면서, 잭 런던은 학교를 제대로 다니지 못한 채 신문 배달, 얼음 배달, 통조림 공장의 노동자로 일하면서 가족의 생계를 도왔다. 밑바닥 생활을 통해 교육의 중요성을 깨달은 잭 런던은 19세 때, 고등학교에 들어가, 캘리포니아 대학에 입학하지만, 집안 사정으로 학업을 포기했다. 1897년 알래스카의 클론다이크 지방에서 금이 발견되었다는 소식을 듣고 그곳으로 떠났다. 1년 반에 빈손으로 돌아왔지만, 이 때의 경험은 그의 소설의 밑바탕이 되었다. 1904년 러일전쟁 특파원으로 일본군을 따라 조선을 방문하기도 하여, ≪잭 런던의 조선 사람 엿보기≫라는 책을 출판하기도 했다. 이는 당시의 조선인에 대한 서양인들의 보편적 인식을 살펴볼 수 있는 귀중한 사료로 평가받고 있다. 1905년부터 캘리포니아의 글렌엘런 지역땅을 사들여 농장을 만들면서 사회주의적 농촌 공동체 건설을 꿈꾸지만 좌절된다. 짧은 생애 동안, 대중적으로 엄청난 성공을 거둔 ≪야생의 부름 The Call of the Wild≫(1903)과 ≪하얀 어금니 White Fang≫(1906)를 포함하여, 논픽션인 ≪비포 아담 Before Adam≫(1907), 디스토피아적 미래를 다룬 ≪강철군화 The Iron Heel≫(1908), 자전적 소설로 평가받는 ≪마틴 이든 Martin Eden≫(1909) 등 19편의 장편소설, 500여 편의 논픽션, 200여 편의 단편소설을 썼다.

작품분석

This short story was written by American naturalist writer(자연주의작가) Jack London (1876–1916). It was first published in *The Saturday Evening Post*, Vol. 181, May, 1909. The title of the story refers to a location in San Francisco, which real estate speculators now call SOMA, the South of Market. The name describes the cable cars that ran up and down the Market along the slots through which they gripped cables. While the cable cars have long since disappeared from Market Street, some "old timers" still refer to this area as "South of the Slot."

Plot

Freddie Drummond is a sociology professor at Berkeley(캘리포니아 버클리대학 사회학과 교수) leading a rather dull life. He has no friends; he's very reserved and stiff. He is also engaged to a very wealthy woman who comes from an aristocratic family, Catherine Van Vorst. However, he is fascinated with the south part of San Francisco and starts working there. By impersonating a working person he examines the "south of the slot(샌프란시스코 마켓가의 남쪽)" to gain better understanding of the area. Over time, Freddie Drummond develops an alter ego, Big Bill Totts, who becomes more and more involved in the working life and labor organizing in the district. While making his ventures to the south, he meets and starts a relationship with the President of the International Glove Workers' Union, Mary Condon. Still, when resuming his life as the professor, he continues to express Conservative opinions, side strongly with the employers and sharply condemn the same trade unions in which he is deeply involved in his other life. Freddie/Bill realizes that he cannot maintain his dual life and hopes to achieve happiness by Catherine Van Vorst's side.

The story's climax comes as Freddie and Catherine, quite accidentally it seems, run into a strike in the middle of Market Street. Here, we can observe Freddie's moment of decision that takes places precisely between his two worlds. When recognized as Big Bill Totts, Freddie quickly morphs into Big Bill and joins the labor unrest leaving Catherine Van Vorst forever. In the end, Freddie/Bill had been correct. He could not maintain this dual existence. What he did not realize was which side of his personality would eventually win out and which would be discarded.

Main themes

1. Socialism(사회주의)

This is one of the works in which Jack London's Socialist views are most strongly evident. The story is clearly slanted to give the reader the feeling that the protagonist has made the right choice, and that the life of a union organizer leading strikes and loving a fellow unionist is much preferable to that of a staid conservative professor with an upper-class wife.

2. Naturalism(자연주의)

As a naturalist, Jack London believed in the lack of one's free will, in the determining forces of nature. Thus, in the story it is the environment that influences Freddie Drummond and his perception of himself. In the beginning, the reader is convinced that Freddie has accepted his role in the society, that he is content with his personality even with the existence of his alter ego. The conflict appears when Bill Tots falls in love. This is when "Big Bill" surpasses Freddie Drummond as he "emitted an unearthly and uncultured yell" and decides to follow his heart and join the labor protest. Because of this, only the strongest can survive.

3. Doubleness(이중성)

Jack London examines doubleness in two dimensions — class and psychology. The former refers to the class division emphasized by the "slot" and the latter by the dual identity of the protagonist, Freddie Drummond.

한글 번역

슬롯의 남쪽

예전의 샌프란시스코, 즉 대지진 이전의 샌프란시스코는 '슬롯'으로 양분되어 있었다. 슬롯은 마켓가 중앙에 난 철제 틈새로, 그곳으로 끝없는 케이블이 웅웅거리며 전차를 양방향으로 끌고 갔다. 슬롯은 사실 두 개였지만 서부의 빠른 화법은 그 두 개의 슬롯과 그것들이 나타내는 훨씬 많은 것을 단수로 간단히 '슬롯'이라고 불러 시간을 절약했다. 슬롯의 북쪽에는 극장, 호텔, 쇼핑 구역, 은행, 점잖은 사업체가 있었다. 슬롯의 남쪽은 공장, 빈민가, 세탁소, 공업사, 보일러 제작소 그리고 노동자들의 거주지가 있었다.

슬롯은 사회의 계층 분리를 표현하는 은유였고, 이 경계선을 프레디 드러먼드보다 더 멋지게 넘나든 사람은 없었다. 그는 두 세계에서 다 살았을 뿐 아니라, 두 세계 모두에서 아주 잘 살았다. 프레디 드러먼드는 캘리포니아 대학의 사회학과 교수였고, 그가 처음 슬롯을 건너 노동자 구역에서 6개월을 살고 ≪미숙련 노동자≫라는 책을 쓴 것도 사회학 교수로서였다. 그 책은 사회 발전 분야 저술의 큰 성과이자 사회 불만 분야 저술에 대한 멋진 응답으로 사방에서 칭송받았다. 정치적, 경제적으로 그것은 정통 그 자체였다. 대형 철도 회사 사장들은 전권을 사서 직원들에게 나눠 주었다. 제조업 협회에서만 5만 부를 배포했다. 어떻게 보면 그것은 악명 높은 ≪가르시아 장군에게 보내는 메시지≫에 비견될 만큼 부도덕했고, 검약과 만족을 설교하는 면에서는 ≪캐비지패치의 위그스 부인≫을 바짝 뒤쫓았다.

처음에 프레디 드러먼드는 노동 계급 사람들과 어울리는 일이 몹시 힘들었다. 그는 그들의 생활 방식에 익숙하지 않았고, 그들도 당연히 그의 방식에 익숙하지 않았다. 그들은 의심했다. 그런 선례가 없었기 때문이다. 그는 전에 하던 일에 대한 이야기를 하지 못했다. 그의 손은 부드러웠다. 그의 깍듯한 예의는 불길했다. 처음에 그는 이 새로운 역할에 대해서 자신은 자유롭고 독립적인 미국인으로 육체노동을 선택했을 뿐이고 별다른 설명은 필요 없다고 생각했다. 하지만 이내 깨달았듯이 그것은 통하지 않았다. 처음에 사람들은 그를 임시로, 기인으로 받아들였다. 그러다 그가 조금씩 요령을 익히면서 그는 자기도 모르게 그곳에서 통용되는 역할로 흘러들었다. 그것은 좋은 시절, 훨씬 더 좋은 시절을 경험했지만 이제 운이 다한 사람의 역할이었다. 하지만 물론 그것도 일시적인 것으로 여겨졌다.

그는 여러 가지를 배우고 많은 것을 일반화해서 — 그중에는 오류도 많았다 — 그 모든 것을 ≪미숙련 노동자≫에 담았다. 하지만 그는 자신이 본래 속한 집단의 침착하고 보수적인 방식을 따라 그런 일반화에 '잠정적'이라는 단서를 달아 퇴로를 만들었다. 그가 초기에 일한 곳 중 한 곳은 윌맥스 통조림 공장이었다. 그곳에서 그는 소형 포장 상자를 만드는 성과급 일에 투입되었다. 부품은 상자 공장에서 왔고, 프레디 드리먼드가 할 일은 부품을 조립해서 작은 망치로 쇠못을 박아 넣는 것이 전부였다.

그것은 숙련 노동이 아니라 성과급 일이었다. 통조림 공장의 일반 노동자들은 하루에 1달러 50센트를 벌었다. 프레디 드리먼드는 자신과 같은 일을 하는 다른 사람들은 슬슬 일을 해서 하루에 1달러 75센트를 번다는 사실을 알게 되었다. 사흘째에는 그도 똑같이 벌 수 있었다. 하지만 그는 야심이 있었다. 그는 슬슬 일하고 싶지 않았고, 유능하고 건강했기에 나흘째에는 2달러를 벌었다. 다음 날 고도의 긴장 상태로 힘을 썼더니 2달러 50센트를 벌었다. 동료 일꾼들은 그에게 험한 표정을 지어 보이고, 또 그가 상사에게 아부하고 앞서 나가는 데 대해서 그가 알아들을 수 없는 속어 섞인 농담을 던졌다. 그는 그들이 성과급 일에 게으름을 피우는 데 놀라서, 미숙련 노동자들은 생래적으로 게으르다고 일반화하고 다음 날 상자를 3달러어치 만들었다.

그날 밤 그가 공장에서 나오는데 동료들이 말을 걸었다. 그들은 화를 냈고 조리 없는 속어를 썼다. 그는 그런 행동의 동기를 이해하지 못했다. 행동 자체도 과격했다. 그가 일의 속도를 늦추기를 거절하고 계약의 자유, 미국인의 독립성, 노동의 신성함 등에 대해 떠들자, 그들은 그가 앞서서 달려 나갈 능력을 망쳐 놓았다. 그것은 맹렬한 싸움이었다. 드리먼드는 덩치가 크고 운동 능력이 좋았기 때문이다. 하지만 군중은 마침내 그를 쓰러뜨려 갈비뼈와 얼굴을 짓밟고 손가락을 뭉겠고, 그는 그로부터 일주일이 지나서야 침대에서 일어나 다른 일을 찾을 수 있었다. 이 모든 일은 그의 첫 책의 한 장(章)에 ≪노동의 폭정≫이라는 제목을 달고 그대로 서술되었다.

얼마 후 그는 윌맥스 통조림 공장의 다른 부서에서 여자들에게 과일을 날라 주는 일을 하게 되었는데, 한 번에 과일 상자 두 개를 나르려고 하다가 다른 짐꾼들에게 바로 꾸중을 들었다. 그것도 게으름을 피우는 것이었지만, 곧 그는 자신이 그곳에 노동 조건을 바꾸러 간 것이 아니라 관찰하러 간 것이라고 결론을 내렸다. 그래서 그 뒤로는 상자를 하나씩 나르면서 게으름 피우는 기술을 잘 관찰해 그것에 대해 한 장을 따로 할애하고 마지막 몇 문단에서 잠정적 일반화를 했다.

그 여섯 달 동안 그는 여러 가지 일을 했고, 노동자 흉내를 제대로 낼 수 있게 되었다. 본래 언어 감각이 좋았던 그는 노동자들의 속어와 은어를 치밀하게 관찰하고 기록해서 그들의 언어를 잘 구사하게 되었다. 그리고 이 언어 덕분에 그들의 정신 과정을 좀 더 친밀하게 이해하게 되었고, 이를 통해 앞으로 쓸 책 ≪노동 계급의 심리학≫의 한 장을 위한 자료도 많이 모았다.

그렇게 첫 잠수 생활을 마치고 물 위로 올라왔을 때 그는 자신이 훌륭한 배우였고 폭넓은 연기력을 선보였음을 깨달았다. 그리고 자신의 유연함에 스스로도 놀랐다. 일단 언어를 익히고 여러 가지 까탈스러운 불안을 이겨내자 그는 노동 계급의 어느 모퉁이로 흘러들어도 잘 적응해서 편안히 지낼 수 있었다. 두 번째 책 ≪임금 노동자≫ 서문에서 밝혔듯이 그는 노동자들에 대해 알고자 정말로 노력했고, 그것을 달성하는 방법은 그들과 함께 일하고, 같은 음식을 먹고, 같은 침대에서 자고, 같은 오락을 즐기고, 같은 생각을 하고, 같은 감정을 느끼는 것 뿐이었다.

그는 사색가는 아니었다. 새로운 이론을 믿지도 않았다. 그의 기준과 표준은 모두 관습적이었다. 프랑스 혁명에 대한 그의 학위 논문은 대학 학술지에서 두드러졌는데, 그것은 치밀하고 방대한 자료 분석' 때문만이 아니라 같은 주제의 글들 가운데 가장 건조하고 무감각하며 형식적이고 정통적이기 때문이기도 했다. 그는 조심성 있는 사람이었고, 다양하고 강철 같은 개인적 금기들을 가지고 있었다. 그는 친구가 많지도 않았다. 또한 감정 표현이 없고 차가웠다. 그는 담배를 싫어하고 맥주를 혐오했으며, 저녁 식사에 이따금 곁들이는 가벼운 포도주 이상의 술은 전혀 마시지 않았다.

신입생 시절 그는 다른 온혈 동료들에게서 '얼음 상자'라는 별명을 얻었다. 교수가 된 뒤로는 '냉장고'로 통했다. 하지만 그가 슬퍼하는 이름은 한 가지뿐이었는데, 그것은 '프레디'였다. 그 애칭은 고등학교 2학년 때 학교 미식축구 대표팀에서 풀백으로 뛸 때 생긴 것으로, 공식적인 것을 좋아하는 그의 영혼은 그런 애칭으로 불리는 아픔을 완전히 잊지 못했다. 그는 공식적인 자리가 아니면 언제나 '프레디'일 것이고, 그것은 앞날에도 마찬가지일 것이라는 전망이 그를 암울하게 했다.

어쨌거나 그는 사회학 박사치고는 몹시 젊은 스물일곱 살이었고, 얼굴은 더 젊어 보였다. 겉모습이나 분위기는 건장한 대학생 같았다. 따끈하고 여유로우며 깔끔하고 단순하고 건강한 모습은 운동선수로 거둔 뛰어난 성적과 함께 차갑고 금제 많은 성품일 듯한 인상을 주었다. 그는 교실과 위원회 밖에서는 전공에 대한 이야기를 하지 않았지만 나중에 그의 책들이 불쾌한 대중적 인지도를 가져다주자 특정 기술협회나 경제학 협회에서 이따금 논문을 읽는 일 정도는 양보했다.

그는 모든 것을 제대로 했다. 너무 제대로 했다. 복장도 태도도 언제나 옳았다. 멋쟁이는 아니었다. 그것과는 거리가 멀었다. 그의 복장과 태도는 대학인의 것으로, 근래에 우리 고등교육 기관에서 풍성하게 쏟아져 나오는 유형이었다. 그의 악수는 강하고 단단했다. 파란 눈은 차갑고 진지했다. 목소리는 확고하고 남성적이며 명료해서 듣기 좋았다. 프레디 드러먼드의 유일한 약점은 그가 가진 금제였다. 그는 느슨해지는 법이 없었다. 미식축구 선수 시절, 경기가 뜨거워질수록 그는 침착해졌다. 그는 권투 실력도 뛰어났는데, 그때는 거의 자동 인형 같았다. 거리 측정, 타격 타이밍, 가드, 블로킹, 시간 끌기 모두 비인간적으로, 기계같이 정확했다. 그는 난타당하는 일이 드물었지만, 상대를 난타하는 일도 드물었다. 그의 계산과 통제는 펀치에 의도보다 500그램의 무게도 더 싣도록 허락하지 않았다. 그에게 그것은 건강을 지키는 운동이었을 뿐이다.

시간이 지나면서 프레드 드러먼드는 더 자주 슬롯을 넘어가서 마켓로 남쪽으로 사라졌다. 여름과 겨울 방학을 그곳에서 보냈고, 주중이건 주말이건 그곳에서 보내는 시간이 소중하고 즐거워졌다. 그의 세 번째 책 ≪대중과 전문가≫는 여러 대학의 교재가 되었고, 그는 부지불식간에 네 번째 책 ≪비효율의 오류≫를 작업하기 시작했다.

그의 성정 어딘가에 특이한 속성 또는 기벽이 있었다. 어쩌면 그것은 자신이 자라고 교육받은 환경에 대한, 또는 대대로 학자였던 조상들의 점잖은 핏줄에 대한 반동이었을 수도 있다. 어쨌건 그는 노동자계급 세계에서 즐거움을 느꼈다. 자신의 세계에서는 '냉장고'인 그였지만 아래로 내려가면 술도 마시고 담배도 피우는 '덩치' 빌 토츠였다. 모두가 빌을 좋아했고, 몇몇 여공은 그를 사랑했다. 그는 처음에는 훌륭한 배우일 뿐이었지만 시간이 지나면서 흉내 내기가 제2의 천성이 되었다. 그는 더 이상 연기를 하지 않았다. 그는 소시지와 베이컨을 좋아했는데, 본래 세계에서는 가장 싫어하는 식품이었다.

처음에 필요에 의해 시작한 일이 차츰 그 자체를 위한 일이 되었고, 그는 강의실과 금제로 돌아갈 때가 다가오면 안타까움을 느꼈다. 그리고 다시 슬롯 아래로 내려가 법석을 떨며 지낼 꿈 같은 때를 간절히 기다리고 있는 자신을 자주 발견했다. 그가 사악한 것은 아니었지만 '덩치' 빌 토츠가 되면 프레디 드러먼드는 절대 하지 않았을 많은 일을 했다. 애초에 프레디 드러먼드라면 하고 싶지도 않았을 일들이었다. 그것이 가장 신기한 점이었다. 프레디 드러먼드와 빌 토츠는 완전히 전혀 다른 두 개의 생명체였다. 빌 토츠는 아무런 양심의 거리낌 없이 일터에서 농땡이를 피울 수 있었지만, 프레디 드러먼드는 농땡이를 부당하고 범죄적이며 미국의 가치에 반하는 일로 비난했고, 그것을 비난하는 데 책의 여러 장을 할애했다. 프레디 드러먼드는 춤을 좋아하지 않았지만, 빌 토츠는 매그놀리아, 웨스턴 스타, 엘리트 같은 클럽들을 그냥 지나치지 않았다. 그는 정육 노동자 연례 가장무도회에서 최고 케릭터 상으로 75센티미터가 넘는 태형 은 컵을 받았다. 빌 토츠는 여자를 좋아했고, 여자들도 빌 토츠를 좋아했다. 반대로 프레디 드러먼더는 기꺼이 금욕 생활을 했고, 여성 선거권에 단호히 반대했으며, 남녀 공학 제도를 은근히 비난했다.

프레디 드러먼드는 복장을 바꾸면서 태도도 바꾸었고, 그것은 너무도 수월했다. 변화의 현장으로 쓰이는 작고 어두운 방에 들어설 때 그는 뻣뻣했다. 허리는 꼿꼿하고, 어깨는 뒤로 물러나 있으며, 얼굴을 심각하고 표정이 거의 없었다. 하지만 빌 토츠의 옷을 입고 나올 때는 다른 존재가 되었다. 빌 토츠는 구부정하지는 않아도 전체적으로 유연하고 부드러웠다. 목소리도 달랐고, 웃음소리도 컸으며, 말은 산만하고, 당연히 이따금 욕도 했다. 활동 시간대도 늦어져서 빌 토츠는 때로 술집에서 다른 노동자들과 즐거운 싸움을 벌였다. 일요일 소풍이나 나들이에서 돌아올 때는 여자들의 허리를 능숙하게 휘감고, 그 계급 남자의 덕목으로 꼽히는 희롱 섞인 농담을 재치 있게 던졌다.

빌 토츠가 노동자와 슬롯 남쪽의 주민으로 얼마나 철저했는지 그는 평균적인 노동자와 똑같은 계급의식을 지녔고, 노조 파괴자에 대한 혐오는 평균적인 노조 활동가보다 강했다. 부두 파업 때는 어떻게 해서인지 프레디 드러먼드가 현장에 나타나서 빌 토츠가 파업을 방해하는 인부들을 신나게 때리는 모습을 냉정하게 지켜보았다. 빌 토츠는 부두 노동조합에 조합비를 내고 있었기에 자신의 일을 약탈해 가는 자들에게 분개할 권리가 있었다. '덩치' 빌 토츠는 덩치가 큰 데다 실력이 좋아서 문제가 일어나면 언제나 전면에 섰다. 그렇게 자신의 다른 역할 속에서 분노를 표출할 때 프레디 드러먼드는 진정한 분노를 경험했고, 지하 세계의 경험을 일반화하고 사회학자답게 기록하는 것은 전형적인 대학 분위기로 돌아온 다음에야 가능했다. 빌 토츠에게는 계급의식을 뛰어넘는 시야가 결여되어 있다는 것을 프레디 드러먼드는 똑똑히 보았다. 하지만 빌 토츠는 보지 못했다. 파업 파괴자들이 일을 빼앗아 가는 것을 보았을 때 그는 바로 눈에 불길이 타올랐고, 그 밖에는 아무것도 보지 못했다. 나무랄 데 없는 복장과 태도의 프레디 드러먼드, 책상에 앉아 있거나 '사회학 17' 강의실에서 학생들을 마주한 프레디 드러먼드만이 빌 토츠를, 빌 토츠 주변을, 노조 파괴자와 노동조합원의 문제를, 그리고 그것과 세계시장에서 분투하는 미국 경제와의 관계를 모두 보았다. 하지만 빌 토츠는 다음번 끼니와 다음 날 밤게이어티 체육 클럽에서 벌어질 권투 경기 이상을 내다보지 못했다.

프레디 드러먼드는 ≪여성과 노동≫을 쓸 자료를 모으다가 자신이 위험에 빠져 있다는 첫 번째 신호를 받았다. 그는 두 세계 생활을 너무도 성공적으로 이어 나갔다. 하지만 이런 이상한 이중생활은 어쨌건 매우 불안한 것이었고, 그것이 오래 지속될 수 없다는 것을 그는 연구실에 앉아서 차분히 생각했다. 지금은 이행 단계였고, 지속하려 한다 해도 언젠가는 이쪽 아니면 저쪽 세계를 버려야 할 것이 분명했다. 두 세계를 다 유지할 수는 없었다. 그는 회전 책장의 위쪽 서가를 채운 책들, 학위 논문에서 시작해서 ≪여성과 노동≫으로 끝나는 자신의 저작들을 바라보면서 머무르고 지켜야 할 세계는 이곳이라고 판단했다. 빌 토츠는 자기 역할에 충실했지만 이제는 위험한 공범이 되었다. 빌 토츠는 사라져야 했다.

프레디 드러먼드의 걱정은 메리 콘던 때문이었다. 그녀는 국제장갑 노동자노동조합 974지회의 지회장이었다. 그는 북서부노동조합 연례대회의 관중석에서 그녀를 처음 보았고, 빌 토츠의 눈으로 보았으며, 빌 토츠는 그녀에게 호감을 느꼈다. 그녀는 프레디 드러먼드가 좋아할 유형은 아니었다. 그녀가 치타처럼 우아하고 탄탄한 몸매의 소유자이고, 아름답고 검은 눈에는 대회장 분위기에 걸맞는 불길, 또는 웃음이 담겨 있었다 해도 마찬가지였다. 그는 너무 생명력이 넘치고 또… 금제가 없는 여자를 싫어했다. 프레디 드러먼드는 진화의 원칙을 신봉했다. 대학인들은 대체로 그랬다. 그는 인간이 들끓는 오물과 하등한 유기체에서 나와 생명의 사다리를 올라갔다고 믿었다. 하지만 이런 진화의 역사가 약간 부끄러워서 그에 대해 굳이 생각하지 않으려 했다. 그가 철의 금제를 실행하고 다른 사람들에게 설교한 것도, 여자도 자신과 같은 유형, 그러니까 이런 짐승의 부끄러운 혈통을 떨치고 훈련과 통제를 통해 먼 옛날의 선조와 차별성이 강조된 여자를 좋아한 것도 어쩌면 그 때문인지 몰랐다.

빌 토츠에게는 이런 생각이 전혀 없었다. 그는 대회장에서 처음 본 순간 메리 콘던에게 반했고, 그 자리에서 바로 그녀가 누구인지 알아내기로 결심했다. 그녀를 두 번째로 만난 것은 우연히도 그가 팻 모리세이의 화물 마차를 대신 몰고 갔을 때였다. 그는 미션 로의 어느 하숙집에 트렁크를 실어다 주기로 했다. 집주인의 딸이 그를 작은방으로 데리고 갔다. 그 방에 사는 사람은 장갑 직공이었지만 그때는 병원에 입원하고 없었다. 하지만 빌은 그 사실을 몰랐다. 그는 허리를 굽혀 큰 트렁크를 어깨에 올리고 일어서려고 했다. 열려 있는 문을 등진 자세였다. 그 순간 여자의 목소리가 들렸다.

"당신은 조합원인가요?" 그것이 질문이었다.

"그게 당신하고 무슨 상관이죠? 비켜요, 몸을 돌려야 돼요."라고 그가 말했다.

하지만 다음 순간 그는 그 큰 덩치로 반쯤 돈 뒤 트렁크의 무게에 밀려 벽에 쾅 부딪혔다. 그는 욕을 하려다가 자신이 메리 콘던의 성난 눈을 마주 보고 있음을 깨달았다.

"당연히 조합원이에요… 아까는 농담이었어요."라고 그가 말했다.

"조합원증은 어디에 있나요?"라고 그녀가 사무적으로 물었다.

"주머니에 있지만 지금은 꺼낼 수 없어요. 트렁크가 무거워요. 마차로 나가서 보여 드릴게요."

"트렁크를 내려요." 그녀의 명령이었다.

"왜요? 나는 조합원증이 있어요."

"내려놔요. 노조 파괴자는 그 트렁크에 손댈 수 없어요. 정직한 사람들의 노조 활동을 방해하다니 부끄러운 줄 아세요. 남자라면 노조에 가입해야죠."

메리 콘던의 얼굴은 창백했고, 분노가 역력히 드러나 있었다.

"당신처럼 덩치 큰 남자가 자기 계급을 배반하다니 한심한 일이에요. 아예 민병대에 들어가서 파업하는 조합 간부들에게 총을 쏠 생각인 것 같네요. 아니, 어쩌면 이미 민병대 소속인지도 모르죠. 당신은…"

"가만, 너무하는군요!" 빌은 트렁크를 바닥에 탕 내려놓고 허리를 펴고는 손을 외투 안주머니에 넣었다. "농담이라고 했죠. 봐요."

그것은 분명한 조합원증이었다.

"좋아요. 트렁크를 가져가요. 다음에는 농담하지 말아요."라고 메리 콘던이 말했다.

그녀는 그가 큰 트렁크를 어깨에 번쩍 얹는 모습에 표정을 누그러뜨렸고, 남자의 우아하고 큰 덩치를 훑어보며 눈빛을 반짝였다. 하지만 빌은 트렁크를 옮기느라 그것을 보지 못했다.

다음번에 그가 메리 콘던을 본 것은 세탁 파업 때였다. 세탁 노동자들은 조직화된 지 얼마 되지 않아 그런 일에 미숙했기에 메리 콘던에게 파업 지도를 부탁했다. 프레디 드러먼드는 그 일이 진행될 방향을 어렴풋이 알았기에 빌 토츠를 노조에 가입시켜서 조사하게 했다. 빌은 세탁실에서 일했고, 그날 아침 여자들에게 용기를 주기 위해 남자들이 먼저 불려 나왔다. 그리고 빌이 탈수실 앞에 있을 때 메리 콘던이 왔다. 뚱뚱한 현장감독이 그녀를 가로막았다. 그는 여공들이 불려 나가는 것을 막고, 메리 콘던에게 남의 일에 끼어들지 말라는 교훈을 줄 작정이었다. 메리가 그의 곁을 비집고 지나가려 하자 그가 두꺼운 손으로 그녀의 어깨를 찔렀다. 그녀는 옆을 둘러보다가 빌을 보았다.

"여기 계씨군요, 토츠 씨, 좀 도와주세요. 저는 안에 들어가야 돼요." 메리가 소리쳤다.

빌은 놀라고 기뻤다. 그녀가 조합원증에 적힌 그의 이름을 기억한 것이었다. 다음 순간 현장감독은 법 앞의 권리가 어쩌고 떠들면서 문 앞에서 뽑혀 나갔고 여공들은 기계를 떠났다. 그 짧고 성과 높았던 파업 기간 동안 빌은 메리 콘던의 충실한 부하이자 심부름꾼으로 지냈지만, 그 일이 끝나 대학으로, 프레디 드러먼드로 돌아가자 빌 토츠는 그 여자의 어디가 좋았던 걸까 의아하게 여겨졌다.

프레디 드러먼드는 안전했지만 빌은 사랑에 빠졌다. 그 사실은 명백했고, 그것이 프레디 드러먼드에게 위험 신호가 되었다. 그동안 많은 일을 했으니 이제 모험을 끝내도 좋았다. 이제 다시 슬롯을 건널 필요는 없었다. 그의 최신 저서 ≪노동 전술과 전략≫은 마지막 세 장만 빼면 완성되었고, 그는 그 부분을 쓸 자료를 충분히 확보했다.

그는 확실하게 프레디 드러먼드로 살기 위해서 본래 자리에서 더 튼튼한 유대를 확보해야 한다는 결론에도 이르렀다. 어쨌건 그는 결혼할 때가 되었고, 프레디 드러먼드가 결혼하지 않으면 빌 토츠가 분명히 결혼할 텐데, 그 결과는 너무 끔찍해서 상상하기도 힘들었다. 그래서 여기 이제 캐서린 밴 보스트가 등장한다. 그녀 역시 대학인이고, 철학과의 학과장인 그녀의 아버지는 교수단 중 유일한 부자이기도 했다. 어느 면으로 보아도 현명한 결혼이라고, 프레디 드러먼드는 약혼을 하고 그 사실을 알리면서 결론을 내렸다. 차갑고 과묵하며, 귀족적이고 신중하고 보수적인 외양의 캐서린 밴 보스트는 나름대로 따뜻한 면모가 있었지만 드러먼드와 맞먹는 금제를 가지고 있었다.

모든 일이 잘 돌아갔지만 프레디 드러먼드는 지하 세계의 부름을, 슬롯 남쪽의 자유롭고 제약 없는, 무책임한 인생의 유혹을 떨칠 수가 없었다. 결혼 날짜가 다가오자 그는 슬롯 남쪽의 생활이 정말로 방탕의 시작이었다고 느끼고, 무채색 강의실과 차분한 결혼 생활에 정착하기 전에 꼭 한 번만 더 방탕을 즐기며 선량한 건달 역할을 할 수 있으면 좋겠다고 열망하게 되었다. 그리고 유혹을 더해 주듯 아직 ≪노동 전술과 전략≫ 마지막 장이 끝나지 않은 상태였는데, 이는 그 장에 필요한 핵심 자료가 다 갖추어지지 않았기 때문이었다.

그래서 프레디 드러먼드는 마지막으로 빌 토츠가 되어 자료를 모았고, 불행히도 중간에 메리 콘던을 마주쳤다. 다시 연구실로 돌아와 생각하니 그것은 유쾌한 기억이 아니었다. 그 때문에 그는 두 배로 긴장했다. 빌 토츠는 흉악하게 행동했다. 그는 중앙노동위원회에서 메리 콘던을 만났을 뿐 아니라 집에 가다가 함께 식당에도 가서 굴 요리를 사줬다. 그리고 그녀의 집 앞에서 헤어지기 전에 그녀를 안고 계속 키스를 했다. 그의 귀에 울린 그녀의 마지막 말, 북받치는 사랑으로 흐느끼던 그 말은 "빌… 아아, 빌"이었다.

프레디 드러먼드는 그 기억에 몸을 떨었다. 그의 앞에 심연이 입을 벌리고 있었다. 그는 일부다처주의자가 아니었고, 현 상황이 이끌고 갈지 모르는 가능성에 경악했다. 이 일은 끝내야 했고, 그것은 완전히 빌 토츠가 되어 메리 콘던과 결혼하든지 아니면 철저하게 프레디 드러먼드로 남아서 캐서린 밴 보스트와 결혼하든지 두 가지 중 하나였다. 그렇지 않으면 그는 경멸도 아까운 파렴치한이 될 것이다.

그 뒤로 몇 달 동안 샌프란시스코는 파업으로 시끄러웠다. 노동조합과 경영자 협회는 이번이 마지막인 것처럼 악착같이 겨루었다. 하지만 프레디 드러먼드는 원고를 교정하고 수업을 하면서 제자리를 지켰다. 그는 캐서린 밴 보스트에게 충실했고, 날마다 그녀의 존경할 만한 점을 새로이 발견했다. 심지어 사랑할 만한 점도 있었다. 전차 파업이 그를 유혹했지만, 그것은 예상만큼 격렬하지는 않았다. 정육 총파업이 왔다가 떠났다. 빌 토츠의 유령은 성공적으로 진압되고, 프레디 드러먼드는 오래전부터 계획한 '수익성 악화'에 관한 소책자를 새롭게 시작했다.

결혼식을 2주일 앞둔 어느 날, 캐서린 밴 보스트가 그를 차에 태우고 그녀가 관심을 가진 복지 시설의 '남성 노동자 클럽'으로 갔다. 그것은 그녀 오빠의 자동차였지만, 차 안에 다른 사람은 운전기사뿐이었다. 마켓 로와 기어리 로는 V 자의 두 변처럼 달리다가 커니 로와의 교차점에서 만났다. 그들의 자동차는 마켓 로를 달렸고, 그 교점에서 회전해서 기어리 로로 접어들 계획이었다. 하지만 그들은 무언가가 그들과 정점에서 만날 타이밍으로 기어리 로를 오고 있다는 것을 알아차리지 못했다. 신문을 통해서 정육 파업이 벌어지고 있으며 그것이 몹시 격렬하다는 사실은 알았지만, 그 순간 프레디 드러먼드의 정신은 그런 것에서 더없이 멀리 떨어져 있었다. 그의 옆에는 캐서린이 있지 않은가? 게다가 지금 그는 그녀에게 복지 사업에 대한 견해를 조심스럽게 펼치고 있었다. 그가 그 견해를 갖게 된 데는 빌 토츠의 모험이 한 역할을 했다.

기어리 로에는 파업 파괴자들이 모는 고기 수레 여섯 대가 있었다. 그리고 수레마다 마부 옆에는 경찰이 앉아 있었다. 이 행렬을 100명의 경찰이 앞뒤 양옆으로 둘러싸고 호송했다. 경찰의 후미에는 적당한 거리를 두고 질서 정연하지만 시끄러운 군중이 서너 구역의 보도를 꽉 메우고 있었다. 쇠고기 기업연합이 호텔에 고기를 제공하고, 부수적으로 파업도 깨려 하고 있었다. 세인트 프랜시스 호텔은 이미 쇠고기를 받았고, 그 대가로 많은 창문이 파손되고 여러 사람이 머리를 다쳤다. 이제 원정대는 팰리스 호텔에 고기를 공급하러 가고 있었다.

드러먼드는 아무것도 모르고 캐서린 옆에 앉아 복지 사업에 대해 이야기를 했고, 자동차는 규칙적으로 경적을 울리고 다른 차들을 피하며 교점을 돌기 위해 크게 커브를 틀었다. 그때 말 네 마리가 끄는 커다란 석탄 마차가 커니 로에서 나와서 마켓 로로 들어가려는 듯 그들의 앞을 막았다. 석탄 차 마부는 어떻게 해야 할지 우왕좌왕하는 것 같았고, 두 사람이 탄 차의 운전기사는 속도를 늦추긴 했지만 교차로 경찰들의 고함을 무시하고 교통신호도 어기며 석탄 차 앞으로 지나가려고 좌회전을 했다.

그 순간 프레디 드러먼드는 대화를 중단했다. 그리고 그것을 재개하지도 않았다. 상황이 정신없이 펼쳐지고 있었기 때문이다. 뒤에서 군중의 고함이 들렸고, 앞에는 헬멧을 쓴 경찰과 비틀거리는 고기 마차들이 보였다. 그 순간 석탄 마차 마부가 채찍을 휘둘러 고기 마차 행렬 앞으로 가더니 말들을 확 당겨 급정거했다. 그러고는 고삐를 브레이크 손잡이에 묶고 계속 그 자리에 있을 작정인 듯 주저앉았다. 그들의 자동차도 그 마차의 대형 선두 마들이 헐떡이며 달라붙는 바람에 멈춰서야 했다.

운전기사가 후진으로 물러나기 전에 늙은 아일랜드인이 삐걱대는 화물 마차를 몰고 질주해서 자동차의 앞을 막았다. 드러먼드는 말도 마차도 알아보았다. 자신이 자주 몰던 마차였기 때문이다. 아일랜드인은 팻 모리세이였다. 반대편에는 양조차가 석탄 차와 엉켜 있고, 동쪽으로 가는 커니 로 전차가 징을 울리며 교착을 완성하러 달려가고 있었다. 전차 운전사는 교차로 경찰관에게 화가 나서 고함을 쳤다. 그리고 더 많은 마차가 달려와서 혼란을 더하고 있었다. 고기 마차들이 멈춰 섰다. 경찰이 갇혔다. 시위대가 공격에 나서면서 뒤쪽의 함성이 커졌고, 경찰의 전위는 자신들의 앞을 막은 마차들을 공격했다.

"피할 수 없게 되었네요." 드러먼드가 캐서린에게 차분하게 말했다.

"네, 정말 야만적이에요." 그녀 역시 차분하게 고개를 끄덕였다.

그는 그녀에게 더욱 감탄했다. 그녀는 정말로 자신과 같은 부류였다. 그녀가 소리를 지르며 자신에게 달려들었어도 만족했겠지만 이것은 정말로 훌륭했다. 그녀는 이 폭풍의 중심에서도 오페라 극장의 마차 주차장에 있는 듯 차분했다.

경찰은 길을 뚫으려고 애를 썼다. 셔츠 바람의 거한인 석탄 차 마부가 파이프에 불을 붙이고 담배를 피웠다. 그는 자신에게 소리치며 욕을 하는 경감을 차분하게 내려다보다가 어깨만 살짝 들썩했다. 뒤쪽에서 몽둥이가 머리를 내리치는 소리가 탁탁 울리고 온갖 욕설, 고함, 악다구니가 솟구쳤다. 소리가 갑자기 커지는 것이 시위대가 저지선을 돌파하고 파업 파괴자들을 마차에서 끌어 내리고 있다는 것을 알려 주었다. 경감이 전위대를 이끌고 그쪽을 지원하자 뒤쪽의 시위대는 밀려났다. 그러는 동안 오른쪽 고층 빌딩에서는 창문이 연달아 열리고, 계급의식 있는 사무원들이 경찰과 파업 파괴단의 머리 위로 기물들을 던졌다. 쓰레기통, 잉크병, 문진, 타자기, 손에 잡히는 모든 것이 공중을 채웠다.

경감의 명령을 받은 경찰관이 석탄 차의 마부를 체포하려고 석탄 차의 높은 좌석으로 올라갔다. 마부는 여유롭고 평화롭게 일어나서 그를 맞더니 그를 품 안에서 으스러뜨리고 경감에게 던졌다. 마부는 젊은 거인이었고, 그가 석탄 짐 위로 올라가서 두 손에 석탄 덩어리를 집어 들자 마차 옆면을 오르던 경찰이 땅으로 떨어졌다. 경감은 대여섯 명의 부하에게 마차를 탈취하라고 명령했다. 마부는 석탄 짐 위를 이리저리 오가면서 그들에게 큼직한 석탄 덩어리를 던졌다.

보도의 군중과 막힌 길 위의 마부들은 격려와 기쁨의 함성을 보냈다. 전차 운선사는 운전 막대로 경칠 헬멧들을 내리치다가 거칠게 두드려 맞고 운전석에서 끌려 나왔다. 경감은 부하들이 당하는 데 격분해서 석탄 차 공격을 재개했다. 20명가량의 경찰이 석탄 차의 높은 옆면을 기어올랐다. 하지만 마부는 더 힘을 냈다. 때로 여섯 명에서 여덟 명에 이르는 경찰들이 굴러떨어져 길 위와 마차 아래에 뻗기도 했다. 마부가 뒤쪽의 공격을 물리치다가 돌아보니 경감이 앞쪽 좌석 위로 올라오고 있었다. 그가 아직 발을 딛지 못하고 불안한 상태일 때 마부가 10킬로그램도 넘는 석탄 덩어리들을 던졌다. 그것은 경감의 가슴에 정통으로 맞았고, 그는 뒤로 넘어져서 후의의 말에 부딪혔다가 땅바닥에 떨어져서 드러먼드가 탄 자동차의 뒷바퀴에 부딪혔다.

캐서린은 그가 죽은 줄 알았지만 그는 벌떡 일어나서 다시 공격에 나섰다. 그녀는 장갑 낀 손을 밖으로 내밀어 킁킁거리며 몸을 떠는 말의 옆구리를 쓰다듬었다. 하지만 드러먼드는 그 행동을 보지 못했다. 그는 석탄 차의 전투만을 보았고, 그의 복잡한 심리 깊은 곳에서 빌 토츠가 생명을 되찾으려 몸부림치고 있었다. 드러먼드는 법과 질서와 체제의 유지를 중시했지만, 그의 안에 있는 이 야만인은 그런 것을 인정하지 않으려 했다. 그때야말로 프레디 드러먼드는 스스로를 구하기 우해 철의 금제를 소환했다. 하지만 양쪽으로 갈라진 집은 무너지기 마련이다. 프레디 드러먼드는 의지와 힘을 빌 토츠와 나누어 가졌고, 그들 둘을 이룬 하나의 존재가 갈라지고 있음을 깨달았다.

프레디 드러먼드는 캐서린 밴 보스트와 함께 차분하게 자동차에 앉아 있었지만, 그 눈으로 바깥을 보는 사람은 빌 토츠였고, 그 눈 안쪽 깊은 곳에서는 점잖고 보수적인 사회학자 프레디 드러먼드와 전투적인 노동조합원 빌 토츠가 한 사람의 몸을 차지하기 위해 전투를 벌였다. 하지만 석탄 마차 전투의 불가피한 끝을 내다본 것은 빌 토츠의 눈이었다. 그는 경찰관들이 짐마차 위로 하나둘 올라가는 것을 보았다. 그들은 석탄 덩이 위에서 비틀거렸지만 긴 진압봉을 꺼내 휘둘렀다. 마부가 머리에 한 방을 맞았다. 두 번째는 피해서 어깨에 맞았다. 그것은 이미 끝난 경기였다. 그는 앞으로 확 달려들어 경찰관 두 명을 끌어안은 채 도로로 뛰어내렸다.

캐서린 밴 보스트는 피와 야만적인 싸움에 속이 울렁거리고 현기증이 일었다. 하지만 그다음에 그 불안을 압도하는, 황당하고 예기치 못한 사건이 일어났다. 그녀 옆에 앉아 있던 남자가 해괴하고 교양 없는 고함을 꽥 내지르고 벌떡 일어섰다. 그는 앞좌석 위로 넘어가더니 후위 말의 넓은 엉덩이로 뛰어올라 짐마차 위로 올라갔다. 그의 공격은 회오리바람 같았다. 석탄 짐 위에 있던 경찰은 이 점잖게 차려입은 흥분한 신사가 무엇을 하려는지 궁금해 할 겨를도 없이 강펀치를 맞고 공중에 붕 떴다가 도로로 떨어졌다. 올라오던 경찰도 얼굴에 발길질을 당하고 같은 길을 갔다. 세 명의 경찰이 더 석탄 짐 위로 올라와서 빌 토츠와 어깨를 맞대고 대치했고, 그사이 그는 머리에 몽둥이세례를 받았고 외투와 조끼와 풀 먹인 셔츠 절반이 찢어졌다. 하지만 세 경관은 떨어져 나갔고, 빌 토츠는 석탄 덩이들을 미친 듯이 던지며 요새를 지켰다.

경감이 용감하게 공격을 이끌었지만, 큰 석탄 덩어리가 머리 위에서 터져 검은 비를 뿌리자 넘어져 뒹굴었다. 경찰은 시위대가 뒤쪽을 돌파하기 전에 앞쪽의 저지선을 뚫어야 했고, 빌 토츠는 시위대가 돌파할 때까지 석탄 마차를 지켜야 했다. 그래서 석탄 전투는 이어졌다.

시위대는 자신들의 전사를 알아보았다. 언제나처럼 '덩치' 빌이 선두에 왔고, 캐서린 밴 보스트는 사방에서 울리는 "빌! 빌" 하는 함성에 어리둥절했다. 팻 모리세이는 마차 좌석에 펄쩍펄쩍 뛰며 "다 죽여, 빌! 싹 죽여!"라고 외쳤다. 그리고 보도에서 어떤 여자가 외쳤다. "조심해, 빌, 앞에!" 빌은 그 소리를 들었고, 멋지게 날아간 석탄이 마차 앞쪽의 공격자들을 물리쳤다. 캐서린 밴 보스트가 고개를 돌려 보니 보도에 한 혈색 좋은 여자가 검은 눈을 반짝이며 조금 전까지 프레디 드러먼드였던 남자를 열렬하게 바라보고 있었다.

사무 빌딩의 창문들에서 박수갈채가 울렸다. 시위대는 마차 대열 한쪽을 뚫고 전진을 계속해서 격리된 경찰 한 명 한 명을 따로따로 둘러쌌다. 그들은 과업 파괴단을 마차에서 끌어 내린 뒤 마차 끈을 잘랐고, 그러자 놀란 동물들은 달아났다. 많은 경찰이 석탄 마차 밑으로 몸을 피했고, 여기저기에서 경관을 등에 태우거나 머리에 마단 말들이 교착지 반대편으로 튀어 가서 마켓 로로 달려갔다.

캐서린 밴 보스트는 아까 그 여자가 경고하는 소리를 들었다. 여자는 다시 보도에 올라가서 소리쳤다.

"어서 달아나, 빌! 이제 당신 차례야! 어서!"

그때 경찰은 잠시 밀려나 있었다. 빌 토츠는 길로 뛰어내려서 보도의 여자에게 갔다. 캐서린 밴 보스트는 여자가 그를 끌어안고 그의 입술에 키스하는 것을 보았다. 그리고 그가 여자에게 한 팔을 두르고 웃고 떠들며 걸어가는 모습도 보았다. 그는 그녀가 상상도 한 적 없을 만큼 말이 많고 활달했다.

경찰이 돌아와서 지원군과 새 말과 마부를 기다리며 교착 지점을 치웠다. 할 일을 마친 시위대는 흩어졌고, 캐서린 밴 보스트는 자신이 프레디 드러먼드로 알던 남자를 계속 바라보았다. 그는 다른 사람들보다 머리 하나가 더 컸다. 그리고 여전히 여자에게 팔을 두르고 있었다. 그녀는 계속 자동차에 앉아 두 사람이 마켓 로를 지나고 슬롯을 건넌 뒤 3번로의 노동자 거주지로 사라지는 모습을 지켜보았다.

그 후의 세월 동안 캘리포니아 대학에 프레디 드러먼드라는 사람의 강의는 없었고, 프레드릭 A. 드러먼드라는 저자의 경제와 노동 관련 저작도 없었다. 대신 윌리엄 토츠라는 이름의 새로운 노동 지도자가 나타났다. 그는 메리 콘던과 결혼한 국제장갑 노동자 조합 975지회의 지회장이었다. 그는 악명 높은 식당 노동자 파업을 일으킨 장본인 이었다. 그 파업의 성공으로 인해 수많은 노동조합이 생겨났으며, 그 가운데는 느슨하게 조직된 닭 가공 노동자와 장의사 노조도 있었다.

작품 이해를 위한 문제

Read the excerpt and commentary. Then fill in the blank in the commentary with the ONE word from the excerpt. If necessary, change its word form.

> The Slot was the metaphor that expressed the class cleavage of society, and no man crossed this metaphor, back and forth, more successfully than Freddie Drummond. He made a practice of living in both worlds, and in both worlds he lived signally well. Freddie Drummond was a professor in the Sociology Department of the University of California, and it was as a professor of sociology that he first crossed over the Slot, lived for six mouths in the great labour-ghetto, and wrote *THE UNSKILLED LABOURER*—a book that was hailed everywhere as an able contribution to the literature of progress, and as a splendid reply to the literature of discontent. Politically and economically it was nothing if not orthodox. Presidents of great railway systems bought whole editions of it to give to their employees. The Manufacturers' Association alone distributed fifty thousand copies of it. In a way, it was almost as immoral as the far-famed and notorious *MESSAGE TO GARCIA*, while in its pernicious preachment of thrift and content it ran *MR. WIGGS OF THE CABBAGE PATCH* a close second.

Commentary

> The theme of the story is based on the divide between class and mindset. The Slot represents the divide. The Slots are the trolley tracks that divide Market Street in San Francisco in the early 1900s. The wealthy and cultured citizens live North of the Slot and the poor working-class citizens live South of the Slot. The main character is so conflicted internally that he can ________ back and forth easily.

Answer cross

02 Hands

Sherwood Anderson(1876-1941)

Upon the half decayed veranda of a small frame house that stood near the edge of a ravine near the town of Winesburg, Ohio, a fat little old man walked nervously up and down. Across a long field that had been seeded for clover but that had produced only a dense crop of yellow mustard weeds, he could see the public highway along which went a wagon filled with berry pickers returning from the fields. The berry pickers, youths and maidens, laughed and shouted boisterously. A boy clad in a blue shirt leaped from the wagon and attempted to drag after him one of the maidens, who screamed and protested shrilly. The feet of the boy in the road kicked up a cloud of dust that floated across the face of the departing sun. Over the long field came a thin girlish voice. "Oh, you Wing Biddlebaum, comb your hair, it's falling into your eyes," commanded the voice to the man, who was bald and whose nervous little hands fiddled about the bare white forehead as though arranging a mass of tangled locks.

Wing Biddlebaum, forever frightened and beset by a ghostly band of doubts, did not think of himself as in any way a part of the life of the town where he had lived for twenty years. Among all the people of Winesburg but one had come close to him. With George Willard, son of Tom Willard, the proprietor of the New Willard House, he had formed something like a friendship. George Willard was the reporter on the Winesburg Eagle and sometimes in the evenings he walked out along the highway to Wing Biddlebaum's house. Now as the old man walked up and down on the veranda, his hands moving nervously about, he was hoping that George Willard would come and spend the evening with him. After the wagon containing the berry pickers had passed, he went across the field through the tall mustard weeds and climbing a rail fence peered anxiously along the road to the town. For a moment he stood thus, rubbing his hands together and looking up and down the road, and then, fear overcoming him, ran back to walk again upon the porch on his own house.

In the presence of George Willard, Wing Biddlebaum, who for twenty years had been the town mystery, lost something of his timidity, and his shadowy personality, submerged in a sea of doubts, came forth to look at the world. With the young reporter at his side, he ventured in the light of day into Main Street or strode up and down on the rickety front porch of his own house, talking excitedly. The voice that had been low and trembling became shrill and loud. The bent figure straightened. With a kind of wriggle, like a fish returned to the brook by the fisherman, Biddlebaum the silent began to talk, striving to put into words the ideas that had been accumulated by his mind during long years of silence.

Wing Biddlebaum talked much with his hands. The slender expressive fingers, forever active, forever striving to conceal themselves in his pockets or behind his back, came forth and became the piston rods of his machinery of expression.

The story of Wing Biddlebaum is a story of hands. Their restless activity, like unto the beating of the wings of an imprisoned bird, had given him his name. Some obscure poet of the town had thought of it. The hands alarmed their owner. He wanted to keep them hidden away and looked with amazement at the quiet inexpressive hands of other men who worked beside him in the fields, or passed, driving sleepy teams on country roads.

When he talked to George Willard, Wing Biddlebaum closed his fists and beat with them upon a table or on the walls of his house. The action made him more comfortable. If the desire to talk came to him when the two were walking in the fields, he sought out a stump or the top board of a fence and with his hands pounding busily talked with renewed ease.

The story of Wing Biddlebaum's hands is worth a book in itself. Sympathetically set forth it would tap many strange, beautiful qualities in obscure men. It is a job for a poet. In Winesburg the hands had attracted attention merely because of their activity. With them Wing Biddlebaum had picked as high as a hundred and forty quarts of strawberries in a day. They became his distinguishing feature, the source of his fame. Also they made more grotesque an already grotesque and elusive individuality. Winesburg was proud of the hands of Wing Biddlebaum in the same spirit in which it was proud of Banker White's new stone house and Wesley Moyer's bay stallion, Tony Tip, that had won the two-fifteen trot at the fall races in Cleveland.

As for George Willard, he had many times wanted to ask about the hands. At times an almost overwhelming curiosity had taken hold of him. He felt that there must be a reason for their strange activity and their inclination to keep hidden away and only a growing respect for Wing Biddlebaum kept him from blurting out the questions that were often in his mind.

Once he had been on the point of asking. The two were walking in the fields on a summer afternoon and had stopped to sit upon a grassy bank. All afternoon Wing Biddlebaum had talked as one inspired. By a fence he had stopped and beating like a giant woodpecker upon the top board had shouted at George Willard, condemning his tendency to be too much influenced by the people about him, "You are destroying yourself," he cried. "You have the inclination to be alone and to dream and you are afraid of dreams. You want to be like others in town here. You hear them talk and you try to imitate them."

On the grassy bank Wing Biddlebaum had tried again to drive his point home. His voice became soft and reminiscent, and with a sigh of contentment he launched into a long rambling talk, speaking as one lost in a dream.

Out of the dream Wing Biddlebaum made a picture for George Willard. In the picture men lived again in a kind of pastoral golden age. Across a green open country came clean-limbed young men, some afoot, some mounted upon horses. In crowds the young men came to gather about the feet of an old man who sat beneath a tree in a tiny garden and who talked to them.

Wing Biddlebaum became wholly inspired. For once he forgot the hands. Slowly they stole forth and lay upon George Willard's shoulders. Something new and bold came into the voice that talked. "You must try to forget all you have learned," said the old man. "You must begin to dream. From this time on you must shut your ears to the roaring of the voices."

Pausing in his speech, Wing Biddlebaum looked long and earnestly at George Willard. His eyes glowed. Again he raised the hands to caress the boy and then a look of horror swept over his face.

With a convulsive movement of his body, Wing Biddlebaum sprang to his feet and thrust his hands deep into his trousers pockets. Tears came to his eyes. "I must be getting along home. I can talk no more with you," he said nervously.

Without looking back, the old man had hurried down the hillside and across a meadow, leaving George Willard perplexed and frightened upon the grassy slope. With a shiver of dread the boy arose and went along the road toward town. "I'll not ask him about his hands," he thought, touched by the memory of the terror he had seen in the man's eyes. "There's something wrong, but I don't want to know what it is. His hands have something to do with his fear of me and of everyone."

And George Willard was right. Let us look briefly into the story of the hands. Perhaps our talking of them will arouse the poet who will tell the hidden wonder story of the influence for which the hands were but fluttering pennants of promise.

In his youth Wing Biddlebaum had been a school teacher in a town in Pennsylvania. He was not then known as Wing Biddlebaum, but went by the less euphonic name of Adolph Myers. As Adolph Myers he was much loved by the boys of his school.

Adolph Myers was meant by nature to be a teacher of youth. He was one of those rare, little understood men who rule by a power so gentle that it passes as a lovable weakness. In their feeling for the boys under their charge such men are not unlike the finer sort of women in their love of men.

And yet that is but crudely stated. It needs the poet there. With the boys of his school, Adolph Myers had walked in the evening or had sat talking until dusk upon the schoolhouse steps lost in a kind of dream. Here and there went his hands, caressing the shoulders of the boys, playing about the tousled heads. As he talked his voice became soft and musical. There was a caress in that also. In a way the voice and the hands, the stroking of the shoulders and the touching of the hair were a part of the schoolmaster's effort to carry a dream into the young minds. By the caress that was in his fingers he expressed himself. He was one of those men in whom the force that creates life is diffused, not centralized. Under the caress of his hands doubt and disbelief went out of the minds of the boys and they began also to dream.

And then the tragedy. A half-witted boy of the school became enamored of the young master. In his bed at night he imagined unspeakable things and in the morning went forth to tell his dreams as facts. Strange, hideous accusations fell from his loose-hung lips. Through the Pennsylvania town went a shiver. Hidden, shadowy doubts that had been in men's minds concerning Adolph Myers were galvanized into beliefs.

The tragedy did not linger. Trembling lads were jerked out of bed and questioned. "He put his arms about me," said one.

"His fingers were always playing in my hair," said another.

One afternoon a man of the town, Henry Bradford, who kept a saloon, came to the schoolhouse door. Calling Adolph Myers into the school yard he began to beat him with his fists. As his hard knuckles beat down into the frightened face of the schoolmaster, his wrath became more and more terrible. Screaming with dismay, the children ran here and there like disturbed insects. "I'll teach you to put your hands on my boy, you beast," roared the saloon keeper, who, tired of beating the master, had begun to kick him about the yard.

Adolph Myers was driven from the Pennsylvania town in the night. With lanterns in their hands a dozen men came to the door of the house where he lived alone and commanded that he dress and come forth. It was raining and one of the men had a rope in his hands. They had intended to hang the schoolmaster, but something in his figure, so small, white, and pitiful, touched their hearts and they let him escape. As he ran away into the darkness they repented of their weakness and ran after him, swearing and throwing sticks and great balls of soft mud at the figure that screamed and ran faster and faster into the darkness.

For twenty years Adolph Myers had lived alone in Winesburg. He was but forty but looked sixty-five. The name of Biddlebaum he got from a box of goods seen at a freight station as he hurried through an eastern Ohio town. He had an aunt in Winesburg, a black-toothed old woman who raised chickens, and with her he lived until she died. He had been ill for a year after the experience in Pennsylvania, and after his recovery worked as a day laborer in the fields, going timidly about and striving to conceal his hands. Although he did not understand what had happened he felt that the hands must be to blame. Again and again the fathers of the boys had talked of the hands. "Keep your hands to yourself," the saloon keeper had roared, dancing with fury in the schoolhouse yard.

Upon the veranda of his house by the ravine, Wing Biddlebaum continued to walk up and down until the sun had disappeared and the road beyond the field was lost in the grey shadows. Going into his house he cut slices of bread and spread honey upon them. When the rumble of the evening train that took away the express cars loaded with the day's harvest of berries had passed and restored the silence of the summer night, he went again to walk upon the veranda. In the darkness he could not see the hands and they became quiet. Although he still hungered for the presence of the boy, who was the medium through which he expressed his love of man, the hunger became again a part of his loneliness and his waiting. Lighting a lamp, Wing Biddlebaum washed the few dishes soiled by his simple meal and, setting up a folding cot by the screen door that led to the porch, prepared to undress for the night. A few stray white bread crumbs lay on the cleanly washed floor by the table; putting the lamp upon a low stool he began to pick up the crumbs, carrying them to his mouth one by one with unbelievable rapidity. In the dense blotch of light beneath the table, the kneeling figure looked like a priest engaged in some service of his church. The nervous expressive fingers, flashing in and out of the light, might well have been mistaken for the fingers of the devotee going swiftly through decade after decade of his rosary.

작가소개 Sherwood Anderson(1876-1941)

Sherwood Anderson(1876-1941)은 오하이오주 캠던에서 마구 노동자의 아들로 태어났다. 정규교육도 제대로 받지 못한 채 1896년 시카고로 가서 노동자가 되었다. 문학에 관심을 갖고 칼 샌드버그, 씨어도어 드라이저 등의 시카고 그룹에 참여하여 소설을 발표했다. 그의 대표작인 ≪와인즈버그 오하이오 Winesburg, Ohio≫(1919)는 그로테스크 소설로서 호평을 받았으며, 윌리엄 포크너, 어니스트 헤밍웨이, 윌리엄 사로얀, 어스킨 콜드웰 등 20세기 미국문학의 대가들에게 많은 영향을 끼쳤다. ≪가난한 백인 Poor White≫(1920), ≪어두운 웃음 Dark Laughter≫(1925), ≪욕망을 넘어서 Beyond Desire≫(1932)를 비롯해서 시와 평론도 발표하여 1920년대에 있어 문학의 원로적 존재가 되었다. 1941년 남미로 여행가기 며칠 전 송별회에서 이쑤시개에 꽂힌 올리브가 담긴 마티니를 마시고 여행 중 복통증세를 보이다가 얼마 후 사망했다. 사인은 삼켜진 이쑤시개가 결장에 구멍을 내서 장내 박테리아가 복강에 감염되어 유발된 복막염이었다.

작품분석

Wing provides us with the first in-depth look at the character as a grotesque. The young thing inside the old writer created the figures, one of which is Wing Biddlebaum. As is ordinary in Anderson's short stories, the grotesque figure has become old before his time due to *the tiring and stressful circumstances which he has endured in life*. Most of the figures share the similar history of a failed passion in life, of some kind or another. Many are lonely introverts who struggle with a burning fire which still smolders inside of them. The moments described by the short stories are usually the moments when the passion tries to resurface but no longer has the strength. The stories are brief glimpses of people failing.

Wing's hands are a manifestation of his being grotesque. They are a form of metonymy if one understands grotesque as awkward and strange. But Anderson more largely explored the figure of the grotesque. According to his theories, a grotesque was one who grasped a truth of the world too independently and too completely and thus failed. Anderson's grotesque is one who is ineffectual in communication, one who fails at expression. Wing's hands CAN express Wing's feelings, he just does not allow them to. Moreover, the hands are a symbol of the old writer from the prologue. Wing's hands had once been his medium of expression like a pen or typewriter is writer's medium of expression. We are told that Wing's hands are quick and skillful; he is talented. But his skill is tainted and feared—grotesque—giving the reader another perspective through which to view the act of writing itself and through which to understand the hand of the book's author.

The reader understands Wing as a harmless, sensitive man who is frightened by his own passions. He tends to be misunderstood by the people around him. We are endeared to Wing especially after learning about the circumstances which brought him to Winesburg. He urges George to dream and follow his own heart without giving into the influence of the townspeople. This parallels the life he had led as a school teacher before the scandal. The similarity of circumstances leads to his fear arising and his need to flee from George. But, we are soothed by the fact that the passion, the young woman inside of Wing, is still alive even though it has been chased out of one town and lives in fear in another.

Still, Wing has failed. He had lived a content life as a school teacher until his dreams had been dashed. Then, he was unable to fight back and nearly was killed. The moment with George Willard which is highlighted in the short story occurs as a result. Wing comes close to finding that life within himself again. With George, Wing can act openly. George's role as the medium will reoccur throughout the collection of stories. He will be the link between reader and grotesque figure, allowing us to see inside of each for one glaring instant and to view the living passion which had once driven them. When Adolph Myers flees to Winesburg and becomes Wing Biddlebaum, he is afraid to express himself through his hands and gestures as he once had with the boys he taught. This all changes when Wing is around George. In George's presence, Wing is feels freer to be himself. George makes whole the ineffectual attempts at communication with which Wing struggles.

한글 번역

손

오하이오주의 와인즈버그 근처의 계곡 가장자리 가까이에 세워져 있는 어느 작은 목조가옥의 반쯤 썩은 베란다 위에 어느 뚱뚱하고 키 작은 늙은 남자가 안절부절못하며 왔다 갔다 걸어 다니고 있었다. 클로버 씨를 뿌렸는데 노란 겨자색 잡초만 촘촘하게 들어간 긴 들판 너머로, 딸기 따는 일꾼들이 짐마차에 잔뜩 타고 공용 신작로를 따라 들에서 돌아오는 것을 그는 볼 수 있었다. 딸기 따는 일꾼들인 젊은 처녀 총각들은 웃고 요란스럽게 소리를 질러 댔다. 푸른 셔츠 입은 총각 하나가 짐마차에서 뛰어내려서, 비명 지르면서 날카로운 소리로 항의하는 처녀들 중 한 명을 끌고 가려고 했다.

길 위에 서 있는 총각의 발이 땅을 차니 먼지가 구름처럼 일어나 지는 해의 얼굴을 가로지르며 떠돌았다. 긴 들판 위로 가녀린 소녀 같은 목소리가 들렸다. 그 목소리가 "오, 이봐요, 윙 비들봄, 머리 좀 빗으시지, 눈 찌르겠네"라며 그 남자에게 명령을 했다. 그 남자는 대머리였고 그의 불안한 작은 손이 마치 헝클어진 머리타래를 매만지기라도 하듯 머리카락 하나 없는 하얀 이마 주위를 만지작거렸다.

유령 같은 수많은 의심에 사로잡히고 끊임없이 겁에 질린 윙 비들봄은 자신을, 이십 년 동안 살아온 이 마을의 삶의 일부라고 전혀 생각하지 않았다. 와인즈버그의 모든 사람들 중에 단 한 사람만 그에게 가까이 왔다. 뉴 윌러드 하우스 호텔의 소유주 톰 윌러드의 아들인 조지 윌러드와 그는 우정 비슷한 관계를 형성했다. 조지 윌러드는 《와인즈버그 이글》 신문의 기자였고 저녁에는 가끔씩 신작로를 따라 윙 비들봄의 집으로 걸어가곤 했다. 이제 그 늙은 남자가 베란다 위를 왔다 갔다 걷고 있을 때 그의 손은 안절부절못하고 여기저기 움직이고 있었고 조지 윌러드가 와서 그와 함께 저녁 시간을 보내기를 바라고 있었다. 딸기 따는 일꾼들을 실은 짐마차가 지나가자, 그는 키 큰 겨자색 잡초를 지나 들을 가로질러 갔고 가로장 울타리에 올라서서 마을 쪽으로 나 있는 길을 근심스레 응시했다. 잠시 동안 그는 그렇게 서 있으면서 손을 비비고는 길을 위아래로 쳐다보았고, 그런 다음 두려움이 엄습하자 뛰어 돌아와 자기 집 현관 위를 다시 걸었다.

조지 윌러드와 함께 있으면 지난 이십 년간 마을의 수수께끼였던 윙 비들봄은 소심함이 사라지고 의심의 바다에 잠겨 있던 그의 그늘진 성격이 밖으로 튀어나와 세상을 바라본다. 옆에 그 젊은 기자가 있으면 그는 밝은 대낮에 메인 스트리트에 들어갈 용기가 났고 아니면 삐걱거리는 자기 집 현관 위를 들떠 말하면서 큰 걸음으로 왔다 갔다 했다. 나지막하고 떨렸던 목소리가 날카롭고 커졌다. 구부정한 몸도 똑바로 펴졌다. 꿈틀거리며, 마치 어부에 의해 다시 시냇물로 보내어진 물고기마냥, 그 말 없던 비들봄이 오랜 침묵의 기간 동안 그의 마음에 누적되어 온 생각들을 말로 옮기려고 애쓰면서 이야기하기 시작한다.

윙 비들봄은 손을 써서 많은 말을 했다. 가늘고 표현력 풍부한 손가락들이 언제나 움직이고, 언제나 그의 주머니 속에 혹은 등 뒤에 숨기려고 애썼는데, 이제 앞으로 나와 그의 표현 기계의 피스톤 막대가 되었다.

윙 비들봄의 이야기는 손의 이야기이다. 마치 새장에 갇힌 새의 날개짓과 같은 그 손의 쉬지 않은 움직임이 그에게 그런 이름을 붙여 줬다. 마을의 어떤 무명 시인 한 사람이 이 생각을 해 냈다. 이 손은 주인을 겁나게 했다. 그는 손을 안보이게 감추고 싶었고, 사람들이 밭에서 그의 옆에서 일할 때나 아니면 졸린 말들이 끄는 마차로 시골길을 가느라 그의 옆을 지나가는 그때 가만히 있고 아무것도 표현하지 못하는 사람들의 손을 놀라서 쳐다보았다.

조지 윌러드에게 말할 때면 윙 비들봄은 주먹을 꽉 쥐고 테이블 위나 집의 벽을 내리쳤다. 이렇게 하면 그는 마음이 더 편안해졌다. 이들 둘이 들판을 걷는 동안 말하고 싶은 욕망이 일어나면 그는 나뭇등걸이나 울타리의 제일 꼭대기의 널빤지를 찾아 손으로 바삐 두들겨 다시 편안해진 다음 이야기를 했다.

윙 비들봄의 손에 관한 이야기는 그 자체가 하나의 책이 될 만하다. 공감하며 전개한다면 그 이야기는 대단치 못한 사람들의 이상하고 아름다운 많은 요소들을 쏟아낼 거다. 이건 시인이 해야 할 일이다. 와인즈버그에서 그 손은 순전히 그 움직이는 동작 때문에 관심을 끌었다. 그 손으로 윙 비들봄은 하루에 140쿼트[2]나 되는 딸기를 땄다. 손은 그의 두드러진 특징이자 그의 명성의 원천이 되었다. 또한 손은 안 그래도 이미 괴상하고 파악하기 어려운 그의 개성을 더더욱 괴상하게 만들었다. 와이즈버그 마을은 은행가 화이트 씨의 새 석조주택과, 클리블랜드의 가을 경주에서 1500피트를 두 바퀴 도는 속보 경주에서 우승한 웨슬리 모이어의 밤색 종마 토니 팁을 자랑스럽게 여기는 것처럼 윙 비들봄의 손을 자랑스럽게 여겼다.

조지 윌러드로 말하자면 그는 여러 차례 그 손에 대해 물어보고 싶었다. 가끔씩 거의 압도하는 호기심이 그를 사로잡았다. 그는 그 손의 이상한 움직임과 자꾸 감추려는 성향에는 뭔가 이유가 있음에 틀림없다고 느꼈지만, 윙 비들봄에 대해 점점 더 커지는 존경심 때문에 자기 마음속에 종종 생겨나는 질문들을 불쑥 내뱉지 않았다.

한번은 거의 물어볼 뻔했다. 두 사람은 어느 여름 오후에 들판을 같이 걷고 있었는데 그러다 걸음을 멈추고 풀이 난 강둑에 앉았다. 오후 내내 윙 비들봄은 마치 신들린 사람처럼 얘기를 했다. 그는 울타리 곁에 멈춰서 마치 커다란 딱따구리처럼 울타리 위 널빤지를 두들기면서, 조지 윌러드가 주위 사람들에게 너무 좌지우지된다고 욕하며 소리 질렀다. "너는 너 자신을 파괴하고 있어."라고 그가 외쳤다. "너는 홀로 있고 꿈꾸려는 경향이 있는데 막상 꿈꾸는 건 두려워하고 있어. 너는 여기 이 마을의 다른 사람들처럼 되고 싶어 하지. 너는 그들이 말하는 걸 듣고 따라 하려고 애쓰지."

---

2) 역자주. 곡물이나 과일을 재는 단위로 1quart는 약 1.2리터의 분량

풀이 우거진 강둑에서 윙 비들봄은 다시금 그의 논지를 확실히 하려고 했다. 그의 목소리는 부드럽고 추억에 잠기는 목소리가 되어 만족하는 한숨을 내쉬며 그는 길고 두서없는 얘기를 마치 꿈꾸는 사람처럼 말하기 시작했다.

그 꿈으로부터 윙 비들봄은 조지 윌러드에게 하나의 그림을 보여주었다. 그림 속에서 남자들은 일종의 목가적인 황금시대에 다시 살고 있었다. 초록의 탁 트인 들판을 가로질러 팔다리가 잘 빠진 젊은 남자들이 어떤 사람은 걸어서, 어떤 사람은 말을 타고 왔다. 젊은이들은 무리를 지어 조그만 정원의 나무 아래 앉아 있는 어느 노인의 발치에 모여들었고 노인은 그들에게 이야기했다.

윙 비들봄은 완전히 신들린 사람이 되었다. 한번은 자기 손에 대해 잊었다. 그의 손이 슬그머니 천천히 나와서 조지 윌러드의 어깨에 놓여졌다. 말하는 그의 목소리에 새롭고 대담한 뭔가가 들어왔다. "너는 지금까지 배운 모든 것들을 다 잊도록 해야 하느니라."라고 노인이 말했다. "너는 꿈을 꾸기 시작해야 한다. 지금 이 시간부터 너는 다른 사람들의 떠드는 소리에 귀를 막아야만 하느니라."

말을 잠시 멈추고 윙 비들봄은 오랫동안 진지하게 조지 윌러드를 바라봤다. 그의 눈이 이글거렸다. 다시 그는 소년을 어루만지기 위해 손을 들었고 그때 공포의 표정이 그의 얼굴을 휩쓸고 지나갔다.

윙 비들봄은 몸을 부르르 떨면서 벌떡 일어나 손을 바지 주머니 깊이 찔러 넣었다. 그의 눈에 눈물이 어렸다. "난 집에 가야겠어. 너랑 더 이상 얘기할 수 없구나."라고 그가 불안하게 말했다.

황당해하고 겁에 질린 조지 윌러드를 풀 많은 비탈에 남겨 놓고 노인은 뒤돌아보지도 않고 언덕을 내려가 풀밭을 가로질러 서둘러 떠났다. 두려움에 몸을 떨며 소년은 일어나 마을 쪽을 향해 난 길을 따라갔다. "난 그에게 그의 손에 관해 물어보지 않을 거야." 그는 그 남자의 눈에서 본 공포를 기억하고 이렇게 생각했다. "뭔가 잘못된 게 있지만 나는 그게 뭔지 알고 싶지 않아. 그의 손은 나나 다른 모든 사람들에 대해 그가 갖는 두려움과 뭔가 관련이 있을 거야."

그리고 조지 윌러드의 생각이 옳았다. 자, 이제 우리가 그 손의 이야기를 간략히 들여다보도록 하자. 아마도 우리가 손에 대해 얘기하면 시인은 깨어나 무엇 때문에 이런 일이 있게 되었는가 하는 감추어진 놀라운 얘기를 들려 줄 것이다. 손은 시인이 이런 이야기를 해주겠다는 약속의 펄럭이는 깃발일 따름이다.

젊은 시절에 윙 비들봄은 펜실베이니아 어느 마을의 학교 선생님이었다. 그때는 윙 비들봄이라는 이름으로 알려져 있지 않았고 아돌프 마이어즈라는 귀에 좀 거슬리는 이름으로 통했다. 아돌프 마이어즈로서 그는 학교의 소년들로부터 많은 사랑을 받았다.

아돌프 마이어즈는 천성이 어린이들을 가르치는 선생이었다. 그는 너무나 부드러운 힘으로 다스려서 그 힘이 하나의 사랑스런 연약함으로 여겨지는 드물게 보이는 남자 중의 한 명이었는데, 이런 그를 이해하는 사람은 거의 없었다. 자기 반 소년들에게 느끼는 이런 남자들의 감정은 남자를 사랑할 때 좀 더 섬세한 여인들이 느끼는 감정과 별반 다를 바 없었다.

그러나 이건 아직 대충 말한 것이다. 여기에서도 시인이 필요하다. 학교의 소년들과 함께 아돌프 마이어즈는 저녁 때 걷기도 했고 아니면 학교 계단에 내려앉은 땅거미가 꿈결같이 잠길 때까지 앉아서 이야기를 했다. 소년들의 어깨를 쓰다듬거나 헝클어진 머리를 갖고 장난치기도 하며 여기저기 그의 손이 오갔다. 말할 때 그의 목소리는 부드럽고 음악적이 되었다. 그는 목소리로도 어루만지고 있었다. 어떻게 보면 그 목소리와 손, 어깨 쓰다듬기와 머리카락 만지기는 어린이들의 마음에 꿈을 불어넣어 주려는 선생의 노력의 일부였다. 손가락으로 하는 애무를 통해 그는 자신을 표현했다. 그는 생명을 창조해낸 힘이 집중화되지 않고 흩어진 그런 부류의 사람 가운데 하나였다. 그의 손 애무를 받으면 소년들의 마음에서 의심과 불신이 사라졌으며 그들도 또한 꿈꾸기 시작했다.

그러다가 비극이 닥쳤다. 정신박약인 학생 하나가 이 젊은 선생님을 사모하게 되었다. 밤에 잠자리에서 소년은 말로 할 수 없는 일들을 상상했고 아침에 가서는 자신이 꾼 꿈을 사실로 말했다. 희한하고도 끔찍한 비난이 그의 가벼운 입에서 흘러 나왔다. 이 펜실베이니아 마을 전체에 전율이 감돌았다. 아돌프 마이어즈에 관해 사람들의 마음속에 있었던 막연한 의심이 전기가 통한 듯 갑자기 믿음으로 변했다.

비극은 거기서 그치지 않았다. 부모들이 벌벌 떠는 애들을 잠자리에서 갑자기 끌어내어 추궁했다. "선생님이 팔로 저를 안았어요."라고 한 아이가 말했다.

또 한 아이는 "선생님이 손가락으로 맨날 내 머리카락을 만지작거렸어요"라고 했다.

어느 날 오후 읍내에 살며 술집을 하는 헨리 브래드포드라는 사람이 학교 문까지 찾아왔다. 그는 아돌프 마이어즈를 운동장으로 불러내서 주먹으로 때리기 시작했다. 그의 단단한 주먹이 학교 선생의 겁먹은 얼굴을 내려칠수록 그의 분노는 점점 더 끔찍해졌다. 마치 누가 집을 건드린 벌레들처럼 아이들은 경악하여 비명 지르면서 우왕좌왕 뛰어다녔다. "다시는 내 아들 만졌단 봐라, 가만 놔두나, 이 짐승 같은 놈아."라고 술집 주인이 고함질렀고 선생을 주먹으로 때리다 지친 나머지 이제는 운동장을 이리저리 끌고 다니면서 발로 차기 시작했다.

아돌프 마이어즈는 그 펜실베이니아 마을에서 밤에 쫓겨났다. 손에 등불을 들고 열두어 명의 남자들이 그가 혼자 살고 있는 집 문간으로 와서 그에게 옷 입고 나오라고 명령했다. 비가 오고 있었고 남자들 중 한 명은 손에 밧줄을 들고 있었다. 이들은 선생을 목매달 의도였었는데 너무나 조그마하고 하얗게 질리고 불쌍한 그의 모습에서 뭔가가 이들의 마음을 움직여서 이들은 그가 도망가게 놔뒀다. 그가 어둠 속으로 달아나자 이들은 자신들의 나약함을 후회하고 그를 쫓아갔고, 비명 지르면서 점점 더 빨리 어둠 속으로 뛰어가는 그 사람을 향해 욕을 퍼붓고 막대기와 큰 진흙 덩어리를 던졌다.

이십 년 동안 아돌프 마이어즈는 와인즈버그에서 혼자 살아왔다. 그는 마흔밖에는 안 됐지만 예순다섯은 되어 보였다. 비들봄이라는 이름은 그가 어느 동부 오하이오의 도시를 서둘러 지날 때 화물역에서 본 상품상자에 쓰여 있는 글자에서 따온 것이다. 와인즈버그에는 숙모가 살고 있었는데, 이가 검고 닭을 키우는 노파였고, 그는 숙모가 죽을 때까지 한 집에서 살았다. 그는 펜실베이니아에서 당한 일 이후로 일 년 동안 아팠고, 회복된 뒤에는 밭에서 날품팔이꾼으로 일하면서 겁먹은 채 여기저기 주뼛거리고 손을 감추려 애썼다. 무슨 일이 일어났었는지 이해하지 못했지만 그는 자신의 손에 잘못이 있음에 틀림없다고 느꼈다. 자꾸만 자꾸만 소년들의 아버지들이 그 손에 대해 했던 말이 떠올랐다. "손 함부로 놀리지 마"라고 술집주인이 학교마당에서 분노해 날뛰며 고함쳤었다.

골짜기 옆에 있는 자기 집 베란다 위에서 윙 비들봄은 해가 사라지고 들판 너머 길이 회색 그림자 속에 안 보이게 될 때까지 계속 왔다 갔다 걸어 다녔다. 집으로 들어가자 그는 빵을 썰었고 그 위에 꿀을 발랐다. 그날 딴 딸기를 실은 급행 화물칸을 끌고 가는 저녁 기차의 우르릉거리는 소리가 지나가고 여름밤의 정적이 되돌아오자 그는 다시 나가서 베란다 위를 왔다 갔다 걸었다. 어둠 속에서 그는 자기 손을 볼 수 없었고 손은 잠잠해 졌다. 사람에 대한 자신의 사랑을 전달해 주는 매개체인 그 소년이 옆에 있기를 여전히 갈망 했지만 그 갈망은 또 다시 그의 외로움과 기다림의 일부가 되어 버렸다. 램프를 켜고 윙 비들봄은 간단한 식사에도 지저분해진 몇 안 되는 접시를 닦았고 그리고는 현관 쪽으로 나 있는 덧문 옆에 접이식 간이침대를 펴고 옷을 벗고 잘 준비를 했다. 테이블 곁에 깨끗이 닦은 마룻바닥 위에 흰 빵 껍질 몇 조각이 흩어져 있었다. 등 없는 낮은 의자 위에 램프를 올려놓고 그는 빵 껍질을 줍기 시작했고 그걸 믿을 수 없을 만큼 빠른 속도로 하나씩 입으로 가져갔다. 테이블 가의 짙게 어두운 곳에서 무릎 꿇고 있는 그의 모습은 마치 교회에서 미사를 드리고 있는 사제처럼 보였다. 빛이 있는 곳과 없는 곳을 번득이고 오가는 그 안절부절못하고 뭔가 표현하려는 손가락들은 수 십 년 동안 빠르게 묵주를 헤아리고 있는 독실한 신자의 손가락들로 오해될 만도 했다.

작품 이해를 위한 문제

The following is the summary of the story above. Fill in the blanks with appropriate words.

This short story is about a fat, old, little man named Wing Biddlebaum who lives mainly isolated from the town life of Winesburg, Ohio. He remained a mystery to the majority of the town after moving there ___ⓐ___ before. Often frightened, he would hear ghostly voices personifying his doubts. He would sit on the outskirts of the town in his little house and watch the youth. He spoke closely only with ___ⓑ___, the boy reporter of the *Winesburg Eagle*. George would occasionally walk to his house in the evenings and Wing looked forward to these times. Only with George would Wing become alive, walking into town or talking loudly and feverishly above the whisper he normally used.

The protagonist spoke mainly with his ___ⓒ___ which flew in excitement. Their movement was fidgety and restless, compared by a poet to the ___ⓓ___, giving him his name. Normally, he attempted to keep his hands hidden. The town was proud of Wing's hands like one is of any novelty. George wished to know why Wing restrained his hands and why he seemed almost frightened by their power. He nearly asked one day when Wing was very excitedly talking to him about George's propensity for being too easily influenced by the townspeople. Wing wanted him to think and act for himself, and not to be afraid to ___ⓔ___. Wing's involvement with his lecture led him to reveal his hands without noticing. While talking in earnest, they touched George's shoulders and caressed him. Fear suddenly crossed Wing's face and he ran quickly back home.

Wing had previously lived in Pennsylvania as a ___ⓕ___ named Adolph Myers who was loved by the boys he taught because of his gentle power. He spoke dreamily and with his hands and voice tried to convey that dream into the hearts of the young boys. He caressed their shoulders and tousled their hair. Through his ___ⓖ___, he expressed himself and the boys began to dream instead of doubt. One boy came along who yearned for the teacher and dreamt of unspeakable things at night, spreading his dreams through the town as ___ⓗ___. Fears of

Adolph were substantiated. The boys confirmed that he had played with their hair and touched their shoulders. One father beat Adolph and at night, the town came forth to drive him from it, nearly hanging him. He gathered a new last name from a box of goods and lived in Winesburg with an aunt until she died.

Answer

ⓐ twenty years;
ⓑ George Willard;
ⓒ hands
ⓓ wings of a bird
ⓔ dream
ⓕ school teacher
ⓖ hands
ⓗ truth

03 The Man Who Loved His Kind

Virginia Woolf(1882-1941)

[1]

Trotting through Deans Yard that afternoon, Prickett Ellis ran straight into Richard Dalloway, or rather, just as they were passing, the covert side glance which each was casting on the other, under his hat, over his shoulder, broadened and burst into recognition; they had not met for twenty years. They had been at school together. And what was Ellis doing? The Bar? Of course, of course — he had followed the case in the papers. But it was impossible to talk here. Wouldn't he drop in that evening. (They lived in the same old place — just round the corner). One or two people were coming. Joynson perhaps. "An awful swell now," said Richard.

"Good — till this evening then," said Richard, and went his way, "jolly glad" (that was quite true) to have met that queer chap, who hadn't changed one bit since he had been at school — just the same knobbly, chubby little boy then, with prejudices sticking out all over him, but uncommonly brilliant — won the Newcastle. Well — off he went.

Prickett Ellis, however, as he turned and looked at Dalloway disappearing, wished now he had not met him or, at least, for he had always liked him personally, hadn't promised to come to this party. Dalloway was married, gave parties; wasn't his sort at all. He would have to dress. However, as the evening drew on, he supposed, as he had said that, and didn't want to be rude, he must go there.

But what an appalling entertainment! There was Joynson; they had nothing to say to each other. He had been a pompous little boy; he had grown rather more self-important — that was all; there wasn't a single other soul in the room that Prickett Ellis knew. Not one. So, as he could not go at once, without saying a word to Dalloway, who seemed altogether taken up with his duties, bustling about in a white waistcoat, there he had to stand. It was the sort of thing that made his gorge rise. Think of grown up, responsible men and women doing this every night of their lives! The lines deepened on his blue and red shaven cheeks as he leant against the wall in complete silence, for though he worked like a horse, he kept himself fit by exercise; and he looked hard and fierce, as if his moustaches were dipped in frost. He bristled; he grated. His meagre dress clothes made him look unkempt, insignificant, angular.

Idle, chattering, overdressed, without an idea in their heads, these fine ladies and gentlemen went on talking and laughing; and Prickett Ellis watched them and compared them with the Brunners who, when they won their case against Fenners' Brewery and got two hundred pounds compensation(it was not half what they should have got) went and spent five of it on a clock for him. That was a decent sort of thing to do; that was the sort of thing that moved one, and he glared more severely than ever at these people, overdressed, cynical, prosperous, and compared what he felt now with what he felt at eleven o'clock that morning when old Brunner and Mrs. Brunner, in their best clothes, awfully respectable and clean looking old people, had called in to give him that small token, as the old man put it, standing perfectly upright to make his speech, of gratitude and respect for the very able way in which you conducted our case, and Mrs. Brunner piped up, how it was all due to him they felt. And they deeply appreciated his generosity—because, of course, he hadn't taken a fee.

[2]

And as he took the clock and put it on the middle of his mantelpiece, he had felt that he wished nobody to see his face. That was what he worked for—that was his reward; and he looked at the people who were actually before his eyes as if they danced over that scene in his chambers and were exposed by it, and as it faded—the Brunners faded—there remained as if left of that scene, himself, confronting this hostile population, a perfectly plain, unsophisticated man, a man of the people (he straightened himself) very badly dressed, glaring, with not an air or a grace about him, a man who was an ill hand at concealing his feelings, a plain man, an ordinary human being, pitted against the evil, the corruption, the heartlessness of society. But he would not go on staring. Now he put on his spectacles and examined the pictures. He read the titles on a line of books; for the most part poetry. He would have liked well enough to read some of his old favourites again—Shakespeare, Dickens—he wished he ever had time to turn into the National Gallery, but he couldn't—no, one could not. Really one could not—with the world in the state it was in. Not when people all day long wanted your help, fairly clamoured for help. This wasn't an age for luxuries. And he looked at the arm chairs and the paper knives and the well bound books, and shook his head, knowing that he would never have the time, never he was glad to think have the heart, to afford himself such luxuries. The people here would be shocked if they knew what he paid for his tobacco; how he had borrowed his clothes. His one and only extravagance was his little yacht on the Norfolk Broads. And that he did allow himself, He did like once a year to get right away from everybody and lie on his back in a field. He thought how shocked they would be these fine folk — if they realized the amount of pleasure he got from what he was. old fashioned enough to call the love of nature; trees and fields he had known ever since he was a boy.

These fine people would bc shocked. Indeed, standing there, putting his spectacles away in his pocket, he felt himself grow more and more shocking every instant. And it was a very disagreeable feeling. He did not feel this — that he loved humanity, that he paid only fivepence an ounce for tobacco and loved nature — naturally and quietly. Each of these pleasures had been turned into a protest. He felt that these people whom he despised made him stand and deliver and justify himself.

"I am an ordinary man,"

He kept saying. And what he said next he was really ashamed of saying, but he said it.

"I have done more for my kind in one day than the rest of you in all your lives."

Indeed, he could not help himself; he kept recalling scene after scene, like that when the Brunners gave him the clock he kept reminding himself of the nice things people had said of his humanity, of his generosity, how he had helped them. He kept seeing himself as the wise and tolerant servant of humanity. And he wished he could repeat his praises aloud. It was unpleasant that the sense of his goodness should boil within him. It was still more unpleasant that he could tell no one what people had said about him. Thank the Lord, he kept saying, I shall be back at work to-morrow; and yet he was no longer satisfied simply to slip through the door and go home. He must stay, he must stay until he had justified himself. But how could he? In all that room full of people, he did not know a soul to speak to.

At last Richard Dalloway came up.

"I want to introduce Miss O'Keefe," he said. Miss O'Keefe looked him full in the eyes. She was a rather arrogant, abrupt mannered woman in the thirties.

Miss O'Keefe wanted an ice or something to drink. And the reason why she asked Prickett Ellis to give it her in what he felt a haughty, unjustifiable manner, was that she had seen a woman and two children, very poor, very tired, pressing against the railings of a square, peering in, that hot afternoon. Can't they be let in? she had thought, her pity rising like a wave; her indignation boiling. No; she rebuked herself the next moment, roughly, as if she boxed her own ears. The whole force of the world can't do it. So she picked up the tennis ball and hurled it back. The whole force of the world can't do it, she said in a fury, and that was why she said so commandingly, to the unknown man:

"Give me an ice."

[3]

Long before she had eaten it, Prickett Ellis, standing beside her without taking anything, told her that he had not been to a party for fifteen years; told her that his dress suit was lent him by his brother-in-law; told her that he did not like this sort of thing, and it would have eased him greatly to go on to say that he was a plain man, who happened to have a liking for ordinary people, and then would have told her (and been ashamed of it afterwards) about the Brunners and the clock, but she said:

"Have you seen the Tempest?" then (for he had not seen the Tempest), had he read some book? Again no, and then, putting her ice down, did he never read poetry?

And Prickett Ellis feeling something rise within him which would decapitate this young woman, make a victim of her, massacre her, made her sit down there, where they would not be interrupted, on two chairs, in the empty garden, for everyone was upstairs, only you could hear a buzz and a hum and a chatter and a jingle, like the mad accompaniment of some phantom orchestra to a cat or two slinking across the grass, and the wavering of leaves, and the yellow and red fruit like Chinese lanterns wobbling this way and that — the talk seemed like a frantic skeleton dance music set to something very real, and full of suffering.

"How beautiful!" said Miss O'Keefe.

Oh, it was beautiful, this little patch of grass, with the towers of Westminster massed round it black, high in the air, after the drawing-room; it was silent, after that noise. After all, they had that — the tired woman, the children.

Prickett Ellis lit a pipe. That would shock her; he filled it with shag tobacco — fivepence halfpenny an ounce. He thought how he would lie in his boat smoking, he could see himself, alone, at night, smoking under the stars. For always to-night he kept thinking how he would look if these people here were to see him. He said to Miss O'Keefe, striking a match on the sole of his boot, that he couldn't see anything particularly beautiful out here.

"Perhaps," said Miss O'Keefe, "you don't care for beauty." (He had told her that he had not seen the Tempest; that he had not read a book; he looked ill-kempt, all moustache, chin, and silver watch chain.) She thought nobody need pay a penny for this; the Museums are free and the National Gallery; and the country. Of course she knew the objections — the washing, cooking, children; but the root of things, what they were all afraid of saying, was that happiness is dirt cheap. You can have it for nothing. Beauty.

Then Prickett Ellis let her have it — this pale, abrupt, arrogant woman. He told her, puffing his shag tobacco, what he had done that day. Up at six; interviews; smelling a drain in a filthy slum; then to court.

Here he hesitated, wishing to tell her something of his own doings. Suppressing that, he was all the more caustic. He said it made him sick to hear well fed, well dressed women (she twitched her lips, for she was thin, and her dress not up to standard) talk of beauty.

"Beauty!" he said. He was afraid he did not understand beauty apart from human beings.

So they glared into the empty garden where the lights were swaying, and one cat hesitating in the middle, its paw lifted.

[4]

"Beauty apart from human beings? What did he mean by that?" she demanded suddenly.

Well this: getting more and more wrought up, he told her the story of the Brunners and the clock, not concealing his pride in it. That was beautiful, he said.

She had no words to specify the horror his story roused in her. First his conceit; then his indecency in talking about human feelings; it was a blasphemy; no one in the whole world ought to tell a story to prove that they had loved their kind. Yet as he told it — how the old man had stood up and made his speech — tears came into her eyes; ah, if any one had ever said that to her! but then again, she felt how it was just this that condemned humanity for ever; never would they reach beyond affecting scenes with clocks; Brunners making speeches to Prickett Ellises, and the Prickett Ellises would always say how they had loved their kind; they would always be lazy, compromising, and afraid of beauty. Hence sprang revolutions; from laziness and fear and this love of affecting scenes. Still this man got pleasure from his Brunners; and she was condemned to suffer for ever and ever from her poor poor women shut out from squares. So they sat silent. Both were very unhappy. For Prickett Ellis was not in the least solaced by what he had said; instead of picking her thorn out he had rubbed it in; his happiness of the morning had been ruined. Miss O'Keefe was muddled and annoyed; she was muddy instead of clear.

"I am afraid I am one of those very ordinary people," he said, getting up, "who love their kind."

Upon which Miss O'Keefe almost shouted: "So do I"

Hating each other, hating the whole houseful of people who had given them this painful, this disillusioning evening, these two lovers of their kind got up, and without a word, parted for ever.

작가소개 **Virginia Woolf(1882–1941)**

Virginia Woolf(1882–1941)는 런던에서 아버지 레슬리 스티븐과 어머니 줄리아 덕워스사이에서 태어났다. 어린시절부터 그녀는 작가였던 아버지의 방대한 서재를 이용할 수 있었다. 1895년 어머니가, 1904년 아버지가 사망한 뒤 정신이상증세를 보여 투신자살시도를 했으나 미수에 그쳤다. 1912년 레너드 울프와 결혼하고 1915년 ≪출항≫을 출판한 뒤 1919년에는 ≪밤과 낮≫을 간행했다. 1925년에는 ≪댈러웨이 부인 Mrs. Dallaway≫이 큰 인기를 받았고 1927년에는 ≪등대로 To the Lighthouse≫, 1928년에는 ≪올랜도 Orlando≫가 호평을 받았다. 1941년 3월 28일 우즈 강으로 산책을 나갔다가 행방불명되었는데, 강가에 울프의 지팡이와 발자국이 있었다. 이틀 뒤에 시체가 발견되었으며, 서재에는 남편과 언니에게 남기는 유서가 있었다.

블룸즈베리 그룹

1904~40년에 대영박물관에서 가까운 런던 블룸즈버리 지역에 있는 바네사(버지니아 울프의 언니)와 그녀의 남편 클라이브 벨의 집과 울프의 남동생 애이드리언 스티븐의 집에서 자주 모인 그룹으로 20세기 전반 영국의 작가, 지식인, 철학자, 예술가 그룹을 의미한다. 이들은 불가지론의 입장에서 미학적·철학적 문제들을 토론했으며, 조지 무어의 ≪윤리학 원리 Principia Ethica≫(1903), 알프레드 화이트헤드와 버트런드 러셀의 ≪수학원리 Principia Mathematica≫(1910~13) 등에서 강한 영향을 받았다. 이 책들의 관점에서 진·선·미의 정확한 개념을 찾고자 했으며, 모든 종류의 거짓에 대해 '대상을 가리지 않는 불손한 태도'로 기존 사상과 생각 등에 도전하였다. 주요 멤버로는 버지니아 울프, 20세기 위대한 경제학자 존 메이너드 케인즈, 작가 E. M. 포스터, 리튼 스트레이치 등이 있다. 주로 케임브리지 대학 남성들과 킹스 칼리지 런던 여성들로 구성되었고, 문학, 미학, 비평, 경제학뿐 아니라 페미니즘, 평화주의 및 성에 대한 폭넓은 토론을 하였다.

한글 번역

인류를 사랑한 사람

[1]

그날 오후, 프리킷 엘리스는 딘스 야드를 총총히 걸어가다가 리처드 댈러웨이와 정면으로 마주쳤다. 두 사람은 고개를 약간 숙이고 곁눈질로 흘끔거리며 서로 쳐다보다가 마침내 서로 알아보고 환하게 웃었다. 20년 만에 만나는 것이었다. 그들은 동창생이었다. "엘리스, 요즘 뭐 하나? 변호사 일? 그래, 그렇지. 신문에 났던 그 사건을 맡았었지. 그런데 지금은 긴 얘기 못 하겠는데. 오늘 저녁에 오지 않겠나? (그들은 똑같이 길모퉁이에 있는 그 낡은 아파트에서 살았다.) 자네가 아는 친구도 한두 명 올 걸세. 조인스도 올지 모르고. 이제 멋쟁이가 됐지."라고 리처드가 말했다.

"좋아. 그럼 이따 저녁에 보세." 리처드는 그러고는 가던 길을 갔다. 저 괴짜를 이렇게 뜻밖에 만나다니, 정말 반갑군(그건 사실이었다). 하나도 안 변했어. 학교 다닐 때하고 똑같아. 땅딸막한 고집덩어리였는데. 하지만 머리 하나는 정말 좋았다. 뉴캐슬 상을 받았으니까. 그는 고개를 설레설레 저으며 총총히 걸어갔다.

하지만 프리킷 엘리스는 고개를 돌리고 댈러웨이가 사라져가는 것을 바라보면서 '그를 만나지 않았으면 좋았을 걸' 하고 생각했다. 괜히 파티에 간다고 했어(그는 댈리웨이를 좋아했었다). 댈러웨이는 결혼도 했고 파티를 자주 열었다. 하지만 그런 것은 그의 체질에 맞지 않았다. 정장도 해야 하고… 하지만 간다고 약속했거니와 무례를 범하고 싶지도 않았으므로 가야 했다.

하지만 얼마나 기쁜 일인가! 조인슨이 온다니. 그들은 서로 딱히 할 이야기가 없었다. 그는 어릴 때에 오만했었다. 그 자신밖에 몰랐었다. 다른 아이들을 거들떠보지도 않았다. 단 한 명도. 아무튼 그는 댈러웨이에게 한마디도 하지 않고 가버릴 수도 없었으므로 잠시 자리에 서 있었다. 댈러웨이는 뭐가 그리 바쁜지 하얀 조끼를 입고 부산을 떨고 다니는 것 같았다. 그는 그런 것만 보면 속이 메스꺼워졌다. 분별력 있는 어른들이 밤마다 그런 짓을 하다니! 그는 벽에 기대섰다. 얼굴이 붉으락푸르락했다. 황소처럼 일하면서도 운동으로 몸 관리를 하는 그였지만, 반질반질하게 면도한 얼굴의 주름살이 깊어졌다. 그는 냉혹하고 사나워 보였다. 콧수염이 뻣뻣하게 얼어붙은 것 같았다. 그는 성난 황소처럼 씩씩거렸다. 빈약한 옷차림 때문에 너저분하고 초라하고 수척해 보였다.

화려하게 차려입고 빈둥거리며 잡담을 나누는 남녀들. 머릿속이 텅 빈 사람들. 그들은 계속 떠들어대고 웃었다. 프리킷 엘리스는 그들을 바라보며 브루너 씨 내외와 비교해 보았다. 브루너 씨 내외는 패너스 양조 회사와의 재판에서 이겨 200파운드의 배상금을 받았었다. 그리고 그 돈은 받아야 할 액수의 절반도 안 되었지만 그에게 5파운드짜리 괘종시계를 사주었었다. 그런 게 바로 사람이 할 일이었다. 그런 게 바로 사람을 감동시키는 것이었다. 그는 화려하게 차려입고 냉소적이고 돈만 많은 그들을 이글거리는 눈으로 노려보았다. 그리고 지금 그 순간에 느끼는 감정을 그날 오전

11시에 느꼈던 감정과 비교해 보았다. 고상하고 품위 있는 노부부 브루너 씨 내외는 그 작은 감사의 징표를 주기 위해 정장 차림으로 그에게 찾아왔었다. 브루너 씨는 허리를 곧게 펴고 서서 그의 변호에 대한 감사와 존경을 표했다. 브루너 부인도 다 그 덕분이라면서 가느다란 목소리로 고마운 마음을 나타냈다. 그리고 그들은 그의 너그러움에 대해서도 진심으로 고마워했다ㅡ그가 사례금을 단 한 푼도 받지 않았기 때문이었다.

[2]

그는 그 괘종시계를 벽난로 한가운데에 걸면서 아무도 그의 얼굴을 못 보기를 바랐었다. 그는 바로 그런 걸 위해 일했다. 바로 그런 게 그가 바라는 보상이었다. 그리고 지금, 그는 그의 눈앞에 보이는 그 사람들을 바라보았다. 그들의 모습이 그의 사무실에서의 그 장면 위로 어른거렸다. 그리고 그 장면이 서서히 사라지면서(브루너 씨 내외가 서서히 사라졌다) 그 자리에 그 자신이 남아 있었다. 이글거리는 눈으로 그 적대적인 사람들을 노려보고 있는 프리킷 엘리스. 초라한 옷차림. 평범하고 순박한 보통 사람(그는 허리를 똑바로 폈다). 거드름을 부릴 줄 모르는 사람. 감정을 잘 숨기지 못하는 사람. 사회의 악과 타락과 냉혹함에 맞서 우뚝 버티고 서 있는 사람. 하지만 그는 더 이상 노려보지 않았다. 안경을 쓰고 그림들을 둘러보았다. 책장에 꽂혀 있는 책들의 제목을 보았다. 거의 다 시집이었다. 문득 옛날에 즐겨 읽던 책들을 다시 한번 읽어보고 싶었다. 셰익스피어, 디킨스… 언제 시간이 나면 국립미술관에 가보고 싶었다. 하지만 그는 그럴 수가 없었다. 아니, 그뿐만이 아니라 누구라도 그럴 수가 없었다. 세상이 어지러운데 그럴 시간이 어디 있겠는가. 도움을 청하는 사람들 때문에 하루 종일 바쁜데. 여유롭게 살 수 있는 시절이 아니었다. 그는 안락의자들과 종이 자르는 칼들과 고급 장정 책들을 둘러보며 고개를 설레설레 저었다. 그럴 시간이 없었다. 그런 사치를 부릴 여유가 없었다. 이 사람들은 내가 얼마짜리 담배를 피우는지 알면 깜짝 놀라겠지. 내가 옷을 빌려 입고 왔다는 것 알면 깜짝 놀랄 거야. 그의 유일한 사치는 노퍽 브로즈에 있는 작은 요트였다. 그가 스스로에게 용납한 유일한 사치였다. 그는 1년에 한 번쯤 사람들을 피해 멀리 외딴 들판에 가서 드러누워 있곤 했다. 이 사람들은 깜짝 놀랄 거야. 케케묵은 말이긴 하지만 소위 '자연의 사랑'이라는 것에서 내가 얼마나 많은 기쁨을 얻는지 알면. 어릴 때부터 내 친구였던 나무와 들판에서 말이야…

그래, 이 고상한 사람들은 깜짝 놀랄 거야. 그는 그 자리에 서서 안경을 주머니에 집어넣으며 자신이 점점 더 놀라운 사람이 되어가는 것을 느꼈다. 그리고 그것은 아주 불쾌한 느낌이었다. 그가 인간적인 것을 좋아한다는 것, 1온스에 5펜스 하는 싸구려 담배를 사서 피운다는 것, 자연을 사랑한다는 것이 왠지 부자연스럽고 불안한 느낌을 주었다. 그런 즐거움 하나하나가 거북하게 느껴졌다. 마치 그가 경멸하고 그 사람들이 그에게 똑바로 서서 스스로를 변호해 보라고 하는 것 같았다.

"나는 평범한 사람이오."

그는 계속 그렇게 말했다. 그리고 말하기가 부끄럽긴 했지만 이렇게 덧붙였다.

"나는 인류를 위해 일해 왔소. 당신들이 평생 동안 한 것보다 더 많은 일을 단 하루 동안에 했소."

그는 자신을 통제하지 못했다. 브루너 내외가 그에게 괘종시계를 준 것 같은 일을 끊임없이 떠올랐다. 그의 인간성과 너그러움과 도움에 대한 사람들의 찬사를 떠올렸다. 그는 자신을 현명하고 너그러운 인류의 종으로 여겼다. 그에 대한 찬사를 소리 높여 외치고 싶었다. 부글부글 끓어오르는 정의감을 가슴속에 간직하고 있자니 여간 괴로운 것이 아니었다. 사람들이 그에 대한 말한 것을 아무에게도 말할 수 없다는 것을 더 괴로웠다. 참아야지. 내일이면 다시 일터로 나갈 테니까. 하지만 슬며시 빠져나가 집에 갈 수는 없었다. 남아 있어야 했다. 자신을 정당화 할 때 까지 남아 있어야 했다. 하지만 어떻게? 사람들로 꽉 찬 그 방에서 그가 아는 사람은 한 명도 없었다.

마침내 리처드 댈러웨이가 다가왔다.

"미스 오키프를 소개하겠네." 미스 오키프가 그를 빤히 쳐다보았다. 그녀는 오만하고 당돌해 보였다. 30대 중반 같았다.

미스 오키프는 프리킷 엘리스에게 얼음이나 마실 것을 갖다 달라고 했다. 태도가 오만했다. 그녀가 그런 데에는 나름대로의 이유가 있었다. 찌는 듯이 더운 그날 오후, 가난과 더위에 지친 한 여자와 두 아이가 그녀가 살고 있는 스퀘어(작은 공원의 주위에 고급주택 등이 사각형으로 들어선 지역-옮긴이)의 울타리에 기대서서 안을 들여다보고 있었던 것이다. 저 사람들을 들여보내면 안 되나? 동정심이 일어났다. 분노가 치밀었다. 안 돼. 그녀는 갑자기 마음을 바꾸어 스스로를 질책했다. 세상 사람들이 다 달려든다 해도 안 돼. 그녀는 테니스공을 집어 들어 던져주었다. 세상 사람들이 다 달려든다 해도 안 돼! 그녀는 성난 목소리로 외쳤다. 그녀는 모르는 남자에게 명령하듯이 말한 것은 바로 그 때문이었다.

"얼음 좀 갖다줘요."

[3]

프리킷 엘리스는 아무것도 먹지 않고 그녀 옆에 서서 그녀가 얼음을 먹는 것을 바라보았다. 그리고 15년 만에 처음으로 파티에 왔다고 말했다. 예복도 매부에게서 빌린 것이라고 했다. 이런 건 좋아하지 않는다고 했다. 그리고 내친 김에, 그는 보통 사람을 좋아하는 평범한 사람이라고 말하고 브루너 씨 내외와 괘종시계에 대해 이야기를 하려 했다(그리고 그런 이야기를 하려 했던 것을 나중에 부끄러워했다).

그때 그녀가 불쑥 물었다.

"연극 '폭풍우'(셰익스피어의 희곡 'Tempest'-옮긴이) 보셨어요?" 그가 안 보았다고 하자 책으로는 보았냐고 물었다. 또 안 보았다고 하자 이번에는 얼음을 내려놓으며 시를 안 읽냐고 물었다.

프리킷 엘리스는 속에서 뭔가가 치밀어 오르는 것을 느꼈다. 그 젊은 여자의 목을 댕강 베어버리고 싶었다. 아무도 방해할 수 없는 텅 빈 정원으로 나가 두 의자에 나누어 앉아 이야기를 나누고 싶었다. 모두들 이층에 있었다. 왁자지껄 떠드는 소리, 흠흠 거리는 소리, 재잘거리는 소리, 쨍그랑거리는 소리… 그런 소리만 들려왔다. 살금살금 잔디밭을 가로질러 가는 고양이의 발소리, 나뭇잎이 살랑거리는 소리, 종이 초롱처럼 노랗고 빨간 열매가 이리저리 흔들거리는 소리… 마치 무슨 유령 오케스트라 같은 것이 그런 소리에 맞추어 미친 듯이 반주하는 것 같았다. 그들의 대화는 뭔가 아주 사실적이고 고통으로 가득 찬 것을 주제로 한 광란의 춤곡 같았다.

"정말 아름다워요!"라고 미스 오키프가 말했다.

하늘 높이 솟아 있는 웨스트민스터 사원의 시커먼 탑들이 바라보이는 그 잔디밭은 과연 아름다웠다. 그리고 조용했다. 북적거리는 거실과 그 소음으로부터의 해방. 그래도 그들은 그런 자유로움이 있었다. 기진맥진한 그 여자와 아이들 말이다.

프리킷 엘리스는 파이프에 불을 붙였다. 미스 오키프가 깜짝 놀랄 것이라고 생각하면서, 1온스에 5펜스 반하는 독한 담배를 파이프에 채웠다. 그리고 요트 안에 누워 별들을 바라보며 담배를 피우는 자신의 모습을 상상해 보았다. 그는 그날 밤 내내 그 사람들 눈에 자신이 어떻게 보일지 생각했다. 그는 성냥개비를 구두 밑창에 대고 그어 불을 켜면서 미스 오키프에게 말했다. 글쎄요, 제 눈에는 특별히 아름다운 게 안 보이는데요.

"아름다움에 관심이 없는 모양이군요."라고 미스 오키프가 말했다(그는 연극 '폭풍우'도 안 보았고 책도 안 보았다고 말했었다. 콧수염, 여윈 턱, 은제 시계 줄… 그는 행색도 초라했다). 그녀는 그런 걸 감상하는 데에는 돈이 안 든다고 생각했다. 박물관도 국립미술원도 전원 풍경도. 물론 그녀는 장애가 따른다는 것도 잘 알았다. 빨래하기, 요리하기, 아이들 돌보기… 하지만 그것은 진리였다. 사람들이 입 밖에 내기를 두려워하지만, 행복은 돈이 안 드는 것이다. 아름다움은 공짜로 가질 수 있는 것이다.

프리킷 엘리스는 그 창백하고 당돌하고 오만한 여자가 그 아름다움을 갖게 내버려 두었다. 독한 담배를 뻑뻑 피워 대면서, 그가 그날 한 일을 이야기해 주었다. 여섯 시에 일어났고, 상담을 몇 건 했고, 지저분한 빈민가에서 시궁창 냄새를 맡았고, 법정에 갔고… 그는 그 대목에서 망설였다.

뭔가 그 스스로 한 일을 이야기 해주고 싶었다. 그것을 억제하자니 말투가 점점 더 신랄해졌다. 그는 잘 먹고 잘 입는 여자들이 아름다움이 어쩌고 저쩌고 하는 소리를 들으면 속이 메스꺼워진다고 말했다(그녀는 입을 씰룩거렸다. 그녀는 비쩍 말랐고 옷차림도 화려하지 않았기 때문이었다).

"아름다움!"이라고 그가 중얼거렸다. 그는 아름다움과 인간이 별개의 것이 아니라고 생각했다.

그들은 불빛이 아른거리는 텅 빈 정원을 바라보았다. 고양이 한 마리가 한 발을 들고 머뭇거리고 있었다.

[4]

"아름다움과 인간이 별개의 것이 아니라고요? 그게 무슨 뜻이에요?"라고 그녀가 갑자기 물었다.

그건 바로 이런 말입니다… 그는 신이 나서 브루너 씨 내외와 괘종시계에 대한 이야기를 해주었다. 은근히 자랑하면서. 바로 그런 게 아름다운 겁니다.

그녀는 그의 이야기를 들으면서 뭐라고 형언할 수 없는 무서움을 느꼈다. 무엇보다도 그의 자부심이 그랬고, 인간의 감정에 대한 함부로 말하는 그의 무례함이 그랬다. 그것은 모욕이었다. 인류를 사랑한다는 것을 증명하기 위한 이야기를 하는 사람은 세상에 하나도 없었다. 하지만 그는 그런 이야기를 했다. 그 노인이 똑바로 서서 진심 어린 감사의 말을 했노라고. 그녀는 눈에 눈물이 고였다. 아, 누가 전에 나한테 이런 이야기를 했더라면! 그녀는 그러면서도 또 한편으로는 바로 그런 것이 인간의 운명이라고 생각했다. 인간은 결코 괘종시계와 관련된 그런 감동적인 장면 너머의 차원에 도달하지 못할 것이다. 또 다른 프리킷 엘리스에게 감동적인 연설을 하는 또 다른 브루너가 나타나겠지. 그리고 또 다른 프리킷 엘리스들은 앞으로도 계속 인류를 사랑했노라고 말하겠지. 나태하고, 타협하고, 아름다움을 두려워하겠지. 그래서 혁명이 일어난 것이다. 나태와 두려움에 대한 혁명. 감동적인 장면에의 집착에 대한 혁명. 하지만 이 사람은 아직도 브루너 같은 사람에게서 기쁨을 얻고 있다. 그리고 그녀는 스퀘어에 들어오지 못하는 불쌍한 여자들 때문에 영원히 괴로워해야 할 운명이었다. 그들은 말없이 앉아 있었다. 둘 다 기분이 좋지 않았다. 프리킷 엘리스는 그런 이야기를 했음에도 불구하고 아무 위안도 얻지 못했다. 그녀의 가시를 빼내려다가 오히려 박아 넣은 꼴이었다. 그날 아침의 즐거움이 물거품이 되어버렸다. 미스 오키프는 머릿속이 혼란스럽고 짜증이 났다. 머리가 맑아지기는커녕 더 혼란스러웠다.

"저는 아무래도 아주 평범한 사람인 모양입니다."라고 그가 일어서면서 말했다. "같은 인간을 사랑하는."

그러자 미스 오키프가 소리 지르듯이 말했다. "저도 마찬가지예요."

나름대로 같은 인간을 사랑하는 두 사람은 서로를 증오하면서, 그리고 환멸을 느끼게 하는 그 고통스러운 만남이 있게 한 집안의 사람들을 증오하면서 의자에서 일어나 말없이 헤어졌다.

04 The Horse Dealer's Daughter

D. H. Lawrence(1885-1930)

[1]

"Well, Mabel, and what are you going to do with yourself?" asked Joe, with foolish flippancy. He felt quite safe himself. Without listening for an answer, he turned aside, worked a grain of tobacco to the tip of his tongue, and spat it out. He did not care about anything, since he felt safe himself.

The three brothers and the sister sat round the desolate breakfast table, attempting some sort of desultory consultation. The morning's post had given the final tap to the family fortunes, and all was over. The dreary dining-room itself, with its heavy mahogany furniture, looked as if it were waiting to be done away with.

But the consultation amounted to nothing. There was a strange air of ineffectuality about the three men, as they sprawled at table, smoking and reflecting vaguely on their own condition. The girl was alone, a rather short, sullen-looking young woman of twenty-seven. She did not share the same life as her brothers. She would have been good-looking, save for the impassive fixity of her face, 'bull-dog', as her brothers called it.

There was a confused tramping of horses' feet outside. The three men all sprawled round in their chairs to watch. Beyond the dark holly-bushes that separated the strip of lawn from the highroad, they could see a cavalcade of shire horses swinging out of their own yard, being taken for exercise. This was the last time. These were the last horses that would go through their hands. The young men watched with critical, callous look. They were all frightened at the collapse of their lives, and the sense of disaster in which they were involved left them no inner freedom.

Yet they were three fine, well-set fellows enough. Joe, the eldest, was a man of thirty-three, broad and handsome in a hot, flushed way. His face was red, he twisted his black moustache over a thick finger, his eyes were shallow and restless. He had a sensual way of uncovering his teeth when he laughed, and his bearing was stupid. Now he watched the horses with a glazed look of helplessness in his eyes, a certain stupor of downfall.

The great draught-horses swung past. They were tied head to tail, four of them, and they heaved along to where a lane branched off from the highroad, planting their great hoofs flauntingly in the fine black mud, swinging their great rounded haunches sumptuously, and trotting a few sudden steps as they were led into the lane, round the corner. Every movement showed a massive, slumbrous strength, and a stupidity which held them in subjection. The groom at the head looked back, jerking the leading rope. And the cavalcade moved out of sight up the lane, the tail of the last horse, bobbed up tight and stiff, held out taut from the swinging great haunches as they rocked behind the hedges in a motionlike sleep.

Joe watched with glazed hopeless eyes. The horses were almost like his own body to him. He felt he was done for now. Luckily he was engaged to a woman as old as himself, and therefore her father, who was steward of a neighbouring estate, would provide him with a job. He would marry and go into harness. His life was over, he would be a subject animal now.

He turned uneasily aside, the retreating steps of the horses echoing in his ears. Then, with foolish restlessness, he reached for the scraps of bacon-rind from the plates, and making a faint whistling sound, flung them to the terrier that lay against the fender. He watched the dog swallow them, and waited till the creature looked into his eyes. Then a faint grin came on his face, and in a high, foolish voice he said:

"You won't get much more bacon, shall you, you little b —?"

The dog faintly and dismally wagged its tail, then lowered his haunches, circled round, and lay down again.

[2]

There was another helpless silence at the table. Joe sprawled uneasily in his seat, not willing to go till the family conclave was dissolved. Fred Henry, the second brother, was erect, clean-limbed, alert. He had watched the passing of the horses with more sang-froid. If he was an animal, like Joe, he was an animal which controls, not one which is controlled. He was master of any horse, and he carried himself with a well-tempered air of mastery. But he was not master of the situations of life. He pushed his coarse brown moustache upwards, off his lip, and glanced irritably at his sister, who sat impassive and inscrutable.

"You'll go and stop with Lucy for a bit, shan't you?" he asked. The girl did not answer.

"I don't see what else you can do," persisted Fred Henry.

"Go as a skivvy," Joe interpolated laconically.

The girl did not move a muscle.

"If I was her, I should go in for training for a nurse," said Malcolm, the youngest of them all. He was the baby of the family, a young man of twenty-two, with a fresh, jaunty museau.

But Mabel did not take any notice of him. They had talked at her and round her for so many years, that she hardly heard them at all.

The marble clock on the mantel-piece softly chimed the half-hour, the dog rose uneasily from the hearthrug and looked at the party at the breakfast table. But still they sat on in ineffectual conclave.

"Oh, all right," said Joe suddenly, à propos of nothing. "I'll get a move on."

He pushed back his chair, straddled his knees with a downward jerk, to get them free, in horsy fashion, and went to the fire. Still he did not go out of the room; he was curious to know what the others would do or say. He began to charge his pipe, looking down at the dog and saying, in a high, affected voice:

"Going wi' me? Going wi' me are ter? Tha'rt goin' further than tha counts on just now, dost hear?"

The dog faintly wagged its tail, the man stuck out his jaw and covered his pipe with his hands, and puffed intently, losing himself in the tobacco, looking down all the while at the dog with an absent brown eye. The dog looked up at him in mournful distrust. Joe stood with his knees stuck out, in real horsy fashion.

"Have you had a letter from Lucy?" Fred Henry asked of his sister.

"Last week," came the neutral reply.

"And what does she say?"

There was no answer.

"Does she ask you to go and stop there?" persisted Fred Henry.

"She says I can if I like."

"Well, then, you'd better. Tell her you'll come on Monday."

This was received in silence.

"That's what you'll do then, is it?" said Fred Henry, in some exasperation.

But she made no answer. There was a silence of futility and irritation in the room. Malcolm grinned fatuously.

"You'll have to make up your mind between now and next Wednesday," said Joe loudly, "or else find yourself lodgings on the kerbstone."

The face of the young woman darkened, but she sat on immutable.

"Here's Jack Fergusson!" exclaimed Malcolm, who was looking aimlessly out of the window.

"Where?" exclaimed Joe, loudly.

"Just gone past."

"Coming in?"

Malcolm craned his neck to see the gate.

"Yes," he said.

[3]

There was a silence. Mabel sat on like one condemned, at the head of the table. Then a whistle was heard from the kitchen. The dog got up and barked sharply. Joe opened the door and shouted:

"Come on."

After a moment a young man entered. He was muffled up in overcoat and a purple woollen scarf, and his tweed cap, which he did not remove, was pulled down on his head. He was of medium height, his face was rather long and pale, his eyes looked tired.

"Hello, Jack! Well, Jack!" exclaimed Malcolm and Joe. Fred Henry merely said, "Jack."

"What's doing?" asked the newcomer, evidently addressing Fred Henry.

"Same. We've got to be out by Wednesday. —Got a cold?"

"I have—got it bad, too."

"Why don't you stop in?"

"Me stop in? When I can't stand on my legs, perhaps I shall have a chance." The young man spoke huskily. He had a slight Scotch accent.

"It's a knock-out, isn't it," said Joe, boisterously, "if a doctor goes round croaking with a cold. Looks bad for the patients, doesn't it?"

The young doctor looked at him slowly.

"Anything the matter with you, then?" he asked sarcastically.

"Not as I know of. Damn your eyes, I hope not. Why?"

"I thought you were very concerned about the patients, wondered if you might be one yourself."

"Damn it, no, I've never been patient to no flaming doctor, and hope I never shall be," returned Joe.

At this point Mabel rose from the table, and they all seemed to become aware of her existence. She began putting the dishes together. The young doctor looked at her, but did not address her. He had not greeted her. She went out of the room with the tray, her face impassive and unchanged.

"When are you off then, all of you?" asked the doctor.

"I'm catching the eleven-forty," replied Malcolm. "Are you goin' down wi' th' trap, Joe?"

"Yes, I've told you I'm going down wi' th' trap, haven't I?"

"We'd better be getting her in then. —So long, Jack, if I don't see you before I go," said Malcolm, shaking hands.

He went out, followed by Joe, who seemed to have his tail between his legs.

"Well, this is the devil's own," exclaimed the doctor, when he was left alone with Fred Henry. "Going before Wednesday, are you?"

"That's the orders," replied the other.

"Where, to Northampton?"

"That's it."

"The devil!" exclaimed Fergusson, with quiet chagrin.

And there was silence between the two.

"All settled up, are you?" asked Fergusson.

"About."

There was another pause.

"Well, I shall miss yer, Freddy, boy," said the young doctor.

"And I shall miss thee, Jack," returned the other.

"Miss you like hell," mused the doctor.

Fred Henry turned aside. There was nothing to say. Mabel came in again, to finish clearing the table.

"What are you going to do, then, Miss Pervin?" asked Fergusson. "Going to your sister's, are you?"

Mabel looked at him with her steady, dangerous eyes, that always made him uncomfortable, unsettling his superficial ease.

"No," she said.

"Well, what in the name of fortune are you going to do? Say what you mean to do," cried Fred Henry, with futile intensity.

But she only averted her head, and continued her work. She folded the white table-cloth, and put on the chenille cloth.

"The sulkiest bitch that ever trod!" muttered her brother.

But she finished her task with perfectly impassive face, the young doctor watching her interestedly all the while. Then she went out.

Fred Henry stared after her, clenching his lips, his blue eyes fixing in sharp antagonism, as he made a grimace of sour exasperation.

"You could bray her into bits, and that's all you'd get out of her," he said, in a small, narrowed tone.

The doctor smiled faintly.

"What's she going to do, then?" he asked.

"Strike me if I know!" returned the other.

There was a pause. Then the doctor stirred.

"I'll be seeing you tonight, shall I?" he said to his friend.

"Ay — where's it to be? Are we going over to Jessdale?"

"I don't know. I've got such a cold on me. I'll come round to the Moon and Stars, anyway."

"Let Lizzie and May miss their night for once, eh?"

"That's it — if I feel as I do now."

"All's one —"

[4]

The two young men went through the passage and down to the back door together. The house was large, but it was servantless now, and desolate. At the back was a small bricked house-yard, and beyond that a big square, gravelled fine and red, and having stables on two sides. Sloping, dank, winter-dark fields stretched away on the open sides.

But the stables were empty. Joseph Pervin, the father of the family, had been a man of no education, who had become a fairly large horse dealer. The stables had been full of horses, there was a great turmoil and come-and-go of horses and of dealers and grooms. Then the kitchen was full of servants. But of late things had declined. The old man had married a second time, to retrieve his fortunes. Now he was dead and everything was gone to the dogs, there was nothing but debt and threatening.

For months, Mabel had been servantless in the big house, keeping the home together in penury for her ineffectual brothers. She had kept house for ten years. But previously, it was with unstinted means. Then, however brutal and coarse everything was, the sense of money had kept her proud, confident. The men might be foul-mouthed, the women in the kitchen might have bad reputations, her brothers might have illegitimate children. But so long as there was money, the girl felt herself established, and brutally proud, reserved.

No company came to the house, save dealers and coarse men. Mabel had no associates of her own sex, after her sister went away. But she did not mind. She went regularly to church, she attended to her father. And she lived in the memory of her mother, who had died when she was fourteen, and whom she had loved. She had loved her father, too, in a different way, depending upon him, and feeling secure in him, until at the age of fifty-four he married again. And then she had set hard against him. Now he had died and left them all hopelessly in debt.

She had suffered badly during the period of poverty. Nothing, however, could shake the curious sullen, animal pride that dominated each member of the family. Now, for Mabel, the end had come. Still she would not cast about her. She would follow her own way just the same. She would always hold the keys of her own situation. Mindless and persistent, she endured from day to day. Why should she think? Why should she answer anybody? It was enough that this was the end, and there was no way out. She need not pass any more darkly along the main street of the small town, avoiding every eye. She need not demean herself any more, going into the shops and buying the cheapest food. This was at an end. She thought of nobody, not even of herself. Mindless and persistent, she seemed in a sort of ecstasy to be coming nearer to her fulfilment, her own glorification, approaching her dead mother, who was glorified.

In the afternoon she took a little bag, with shears and sponge and a small scrubbing brush, and went out. It was a grey, wintry day, with saddened, dark-green fields and an atmosphere blackened by the smoke of foundries not far off. She went quickly, darkly along the causeway, heeding nobody, through the town to the churchyard.

There she always felt secure, as if no one could see her, although as a matter of fact she was exposed to the stare of everyone who passed along under the churchyard wall. Nevertheless, once under the shadow of the great looming church, among the graves, she felt immune from the world, reserved within the thick churchyard wall as in another country.

Carefully she clipped the grass from the grave, and arranged the pinky-white, small chrysanthemums in the tin cross. When this was done, she took an empty jar from a neighbouring grave, brought water, and carefully, most scrupulously sponged the marble headstone and the coping-stone.

It gave her sincere satisfaction to do this. She felt in immediate contact with the world of her mother. She took minute pains, went through the park in a state bordering on pure happiness, as if in performing this task she came into a subtle, intimate connection with her mother. For the life she followed here in the world was far less real than the world of death she inherited from her mother.

[5]

The doctor's house was just by the church. Fergusson, being a mere hired assistant, was slave to the countryside. As he hurried now to attend to the outpatients in the surgery, glancing across the graveyard with his quick eye, he saw the girl at her task at the grave. She seemed so intent and remote, it was like looking into another world. Some mystical element was touched in him. He slowed down as he walked, watching her as if spell-bound.

She lifted her eyes, feeling him looking. Their eyes met. And each looked again at once, each feeling, in some way, found out by the other. He lifted his cap and passed on down the road. There remained distinct in his consciousness, like a vision, the memory of her face, lifted from the tombstone in the churchyard, and looking at him with slow, large, portentous eyes. It was portentous, her face. It seemed to mesmerize him. There was a heavy power in her eyes which laid hold of his whole being, as if he had drunk some powerful drug. He had been feeling weak and done before. Now the life came back into him, he felt delivered from his own fretted, daily self.

He finished his duties at the surgery as quickly as might be, hastily filling up the bottles of the waiting people with cheap drugs. Then, in perpetual haste, he set off again to visit several cases in another part of his round, before tea time. At all times he preferred to walk, if he could, but particularly when he was not well. He fancied the motion restored him.

The afternoon was falling. It was grey, deadened, and wintry, with a slow, moist, heavy coldness sinking in and deadening all the faculties. But why should he think or notice? He hastily climbed the hill and turned across the dark-green fields, following the black cinder-track. In the distance, across a shallow dip in the country, the small town was clustered like smouldering ash, a tower, a spire, a heap of low, raw, extinct houses. And on the nearest fringe of the town, sloping into the dip, was Oldmeadow, the Pervins' house. He could see the stables and the outbuildings distinctly, as they lay towards him on the slope. Well, he would not go there many more times! Another resource would be lost to him, another place gone: the only company he cared for in the alien, ugly little town he was losing. Nothing but work, drudgery, constant hastening from dwelling to dwelling among the colliers and the iron-workers. It wore him out, but at the same time he had a craving for it. It was a stimulant to him to be in the homes of the working people, moving as it were through the innermost body of their life. His nerves were excited and gratified. He could come so near, into the very lives of the rough, inarticulate, powerfully emotional men and women. He grumbled, he said he hated the hellish hole. But as a matter of fact it excited him, the contact with the rough, strongly-feeling people was a stimulant applied direct to his nerves.

[6]

Below Oldmeadow, in the green, shallow, soddened hollow of fields, lay a square, deep pond. Roving across the landscape, the doctor's quick eye detected a figure in black passing through the gate of the field, down towards the pond. He looked again. It would be Mabel Pervin. His mind suddenly became alive and attentive.

Why was she going down there? He pulled up on the path on the slope above, and stood staring. He could just make sure of the small black figure moving in the hollow of the failing day. He seemed to see her in the midst of such obscurity, that he was like a clairvoyant, seeing rather with the mind's eye than with ordinary sight. Yet he could see her positively enough, whilst he kept his eye attentive. He felt, if he looked away from her, in the thick, ugly falling dusk, he would lose her altogether.

He followed her minutely as she moved, direct and intent, like something transmitted rather than stirring in voluntary activity, straight down the field towards the pond. There she stood on the bank for a moment. She never raised her head. Then she waded slowly into the water.

He stood motionless as the small black figure walked slowly and deliberately towards the centre of the pond, very slowly, gradually moving deeper into the motionless water, and still moving forward as the water got up to her breast. Then he could see her no more in the dusk of the dead afternoon.

"There!" he exclaimed. "Would you believe it?"

And he hastened straight down, running over the wet, soddened fields, pushing through the hedges, down into the depression of callous wintry obscurity. It took him several minutes to come to the pond. He stood on the bank, breathing heavily. He could see nothing. His eyes seemed to penetrate the dead water. Yes, perhaps that was the dark shadow of her black clothing beneath the surface of the water.

He slowly ventured into the pond. The bottom was deep, soft clay, he sank in, and the water clasped dead cold round his legs. As he stirred he could smell the cold, rotten clay that fouled up into the water. It was objectionable in his lungs. Still, repelled and yet not heeding, he moved deeper into the pond. The cold water rose over his thighs, over his loins, upon his abdomen. The lower part of his body was all sunk in the hideous cold element. And the bottom was so deeply soft and uncertain, he was afraid of pitching with his mouth underneath. He could not swim, and was afraid.

He crouched a little, spreading his hands under the water and moving them round, trying to feel for her. The dead cold pond swayed upon his chest. He moved again, a little deeper, and again, with his hands underneath, he felt all around under the water. And he touched her clothing. But it evaded his fingers. He made a desperate effort to grasp it.

And so doing he lost his balance and went under, horribly, suffocating in the foul earthy water, struggling madly for a few moments. At last, after what seemed an eternity, he got his footing, rose again into the air and looked around. He gasped, and knew he was in the world. Then he looked at the water. She had risen near him. He grasped her clothing, and drawing her nearer, turned to take his way to land again.

He went very slowly, carefully, absorbed in the slow progress. He rose higher, climbing out of the pond. The water was now only about his legs; he was thankful, full of relief to be out of the clutches of the pond. He lifted her and staggered on to the bank, out of the horror of wet, grey clay.

He laid her down on the bank. She was quite unconscious and running with water. He made the water come from her mouth, he worked to restore her. He did not have to work very long before he could feel the breathing begin again in her; she was breathing naturally. He worked a little longer. He could feel her live beneath his hands; she was coming back. He wiped her face, wrapped her in his overcoat, looked round into the dim, dark-grey world, then lifted her and staggered down the bank and across the fields.

It seemed an unthinkably long way, and his burden so heavy he felt he would never get to the house. But at last he was in the stable-yard, and then in the house-yard. He opened the door and went into the house. In the kitchen he laid her down on the hearthrug, and called. The house was empty. But the fire was burning in the grate.

Then again he kneeled to attend to her. She was breathing regularly, her eyes were wide open and as if conscious, but there seemed something missing in her look. She was conscious in herself, but unconscious of her surroundings.

He ran upstairs, took blankets from a bed, and put them before the fire to warm. Then he removed her saturated, earthy-smelling clothing, rubbed her dry with a towel, and wrapped her naked in the blankets. Then he went into the dining-room, to look for spirits. There was a little whisky. He drank a gulp himself, and put some into her mouth.

The effect was instantaneous. She looked full into his face, as if she had been seeing him for some time, and yet had only just become conscious of him.

[7]

"Dr. Fergusson?" she said.

"What?" he answered.

He was divesting himself of his coat, intending to find some dry clothing upstairs. He could not bear the smell of the dead, clayey water, and he was mortally afraid for his own health.

"What did I do?" she asked.

"Walked into the pond," he replied. He had begun to shudder like one sick, and could hardly attend to her. Her eyes remained full on him, he seemed to be going dark in his mind, looking back at her helplessly. The shuddering became quieter in him, his life came back in him, dark and unknowing, but strong again.

"Was I out of my mind?" she asked, while her eyes were fixed on him all the time.

"Maybe, for the moment," he replied. He felt quiet, because his strength had come back. The strange fretful strain had left him.

"Am I out of my mind now?" she asked.

"Are you?" he reflected a moment. "No," he answered truthfully, "I don't see that you are." He turned his face aside. He was afraid now, because he felt dazed, and felt dimly that her power was stronger than his, in this issue. And she continued to look at him fixedly all the time. "Can you tell me where I shall find some dry things to put on?" he asked.

"Did you dive into the pond for me?" she asked.

"No," he answered. "I walked in. But I went in overhead as well."

There was silence for a moment. He hesitated. He very much wanted to go upstairs to get into dry clothing. But there was another desire in him. And she seemed to hold him. His will seemed to have gone to sleep, and left him, standing there slack before her. But he felt warm inside himself. He did not shudder at all, though his clothes were sodden on him.

"Why did you?" she asked.

"Because I didn't want you to do such a foolish thing," he said.

"It wasn't foolish," she said, still gazing at him as she lay on the floor, with a sofa cushion under her head. "It was the right thing to do. I knew best, then."

"I'll go and shift these wet things," he said. But still he had not the power to move out of her presence, until she sent him. It was as if she had the life of his body in her hands, and he could not extricate himself. Or perhaps he did not want to.

Suddenly she sat up. Then she became aware of her own immediate condition. She felt the blankets about her, she knew her own limbs. For a moment it seemed as if her reason were going. She looked round, with wild eye, as if seeking something. He stood still with fear. She saw her clothing lying scattered.

"Who undressed me?" she asked, her eyes resting full and inevitable on his face.

"I did," he replied, "to bring you round."

For some moments she sat and gazed at him awfully, her lips parted.

"Do you love me then?" she asked.

He only stood and stared at her, fascinated. His soul seemed to melt.

She shuffled forward on her knees, and put her arms round him, round his legs, as he stood there, pressing her breasts against his knees and thighs, clutching him with strange, convulsive certainty, pressing his thighs against her, drawing him to her face, her throat, as she looked up at him with flaring, humble eyes, of transfiguration, triumphant in first possession.

"You love me," she murmured, in strange transport, yearning and triumphant and confident. "You love me. I know you love me, I know."

And she was passionately kissing his knees, through the wet clothing, passionately and indiscriminately kissing his knees, his legs, as if unaware of every thing.

[8]

He looked down at the tangled wet hair, the wild, bare, animal shoulders. He was amazed, bewildered, and afraid. He had never thought of loving her. He had never wanted to love her. When he rescued her and restored her, he was a doctor, and she was a patient. He had had no single personal thought of her. Nay, this introduction of the personal element was very distasteful to him, a violation of his professional honour. It was horrible to have her there embracing his knees. It was horrible. He revolted from it, violently. And yet —and yet—he had not the power to break away.

She looked at him again, with the same supplication of powerful love, and that same transcendent, frightening light of triumph. In view of the delicate flame which seemed to come from her face like a light, he was powerless. And yet he had never intended to love her. He had never intended. And something stubborn in him could not give way.

"You love me," she repeated, in a murmur of deep, rhapsodic assurance. "You love me."

Her hands were drawing him, drawing him down to her. He was afraid, even a little horrified. For he had, really, no intention of loving her. Yet her hands were drawing him towards her. He put out his hand quickly to steady himself, and grasped her bare shoulder. A flame seemed to burn the hand that grasped her soft shoulder. He had no intention of loving her: his whole will was against his yielding. It was horrible. And yet wonderful was the touch of her shoulders, beautiful the shining of her face. Was she perhaps mad? He had a horror of yielding to her. Yet something in him ached also.

He had been staring away at the door, away from her. But his hand remained on her shoulder. She had gone suddenly very still. He looked down at her. Her eyes were now wide with fear, with doubt, the light was dying from her face, a shadow of terrible greyness was returning. He could not bear the touch of her eyes' question upon him, and the look of death behind the question.

With an inward groan he gave way, and let his heart yield towards her. A sudden gentle smile came on his face. And her eyes, which never left his face, slowly, slowly filled with tears. He watched the strange water rise in her eyes, like some slow fountain coming up. And his heart seemed to burn and melt away in his breast.

He could not bear to look at her any more. He dropped on his knees and caught her head with his arms and pressed her face against his throat. She was very still. His heart, which seemed to have broken, was burning with a kind of agony in his breast. And he felt her slow, hot tears wetting his throat. But he could not move.

He felt the hot tears wet his neck and the hollows of his neck, and he remained motionless, suspended through one of man's eternities. Only now it had become indispensable to him to have her face pressed close to him; he could never let her go again. He could never let her head go away from the close clutch of his arm. He wanted to remain like that for ever, with his heart hurting him in a pain that was also life to him. Without knowing, he was looking down on her damp, soft brown hair.

[9]

Then, as it were suddenly, he smelt the horrid stagnant smell of that water. And at the same moment she drew away from him and looked at him. Her eyes were wistful and unfathomable. He was afraid of them, and he fell to kissing her, not knowing what he was doing. He wanted her eyes not to have that terrible, wistful, unfathomable look.

When she turned her face to him again, a faint delicate flush was glowing, and there was again dawning that terrible shining of joy in her eyes, which really terrified him, and yet which he now wanted to see, because he feared the look of doubt still more.

"You love me?" she said, rather faltering.

"Yes." The word cost him a painful effort. Not because it wasn't true. But because it was too newly true, the saying seemed to tear open again his newly-torn heart. And he hardly wanted it to be true, even now.

She lifted her face to him, and he bent forward and kissed her on the mouth, gently, with the one kiss that is an eternal pledge. And as he kissed her his heart strained again in his breast. He never intended to love her. But now it was over. He had crossed over the gulf to her, and all that he had left behind had shrivelled and become void.

After the kiss, her eyes again slowly filled with tears. She sat still, away from him, with her face drooped aside, and her hands folded in her lap. The tears fell very slowly. There was complete silence. He too sat there motionless and silent on the hearthrug. The strange pain of his heart that was broken seemed to consume him. That he should love her? That this was love! That he should be ripped open in this way! —Him, a doctor! —How they would all jeer if they knew! —It was agony to him to think they might know.

In the curious naked pain of the thought he looked again to her. She was sitting there drooped into a muse. He saw a tear fall, and his heart flared hot. He saw for the first time that one of her shoulders was quite uncovered, one arm bare, he could see one of her small breasts; dimly, because it had become almost dark in the room.

"Why are you crying?" he asked, in an altered voice.

She looked up at him, and behind her tears the consciousness of her situation for the first time brought a dark look of shame to her eyes.

"I'm not crying, really," she said, watching him half frightened.

He reached his hand, and softly closed it on her bare arm.

"I love you! I love you!" he said in a soft, low vibrating voice, unlike himself.

She shrank, and dropped her head. The soft, penetrating grip of his hand on her arm distressed her. She looked up at him.

"I want to go," she said. "I want to go and get you some dry things."

"Why?" he said. "I'm all right."

"But I want to go," she said. "And I want you to change your things."

He released her arm, and she wrapped herself in the blanket, looking at him rather frightened. And still she did not rise.

"Kiss me," she said wistfully.

He kissed her, but briefly, half in anger.

Then, after a second, she rose nervously, all mixed up in the blanket. He watched her in her confusion, as she tried to extricate herself and wrap herself up so that she could walk. He watched her relentlessly, as she knew. And as she went, the blanket trailing, and as he saw a glimpse of her feet and her white leg, he tried to remember her as she was when he had wrapped her in the blanket. But then he didn't want to remember, because she had been nothing to him then, and his nature revolted from remembering her as she was when she was nothing to him.

A tumbling, muffled noise from within the dark house startled him. Then he heard her voice: —"There are clothes." He rose and went to the foot of the stairs, and gathered up the garments she had thrown down. Then he came back to the fire, to rub himself down and dress. He grinned at his own appearance when he had finished.

[10]

The fire was sinking, so he put on coal. The house was now quite dark, save for the light of a street-lamp that shone in faintly from beyond the holly trees. He lit the gas with matches he found on the mantel-piece. Then he emptied the pockets of his own clothes, and threw all his wet things in a heap into the scullery. After which he gathered up her sodden clothes, gently, and put them in a separate heap on the copper-top in the scullery.

It was six o'clock on the clock. His own watch had stopped. He ought to go back to the surgery. He waited, and still she did not come down. So he went to the foot of the stairs and called:

"I shall have to go."

Almost immediately he heard her coming down. She had on her best dress of black voile, and her hair was tidy, but still damp. She looked at him—and in spite of herself, smiled.

"I don't like you in those clothes," she said.

"Do I look a sight?" he answered.

They were shy of one another.

"I'll make you some tea," she said.

"No, I must go."

"Must you?" And she looked at him again with the wide, strained, doubtful eyes. And again, from the pain of his breast, he knew how he loved her. He went and bent to kiss her, gently, passionately, with his heart's painful kiss.

"And my hair smells so horrible," she murmured in distraction. "And I'm so awful, I'm so awful! Oh, no, I'm too awful." And she broke into bitter, heart-broken sobbing. "You can't want to love me, I'm horrible."

"Don't be silly, don't be silly," he said, trying to comfort her, kissing her, holding her in his arms. "I want you, I want to marry you, we're going to be married, quickly, quickly — to-morrow if I can."

But she only sobbed terribly, and cried:

"I feel awful. I feel awful. I feel I'm horrible to you."

"No, I want you, I want you," was all he answered, blindly, with that terrible intonation which frightened her almost more than her horror lest he should not want her.

작가소개 **D. H. Lawrence(1885-1930)**

D. H. Lawrence(1885-1930)는 영국 중부 탄광촌인 노팅엄셔의 이스트우드에서 광부의 아들로 태어났다. 정식 교육을 받은 적이 없어 글을 거의 읽을 줄 모르지만 쾌활하고 활력적이며 춤과 노래에 재주가 많은 광부인 아버지 아서 존 로런스(Arthur John Lawrence)와 전직 교사였으며 청교도적인 어머니 리디아 비어솔(Lydia Beardsall) 사이에서 다섯 명의 자녀 중 넷째 아이이자 막내아들로 태어났다. 학력이나 교양, 문화적인 면에서 현저한 차이가 나던 부모 사이의 긴장감, 그리고 어린 시절부터 경험을 통해 익힌 노동자계급의식은 그의 대다수의 작품에 투영되어 있다.

1910년, 그의 첫 번째 소설 ≪하얀 공작≫이 출간되었다. 그리고 그해 12월 9일에 연인이자 정신적 지주처럼 그와 밀접한 관계를 유지해 오던 그의 어머니가 암에 걸려 오랫동안 투병해 오다가 죽었다. 어머니의 죽음은 그의 소설 ≪아들과 연인≫에 나오는 모렐 부인(Mrs. Morell)의 죽음처럼 그가 말할 수 없는 좌절을 겪으며 아픈 세월을 보내도록 했다. 1912년 그는 노팅엄 대학 시절의 은사인 위클리(Weekley) 교수에게 취직을 부탁하러 갔다가 운명의 여인인 위클리 교수의 부인 프리다(Frieda)를 만나게 되었다. 그녀는 그보다 여섯 살 연상인데다가 어린 세 아이의 어머니로, 독일 남작 프리드리히 폰 리히토펜(Friedrich von Richthofen)의 딸이었다. 그들은 서로 만나자마자 사랑에 빠져 영국을 떠나 독일로 사랑의 도피행을 갔다. 그들은 프랑스 국경과 접한 독일의 한 지방에 묵었는데, 그는 이때 영국의 스파이라는 죄목으로 체포되지만, 프리다 아버지의 도움으로 풀려났다. 이 후 그들은 밀월여행을 하면서 알프스 산을 넘어 리바까지 도보 여행을 하는데, 로런스는 이 과정에서 시집 ≪보라, 우리는 이겨 냈도다 Look! We Have Come Through≫의 사랑시들을 썼다. 1914년 프리다가 위클리 교수와 정식으로 이혼을 하자 로런스는 그녀와 정식으로 결혼했으며, 이해에 ≪무지개 The Rainbow≫를 출간했지만, 곧 비도덕적이고 외설적이라는 이유로 발매 중지를 당했고, 로런스는 외설 작가로 낙인이 찍혔다.

1928년에 ≪채털리 부인의 정부 Lady Chatterley's Lover≫가 미국과 이탈리아의 피렌체, 프랑스의 파리에서 출간되었지만, 이 작품은 그에게 외설 작가라는 악명을 더해 주었다. 1930년 폐병이 심해져 의사의 강력한 권고로 프랑스 남부 방스의 빌라 로버몬드(Villa Robermond)에 있는 요양원에서 나온 뒤 이틀 후 3월 2일에 죽었다.

한글 번역

02

말장수의 딸

[1]

"자, 메이블. 넌 어떻게 할 테냐?"라고 조는 바보스런 경박한 어조로 물었다. 그는 자신은 끄떡없다고 생각했다. 대답도 기다리지 않고, 그는 고개를 돌리더니, 입 안에 붙은 담배 가루를 혀끝으로 굴려 내어 톡 뱉었다. 그는 자신은 끄떡없다고 생각하기 때문에 다른 것은 걱정도 하지 않았다.

삼 형제와 누이가 아침 식사가 끝난 식탁에 둘러앉아서 어떤 산만한 의논을 하고 있었다. 아침 편지 배달이 그 집 가운데 마지막 매듭을 지어 모든 것은 끝이 났다. 육중한 마호가니 가구들이 놓여 있는 황량한 식당조차도 마치 끝장이 나기를 기다리고 있는 것 같이 보였다.

의논은 아무 결론도 나지 않는 것이었다. 식탁 앞에 제각기 멋대로 앉아 담배를 피우거나 자신의 처지에 대해 막연한 생각들을 하고 있는 세 남자에게서는 아무리 해봐야 소용이 없다고 하는 듯한 기이한 분위기가 느껴졌다. 그러나 여자는 혼자였다. 그녀는 스물일곱 살 먹은, 키가 좀 작고 시무룩한 표정의 젊은 여자였다. 그녀의 인생은 그녀의 오빠들이나 동생의 것과는 달랐다. 그녀는 그들이 '불독'이라고 부르는, 그 감정이 없이 굳어 있는 얼굴만 아니었던들 미인이라고 할 수도 있을 것이었다.

문밖에서 어수선한 말발굽 소리가 났다. 세 남자는 멋대로 의자에 앉아 있는 채로 고개를 돌려 바라보았다. 큰 길과 집 앞 잔디밭을 갈라놓고 있는 빽빽한 호랑가시나무 덤불 너머로, 한 떼의 짐말들이 훈련을 받기 위해 그들의 마구간 마당으로부터 질서정연하게 끌려 나가고 있는 광경이 보였다. 마지막이었다. 그게 그들의 손을 거쳐 나가게 되는 마지막 말들이었다. 젊은 남자들은 탐탁지 않은 냉담한 표정으로 지켜보고 있었다. 그들은 모두 그들의 생계가 무너져 내리는 것을 보고 겁이 났고, 자신들이 재난 속에 휘말려 들었다는 생각은 그들의 내면의 자유를 허락하지 않았다.

그러나 그들은 원기 왕성하고 튼튼한 체격을 가진 젊은이들이었다. 맏형인 조는 서른세 살로 통이 크고 열혈적으로 잘생긴 얼굴을 가지고 있었다. 그의 얼굴은 불그레했고, 늘 굵은 손가락으로 검은 콧수염을 비틀고 있었으며, 그의 두 눈은 깊은 맛이 없었고 불안정했다. 그는 웃을 때 육감적으로 이를 드러내는 버릇을 가지고 있었으며, 그의 몸가짐은 고상하지 못했다. 그는 속수무책이라는 것 때문에 흐려진 눈빛으로, 몰락에서 오는 어떤 허탈한 상태에서, 말들을 바라보고 있었다.

덩치가 큰 짐수레 말들이 지나갔다. 그 말들은 전부 네 마리였는데 일렬로 매어져 있었다. 그것들은 큰 길에서 골목길이 갈라지는 곳까지 끌려가서는 사람을 경멸하듯이 검은 진창 속에 그 커다란 발굽을 고정시키고, 그 거대하고 둥근 궁둥이를 멋들어지게 흔들어보다가, 모퉁이를 돌아 좁은 길로 꺾이어 들어갈 때에는 갑자기 몇 발짝을 빠른 걸음으로 떼어 놓아 보기도 했다. 그 동작 하나하나가 둔중하고 굼뜬 근력과 인간의 지배를 받지 않을 수 없게 하는 우둔함을 나타내보였다. 앞서 가던 마부가 고삐를 잡아채며 뒤를 돌아보았다. 그러자 말들의 행렬은 골목길로 들어가 더 이상 보이지 않았다. 마지막 말의 꼬리가 생울타리에 가려져, 잠을 자듯이 걸어가는 커다란 궁둥이로부터 빳빳이 뻗쳐 올려져 있는 것이 보였다.

조는 흐릿한 절망의 눈으로 바라보고 있었다. 그에게 있어서 말들은 거의 자신의 몸과 같았다. 그는 이제 자신이 끝장이 났다는 생각을 하고 있었다. 다행히 그는 자신과 동갑의 연인과 약혼을 한 상태여서, 멀지 않은 곳의 대저택에서 집사 노릇을 하고 있는 그녀의 아버지가 일거리를 찾아줄 것이었다. 그는 결혼을 하게 될 것이고, 남에게 매여 평소의 일을 하게 될 것이었다. 그의 인생은 끝이었다. 그는 이제 복종의 동물이 될 것이었다.

그는 사라져 가는 말발굽 소리가 두 귀에서 사라지지 않는 것을 느끼며 편치 못한 심정으로 고개를 돌렸다. 그리고는 불안한 마음을 어쩌지 못하고 접시에 남은 베이컨 껍질을 집어 가고, 약한 휘파람 소리와 함께 그것을, 난로 울에 기대어 엎드려 있던 테리어 개에게 던져 주었다. 그는 개가 그것을 삼키는 것을 보고 있었다. 그러다가 개가 그의 얼굴을 쳐다보자 엷은 미소 같은 것을 떠올리며, 그는 쓸데없이 높은 소리로 말했다.

"너도 이제 변변한 베이컨 조각 하나도 못 얻어먹겠구나. 안 그러니, 이 녀석아."

개는 쓸쓸하게 꼬리를 까딱거리더니, 허리를 바짝 낮추고 빙그르르 몸을 한 바퀴 돌리고는 다시 엎드려 버렸다.

[2]

식탁에는 또 다시 절망적인 침묵이 왔다. 조는 가족회의가 끝나기까지는 그 자리를 떠나고 싶지 않았기 때문에 의자에 앉은 채 밍기적거리고 있었다. 둘째인 프레드 헨리는 자세가 곧고 팔다리가 미끈했으며 빈틈이 없는 사람이었다. 그는 말들이 지나가는 것을 좀 더 침착하게 지켜보고 있었다. 설사 그가 조와 마찬가지로 하나의 동물이라 하더라도 그는 지배를 받는 동물이 아니라 지배를 하는 동물이었다. 그는 어떤 말이라도 마음대로 다루었고, 또 늘 그러한 지배자다운 풍모를 지니고 있었다. 그는 뻣뻣한 갈색의 콧수염을 입술에 닿지 않도록 쓸어 올리며 신경질적으로 누이동생을 쳐다보았다. 그녀는 아무런 감정도 나타내지 않고 속마음을 전혀 떠볼 수 없는 태도로 앉아 있었다.

"루시한테 가서 잠시 있도록 해라."라고 그가 말했다. 그녀는 아무 대답도 하지 않았다.

"그 밖에 달리 무슨 방도가 없지 않니?"라고 프레드 헨리가 재차 말했다.

"가서 하녀 노릇이나 해."라고 조가 끼어들며 짤막하게 말했다.

그녀는 몸의 근육 하나 움직이지 않았다.

"나 같으면 간호사 양성소에 가겠네."라고 막내인 맬콤이 말했다. 그는 가족 중의 어린애로, 신선하고 명랑한 낯을 가진 스물두 살의 청년이었다.

그러나 메이블은 그가 하는 말을 귀담아듣지도 않았다. 그들은 그녀를 놓고 여러 해 동안 하도 많은 말을 해 왔기 때문에 그녀는 그들의 말을 거의 듣고 있지도 않았다.

벽난로 위의 대리석 조각 시계가 삼십 분을 알렸다. 개가 난로 앞 깔개에서 엉거주춤 몸을 일으켜 아침 식탁의 네 사람을 쳐다보았다. 그러나 그들은 여전히 아무 효과도 없는 가족회의를 끌어가고 있었다.

"오 좋아."라고 갑자기 조가 뚱딴지 같이 말했다. "난 가야겠어."

그는 의자를 뒤로 물리고 식탁 밑에서 무릎을 빼내기 위해서 마치 말처럼 두 무릎을 쑥 뒤로 당겨가지고 일어서서 벽난로 쪽으로 갔다. 그러나 그는 방에서 나가지 않고 있었다. 다른 사람이 무슨 말을 할지, 어떻게 할지가 궁금했던 것이다. 그는 파이프에 담배를 담으면서 개를 내려다보고, 짐짓 만들어내는 높은 음성으로 말했다.

"나랑 갈래? 나랑 같이 갈래? 네가 생각하는 것보다 가는 곳은 멀단다. 알아듣겠니?"

개는 까딱거리며 꼬리를 흔들었다. 그는 턱을 내밀고 파이프를 양손으로 감싸 쥐고서 담배를 피우는 데 열중했다. 그러면서도 멍청한 갈색 눈으로 계속해서 개를 내려다보고 있었다. 개는 못 믿겠다는 듯한 애처로운 눈길로 그를 올려다보았다. 조는 두 무릎을 내밀고 정말로 말처럼 서 있었다.

"루시한테서 편지 왔었니?"라고 프레드 헨리가 누이동생에게 물었다.

"지난주에"라는 심드렁한 대답이 나왔다.

"뭐라든?"

대답이 없었다.

"와서 같이 있자고 했니?"라고 프레드 헨리가 재차 물었다.

"내가 원하면 그래도 좋다고."

"그럼 가도록 해라. 월요일에 간다고 그래라."

이 말에는 대답이 없었다.

"그렇게 하겠지?"라고 프레드 헨리는 약간 화가 나서 말했다.

그러나 그녀는 대답하지 않았다. 방 안에는 속절없고 초조한 침묵이 차 있었다. 맬콤이 바보처럼 싱그레 웃었다.

"다음 수요일까지는 마음을 결정해야 한다."라고 조가 큰 소리로 말했다. "그렇지 않으면 길거리에 나앉게 돼."

젊은 여인의 얼굴이 어두워졌다. 그러나 그녀는 꼼짝 않고 앉아 있었다.

"잭 퍼디슨이 와요."라고 무심히 창밖을 내다보고 있던 맬콤이 소리쳤다.

"어디?"라고 조가 큰 소리로 물었다.

"방금 지나갔어요."

"우리 집으로 오니?"

맬콤은 문 쪽을 보느라고 길게 목을 뺐다.

"예"라고 그가 말했다.

[3]

침묵이 흘렀다. 메이블은 식탁 머리에 마치 유죄판결을 받는 사람처럼 앉아 있었다. 주방 쪽에서 휘파람 소리가 났다. 개가 일어서서 날카롭게 짖었다. 조가 문을 열고 소리쳤다.

"들어오게."

잠시 뒤 한 청년이 들어 왔다. 그는 오버코트를 입고 자주색 목도리를 두르고 있었다. 그리고 트위드 천으로 된 캡을 눌러 쓰고 있었는데, 방에 들어와서도 그것을 벗지 않았다. 그는 중간 정도의 키에 얼굴은 약간 길고 창백했고, 두 눈은 피곤해 보였다.

"안녕, 잭! 어서 오게, 잭!"이라고 맬콤과 조가 큰 소리로 말했다. "잭."이라고 프레드 헨리는 짧게 말했다.
"무얼 하고 있나?"라고 새로운 인물이 프레드 헨리에게 물었다.
"마찬가지지. 수요일까지는 나가야 한다네. 감기 들었나?"
"음. 그것도 아주 심하게."
"그럼 누워 있지 그래"
"내가, 누워 있어? 두 다리로 서 있을 수 없을 정도면 그럴지도 모르지만."이라고 젊은이는 목쉰 소리로 말했다. 그의 말씨에는 스코틀랜드 사투리가 약간 섞여 있었다.
"그럼 볼 장 다 본 것 아닌가?"라고 조가 거칠게 말했다. "의사가 감기가 들어가지고 목쉰 소리를 하고 돌아다니면 말이야. 환자들 보기에 꼴이 아니지?"
젊은 의사가 천천히 그를 쳐다보았다.
"자네 어디 아픈가?"라고 그가 빈정거리는 투로 말했다.
"아픈 데 없는데. 잘못 보셨지. 왜?"
"환자 생각을 끔찍이 해주는 것 같기에. 자네도 환자가 아닌가 생각했지."
"경을 칠. 몸이 아팠을 때도 열이 펄펄 끓는 의사한테 보인 적은 없네. 앞으로도 그럴 거구."라고 조가 대꾸했다.
그때 메이블이 자리에서 일어섰다. 그리고 일동은 그제야 그녀의 존재를 의식하는 듯했다. 그녀는 접시를 챙기기 시작했다. 젊은 의사는 그녀를 쳐다보았지만 말을 걸지는 않았다. 그는 그때까지 그녀에게 인사도 하지 않은 채였다. 그녀는 아무 감정도 나타나지 않고 변화도 없는 얼굴로 식기 쟁반을 들고 방을 나갔다.
"그럼 언제 떠나나, 모두들 말이야?"라고 의사가 물었다.
"나는 열한 시 사십 분 차로 떠나요."라고 맬콤이 대답했다. "이륜마차를 타고 역까지 갈 거지요, 큰 형?"
"그래, 그런다고 말했잖아?"
"그럼 말을 메워야겠군요. 안녕히 계세요, 잭. 떠나기 전에 또 만나지 못할 거예요."라고 맬콤이 악수를 하면서 말했다.
그는 밖으로 나갔다. 그 뒤를 조가 따라 나갔는데, 그는 기가 죽어 있는 모습이었다.
"도대체 이게 무슨 날벼락이야!"라고 프레드 헨리하고만 남게 되자 의사가 말했다. "그래, 수요일 이전에 떠나게 되나?"
"그러라는 명령이야."라고 상대방이 대답했다.
"어디로, 노댐프튼으로 가나?"
"음."
"제기랄!"이라고 퍼거슨이 안타까워하면서 외쳤다.
그다음에는 두 사람 다 잠자코 있었다.
"다 정리가 됐나?"라고 퍼거슨이 물었다.
"그런 셈이야."
또 말이 끊어졌다.
"섭섭하네, 프레드."라고 젊은 의사가 말했다.
"나도 마찬가지야, 잭."이라고 상대방이 말했다.
프레드 헨리는 고개를 돌렸다. 아무 할 말도 없었다. 메이블이 식탁을 치우러 다시 들어왔다.
"당신은 어쩔 셈인가요, 미스 퍼빈?"이라고 퍼거슨이 물었다. "언니 댁으로 가나요?"
메이블은 그녀의 그 흔들리지 않는 무서운 시선으로 그를 쳐다보았다. 그 시선은 항상 그를 불안하고 거북살스럽게 만들어 놓는 것이었다.
"아뇨."라고 그녀가 말했다.
"허, 그럼 도대체 어떻게 할 셈이냐? 무슨 속셈인지 말을 좀 해봐라."라고 프레드 헨리가 쓸데없는 줄 알면서도 격렬하게 소리쳤다.
그녀는 외면을 했을 뿐이었다. 그리고 자기 할 일을 계속했다. 그녀는 하얀 식탁보를 개어 치우고, 대신 세니일 천을 깔았다.
"세상에 이런 뚱보가 어디 있담!"이라고 그녀의 오빠가 중얼거렸다.
그러나 그녀는 젊은 의사가 시종 유심히 지켜보는 가운데, 완전히 무감정한 얼굴로 할 일을 끝냈다. 그리곤 방을 나갔다.
프레드 헨리가 그 뒤를 노려보았다. 그는 이를 악물고 푸른 눈에 지독한 증오의 빛을 띠우면서 분에 못 이겨 이맛살을 찌푸렸다.

"걔는 절구로 빻아도 가루밖에 안 나올 아이야."라고 그가 작고 얄팍한 목소리로 말했다.
의사는 엷은 미소를 띄웠다.
"그럼 어떻게 한다는 건가?"라고 그가 물었다.
"내가 그걸 어떻게 아나?"라고 상대방이 대답했다.
잠시 말이 끊어졌다. 의사가 몸을 움직였다.
"오늘 밤에 좀 만나고 싶네."라고 그가 친구에게 말했다.
"그래? 어디서 만날까? 제스데일에 갈까?"
"글쎄. 감기가 좀 심해서. 하지만 '달과 별'에 나가겠네."
"리지와 메이는 하루 밤만 심심하게 지내게 하고 말인가?"
"그래. 지금 기분 같아서는—"
"모든 게 다—"

[4]

두 청년은 복도를 통해 뒷문으로 나갔다. 집은 컸다. 그러나 이제는 하인들도 없고 황량하기만 했다. 뒤곁에는 벽돌을 깐 조그만 마당이 있었고 그다음에 자잘한 붉은 자갈을 공들여 깐 큼직한 네모난 마당이 있었는데, 그 양편으로 마구간들이 있었다. 건물이 없는 쪽으로는 음습한 겨울 들판이 경사를 이루고 펼쳐져 있었다.

마구간들은 비어 있었다. 그들의 부친 조셉 퍼빈은 전혀 교육을 받지 못한 사람이었는데 꽤 규모가 큰 말장수가 되었다. 마구간들에는 말이 그득했었고, 말과 말장수와 마부들의 왕래와 소란이 그치질 않았다. 또 주방에는 하인들이 들끓었었다. 그러나 근래에 와서 사정이 악화되었다. 노인은 가세를 만회하기 위해서 재혼을 했다. 그런데 그는 세상을 떠났고, 모든 것이 파멸이었다. 남은 거라고는 빚과 위협 뿐이었다.

몇 달 동안 메이블은 하인 하나 없이 빈궁 속에서 형제들을 위해 살림을 꾸려왔었다. 그녀는 벌써 10년이나 집안 살림을 해온 터였다. 그러나 전에는 모든 것이 풍성했었다. 지난 날에는 모든 것이 아무리 야만스럽고 포악하다 하더라도, 돈이 가져다주는 의미가 그녀의 콧대를 세워 주었고, 자신감을 불어 넣어 주었다. 남자들은 입이 험하고, 주방의 여자들은 행실이 나쁘다고 소문이 나고, 오빠들은 사생아를 낳아 놓아도 상관없었다. 돈이 있는 한, 이 여자는 확고한 자신의 지위를 믿고 있었고, 마음껏 오만하고 침착할 수가 있었다.

집에 오는 사람들이라고는 모두가 말장수 아니면 상스러운 사람들뿐이었다. 메이블에게는 언니가 출가한 후로는 어떠한 여성 상대도 없었다. 그러나 그녀는 개의치 않았다. 그녀는 규칙적으로 교회에 나갔고, 아버지의 시중을 들었다. 그녀는 열네 살 때 세상을 떠난 사랑하는 어머니를 언제나 머릿속에 간직하고 살았다. 그녀는 또 다른 면에서는 아버지도 사랑했다. 그녀는, 쉰세 살에 그가 재혼을 할 때까지, 오직 그에게만 의존했고 그에게서만 안정감을 얻을 수 있었다. 그러나 그 후로는 단연 아버지와 정을 끊고 살았다. 그러다가 그는 빚더미 속에 그들을 남겨 놓고 세상을 떠났다.

빈곤의 세월을 지내면서 그녀는 무척 고생을 했다. 그러나 아무 것도 이 집 식구들 모두가 가지고 있는 기이한 무뚝뚝함과 동물적인 오만을 꺾어 놓을 수는 없었다. 그러다가 메이블에게도 종말이 왔다. 그래도 그녀는 자신의 줏대를 버리려 하지 않았다. 그녀는 지금까지와 마찬가지로 자신의 길을 가려 했다. 그녀는 항상 자신의 처지에 대한 열쇠를 자신이 쥐고 있으려 했다. 좌우를 살필 것도 없이 고집스럽게, 그녀는 하루하루 참고 견디었다. 무얼 생각할 건가? 누구에게 무슨 대답을 할 건가? 끝이 왔다는 것만으로 충분했다. 출구는 없었다. 그녀는 그 작은 읍 거리를 남의 눈을 피해 다닐 필요가 없었다. 자기 자신의 생각조차 하지 않았다. 좌우를 살필 것도 없이 고집스럽게, 그녀는 일종의 무아경 속에서 자기완성과 영광의 경지에 도달하려고 하고 있는 것 같았고, 하늘나라의 영광을 얻은 어머니에게 접근해 가고 있는 것 같았다.

오후가 되자 그녀는 곧 가위와 스펀지와 조그만 청소용 솔을 담은 백을 가지고 외출했다. 잿빛으로 흐린 겨울날이어서 검푸르게 보이는 들판에는 슬픔이 더해져 있는 것 같았고, 멀지 않은 주물공장에서 나는 연기로 대기는 시커멓게 물들어 있었다. 그녀는 빠른 걸음으로 아무에게도 눈길을 돌리지 않은 채 묵묵히 보도를 걸어, 읍내를 지나, 교회 묘지로 갔다.

그녀는 언제나 거기에만 오면 모든 사람의 시선에서 벗어난 것 같은 안정감을 느꼈다. 그러나 사실에 있어서 그곳은 지나가는 모든 사람들의 눈에 환히 노출되는 곳이었다. 그럼에도 불구하고 무덤 위로 의연히 솟아있는 교회의 그늘 안에 들어서기만 하면, 그녀는 마치 자신이 세상과 절연되고, 타국에라도 온 것처럼 두꺼운 묘지의 담장 안에 자신이 격리된 것 같은 느낌을 갖게 되는 것이었다.

그녀는 조심스럽게 무덤의 풀을 깎고, 주석으로 만든 십자가 주변의 연분홍색 작은 국화꽃들을 손질했다. 그 일이 끝나자 그녀는 근처에 있는 빈 항아리를 가지고 물을 길어 왔다. 그리고는 묘석과 관석(罐石)을 정성을 다해 스펀지로 닦아냈다.

이 일은 그녀에게 진정한 만족을 주었다. 그녀는 어머니의 세계와 직접적으로 접촉을 한다는 느낌을 느꼈다. 그녀는 마치 이 일을 함으로써 자신이 어머니와의 오묘하고 밀접한 합일의 경지에 도달하게 되기라도 하는 것처럼, 오직 이 일을 위하여 수고를 많이 했고, 순수한 행복에 가까운 경지에서 공원을 지나왔다. 이 세상에서 그녀가 따르고 있는 삶은 그녀가 어머니로부터 물려받은 죽음의 세계보다는 훨씬 더 비현실적인 것이기 때문이었다.

[5]

의사의 집은 바로 교회 옆이었다. 퍼거슨은 고용된 조수에 불과하기 때문에 시내에서 먼 변두리 지역 전담이었다. 마침 진료소의 외래환자를 보기 위해 급히 가고 있던 그는 묘지 쪽에 시선을 던졌다가 무덤 앞에서 일을 하고 있는 그녀를 보았다. 그녀는 너무도 자신의 일에 열중해 있고 동떨어져 있었기 때문에, 그것은 마치 딴 세계를 들여다보는 듯한 느낌이었다. 무언지 모를 신비한 것이 그에게 와 닿았다. 그는 마치 마법에라도 걸린 것처럼 걸음을 늦추고 그녀를 지켜보고 있었다.

그가 보고 있는 것을 눈치채고 그녀가 고개를 들었다. 두 사람의 시선이 마주쳤다. 그러자 두 사람은 마치 서로 상대방에게 들키기라도 한 것처럼 시선을 돌렸다. 그는 모자를 벗어 보이고는 그 자리를 지나갔다. 그러나 그의 의식 속에는, 교회 묘지의 한 무덤 옆에서 고개를 들고, 그 크고 기이한 빛이 도는 눈으로 자신을 지그시 쳐다보던 그녀의 얼굴이, 마치 하나의 환상처럼 또렷이 남아 사라지질 않았다. 확실히 그녀의 얼굴에는 무언가 기이한 빛이 있었다. 그것은 최면이라도 걸듯 그를 얼떨떨하게 했다. 그녀의 두 눈에는, 마치 무슨 강력한 약이라도 먹은 것처럼, 그의 심신 전체를 지배하는 어떤 엄청난 힘을 가지고 있었다. 그는 그러한 경우, 전에는 온몸의 힘이 빠지고 옴짝달싹 할 수 없는 느낌이었다. 그러나 이때는 달랐다. 그에게는 생기가 돌고, 그는 안정을 요하는 일상의 자아로부터의 해방감을 맛볼 수 있었다.

그는 될 수 있는 대로 빨리 진료소의 일을 끝마치고, 기다리고 있는 사람들의 약병을 값싼 약으로 채워 주었다. 그다음에는 쉴 사이도 없이 차 마시는 시간 전에 자기 왕진 구역의 다른 지역에 사는 몇 사람의 환자를 보기 위해 출발했다. 그는 언제나 할 수만 있다면 걷기를 좋아했는데, 특히 몸이 좋지 않은 때에는 더욱 그랬다. 걷는 것이 건강을 회복시켜 준다고 그는 생각했다.

저녁이 가까워 오고 있었다. 음습하고 무거운 냉기가 서서히 스며들며 모든 기능을 마비시키는, 잿빛으로 활동이 정지된 겨울 날씨였다. 그러나 그런 것은 그의 안중에 없었다. 그는 급히 언덕을 올라가, 석탄재를 깐 검은 길을 따라 암녹색 밭들을 건너질렀다. 교회의 얕은 분지 저편으로 멀리 종탑 하나, 교회의 첨탑 하나, 그리고 낮고 볼품없는 불거진 집들이 연기를 피워 올리는 한 무더기의 잿더미처럼 다닥다닥 붙어 있었다. 그리고 그 변두리, 분지의 언저리에 퍼빈 일가의 집인 올드메도우가 있었다. 마구간과 바깥채 집들은 경사면 이쪽에 위치하고 있었기 때문에 똑똑히 보였다. 이제, 그 집에도 자주 갈 수 없이 되어 버렸다. 또 하나의 의지할 곳이 없어지는 것이었다. 하나의 장소가 사라지는 것이었다. 그 생소하고 작고 추악한 도시에서 그가 관심을 기울이고 있던 유일한 친구들을 그는 잃게 되는 것이었다. 일 뿐이었다. 이집 저집 탄갱부들과 제철직공들을 쉬지 않고 바쁘게 찾아다니는 고된 일 뿐이었다. 그 고역이 그를 지치게 했다. 그러나 동시에 그는 또 그것을 갈망하기도 했다. 근로자들의 가정에 들어간다는 것, 그들의 가장 내부적인 삶의 실질을 체험한다는 것은 그에게 삶의 자극제가 되어 주었다. 거기에서 그의 신경은 자극을 받았고, 또 만족을 얻었다. 그는 세련되지 않고, 불평을 하고, 강력한 감정을 지닌 수많은 남녀의 생활 자체에 접근하여 그 속으로 파고들어갈 수 있었다. 그는 그 지옥 같은 구멍을 증오한다고 말했고, 또 불평했다. 그러나 사실에 있어서 그것은 그에게 자극을 주었다. 세련되지 않고 강력한 감정을 지닌 사람들과의 접촉은 그의 신경에 전달되는 자극제였다.

[6]

올드메도우의 아래, 경토가 얕고 축축하고 우묵한 녹색의 밭들 한 가운데에 네모난 깊은 호수가 있었다. 주변의 경치를 둘러보던 의사의 예민한 눈에, 밭가의 문을 지나 호수 쪽으로 가는 검은 옷차림의 사람 모습이 눈에 띄었다. 그는 다시 한번 눈여겨보았다. 메이블 퍼빈 같았다. 갑자기 그의 마음이 생기를 띄우며 긴장되었다.

왜 그 쪽으로 가는 것일까? 그는 언덕 위로 난 길 위에 멈춰 서서 응시하고 있었다. 그는 해가 진 어둠의 공동 속에서 움직이고 있는 조그마한 검은 모습을 볼 수 있을 뿐이었다. 그는 그처럼 몽롱한 어둠 속에서 그녀를 보고 있었기 때문에 그녀를 보는 것은 일상적인 눈을 통해서가 아니라 투시자와 같이 마음의 눈을 통해서인 것 같았다. 그러나 눈에 힘을 모으고 보면 사실상으로 그녀의 모습이 보이고 있었다. 만약 잠깐이라도 시선을 떼기만 하면 급격히 짙어지는 어둠 속에 그녀의 모습을 아주 잃어버리고 말 것만 같았다.

그는 자의에 의해서 움직인다기보다 어떤 힘에 의해서 보내지는 것처럼 똑바로 밭을 지나 호수 쪽으로 가고 있는 그녀의 동작을 낱낱이 주시하고 있었다. 그녀는 호숫가의 둑 위에 잠시 서 있었다. 그녀는 한 번도 고개를 들지 않았다. 다음에 그녀는 천천히 호수 속으로 걸어 들어 갔다.

그가 꼼짝도 못하고 서 있는 동안에 그 조그맣고 검은 모습은 호수의 중심을 향하여 천천히 자의에 의하여 걸어 들어 갔다. 그것은 더욱 서서히, 조금씩 멎어 있는 물 속 깊은 곳으로 들어갔다. 물론 그녀의 가슴까지 차올랐다. 그런데도 그녀는 움직이고 있었다. 그러자 완전히 어두워진 땅거미 속에서 그녀의 모습은 더 이상 보이지 않게 되었다.

"저런!" 그가 외쳤다. "저럴 수가 있나!"

그리고 그는 곧장 질척한 밭들을 지나고 밭 사이의 울타리들을 뚫으며 냉혹한 겨울의 불투명한 음울 속으로 뛰어 내려갔다. 호수까지 도착하는 데에는 몇 분이 걸렸다. 그는 가쁜 숨을 몰아쉬며 둑 위에 서 있었다. 아무것도 보이지 않았다. 그의 두 눈은 죽어 있는 호수의 물속까지 꿰뚫어 볼 수 있을 것 같아 보였다. 수면 아래 잠긴 그녀의 검은 옷의 어두운 그림자임이 분명했다.

그는 천천히 호수 속으로 들어가 보았다. 바닥은 깊고 물렁한 진흙이었다. 발이 빠져들어 가고, 물이 싸늘하게 그의 다리를 죄어들었다. 움직이는 데 따라 물속에 배어든 차갑고 썩은 진흙 냄새가 맡아졌다. 그것은 그의 폐에 해로운 것이었다. 그러나 혐오감을 무릅쓰고 그는 호수 속으로 좀 더 깊이 들어갔다. 차가운 물이 허벅다리를 지나 허리로 차오르고 배까지 올라왔다. 그의 하체는 그 끔찍하고 차가운 자연의 요소 속에 잠겨 있었다. 그런데 바닥은 물렁거리기만 할 뿐 발에 닿는 것이 없었기 때문에, 머리까지 물속에 빨려 들어가 허우적거리게 되지 않을까 걱정이었다. 그는 헤엄을 칠 줄 몰랐다. 그래서 겁이 났다.

그는 약간 허리를 구부려 손을 물속에 넣고 더듬더듬 그녀의 몸을 찾았다. 죽어 있는 싸늘한 호수가 그의 가슴에서 출렁거렸다. 그는 좀 더 깊이 들어가 또 다시 손을 물속에 집어넣고 사방으로 더듬었다. 그의 손에 그녀의 옷이 닿았다. 그러나 그것은 슬그머니 그의 손끝에서 빠져나갔다. 그는 필사적으로 그것을 움켜잡으려 애를 썼다.

그러다가 그는 몸의 균형을 잃고 그 더러운 흙탕물 속에 빠져 숨이 막힐 지경이 되었다. 그는 잠시 동안 미친 듯이 허우적거렸다. 그러다가 드디어, 영원처럼 생각되는 긴 시간을 지낸 후, 다시 발을 디디고 일어서서 물 밖으로 몸을 내밀고 주변을 둘러보았다. 그는 숨을 헐떡거렸다. 그리고 자신이 이 세상에 있음을 알았다. 다음에 그는 물을 보았다. 그녀가 가까운 곳에 떠올라 있었다. 그는 그녀의 옷을 움켜쥐고 끌어당기며 다시 물가로 나가기 위해 몸을 돌렸다.

그는 한 걸음 한 걸음에 온갖 신경을 쓰며 천천히 나아갔다. 몸이 차츰 물 밖으로 나오며 호수로부터 빠져나왔다. 물은 이제 다리까지 밖에 닿지 않았다. 그는 호수의 손아귀에서 벗어난 것을 천만다행으로 생각하며 마음속으로 감사했다. 그는 그녀의 몸을 안아 들고, 물컹물컹한 잿빛 진흙의 공포로부터 벗어나, 둑을 향해 비척비척 걸어갔다.

그는 둑 위에 그녀를 내려놓았다. 그녀는 완전히 의식을 잃고 있었고, 몸에서는 물이 줄줄 흘러내렸다. 그는 그녀의 입으로 물을 토하게 하고, 그녀를 회복시키기 위해 애를 썼다. 얼마 안 있다가 그는 그녀가 다시 숨을 쉬기 시작하는 것을 알 수 있었다. 그녀는 자연스럽게 호흡을 하고 있었다. 그는 그녀의 생명을 감지할 수 있었다. 그녀는 되살아나고 있었다. 그녀의 얼굴을 닦아 주고, 자신의 외투로 몸을 싸준 다음, 주변의 잿빛 어둠의 세계를 둘러보았다. 그리고 난 다음 그는 다시 그녀를 안아 들고 비틀비틀 둑을 내려와 밭을 가로질러 갔다.

이는 상상도 할 수 없을 만큼 먼 길로 느껴졌다. 그리고 안고 있는 그녀의 몸이 너무도 무거웠기 때문에 도저히 집까지 도착할 수 없을 것만 같았다. 그러나 드디어 그는 마구간 마당에 들어섰고, 안마당으로 들어갔다. 그는 문을 열고 집 안으로 들어갔다. 그는 주방의 난로 깔개 위에 그녀를 내려놓고 소리쳐 사람을 불렀다. 집은 텅 비어 있었다. 그러나 벽난로에서는 불이 활활 타고 있었다.

그는 다시 그녀를 돌보기 위해서 무릎을 꿇고 앉았다. 그녀는 규칙적으로 숨을 쉬고 있었다. 그녀는 의식을 회복한 것처럼 두 눈을 크게 뜨고 있었다. 그러나 그녀의 표정에는 무언가 모자라는 것이 있었다. 그녀는 내부로는 의식이 되살아났지만 아직 주변에 대해서는 의식이 회복되지 않고 있었다.

그는 이층으로 뛰어 올라가 침대로부터 담요를 벗겨다가 따뜻하게 데우기 위해 난로 앞에 놓았다. 다음에 그는 척척하게 젖어 흙냄새를 풍기는 그녀의 옷을 벗기고 타월로 온몸의 물기를 닦아낸 다음, 알몸인 채로 담요로 쌌다. 다음에는 술을 찾으러 식당으로 갔다. 위스키가 약간 있었다. 그는 자신이 먼저 한 모금 마시고, 그녀의 입에도 약간 흘려 넣었다.

그 효과는 금방 나타났다. 그녀는 아까부터 그를 보고 있었던 것처럼 똑바로 그의 얼굴을 바라보고 있었다. 그러나 이제 처음으로 그녀는 그를 의식한 것이었다.

[7]

"퍼거슨 선생님?"이라고 그녀가 말했다.

"왜요?"라고 그가 대답했다.

그는 이층에 가서 마른 옷가지를 찾아보려고 생각하며 자신의 윗도리를 벗고 있었다. 그는 그 죽은 진 흙탕물 냄새를 견딜 수가 없었고, 자신의 건강도 몹시 걱정이 되었다.

"제가 무슨 짓을 했죠?"라고 그녀가 물었다.

"호수 속으로 걸어 들어 갔어요."라고 그가 대답했다. 그는 병이 난 사람처럼 몸이 떨려서 그녀를 돌볼 수가 없었다. 그녀의 시선을 여전히 그 만을 향하고 있었다. 그는 아무렇게도 할 수 없는 채 그녀를 돌아보며 마음속이 어두워짐을 느꼈다. 그러나 몸의 떨림은 진정되었다. 그리고 어둡고 미지의 것이지만, 그의 생명은 그의 내부에서 강력하게 되살아났다.

"제가 정신이 나갔었나 보죠?"라고 그녀는 시선을 줄곧 그에게만 고정시키고 있는 채 물었다.

"그런지도 모르죠, 잠깐 동안."이라고 그가 대답했다. 그는 다시 몸에 힘이 회복되었기 때문에 마음이 안정되었다. 이상하게 애를 태우던 긴장도 사라졌다.

"지금도 제 정신이 아닐까요?"라고 그녀가 물었다.

"그렇게 생각해요?"라고 그는 잠시 생각에 잠겼다. "아니오."라고 그는 진정으로 대답했다. "내가 보기에는 조금도 그렇지 않아요." 그리고 그는 이 일에 있어서는 그보다 그녀가 더 힘이 강할지도 모른다는 생각을 했다. 그녀는 계속해서 그만 응시하고 있었다. "갈아입을 마른 옷이 어디 있는지 가르쳐 주겠소?"라고 그가 물었다.

"저 때문에 호수에 뛰어드셨어요?"라고 그녀가 물었다.

"아니오."라고 그가 대답했다. "나는 걸어 들어 갔소. 그러나 뛰어든 거나 마찬가지로 머리끝까지 빠져 버렸소."

잠시 동안 침묵이 흘렀다. 그는 망설였다. 그는 어서 이층에 올라가서 마른 옷을 갈아입고 싶었다. 그러나 그의 내부에는 또 하나의 욕망이 있었다. 그리고 그녀도 그를 잡고 있는 것으로 생각되었다. 그의 의지력은 잠들었거나 그에게서 떠나버린 것 같았다. 그래 자신은 그녀 앞에서 맥을 못 추고 서 있는 것 같았다. 그러나 그는 자신의 내부의 온기를 느끼고 있었다. 그의 젖은 옷이 그의 몸에 철썩 달라붙어 있었지만 그의 몸은 전혀 떨리지 않았다.

"왜 그러셨어요?"라고 그녀가 물었다.

"당신이 그런 어리석은 짓을 하는 것을 원치 않았기 때문이오."라고 그가 말했다.

"어리석었던 게 아니에요."라고 그녀는 소파의 쿠션을 베고 누운 채 여전히 그를 응시하며 말했다. "그게 제가 해야 할 올바른 일이었어요. 전 그때 가장 현명한 생각을 했었던 거예요."

"가서 이 젖은 옷 좀 갈아입어야겠소."라고 그가 말했다. 그는 여전히 그녀가 가라고 하기 전에는 면전에서 물러날 힘이 없었다. 마치 과거가 그의 육신의 생명을 쥐고 있는 것 같았다. 그리고 그는 거기에서 빠져나올 수가 없었다. 그렇지 않으면 자신이 그녀를 원치 않았는지도 몰랐다.

갑자기 그녀가 일어나 앉았다. 그러자 그녀는 자신의 현재 상태를 알아차렸다. 그녀는 자신의 몸을 두르고 있는 담요의 감촉을 느낄 수 있었다. 그녀는 자신의 팔다리를 의식할 수 있었다. 잠시 동안 그녀는 궁리를 하고 있는 것처럼 보였다. 그녀는 격렬한 시선으로 무엇을 찾는 양 주위를 둘러보았다. 그는 여전히 불안한 마음으로 서 있었다. 그녀는 흩어져 있는 자신의 옷을 보았다.

"누가 내 옷을 벗겼죠?"라고 그녀는 그에게만 시선을 쏟으며 물었다.

"내가 벗겼소."라고 그가 대답했다. "당신을 회생시키기 위해서."

잠시 동안 그녀는 입술을 벌린 채 두려워하는 표정으로 그를 쳐다보고 앉아 있었다.

"그럼 저를 사랑하시나요?"라고 그녀가 물었다.

그는 그저 서 있는 채로 얼이 빠진 것처럼 그녀를 쳐다보고 있을 뿐이었다. 그의 영혼이 녹아버리는 느낌이었다.

그녀가 두 무릎으로 기어 앞으로 나왔다. 그리고 그를, 서 있는 채인 그의 두 다리를 안았다. 그의 두 무릎과 넓적다리를 젖가슴으로 누르며 영문을 알 수 없는 충동적인 확고한 동작으로 그를 끌어안았다. 최초로 무엇을 소유했다는 자랑에 넘치는, 활활 타오르는 것 같으면서도 순종의 빛을 띄운 완전한 변형의 시선으로 그를 올려다보면서, 그의 넓적다리를 강하게 끌어안아 그를 자신의 얼굴로, 자신의 목덜미로 끌어당기고 있었다.

"저를 사랑하시는군요."라고 그녀는 갈망과 승리와 확신이 뒤섞인 어조로, 기이한 황홀감에 사로잡혀서 말했다. "저를 사랑하시는군요. 알아요, 저를 사랑하시는 줄을. 알고말고요."

그리고 그녀는 젖은 옷 위로 그의 무릎에 정열적으로 입 맞추었다. 마치 아무 것도 의중에 없는 것처럼 열정적으로 그의 무릎에, 그의 다리에 정신없이 입을 맞추었다.

[8]

그는 헝클어진 검은 머리와, 난폭하고 맨살로 드러나 있는 동물적인 양어깨를 내려다보았다. 그는 놀랐고, 당황했고, 두려웠다. 그는 그녀를 사랑한다는 생각을 해 본 적이 없었다. 그는 그녀를 사랑하고 싶다는 생각을 해 본 적도 없었다. 그가 그녀를 구해 살려놓은 것은 한 의사로서였다. 그리고 그때 그녀는 한 사람의 환자였다. 그는 손톱만큼도 그녀에 대해서 개인적인 생각을 가져본 적이 없었다. 거기에 이처럼 개인적인 요소를 끌어들인다는 것은 그의 성미에는 안 맞는 일이었다. 그의 직업적인 명예의 훼손이었다. 그녀로 하여금 그의 무릎을 끌어안게 한다는 것은 끔찍한 일이었다. 그는 맹렬히 반항했다. 그러나, 그러나, 그는 그녀를 떼칠 힘이 없었다.

그녀는 아까와 똑같은 강력한 사랑의 탄원의 눈길로, 그리고 아까와 똑같은 초월적이며 무서운 승리의 빛이 어린 시선으로, 다시 한번 그를 쳐다보았다. 그녀의 눈에서 빛살처럼 뻗쳐 나오는 미묘한 불꽃 앞에서 그는 무력했다. 그러나 그는 그녀를 사랑하려 해 본 적이 없었다. 그에게는 전혀 그런 의도가 없었다. 그리고 그의 마음속에서는 무언가 완강한 것이 물러서지를 않았다.

"당신은 저를 사랑하시는 거예요."라고 그녀는 광란적인 깊은 확신에서 나오는 중얼거림을 반복했다. "저를 사랑하시는 거예요."

그녀의 두 손은 자꾸만 그를 끌어당겼다. 그는 두려웠다. 약간 겁이 나기까지 했다. 왜냐하면 그는 정말로 그녀를 사랑하려 한 적이 없었기 때문이었다. 그러나 그녀의 두 손은 그를 끌어당기고 있었다. 그는 몸을 가누기 위하여 재빨리 손을 뻗쳐 그녀의 맨살로 드러난 어깨를 잡았다. 어떤 불꽃이 그녀의 부드러운 어깨를 잡고 있는 그의 손을 태우는 것 같았다. 그는 그녀를 사랑하려 한 적이 없었다. 그의 인간 전체가 굴복을 반대했다. 끔찍한 일이었다. 그러나 그녀의 어깨의 촉감은 기가 막혔고, 빛나는 그녀의 얼굴은 아름다웠다. 혹시 이 여자는 미친 것이 아닐까? 그는 그녀에게 굴복하기가 무서웠다. 그러나 그의 마음속에는 아픔도 느껴졌다.

그는 그녀에게서 시선을 피하여 문 쪽을 보고 있었다. 그러나 그의 손은 여전히 그녀의 어깨 위에 얹혀 있었다. 그녀가 갑자기 조용해져 있었다. 그는 그녀를 내려다보았다. 그녀의 두 눈은 두려움과 의혹으로 커다랗게 떠져 있었고, 그녀의 얼굴에서는 빛이 사라져 가고 있었다. 그리고 그 대신 처참한 회색의 그림자가 돌아오고 있었다. 그는 그녀의 눈이 그에게 던지고 있는 질문의 감촉을, 그 질문의 뒤에 있는 죽음의 모습을 견뎌낼 수가 없었다.

그는 마음속으로 신음소리를 내면서 굴복했다. 그리고 그의 마음이 그녀에게 기울어지도록 내버려두었다. 생각지 않았던 부드러운 미소가 그의 얼굴에 떠올랐다. 그는 서서히 솟아오르는 샘물처럼, 그녀의 두 눈에 기이한 물이 솟아 나는 것을 지켜보고 있었다. 그리고 그의 가슴 속에서는 그의 심장이 불타올라 녹아버릴 것 같았다.

그는 더 이상 그녀를 쳐다보고 있을 수가 없었다. 그는 덜컥 무릎을 꿇고 두 팔로 그녀의 머리를 안아 그녀의 얼굴을 자신의 목으로 끌어당겼다. 그녀는 아주 조용했다. 터져버린 것 같은 그의 심장은 그의 가슴속에서 일종의 고뇌 때문에 타고 있었다. 그리고 그는 천천히 흘러나오는 그녀의 뜨거운 눈물이 그의 목을 적시고 있음을 느꼈다. 그러나 그는 움직일 수가 없었다.

그는 뜨거운 눈물이 그의 목덜미를 적시며 흘러내리는 것을 느꼈다. 그리고 그는 인간이 체험할 수 있는 영원성의 하나에 제어되어, 꼼짝도 못하고 있었다. 이제는 그녀의 얼굴을 바짝 끌어안고 있지 않을 수가 없이 되고 말았다. 그는 한 팔로 꽉 껴안고 있는 그녀의 머리를 놓아줄 수가 없었다. 그는 역시 그에게 있어서 하나의 삶인, 심장의 고통을 느끼는 채로 영원히 그 상태를 유지하고 싶었다. 어느 사이엔가 그는 그녀의 젖어 있는 부드러운 갈색의 머리를 내려다보고 있었다.

[9]

그때 그는 갑자기, 그 끔찍스러운 썩은 물 냄새를 맡았다. 그리고 동시에 그녀는 그에게서 몸을 빼어 그를 쳐다보았다. 그녀의 두 눈은 간절한 욕구를 담고 있었고, 그 깊이를 측량할 수 없었다. 그는 그 두 눈이 두려웠다. 그래서 그는 와락 고개를 숙이며 자기도 모르는 사이에 그녀에게 키스를 했다. 그는 그녀의 눈에서 그 두렵고 간절하고 깊이를 모를 눈빛이 없어져 주기를 바랐다.

그녀의 얼굴이 다시 그를 향했을 때, 그녀의 두 눈에는 보일 듯 반듯한 미묘한 불길이 타올랐고, 그 끔찍한 환희의 번쩍임이 나타나기 시작하고 있었다. 그것은 정말로 그에게 두려움을 주었지만 이제 그는 차라리 그걸 보고 싶었다. 왜냐하면 그녀의 얼굴에 떠올랐던 의혹의 표정은 그보다도 더 두려웠기 때문이었다.

"저를 사랑하시는 거죠?"라고 그녀가 약간 떠듬거리며 말했다.

"그래요." 그 말은 그에게 고통스러운 노력을 요했다. 그 말이 진실이 아니기 때문이 아니었다. 그것은 너무도 새로운 진실이었기 때문에, 그 말을 한다는 것은 새로이 상처 난 그의 심장을 더욱 크게 찢어놓는 것처럼 생각되었다. 그리고 그는 그것이, 그 순간에도 진실이 아니기를 바랐다.

그녀가 얼굴을 들고 그에게 접근해 왔다. 그는 고개를 숙이어 그녀의 입에 가만히 키스했다. 그것은 영원한 약속의 표시가 되는 단 한 번의 키스였다. 그리고 키스를 하는 동안에 그의 가슴 속에는 또다시 심장의 고통이 왔다. 그는 절대로 그녀를 사랑하려 한 적이 없었다. 그러나 이미 끝난 일이었다. 그는 그녀에게로 가는 심연을 넘어버렸다. 그리고 그가 뒤에 남기고 온 모든 것은 시들어버리고 공허한 것이 되어 버렸다.

키스를 하고 나자 그녀의 두 눈에는 또다시 서서히 눈물이 고였다. 그녀는 한 쪽으로 비스듬히 얼굴을 숙인 채 두 손을 무릎에 겹쳐 놓고 그에게서 떨어져 조용히 앉아 있었다. 천천히 눈물방울이 떨어졌다. 완전한 침묵이 흘렀다. 그 역시 난로 앞 깔개 위에 꼼짝도 않고 앉아서 침묵을 지키고 있었다. 찢어지는 듯한 가슴의 아픔이 그를 삼켜버리는 것 같았다. 그녀를 사랑해야 하는가? 이것이 사랑인가? 이렇게 찢어발겨져야 하는가? 의사가! 남들이 알면 얼마나 비웃을 것인가! 남들이 알게 된다는 것은 생각만 해도 괴로운 일이었다.

발가벗겨진 것 같은 내면의 아픔 속에서 그는 다시 한번 그녀를 쳐다보았다. 그녀는 시무룩한 모습으로 깊은 생각에 잠겨 앉아 있었다. 그는 그녀의 눈물 한 방울이 떨어지는 것을 보았다. 그러자 그의 심장은 뜨거운 불길을 일으켰다. 그는 그때 처음으로 그녀의 어깨와 팔이 그대로 드러나 있는 것을 보았다. 그리고 그녀의 작은 유방 중의 하나도 희미하게 보였다. 방안이 거의 깜깜할 정도가 되었기 때문이었다.

"왜 울고 있지요?"라고 그는 아까와는 다른 목소리로 물었다.

그녀는 그를 올려다보았다. 그녀의 눈물의 배후에는 그녀의 현재 처지에 대한 최초의 의식이 가져온, 부끄러움의 어두운 빛이 엿보였다.

"사실은, 울고 있는 게 아니에요."라며 흠칫 놀라는 듯 그를 지켜보며 그녀가 말했다.

그는 손을 뻗쳐 그녀의 드러난 팔을 잡았다.

"당신을 사랑하오! 당신을 사랑하오!"라고 그는 평소와는 다른, 부드럽고 낮은, 떨리는 목소리로 말했다.

그녀는 몸을 움츠리고 고개를 떨어뜨렸다. 그녀의 팔을 쥐고 있는 그의 손의, 부드러우면서도 뼈 속까지 스며드는 듯한 감촉이 그녀를 슬프게 했다. 그녀는 그를 올려다보았다.

"갔다 오겠어요."라고 그녀가 말했다. "가서 마른 옷을 갖다 드리겠어요."

"왜요?"라고 그가 말했다. "나는 괜찮아요."

"그래도 갔다 오겠어요."라고 그녀가 말했다. "그리고 갈아입으실 걸 가져오겠어요."

그는 그녀의 팔을 놓아주었다. 그녀는 두려워하는 눈길로 그를 쳐다보며 담요로 몸을 감았다. 그러나 그녀는 금방 일어서지 않았다.

"키스해 주세요."라고 그녀는 간절한 어조로 말했다.

그는 그녀에게 키스를 했다. 그러나 분노가 섞인 짤막한 키스였다.

그리고 잠시 후 그녀는 담요가 제대로 둘러지지 않아 쭈빗거리면서 자리에서 일어섰다. 그는 그녀가 걸음을 걸을 수 있도록 가뜬하게 담요로 싸주던 때의 그녀를 생각해 내려 했다. 그는 그녀가 알고 있듯이 그녀를 끈질기게 지켜보았다. 그리고 그녀가 가면서 담요가 끌리고, 그녀의 발과 하얀 다리를 힐끗 볼 때, 그는 담요로 그녀를 감싸던 그대로의 그녀를 기억하려고 노력했다. 그러나 그는 생각해 내기가 싫었다. 그때의 그녀는 그에게 있어서 아무것도 아니었던 것이다. 그리고 그의 본성은 그에게 있어서 아무것도 아니었을 때의 그녀의 모습을 상기하는 것을 용납하지 않았다.

무언가가 굴러떨어지는 둔탁한 소리가 어두운 집 안쪽에서 나는 바람에 그는 깜짝 놀랐다. 그때 그녀의 목소리가 들려 왔다 —"거기 옷 있어요." 그는 일어서서 계단 아래로 걸어갔다. 그리고 그녀가 위에서 던진 옷들을 주워 모았다. 그리곤 다시 불 있는 데로 돌아와서 몸을 문지르고 옷을 입었다. 옷 입기를 마친 그는 자신의 모습을 보고 싱긋 웃었다.

[10]

불이 꺼져 가고 있었다. 그래서 그는 석탄을 더 지폈다. 호랑가시나무 너머에서 희미하게 비춰오는 가로등 불빛을 제외하고는, 집 안은 완전히 어두웠다. 그는 벽난로 위에서 찾아낸 성냥을 그어 가스등을 켰다. 다음에 그는 젖은 옷의 주머니를 털어내어, 젖은 것들을 모두 개수대 위에다 쌓아 놓았다. 그리고 난 다음 그는 젖은 옷을 완전히 한데 모아 개수대의 구리로 된 위판에다 따로 쌓아 놓았다.

시계는 여섯 시를 가리키고 있었다. 그의 시계는 멈춰 있었다. 그는 진료소로 돌아가야 했다. 그는 기다렸다. 그러나 그녀는 좀처럼 내려오지 않았다. 그는 계단 밑으로 가서 소리쳤다.

"이제 가야겠소."

그와 거의 동시에 그는 그녀가 내려오는 소리를 들었다. 그녀는 검은 보일로 지은 제일 좋은 드레스를 입고 있었다. 머리도 말끔히 손질이 되어 있었으나 아직도 물기가 있었다. 그녀는 그를 바라보았다. 그리고 저도 모르는 사이에 미소를 지었다.

"그 옷을 입으니까 보기 흉하네요."라고 그녀가 말했다.
"그렇게 꼴불견인가?"라고 그가 대답했다.
그들은 서로 계면쩍어했다.
"차를 만들어 드릴게요."라고 그녀가 말했다.
"아니, 난 가야 돼요."
"가야만 하나요?" 그녀는 또다시 커다랗고 긴장된 의혹의 눈으로 그를 바라보았다. 그리고 그는 다시 한번, 그 가슴 속의 아픔으로 해서, 자신이 얼마나 그녀를 사랑하고 있는지를 알았다. 그는 그녀에게 다가가 몸을 숙여, 그의 심장의 아픔에서 나오는 입맞춤으로, 조용히, 그러나 정열적으로 그녀에게 키스했다.
"그리고 제 머리에서는 끔찍한 냄새가 나죠?"라고 그녀는 극도의 정신의 혼란 속에서 중얼거렸다. "게다가 전 아주 못났어요! 아주 못났어요! 오오, 전 너무도 못났어요!" 그리고 그녀는 가슴이 찢어지는 듯한 쓰라린 울음을 터트리곤 흐느껴 울기 시작했다. "당신이 절 사랑하고 싶으실 리가 없어요. 전 끔찍스런 여자니까요."
"바보 같은 소리. 그런 바보 같은 소리 좀 하지 말아요."라고 그가 그녀를 두 팔로 안고 키스해주며 그녀를 달래기 위해 말했다. "당신을 원하오. 당신과 결혼하고 싶소. 우리는 결혼을 하는 거요. 빨리, 될 수 있는 대로 빨리, 할 수만 있다면 내일이라도."
그러나 그녀는 그저 몹시 흐느껴 울 뿐이었다. 그러다가 그녀는 외쳤다.
"못났다는 걸 알아요. 못났다는 걸 알아요. 제가 끔찍스런 여자라는 걸 알아요. 당신에게는요."
"아니야. 나는 당신을 원하오. 당신을 원하오." 하는 것이, 그가 자기를 싫어하지나 않을까 하는 두려움보다도 더 그녀를 놀라게 했던, 스코틀랜드 사투리의 지독한 억양으로 그가 정신없이 말한 대답의 전부였다.

02

01 **Read the excerpt from The Horse Dealer's Daughter and follow the directions.**

> She had suffered badly during the period of poverty. Nothing, however, could shake the curious, sullen, animal pride that dominated each member of the family. Now, for Mabel, the end had come. Still she would not cast about her. She would follow her own way just the same. She would always hold the keys of her own situation. Mindless and persistent, she endured from day to day. Why should she think? Why should she answer anybody? It was enough that this was the end, and there was no way out. She need not pass any more darkly along the main street of the small town, avoiding every eye. She need not demean herself any more, going into the shops and buying the cheapest food. This was at an end. She thought of nobody, not even of herself. Mindless and persistent, she seemed in a sort of ecstasy to be coming nearer to her fulfillment, her own glorification, approaching her dead mother, who was glorified.

There is a sentence which illustrates Mabel's plan for her future unlike her brothers who appear unable to control their situation. Write the sentence.

02 Read the excerpt from The Horse Dealer's Daughter and follow the direction.

He slowly ventured into the pond. The bottom was deep, soft clay, he sank in, and the water clasped dead cold round his legs. As he stirred he could smell the cold, rotten clay that fouled up into the water. It was objectionable in his lungs. Still, repelled and yet not heeding, he moved deeper into the pond. The cold water rose over his thighs, over his loins, upon his abdomen. The lower part of his body was all sunk in the hideous cold element. And the bottom was so deeply soft and uncertain, he was afraid of pitching with his mouth underneath. He could not swim, and was afraid.
[…]
He crouched a little, spreading his hands under the water and moving them round, trying to feel for her. The dead cold pond swayed upon his chest. He moved again, a little deeper, and again, with his hands underneath, he felt all around under the water. And he touched her clothing. But it evaded his fingers. He made a desperate effort to grasp it.
[…]
He laid her down on the bank. She was quite unconscious and running with water. He made the water come from her mouth, he worked to restore her. He did not have to work very long before he could feel the breathing begin again in her; she was breathing naturally. He worked a little longer. He could feel her live beneath his hands; she was coming back. He wiped her face, wrapped her in his overcoat, looked round into the dim, dark-grey world, then lifted her and staggered down the bank and across the fields.

Which of the following cannot be inferred from the passage?

① The pond that the protagonist is entering represents death.
② He dragged her out of the wet gray clay.
③ The care he provides for the woman represents rebirth and resurrection.
④ The protagonist caused the woman to fall into the water and seeks to undo this mistake.
⑤ The protagonist is at great risk because he does not know how to swim.

Answer

01. She would always hold the keys of her own situation.
02. ④

05 An Ideal Family

Katherine Mansfield(1888-1923)

[1]

That evening for the first time in his life, as he pressed through the swing door and descended the three broad steps to the pavement, old Mr. Neave felt he was too old for the spring. Spring — warm, eager, restless — was there, waiting for him in the golden light, ready in front of everybody to run up, to blow in his white beard, to drag sweetly on his arm. And he couldn't meet her, no; he couldn't square up once more and stride off, jaunty as a young man. He was tired and, although the late sun was still shining, curiously cold, with a numbed feeling all over. Quite suddenly he hadn't the energy, he hadn't the heart to stand this gaiety and bright movement any longer; it confused him. He wanted to stand still, to wave it away with his stick, to say, "Be off with you!" Suddenly it was a terrible effort to greet as usual — tipping his wide-awake with his stick — all the people whom he knew, the friends, acquaintances, shopkeepers, postmen, drivers. But the gay glance that went with the gesture, the kindly twinkle that seemed to say, "I'm a match and more for any of you" — that old Mr. Neave could not manage at all. He stumped along, lifting his knees high as if he were walking through air that had somehow grown heavy and solid like water. And the homeward-looking crowd hurried by, the trams clanked, the light carts clattered, the big swinging cabs bowled along with that reckless, defiant indifference that one knows only in dreams …

It had been a day like other days at the office. Nothing special had happened. Harold hadn't come back from lunch until close on four. Where had he been? What had he been up to? He wasn't going to let his father know. Old Mr. Neave had happened to be in the vestibule, saying good-bye to a caller, when Harold sauntered in, perfectly turned out as usual, cool, suave, smiling that peculiar little half-smile that women found so fascinating.

Ah, Harold was too handsome, too handsome by far; that had been the trouble all along. No man had a right to such eyes, such lashes, and such lips; it was uncanny. As for his mother, his sisters, and the servants, it was not too much to say they made a young god of him; they worshipped Harold, they forgave him everything; and he had needed some forgiving ever since the time when he was thirteen and he had stolen his mother's purse, taken the money, and hidden the purse in the cook's bedroom. Old Mr. Neave struck sharply with his stick upon the pavement edge. But it wasn't only his family who spoiled Harold, he reflected, it was everybody; he had only to look and to smile, and down they went before him. So perhaps it wasn't to be wondered at that he expected the office to carry on the tradition. H'm, h'm! But it couldn't be done. No business — not even a successful, established, big paying concern — could be played with. A man had either to put his whole heart and soul into it, or it went all to pieces before his eyes …

And then Charlotte and the girls were always at him to make the whole thing over to Harold, to retire, and to spend his time enjoying himself. Enjoying himself! Old Mr. Neave stopped dead under a group of ancient cabbage palms outside the Government buildings! Enjoying himself! The wind of evening shook the dark leaves to a thin airy cackle. Sitting at home, twiddling his thumbs, conscious all the while that his life's work was slipping away, dissolving, disappearing through Harold's fine fingers, while Harold smiled …

"Why will you be so unreasonable, father? There's absolutely no need for you to go to the office. It only makes it very awkward for us when people persist in saying how tired you're looking. Here's this huge house and garden. Surely you could be happy in — in — appreciating it for a change. Or you could take up some hobby."

And Lola and the baby had chimed in loftily, "All men ought to have hobbies. It makes life impossible if they haven't."

Well, well! He couldn't help a grim smile as painfully he began to climb the hill that led into Harcourt Avenue. Where would Lola and her sisters and Charlotte be if he'd gone in for hobbies, he'd like to know? Hobbies couldn't pay for the town house and the seaside bungalow, and their horses, and their gold, and the sixty-guinea gramophone in the music-room for them to dance to. Not that he grudged them these things. No, they were smart, good-looking girls, and Charlotte was a remarkable woman; it was natural for them to be in the swim. As a matter of fact, no other house in the town was as popular as theirs; no other family entertained so much. And how many times old Mr. Neave, pushing the cigar box across the smoking-room table, had listened to praises of his wife, his girls, of himself even.

"You're an ideal family, sir, an ideal family. It's like something one reads about or sees on the stage."

"That's all right, my boy," old Mr. Neave would reply. "Try one of those; I think you'll like them. And if you care to smoke in the garden, you'll find the girls on the lawn, I dare say."

That was why the girls had never married, so people said. They could have married anybody. But they had too good a time at home. They were too happy together, the girls and Charlotte. H'm, h'm! Well, well. Perhaps so …

[2]

By this time he had walked the length of fashionable Harcourt Avenue; he had reached the corner house, their house. The carriage gates were pushed back; there were fresh marks of wheels on the drive. And then he faced the big white-painted housc, with its wide-open windows, its tulle curtains floating outwards, its blue jars of hyacinths on the broad sills. On either side of the carriage porch their hydrangeas — famous in the town — were coming into flower; the pinkish, bluish masses of flower lay like light among the spreading leaves. And somehow, it seemed to old Mr. Neave that the house and the flowers, and even the fresh marks on the drive, were saying, "There is young life here. There are girls —"

The hall, as always, was dusky with wraps, parasols, gloves, piled on the oak chests. From the music-room sounded the piano, quick, loud and impatient. Through the drawing-room door that was ajar voices floated.

"And were there ices?" came out from Charlotte. Then the creak, creak of her rocker.

"Ices!" cried Ethel. "My dear mother, you never saw such ices. Only two kinds. And one a common little strawberry shop ice, in a sopping wet frill."

"The food altogether was too appalling," came from Marion.

"Still, it's rather early for ices," said Charlotte easily.

"But why, if one has them at all …" began Ethel.

"Oh, quite so, darling," crooned Charlotte.

Suddenly the music-room door opened and Lola dashed out. She started, she nearly screamed, at the sight of old Mr. Neave.

"Gracious, father! What a fright you gave me! Have you just come home? Why isn't Charles here to help you off with your coat?"

Her cheeks were crimson from playing, her eyes glittered, the hair fell over her forehead. And she breathed as though she had come running through the dark and was frightened. Old Mr. Neave stared at his youngest daughter; he felt he had never seen her before. So that was Lola, was it? But she seemed to have forgotten her father; it was not for him that she was waiting there. Now she put the tip of her crumpled handkerchief between her teeth and tugged at it angrily. The telephone rang. A-ah! Lola gave a cry like a sob and dashed past him. The door of the telephone-room slammed, and at the same moment Charlotte called, "Is that you, father?"

"You're tired again," said Charlotte reproachfully, and she stopped the rocker and offered her warm plum-like cheek. Bright-haired Ethel pecked his beard, Marion's lips brushed his ear.

“Did you walk back, father?” asked Charlotte.

“Yes, I walked home,” said old Mr. Neave, and he sank into one of the immense drawing-room chairs.

“But why didn’t you take a cab?” said Ethel. “There are hundred of cabs about at that time.”

“My dear Ethel,” cried Marion, “if father prefers to tire himself out, I really don’t see what business of ours it is to interfere.”

“Children, children?” coaxed Charlotte.

But Marion wouldn’t be stopped. “No, mother, you spoil father, and it’s not right. You ought to be stricter with him. He’s very naughty.” She laughed her hard, bright laugh and patted her hair in a mirror. Strange! When she was a little girl she had such a soft, hesitating voice; she had even stuttered, and now, whatever she said — even if it was only “Jam, please, father” — it rang out as though she were on the stage.

“Did Harold leave the office before you, dear?” asked Charlotte, beginning to rock again.

“I’m not sure,” said Old Mr. Neave. “I’m not sure. I didn’t see him after four o’clock.”

“He said —” began Charlotte.

But at that moment Ethel, who was twitching over the leaves of some paper or other, ran to her mother and sank down beside her chair.

“There, you see,” she cried. “That’s what I mean, mummy. Yellow, with touches of silver. Don’t you agree?”

“Give it to me, love,” said Charlotte. She fumbled for her tortoise-shell spectacles and put them on, gave the page a little dab with her plump small fingers, and pursed up her lips. “Very sweet!” she crooned vaguely; she looked at Ethel over her spectacles. “But I shouldn’t have the train.”

“Not the train!” wailed Ethel tragically. “But the train’s the whole point.”

“Here, mother, let me decide.” Marion snatched the paper playfully from Charlotte. “I agree with mother,” she cried triumphantly. “The train overweights it.”

[3]

Old Mr. Neave, forgotten, sank into the broad lap of his chair, and, dozing, heard them as though he dreamed. There was no doubt about it, he was tired out; he had lost his hold. Even Charlotte and the girls were too much for him to-night. They were too … too … But all his drowsing brain could think of was — too rich for him. And somewhere at the back of everything he was watching a little withered ancient man climbing up endless flights of stairs. Who was he?

"I shan't dress to-night," he muttered.

"What do you say, father?"

"Eh, what, what?" Old Mr. Neave woke with a start and stared across at them. "I shan't dress to-night," he repeated.

"But, father, we've got Lucile coming, and Henry Davenport, and Mrs. Teddie Walker."

"It will look so very out of the picture."

"Don't you feel well, dear?"

"You needn't make any effort. What is Charles for?"

"But if you're really not up to it," Charlotte wavered.

"Very well! Very well!" Old Mr. Neave got up and went to join that little old climbing fellow just as far as his dressing-room …

There young Charles was waiting for him. Carefully, as though everything depended on it, he was tucking a towel round the hot-water can. Young Charles had been a favourite of his ever since as a little red-faced boy he had come into the house to look after the fires. Old Mr. Neave lowered himself into the cane lounge by the window, stretched out his legs, and made his little evening joke, "Dress him up, Charles!" And Charles, breathing intensely and frowning, bent forward to take the pin out of his tie.

H'm, h'm! Well, well! It was pleasant by the open window, very pleasant—a fine mild evening. They were cutting the grass on the tennis court below; he heard the soft churr of the mower. Soon the girls would begin their tennis parties again. And at the thought he seemed to hear Marion's voice ring out, "Good for you, partner. … Oh, played, partner. … Oh, very nice indeed." Then Charlotte calling from the veranda, "Where is Harold?" And Ethel, "He's certainly not here, mother." And Charlotte's vague, "He said—"

Old Mr. Neave sighed, got up, and putting one hand under his beard, he took the comb from young Charles, and carefully combed the white beard over. Charles gave him a folded handkerchief, his watch and seals, and spectacle case.

"That will do, my lad." The door shut, he sank back, he was alone. …

And now that little ancient fellow was climbing down endless flights that led to a glittering, gay dining-room. What legs he had! They were like a spider's—thin, withered.

"You're an ideal family, sir, an ideal family."

But if that were true, why didn't Charlotte or the girls stop him? Why was he all alone, climbing up and down? Where was Harold? Ah, it was no good expecting anything from

Harold. Down, down went the little old spider, and then, to his horror, old Mr. Neave saw him slip past the dining-room and make for the porch, the dark drive, the carriage gates, the office. Stop him, stop him, somebody!

[4]

Old Mr. Neave started up. It was dark in his dressing-room; the window shone pale. How long had he been asleep? He listened, and through the big, airy, darkened house there floated far-away voices, far-away sounds. Perhaps, he thought vaguely, he had been asleep for a long time. He'd been forgotten. What had all this to do with him — this house and Charlotte, the girls and Harold — what did he know about them? They were strangers to him. Life had passed him by. Charlotte was not his wife. His wife!

… A dark porch, half hidden by a passion-vine, that drooped sorrowful, mournful, as though it understood. Small, warm arms were round his neck. A face, little and pale, lifted to his, and a voice breathed, "Good-bye, my treasure."

My treasure! "Good-bye, my treasure!" Which of them had spoken? Why had they said good-bye? There had been some terrible mistake. She was his wife, that little pale girl, and all the rest of his life had been a dream.

Then the door opened, and young Charles, standing in the light, put his hands by his side and shouted like a young soldier, "Dinner is on the table, sir!"

"I'm coming, I'm coming," said old Mr. Neave.

작가소개 **Katherine Mansfield(1888–1923)**

Katherine Mansfield(1888–1923)는 뉴질랜드의 수도 웰링턴에서 사업가의 딸로 태어났다. 런던의 퀸스 대학에서 공부하였고, 시, 단편소설, 평론을 발표한다. 첫 번째 결혼이 며칠 만에 깨지자 남성에게 버림받은 고독한 여성을 그린 ≪독일의 하숙에서 In A German Pension≫(1911)를 발표하였다. 때마침 영국민 사이에 대두되고 있던 반독일적 풍조가 행운으로 작용하기도 하였지만, 이 작품으로 인해 특이한 감성과 섬세한 스타일의 작가로서 주목을 받기 시작하였다. 이 무렵 아직도 옥스퍼드의 학생이었던 존 미들턴 머리와 사귀면서 그때부터 그가 경영하고 있던 ≪리듬≫과 ≪더 블루 레뷰≫ 지에 작품을 발표하였다. ≪행복 Bliss≫(1920), ≪가든파티 The Garden Party≫(1922), ≪비둘기의 둥지 The Dove's Nest≫(1923), ≪어린애다운 것 Something Childish≫(1924) 등의 작품으로 '의식의 흐름' 수법을 쓰는 단편소설의 명수라 하여 자주 A. 체호프와 비교되었다. 문체는 여성다운 감성에 바탕을 둔 시적 산문이었으나, 장르는 시와 산문의 경계선 위에 있는 것이었다. ≪원유회≫(1922)는 저자 자신이 가려서 뽑은 마지막 단편집으로 그 안에 실린 〈원유회 The Garden Party〉에서는 파티를 열려고 들떠 있는 부유한 사람들과 다섯 아이를 거느린 빈곤한 노동자의 교통사고 후의 비참함을 비교하면서 인생의 한 단면을 묘사하고 있다. 지병인 늑막염이 폐결핵으로 악화되어 남프랑스의 방도르를 위시한 여러 곳에서 휴양하다가 1923년 34세의 젊은 나이로 파리 근처 퐁텐블로의 한 요양원에서 세상을 떠났다.

한글 번역

이상적인 가정

[1]

그날 저녁, 니이브 영감이 자동문을 밀어 열고 세 개의 넓은 계단을 내려가서 보도로 나왔을 때, 그는 난생처음으로 자기가 봄을 맞이하기엔 너무 늙었다고 느껴졌다. 봄은 — 따뜻하고, 열렬하고, 정함이 없는 — 거기에 와 있어서, 금빛 속에서 그를 기다리고, 모든 사람들 앞에 뛰어들 태세를 갖추고, 그의 흰 턱수염 속으로 불어들며, 그의 팔을 정답게 끌어당기려 하고 있었다. 그런데 그는 봄을 맞이할 수가 없었다. 안 되었다. 다시 한번 어깨를 활짝 펴고 젊은이처럼 힘차게 활보할 수가 없었던 것이다. 그는 피곤했고, 석양이 아직도 비치고 있는데도, 전신이 얼어붙은 듯한 느낌이 들고 이상하게도 추웠다. 그야말로 갑자기 그는 기력이 없고, 이 환희와 밝은 움직임을 감당해낼 기력이 없었다. 그는 어찌할 바를 몰랐다. 그는 가만히 서서 자기의 지팡이를 휘둘러 그것을 쫓아버리며 "꺼져 버려!"라고 말하고 싶었다. 갑자기 그는 자기가 아는 모든 사람들, 그러니까 친구들, 지인들, 가게 주인들, 우편배달부들, 마부들에게 — 지팡이로 챙이 넓은 모자를 살짝 기울이면서 — 여느 때처럼 인사를 한다는 게 몹시도 힘이 들었다. 그러나 그런 제스처에 따르는 즐거운 눈길, 마치 "나는 그 어느 누구와도 상대할 수 있고 겨뤄 이길 수 있다."라고 말하는 듯한 다정한 눈빛을 니이브 영감은 전혀 감당할 수가 없었다. 그는 어찌 된 셈인지 물처럼 무겁고 꽉 조인 공기 속을 걸어가는 양 무릎을 높이 올려 가며 터벅터벅 걸었다. 그리고 집으로 돌아가는 사람들이 총총걸음으로 지나가고, 전차는 철꺽철꺽 소리를 냈으며, 가벼운 달구지는 덜커덕 소리를 내며 지나갔고, 흔들거리는 커다란 마차는 우리가 꿈속에서나 보는 그 무관심한 모습으로 굴러갔다…

사무실에서의 하루는 여느 때와 마찬가지였다. 어떤 별다른 일도 일어나지 않았다. 해롤드는 점심을 먹으러 나가서 4시가 다 되도록 돌아오지 않았다. 어디에 가서 있을까? 뭘 하고 있을까? 그는 자기 아버지에게 그것을 알려주려고 하지 않았다. 니이브 노인이 방문객을 전송하려고 현관에 나와 있노라니 해롤드가 여느 때처럼 빈틈없는 차림새에 태연하고 세련된 모습으로, 여자들이 아주 매혹적으로 느끼는 그 보일 듯 말 듯 한 특유의 미소를 머금고 어슬렁거리며 들어왔다.

아, 해롤드는 너무 미남이었다. 지나칠 만큼 미남이었다. 그것이 늘 골칫거리였다. 그 누구를 막론하고 남자가 그런 눈, 그런 속눈썹, 그런 입술을 가져서는 안 되었다. 그것은 위험했다. 그의 어머니나 누이들, 그리고 하인들로 말하자면, 이들은 그를 젊은 신처럼 받들었다고 해도 지나친 말이 아니었다. 그들은 해롤드를 숭배했고, 뭐든지 용서해 주었다. 그리고 하인들로 말하자면, 해롤드를 젊은 신처럼 받들었다고 해도 지나친 말이 아니었다. 그리고 그는 열세 살 때에 어머니의 지갑을 훔쳐서 돈을 꺼내고, 그 지갑을 요리사의 침실에 감추어 둔 적이 있던 후부터 용서라는 것을 필요로 했다. 니이브 영감은 지팡이로 보도 모서리를 세게 내리쳤다. 그러나 그는 해롤드를 망쳐 놓은 것이 비단 집식구들만이 아니라 모든 사람들이라고 생각했다. 해롤드가 그저 바라보고 미소만 던져도 사람들이 그의 앞에서 무릎을 꿇는 것이었다. 그렇기 때문에 사무실에서도 분명히 그런 식으로 될 줄 알았을 것이다. 어떤 사업도 — 성공하고, 기반이 잡히고, 이윤이 많은 사업이라 하더라도 — 장난삼아 할 수는 없는 것이다. 사업에 자신의 전심전력을 쏟아부어야지, 그렇지 않으면 사업은 눈앞에서 박살이 나고 마는 것이다…

그런데도 아내인 샬롯과 딸들은 늘 그에게 모든 것을 넘겨주고 은퇴해서 여생을 즐기며 살라고 성화였다. 인생을 즐긴다! 니이브 영감은 정부 건물 밖의 종려나무 고목이 몰려 있는 곳에서 우뚝 섰다! 인생을 즐긴다! 저녁 바람이 검은 잎사귀들을 흔들어 가볍게 살랑거리는 소리가 났다. 집에 틀어박혀서 엄지손가락이나 만지작거리면서 필생의 사업이 해롤드가 미소 짓는 사이에 그의 멋진 손가락 사이로 빠져나가고 녹아 없어져 버리는 것을 항상 생각하고 있으라는 말인가…

"왜 그렇게 사리를 분별치 못하세요, 아버지? 아버지가 사무실에 나가실 필요는 정말이지 조금도 없어요. 사람들이 아버지가 퍽 피곤해 보인다고 할 때면 저희들 입장이 몹시 난처해질 뿐이에요. 여기 이렇게 큰 집과 정원이 있잖아요. 분명히 아버지는 행복할 수 있어요 — 여기서 기분 전환을 하시면요. 취미를 가지셔도 되고요."

그리고 막내인 롤라도 아는 체하며 맞장구쳤다. "남자는 누구든 취미를 가져야 해요. 만약 그런 게 없으면 삶은 견딜 수 없게 돼요."

그래, 그래! 하코트 가로 통하는 언덕을 힘들여 올라가기 시작하면서 그는 쓴웃음을 머금지 않을 수 없었다. 만일 그가 취미 생활에 푹 빠져 있었다면 롤라와 그 자매들, 그리고 샬롯은 과연 어떻게 되었을까? 그는 알고 싶었다. 취미 생활을 해서는 읍내의 집과 해변의 방갈로, 그들의 말들, 그들의 금붙이, 그리고 음악에 맞춰 춤추려고 음악실에 놔둔 60기니짜리 전축의 비용을 지불할 수 없었을 것이다. 이런 것들을 그들에게 주기 아까워서가 아니었다. 그렇다, 그들은 영리한 미모의 처녀들이었고, 샬롯은 뛰어난 여성이었다. 그러니 그들이 혜택을 누리며 사는 것은 당연한 일이었다. 사실 이 읍내의 그 어떤 집도 그들 집만큼 인기가 있지 못했고, 다른 어떤 가정도 그들만큼 손님 접대를 잘 하지 못했다. 그리고 니이브 영감이 흡연실 탁자 너머로 엽궐련 상자를 밀어 주면서 그 얼마나 그의 아내와 딸들, 심지어 그 자신에 대한 찬사를 귀 기울여 들었던가.

"댁은 이상적인 가정입니다, 이상적인 가정이에요. 마치 책에서 보는, 또는 무대에서 보는 가정 같습니다."

"아, 그만해 두시오." 니이브 영감은 으레 이렇게 대답했다. "이걸 한 대 피워 보시죠. 맛이 괜찮을 겁니다. 그리고 정원에서 피우고 싶으시면, 아마 딸아이들이 잔디밭에 있을 거구요."

딸들이 하나도 결혼을 하지 않았던 것은 바로 그 때문이라고 사람들은 말했다. 그들은 그 누군가와 결혼할 수도 있었을 것이다. 하지만 집에 있으면 너무도 즐거웠던 것이다. 그들, 곧 딸들과 샬롯은 함께 있는 게 너무도 행복했다. 흠, 흠! 그래, 그래! 아마 그럴 테지…

[2]

이때까지 그는 번화한 하코트 가를 끝에서 끝까지 걷고 있었다. 모퉁이의 자기 집에 도착했다. 마차 출입문은 활짝 열려 있었고, 차도에는 지나간 마차 바퀴 자국이 선명하게 나 있었다. 그때 그는 희게 칠한 커다란 집과 마주했다. 창문들은 활짝 열려져 있었고, 얇은 갑사 커튼들이 창밖으로 나부끼고, 넓은 창가에는 푸른색의 히아신스 꽃병들이 있었다. 마차장 양쪽에는 이 집의 수국이—이 읍내에서 유명한—꽃을 피우고 있었다. 그 핑크빛, 푸른빛의 많은 꽃들이 펼쳐진 잎사귀들 사이에서 광선처럼 가로놓여 있었다. 그러자 어쨌든 이 집과 꽃들, 그리고 심지어 차도의 선명한 자국들마저도 "여기에는 젊은 생명이 있다. 딸들이 있고—"라고 말하고 있는 것처럼 니이브 영감에게는 생각되었다.

홀은 언제나처럼 숄들과 파라솔들, 장갑들이 참나무 장 위에 잔뜩 쌓여 있어서 어두컴컴했다. 음악실에서는 빠르고 크고 성급한 피아노 소리가 들려왔다. 조금 열린 응접실 문틈으로 얘기 소리가 흘러 나왔다.

"그리고 아이스크림이 있었다고?" 샬롯의 목소리가 들려왔다. 그리고 나서 그녀의 흔들의자의 삐걱거리는 소리.

"아이스크림!"이라고 애덜이 외쳤다. "어머니, 그런 아이스크림은 처음 봤어요. 두 종류밖에 없어요. 그리고 하나는 가게에서 파는 조그만 딸기 아이스크림인데 축축한 종이에 들어 있어요."

"음식은 전부 너무 끔찍했어요."라는 매리온의 목소리가 들려왔다.

"하여간 아이스크림을 먹기엔 아직 이르지."라고 샬롯이 편하게 말했다.

"그렇지만 아이스크림을 손님에게 내놓으려면…"이라고 애덜이 말을 시작했다.

"아, 정말 그렇지, 얘야."라고 샬롯이 나직이 말했다.

갑자기 음악실 문이 열리고 롤라가 뛰어나왔다. 그녀는 니이브 영감을 보자 깜짝 놀라 비명을 지를 뻔했다.

"어머, 아버지! 깜짝 놀랐어요! 방금 들어오셨어요? 찰스는 어디가고 아버지 코트도 안 벗겨 드리지?"

그녀의 뺨은 놀이를 하느라 붉게 달아올라 있었고, 눈은 반짝거리고, 머리칼은 앞이마까지 내려와 있었다. 그리고 그녀는 마치 어둠 속을 달려 나오다가 놀란 것처럼 숨을 헐떡였다. 니이브 영감은 자기의 막내딸을 쳐다보았다. 전에 그녀를 한 번도 본 일이 없는 것처럼 느껴졌다. 그래, 저게 롤라인가, 정말? 그러나 그녀는 자기 아버지를 잊어버린 것 같았다. 그녀가 거기서 기다리고 있었던 것은 아버지가 아니었던 것이다. 이제 그녀는 자기의 구겨진 손수건 끝을 이빨 사이에 물고는 화가 난 듯이 잡아당겼다. 전화가 울렸다. 아아! 롤라는 흐느낌과 같은 큰 소리를 내면서 그의 곁을 스쳐 달려갔다. 전화실 문이 쾅 하고 닫혔고 동시에 샬롯이 말했다. "거기 애들 아버지세요?"

"당신, 또 지치셨군요." 샬롯이 나무라듯이 말하고, 흔들의자를 멈추고서 그 따뜻하고 자두와 같은 볼을 남편에게 내밀었다. 빛나는 머리카락을 한 애덜이 그의 턱수염에 급히 입을 맞추었고, 매리온의 입술은 그의 귀를 가볍게 스쳐 갔다.

"당신, 걸어서 돌아오셨어요, 애들 아버지?"라고 샬롯이 물었다.

"응, 걸어왔소."라고 니이브 영감은 말하고 응접실의 큼직한 의자 속에 몸을 깊숙이 파묻었다.

"그런데 왜 아버지는 마차를 안 타셨어요?"라고 애덜이 말했다. "그 시간엔 마차가 얼마든지 있는데요."

"얘, 애덜."이라고 매리온이 큰 소리로 말했다. "아버지께서 피곤해지시기를 좋아하신다면 난 우리가 구태여 간섭할 필요가 없다고 생각해."

"얘들아, 얘들아!"라고 샬롯이 달래듯 말했다.

그러나 매리온은 그만두려고 하지 않았다. "아녜요, 어머니, 어머니는 아버지를 망치고 계시는 데 그건 옳지 못해요. 아버지한테 좀 더 엄격하게 하셔야 돼요. 아버진 정말 말썽꾸러기예요." 그녀는 낭랑한 목소리로 밝게 웃고는 거울에 비치는 자기의 머리칼을 살짝 매만졌다. 이상도 하다! 어렸을 땐 그토록 상냥하고 주저하듯 말하고 심지어 말을 더듬기까지 했는데, 이제 와서 그녀는 무슨 말을 하건 — "아버지, 잼 좀." 하는 말까지도 — 마치 무대 위에서 하는 말처럼 목소리가 쨍쨍 울려 나왔다.

"해롤드는 당신보다 먼저 사무실을 나왔어요, 여보?"라고 샬롯이 다시 의자를 흔들기 시작하면서 물었다.

"잘 모르겠어,"라고 니이브 영감은 말했다. "잘 모르겠는데. 네 시 이후론 그 앨 못 봤거든."

"그 애가 그러는데 —"라고 샬롯이 말을 꺼냈다.

그러나 그 순간 무슨 신문인가 뭔가를 뒤적이고 있던 애덜이 어머니한테로 달려와서 어머니 의자 옆에 털썩 앉았다.

"자, 이걸 보세요."라고 그녀는 큰 소리로 외쳤다. "제가 말하던 게 이거예요, 엄마. 은빛이 도는 노란 색이요. 마음에 안 드세요?"

"내게 줘 보렴"이라고 샬롯이 말했다. 그녀는 손을 더듬어 거북이 등 무늬가 있는 안경을 찾아 끼고, 통통하고 조그만 손가락을 그 페이지에 가볍게 대고 입술을 오므렸다. "아주 예쁘구나!" 그녀는 낮은 소리로 어렴풋이 안경 너머로 애덜을 바라보았다. "그렇지만 나 같으면 자락은 안 다는 게 좋겠다."

"자락을 안 달다뇨!"라고 애덜이 슬픈 듯이 소리쳤다. "하지만 이 옷자락이 중요한 걸요."

"자, 어머니, 제가 결정할게요."라고 매리온은 샬롯에게서 장난하듯이 신문을 가로채 갔다. "저는 어머니와 동감이에요." 그녀가 의기양양하게 소리 질렀다. "옷자락이 옷보다 더 무거워 보여요."

[3]

니이브 영감은 잊혀진 채 의자의 널찍하게 패인 부분에 몸을 푹 파묻고 꾸벅꾸벅 졸면서 마치 꿈이라도 꾸는 듯 그들의 이야기를 듣고 있었다. 그가 지쳐 있다는 것은 의심의 여지가 없었다. 그는 버틸 힘을 잃어버린 것이다. 샬롯과 딸아이들마저도 오늘 밤은 그에게 있어서 너무 벅찼다. 그들은 너무도… 너무도… 그러나 그의 나른한 머리로 생각할 수 있는 것은 — 자기에게는 너무 풍요하다는 것이었다. 그리고 이 모든 일이 벌어지는 저만치 뒤쪽에서 그는 한 자그마하고 쇠약한 노인이 끝없는 계단을 올라가는 모습을 보고 있었다. 그는 누구일까?

"오늘 밤에는 정장을 하지 않겠다."라고 그는 중얼거렸다.

"뭐라고 하시는 거예요, 아버지?"

"응, 뭐, 뭐?" 니이브 영감은 깜짝 놀라 잠을 깨고 그들 쪽을 응시했다. "오늘 밤엔 정장을 하지 않겠다."라고 그는 되풀이했다.

"하지만 아버지, 루실이 올 거구요, 헨리 대븐포트와 태디 워커 부인도 오시는 걸요."

"정말이지 너무나 자리에 어울리지 않아 보일 거예요."

"어디 안 좋아요, 여보?"

"당신은 아무 힘을 안 들여도 되오. 찰스가 있잖소?"

"그렇지만 당신이 정말 기분이 안 나신다면요."라고 샬롯이 망설였다.

"괜찮아! 괜찮아!" 니이브 영감은 일어서서 자기의 옷 갈아입는 방까지 만이라도 층계를 올라가고 있는 작고 늙은 사나이와 합류하려고 걸어갔다…

젊은 찰스가 그를 기다리고 있었다. 조심스럽게, 마치 모든 일이 거기에 달려 있기라도 한 것처럼 그는 수건으로 뜨거운 물통을 싸고 있었다. 젊은 찰스는 홍안의 소년이었을 때 불 때는 일을 하러 이 저택에 온 후로 줄곧 그의 마음에 드는 존재였다. 니이브 영감은 창가의 긴 등나무 의자에 드러누워 다리를 쭉 펴고는 "정장이야, 찰스!"하고 저녁때의 가벼운 농담을 했다. 그러면 찰스는 거친 숨을 쉬고 낯을 찌푸리면서 그의 넥타이에서 핀을 뽑기 위해 몸을 앞으로 굽히는 것이었다.

흠, 흠! 됐어, 됐어! 문이 활짝 열린 창가는 상쾌했다. 아주 상쾌했다 — 청명하고 기분 좋은 저녁. 아래쪽 정구 코트에서는 사람들이 잔디를 깎고 있었다. 잔디 깎는 기계의 희미한 소리가 그에게 들려왔다. 곧 딸아이들은 다시 테니스 시합을 시작할 것이다. 그렇게 생각하니 그는 "우리 편 잘한다… 아, 우리 편 잘 쳤어… 아, 아주 훌륭해!"라고 큰 소리로 외치는 매리온의 목소리가 들려오는 듯했다. 그때 샬롯이 베란다에서 "해롤드는 어디 있니?"라고 부르면 애덜이 "해롤드는 정말 여기엔 없어요, 어머니."라고 말했고, 그러면 샬롯은 희미하게 "해롤드가 그러는데 —"라고 말하는 것이었다.

니이브 영감은 한숨을 짓고 일어서서 한 손을 수염 밑에 대고는 젊은 찰스로부터 빗을 받아 조심스럽게 흰 수염을 빗었다. 찰스는 그에게 접은 손수건과 막도장이 달린 시계, 그리고 안경 케이스를 내주었다.

"이제 됐다, 얘야." 문이 닫히고, 그는 의자 깊숙이 몸을 파묻었다. 그는 혼자 남았다…

그리고 지금 그 나이든 조그만 사나이는 번쩍번쩍 빛나는 밝은 식당으로 통하는 끝없는 층계를 내려가고 있었다. 그의 다리는 왜 저 모양일까! 그것들은 마치 거미 다리 같았다 — 가늘고, 시들고.

"댁은 이상적인 가정이군요, 이상적인 가정이에요."

그러나 만일 그게 사실이라면 왜 샬롯이나 딸아이들이 그를 붙잡아 주지 않는가? 왜 그가 혼자서 층계를 오르내려야 한다는 말인가? 해롤드는 어디 있는 것인가? 아, 해롤드에게서 그 어떤 좋은 일을 기대한다는 것은 헛일이다. 아래로, 아래로 그 조그만 늙은 거미는 내려갔고, 니이브 노인은 몸서리쳐지게도 그 사나이가 식당을 지나고, 현관을 향해 가고, 어두운 차도와 마차가 달리는 문을 지나 사무실 쪽으로 걸어가는 것을 보았다. 그를 멈추게 해, 그를 멈추게 해, 누구든!

[4]

니이브 영감은 벌떡 일어섰다. 옷 갈아입는 그의 방은 어두웠다. 창문은 희미하게 빛났다. 얼마쯤 그는 잠들어 있었을까? 그가 귀를 기울였더니 크고 텅 빈 컴컴한 이 집을 통해 아득히 먼 곳의 목소리와 소음이 들려왔다. 아마도 상당히 오랫동안 잠을 잤나보다고 그는 어렴풋이 생각했다. 그는 잊혀져 있었던 것이다. 이 모든 게 — 이 집, 샬롯, 딸아이들, 해롤드 — 그와 무슨 관계가 있단 말인가? 그들에 대해 자기는 무엇을 알고 있을까? 그들은 자기에게 전혀 낯선 사람들이다. 인생은 그를 스쳐 지나가 버렸다. 샬롯은 그의 아내가 아니었다. 그의 아내가!

… 시계초 덩굴로 반쯤 가려진 어두운 현관, 그 덩굴은 마치 모든 것을 이해하고 있다는 듯 슬프고 애처롭게 드리워져 있었다. 조그맣고 따스한 팔이 니이브 영감의 목에 감겼다. 조그맣고 창백한 얼굴이 그를 올려다보며 작은 목소리로 속삭였다. "안녕, 나의 보물."

나의 보물! "안녕, 나의 보물!" 그들 중 누가 말한 것일까? 왜 그들은 안녕이라고 말했을까? 무언가 커다란 착오가 있었던 것이다. 그녀, 그 작고 창백한 소녀가 다름 아닌 그의 아내였고, 그 외의 생활 모두는 한낱 꿈이었던 것이다.

그때 문이 열리고, 젊은 찰스가 불빛에 서서 두 손을 양 허리에 붙이고 젊은 병사처럼 소리쳤다. "식사가 다 준비되었습니다!"

"지금 간다, 지금 간다."라고 니이브 영감이 말했다.

작품 이해를 위한 문제

The following passage is excerpted from a fiction. Which of the following is most relevant to the tone of the excerpt?

> And then Charlotte and the girls were always at him to make the whole thing over to Harold, to retire, and to spend his time enjoying himself. Enjoying himself! Old Mr. Neave stopped dead under a group of ancient cabbage palms outside the Government buildings! Enjoying himself! The wind of evening shook the dark leaves to a thin airy cackle. Sitting at home, twiddling his thumbs, conscious all the while that his life's work was slipping away, dissolving, disappearing through Harold's fine fingers, while Harold smiled …
>
> "Why will you be so unreasonable, father? There's absolutely no need for you to go to the office. It only makes it very awkward for us when people persist in saying how tired you're looking. Here's this huge house and garden. Surely you could be happy in — in — appreciating it for a change. Or you could take up some hobby."
>
> […]
>
> "You're an ideal family, sir, an ideal family."
>
> But if that were true, why didn't Charlotte or the girls stop him? Why was he all alone, climbing up and down? Where was Harold? Ah, it was no good expecting anything from Harold. Down, down went the little old spider, and then, to his horror, old Mr. Neave saw him slip past the dining-room and make for the porch, the dark drive, the carriage gates, the office. Stop him, stop him, somebody!
>
> Old Mr. Neave started up. It was dark in his dressing-room; the window shone pale. How long had he been asleep? He listened, and through the big, airy, darkened house there floated far-away voices, far-away sounds. Perhaps, he thought vaguely, he had been asleep for a long time. He'd been forgotten. What had all this to do with him — this house and Charlotte, the girls and Harold — what did he know about them? They were strangers to him. Life had passed him by. Charlotte was not his wife. His wife!

① Loneliness and bitterness
② Warm and tenderness
③ Hope and satisfaction
④ Anger and resentment
⑤ Comfort and sweetness

Answer ①

06 A Word As to Uncle Tom

Michael Gold(1894-1967)

[1]

One of the midnight fears of the American Tory-Babbitt today is that the Negroes are becoming Communist-minded. The color of this Tory-Babbitt is white. It is also black, brown, yellow and gold. The bourgeoisie of both races is uniting on a singular program in which the proletariat of both races is kept under the iron heel.

Three months ago the Communists organised a demonstration in the Negro South Side of Chicago. A poor Negro woman with a sick husband and children was to be evicted. Her furniture was on the street. She was in the street with her poverty. The Communists put her furniture back and defied the landlord. The police came and fired into the crowd, and killed three Negro Communists. Later, it was discovered that the police had been called into such evictions, and egged on to violent action by a committee of Negro landlords, the spokesman and strategist of which was a Negro attorney who is also the Chicago leader of the N. A. A. C. P.

Thus is the class war revealed in a flash of lightning and murder. It cuts across all the race lines. It is more important than the race conflict. It is the CAUSE of the race conflict. The mass of the Negro race in America is peasant and proletarian. Hitherto the small fringe of Negro artists, intellectuals and business men has been chiefly concerned with climbing into the white bourgeois world. Who of the Negro leaders has ever given thought to the life-problems of the Negro mass? Who of them has spoken for the rent-croppers, shoeblacks, waiters, Pullman porters, masseurs, ditch-diggers, steel workers, North and South, the eleven million black toilers who are the RACE?

The fate of a few artists or business men is not the fate of a race. I, as a Jew, know that. We have had centuries of Jewish millionaires, and poets like Heine, and thinkers like Einstein. But a Jew in Poland today is no better off than a Negro in Alabama. In the old Czarist Russia there were wealthy Jews, pious Jews, respectable, bourgeois Jews, but the Jewish mass was lynched, massacred, segregated, insulted like the American Negroes. The Czar's bloody government sustained its power by playing off the races against each other, exactly like the English in India today, who play Mohammedan against Hindu. When there was a famine, when taxes were high, when the peasants were ready to rise in revolt, the Czar's spies went whispering that the Jews were to blame, and Jewish blood was poured out in a pogrom.

[2]

In America, the chief cause of anti-Negro feeling is not skin, race, exotic strangeness, social prejudice, but these same economics of a master class. Read Civil War history. Andrew Johnson was a native of Tennessee, but fought on the Northern side of the Civil War. He came from poor farmer stock, and hated the rich slave-owning landlords, who despised the poor whites as much as they did the Negroes. After Andrew Johnson became President, this same early class hatred moved him against the feudalists. He said the "poor whites" had been forced into the war against their will; they did not want slavery, it degraded all labor, white and black. The Civil War freed the Negro from chattel slavery, and thrust him into wage slavery. The Negro's problem now is to free himself from this wage slavery, the same problem, exactly, as the white worker's, no different. But he can never be free until there is a social revolution. This is a hard saying, but let us not avoid reality.

The Negro business men and intellectuals have made their own revolution and won it. They have money and success, and they are willing to let the world remain as it is. When they say Freedom, they mean themselves. But the Negro MASS is still enchained in steel mills and on cotton plantations, and every move it makes towards freedom is met with guns, rope and faggot. But the white worker meets the same treatment. Negro landlords shoot down Negro tenants, with the aid of white police. White bosses shoot down white workers. Jewish bosses in the New York garment strike kill and maim Jewish workers by the aid of Italian gangsters and Irish cops. There is no RACE in the class war.

[3]

In the last three years a great drift among thoughtful Negro workers and farmers has set in towards the Communist theory. These Negroes understand there is no hope in the bourgeois Uncle Toms who want everything to stand still, or to be done by lawyer-like diplomacy. Into the Communist movement the Negro comes not as a suppliant, or a tolerated ally, but with demands. It is the one movement in the world where he can DEMAND social equality, economic equality, intermarriage, anything that is his. He can and does bring white Communists to trial in Communist tribunals if they show any race prejudice. There have been a number of such cases, and the criminals have been expelled from the Party.

In the South the bosses keep the races divided. In strikes, Negroes have been used as scabs, with the approval of such leaders as Kelly Miller. No one ever dared to organize the Negroes for their rights in the South; no one ever dared to preach Negro equality to the white workers in the South, until the Communists penetrated there. The strike at Gastonia a few years ago was the first battle. The Communists went into a community of pure-bred mountain whites, and told them boldly they could not have a textile union without giving the Negroes full rights. I know some of the organizers who were first in this field. They knew they carried their lives in their hands; they knew they were risking everything, including the possibility that the white workers would hate Communism forever. But they preached the Communist doctrine that the workers of every race can only free themselves by uniting with the workers of every other race. And they won. The miracle happened. The white workers understood. The Negro was given his full standing in the union. The same thing has happened in fifty other places in the South since. It is becoming a national force.

The Communists are teaching that there cannot be a strong and successful labor movement in America unless the 11,000,000 Negro workers are included. Outside, they are a dangerous reservoir for scabs and lower wages. Inside, they are the last guaranty of final victory. And the white workers are beginning to understand this Communist doctrine. There is more being done in these past five years to break down anti-Negro prejudice in the South than has been done in fifty years of Uncle Tom cringing, concert hall singing of spirituals, literary articles, and other bourgeois methods. It is a bitter and bloody progress, of course. But when has a race gotten anywhere except by sacrifice? Yes, the Communists call the Negro forth to new sacrifices, but they can assure him of some great victories, and a great goal at the end. It is better to be a man and die for a great cause than to flee like a rabbit before the lynchers.

[4]

In Russia, the old Jews, and the bourgeois Jews, had an Uncle Tom policy also. It is amazing to see how the history of the two races parallels at so many points. These old, pious, legal, Jewish Uncle Toms would deliver young Jewish revolutionists to the Czar's police. Young Jewish revolutionists would be brought in chains by the police to a synagogue and the Rabbi would preach against them and warn all other youth. The same thing in America. The landlords, intellectuals and other bourgeois Negroes have commenced a fierce drive against the Communist influence. It does not make them indignant against the murderous bosses when Negro workers are shot down in a strike. They are indignant against the Communists who prevailed upon the Negroes to strike. These Judases run like stool-pigeons to the authorities and expose Negro Communists. In print and from the platform they preach the extermination of Communists, exactly like all the Czars and reactionaries.

A terrible scandal was created by them in the recent case of the Negro boys on trial for their lives in Alabama (Scottsboro). Because the Communists first took up the defence of these boys and, with passion and courage, made of it an international issue like the Sacco-Vanzetti case, these Uncle Toms were indignant. They wanted the case conducted quietly, respectably; they wanted a polite, well-mannered lynching. But the Communists believe in widespread publicity; they believe in accusing the upper-class criminals to the whole world. Can you have a fair trial for Negroes in Alabama? Especially when the defence was half-hearted and conceded guilt where there was no guilt? Can you have a fair trial for Dreyfus or Sacco-Vanzetti without a world-wide publicity?

The Uncle Toms have no program to offer the Negro masses. They are NOT organizing the starving rent-croppers or steel workers. They are NOT going into the hell-holes of the South and preaching Negro equality to the white workers. Their platform is the bourgeois one of let the unemployed man starve quietly to death, let the Negro suffer quietly, begging only for a few crumbs of justice.

But the workers of the world are rising. We are living in the century of beginnings. No one can stop this flood. In China, in India, in Japan, yes, and in Africa, on the continent of Europe, in the Malay seas, in the Siberian tundras, in the Egyptian deltas, south to Cape Horn, north to Nome, Alaska, the movement spreads, and the American Negro worker has at last taken his proud and fearless place in the world ranks. And these Uncle Toms think they will stop it. They will do much damage; they will help betray many a strike, and help, by their frenzied denunciations, many a lynching and massacre, but they can never keep the Negro worker from his manhood.

작가소개 **Michael Gold(1894-1967)**

Michael Gold was born in New York City in 1894. His parents were Jewish immigrants and originally had the name Itzok Isaac Granich. He developed radical political views and began contributing to socialist journals such as the Masses and the Call. Gold was strong opponent of the United States becoming involved in the First World War. When the USA entered the war in 1917 Gold moved to Mexico to evade the draft. Gold returned to New York City in 1920 and became associate editor of The Liberator. Six years later Gold and his friend, John Sloan, became joint editors of the New Masses. Books written by Gold include, "120 Million"(1929), "Jews Without Money"(1930), and "Change the World"(1937). Michael Gold died in 1967.

한글 번역

톰 아저씨에 대한 한마디

[1]

오늘날 미국인 토리 배빗이 갖는 한밤의 두려움 중 하나는 검둥이들이 공산당 같은 정신을 갖게 되는 것이다. 이 토리 배빗의 색은 백색이다. 그것은 또한 검은 색, 갈색, 노란색, 그리고 금색이다. 두 인종의 부르주아 계급은 두 인종의 프롤레타리아 계급이 냉혹하게 짓밟히고 있는 단일 프로그램으로 하나가 되고 있다.

석 달 전에 공산주의자들은 시카고 남측 흑인 본부에서 데모를 조직했다. 병치레하는 남편과 아이들을 둔 한 불쌍한 흑인 여성이 거리로 쫓겨날 참이었다. 그녀의 가구는 거리에 내어 놓여 있었다. 그녀는 가난 때문에 거리에 내몰렸다. 공산주의자들은 그녀의 가구를 다시 들여놓고 땅 주인에게 항의했다. 경찰이 와서 군중에게 발포했고, 그래서 세 명의 흑인 공산주의자들이 죽었다. 후에 흑인 지주들 위원회에 의해 경찰이 그와 같은 퇴거 조치에 투여되어 폭력 행위를 하도록 선동 조장되었던 것을 밝혀졌다. 이 단체의 대변인이자 전략가는 시카고 N.A.A.C.P.의 리더이기도 한 흑인 변호사였다.

이렇게 번갯불과 살인으로 드러난 것이 계급 전쟁이다. 이것은 모든 인종의 구분에 영향을 미쳤다. 그것은 인종 갈등보다 더 중요하다. 그것은 인종 갈등의 원인이다. 미국에서 다수 흑인은 농부와 프롤레타리아들이다. 지금까지 적은 수의 흑인 예술가들, 지성인들, 사업가들이 주로 백인 부르주아 세계로 진입하는 데 관심을 가져왔다. 흑인 지도자들 가운데 누가 흑인 대중의 생계 문제를 생각해 주었는가? 그들 중 누가 셋방살이 소작인, 구두닦이, 웨이터, 풀만 회사의 짐꾼, 안마사, 도랑 치는 사람, 강철 노동자 등 북부와 남부의 이 '인종'에 속하는 천백만의 고생하는 흑인들을 대변할 것인가?

몇몇 예술가나 사업가들의 운명이 한 인종의 운명은 아니다. 유대인으로서 나는 그것을 알고 있나. 우리는 수백 명의 유대인 백만장자가 있었고, 하이네 같은 시인, 아인슈타인 같은 사상가들이 있었다. 하지만 오늘 폴란드의 한 유대인은 앨라배마의 흑인보다 잘 살지 못한다. 오랜 독재의 러시아에는 부유한 유대인, 경건한 유대인, 존경할 만한 부르주아 유대인들이 있다. 하지만 다수 유대인들은 미국 흑인들처럼 고문당하고, 학살당하고, 격리되고, 모욕을 당했다. 독재의 유혈 정부는 오늘날 인도에서 영국인들이 이슬람을 힌두교과 싸우도록 조정하듯, 권력을 사용해 인종 간 서로 싸움을 붙였다. 기근이 있을 때, 세금이 많을 때, 농부들이 폭동을 일으킬 준비를 할 때, 독재 정부의 스파이들이 유대인에게 그 책임이 있다고 속삭이고 다녔다. 그래서 유대인들은 대학살로 무수한 피를 흘렸다.

[2]

미국에서 반 흑인 감정의 주된 이유는 피부, 인종, 이국적인 기이함, 사회적 편견 등이 아니라, 주류 계급의 이와 똑같은 경제학 때문이다. 미국의 남북전쟁사를 읽어 보라. 앤드류 존슨은 테네시 출신이었지만, 남북전쟁에서 북부에 속해 싸웠다. 그는 가난한 농사꾼 출신으로, 흑인들을 경멸한 것처럼 가난한 백인들을 경멸한 부유한 노예 소유 지주들을 증오했다. 앤드류 존슨이 대통령이 된 후에, 이러한 초기의 계급에 대한 증오심이 그를 봉건주의자에 반대하도록 움직였다. 그는 "가난한 백인들"이 의지에 반해 전쟁에 내몰렸다고 말했다. 그들은 노예제를 원하지 않았다. 그것은 백인과 흑인 모두의 노동 가치를 떨어뜨렸다. 남북전쟁은 흑인을 동산 취급하는 노예제로부터 해방 시켰지만, 임금 노동자로 전락시켰다. 흑인의 문제는 이제 이러한 임금 노예제에서 자신을 자유롭게 하는 것이다. 이것은 백인 노동자가 가진 문제와 정확히 같은 문제이다. 다른 것이 아니다. 하지만 사회 혁명이 일어날 때까지 절대 자유로울 수 없다. 이것은 거친 표현일지 모르나, 현실을 피하지는 말자.

흑인 사업가나 지식인들은 그들 자신들의 혁명을 이루었고, 승리했다. 그들은 돈과 성공을 얻었고, 기꺼이 세상을 그 상태 그대로 내버려 둔다. 그들이 자유를 말할 때, 그들은 자신들을 의미한다. 하지만 흑인 '다수'는 아직 제강 공장과 목화 농장에 매여 살고, 대중의 자유를 향한 모든 움직임은 총, 밧줄, 쇠막대와 부딪히게 된다. 하지만 백인 노동자도 똑같은 대우를 받는다. 흑인 지주들은 흑인 세입자들을 백인 경찰의 도움을 받아 쏘아 죽인다. 백인 상사는 백인 노동자를 쏘아 죽인다. 뉴욕 의류 파업에서 유대인 사장들은 이탈리아 갱들이나 아일랜드 경찰의 도움을 받아 유대인 노동자를 죽이고 불구로 만들어 놓는다. 계급 전쟁에서 '인종'은 없다.

[3]

지난 3년 동안 생각이 깊은 흑인 노동자들과 농부들 사이에 커다란 흐름이 공산주의자 이론으로 향하고 있다. 이 흑인들은 모든 것이 현 상태를 유지하길 바라거나, 변호사 같은 외교력에 의해 이루어지기 바라는 부르주아 흑인들에게 희망이 없다는 것을 이해한다. 공산주의자 운동에 흑인은 탄원자나 관대한 동맹자 관계로 나오는 것이 아니라, 자신의 요구들을 가지고 나온다. 그것은 세계에서 흑인이 사회적 평등, 경제적 평등, 인종 간 결혼, 자기의 것은 어떤 것이라도 '요구'할 수 있는 한 운동이다. 그들은 백인 공산주의자들이 그 어떤 인종적 편견을 보이면 그들을 공산주의자 법정의 재판대에 데려올 수 있고, 또 데리고 나온다. 그런 경우가 많이 있어왔고, 범죄자들은 정당에서 출당되었다.

남부에서 상사들은 인종이 서로 분리되어 있도록 한다. 파업에서 흑인들은 켈리 밀러와 같은 지도자들의 승인을 받아 파업을 방해하는 노동자로 고용되어 왔다. 누구도 남부에서 그들의 권리를 위해 흑인들을 조직화할 엄두를 전혀 내지 못했고, 누구도 남부의 백인 노동자들에게 흑인의 평등을 감히 설파하지 못하다가, 공산주의자들이 파고 들어가게 되었다. 몇 년 전 개스토니아의 파업이 그 첫 전투였다. 공산주의자들은 순혈 계통의 산악지대 백인 마을에 들어가서는 흑인들에게 완전한 권리를 부여해 주지 않으면 직물 노조를 세울 수 없다고 당당하게 말했다. 나는 이 분야에서 최초로 활동한 몇몇 조직원들을 알고 있다. 그들은 스스로의 노력으로 자신들의 삶을 이끌어간다는 것을 알고 있었다. 그들은 모든 걸 위험에 빠뜨릴 수 있음을 알고 있었다. 그중에는 백인 노동자들이 공산주의를 영원히 증오할 가능성도 있었다. 하지만 그들은 모든 인종의 노동자들이 다른 모든 인종의 노동자들과 제휴함으로써만 스스로를 자유롭게 할 수 있다는 공산주의 원리를 전했다. 그리고 그들은 이겼다. 기적이 일어났던 것이다. 백인 노동자들이 이해해 주었다. 흑인이 노조에서 자신의 온전한 위치를 점할 수 있게 되었다. 똑같은 일이 그 이후로 남부의 50여 곳에서 생겼다. 그것은 국가적인 원동력이 되어가고 있다.

공산주의자들은 천백만 흑인 노동자들을 포함시키지 않으면 미국에서 강력하고 성공적인 노동 운동은 있을 수 없다고 가르치고 있다. 외부적으로 그들은 파업 방해꾼들과 저임금에 대한 위태로운 저수장이다. 내부적으로 그들은 최종 승리를 위한 최후의 보루이다. 그래서 백인 노동자들은 이러한 공산주의 원리를 이해하기 시작하고 있다. 지난 50년 동안 백인에게 아첨하는 흑인들이 비굴해지면서, 콘서트홀에서 영가를 부르고, 학문적 기사를 써대고, 또 다른 부르주아적인 방법 등을 동원해 왔던 것보다, 지난 5년 동안 남부에서 반 흑인 편견을 깨뜨리기 위해 더 많은 일이 이루어졌다. 그것은 물론 쓰리고 피비린내 나는 진보다. 하지만 언제 한 인종이 희생을 치르지 않고 어떤 일을 이루어 낸 적이 있는가? 그렇다, 공산주의자들은 새로운 희생을 위해 흑인을 불러내지만, 흑인에게 몇몇 위대한 승리와 더불어 종국에는 큰 목표를 이루어 낼 수 있다고 확신시킬 수 있다. 살인마들 앞에서 토끼마냥 도망쳐 다니는 것보다는, 인간으로서 대의를 위해 죽는 것이 낫다.

[4]

러시아에서, 늙은 유대인들과 부르주아 유대인들 또한 미국식 톰 아저씨 정책을 펼쳤다. 두 종족의 역사가 얼마나 많은 점에서 대비가 되는지 보면 매우 놀랍다. 이 늙고, 경건하며, 법적인 유대인 톰 아저씨들은 젊은 유대인 혁명가들을 독재 경찰에 넘겨줄 것이다. 젊은 유대인 혁명가들이 경찰에 의해 족쇄에 묶여 회당까지 끌려오면, 랍비는 그들에게 반대하는 설교를 하고, 모든 다른 젊은이들에게 경고할 것이다. 미국에서도 똑같은 일이 생긴다. 영주들, 지식인들, 부르주아 흑인들이 공산주의 영향에 반대하는 사나운 공세를 시작했다. 이는 흑인 노동자들이 파업에서 총에 맞아 쓰러졌을 때, 살인적인 보스에 대항해 분노하도록 만들지 않는다. 그들은 흑인들이 파업하도록 권하는 공산주의자들에게 분노한다. 이러한 배신자들은 권력자들에게 스파이 노릇을 하면서 흑인 공산주의자들을 노출시킨다. 글을 쓰거나 연단에 서서 모든 독재자들이나 반동주의자들과 아주 똑같이 공산주의자들의 박멸을 외치고 다닌다.

대단한 스캔들 하나가 최근의 흑인 소년들 소송 사건을 두고 벌어졌는데, 이들은 앨라배마 스카츠보로에서 살기 위해 재판을 받고 있었다. 공산주의자들이 처음에 그 소년들을 위해 변론을 맡으면서, 열정을 가지고 용기 있게 사코-반제티의 경우와 같이 국제적인 문제로 부각시켰기 때문에, 이 톰 아저씨들이 화가 났다. 그들은 이 사건이 조용하게, 별문제 없이 진행되기를 바랐다. 그들은 공손하고 예의 있는 형 집행을 원했다. 하지만 공산주의자들은 대중에게 널리 알리는 홍보를 믿는다. 그들은 상류층 범죄자들을 세상에 고발하는 것이라고 믿는다. 앨라배마에서 흑인들을 위해 공정한 재판을 할 수 있는가? 특히 변론이 성의 없고, 무죄였던 곳에서 죄를 인정했을 때는? 전 세계에 알리지 않고 드레퓌스나 사코-반제티를 위해 공정한 재판을 할 수 있는가?

톰 아저씨들은 흑인 대중들에게 제공할 프로그램이 없다. 그들은 굶주리는 세입자들이나 강철 노동자들을 조직화하지 '않는다.' 그들은 남부의 마굴로 들어가 백인 노동자들에게 흑인의 평등함을 전하지 '않는다.' 그들의 연단은 실업자가 조용히 죽도록 내버려 두고, 흑인은 아무도 모르게 고통 받도록 내버려 두면서, 단지 최소의 정의 따위를 구걸하는 부르주아의 것이다.

하지만 세계의 노동자들은 증가하고 있다. 우리는 모든 것이 시작되는 세기에 살고 있다. 아무도 이 홍수를 막을 수 없다. 중국에서, 인도에서, 일본에서, 그렇다, 그리고 아프리카에서, 유럽의 대륙에서, 말레이시아 바다에서, 시베리아 동토에서, 이집트 델타에서, 남쪽으로 희망봉에 이르기까지, 북쪽으로 알래스카의 놈에 이르기까지, 이 운동은 퍼져가고, 미국의 흑인 노동자는 마침내 자긍심을 갖게 됐고, 세계 최고의 반열에서 두려움 없는 위치를 차지했다. 그리고 이러한 톰 아저씨들은 자신들이 그것을 멈추게 할 것이라 생각한다. 그들은 많은 해를 끼칠 것이다. 그들은 무수한 파업을 배신하려 할 것이고, 광적으로 비난하면서 많은 고문과 대량 학살을 도울 것이다. 하지만 그들은 결코 흑인 노동자의 용기를 막아낼 수는 없을 것이다.

01 **This is an excerpt from A word As to Uncle Tom. What does the underlined Uncle Toms mean?**

> A terrible scandal was created by them in the recent case of the Negro boys on trial for their lives in Alabama (Scottsboro). Because the Communists first took up the defence of these boys and, with passion and courage, made of it an international issue like the Sacco-Vanzetti case, these <u>Uncle Toms</u> were indignant. They wanted the case conducted quietly, respectably; they wanted a polite, well-mannered lynching. But the Communists believe in widespread publicity; they believe in accusing the upper-class criminals to the whole world. Can you have a fair trial for Negroes in Alabama? Especially when the defence was half-hearted and conceded guilt where there was no guilt? Can you have a fair trial for Dreyfus or Sacco-Vanzetti without a world-wide publicity?
>
> The Uncle Toms have no program to offer the Negro masses. They are NOT organizing the starving rent-croppers or steel workers. They are NOT going into the hell-holes of the South and preaching Negro equality to the white workers. Their platform is the bourgeois one of let the unemployed man starve quietly to death, let the Negro suffer quietly, begging only for a few crumbs of justice.

① The symbol of generous people who help difficulties of their own race.
② The people who betray their own people as they cooperate with power holders.
③ The people who show courtesy in the black court.
④ The people who don’t like blacks so they don’t offer any programs for them.
⑤ The symbol of past generations of African Americans

02 Read the passage and follow the directions.

In the last three years a great drift among thoughtful Negro workers and farmers has set in towards the Communist theory. These Negroes understand there is no hope in the bourgeois Uncle Toms who want everything to stand still, or to be done by lawyer-like diplomacy. Into the Communist movement the Negro comes not as a suppliant, or a tolerated ally, but with demands. It is the one movement in the world where he can DEMAND social equality, economic equality, intermarriage, anything that is his. He can and does bring white Communists to trial in Communist tribunals if they show any race prejudice. There have been a number of such cases, and the criminals have been expelled from the Party.

In the South the bosses keep the races divided. In strikes Negroes have been used as scabs, with the approval of such leaders as Kelly Miller. No one ever dared to organize the Negroes for their rights in the South; no one ever dared to preach Negro equality to the white workers in the South, until the Communists penetrated there. The strike at Gastonia a few years ago was the first battle. The Communists went into a community of pure-bred mountain whites, and told them boldly they could not have a textile union without giving the Negroes full rights.

Which of the following would be the speaker's attitude toward the Communist party?

① There cannot be other movements to help the black.
② The Communist party offers the best policy for the black so far.
③ The white is much influential in the Communist party in comparison to the black.
④ The black uses Communist policy in a selfish way.
⑤ The white is rarely punished because of the Communist policy based on racial prejudice.

Answer
01. ②
02. ②

07 A Clean, Well-lighted Place

Ernest Hemingway(1899-1961)

[1]

It was late and everyone had left the cafe except an old man who sat in the shadow of the leaves of the tree made against the electric light. In the daytime the street was dusty, but at night the dew settled the dust and the old man liked to sit late because he was deaf and now at night it was quiet and he felt the difference. The two waiters inside the cafe knew that the old man was a little drunk, and while he was a good client they knew that if he became too drunk he would leave without paying, so they kept watch on him.

"Last week he tried to commit suicide," one waiter said.

"Why?"

"He was in despair."

"What about?"

"Nothing."

"How do you know it was nothing?"

"He has plenty of money."

They sat together at a table that was close against the wall near the door of the cafe and looked at the terrace where the tables were all empty except where the old man sat in the shadow of the leaves of the tree that moved slightly in the wind. A girl and a soldier went by in the street. The street-light shone on the brass number on his collar. The girl wore no head covering and hurried beside him.

"The guard will pick him up," one waiter said.

"What does it matter if he gets what he's after?"

"He had better get off the street now. The guard will get him. They went by five minutes ago."

The old man sitting in the shadow rapped on his saucer with his glass. The younger waiter went over to him.

"What do you want?"

The old man looked at him. "Another brandy," he said.

"You'll be drunk," the waiter said. The old man looked at him. The waiter went away.

"He'll stay all night," he said to his colleague. "I'm sleepy now. I never get into bed before three o'clock. He should have killed himself last week."

The waiter took the brandy bottle and another saucer from the counter inside the cafe and marched out to the old man's table. He put down the saucer and poured the glass full of brandy.

"You should have killed yourself last week," he said to the deaf man. The old man motioned with his finger. "A little more," he said. The waiter poured on into the glass so that the brandy slopped over and ran down the stem into the top saucer of the pile. "Thank you," the old man said. The waiter took the bottle back inside the cafe. He sat down at the table with his colleague again.

[2]

"He's drunk now," he said.

"He's drunk every night."

"What did he want to kill himself for?"

"How should I know?"

"How did he do it?"

"He hung himself with a rope."

"Who cut him down?"

"His niece."

"Why did they do it?"

"Fear for his soul."

"How much money has he got?"

"He's got plenty."

"He must be eighty years old."

"Anyway I should say he was eighty."

"I wish he would go home. I never get to bed before three o'clock. What kind of hour is that to go to bed?"

"He stays up because he likes it."

"He's lonely. I'm not lonely. I have a wife waiting in bed for me."

"He had a wife once too."

"A wife would be no good to him now."

"You can't tell. He might be better with a wife."

"His niece looks after him. You said she cut him down."

"I know."

"I wouldn't want to be that old. An old man is a nasty thing."

"Not always. This old man is clean. He drinks without spilling. Even now, drunk. Look at him."

"I don't want to look at him. I wish he would go home. He has no regard for those who must work."

The old man looked from his glass across the square, then over at the waiters.

"Another brandy," he said, pointing to his glass. The waiter who was in a hurry came over.

"Finished," he said, speaking with that omission of syntax stupid people employ when talking to drunken people or foreigners. "No more tonight. Close now."

"Another," said the old man.

"No. Finished." The waiter wiped the edge of the table with a towel and shook his head.

The old man stood up, slowly counted the saucers, took a leather coin purse from his pocket and paid for the drinks, leaving half a peseta tip. The waiter watched him go down the street, a very old man walking unsteadily but with dignity.

[3]

"Why didn't you let him stay and drink?" the unhurried waiter asked. They were putting up the shutters. "It is not half past two."

"I want to go home to bed."

"What is an hour?"

"More to me than to him."

"An hour is the same."

"You talk like an old man yourself. He can buy a bottle and drink at home."

"It's not the same."

"No, it is not," agreed the waiter with a wife. He did not wish to be unjust. He was only in a hurry.

"And you? You have no fear of going home before your usual hour?"

"Are you trying to insult me?"

"No, hombre, only to make a joke."

"No," the waiter who was in a hurry said, rising from pulling down the metal shutters. "I have confidence. I am all confidence."

"You have youth, confidence, and a job," the older waiter said. "You have everything."

"And what do you lack?"

"Everything but work."

"You have everything I have."

"No. I have never had confidence and I am not young."

"Come on. Stop talking nonsense and lock up."

"I am of those who like to stay late at the cafe," the older waiter said. "With all those who do not want to go to bed. With all those who need a light for the night."

"I want to go home and into bed."

"We are of two different kinds," the older waiter said. He was now dressed to go home. "It is not only a question of youth and confidence although those things are very beautiful. Each night I am reluctant to close up because there may be someone who needs the cafe."

"Hombre, there are bodegas open all night long."

"You do not understand. This is a clean and pleasant cafe. It is well lighted. The light is very good and also, now, there are shadows of the leaves."

[4]

"Good night," said the younger waiter.

"Good night," the other said. Turning off the electric light he continued the conversation with himself. It is the light of course, but it is necessary that the place be clean and pleasant. You do not want music. Certainly you do not want music. Nor can you stand before a bar with dignity although that is all that is provided for these hours. What did he fear? It was not fear or dread. It was 'a nothing' that he knew too well. It was all 'a nothing' and a man was 'a nothing' too. It was only that the light was all it needed and a certain cleanness and order. Some lived in it and never felt it but he knew it all was nada y pues nada y nada y pues nada. Our nada who art in nada, nada be thy name thy kingdom nada thy will be nada in nada as it is in nada. Give us this nada our daily nada and nada us our nada as we nada our nadas and nada us not into nada but deliver us from nada; pues nada. Hail nothing full of nothing, nothing is with thee. He smiled and stood before a bar with a shining steam pressure coffee machine.

"What's yours?" asked the barman.

"Nada."

"Otro loco mas," said the barman and turned away.

"A little cup," said the waiter.

The barman poured it for him.

"The light is very bright and pleasant but the bar is unpolished," the waiter said. The barman looked at him but did not answer. It was too late at night for conversation.

"You want another copita?" the barman asked.

"No, thank you," said the waiter and went out. He disliked bars and bodegas. A clean, well-lighted cafe was a very different thing. Now, without thinking further, he would go home to his room. He would lie in the bed and finally, with daylight, he would go to sleep. After all, he said to himself, it was probably only insomnia. Many must have it.

작가소개 **Ernest Hemingway(1899–1961)**

1899년 7월 21일 시카고 교외의 오크파크에서 출생하였다. 아버지는 수렵 등 야외 스포츠를 좋아하는 의사였고, 어머니는 음악을 사랑하고 종교심이 돈독한 여성이었다. 이러한 부모의 성질이 그의 인생과 문학에 미묘한 영향을 주었다. 고교 시절에는 풋볼 선수였으나, 시와 단편소설을 쓰기 시작, 그 가운데에는 후에 유명해진 그의 문체(文體)의 맹아(萌芽)가 이미 나타나 있었다. 고교 졸업 후에는 대학에 진학하지 않고 캔자스시티의 ≪스타 Star≫ 지(紙) 기자가 되었으며, 제1차 세계대전 때인 1918년 의용병으로 적십자 야전병원 수송차 운전병이 되어 이탈리아 전선에 종군 중 다리에 중상을 입고 밀라노 육군병원에 입원, 휴전이 되어 1919년 귀국하였다. 전후 캐나다 ≪토론토 스타≫ 지의 특파원이 되어 다시 유럽에 건너가 각지를 시찰 여행, 그리스-터키 전쟁을 보도하였다. 파리에서 G. 스타인, E. 파운드 등과 친교를 맺으며 창작상의 많은 것을 배웠다.

1923년 ≪3편의 단편과 10편의 시(詩) Three Stories and Ten Poems≫를 처녀출판 하였고, 1924년 주로 청소년기의 체험을 바탕으로 한 단편집 ≪우리들의 시대에 In Our Time≫를 발표하였으며, 다음 작품 ≪봄의 분류(奔流) The Torrents of Spring≫(1926)에 이어 발표된 ≪해는 또다시 떠오른다 The Sun Also Rises≫(1926)에 이르러 그의 명성은 결정적인 것이 되었다. 파리와 에스파냐를 무대로 찰나적·향락적인 남녀들을 중심으로 전후(戰後)의 풍속을 묘사하여 '로스트 제너레이션(Lost Generation)'의 대표작가로 지목되었다.

1928년 귀국, 같은 해 아버지의 권총 자살 등 어려운 사건에 부딪히게 되었고, 그 이듬해 전쟁의 허무함과 고전적인 비련을 테마로 한 ≪무기여 잘 있거라 A Farewell to Arms≫를 완성, 전쟁문학의 걸작으로서 국외에서도 반향을 불러일으켰다. 그 후 에스파냐의 투우를 다룬 ≪오후의 죽음 Death in the Afternoon≫(1932), 아프리카에서의 맹수사냥에 문학론과 인생론을 교차시킨 에세이집 ≪아프리카의 푸른 언덕 Green Hills of Africa≫(1935)을 발표하였는데, 이들 두 작품에서 그의 문학관·인생관을 직접 알 수 있다. 밀수입(密輸入)에 종사하는 어선의 선장을 주인공으로 한 다음 장편 ≪가진 자와 못 가진 자 To Have and Have Not≫(1937)는 당시 유행된 사회소설을 지향한 것이지만, 그가 본질적으로 사회소설에 맞지 않는다는 것을 보여준 작품이다.

1936년 에스파냐내란 발발과 함께 그는 공화정부군에 가담하여 활약, 그 체험에서 스파이 활동을 다룬 희곡 ≪제5열(第五列) The Fifth Column≫(1938)이 탄생되었고, 다시 1940년에는 에스파냐내란을 배경으로 미국 청년 로버트 조단을 주인공으로 한 그의 최대의 장편 ≪누구를 위하여 종은 울리나 For Whom the Bell Tolls≫를 발표, ≪무기여 잘 있거라≫ 이상의 반향을 불러일으켰다. 제2차 세계대전 후 10년간의 침묵을 깨고 발표한 ≪강을 건너 숲속으로 Across the River and into the Trees≫(1950)는 예전의 소설의 재판(再版)이라 해서 좋지 못한 평을 얻기도 했다. 다음 작품 ≪노인과 바다 The Old Man and the Sea≫(1952)는 대어(大魚)를 낚으려고 분투하는 늙은 어부의 불굴의 정신과 고상한 모습을 간결하고 힘찬 문체로 묘사한 단편인데, 이 작품으로 1953년 퓰리처상을 받고, 1954년 노벨문학상을 받았다.

단편집으로는 ≪우리들의 시대에≫ 외에 ≪남자들만의 세계 Men Without Women≫(1927), ≪승자(勝者)는 허무하다 Winner Take Nothing≫(1932)가 있다. 후에 다른 작품들을 첨가하여 한 권으로 출판되었는데, 그중에는 하드보일드(hardboiled)풍의 걸작 ≪살인청부업자 The Killers≫(1927), 표현 기술의 정수를 구사한 ≪킬리만자로의 눈 The Snow of Kilimanjaro≫(1936) 등 미국 문학의 고전(古典)으로 간주되는 명 단편들이 포함되어 있으며, 그를 오히려 단편 작가로서 높이 평가하는 평론가들도 많이 있다.

1953년 아프리카 여행을 하던 헤밍웨이는 두 번이나 비행기 사고를 당해 중상을 입고, 이후 전지요양에 힘썼다. 그 후 1961년 7월 갑자기 엽총 사고로 죽었는데, 자살로 추측된다. 사후에 ≪이동축제일(移動祝祭日)≫(1964), ≪만류(灣流)의 섬들≫(1970) 등의 유고(遺稿)가 출판되었다. 그는 지성과 문명의 세계를 속임수로 보고, 가혹한 현실에 감연히 맞섰다가 패배하는 인간의 비극적인 모습을, 간결한 문체로 힘차게 묘사한 20세기의 대표적인 작가의 한 사람이다.

헤밍웨이는 쿠바의 수도 아바나에서 7년간 암보스문도스 호텔(Hotel de Ambos Mundos)에 기거하여 집필하였고, 저녁이면 엘 플로리디타 바에서 칵테일을 즐기며 현지인들과 담소를 즐겼다. 그러나 쿠바혁명 이후 1960년 미국으로 추방되었다. 지금도 아바나에는 헤밍웨이의 유품 일부와 사진들이 보존, 전시되고 있어 주요한 관광 상품의 요소가 되고 있다.

작품분석

이 단편에서는 특별히 어떤 사건들이 많이 벌어지지는 않는다. 단지 스페인 카페에 있는 두 사람의 웨이터 사이의 간략한 대화가 주류를 이룬다. 그들은 문 닫을 시간 바로 직전에 와서 홀로 앉아 브랜디를 마시는 손님에 대한 이야기를 한다. 하지만 작품이 주는 충격은 이 단편이 짧고 단순한 것임에도 불구하고 만만치 않다. 이 단편을 읽으며 외로움의 비극에 대해 생각해 보길 바란다.

한글 번역

깨끗하고 밝은 곳

[1]

밤이 깊었기 때문에 카페 안에는 전등 불빛이 만들어낸 나무 그림자 속에 앉아 있는 노인 한 사람 말고는 아무도 없었다. 낮에는 거리에 먼지가 많았다. 그러나 밤이 되자 이슬이 먼지를 가라앉혔고, 노인은 귀가 안 들리지만 밤이 되자 조용해져 느낌이 달라졌으므로, 늦게까지 앉아 있기를 좋아했다. 카페 안의 두 웨이터는 노인이 약간 술이 취한 것을 알고 있었다. 그리고 노인은 단골손님이었으므로, 노인이 너무 술이 취하면 돈을 안 내고 간다는 것을 알고 있었기 때문에, 계속해서 그를 지켜보고 있었다.

"지난주에 저 노인이 자살을 기도했다는군."이라고 한 웨이터가 말했다.

"왜요?"

"절망했기 때문이지."

"무엇에 대해서 절망을 했나요?"

"아무 것도 아닌 것."

"아무 것도 아닌 줄은 어떻게 아시죠?"

"저 분은 돈이 많으니까."

그들은 카페 문 가까이 벽에 붙여 놓인 테이블에 마주 앉아서, 바람결에 약간 흔들리고 있는 나뭇잎 그림자 속에 노인이 앉아 있는 자리 말고는 모든 테이블이 다 비어 있는 테라스를 내다보았다. 젊은 여자와 군인이 거리를 지나갔다. 가로등 불빛이 군인의 깃에 붙은 놋쇠 숫자에 반사되었다. 여자는 머리에 아무 것도 쓰지 않은 채 그의 곁에서 바쁘게 걸음을 옮겨 놓았다.

"순찰한테 잡히겠는데요."라고 한 웨이터가 말했다.

"잡거나 말거나 무슨 상관이야."

"인제 거리를 나돌아 다니면 안 될 텐데. 순찰한테 잡힌단 말이에요. 오 분 전에 지나갔거든요."

그림자 속에 앉아 있는 노인이 유리잔으로 받침 접시를 두드렸다. 젊은 웨이터가 노인에게 갔다.

"왜 그러세요?"

노인이 그를 쳐다보았다. "브랜디 한 잔 더"라고 그가 말했다.

"술 취하시겠어요."라고 웨이터가 말했다. 노인이 그를 쳐다보았다. 웨이터가 그 자리를 떠났다.

"밤을 새울 모양인가"라고 그가 동료에게 말했다. "인제 졸음이 와요. 세 시가 되기 전에는 눈을 못 붙여 본단 말이야. 지난주에 죽어 버리지나 않고."

웨이터는 카페 안의 카운터에서 브랜디 병과 잔 받침 하나를 가지고 노인의 테이블로 걸어 갔다. 그는 잔 받침을 내려놓고 잔에다 브랜디를 가득 따랐다.

"지난주에 자살에 성공할 걸 잘못 했어요." 그는 귀먹은 노인에게 말했다. 노인은 손가락을 흔들었다. "조금 더"라고 그가 말했다. 웨이터가 잔에다 브랜디를 더 따르자 술이 넘쳐 손잡이를 타고 흘러내리더니 쌓여 있는 잔 받침들 중의 맨 위 것에 고였다. "고맙소"라고 노인이 말했다. 웨이터는 술병을 카페 안에 갖다 두었다. 그는 다시 테이블 앞에 동료와 마주 앉았다.

[2]

"이젠 취했어요."라고 그가 말했다.

"매일 취하는 걸."

"왜 자살을 하려 했을까요?"

"그걸 내가 어떻게 아나?"

"어떻게 죽으려고 했지요?"

"목을 맸대."

"그런데 누가 끌러 내렸나요?"

"조카딸."

"왜 그랬대요?"

"그의 영혼을 염려해서지."

"저 노인, 돈을 얼마나 가졌을까요?"

"많지."

"여든 살은 되었겠죠."

"여든 쯤 되겠지."

"제발 좀 가줬으면 좋겠어요. 세 시 전에는 잠자리에 들지 못한단 말이야. 세상에 무슨 놈의 팔자야."

"노인은 저러고 있는 게 좋으니까 안 가지."

"고독한 거예요. 하지만 난 달라요. 침대 속에서 마누라가 기다리고 있단 말이에요."

"노인에게도 마나님이 있었어."

"이제는 있대도 소용이 없을 걸요."

"그건 모르지. 마나님이 있으면 좀 더 나을지도 모르지."

"조카딸이 돌봐 주고 있대요. 목매단 걸 끌러 내렸다면서요."

"그래."

"난 저렇게 늙고 싶지 않아요. 늙은이란 불결한 거예요."

"다 그렇진 않아. 이 노인은 깨끗해. 그는 한 방울도 술을 흘리지 않아. 지금처럼 취했어도 말이야. 보라고."

"보고 싶지 않아요. 제발 가기나 좀 했으면 좋겠어요. 우리같이 일하는 놈 사정은 알아주지 않는군요."

노인이 술잔 너머로 광장 쪽을 쳐다보다가 웨이터 쪽을 바라보았다.

"브랜디 한 잔 더."라고 그는 술잔을 가리키며 말했다. 마음이 급한 웨이터가 그쪽으로 갔다.

"끝."이라고 그는 천박한 사람들이 주정뱅이나 외국인에게 말할 때 사용하는 거두절미의 어법으로 말했다. "안 돼요, 오늘 밤은. 끝났어요."

"한 잔 더."라고 노인이 말했다.

"안 돼요, 끝."이라고 웨이터는 타월로 테이블 가장자리를 훔치며 고개를 가로저었다.

노인은 천천히 자리에서 일어서서 잔 받침 수를 세어 보더니 가죽으로 만든 동전 지갑을 꺼내 술값을 지불하고는 반 페세타(스페인, 페루의 화폐단위, 미화 2.4센트에 해당)를 팁으로 남겨 놓았다. 웨이터는 그가 거리로 내려가는 것을, 한 사람의 아주 나이 많은 노인이 불안정하면서도 위엄 있게 걸어가는 모습을 지켜보았다.

[3]

"왜 좀 더 앉아서 술을 마시지 못하게 하지?"라고 바쁘지 않은 쪽의 웨이터가 물었다. 그들은 덧문을 닫고 있었다. "아직 두 시 반도 안 되었는데."

"그만 집에 가서 자고 싶어요."

"그깟 한 시간이 뭐라고?"

"노인에게는 안 그렇지만 내게는 소중해요."

"똑같은 한 시간이야."

"당신도 노인 같은 이야기를 하는군요. 술 한 병 사가지고 집에 가서 마시라지."

"어디 그게 맛이 똑같은가?"

"그렇지요. 맛이야 다르지요."라고 아내를 가진 웨이터도 동의했다. 그도 억지를 쓰려 고는 하지 않았다. 다만 어서 집에 가고 싶을 뿐이었다.

"자네는? 자네는 평상시보다 일찍 집에 가는 것이 두렵지 않은가?"
"아니, 날 모욕할 셈인가요?"
"아니야, 이 친구. 농담이야."
"두렵지 않아요."라고 서두르던 웨이터가 쇠덧문을 끌어 내리고 허리를 펴며 말했다. "자신 있어요. 자신 있고 말구요."
"자네는 젊음과 자신의 직업을 가졌어."라고 나이 많은 웨이터가 말했다. "사넨 모든 걸 다 가지고 있어."
"당신은 무엇이 모자라서요?"
"일 이외에 모든 것."
"당신도 내가 가지고 있는 걸 다 가졌어요."
"아니야. 나는 자신을 가져본 적이 없어. 그리고 이젠 젊지도 않아."
"쓸데없는 소리 집어 치우고 문이나 닫읍시다."
"나도 밤늦게까지 집에 들어가지 않고 카페에 앉아 있고 싶어 하는 사람들과 같은 축에 낀단 말씀이야."라고 늙은 웨이터가 말했다. "잠자리에 들고 싶지 않은 모든 사람들하고 말이야. 밤을 밝혀 줄 불빛을 필요로 하는 모든 사람들하고 말이야."
"나는 집에 돌아가서 잠자리에 들고 싶어요."
"우리는 서로 종류가 다른 사람들일세."라고 나이 많은 웨이터가 말했다. 그는 이제 집에 돌아가기 위하여 옷을 갈아입은 후였다. "이건 자신과 젊음의 문제만이 아니야. 물론 그것은 소중한 것들이지만 말이야. 밤마다 나는 가게 문을 잠그는 게 내키질 않아. 누군가 카페를 필요로 하는 사람이 있을 것 같아서 말이야."
"밤 세워 영업을 하는 스낵 바가 있지 않아요?"
"자네는 이해를 못해. 이곳은 깨끗하고 기분 좋은 카페야. 또 조명이 잘 되어있지. 불빛이란 매우 좋은 거지. 거기다 나뭇잎의 그림자까지 있고."

[4]

"들어가세요."라고 젊은 웨이터가 말했다.
"들어가게."라고 상대방이 말했다. 전깃불을 끄면서도 그는 마음속에서 혼자 대화를 계속했다. 물론 불빛은 중요하다. 그러나 깨끗하고 기분 좋은 곳이기도 해야 한다. 음악은 필요하지 않다. 확실히 음악은 필요하지 않다. 아무리 이 시간까지 벌여 놓고 있어도 스낵 바에서 위엄을 갖추고 서 있을 수가 없는 것이다. 그는 무엇을 두려워했는가? 그것은 두려움도 아니었고 무서움도 아니었다. 그것은 그가 너무도 잘 알고 있었다. '무'(nada; 無)였다. 그것은 모두가 '무'였고 하나의 인간 역시 '무'였다. 그 뿐이었다. 그것이 필요로 하는 것은 불빛, 그리고 깨끗함과 질서였다. 어떤 사람들은 그 속에서 살았지만 그것을 느끼지 못했다. 그러나 그는 그것이 모두가 '무' 다음의 '무' 그리고 '무' 다음의 '무'임을 알았다. '무'에 계신 우리 '무', 이름을 '무'가 되게 하옵시며, 나라가 '무'가 되게 하옵시며, '무'가 '무'에서 이루어진 것 같이 '무'에서도 '무'가 되어 지이다. 이 '무'에서 우리에게 일용할 '무'를 주옵시고, 우리가 우리에게 '무'가 된 자들을 '무'가 되게 한 것 같이 우리의 '무'를 '무'가 되게 하옵시고, 우리 '무' 속에 '무'가 되게 마옵시고 다만 우리를 '무'에서 구하옵소서. 다음에 또 '무.' 무로 가득한 무를 찬양하라. 당신에게는 무가 있나이다. 그는 미소 짓고, 번쩍거리는 증기 압력 커피 틀이 있는 바 앞에 섰다.
"무얼 드릴까요?"라고 바텐더가 물었다.
"Nada(無)."
"Otro loco mas(또 하나의 바보)."라고 바텐더는 말하고 돌아섰다.
"작은 걸로 한 잔."이라고 웨이터가 말했다.
바텐더가 그에게 커피를 따라 주었다.
"불빛은 밝고 기분 좋은데, 바가 지저분하군."이라고 웨이터가 말했다. 바텐더는 그를 쳐다보기만 하고 아무 말도 안 했다. 대화를 하기에는 밤이 너무 깊어 있었다.
"한 잔 더 드릴까요?"라고 바텐더가 물었다.
"아니, 그만."이라고 웨이터는 말하고 밖으로 나갔다. 그는 바도 싫었고 스낵 바도 싫었다. 깨끗하고 밝은 카페는 전혀 그렇지 않았다. 이제 그는 더 이상 아무 생각 없이 자기 방으로 돌아갈 것이었다. 그는 잠자리에 누워 아침 해와 더불어 마침내 잠이 들 것이었다. 결국 이것은 불면증인지도 모른다고 그는 혼잣말을 했다. 그리고 많은 사람이 그것에 시달려야 한다고.

Read an excerpt from A Clean, Well-lighted Place and a commentary.

"Last week he tried to commit suicide," one waiter said.

"Why?"

"He was in despair."

"What about?"

"Nothing."

"How do you know it was nothing?"

"He has plenty of money." [⋯]

"How much money has he got?"

"He's got plenty."

"He must be eighty years old."

"Anyway I should say he was eighty."

"I wish he would go home. I never get to bed before three o'clock. What kind of hour is that to go to bed?"

"He stays up because he likes it."

"He's lonely. I'm not lonely. I have a wife waiting in bed for me."

"He had a wife once too."

"A wife would be no good to him now."

"You can't tell. He might be better with a wife."

"His niece looks after him. You said she cut him down."

"I know."

"I wouldn't want to be that old. An old man is a nasty thing."

"Not always. This old man is clean. He drinks without spilling. Even now, drunk. Look at him."

"I don't want to look at him. I wish he would go home. He has no regard for those who must work."

Complete the commentary by filling in the blank with the ONE word from the excerpt above.

Commentary

This excerpt is filled with the dialogues between the two waiters. The younger waiter understands the old man is lonely — the older waiter points out that the old man probably had a wife once, too. Yet the younger waiter has no ______ for the old man, only caring about his own life. Here the author points out the invincibility of youth — until one suddenly finds himself old and fending off the "nothing."

Answer regard

08 A Father-To-Be

Saul Bellow(1915-2005)

[1]

The strangest notions had a way of forcing themselves into Rogin's mind. Just thirty-one passable-looking, with short black hair, small eyes, but a high, open forehead, he was a research chemist, and his mind was generally serious and dependable. But on a snowy Sunday evening while this stocky man, buttoned to the chin in a Burberry coat and walking in his preposterous gait — feet turned outward — was going toward the subway, he fell into a peculiar state.

He was on his way to have supper with his fiancee. She had phoned him a short while ago and said, "You'd better pick up a few things on the way."

"What do we need?"

"Some roast beef, for one thing. I bought a quarter of a pound coming home from my aunts."

"Why a quarter of a pound, Joan?" said Rogin, deeply annoyed. "That's just about enough for one good sandwich."

"So you have to stop at a delicatessen. I had no more money."

He was about to ask, "What happened to the thirty dollars I gave you on Wednesday?" but he knew that would not be right.

"I had to give Phyllis money for the cleaning woman," said Joan.

Phyllis, Joan's cousin, was a young divorcee, extremely wealthy. The two women shared an apartment.

"Roast beef," he said, "and what else?"

"Some shampoo, sweetheart. We've used up all the shampoo. And hurry, darling, I've missed you all day."

"And I've missed you," said Rogin, but to tell the truth he had been worrying most of the time. He had a younger brother whom he was putting through college. And his mother, whose annuity wasn't quite enough in these days of inflation and high taxes, needed money too. Joan had debts he was helping her to pay, for she wasn't working. She was looking for something suitable to do. Beautiful, well educated, aristocratic in her attitude, she couldn't clerk in a dime store; she couldn't model clothes (Rogin thought this made girls vain and stiff, and he didn't want her to); she couldn't be a waitress or a cashier. What could she be? Well, something would turn up and meantime Rogin hesitated to complain. He paid her bills — the dentist, the department store, the osteopath, the doctor, the psychiatrist. At Christmas, Rogin almost went mad. Joan bought him a velvet smoking jacket with frog fasteners, a beautiful pipe, and a pouch. She bought Phyllis a garnet brooch, an Italian silk umbrella, and a gold cigarette holder. For other friends, she bought Dutch pewter and Swedish glassware. Before she was through, she had spent five hundred dollars of Rogin's money. He loved her too much to show his suffering. He believed she has a far better nature than his. She didn't worry about money. She had a marvelous character, always cheerful, and she really didn't need a psychiatrist at all. She went to one because Phyllis did and it made her curious. She tried too much to keep up with her cousin, whose father had made millions in the rug business.

[2]

While the woman in the drugstore was wrapping the shampoo bottle, a clear idea suddenly arose in Rogin's thoughts: Money surrounds you in life as the earth does in death. Superimposition is the universal law. Who is free? No one is free. Who has no burdens? Everyone is under pressure. The very rocks, the waters of the earth, beasts, men, children — everyone has some weight to carry. This idea was extremely clear to him at first. Soon it became rather vague, but it had a great effect nevertheless, as if someone had given him a valuable gift. Not like the velvet smoking jacket he couldn't bring, the idea that he was under pressure and affliction, instead of saddening him, had the opposite influence. It put him in a wonderful mood. It was extraordinary how happy he became and, in addition, clear-sighted. His eyes all at once were opened to what was around him. He saw with delight how the druggist and the woman who wrapped the shampoo bottle were smiling and flirting, how the lines of worry in her face went over into lines of cheer and the druggist's receding gums did not hinder his kidding and friendliness.

And in the delicatessen, also, it was amazing how much Rogin noted and what happiness it gave him simply to be there.

Delicatessens on Sunday night, when all other stores are shut, will over-charge you ferociously, and Rogin would normally have been on guard, but he was not tonight, or scarcely so. Smells of pickle, sausage, mustard, and smoked fish overjoyed him. He pitied the people who would buy the chicken salad and chopped herring; they could do it only because their sight was too dim to see what they were getting — the fat flakes of pepper on the chicken, the soppy herring, mostly vinegar-soaked stale bread. Who would buy them? Late risers, people living alone, waking up in the darkness of the afternoon, finding their refrigerators empty, or people whose gaze was turned inward. The roast beef looked not bad, and Rogin ordered a pound.

While the storekeeper was slicing the meat, he yelled at a Puerto Rican kid who was reaching for a bag of chocolate cookies, "Hey, you want to pull me down the whole display on yourself? You, chico, wait a half a minute." This storekeeper, though he looked like one of Pancho Villa's bandits, the kind that smeared their enemies with syrup and staked them down on anthills, a man with toadlike eyes and stout hands made to clasp pistols hung around his belly, was not so bad. He was a New York man, thought Rogin — who was from Albany himself — a New York man toughened by every abuse of the city, trained to suspect everyone. But in his own realm, on the board behind the counter, there was justice. Even clemency.

The Puerto Rican kid wore a complete cowboy outfit — a green hat with white braid, guns, chaps, spurs, boots, and gauntlets — but he couldn't speak any English. Rogin unhooked the cellophane bag of hard circular cookies and gave it to him. The boy tore the cellophane with his teeth and began to chew one of those dry chocolate disks. Rogin recognized his state — the energetic dream of childhood. Once, he, too, had found these dry biscuits delicious. It would have bored him now to eat one. What else would Joan like? Rogin thought fondly. Some strawberries?

"Give me some frozen strawberries. No, raspberries, she likes those better. And heavy cream. And some rolls, cream cheese, and some of those rubber-looking gherkins."

"What rubber?"

"Those, deep green, with eyes. Some ice cream might be in order, too."

He tried to think of a compliment, a good comparison, an endearment, for Joan when she'd open the door. What about her complexion? There was really nothing to compare her sweet, small, daring, shapely, timid, defiant, loving face to. How difficult she was, and how beautiful!

[3]

As Rogin went down into the stony, odorous, metallic, captive air of the subway, he was diverted by an unusual confession made by a man to his friend. These were two very tall men, shapeless in their winter clothes, as if their coats concealed suits of chain-mail.

"So, how long have you known me?" said one.

"Twelve years."

"Well, I have an admission to make," he said. "I've decided that I might as well. For years I've been a heavy drinker. You didn't know. Practically an alcoholic."

But his friend was not surprise, and he answered immediately, "Yes, I did know."

"You knew? Impossible! How could you?"

Why, thought Rogin as if it could be a secret! Look at that long, austere, alcohol-washed face, that drink-ruined nose, the skin by his ears like turkey wattles, and those whisky-saddened eyes.

"Well, I did know, though."

"You couldn't have. I can't believe it." He was upset, and his friend didn't seem to want to soothe him.

"But it's all right now," he said. "I've been going to a doctor and taking pills, a new revolutionary Danish discovery. It's a miracle. I'm beginning to believe they can cure you of anything and everything. You can't beat the Danes in science. They do everything. They turned a man into a woman."

"That isn't how they stop you from drinking, is it?"

"No, I hope not. This is only like aspirin. It's superaspirin. They called it the aspirin of the future. But if you use it, you have to stop drinking."

Rogin's illuminated mind asked of itself while the human tides of the subway swayed back and forth, and cars linked and transparent like fish bladers raced under the streets: How come he thought nobody would know what everybody couldn't help knowing? And, as a chemist, he asked himself what kind of compound this new Danish drug might be, and started thinking about various inventions of his own, synthetic albumen, a cigarette that lit itself, a cheaper motor fuel. Ye gods, but he needed money! As never before. What was to be done? His mother was growing more and more difficult. On Friday night, she had neglected to cut up his meat for him, and he was hurt. She had sat at the table motionless, with her long-suffering face, severe, and let him cut his own meat, a thing she almost never did. She had always spoiled him and made his brother envy him. But what she expected now! Oh, Lord, how he had to pay, and it had never even occurred to him formerly that these thing might have a price.

Seated, one of the passengers, Rogin recovered his calm, happy, even clairvoyant state of mind. To think of money was to think as the world wanted you to think; then you'd never be your own master. When people said they wouldn't do something for love or money, they meant that love and money were opposite passions and the enemy to each other. He went on to reflect how little people knew about this, how they slept through life, how small a light the light of consciousness was. Rogin's clean, snub-nosed face shone while his heart was torn with joy at these deeper thoughts of our ignorance. You might take this drunkard as an example, who for long years thought his closest friends never suspected the drank. Rogin looked up and down the aisle for this remarkable knightly symbol, but he was gone.

[4]

However, there was no lack of things to see. There was a small girl with a new white muff; into the muff a doll's head was sewn, and the child was happy and affectionately vain of it, while her old man, stout and grim, with a huge scowling nose, kept picking her up and resettling her in the seat, as if he were trying to change her into something else. Then another child, led by her mother, boarded the car, and this other child carried the very same doll-faced muff, and this greatly annoyed both parents. The woman, who looked like a difficult, contentious woman, took her daughter away. It seemed to Rogin that each child was in love with its own muff and didn't even see the other, but it was one of his foibles to think he understood the hearts of little children.

A foreign family next engaged his attention. They looked like Central Americans to him. On one side the mother, quite old, dark-faced, white-haired, and worn out; on the other a son with the whitened, porous hands of a dishwasher. But what was the dwarf who sat between them — a son or a daughter? The hair was long and wavy and the cheeks smooth, but the shirt and tie were masculine. The overcoat was feminine, but the shoes — the shoes were a puzzle. A pair of brown oxfords with an outer seam like a mans but Baby Louis heels like a woman's — a plain toe like a mans, but a strap across the instep like a woman's. No stockings. That didn't help much. The dwarf's fingers were beringed, but without a wedding band. There were small grim dents in the cheeks. The eyes were puffy and concealed, but Rogin did not doubt that they could reveal strange things if they chose and that this was a creature of remarkable understanding. He had for many years owned *de la Mare's Memoirs of a Midge*. Now he took a resolve; he would read it. As soon as he had decided, he was free from his consuming curiosity as to the dwarf's sex and was able to look at the person who sat beside him.

Thoughts very often grow fertile in the subway, because of the motion, the great company, the subtlety of the rider's state as he rattles under streets and rivers, under the foundations of great buildings, and Rogin's mind had already been strangely stimulated. Clasping the bag of groceries from which there rose odors of bread and pickle spice, he was following a train of reflections, first about the chemistry of sex determination, the X and Y chromosomes, hereditary linkages, the uterus, afterward about his brother as a tax exemption. He recalled two dreams of the night before. In one, an undertaker had offered to cut his hair, and he had refused. In another, he had been carrying a woman on his head. Sad dreams, both! Very sad! Which was the woman — Joan or Mother? And the undertaker — his lawyer? He gave a deep sigh, and by force of habit began to put together his synthetic albumen that was to revolutionize the entire egg industry.

[5]

Meanwhile, he had not interrupted his examination of the passengers and had fallen into a study of the man next to him. This was a man whom he had never in his life seen before but with whom he now suddenly felt linked through all existence. He was middle-aged, sturdy, with clear skin and blue eyes. His hands were clean, well formed, but Rogin did not approve of them. The coat he wore was a fairly expensive value check such as Rogin would never have chosen for himself. He would not have worn blue suede shoes, either, or such a faultless hat, a cumbersome felt animal of a hat encircled by a high, fat ribbon.

There are all kinds of dandies, not all of them are of the flaunting kind; some are dandies of respectability, and Rogin's fellow passenger was one of these. His straight-nosed profile was handsome, yet he had betrayed his gift, for he was flat-looking. But in his flat way he seemed to warn people that he wanted no difficulties with them, he wanted nothing to do with them. Wearing such blue suede shoes, he could not afford to have people treading on his feet, and he seemed to draw about himself a circle of privilege, notifying all others to mind their own business and let him read his paper. He was holding a Tribune, and perhaps it would be overstatement to say that he was reading. He was holding it.

His clear skin and blue eyes, his straight and purely Roman nose even the way he sat all strongly suggested one person to Rogin: Joan. He tried to escape the comparison, but it couldn't be helped. This man not only looked like Joan's father, whom Rogin detested; he looked like Joan herself. Forty years hence, a son of hers, provided she had one, might be like this. A son of hers? Of such a son, he himself, Rogin, would be the father.

Lacking in dominant traits as compared with Joan, his heritage would not appear. Probably the children would resemble her. Yes, think forty years ahead, and a man like this, who sat by him knee to knee in the hurtling car among their fellow creatures, unconscious participants in a sort of great carnival of transit such a man would carry forward what had been Rogin.

This was why he felt bound to him through all existence. What were forty years reckoned against eternity! Forty years were gone, and he was gazing at his own son. Here he was. Rogin was frightened and moved. "My son! My son!" he said to himself, and the pity of it almost made him burst into tears. The holy and frightful work of the masters of life and death brought this about. We were their instruments. We worked towards ends we thought were our own. But no! The whole thing was so unjust. To suffer, to labor, to toil and force your way through the spikes of life, to crawl through its darkest caverns, to push through the worst, to struggle under the weight of economy, to make money — only to become the father of a forth-rate man of the world like this, so flat-looking with his ordinary, clean, rosy, uninteresting, self-satisfied, fundamentally bourgeois face.

What a curse to have a dull son! Look at that lip, sticking up at the tip like a little thrown or egg tooth. He wouldn't give anyone the time of day. Would this perhaps be general forty years from now? Would personalities be chillier as the world aged and grew colder? The inhumanity of the next generation incensed Rogin. Father and son had no sign to make to each other. Terrible! Inhuman! What a vision of existence it gave him. Man's personal aims were nothing, illusion. The life force occupied each of us in turn in its progress toward its own fulfillment, trampling on our individual humanity, using us for its own ends like mere dinosaurs or bees, exploiting love heartlessly, making us engage in the social process, labor, struggle for money, and submit to the law of pressure, the universal law of players, superimposition!

What the blazes am I getting into? Rogin thought. To be the father of a throwback to her father. The image of this white-haired, gross, peevish, old man with his ugly selfish blue eyes revolted Rogin. This was how his grandson would look. Joan, with whom Rogin was now more and more displeased, could not help that. For her, it was inevitable. But did it have to be inevitable for him? Well, then, Rogin, you fool, don't be a dammed instrument. Get out of the way!

But it was too late for this, because he had already experienced the sensation of sitting next to his own son, his son and Joan's. He kept staring at him, waiting for him to say something, but the presumptive son remained coldly silent though he must have been aware of Rogin's scrutiny. They even got out at the same stop — Sheridan Square. When they stepped to the platform, the man, without even looking at Rogin, went away in a different direction in his detestable blue-checked coat, with his rosy, nasty face.

[6]

The whole thing upset Rogin very badly. When he approached Joan's door and heard Phyllis's little dog Henri barking even before he could knock, his face was very tense. I won't be used. He declared to himself. I have my own right to exist. Joan had better watch out. She had a light way of bypassing grave questions he had given earnest thought to. She always assumed no really disturbing thing would happen. He could not afford the luxury of such a carefree, debonair attitude himself, because he had to work hard and earn money so that disturbing things would not happen. Well, at the moment this situation could not be helped, and he really did not mind the money if he could feel that she was not necessarily the mother of such a son as his subway son or entirely the daughter of that awful, obscene father of hers. After all, Rogin was not himself so much like either of his parents, and quite different from his brother.

Joan came to the door, wearing one of Phyllis's expensive housecoats. It suited her very well. At first sight of her happy face, Rogin was brushed by the shadow of resemblance; the touch of it was extremely light, almost figmentary, but it made his flesh tremble.

She began to kiss him, saying, "Oh, my baby. You're covered with snow. Why didn't you wear your hat? It's all over its little head"—her favorite third-person endearment.

"Well, let me put down this bag of stuff. Let me take off my coat," grumbled Rogin, and escaped from her embrace. Why couldn't she wait making up to him?

"It's so hot in here. My face is burning. Why do you keep the place at this temperature? And that damned dog keeps barking. If you didn't keep it cooped up, it wouldn't be so spoiled and noisy. Why doesn't anybody ever walk him?"

"Oh, it's not really so hot here! You've just come in from the cold. Don't you think this housecoat fits me better than Phyllis? Especially across the hips. She thinks so, too. She may sell it to me."

"I hope not," Rogin almost exclaimed.

She brought a towel to dry the melting snow from his short black hair. The flurry of rubbing excited Henri intolerably and Joan locked him up in the bedroom, where he jumped persistently against the door with a rhythmic sound of claws on the wood.

Joan said, "Did you bring the shampoo?"

"Here it is."

"Then I'll wash your hair before dinner. Come."

"I don't want it washed."

"Oh, come on," she said, laughing.

Her lack of consciousness of guilt amazed him. He did not see how it could be. And the carpeted, furnished, lamplit, curtained room seemed to stand against his vision. So that he felt accusing and angry, his spirit sore and bitter, but it did not seem fitting to say why. Indeed, he began to worry lest the reason for it all slip away from him.

They took off his coat and his shirt in the bathroom, and she filled the sink. Rogin was full of his troubled emotions; now that his chest was bare he could feel them even more and he said to himself, I'll have a thing or two to tell her pretty soon. I'm not letting them get away with it. 'Do you think,' he was going to tell her, 'that I alone was made to carry the burden of the whole world on me? Do you think I was born to be taken advantage of and sacrificed? Do you think I'm just a natural resource, like a coal mine or oil well, or fishery, or the like? Remember, that I'm a man is no reason why I should be loaded down. I have a soul in me no bigger or stronger than yours. Take away the externals, like the muscles, deeper voice, and so forth, and what remains? A pair of spirits, practically alike. So why shouldn't there also be equality? I can't always be the strong one.'

"Sit here," said Joan, bringing up a kitchen stool to the sink. "Your hair's gotten all mated."

He sat with his breast against the cool enamel, his chin on the edge of the basin the green, hot, radiant water reflecting the glass and the tile, and the sweet, cool, fragrant juice of the shampoo poured on his head. She began to wash him.

"You have the healthiest-looking scalp," she said. "It's all pink."

He answered, "Well, it should be white. There must be something wrong with me."

"But there's absolutely nothing wrong with you," she said, and pressed against him from behind, surrounding him, pouring the water gently over him until it seemed to him that the water came from within him, it was the warm fluid of his own secret loving spirit overflowing into the sink, green and foaming, and the words he had rehearsed he forgot, and his anger at his son-to-be disappeared altogether, and he sighed, and said to her from the water-filled hollow of the sink, "You always have such wonderful ideas, Joan. You know? You have a kind of instinct, a regular gift."

작가소개 **Saul Bellow(1915–2005)**

1915년 6월 10일 캐나다 퀘벡 주에서 태어났다. 러시아에서 이민해 온 유대인의 아들로 미국에 건너가 시카고에서 성장하였다. 시카고대학교 졸업 후 1962년부터 30년간 시카고대학교에서 학생들을 가르쳤다. 현대 미국 문학의 지적 경향을 대표하는 작가 중 한 명으로, 유대인의 숙명을 통하여 현대에 있어서의 개인 존재의 의미라는 문제를 날카롭게 추구했다. ≪허공에 매달린 사나이 Dangling Man≫(1944)는 징집 영장을 기다리고 있는, 군대를 싫어하는 청년의 도착된 의식을 그렸고, ≪희생자≫(1947)는 피해자이면서 동시에 가해자로서 책망받는 남자의 불안을 그리고 있다.

≪오기 마치의 모험 The Adventures of Augie March≫(1953), ≪비의 왕 헨더슨 Henderson the Rain King≫(1959)은 각각 젊은이의 정신적 편력과 정신적 기근에 빠진 부유한 남자의 아프리카 방랑을 다룬 것이며, 모두 현대의 피카레스크 소설(악한소설)이라고 평할 만하다. 작가의 지식인으로서의 고뇌는 ≪허조그 Herzog≫(1964)와 ≪새믈러씨의 혹성 Mr. Sammler's Planet≫(1970)에서 가장 강하게 나타나 있다. 그 밖에 ≪오늘을 잡아라 Seize the Day≫(1956), ≪모즈비의 추억≫(1968), ≪험볼트의 선물≫(1976), ≪학장의 12월≫(1982) 등이 있다. 1976년 노벨문학상을 수상하였다. 2005년 4월 5일, 90세로 타계했다.

한글 번역

가상의 아버지

[1]

참 이상한 생각이 로진의 마음에 찾아들곤 했다. 이제 서른한 살이 된, 평범해 보이는 얼굴, 검고 짧은 머리, 작은 눈, 탁 트인 이마를 가진 그는 연구직 화학자였다. 그의 정신은 보통 진지하고 신뢰성이 있었다. 그러나 눈이 오는 일요일 저녁에 이 땅딸막한 사람이 바바리코트를 입고 단추를 턱까지 채우고 우스꽝스런 걸음으로 — 팔자걸음 — 지하철로 걸어가고 있을 때, 그는 묘한 생각에 빠졌다.

그는 그의 약혼녀와 저녁을 먹기 위해 가는 길이었다. 그녀는 조금 전 그에게 전화를 해서 말했다. "당신이 오는 길에 몇 가지 사다 주셨으면 좋겠어요."

"뭐가 필요한데?"

"우선 약간의 구운 소고기가 필요해요. 제가 숙모 댁에 다녀오다가 1/4파운드 정도를 사왔어요."

"왜 1/4파운드만 샀지, 조앤?"이라고 매우 화가 난 로진은 말했다. "그건 기껏해야 제대로 된 샌드위치 하나면 다 쓸 양이잖소."

"그러니까 당신이 조리식품점에 들러야 해요. 저는 돈이 더 없었어요."

"내가 수요일에 당신에게 준 30달러는 다 어쨌소?"라고 막 물으려다가 그는 그 질문이 적절치 않으리라는 것을 알았다.

"청소부에게 필리스 돈을 주어야만 했어요."라고 조앤은 말했다.

조앤의 사촌인 필리스는 젊은 이혼녀로 매우 부자였다. 그 두 여자는 한 아파트에서 같이 살고 있었다.

"구운 소고기라. 그 밖에 또 뭐?"라고 그가 물었다.

"샴푸도요, 여보. 샴푸를 다 써버렸거든요. 그리고 서둘러 오세요, 여보. 난 하루 종일 당신이 보고 싶었어요."

"나도 당신이 보고 싶소."라고 로진은 말했다. 그러나 사실을 말하자면 그는 대부분의 시간을 걱정을 하면서 보냈다. 그는 학비를 대주어야 하는 어린 동생이 있었다. 그리고 요즘의 인플레이션과 높은 세금 때문에 그의 어머니는 연금만으로는 충분치 않아서 그녀 또한 돈을 필요로 했다. 조앤은 빚이 있어 그가 빚을 좀 갚아주고 있었다. 왜냐하면 그녀는 실직 중이었기 때문이다. 그녀는 할 만한 적당한 일을 찾고 있었다. 아름답고, 잘 교육받고, 귀족적인 태도의 그녀는 싸구려 잡화 상점에서 점원으로 일할 수는 없었다. 그녀는 의상 모델 노릇을 할 수도 없었다(로진은 이것이 여자를 허영심이 강하고 도도하게 만든다고 생각했고, 그는 그녀가 그러길 바라지 않았다). 그녀는 웨이트리스나 출납원이 될 수도 없었다. 그녀는 무엇이 될 수 있을까? 그래, 어떤 일인가가 일어나겠지 뭐. 그리고 그 동안은 로진이 불평하는 것을 주저해왔다. 그는 그녀의 계산서 — 치과, 백화점, 접골사, 의사, 정신병 의사 — 에 돈을 지불했다. 크리스마스에는 로진은 미칠 지경이었다. 조앤은 그에게 장식 단추가 달린 벨벳 실내용 상의, 아름다운 파이프, 그리고 돈지갑을 사주었다. 필리스에게는 석류석 브로치, 이태리제 실크 우산 그리고 금으로 된 담배 케이스를 사주었다. 다른 친구들을 위해서는 덴마크식의 백랍과 스웨덴제 유리 식기류를 샀다. 선물 구매를 마치기도 전에, 그녀는 로진의 돈 500달러를 써버렸다. 그는 그녀를 너무 사랑해서 그의 고통을 나타낼 수가 없었다. 그는 그녀가 자신보다 훨씬 더 좋은 성격을 갖고 있다고 믿고 있었다. 그녀는 그에 관해서는 걱정하지 않았다. 그녀는 경탄할 만한 성격을 가지고 있었고, 항상 쾌활했으며, 또 정말로 정신과 의사가 전혀 필요치 않았다. 필리스가 정신과 의사에게 진료를 받기 위해 다니고 있었기 때문에 그녀도 정신과 의사에게 가게 되었고, 그것이 그녀를 이상하게 만들었다. 그녀는 그녀의 사촌에게 뒤지지 않기 위해 무척이나 노력했다. 그러나 그녀의 사촌의 아버지는 양탄자 사업으로 수백만 달러를 벌었다.

[2]

여자가 약방에서 샴푸 병을 포장하고 있는 동안, 어떤 확실한 생각이 로진의 머리 속에 갑자기 생겨났다: 죽은 뒤에는 흙에 둘러싸이듯 살아 있을 때에는 돈에 쌓이는구나. 중압감을 느껴야 함은 어디서나 모면할 수 없는 법칙이다. 그 누가 자유로운가? 그 누구도 자유로울 수 없다. 누가 짊어지지 않는가? 모든 사람이 중압감을 느끼고 있다. 바로 그 암초들, 지구의 대양, 짐승들, 어른들, 아이들, 모두가 짊어져야 할 중압감을 갖는다. 이러한 생각이 처음에는 그에게 매우 확실했었다. 곧 그 생각은 다소 희미해졌지만, 그럼에도 불구하고 마치 누군가가 그에게 가치 있는 선물을 준 것처럼 대단한 효과를 나타냈다. 그가 입을 수 없었던 벨벳 실내 상의와는 다르게, 모든 것이 중압감과 갈등을 겪고 있다는 생각이 그를 슬프게 하는 대신, 그 반대의 영향을 끼쳤다. 그것은 그를 놀라운 정신 상태로 들어가게 했다. 얼마나 그가 행복해지고, 게다가 얼마나 명석한 시야를 갖게 됐는지는 놀랄만했다. 그의 눈은 즉시 그 주위에 있는 것들의 실체를 볼 수 있게 되었다. 그는 그 약제사와 샴푸 병을 포장하고 있는 그 여자가 웃으면서 시시덕거리는 모습을, 그녀의 얼굴에 근심 걱정의 주름이 유쾌하게 웃는 주름으로 변해가는 것을, 그리고 약제사의 잇몸이 오므라들어 드러난 이가 순박함과 친절을 숨기지 않고 있는 모습을 기쁜 마음으로 바라보았다.

또한 그 조리식품점에서 로진이 얼마나 많이 알아차리고, 거기에 있는 것만으로도 그에게 어떤 행복을 주는지 놀라웠다.

모든 다른 가게들이 문을 닫은 일요일 밤, 조리식품점은 호되게 비싼 값을 요구했다. 그리고 로진은 평상시 같으면, 바가지 쓰지 않도록 했었을 것이다. 그러나 오늘 밤은 거의 경계하지 않았다. 피클, 소시지, 겨자, 그리고 훈제 생선의 냄새가 그를 매우 기쁘게까지 했다. 그는 치킨 샐러드나 훈제 청어를 사 가는 사람들을 불쌍히 여겼었다. 왜냐하면 그들은 오로지 눈이 너무 침침해서 뭘 사는지 제대로 보이지 않아 그런 것들을 구매하는 것이다 — 두꺼운 조각의 후추가 위에 얹혀 있는 닭고기, 질척한 청어, 식초가 배어든 듯 상해 버린 빵. 누가 그런 것들을 사겠는가? 늦잠을 자는 사람들, 혼자 사는 사람들, 어두운 방에서 오후에나 깨어나 냉장고가 텅 비어 있는 것을 발견한 사람들, 또는 자신의 시선이 안쪽으로 향해있는 사람들이겠지. 그 로스트 고기는 나빠 보이지 않았다. 그래서 로진은 1파운드를 주문했다.

가게 주인이 그 고기를 자르고 있다가, 초콜릿 쿠키 한 봉지를 잡으려고 손을 뻗고 있는 푸에르토리코계 아이를 향해 소리쳤다. "거기, 진열품을 다 떨어뜨릴래? 잠깐 있어봐라, 얘야." 이 가게 주인은 꼭 판쵸빌라 산적들처럼 비록 적들에게 시럽을 문질러서 개미집 앞에 세워 놓게 생긴데다, 두꺼비 같은 눈과 허리춤에 찬 권총을 움켜쥔 퉁퉁한 손을 가진 게 나쁜 사람은 아니었다. 알바니 출신인 로진은 그가 뉴욕 사람이라고 생각했다. 뉴욕 출신은 도시의 온갖 비리에 의해 거칠어지고, 모두를 의심하게 훈련된다. 그러나 카운터 뒤의 마룻바닥인 그의 영토에는 정의가 있었다. 심지어 온화함까지도 있었다.

그 푸에르토리코계 아이는 완전한 카우보이 복장 즉, 하얀 노끈이 달린 녹색 모자, 총, 가죽 바지, 박차 부츠, 그리고 손 가리개 장갑을 갖추고 있었다. 그러나 그는 영어를 전혀 할 줄 몰랐다. 로진은 셀로판 포장의 딱딱한 원형 쿠키를 한 봉지 떼어서 그 아이에게 주었다. 그 아이는 셀로판지를 이빨로 찢어 그 마른 초콜릿 원형 쿠키 하나를 씹기 시작했다. 로진은 그 아이의 마음가짐, 즉 어린 시절의 원기 왕성한 꿈을 인식했다. 한때는 그도 이 건조된 비스킷이 맛있었다. 지금 그 비스킷을 먹는다면 그저 그럴 것이다. 조앤은 또 무얼 좋아할까? 로진은 다정다감하게 생각했다. 약간의 딸기는 어떨까?

"냉동 딸기 좀 주시오. 아니, 나무딸기 열매로요. 그녀는 그것들을 더 좋아하지. 그리고 맛 좋은 크림도, 그리고 약간의 두루마리 빵, 크림치즈, 그리고 저 고무 같이 생긴 오이들도 좀 주시오."

"무슨 고무요?"

"저 진한 녹색, 눈 달린 것들이요. 약간의 아이스크림도 주문해야겠군."

그는 조앤이 문을 열었을 때 그녀를 위해 해줄 찬사나, 좋은 비유, 애정 표현 따위를 생각해내려고 노력했다. 그녀의 혈색은 어떤가? 정말로 그녀의 달콤하고, 자그맣고, 참신하고, 윤곽이 뚜렷하고, 수줍어하면서도, 대담하고, 사랑스러운 얼굴에 비교될 만한 것은 아무것도 없었다. 얼마나 난해하고, 얼마나 아름다운가!

[3]

로진이 동굴 같고, 냄새 나고, 금속성을 연상케 하고, 공기가 희박한 지하철로 걸어 들어갔을 때, 그는 한 남자가 그의 친구에게 한 색다른 고백에 주의를 돌리게 되었다. 이들은 매우 키가 큰 두 남자였다. 그들은 마치 그들의 코트가 쇠사슬로 엮어 만든 갑옷을 숨기고 있는 것처럼 겨울옷을 입은 모습이 볼품이 없었다.

"그래, 자네는 나를 얼마나 오래 알고 지내왔나?"라고 한 남자가 말했다.

"12년이지."

"음, 나는 고백할 게 있네."라고 그는 말했다. "그러는 편이 좋겠다고 결정했어. 나는 수년 동안 술고래였다네. 자네는 몰랐을 걸세, 알코올중독자나 다름없었지."

그러나 그의 친구는 놀라지 않고 즉시 대답했다. "응, 알고 있었네."

"알고 있었다고? 말도 안 돼! 어떻게 그럴 수가 있지?"

세상에, 그게 비밀일 수 있겠는가!하고 로진은 생각했다. 저 길고 보기 흉한 술에 쩔은 얼굴, 저 술에 취한 코, 저 칠면조 볏 같은 귓가 거죽, 그리고 저 술 때문에 초점 없는 눈을 보라.

"그래, 나는 알고 있었네."

"알 수 없었을 텐데, 믿을 수가 없네." 그는 화가 났고, 그의 친구도 그를 달래려고 하는 것 같지 않았다.

"하지만 이제는 괜찮네,"라고 그가 말했다. "의사에게 진찰을 받아 왔고, 덴마크에서 발견됐다는 술 끊는 획기적인 약도 먹고 있네. 기적이야. 그 약을 먹으면 어떤 병이든, 병이란 병은 다 치료할 수 있으리라는 믿음이 든다니까. 과학에 있어서 덴마크인들을 이길 수 있는 사람들은 없을 걸세. 못 하는 게 없어. 남자를 여자로도 바꿨다니까."

"그런 식으로 그 약들이 자네가 술을 끊도록 해주는 것은 아니겠지?"

"아니, 그럴 리가. 이건 그냥 아스피린 같은 걸세. 초특급 아스피린이지. 그들은 그걸 미래의 아스피린이라고 부르더군. 그러나 그걸 사용하려면 술을 끊어야만 되네."

지하철 속 인간의 물결이 이리저리 흔들리고, 연결된 차량들이 생선의 부레처럼 속을 내보이며 도로 아래를 질주하는 동안, 로진의 밝아진 마음은 자문했다: 모두가 알아차릴 수밖에 없는 것을 어떻게 그는 아무도 모를 거라고 생각했을까? 그리고 화학자로서, 이 덴마크 신약이 어떤 종류의 화합물로 만들어진 것인지 자문하면서, 자신만의 다양한 발명품들 즉, 합성 단백질, 자동으로 불이 붙는 담배, 좀 더 저렴한 자동차 연료에 관해 생각하기 시작했다. 하나님 맙소사, 그러나 그는 돈이 필요했다! 그 어느 때보다 더욱 그랬다. 어떻게 해야 하나? 그의 어머니는 점점 더 어려워지고 있다. 금요일 저녁에는 그를 위해 고기를 썰어주지도 않으셔서 그는 마음이 아팠다. 어머니가 식탁에서 꼼짝 않고, 오랜 고통을 겪은 얼굴로 심각하게 앉아 계시는 바람에, 그가 자신의 고기를 잘랐는데, 전에는 이런 적이 없으셨다. 그녀는 항상 그에게 너무 잘해 주어서 그의 남동생이 그를 부러워했다. 그러나 그녀가 지금 기대하는 것은 무엇인가? 오! 신이시여, 그가 어떻게 보답을 해야 할지, 이러한 일들에 대가를 치러야 한다는 생각을 전에는 해 본 적이 없었다.

한 명의 승객으로 앉아있으면서 로진은 고요하고, 행복하고, 심지어 마음의 통찰력을 찾은 상태로 회복되었다. 돈을 생각한다는 것은 속세가 생각하기를 원하는 대로 생각하는 것이었다; 그러면 자신을 통제하지 못하게 된다. 사람들이 사랑이나 돈을 위해 무엇을 하지는 않을 거라고 말할 때, 그들은 사랑과 돈이 대립되는 욕망이고, 서로 원수지간이라는 것을 뜻하고 있다. 그는 계속 돌이켜 생각했다. 사람들은 얼마나 이런 것을 모르고 있는가, 살면서 어떻게 잠들어 있는가, 의식의 빛은 얼마나 작은 불빛이었는가. 이렇게 우리가 무지하다는 통찰력으로 인해 그의 가슴이 기쁨으로 미어지면서, 로진의 말쑥한 납작코 얼굴이 빛났다. 그 예로 이 술고래를 들 수 있다. 이 사람은 오랫동안 그의 절친한 친구가 결코 그가 술을 마신다고 의심하지 않고 있다고 생각했었다. 로진은 이 확실히 기사다운 상징을 통로 위아래로 찾아보았으나, 그는 가버리고 없었다.

[4]

그러나 볼 것이 없는 것은 아니었다. 새 흰색 토시를 한 작은 소녀 아이 하나가 있었다. 그 토시에는 인형의 머리가 꿰매져 있었고, 그 아이는 행복해 보였고, 그것을 애정 어리게 자랑하고 있는 듯했다. 반면에 억세고, 험상궂고, 커다랗고 찌푸린 코를 가진 그녀의 늙은 아버지는 그 소녀를 자꾸 붙잡아 제자리에 다시 앉히곤 하였다. 마치 그녀를 무언가 다른 물건으로 바꾸려고 시도하는 것처럼. 그때 어머니의 손에 이끌린 또 한 아이가 차에 올라탔다. 그런데, 이 아이도 똑같은 인형 얼굴의 토시를 가지고 있었다. 이것이 양쪽 부모를 매우 불쾌하게 했다. 까다롭고 다투기 좋아해 보이는 그 여자는 자기 딸을 데리고 가버렸다. 로진이 보기에는 각각의 아이가 자신의 토시를 매우 좋아하고 다른 쪽에는 눈길도 주지 않는 것 같았는데, 어린아이들의 마음을 이해한다고 생각하는 것은 그의 결점들 중의 하나였다.

옆에 앉은 한 외국인 가족이 그의 주의를 끌었다. 그들은 중미 사람들처럼 보였다. 한쪽에는 매우 늙고, 검은 얼굴에, 백발을 한, 매우 지쳐 보이는 어머니가 있었고, 반대쪽에는 하얗고, 접시닦이 손처럼 구멍이 송송 난 손을 가진 한 아들이 있었다. 그런데 그들 사이에 앉아 있는 저 난쟁이는 누굴까? 아들인가, 딸인가? 머리는 긴 곱슬머리에 뺨은 부드러웠으나, 셔츠와 타이는 남자 것 같았다. 오버코트는 여자용이었으나, 신발이 수수께끼였다. 바깥쪽에 솔기가 있는 갈색 옥스퍼드 한 켤레는 남자 것 같았으나, 낮은 루이형 구두 굽은 여자 것 같았다. 남자 것처럼 앞은 납작했으나, 여자 것처럼 끈이 발등을 가로질렀다. 양말은 신지 않았다. 그것은 아무 도움이 안 됐다. 그 난쟁이의 손가락에는 반지가 끼어져 있었으나 결혼 장식은 없었다. 뺨에는 작게 움푹 팬 곳이 있었고, 두 눈은 눈두덩이 부풀어 올라 파묻혀 있었다. 그러나 그 눈들은 하고자 하면 미묘한 것들을 드러낼 수 있다는 것을, 그리고 이는 놀라운 이해의 산물이라는 것을 로진은 의심하지 않았다. 그는 오랫동안 월터 들라메이의 작품인 ≪난쟁이의 회고록≫을 가지고 있었다. 그는 이제 그것을 읽어보리라 결심했다. 그렇게 결심을 하자마자 여태 궁금하던 그 난쟁이의 성별에 관심이 사라지고, 이제 그 옆에 앉아 있는 사람을 바라볼 수 있게 되었다.

지하철에서는 흔히 생각이 풍성해지는데, 지하철이 도로와 강 아래를, 대형 건물들 밑을 덜거덕덜거덕 달릴 때, 그 움직임, 동석한 많은 사람들, 탑승자들의 미묘한 정신 상태 때문이다. 로진의 생각도 이미 강하게 자극을 받고 있었다. 빵과 피클 향료 냄새가 나는 식료품 봉지를 꼭 쥐고서 그는 일련의 깊은 생각을 쫓고 있었다. 처음에는 성별이 결정되는 화학적 절차 즉, X 와 Y 염색체, 유전 결합, 자궁 등을 생각하다가, 후에는 형제에 대한 세금 면제를 생각했다. 그는 지난밤에 꾼 두 개의 꿈이 기억났다. 하나는 웬 청부인이 그에게 머리를 자르지 않겠느냐고 했는데 그가 거절하는 꿈이었다. 또 다른 꿈에서는 그가 머리 위에 여자 하나를 이고 갔다. 둘 다 슬픈 꿈이다! 매우 슬픈! 그 여자는 조앤이였나, 어머니였나? 그리고 그 청부업자는 그의 변호사인가? 그는 깊은 한숨을 쉬고는 습관적으로 그의 통합 알부먼을 뜯어 맞추기 시작했는데, 이는 계란 산업 전반에 혁명을 일으킬 것이었다.

[5]

그러는 동안에도 그는 승객에 대한 관찰을 중단하지 않았고, 그 옆에 있는 남자에 대한 연구에 빠져 들었다. 이 사람은 그의 인생에서 전에 한 번도 본 적이 없는 남자였으나, 지금 갑자기 그는 모든 존재를 통해 그와 연관되어 있다고 느꼈다. 그는 미끈한 피부와 파란 눈을 가진 중년의 건강한 남자였다. 그의 손은 깨끗했고 잘 빠졌으나 로진은 거기에 호의적이지 않았다. 그가 입고 있는 코트는 매우 비싼 푸른색 체크무늬 코트로, 로진이라면 결코 자신을 위해 사지 않을 옷이었다. 그는 파란색 쎄무구두도 신지 않을 것이고, 또 저런 나무랄 데 없는 모자, 고급스런 굵은 리본으로 테를 두른 거추장스러운 펠트 짐승 모자도 쓰지 않을 것이었다.

모든 종류의 멋쟁이들이 있어도, 모두가 다 우쭐대는 부류는 아니다; 점잖은 멋쟁이들이 있는데, 로진의 옆에 있는 승객이 그중 하나였다. 콧날이 우뚝 솟은 그의 옆모습은 아주 잘생겼음에도 불구하고, 무표정 때문에 잘 드러나지 않았다. 그의 그런 무표정한 태도로 자신은 사람들과 마찰을 빚고 싶지 않으며, 그들과 아무런 관계도 맺고 싶지 않다는 것을 경고하는 것 같았다. 그런 파란 쎄무구두를 신고 있었기 때문에 사람들이 그의 발을 밟는 것을 허용할 수 없었고, 그래서 그는 자기 주위에 특권의 원을 둘러치고는 모든 타인들에게 참견 말고 자신의 신문이나 읽게 두라고 알리는 것 같았다. 그는 트리뷴 지를 들고 있었으나, 아무래도 읽고 있다기보다는 그저 들고 있을 뿐이었다.

그의 뽀얀 피부와 푸른 색 눈, 우뚝 솟은 매부리코, 심지어 그가 앉아 있는 모습조차도 모두 로진에게 강하게 한 인간을 머릿속에 상기시켰다: 조앤이었다. 그는 비교하지 않으려고 애썼으나 아무 소용이 없었다. 이 남자는 로진이 몹시 싫어하는 조앤의 아버지처럼 생겼을 뿐만 아니라, 조앤 바로 그녀를 닮았다. 지금부터 40년 후, 만약 그녀가 아들을 갖게 된다면 이렇게 생길 것이다. 그녀의 아들이라고? 물론 로진 자신이 아버지일 것이다.

조앤과 비교해서 우성 형질이 부족하기 때문에, 그의 유전 인자는 나타나지 않을 것이다. 아마도 아이는 그녀를 닮을 것이다. 그래, 40년 후를 생각해 보면, 달리는 열차의 승객들 중에서 그와 무릎을 마주대고 앉아 있는 이런 사람, 수송이라는 대 카니발의 무의식적인 참가자들과 같은 사람이 로진이 가진 것을 계승해 나가는 것이다.

이 때문에 그는 모든 존재를 통해 그에게 묶여 있다고 느꼈다. 영원에 대비해 40년은 얼마간의 세월인가? 40년이라는 세월이 사라졌고, 그는 자신의 아들을 응시하고 있었다. 그가 여기에 있었다. 로진은 흠칫 놀라고 흥분되었다. "내 아들! 내 아들!" 그는 혼자 중얼거렸고, 그 연민 때문에 눈물이 날 지경이었다. 삶과 죽음의 신의 신성하고 무시무시한 작업이 이런 일을 일으켰다. 우리는 그네들의 도구에 불과했다. 우리는 우리 자신의 것이라고 여긴 목적들을 향해 일해 왔다. 그러나 아니다! 모든 게 아주 불공정했다. 고통을 겪고, 노동을 하고, 수고를 하고, 인생의 가시밭길을 헤쳐 나가고, 기어서 어두운 동굴을 통과하고, 최악의 사태를 밀고 나오고, 경제의 부담을 지고 고생을 해서, 돈을 버는 것이 — 겨우 이와 같은 세속적인 4류 인간 즉, 평범하고, 단정하고, 혈색 좋고, 무관심하고, 자기만족에 차 있고, 근본적으로 물질주의자의 얼굴을 한, 그렇게 무표정한 사람의 아버지가 되기 위해서란 말인가.

어리석은 아들을 갖는 것은 얼마나 큰 저주인가! 작은 가시 혹은 새 새끼의 부리 끝처럼 튀어 나와 있는 저 입술을 보라. 그는 아무에게도 인사를 하지 않을 것이다. 이런 일이 지금부터 40년 후에 생겨날 것인가? 지구가 나이 들고 냉각되어감에 따라 인간성들이 더 냉혹해질 것인가? 다음 세대의 몰인정이 로진을 몹시 화나게 했다. 아버지와 아들은 서로에게 남긴 흔적이 없다. 끔찍하다! 잔인하다! 다음 세대의 비인간화는 그에게 존재에 대한 어떤 비전을 주는가. 인간의 개인적 목표는 아무것도 아니며 환상일 뿐이다. 생명력은 우리 각자를 차례차례로 그 자체의 성취를 얻기 위한 진보에 종사시켰다. 우리 개개인의 인도주의를 짓밟으며, 단지 공룡이나 꿀벌처럼 그 자신의 목적을 위해 우리를 이용하며, 우리를 사회적 진보에 종사시키고, 돈을 벌도록 고생시키며, 또 압력의 법칙, 우주 만물의 법칙에 굴복시키는가, 겹치는 중압!

도대체 나는 어떻게 되어가고 있나? 로진은 생각했다. 그녀의 아버지를 빼닮은 아버지가 되는 것이다. 백발에, 뚱뚱하고, 까다롭고, 제멋대로 생긴 파란 눈의 늙은이의 영상이 로진을 불쾌하게 했다. 이 모습이 그의 손자의 모습이 될 것이다. 로진의 마음에 점점 안 드는 조앤도 어쩔 수 없는 그런 모습이 될 것이다. 그녀에게 있어서 그것은 피할 수 없는 것이었다. 그러나 그것이 그에게도 필연이어야만 하는가? 그래, 그렇다면, 이 바보야, 저주받을 도구는 되지 마라. 그 길에서 벗어나라!

그는 자신의 아들이며, 그와 조앤의 아들이기도 한 그 남자의 옆에 앉아보는 흥분을 이미 맛보았기 때문에, 이러기에는 이미 때가 늦었다. 그는 그가 무엇인가를 얘기하기를 기다리면서 그를 계속 응시하고 있었다. 그러나 그 가상의 아들은, 비록 로진이 자신을 자세히 살펴보고 있다는 것을 알고 있음에 틀림이 없으면서도 냉담하리만치 조용히 앉아 있었다. 그들은 심지어 같은 정류장인 셰리단 광장에서 내렸다. 그들이 플랫폼에 내려섰을 때, 로진이 몹시 싫어하는 푸른 색 체크코트를 입은 불그레하고 심술궂은 얼굴을 한 그 남자는 로진을 쳐다보지도 않은 채 다른 방향으로 사라졌다.

[6]

그 모든 것이 로진을 매우 심하게 화나게 했다. 그가 조앤의 집 문 앞에 도달해, 심지어 그가 문을 두드리기도 전에 필리스의 작은 개, 헨리가 짖어대는 것을 들었을 때 그의 얼굴은 매우 긴장되었다. 나는 이용당하지 않을 것이다. 그는 자신에게 선언했다. 나는 생존할 수 있는 나의 권리를 가지고 있어. 조앤은 조심하는 게 좋을 거야. 그녀는 그가 골똘히 많은 생각을 해본 바 있는 중요한 문제들을 그저 지나가는 가벼운 문제로 다루었다. 그녀는 항상 그 어떤 불온한 일은 일어나지는 않을 거라고 여겼다. 그는 그런 태평하고 쾌활한 마음가짐의 사치를 허용할 만한 여유가 없었다. 왜냐하면 그는 생활을 혼란시키는 그 어떤 일이 일어나지 않도록 하기 위해서는 열심히 벌어야 했기 때문이다. 하지만 그 순간에는 이런 상황은 어찌할 수 없었다. 만약 조앤이 그가 지하철에서 본 아들과 같은 그런 아들의 어머니나, 그 끔찍하고 저속한 그녀의 아버지의 딸이 되리라는 법은 없다고 느낄 수 있다면, 그는 실로 돈은 개의치 않았을 것이다. 결국, 로진 자신은 그의 부모 어느 쪽과도 많이 닮지 않았고, 그의 남동생과도 매우 달랐다.

조앤은 필리스의 실내복 중 하나를 입고서 문으로 나왔다. 그것은 그녀에게 매우 잘 어울렸다. 먼저 그녀의 행복에 겨운 얼굴을 보자, 유사점에 대한 흔적이 스쳐 지나갔다. 그 닮은 정도는 극히 미약했고, 마치 허구 같았지만, 그것은 그의 몸을 떨게 했다.

그녀는 그에게 키스를 하기 시작했다. "오! 여보, 온통 눈을 맞으셨네요. 왜 모자를 쓰지 않았어요? 귀여운 머리가 온통 눈으로 덮였네." 이것은 그녀가 즐겨 사용하는 3인칭 애칭법이다.

"응, 짐 좀 내려놓고, 코트도 좀 벗고," 로진은 툴툴대며 그녀의 포옹을 피했다. 왜 그녀는 그의 비위를 맞추는 일을 좀 기다렸다 하지 않는가?

"여기는 너무 덥소. 나의 얼굴이 화끈화끈 달아오르는 것 같소. 왜 당신은 이 온도를 유지하고 있소? 그리고 저 지독한 개는 계속 짖고 있소. 만약 당신이 가만두지 않는다면 그 개는 그렇게 버릇없이 시끄럽게 굴지는 않을 거요. 누가 좀 개를 산책시키지 그래요?"

"오! 여긴 그렇게까지 덥진 않아요! 당신이 추운 데 있다가 안으로 들어와서 그럴 거예요. 당신은 필리스보다 내게 더 이 실내복이 잘 어울린다고 생각하지 않나요? 특히 히프선이요. 그녀도 그렇게 생각했나 봐요. 그녀가 내게 팔겠대요."

"그러지 말지," 로진은 소리를 지르다시피 했다.

그녀는 그의 짧은 머리에 녹아 있는 눈을 닦아내기 위해 수건을 가지고 왔다. 거세게 비벼대다가 헨리는 참을 수 없게 자극을 받았다. 그래서 조앤은 그 개를 침실에 가두었다. 침실에서 그 개는 마룻바닥을 앞발로 리듬에 맞게 긁어대며 완강히 문에 달려들었다.

"샴푸는 가져왔어요?"라고 조앤이 물었다.

"여기 있소."

"그러면 내가 저녁 식사 전에 머리를 감겨드릴게요. 이리 오세요."

"머리 감고 싶지 않소."

"오, 어서 이리 오세요."라고 그녀는 웃으면서 말했다.

그녀의 죄의식의 결여가 그를 놀라게 했다. 그는 어떻게 그럴 수 있는지 이해할 수 없었다. 그리고 양탄자가 깔리고, 가구가 갖추어져 있고, 램프가 켜지고, 커튼이 드리워진 방은 그가 생각했던 바와 맞지 않았다. 그래서 그는 비난하고 싶고 또 화가 났다. 그의 마음은 슬프고 괴로웠다. 그러나 그 이유를 말하는 것은 온당해 보이지 않았다. 대신 그는 그 이유가 그에게서 잊혀질까 봐 걱정하기 시작했다.

그는 욕실에서 코트와 셔츠를 벗었고, 그녀는 세면대를 가득 채웠다. 로진은 걱정스러운 감정으로 가득 찼다. 지금 그의 가슴은 황량했으므로 그는 고통스러운 감정을 좀 더 많이 느낄 수 있었다. 그래서 그는 중얼거렸다. 나는 그녀에게 바로 곧 따끔히 해야 할 말이 한두 마디 있었다. 그런 짓을 하고도 무사히 지나가게 하지는 않을 것이다. 그는 그녀에게 이야기하려고 했다. '당신은 나 혼자 온 세상의 짐을 짊어지도록 되어 있다고 생각지 않소? 내가 탄광이나 유정, 어장 같은 자연 자원에 지나지 않는다고 생각하오? 기억해 두시오. 내가 남자라는 사실이 어떤 책임 등을 잔뜩 짊어져야만 한다는 이유는 될 수 없소. 나는 당신보다 더 크지도, 더 강하지도 않은 영혼을 지녔소. 근육이라든가 굵은 음성, 기타 등등의 남성의 특징 같은 외형을 제거해 보시오. 그러면 무엇이 남소? 실질적으로는 똑같은 한두 개의 욕구가 남을 뿐이오. 왜 평등해서는 안 되겠소? 내가 항상 강한 사람일 수만은 없소.'

"여기 앉으세요."라고 조앤은 세면대로 식탁용 의자를 가져오면서 말했다. "당신의 머리칼이 모두 떡처럼 엉겨 붙었어요."

그는 그의 가슴을 차가운 법랑에 기대고, 뜨겁고 푸르게 반짝이는 물이 유리와 타일을 반사시키고 있는 세면기 가장자리에 그의 턱을 올려놓고, 차갑고 향긋한 샴푸가 그의 머리에 쏟아지도록 하고 앉았다. 그녀는 머리를 감기기 시작했다.

"당신은 매우 건강해 보이는 두피를 가졌어요. 온통 핑크색이에요."라고 그녀는 말했다.

그는 대답했다, "글쎄, 희어지겠지. 나에게도 안 좋은 일이 생길 게 틀림없으니까."

"하지만 당신에게는 절대 안 좋은 일이란 건 없어요."라고 그녀가 말했다. 그리고 물을 그에게 살살 쏟아 부으며, 그를 포옹하듯이 뒤에서 몸을 꼭 밀착시켰다. 마침내 그 물은 그의 몸속으로부터 흘러나오는 것 같았고, 자신의 비밀스런 애정의 따뜻한 액체가 세면대에서 파랗게 거품져 흘러넘치는 것 같았다. 그는 준비했던 말들을 잊어버렸다. 가상의 아들의 인간 됨됨이에 대한 분노도 다 사라졌다. 그리고 그는 한숨지으며, 물이 가득 찬 세면대에서 말했다. "당신은 언제나 그런 훌륭한 생각을 갖고 있군, 조앤. 당신 아오? 당신은 일종의 본능인, 조화로운 정례의 재능을 갖고 있소."

Fill in each blank with the appropriate ONE word respectively.

One Sunday evening Rogin, a research chemist, is on his way to have supper with Joan, his fiancé. When she asked him on the telephone to buy some food, he feebly asked what happened to the money he already gave her. He begins to ponder his relationship with Joan. Although beautiful and aristocratic, she is not working and cannot support herself without Rogin's help. As he is paying off her ___①___, she is buying expensive, frivolous presents for him and her sister.

As he buys the food at the delicatessen, Rogin recalls how difficult Joan is but also how beautiful. Descending into the subway, he overhears a brief conversation between two men, one of whom confesses to the other that he is an alcoholic currently on a miracle cure.

Seated on the speeding train, Rogin observes his fellow passengers. He sees two little girls with their mothers, each with the same kind of muff, and he notes the annoyance of the mothers and the little girls' complacency. A strange-looking foreign family next engages his attention. The mother is old and worn out, the son looks like a dishwasher. Between them sits a ___②___, an androgynous creature who at once repels and fascinates Rogin. He thinks of the chemistry of sex determination and recalls his dreams of the previous night involving an undertaker, who was cutting his hair, and a woman he was carrying on his head.

The passenger who most affects him, however, is a middle-aged man who strikes Rogin as a ___③___. Dressed in expensive clothes, too ostentatiously dapper for Rogin's taste, the stranger somehow irritates him. The man's features remind Rogin of Joan's father, even of Joan herself. Rogin begins to construct a fantastically hypothetical relationship between the man and himself. This man, so resembling Joan, could be what her son would look like in forty years. If Joan were the mother, then Rogin would be the ___④___ of this fourth-rate model of responsibility and dullness.

From such contemplation, Rogin considers the possibility of breaking off his relationship with Joan. But when Joan begins to wash his hair, to pamper him, Rogin submits quietly and lovingly.

Answer

① debts
② dwarf
③ dandy
④ father

09 For Esmé – with Love and Squalor

J. D. Salinger(1919-2010)

[I – 1]

Just Recently, by air mail, I received an invitation to a wedding that will take place in England on April 18th. It happens to be a wedding I'd give a lot to be able to get to, and when the invitation first arrived, I thought it might just be possible for me to make the trip abroad, by plane, expenses be hanged. However, I've since discussed the matter rather extensively with my wife, a breathtakingly levelheaded girl, and we've decided against it — for one thing, I'd completely forgotten that my mother-in-law is looking forward to spending the last two weeks in April with us. I really don't get to see Mother Grencher terribly often, and she's not getting any younger. She's fifty-eight. (As she'd be the first to admit.)

All the same, though, wherever I happen to be I don't think I'm the type that doesn't even lift a finger to prevent a wedding from flatting. Accordingly, I've gone ahead and jotted down a few revealing notes on the bride as I knew her almost six years ago. If my notes should cause the groom, whom I haven't met, an uneasy moment or two, so much the better. Nobody's aiming to please, here. More, really, to edify, to instruct.

[I – 2]

In April of 1944, I was among some sixty American enlisted men who took a rather specialized pre-Invasion training course, directed by British Intelligence, in Devon, England. And as I look back, it seems to me that we were fairly unique, the sixty of us, in that there wasn't one good mixer in the bunch. We were all essentially letter-writing types, and when we spoke to each other out of the line of duty, it was usually to ask somebody if he had any ink he wasn't using. When we weren't writing letters or attending classes, each of us went pretty much his own way. Mine usually led me, on clear days, in scenic circles around the countryside. Rainy days, I generally sat in a dry place and read a book, often just an axe length away from a ping-pong table.

The training course lasted three weeks, ending on a Saturday, a very rainy one. At seven that last night, our whole group was scheduled to entrain for London, where, as rumor had it, we were to be assigned to infantry and airborne divisions mustered for the D Day landings. By three in the afternoon, I'd packed all my belongings into my barrack bag, including a canvas gas-mask container full of books I'd brought over from the Other

Side. (The gas mask itself I'd slipped through a porthole of the Mauretania some weeks earlier, fully aware that if the enemy ever did use gas I'd never get the damn thing on in time.) I remember standing at an end window of our Quonset but for a very long time, looking out at the slanting, dreary rain, my trigger finger itching imperceptibly, if at all. I could hear behind my back the uncomradely scratching of many fountain pens on many sheets of V-mail paper. Abruptly, with nothing special in mind, I came away from the window and put on my raincoat, cashmere muffler, galoshes, woollen gloves, and overseas cap (the last of which, I'm still told, I wore at an angle all my own — slightly down over both ears). Then, after synchronizing my wristwatch with the clock in the latrine, I walked down the long, wet cobblestone hill into town. I ignored the flashes of lightning all around me. They either had your number on them or they didn't.

In the center of town, which was probably the wettest part of town, I stopped in front of a church to read the bulletin board, mostly because the featured numerals, white on black, had caught my attention but partly because, after three years in the Army, I'd become addicted to reading bulletin boards. At three-fifteen, the board stated, there would be children's-choir practice. I looked at my wristwatch, then back at the board. A sheet of paper was tacked up, listing the names of the children expected to attend practice. I stood in the rain and read all the names, then entered the church.

A dozen or so adults were among the pews, several of them bearing pairs of small-size rubbers, soles up, in their laps. I passed along and sat down in the front row. On the rostrum, seated in three compact rows of auditorium chairs, were about twenty children, mostly girls, ranging in age from about seven to thirteen. At the moment, their choir coach, an enormous woman in tweeds, was advising them to open their mouths wider when they sang. Had anyone, she asked, ever heard of a little dickeybird that dared to sing his charming song without first opening his little beak wide, wide, wide? Apparently nobody ever had. She was given a steady, opaque look. She went on to say that she wanted all her children to absorb the meaning of the words they sang, not just mouth them, like silly-billy parrots. She then blew a note on her pitch-pipe, and the children, like so many underage weightlifters, raised their hymnbooks.

They sang without instrumental accompaniment — or, more accurately in their case, without any interference. Their voices were melodious and unsentimental, almost to the point where a somewhat more denominational man than myself might, without straining, have experienced levitation. A couple of the very youngest children dragged the tempo a trifle, but in a way that only the composer's mother could have found fault with. I had never heard the hymn, but I kept hoping it was one with a dozen or more verses. Listening, I scanned all the children's faces but watched one in particular, that of the child nearest me, on the end seat in the first row. She was about thirteen, with straight ash-blond hair of ear-lobe length, an exquisite forehead, and blase eyes that, I thought, might very possibly have counted the house. Her voice was distinctly separate from the other children's voices, and not just because she was seated nearest me. It had the best upper register, the sweetest-sounding, the surest, and it automatically led the way. The young lady, however, seemed slightly bored with her own singing ability, or perhaps just with the time and place; twice, between verses, I saw her yawn. It was a ladylike yawn, a closed-mouth yawn, but you couldn't miss it; her nostril wings gave her away.

The instant the hymn ended, the choir coach began to give her lengthy opinion of people who can't keep their feet still and their lips sealed tight during the minister's sermon. I gathered that the singing part of the rehearsal was over, and before the coach's dissonant speaking voice could entirely break the spell the children's singing had cast, I got up and left the church.

[Ⅰ-3]

It was raining even harder. I walked down the street and looked through the window of the Red Cross recreation room, but soldiers were standing two and three deep at the coffee counter, and, even through the glass, I could hear ping-pong balls bouncing in another room. I crossed the street and entered a civilian tearoom, which was empty except for a middle-aged waitress, who looked as if she would have preferred a customer with a dry raincoat. I used a coat tree as delicately as possible, and then sat down at a table and ordered tea and cinnamon toast. It was the first time all day that I'd spoken to anyone. I then looked through all my pockets, including my raincoat, and finally found a couple of stale letters to reread, one from my wife, telling me how the service at Schrafft's Eighty-eighth Street had fallen off, and one from my mother-in-law, asking me to please send her some cashmere yarn first chance I got away from "camp."

While I was still on my first cup of tea, the young lady I had been watching and listening to in the choir came into the tearoom. Her hair was soaking wet, and the rims of both ears were showing. She was with a very small boy, unmistakably her brother, whose cap she removed by lifting it off his head with two fingers, as if it were a laboratory specimen. Bringing up the rear was an efficient-looking woman in a limp felt hat—presumably their governess. The choir member, taking off her coat as she walked across the floor, made the table selection — a good one, from my point of view, as it was just eight or ten feet directly in front of me. She and the governess sat down. The small boy, who was about five, wasn't ready to sit down yet. He slid out of and discarded his reefer; then, with the deadpan expression of a born heller, he methodically went about annoying his governess by pushing in and pulling out his chair several times, watching her face. The governess, keeping her voice down, gave him two or three orders to sit down and, in effect, stop the monkey business, but it was only when his sister spoke to him that he came around and applied the small of his back to his chair seat. He immediately picked up his napkin and put it on his head. His sister removed it, opened it, and spread it out on his lap.

About the time their tea was brought, the choir member caught me staring over at her party. She stared back at me, with those house-counting eyes of hers, then, abruptly, gave me a small, qualified smile. It was oddly radiant, as certain small, qualified smiles sometimes are. I smiled back, much less radiantly, keeping my upper lip down over a coal-black G. I. temporary filling showing between two of my front teeth. The next thing I knew, the young lady was standing, with enviable poise, beside my table. She was wearing a tartan dress — a Campbell tartan, I believe. It seemed to me to be a wonderful dress for a very young girl to be wearing on a rainy, rainy day. "I thought Americans despised tea," she said.

It wasn't the observation of a smart aleck but that of a truth-lover or a statistics-lover. I replied that some of us never drank anything but tea. I asked her if she'd care to join me.

"Thank you," she said. "Perhaps for just a fraction of a moment."

I got up and drew a chair for her, the one opposite me, and she sat down on the forward quarter of it, keeping her spine easily and beautifully straight. I went back — almost hurried back — to my own chair, more than willing to hold up my end of a conversation. When I was seated, I couldn't think of anything to say, though. I smiled again, still keeping my coal-black filling under concealment. I remarked that it was certainly a terrible day out.

"Yes; quite," said my guest, in the clear, unmistakable voice of a small-talk detester. She placed her fingers flat on the table edge, like someone at a seance, then, almost instantly, closed her hands — her nails were bitten down to the quick. She was wearing a wristwatch, a military-looking one that looked rather like a navigator's chronograph. It's face was much too large for her slender wrist. "You were at choir practice," she said matter-of-factly. "I saw you."

I said I certainly had been, and that I had heard her voice singing separately from the others. I said I thought she had a very fine voice.

She nodded. "I know. I'm going to be a professional singer."

"Really? Opera?"

"Heavens, no. I'm going to sing jazz on the radio and make heaps of money. Then, when I'm thirty, I shall retire and live on a ranch in Ohio." She touched the top of her soaking-wet head with the flat of her hand. "Do you know Ohio?" she asked.

I said I'd been through it on the train a few times but that I didn't really know it. I offered her a piece of cinnamon toast.

"No, thank you," she said. "I eat like a bird, actually."

I bit into a piece of toast myself, and commented that there's some mighty rough country around Ohio. "I know. An American I met told me. You're the eleventh American I've met."

[I – 4]

Her governess was now urgently signalling her to return to her own table — in effect, to stop bothering the man. My guest, however, calmly moved her chair an inch or two so that her back broke all possible further communication with the home table. "You go to that secret Intelligence school on the hill, don't you?" she inquired coolly.

As security-minded as the next one, I replied that I was visiting Devonshire for my health.

"Really," she said, "I wasn't quite born yesterday, you know."

I said I'd bet she hadn't been, at that. I drank my tea for a moment. I was getting a trifle posture-conscious and I sat up somewhat straighter in my seat.

"You seem quite intelligent for an American," my guest mused.

I told her that was a pretty snobbish thing to say, if you thought about it at all, and that I hoped it was unworthy of her.

She blushed-automatically conferring on me the social poise I'd been missing. "Well. Most of the Americans I've seen act like animals. They're forever punching one another about, and insulting everyone, and — You know what one of them did?"

I shook my head.

"One of them threw an empty whiskey bottle through my aunt's window. Fortunately, the window was open. But does that sound very intelligent to you?"

It didn't especially, but I didn't say so. I said that many soldiers, all over the world, were a long way from home, and that few of them had had many real advantages in life. I said I'd thought that most people could figure that out for themselves.

"Possibly," said my guest, without conviction. She raised her hand to her wet head again, picked at a few limp filaments of blond hair, trying to cover her exposed ear rims. "My hair is soaking wet," she said. "I look a fright." She looked over at me. "I have quite wavy hair when it's dry."

"I can see that, I can see you have."

"Not actually curly, but quite wavy," she said. "Are you married?"

I said I was.

She nodded. "Are you very deeply in love with your wife? Or am I being too personal?"

I said that when she was, I'd speak up.

She put her hands and wrists farther forward on the table, and I remember wanting to do something about that enormous-faced wristwatch she was wearing — perhaps suggest that she try wearing it around her waist.

"Usually, I'm not terribly gregarious," she said, and looked over at me to see if I knew the meaning of the word. I didn't give her a sign, though, one way or the other. "I purely came over because I thought you looked extremely lonely. You have an extremely sensitive face."

I said she was right, that I had been feeling lonely, and that I was very glad she'd come over.

"I'm training myself to be more compassionate. My aunt says I'm a terribly cold person," she said and felt the top of her head again. "I live with my aunt. She's an extremely kind person. Since the death of my mother, she's done everything within her power to make Charles and me feel adjusted."

"I'm glad."

"Mother was an extremely intelligent person. Quite sensuous, in many ways." She looked at me with a kind of fresh acuteness. "Do you find me terribly cold?"

I told her absolutely not — very much to the contrary, in fact. I told her my name and asked for hers. She hesitated. "My first name is Esme. I don't think I shall tell you my full name, for the moment. I have a title and you may just be impressed by titles. Americans are, you know."

I said I didn't think I would be, but that it might be a good idea, at that, to hold on to the title for a while.

[1－5]

Just then, I felt someone's warm breath on the back of my neck. I turned around and just missed brushing noses with Esme's small brother. Ignoring me, he addressed his sister in a piercing treble: "Miss Megley said you must come and finish your tea!" His message delivered, he retired to the chair between his sister and me, on my right. I regarded him with high interest. He was looking very splendid in brown Shetland shorts, a navy-blue jersey, white shirt, and striped necktie. He gazed back at me with immense green eyes. "Why do people in films kiss sideways?" he demanded.

"Sideways?" I said. It was a problem that had baffled me in my childhood. I said I guessed it was because actors' noses are too big for kissing anyone head on.

"His name is Charles," Esme said. "He's extremely brilliant for his age."

"He certainly has green eyes. Haven't you, Charles?" Charles gave me the fishy look my question deserved, then wriggled downward and forward in his chair till all of his body was under the table except his head, which he left, wrestler's-bridge style, on the chair seat. "They're orange," he said in a strained voice, addressing the ceiling. He picked up a corner of the tablecloth and put it over his handsome, deadpan little face.

"Sometimes he's brilliant and sometimes he's not," Esme said. "Charles, do sit up!"

Charles stayed right where he was. He seemed to be holding his breath.

"He misses our father very much. He was s-l-a-i-n in North Africa."

I expressed regret to hear it.

Esme nodded. "Father adored him." She bit reflectively at the cuticle of her thumb. "He looks very much like my mother — Charles, I mean. I look exactly like my father." She went on biting at her cuticle. "My mother was quite a passionate woman. She was an extrovert. Father was an introvert. They were quite well mated, though, in a superficial way. To be quite candid, Father really needed more of an intellectual companion than Mother was. He was an extremely gifted genius."

I waited, receptively, for further information, but none came. I looked down at Charles, who was now resting the side of his face on his chair seat. When he saw that I was looking at him, he closed his eyes, sleepily, angelically, then stuck out his tongue — an appendage of startling length — and gave out what in my country would have been a glorious tribute to a myopic baseball umpire. It fairly shook the tearoom.

"Stop that," Esme said, clearly unshaken. "He saw an American do it in a fish-and-chips queue, and now he does it whenever he's bored. Just stop it, now, or I shall send you directly to Miss Megley."

Charles opened his enormous eyes, as sign that he'd heard his sister's threat, but otherwise didn't look especially alerted. He closed his eyes again, and continued to rest the side of his face on the chair seat.

I mentioned that maybe he ought to save it — meaning the Bronx cheer — till he started using his title regularly. That is, if he had a title, too.

Esme gave me a long, faintly clinical look. "You have a dry sense of humor, haven't you?" she said — wistfully. "Father said I have no sense of humor at all. He said I was unequipped to meet life because I have no sense of humor."

Watching her, I lit a cigarette and said I didn't think a sense of humor was of any use in a real pinch.

"Father said it was."

This was a statement of faith, not a contradiction, and I quickly switched horses. I nodded and said her father had probably taken the long view, while I was taking the short(whatever that meant).

"Charles misses him exceedingly," Esme said, after a moment. "He was an exceedingly lovable man. He was extremely handsome, too. Not that one's appearance matters greatly, but he was. He had terribly penetrating eyes, for a man who was intrinsically kind."

I nodded. I said I imagined her father had had quite an extraordinary vocabulary.

"Oh, yes; quite," said Esme. "He was an archivist — amateur, of course."

At that point, I felt an importunate tap, almost a punch, on my upper arm, from Charles' direction. I turned to him. He was sitting in a fairly normal position in his chair now, except that he had one knee tucked under him. "What did one wall say to the other wall?" he asked shrilly. "It's a riddle!"

I rolled my eyes reflectively ceilingward and repeated the question aloud. Then I looked at Charles with a stumped expression and said I gave up.

"Meet you at the corner!" came the punch line, at top volume.

It went over biggest with Charles himself. It struck him as unbearably funny. In fact, Esme had to come around and pound him on the back, as if treating him for a coughing spell. "Now, stop that," she said. She went back to her own seat. "He tells that same riddle to everyone he meets and has a fit every single time. Usually he drools when he laughs. Now, just stop, please."

"It's one of the best riddles I've heard, though," I said, watching Charles, who was very gradually coming out of it. In response to this compliment, he sank considerably lower in his chair and again masked his face up to the eyes with a corner of the tablecloth.

He then looked at me with his exposed eyes, which were full of slowly subsiding mirth and the pride of someone who knows a really good riddle or two.

[I – 6]

"May I inquire how you were employed before entering the Army?" Esme asked me.

I said I hadn't been employed at all, that I'd only been out of college a year but that I like to think of myself as a professional short-story writer.

She nodded politely. "Published?" she asked.

It was a familiar but always touchy question, and one that I didn't answer just one, two, three. I started to explain how most editors in America were a bunch —

"My father wrote beautifully," Esme interrupted. "I'm saving a number of his letters for posterity."

I said that sounded like a very good idea. I happened to be looking at her enormous-faced, chronographic-looking wristwatch again. I asked if it had belonged to her father.

She looked down at her wrist solemnly. "Yes, it did," she said. "He gave it to me just before Charles and I were evacuated." Self-consciously, she took her hands off the table, saying, "Purely as a memento, of course." She guided the conversation in a different direction. "I'd be extremely flattered if you'd write a story exclusively for me sometime. I'm an avid reader."

I told her I certainly would, if I could. I said that I wasn't terribly prolific.

"It doesn't have to be terribly prolific! Just so that it isn't childish and silly." She reflected. "I prefer stories about squalor."

"About what?" I said, leaning forward. "Squalor. I'm extremely interested in squalor."

I was about to press her for more details, but I felt Charles pinching me, hard, on my arm. I turned to him, wincing slightly. He was standing right next to me. "What did one wall say to the other wall?" he asked, not unfamiliarly.

"You asked him that," Esme said. "Now, stop it."

Ignoring his sister, and stepping up on one of my feet, Charles repeated the key question. I noticed that his necktie knot wasn't adjusted properly. I slid it up into place, then, looking him straight in the eye, suggested, "Meetcha at the corner?"

The instant I'd said it, I wished I hadn't. Charles' mouth fell open. I felt as if I'd struck it open. He stepped down off my foot and, with white-hot dignity, walked over to his own table, without looking back.

"He's furious," Esme said. "He has a violent temper. My mother had a propensity to spoil him. My father was the only one who didn't spoil him."

I kept looking over at Charles, who had sat down and started to drink his tea, using both hands on the cup. I hoped he'd turn around, but he didn't.

[Ⅰ-7]

Esme stood up. "Il faut que je parte aussi," she said, with a sigh. "Do you know French?"

I got up from my own chair, with mixed feelings of regret and confusion. Esme and I shook hands; her hand, as I'd suspected, was a nervous hand, damp at the palm. I told her, in English, how very much I'd enjoyed her company.

She nodded. "I thought you might," she said. "I'm quite communicative for my age." She gave her hair another experimental touch. "I'm dreadfully sorry about my hair," she said. "I've probably been hideous to look at."

"Not at all! As a matter of fact, I think a lot of the wave is coming back already."

She quickly touched her hair again. "Do you think you'll be coming here again in the immediate future?" she asked. "We come here every Saturday, after choir practice."

I answered that I'd like nothing better but that, unfortunately, I was pretty sure I wouldn't be able to make it again.

"In other words, you can't discuss troop movements," said Esme. She made no move to leave the vicinity of the table. In fact, she crossed one foot over the other and, looking down, aligned the toes of her shoes. It was a pretty little execution, for she was wearing white socks and her ankles and feet were lovely. She looked up at me abruptly. "Would you like me to write to you?" she asked, with a certain amount of color in her face. "I write extremely articulate letters for a person my —"

"I'd love it." I took out pencil and paper and wrote down my name, rank, serial number, and A. P. O. number.

"I shall write to you first," she said, accepting it, "so that you don't feel compromised in any way." She put the address into a pocket of her dress. "Goodbye," she said, and walked back to her table.

I ordered another pot of tea and sat watching the two of them till they, and the harassed Miss Megley, got up to leave. Charles led the way out, limping tragically, like a man with one leg several, inches shorter than the other. He didn't look over at me. Miss Megley went next, then Esme, who waved to me. I waved back, half getting up from my chair. It was a strangely emotional moment for me.

Less than a minute later, Esme came back into the tearoom, dragging Charles behind her by the sleeve of his reefer. “Charles would like to kiss you goodbye,” she said.

I immediately put down my cup, and said that was very nice, but was she sure?

“Yes,” she said, a trifle grimly. She let go Charles’ sleeve and gave him a rather vigorous push in my direction. He came forward, his face livid, and gave me a loud, wet smacker just below the right ear. Following this ordeal, he started to make a beeline for the door and a less sentimental way of life, but I caught the half belt at the back of his reefer, held on to it, and asked him, “What did one wall say to the other wall?”

His face lit up. “Meet you at the corner!” he shrieked, and raced out of the room, possibly in hysterics.

Esme was standing with crossed ankles again. “You’re quite sure you won’t forget to write that story for me?” she asked. “It doesn’t have to be exclusively for me. It can —”

I said there was absolutely no chance that I’d forget. I told her that I’d never written a story for anybody, but that it seemed like exactly the right time to get down to it.

She nodded. “Make it extremely squalid and moving,” she suggested. “Are you at all acquainted with squalor?”

I said not exactly but that I was getting better acquainted with it, in one form or another, all the time, and that I’d do my best to come up to her specifications. We shook hands.

“Isn’t it a pity that we didn’t meet under less extenuating circumstances?”

I said it was, I said it certainly was.

“Goodbye,” Esme said. “I hope you return from the war with all your faculties intact.”

I thanked her, and said a few other words, and then watched her leave the tearoom. She left it slowly, reflectively, testing the ends of her hair for dryness.

[II−1]

This is the squalid, or moving, part of the story, and the scene changes. The people change, too. I’m still around, but from here on in, for reasons I’m not at liberty to disclose, I’ve disguised myself so cunningly that even the cleverest reader will fail to recognize me.

It was about ten-thirty at night in Gaufurt, Bavaria, several weeks after V-E Day. Staff Sergeant X was in his room on the second floor of the civilian home in which he and nine other American soldiers had been quartered, even before the armistice. He was seated on a folding wooden chair at a small, messy-looking writing table, with a paperback overseas novel open before him, which he was having great trouble reading. The trouble lay with him, not the novel. Although the men who lived on the first floor usually had first grab at the books sent each month by Special Services, X usually seemed to be left with the book he might have selected himself. But he was a young man who had not come through the war with all his faculties intact, and for more than an hour he had been triple-reading paragraphs, and now he was doing it to the sentences. He suddenly closed the book, without marking his place. With his hand, he shielded his eyes for a moment against the harsh, watty glare from the naked bulb over the table.

He took a cigarette from a pack on the table and lit it with fingers that bumped gently and incessantly against one another. He sat back a trifle in his chair and smoked without any sense of taste. He had been chain-smoking for weeks. His gums bled at the slightest pressure of the tip of his tongue, and he seldom stopped experimenting; it was a little game he played, sometimes by the hour. He sat for a moment smoking and experimenting. Then, abruptly, familiarly, and, as usual, with no warning, he thought he felt his mind dislodge itself and teeter, like insecure luggage on an overhead rack. He quickly did what he had been doing for weeks to set things right: he pressed his hands hard against his temples. He held on tight for a moment. His hair needed cutting, and it was dirty. He had washed it three or four times during his two weeks' stay at the hospital in Frankfort on the Main, but it had got dirty again on the long, dusty jeep ride back to Gaufurt. Corporal Z, who had called for him at the hospital, still drove a jeep combat-style, with the windshield down on the hood, armistice or no armistice. There were thousands of new troops in Germany. By driving with his windshield down, combat-style, Corporal Z hoped to show that he was not one of them, that not by a long shot was he some new son of a bitch in the E. T. O.

When he let go of his head, X began to stare at the surface of the writing table, which was a catchall for at least two dozen unopened letters and at least five or six unopened packages, all addressed to him. He reached behind the debris and picked out a book that stood against the wall. It was a book by Goebbels, entitled "Die Zeit Ohne Beispiel". It belonged to the thirty-eight-year-old, unmarried daughter of the family that, up to a few weeks earlier, had been living in the house. She had been a low official in the Nazi Party, but high enough, by Army Regulations standards, to fall into an automatic-arrest category. X himself had arrested her. Now, for the third time since he had returned from the hospital that day, he opened the woman's book and read the brief inscription on the flyleaf. Written in ink, in German, in a small, hopelessly sincere handwriting, were the words "Dear God, life is hell." Nothing led up to or away from it. Alone on the page, and in the sickly stillness of the room, the words appeared to have the stature of an uncontestable, even classic indictment. X stared at the page for several minutes, trying, against heavy odds, not to be taken in. Then, with far more zeal than he had done anything in weeks, he picked up a pencil stub and wrote down under the inscription, in English, "Fathers and teachers, I ponder 'What is hell?' I maintain that it is the suffering of being unable to love." He started to write Dostoevski's name under the inscription, but saw — with fright that ran through his whole body — that what he had written was almost entirely illegible. He shut the book.

He quickly picked up something else from the table, a letter from his older brother in Albany. It had been on his table even before he had checked into the hospital. He opened the envelope, loosely resolved to read the letter straight through, but read only the top half of the first page. He stopped after the words "Now that the g. d. war is over and you probably have a lot of time over there, how about sending the kids a couple of bayonets or swastikas …" After he'd torn it up, he looked down at the pieces as they lay in the wastebasket. He saw that he had overlooked an enclosed snapshot. He could make out somebody's feet standing on a lawn somewhere.

He put his arms on the table and rested his head on them. He ached from head to foot, all zones of pain seemingly interdependent. He was rather like a Christmas tree whose lights, wired in series, must all go out if even one bulb is defective.

[II-2]

The door banged open, without having been rapped on. X raised his head, turned it, and saw Corporal Z standing in the door. Corporal Z had been X's jeep partner and constant companion from D Day straight through five campaigns of the war. He lived on the first floor and he usually came up to see X when he had a few rumors or gripes to unload. He was a huge, photogenic young man of twenty-four. During the war, a national magazine had photographed him in Hurtgen Forest; he had posed, more than just obligingly, with a Thanksgiving turkey in each hand. "Ya writin' letters?" he asked X. "It's spooky in here, for Chrissake." He preferred always to enter a room that had the overhead light on.

X turned around in his chair and asked him to come in, and to be careful not to step on the dog.

"The what?"

"Alvin. He's right under your feet, Clay. How 'bout turning on the goddam light?"

Clay found the overhead-light switch, flicked it on, then stepped across the puny, servant's-size room and sat down on the edge of the bed, facing his host. His brick-red hair, just combed, was dripping with the amount of water he required for satisfactory grooming. A comb with a fountain-pen clip protruded, familiarly, from the right-hand pocket of his olive-drab shirt. Over the left-hand pocket he was wearing the Combat Infantrymen's Badge(which, technically, he wasn't authorized to wear), the European Theatre ribbon, with five bronze battle stars in it(instead of a lone silver one, which was the equivalent of five bronze ones), and the pre-Pearl Harbor service ribbon. He sighed heavily and said, "Christ almighty." It meant nothing; it was Army. He took a pack of cigarettes from his shirt pocket, tapped one out, then put away the pack and rebuttoned the pocket flap. Smoking, he looked vacuously around the room. His look finally settled on the radio. "Hey," he said. "They got this terrific show comin' on the radio in a coupla minutes. Bob Hope, and everybody."

X, opening a fresh pack of cigarettes, said he had just turned the radio off.

Undarkened, Clay watched X trying to get a cigarette lit. "Jesus," he said, with spectator's enthusiasm, "you oughta see your goddam hands. Boy, have you got the shakes. Ya know that?"

X got his cigarette lit, nodded, and said Clay had a real eye for detail.

"No kidding, hey. I goddam near fainted when I saw you at the hospital. You looked like a goddam corpse. How much weight ya lose? How many pounds? Ya know?"

"I don't know. How was your mail when I was gone? You heard from Loretta?"

Loretta was Clay's girl. They intended to get married at their earliest convenience. She wrote to him fairly regularly, from a paradise of triple exclamation points and inaccurate observations. All through the war, Clay had read all Loretta's letters aloud to X, however intimate they were — in fact, the more intimate, the better. It was his custom, after each reading, to ask X to plot out or pad out the letter of reply, or to insert a few impressive words in French or German.

"Yeah, I had a letter from her yesterday. Down in my room. Show it to ya later," Clay said, listlessly. He sat up straight on the edge of the bed, held his breath, and issued a long, resonant belch. Looking just semi-pleased with the achievement, he relaxed again. "Her goddam brother's gettin' outa the Navy on account of his hip," he said. "He's got this hip, the bastard." He sat up again and tried for another belch, but with below-par results. A jot of alertness came into his face. "Hey. Before I forget. We gotta get up at five tomorrow and drive to Hamburg or someplace. Pick up Eisenhower jackets for the whole detachment."

X, regarding him hostilely, stated that he didn't want an Eisenhower jacket.

Clay looked surprised, almost a trifle hurt. "Oh, they're good! They look good. How come?"

"No reason. Why do we have to get up at five? The war's over, for God's sake."

"I don't know — we gotta get back before lunch. They got some new forms in we gotta fill out before lunch. … I asked Bulling how come we couldn't fill 'em out tonight — he's got the goddam forms right on his desk. He don't want to open the envelopes yet, the son of a bitch."

The two sat quiet for a moment, hating Bulling. Clay suddenly looked at X with new-higher-interest than before. "Hey," he said. "Did you know the goddam side of your face is jumping all over the place?"

X said he knew all about it, and covered his tic with his hand.

Clay stared at him for a moment, then said, rather vividly, as if he were the bearer of exceptionally good news, "I wrote Loretta you had a nervous breakdown."

"Oh?"

"Yeah. She's interested as hell in all that stuff. She's majoring in psychology." Clay stretched himself out on the bed, shoes included. "You know what she said? She says nobody gets a nervous breakdown just from the war and all. She says you probably were unstable like, your whole goddam life."

X bridged his hands over his eyes — the light over the bed seemed to be blinding him — and said that Loretta's insight into things was always a joy.

Clay glanced over at him. "Listen, ya bastard," he said. "She knows a goddam sight more psychology than you do."

[II-3]

"Do you think you can bring yourself to take your stinking feet off my bed?" X asked.

Clay left his feet where they were for a few don't-tell-me-where-to-put-my-feet seconds, then swung them around to the floor and sat up. "I'm goin' downstairs anyway. They got the radio on in Walker's room." He didn't get up from the bed, though. "Hey. I was just tellin' that new son of a bitch, Bernstein, downstairs. Remember that time I and you drove into Valognes, and we got shelled for about two goddam hours, and that goddam cat I shot that jumped up on the hood of the jeep when we were layin' in that hole? Remember?"

"Yes — don't start that business with that cat again, Clay, God damn it. I don't want to hear about it."

"No, all I mean is I wrote Loretta about it. She and the whole psychology class discussed it. In class and all. The goddam professor and everybody."

"That's fine. I don't want to hear about it, Clay."

"No, you know the reason I took a pot shot at it, Loretta says? She says I was temporarily insane. No kidding. From the shelling and all."

X threaded his fingers, once, through his dirty hair, then shielded his eyes against the light again. "You weren't insane. You were simply doing your duty. You killed that pussycat in as manly a way as anybody could've under the circumstances."

Clay looked at him suspiciously. "What the hell are you talkin' about?"

"That cat was a spy. You had to take a pot shot at it. It was a very clever German midget dressed up in a cheap fur coat. So there was absolutely nothing brutal, or cruel, or dirty, or even —"

"God damn it!" Clay said, his lips thinned. "Can't you ever be sincere?"

X suddenly felt sick, and he swung around in his chair and grabbed the wastebasket —just in time. When he had straightened up and turned toward his guest again, he found him standing, embarrassed, halfway between the bed and the door. X started to apologize, but changed his mind and reached for his cigarettes.

"C'mon down and listen to Hope on the radio, hey," Clay said, keeping his distance but trying to be friendly over it. "It'll do ya good. I mean it."

"You go ahead, Clay. … I'll look at my stamp collection."

"Yeah? You got a stamp collection? I didn't know you —"

"I'm only kidding."

Clay took a couple of slow steps toward the door. "I may drive over to Ehstadt later," he said. "They got a dance. It'll probably last till around two. Wanna go?"

"No, thanks. … I may practice a few steps in the room."

"O.K. G'night! Take it easy, now, for Chrissake." The door slammed shut, then instantly opened again. "Hey. O.K. if I leave a letter to Loretta under your door? I got some German stuff in it. Willya fix it up for me?"

"Yes. Leave me alone now, God damn it."

"Sure," said Clay. "You know what my mother wrote me? She wrote me she's glad you and I were together and all the whole war. In the same jeep and all. She says my letters are a helluva lot more intelligent since we been goin' around together."

X looked up and over at him, and said, with great effort, "Thanks. Tell her thanks for me."

"I will. G'night!" The door slammed shut, this time for good.

[II-4]

X sat looking at the door for a long while, then turned his chair around toward the writing table and picked up his portable typewriter from the floor. He made space for it on the messy table surface, pushing aside the collapsed pile of unopened letters and packages. He thought if he wrote a letter to an old friend of his in New York there might be some quick, however slight, therapy in it for him. But he couldn't insert his notepaper into the roller properly, his fingers were shaking so violently now. He put his hands down at his sides for a minute, then tried again, but finally crumpled the notepaper in his hand.

He was aware that he ought to get the wastebasket out of the room, but instead of doing anything about it, he put his arms on the typewriter and rested his head again, closing his eyes.

A few throbbing minutes later, when he opened his eyes, he found himself squinting at a small, unopened package wrapped in green paper. It had probably slipped off the pile when he had made space for the typewriter. He saw that it had been readdressed several times. He could make out, on just one side of the package, at least three of his old A. P. O. numbers.

He opened the package without any interest, without even looking at the return address. He opened it by burning the string with a lighted match. He was more interested in watching a string burn all the way down than in opening the package, but he opened it, finally.

Inside the box, a note, written in ink, lay on top of a small object wrapped in tissue paper. He picked out the note and read it.

17, — ROAD,
— DEVON
JUNE 7, 1944

DEAR SERGEANT X,

I hope you will forgive me for having taken 38 days to begin our correspondence but, I have been extremely busy as my aunt has undergone streptococcus of the throat and nearly perished and I have been justifiably saddled with one responsibility after another. However I have thought of you frequently and of the extremely pleasant afternoon we spent in each other's company on April 30, 1944 between 3: 45 and 4: 15 P.M. in case it slipped your mind.

We are all tremendously excited and overawed about D Day and only hope that it will bring about the swift termination of the war and a method of existence that is ridiculous to say the least. Charles and I are both quite concerned about you; we hope you were not among those who made the first initial assault upon the Cotentin Peninsula. Were you? Please reply as speedily as possible. My warmest regards to your wife.

Sincerely yours,
ESME

P.S. I am taking the liberty of enclosing my wristwatch which you may keep in your possession for the duration of the conflict. I did not observe whether you were wearing one during our brief association, but this one is extremely water-proof and shockproof as well as having many other virtues among which one can tell at what velocity one is walking if one wishes. I am quite certain that you will use it to greater advantage in these difficult days than I ever can and that you will accept it as a lucky talisman.
Charles, whom I am teaching to read and write and whom I am finding an extremely intelligent novice, wishes to add a few words. Please write as soon as you have the time and inclination.

HELLO HELLO HELLO HELLO HELLO
HELLO HELLO HELLO HELLO HELLO
LOVE AND KISSES CHARLES

It was a long time before X could set the note aside, let alone lift Esme's father's wristwatch out of the box. When he did finally lift it out, he saw that its crystal had been broken in transit. He wondered if the watch was otherwise undamaged, but he hadn't the courage to wind it and find out. He just sat with it in his hand for another long period. Then, suddenly, almost ecstatically, he felt sleepy.

You take a really sleepy man, Esme, and he always stands a chance of again becoming a man with all his fac—with all his f-a-c-u-l-t-i-e-s intact.

작가소개 J. D. Salinger(1919-2010)

뉴욕 출생. 아버지는 유대인. 프린스턴대학교와 스탠퍼드대학교를 중퇴하고 제2차 세계대전 때는 지원 입대하여 노르망디 상륙작전에 참가하였다. 1940년, 21세 때 처음으로 단편 ≪젊은이들≫을 발표한 후 계속해서 많은 유명 잡지에 작품을 발표하였다. 그중에서도 잡지 ≪뉴요커≫가 그의 주된 발표 무대였다. 작품 수는 많지 않으나 장편 ≪호밀밭의 파수꾼 The Catcher in the Rye≫(1951)은 전후 미국 문단의 걸작으로 평가되고 있다.

그 후 ≪뉴요커≫에 발표했던 작품들을 모아 ≪9개의 단편 Nine Stories≫(1953), ≪프래니와 주이 Franny and Zooey≫(1961), ≪목수여, 지붕의 대들보를 높이 올려라: 시모어의 서장(序章) Raise High the Roof Beam, Carpenters; and Seymour: an Introduction≫(1963) 등을 발표했다. 이 세 작품은 어느 것이나 획일화된 가치관을 강요하는 현대 미국의 대중사회를 살아가는 글라스 가(家)의 7남매 중의 누군가를 주인공으로 다룬 것으로, 단편으로서 각각 독립되어 있으면서 서로 연관을 가지는 연작형식의 작품이다.

한글 번역

에즈메를 위하여 - 사랑과 오욕

[I - 1]

바로 얼마 전, 나는 4월 18일 영국에서 있을 어떤 결혼식에 관한 초대장을 항공우편으로 받았다. 그런데 그것은 내가 꼭 참석하고 싶은 결혼식이었기 때문에 처음 그 초대장을 받았을 때, 나는 비용은 차치하고 비행기를 타고 가면 되겠다 싶은 생각을 했다. 그러나 그 후 나는 놀랄 만큼 분별력이 갖추어진 아내와 그 문제를 다방면으로 의논한 결과, 참석하지 않기로 결정하였다. 우선 무엇보다도 나는 장모께서 4월의 마지막 두 주를 우리와 함께 지내기로 해 놓고 그 날을 학수고대하고 있다는 사실을 잊고 있었던 것이다. 사실 나는 그레첸 장모님과 자주 만나지도 못하고 있는 데다, 장모님도 매년 젊어져 가고 있는 것도 아니었다. 그녀는 쉰여덟이었다. (그것은 그녀 자신이 맨 먼저 시인할 것이다.)

그런데 나는, 그 당시 내가 어디에 있든지 간에, 어떤 결혼식을 심심치 않게 하기 위해서는 최소한의 협조라도 하지 않고는 못 배기는 유형의 인간인 것 같다. 그래 나는 서둘러, 내가 6년 전에 알고 있었던 그대로의 신부에 대한 약간의 폭로적인 기록을 만들어 본 것이다. 아직 내가 만난 적이 없는 신랑에게 그 기록이 잠깐씩이나마 불안감을 느끼게 해 준다면, 그건 더욱 좋은 일이다. 내가 이 글을 쓰는 것은 누굴 즐겁게 하려는 것이 아니다. 그보다는 오히려 교훈을 주는 것, 가르쳐 주는 것이 그 진짜 목적인 것이다.

[I - 2]

1944년 4월, 나는 60여 명의 미국인 사병들과 함께 영국의 데본 주에서 영국 첩보부의 지도하에 '침공 작전'에 대비하여 특수 사전 훈련을 받고 있었다. 지금 생각해 보면, 이 60여 명 중에는 붙임성 있는 사람이라고는 한 사람도 없었으니, 우리는 꽤 특이한 집단이었으리라고 생각된다. 우리는 모두가 원래 글씨만 쓰는 유형의 사람들이라서 근무 시간 외에 서로 주고받는 이야기란, 쓰지 않는 잉크가 있느냐고 묻는 정도가 고작이었다. 우리가 편지를 쓰지 않거나 강의에 출석하지 않고 있을 때에는 비교적 자유롭게 각자의 시간을 보냈다. 나는 날씨가 좋으면 교외의 시골 경치를 보러 돌아다녔다. 그리고 비가 오는 날이면 비를 맞지 않을 수 있는 장소에 앉아서 책을 읽었는데, 그것이 바로 탁구대 옆일 경우도 많았다.

훈련과정은 3주간 지속되었고, 비가 많이 내리던 토요일에 끝이 났다. 그 마지막 날 밤 일곱 시에 우리 전원은 열차를 타고 런던에 가서, 거기에서 노르망디 상륙 작전을 위해 집결된 보병 공수사단에 배속된다는 소문이었다. 오후 3시까지 나는 나의 사물(私物) 백에다, 바다 건너에서 가지고 온 책을 빽빽이 집어넣은 캔버스로 된 방독면 집을 포함해 내 물건 전부를 쓸어 담았다. (만일 적군이 가스를 사용한다면 시기를 놓치지 않고 방독면을 착용한다는 것이 도저히 불가능하다는 것을 알았기 때문에, 방독면은 몇 주 전에 모리타니아 호의 현창 밖으로 집어 던져 버렸다.) 나는 퀀세트의 맨 끝 창가에 서서 사선을 그으며 쏟아지는 지루한 비를 오랫동안 바라보고 서 있었던 것을 지금도 기억한다. 그때 방아쇠를 당기게 될 내 손가락이 근질근질 했었는지도 모르지만 그런 건 의식하지 않고 있었다. 그때 내 뒤에서는 V-메일용의 편지지(2차 대전 중 미국 본토와 해외에 나가 있는 사병들 간에 편지 왕래에 사용되던 마이크로필름용 편지지) 위를 달리고 있는 여러 개의 만년필 소리가 들려와 서먹서먹한 기분을 자아내 주었다. 나는 별 생각 없이 문득 창가에서 물러나 레인코트와 캐시미어 목도리와 우화(雨靴)와 털장갑에 해외용의 군모 등을 착용했다. (이 모자를 나는 거의 귀에까지 닿도록 내 멋대로 쓰고 있었다는 이야기를 지금도 듣고 있다.) 다음에 내 손목시계를 화장실의 시계에다 맞추고 나서 나는 시내를 향하여, 포석이 깔린 비에 젖고 있는 먼 언덕길을 걸어 내려갔다. 사방에서 내려치고 있는 번갯불 같은 것은 그때 나의 안중에는 없었다. 벼락도 총탄과 마찬가지여서, 맞든 안 맞든 이쪽에서는 아무렇게도 할 수 없는 것이었다.

비가 가장 심하게 비가 쏟아지고 있는 것 같은 시내 한복판에서 나는 게시판을 보기 위해 어떤 교회 앞에 멈춰 섰다. 그것은, 흑백으로 대서특필해 놓은 숫자들이 내 주의를 끌기도 했지만 3년 동안 군대 생활을 하는 동안에 게시판을 보는 것이 아주 습관화되었기 때문이기도 했다. 거기 쓰여 있는 내용은 어린이 합창단 연습이 3시 15분에 있다는 것이었다. 나는 내 시계를 보고, 게시판을 다시 보았다. 거기에는 한 장의 종이가 압정으로 꽂혀 있었는데, 그 종이에는 그 날 연습에 참가할 어린이들의 이름이 나열되어 있었다. 나는 비를 맞으면서 그 이름들을 다 읽고 난 다음, 교회 안으로 들어갔다.

십여 명 정도 되는 어른들이 여기저기 좌석에 흩어져 앉아 있었는데, 그중의 몇 사람은 조그만 우화를 바닥을 위로 해서 무릎에 얹어 놓고 있었다. 나는 그들을 지나쳐 맨 앞줄에 가 앉았다. 단 위에는 세 줄로 바싹바싹 붙여 놓은 의자에 20명쯤의 어린이들이 앉아 있었는데, 대부분이 일곱 살에서 열세 살 정도의 여자아이들이었다. 그때 마침 트위드 직의 정장을 입고 거대한 체구를 가진 합창 지도 여교사가 노래를 부를 때에는 입을 더 크게 벌리라고 아이들에게 일러 주고 있었다. 작은 새가 그 고운 노래를 부를 때, 먼저 그 예쁜 입을 크게, 크게, 크게 벌리지 않고서 노래를 한다는 말을 들어본 적이 있어요?라고 그녀는 말하고 있었다. 아무도 그런 말을 들은 적이 없는 것 같았다. 대답 대신 그녀에게 주어진 것은 지긋하고 불투명한 표정뿐이었다. 그녀는 아이들에게, 노래하는 가사를 앵무새처럼 입으로 종알대지 말고, 그 의미를 알아주기 바란다고 부탁했다. 그다음에 그녀가 음정 조절용 피리를 불자, 어린이들은 마치 미성년 역도 선수들처럼 각자의 찬송가 책을 집어 들었다.

그들은 악기 반주 없이 노래를 불렀다 — 아니, 그들의 경우에 있어서는 일체의 방해가 없이 노래를 불렀다는 것이 정확한 표현이리라. 그들의 목소리는 아름다운 데다 감상에 흐르지 않아서, 나 같은 불신자가 아니라면 쉽사리 천상에 끌어올려지는 체험을 할 수 있을 정도였다. 아주 나이 어린 한두 아이가 템포를 좀 끌기는 했지만 그것은 작곡가의 어머니나 발견해 낼 수 있을 정도의 미미한 결함이었다. 그것은 내가 처음 들어보는 찬송가였지만, 나는 그 찬송가가 10절까지, 아니 그 이상이라도 있었으면 좋겠다고 생각했다. 나는 귀를 기울이고 있으면서도 아이들의 얼굴 하나하나를 유심히 살펴보았는데, 그중에도 특히 내가 주목하고 있던 것은 맨 앞줄 끝자리에 앉아 있는, 나하고 가장 거리가 가까운 아이였다. 그녀는 열 세 살쯤 되어 보였는데, 쭉 곧은 금발 머리결이 귓불까지 늘어져 있었고, 이마는 우아했으며, 권태로운 빛이 도는 두 눈은 모여 있는 청중들의 수라도 세고 있었던 듯했다. 그녀의 목소리는 다른 아이들의 목소리에 섞여서도 유별나게 잘 들려왔는데, 그것은 그녀가 나에게 가장 가까이 앉아 있기 때문만은 아니었다. 그 목소리는 가장 음역이 높고 고왔으며, 아름다운 울림이 있었고 안정감이 있었으며, 저절로 다른 아이들의 목소리를 리드해 나가고 있었다. 그러나 이 어린 아가씨는 자신의 노래의 재능에 약간 싫증을 느끼고 있는 것 같았다. 한 절이 끝난 다음, 다음 절이 시작되기 전에 나는 이 아이가 두 번이나 하품을 하는 것을 보았다. 그런데 그것은 입을 다문 채 하는 숙녀다운 하품이었지만, 콧방울의 움직임 때문에 눈여겨보는 사람의 눈을 피할 수는 없었다.

찬송가가 끝나자마자 합창 지도교사는 목사의 설교 도중에 발을 가만히 두고 있지 못하거나, 입을 꼭 다물고 있지 못하는 사람들에 대한 자신의 견해를 장황히 늘어놓기 시작했다. 나는 아이들의 노래 연습 부분은 끝났다고 생각하고, 아이들이 모처럼 가져다 준 황홀한 기분을 여교사의 듣기 싫은 말소리가 깨어 버리기 전에, 자리에서 일어나서 교회를 나왔다.

[Ⅰ-3]

비는 더욱 세차게 내리고 있었다. 나는 거리를 걸어 내려가 적십자의 오락실 창문을 넘겨다보았다. 그러나 군인들은 두 겹 세 겹으로 커피 카운터 앞에 떼 지어 있었고, 옆방에서 나는 탁구공 소리가 창유리를 통해서까지 들려오고 있었다. 나는 거리를 횡단하여 민간 찻집에 들어갔다. 그곳은 중년의 웨이트레스 한 사람 이외에는 텅 비어 있었는데, 그녀는 비에 젖지 않은 레인코트를 입은 손님이나 반길 것 같은 얼굴이었다. 나는 가능한 조심스럽게 코트 걸이에 레인코트를 걸고 나서 테이블에 앉아 홍차와 시나몬 토스트를 주문했다. 그것은 그날 내가 남에게 해 본 첫 말이었다. 그다음에 나는 호주머니를 뒤지다가 레인코트 주머니까지 뒤져서 두 장의 편지지를 찾아냈다. 그것은 이미 여러 번 읽은 것들이었는데, 하나는 88번가의 쉬라프트의 경식당이 서비스가 엉망이 되었다는 것을 알리는 아내의 편지였고, 또 하나는 '집단교육'이 끝나자마자 캐시미어실을 사서 보내달라는 장모의 편지였다.

내가 아직 홍차의 첫 잔을 다 마시기도 전에, 내가 눈여겨보고 귀를 기울여 들었던 그 합창단의 소녀가 찻집으로 들어 왔다. 그녀의 머리는 축축하게 젖어 있었고, 그래 양쪽 귓바퀴가 드러나 보였다. 틀림없이 그녀의 동생으로 보이는 아주 작은 남자아이가 그녀 뒤를 따라 들어왔는데, 그녀는 마치 실험실의 표본이라도 다루듯 손가락 두 개를 사용해서 그 아이의 모자를 벗겨주었다. 맨 뒤에 나타난 것은 축 늘어진 펠트 모자를 쓴 수완꾼으로 보이는 여자였는데, 아마도 그들의 가정교사인 듯했다. 합창단 아가씨는 실내 안쪽으로 걸어 들어오면서 코트를 벗었고, 자리도 자신이 선택했다. 그 자리는 바로 내가 앉은 정면에서 8 내지 10피트 정도의 거리에 있었기 때문에, 나에게는 안성맞춤의 자리였다. 그녀와 가정교사가 자리에 앉았다. 그러나 다섯 살쯤 되어 보이는 남자아이는 아직 앉을 준비가 다 되어 있지 않았다. 아이는 두터운 재킷을 훌떡 벗어 던지더니 타고난 장난꾼다운 무표정한 얼굴로 가정교사의 얼굴을 빤히 바라보면서 의자를 밀어 넣었다 끌어내었다 하는 동작을 자꾸 되풀이하여 그녀를 괴롭히고 있었다. 가정교사는 낮은 목소리로 몇 마디 앉으라고 명령을 내려 그 짓궂은 장난을 멈추게 했지만, 제 누이가 무어라고 했을 때라야 비로소 아이는 의자 앞을 돌아와 의자 등에 제 등을 기대고 앉았다. 그는 곧 제 앞에 놓은 냅킨을 집어 머리 위에 올려놓았다. 그러자 그의 누이가 그것을 내려서 접은 것을 펼치더니 그의 무릎 위에 펴 놓아 주었다.

그들의 차가 왔을 무렵, 합창단 아가씨는 내가 그 일행을 주시하고 있다는 것을 눈치챘다. 그녀는 청중을 세고 있던 예의 그 눈길로 나를 마주 보고 있더니, 뜻하지 않게 생긋 조심성 있는 미소를 보여주었다. 그것은 짧고 조심스러운 미소가 으레 그렇듯 기이한 광채를 띄운 미소였다. 나도 마주 웃어주었는데, 나는 두 개의 내 앞니 사이를 채운 새까만 군대용 임시 충전물을 감추느라 윗입술을 다물고 있었기 때문에 그녀의 것과 같은 밝은 미소는 보여줄 수 없었다. 다음 순간 내가 의식한 것은 이 어린 아가씨가 부러울 정도의 침착한 태도로 내 곁에 다가와 섰다는 사실이었다. 그녀는 격자무늬의 드레스를 입고 있었다 ― 틀림없이 캠벨 타탄 복지였을 것이다. 그것은 그처럼 비가 억수로 쏟아지는 날에는 그 나이의 어린 소녀가 입기에는 꼭 알맞은 드레스라고 생각했다. "전 미국인들은 홍차를 싫어하는 줄 알았어요."라고 그녀가 말했다.

그것은 약아빠진 아이의 얄미운 비평이 아니라, 진리를 사랑하는 자나 통계를 존중하는 자의 견해였다. 나는 미국 사람 중에도 꼭 홍차만 마시는 사람이 있다는 얘기를 해주었다. 그리고 나하고 함께 차를 마시지 않겠느냐고 물었다.

"고마워요."라고 그녀가 말했다. "잠깐 동안이라면요."

나는 일어서서 그녀가 앉을 맞은편의 의자를 끌어당겨 주었다. 그녀는 그 끝에 얕게 궁둥이를 대고, 자유롭고 보기 좋게 등을 펴고 앉았다. 나는 내 자리로 돌아왔다 ― 거의 서두르다시피 해서. 내 차례가 된 대화를 이어가고 싶었던 것이다. 하지만 자리에 앉고 나자 별로 할 말이 생각나지 않았다. 나는 내 이 사이의 충전물을 보이지 않게 숨기며 다시 한번 미소 지었다. 그리고 날씨가 몹시 사납다는 이야기를 했다.

"네. 정말 그래요."라고 나의 손님은, 잡담을 싫어하는 사람 특유의 명확하고 분명한 목소리로 말했다. 그녀는 마치 강신술에 참석한 사람처럼 탁자 가장자리에 손가락을 가지런히 얹어 놓고 있다가, 재빨리 주먹을 쥐었다. 생살을 다칠 정도까지 손톱이 물어 뜯겨져 있었다. 그녀는 항해사가 차는 크로노그래프 비슷한 군대용 손목시계를 차고 있었다. 그 문자판이 그녀의 가는 손목에 비해서 너무 컸다. "아까 합창 연습에 오셨었죠?"라고 그녀는 사실을 전달하는 어조로 말했다. "아까 거기서 봤어요."

나는 그랬다고 대답했다. 그리고 다른 목소리에 비해 유별나게 들리는 그녀의 노래하는 목소리를 들었다는 이야기도 했다. 그리고 정말로 훌륭한 목소리를 가졌다고 말해주었다.

그녀는 고개를 끄덕였다. "알아요. 앞으로 직업적인 가수가 될 거예요."

"정말? 오페라 가수?"

"아니, 천만에요. 라디오에서 재즈를 불러 돈을 많이 벌 거예요. 그래서 서른 살이 되면 은퇴해 오하이오의 목장에서 살 거예요." 그녀는 젖은 머리 위를 손바닥으로 만져 보았다. "오하이오를 아세요?"라고 그녀가 물었다.

나는 기차를 타고 몇 번 지나가 보기는 했지만 잘은 모른다고 대답했다. 나는 그녀에게 시나몬 토스트를 권했다.

"아니요. 괜찮아요."라고 그녀가 말했다. "전 꼭 새처럼 먹거든요, 정말로요."

나는 토스트 한 조각을 베어 물고 오하이오 근처에는 굉장한 황무지가 있다는 이야기를 했다. "알아요. 제가 만난 미국인 한 분이 이야기를 해주었어요. 아저씨는 제가 만난 열한 번째 미국인이에요."

[Ⅰ-4]

그녀의 가정교사는 자꾸 그녀에게 자리로 돌아오라고 손짓하고 있었다. 남에게 폐를 끼치지 말라는 것이었다. 그러나 나의 손님은 말없이 의자를 약간 뒤로 물려, 자기들의 자리와의 일체의 소통 수단을 자신의 등으로 막아 버렸다. "아저씨는 언덕 위에 있는 비밀 첩보 학교에 다니시죠?"라고 그녀는 침착하게 물었다.

기밀 유지에 대해서는 누구보다도 신중을 기하고 있던 나는, 건강 때문에 휴양을 하러 데본셔에 왔다고 대답했다.
"그래요,"라고 그녀는 말했다. "전 세상 물정 모르는 어린애가 아니에요."
나는 나도 그렇게 생각한다고 말하고 잠시 동안 차를 마시고 있었다. 나는 어쩐지 내 자세에 마음이 쓰였다. 그래서 앉은 채로 허리를 약간 폈다.
"아저씨는 미국인 치고는 아주 지적인 분이시네요."라고 나의 손님은 깊이 있게 말했다.
나는 그런 생각을 했다 하더라도 그런 말을 입 밖에 내서 말하는 것은 속물적인 일이며, 그녀에게는 어울리지 않는 일이 아니겠느냐는 의미의 말을 했다.
그녀는 얼굴을 붉혔다. 그것이 지금까지 내가 갖추지 못하고 있었던 사교적인 자세를 나로 하여금 저절로 갖추게 해 주었다. "하지만요, 제가 본 미국인들은 모두 동물 같은 행동들을 하고 있었어요. 서로 주먹다짐을 하고 사람들을 다 모욕하고, 그리고 — 그중에 한 사람은 어떻게 했는지 아세요?"
나는 고개를 가로저었다.
"한 사람은 우리 큰 엄마네 창문으로 빈 위스키 병을 집어 던졌어요. 창문이 열려 있었기에 다행이었죠. 그런 걸 지적인 일이라고 할 수 있겠어요, 아저씨는?"
그것은 특별히 지적인 일이 아니었다. 그러나 나는 그렇게 말하지는 않았다. 나는 이 세상 모든 곳에 있는 많은 군인들이 고향으로부터 멀리 떨어져 있으며, 그중에서 잘 살고 있는 사람은 극소수라는 이야기를 했다. 그러니까 그런 정도의 일은 대부분의 사람이 스스로 이해할 수 있다고 생각한다는 이야기도 했다.
"글쎄요"라고 나의 손님은 자신 없이 말했다. 그녀는 다시 한번 손을 들어 젖은 머리를 만져보더니 축 늘어진 금발 머리카락 몇 올을 집어, 드러나 있는 귀의 선을 덮으려고 했다. "머리가 흠뻑 젖어 버렸어요. 보기 흉하죠."라고 그녀는 나를 건너다보며 말했다. "말라 있을 때는 굽술굽술한 머릿결예요."
"그럴 것 같군, 보기에도 그런 것 같아."
"하지만 곱슬머리는 아녜요. 굽술굽술할 뿐이죠."라고 그녀는 말했다. "결혼하셨어요?"
나는 했다고 대답했다.
그녀는 머리를 끄덕였다. "아내를 많이 사랑하세요? 이런 건 너무 지나친 질문인가요?"
나는 그녀가 너무 지나치면 그렇다고 말하겠다고 했다.
그녀는 두 손을 탁자 위에 올려놓고 나를 향해 좀 더 손목을 밀었다. 그리고 나는 그때 그녀가 차고 있는 문자판이 큰 손목시계에 대해 뭐라고 하고 싶은 생각이 일었음을 지금도 기억한다 — 그걸 손목에 말고 허리에 차보라고 하는 말이라도.
"보통 저는 별로 사교적이지 않아요."라고 그녀는 말하고, 내가 그 말뜻을 알아들었는지 어쨌는지를 보기 위해 나를 건너다보았다. 나는 그녀에게 아무런 표시도 보여주지 않았다. "전 그저 아저씨가 너무도 쓸쓸해 보여서 왔을 뿐이에요. 아저씨는 굉장히 민감해 보이는 얼굴을 가지고 계세요."
나는 그녀의 말이 옳다고, 즉 나는 쓸쓸했었고, 그녀가 와 주어서 매우 기뻤다는 얘기를 했다.
"저는 좀 더 인정 많은 사람이 되려고 스스로 무척 애를 쓰고 있어요. 큰어머니가 그러시는데 저는 무척 쌀쌀한 사람이래요."라고 그녀는 말하고 젖은 머리 위를 다시 한번 만져보았다. "전 지금 큰 어머니와 함께 살고 있어요. 큰어머니는 굉장히 친절한 분이세요. 어머니가 돌아가신 후 큰어머니는 저와 찰스가 비뚤게 나가지 않도록 해 주시기 위해 온갖 힘을 다 기울이셨어요."
"그것참 다행스러운 일이군."
"어머니는 굉장히 지적인 분이셨어요. 여러 가지 면에서 아주 민감하셨고요." 그녀는 일종의 신선한 날카로움을 띄운 얼굴로 나를 쳐다보았다. "아저씨도 저를 아주 쌀쌀맞은 아이로 보셨어요?"
나는 그녀에게 절대로 아니라고 대답했다. 사실상 그와 정반대라고. 나는 그녀에게 내 이름을 가르쳐주고 그녀의 이름을 물었다. 그녀는 잠깐 동안 망설였다. "제 이름은 에즈메예요. 성까지는 지금 가르쳐드리고 싶지 않아요. 제게는 작위가 있는데, 그걸 들으시면 얼떨떨해지실 거예요. 미국 분들은 그러시죠?"
나는, 그렇지는 않을 테지만 우선 작위를 가르쳐주는 것은 좀 보류해두는 것도 좋겠다고 말했다.

[I – 5]

바로 그때 나는 내 목덜미에서 누군가의 따뜻한 입김을 느꼈다. 나는 뒤를 돌아보다가 하마터면 에즈메의 동생 찰스와 코를 맞비빌 뻔했다. 나는 안중에도 없이, 그는 높은 목소리로 제 누이에게 말했다. "미스 메글리가, 저쪽으로 와서 마시던 차 다 마시래!" 말을 전하고 나자 그는 내 오른 편, 에즈메와 나 사이의 의자 쪽으로 물러갔다. 나는 그를 관심 있게 지켜보았다. 그는 갈색 셰틀랜드의 반바지에 네이블 블루색 저지, 흰 와이셔츠에 줄무늬가 있는 넥타이 등, 아주 멋진 옷차림을 하고 있었다. 그는 커다란 녹색 눈으로 나를 바라보았다. "영화에서는 왜 사람들이 옆으로 키스를 하죠?"하고 그가 물었다.

"옆으로?"하고 나는 물었다. 그것은 내가 어렸을 때에도 매우 궁금했던 문제였다. 나는, 아마 배우들은 코가 너무 커서 반듯이 키스를 할 수 없기 때문에 그럴 것이라고 대답해주었다.

"이 애 이름은 찰스예요."라고 에즈메가 말했다. "나이치고는 아주 머리가 영리해요."

"정말 파란 눈을 가지고 있군. 그렇지, 찰스?" 찰스는 그러한 내 질문이 으레 불러일으키게 마련인 미심쩍어하는 표정을 보이고는, 앉아 있던 의자 앞쪽으로 꾸물꾸물 주저앉아 탁자 밑에 몸을 감추고 고개만 내밀었다. 그리고는 제 얼굴을 마치 레슬링의 브리지 식으로 의자 좌석 위에 얹었다. "내 눈은 오렌지색이야"라고 그는 천정을 향해 일부러 꾸며낸 목소리로 말했다. 그리고 그는 테이블보의 한 구석을 쳐들더니 그것으로, 잘 생겼지만 무표정한, 그 작은 얼굴을 덮어 씌워버렸다.

"이 애는 어떤 때는 똘똘하고, 어떤 때는 또 그렇지 않아요."라고 에즈메가 말했다. "찰스, 일어나 똑바로 앉아."

찰스는 꼼짝도 하지 않았다. 그는 열심히 숨을 죽이고 있는 모양이었다.

"찰스는 아버지가 안 계셔서 무척 쓸쓸한 거예요. 아버지는 북아프리카에서 살-해-되셨어요."

나는 애도의 뜻을 표했다.

에즈메는 고개를 끄덕였다. "아버지는 이 애를 무척 귀중하게 여기셨어요." 에즈메는 깊은 생각에 잠겨 엄지손가락의 살갗을 물었다. "어머니하고 꼭 닮았어요 — 찰스 말이에요. 저는 아버지를 닮고요." 그녀는 계속해서 엄지손가락의 표피를 물어뜯으면서 말했다. "어머니는 아주 정열적인 분이셨어요. 외향적이었죠. 아버지는 내성적이었고요. 하지만 두 분은 겉으로 보기에 아주 잘 어울리는 부부였어요. 하지만 솔직하게 말해서 아버지에게는 어머니보다는 좀 더 지적인 동반자가 필요했어요. 아버지는 뛰어난 천재셨어요."

나는 듣고만 있는 자세로 기다리고 있었지만, 그 이상 아무 말도 나오지 않았다. 나는 찰스를 내려다보았다. 그는 의자의 좌석 위에 얼굴을 눕혀 놓고 있었다. 그러다가 내가 저를 쳐다보고 있는 것을 발견하자 아주 졸린 듯이 천사처럼 눈을 감더니, 기다란 혀를 쑥 내밀었다 — 놀랄 만큼 긴 신체의 일부였다. 그리고 우리 미국에서 야구심판의 오심을 야유하는 소리와 같은 기성을 내질렀다. 그것은 찻집 안을 찌르릉 울리는 목소리였다.

"그만해!" 에즈메는 조금도 침착함을 잃지 않고 말했다. "이 애는 '피시와 칩스'(기름에 튀긴 생선과 프랑스식 튀김감자)를 사느라고 줄을 서 있던 한 미국인이 저러는 걸 봤어요. 그러더니 이젠 심심할 때면 저 짓을 해요. 자, 그만. 그만. 그렇잖으면 미스 메글리에게 보내 버릴 테야."

찰스는 에즈메의 위협을 들었다는 표시로 두 눈을 떴다. 그러나 그밖에는 정신을 차린 표가 전혀 없었다. 그는 또 다시 눈을 감고 의자 좌석 위에 얼굴을 가로 눕혀놓고 있었다.

나는 그 아이가 제대로 자신의 작위를 내세울 수 있게 될 때까지는 그 짓 — 물론 이것은 그 브롱크스 취어를 말하는 것이었다 — 을 하지 않았으면 좋겠다는 말을 했다. 물론 이것은 그도 역시 작위를 갖고 있다면 말이다.

에즈메는 외과 의사와 비슷한 시선으로 오랫동안 나를 응시하고 있었다. "아저씨는 냉정한 유머감각을 가지고 계시네요?"하고 그녀는 무언가를 아쉬워하는 듯한 표정으로 말했다. "아버지는 제가 유머 감각이 없다고 말씀하셨어요. 제가 유머 감각이 없기 때문에 인생에 대처할 준비가 되어 있지 않다고 말씀하셨어요."

나는 그녀를 지켜보며 담배에 불을 붙였다. 그리고 나는 유머 감각이 실제 어떤 곤경에 빠졌을 때에는 별 소용이 없다고 생각한다고 말했다.

"아버지는 그게 소용 있는 일이라고 하시던데요."

이것은 반박이 아니라 하나의 믿음의 선언이었다. 그래서 나는 얼른 말머리를 돌렸다. 나는 고개를 끄덕이고, 내가 짧은 안목으로 보고 이야기를 한 반면 에즈메의 아버지는 긴 안목으로 하신 말씀이라고(그게 무엇을 뜻하는지는 나도 모르지만) 이야기했다.

"찰스는 아버지가 안 계셔서 무척 쓸쓸한 거예요."라고 에즈메가 한참 후에 말했다. "아버지는 말할 수 없이 호감이 가는 분이었어요. 아버지는 또 말할 수 없이 미남이셨고요. 사람의 외모는 중요한 것이 아니라고들 하지만 아버지는 다르셨어요. 아버지는 마음속을 꿰뚫어 볼 듯한 날카로운 눈을 가지셨으면서, 본래적으로 친절한 분이셨어요."

나는 고개를 끄덕였다. 그리고 그녀의 아버지는 매우 풍부한 어휘를 가진 분이였으리라고 이야기했다.

"네. 정말, 그러셨어요."라고 에즈메가 말했다. "그리고 아버지는 고문서 수집가셨어요 — 물론 아마추어지만요."

바로 그때 나는 찰스 쪽으로부터 나의 팔 상박부에 무슨 떼를 쓰는 듯한 타격—그러나 거의 한 대 맞은 것 같은 타격—을 받았다. 나는 그를 돌아보았다. 그는 이젠 의자 위에 거의 정상적인 자세로 앉아 있었는데, 다만 한쪽 무릎만을 깔고 앉아 있었다. "한 쪽 벽이 옆에 벽보고 뭐라고 했게?"라고 그는 아주 높은 목소리로 소리쳤다. "이건 수수께끼야!"

나는 무엇을 생각하는 것처럼 천정을 향하여 눈을 굴려보고 나서 그 질문을 소리 내어 되풀이했다. 그다음에는 곤혹스런 표정을 지어 보이고 모르겠다고 말했다.

"구석에서 만납시다!"라는 멋진 대답이 최고의 음량으로 터져 나왔다.

그것은 누구보다도 찰스 당사자에게 최고의 만족을 주었다. 이것은 그에게 있어서 참을 수 없을 정도로 재미있는 일이었다. 정말로 에즈메가 그에게로 가서 마치 기침을 멈춰주려고 할 때처럼 등을 두드려주지 않으면 안 될 정도였다. "이제, 그만해!"라고 그녀는 말했다. 그녀는 제자리로 돌아왔다. "이 애는 만나는 사람마다 똑같은 수수께끼를 내고 그때마다 저렇게 정신없이 웃어대는 거예요. 거기다 또 웃으려면 침 까지 흘려요. 자, 이제 그만! 제발!"

"내가 들어본 것 중 최고의 수수께끼인데"라며, 나는 서서히 원상태로 돌아가고 있는 찰스를 바라보며 말했다. 칭찬을 들은 그는 의자에 앉아 있는 자세를 또다시 낮추어 가더니 테이블보의 귀를 잡아서 또다시 얼굴을 눈께 까지 가려버렸다. 그리고 그는 두 눈만 내놓고 나를 쳐다보고 있었는데, 그 두 눈에는 서서히 가라앉아 가는 웃음과, 정말로 멋있는 수수께끼를 몇 개 알고 있는 사람으로서의 자랑스러움이 가득 차 있었다.

[Ⅰ-6]

"군대에 들어가시기 전에 무슨 일을 하셨는지 물어도 될까요?"라고 에즈메가 내게 말했다.

나는 전혀 일은 하지 않고 있었고, 대학을 나온 지는 일 년밖에 안 되었는데, 자신을 직업적인 단편소설가로 자처하고 있노라고 대답해 주었다.

그녀는 공손하게 고개를 끄덕이고 있다가 "출판이 되었나요?"라고 물었다.

그것은 자주 듣는 질문이었지만 들을 때마다 뜨끔해지는 질문이었다. 그리고 또 단순명료하게 대답을 해줄 수가 없는 질문이었다. 나는 미국 편집자들이라는 게 모두가—하는 식으로 설명해 주었다.

"우리 아버지는 글을 참 잘 쓰셨어요."라고 에즈메가 내 말을 가로막으며 말했다. "전 후손을 위해 아버지가 쓰신 편지들을 꽤 많이 모아놓았어요."

나는 그것참 좋은 생각이라고 대답했다. 그때 우연히 그녀의 그 문자판이 커다란, 크로노그래프 같은 손목시계가 나의 눈길을 끌었다. 나는 그게 아버지의 시계냐고 물었다.

그녀는 엄숙한 얼굴로 자신의 손목을 내려다보고 있었다. "네, 그래요"라고 그녀는 대답했다. "찰스하고 제가 시골로 내려가기 직전에 아버지께서 사 주셨어요."라고 그녀는 의식적으로 탁자 위에서 두 손을 들면서 말했다. "물론, 그냥 순수한 기념물로 주신 거예요." 그녀는 이야기의 방향을 돌렸다. "언젠가 저만을 위해서 소설을 한 편 써 주시면 정말로 기쁘겠어요. 저는 책을 아주 좋아해요."

나는 할 수만 있으면 꼭 그러겠노라고 말했다. 그리고 나는 또 다작하는 사람이 아니라는 말도 했다.

"많이 쓸 필요는 없어요. 유치하고 터무니없는 것만 아니면 돼요." 그녀는 잠시 생각에 잠겼다. "저는 오욕(汚辱)에 관한 이야기가 좋아요."

"무슨 이야기라고?"라고 나는 몸을 앞으로 기울이며 말했다. "오욕이요. 저는 오욕에 대해서 아주 관심이 커요."

나는 그녀에게서 좀 더 자세한 말을 들으려 했지만, 찰스가 옆에 와서 내 팔을 제법 세게 꼬집고 있음을 느꼈다. 나는 움츠리면서 그를 돌아보았다. 그는 바로 내 곁에 서 있었다. "한 쪽 벽이 옆에 벽보고 뭐라고 했게?"라고 약간 친근해진 어조로 물었다.

"그건 아까 물었잖니?"라고 에즈메가 말했다. "이제 그만해."

찰스는 제 누이의 말을 못들은 척 하고, 나의 한쪽 발을 밟으며 그 질문을 반복했다. 나는 그의 넥타이 매듭이 풀어져 가고 있는 것을 보았다. 그래 그것을 제대로 매어주고 난 후 그의 눈을 똑바로 바라보며 넌지시 말했다. "구석에서 만나자고?"

그 말을 한 순간, 나는 괜히 대답했다고 후회했다. 찰스의 입이 떡 벌어졌다. 마치 내가 그것을 때려 벌린 것 같았다. 그는 내 한쪽 발에서 내려서더니, 백열 상태의 위엄을 보이면서 뒤도 돌아보지 않고 제자리로 가버렸다.

"화가 난 거예요."라고 에즈메가 말했다. "저 애는 성미가 불같아요. 어머니가 너무 응석받이로 키우신 거예요. 저 애 응석을 받아주지 않은 사람은 아버지뿐이었어요."

나는 계속해서 찰스 쪽을 바라보고 있었다. 그는 자리에 앉아서 양손으로 컵을 들고 홍차를 마시기 시작했다. 나는 그가 이쪽을 봐주기를 원했으나 그는 그러지 않았다.

[I – 7]

에즈메는 자리에서 일어섰다. "Il faut que je parte aussi(이만 가 봐야겠어요.)"라고 그녀는 한숨 섞인 목소리로 말했다. "프랑스 말 아세요?"

나는 회한과 당혹이 뒤섞인 심정으로 의자에서 일어섰다. 에즈메와 나는 악수를 했다. 예상했던 대로 그녀의 손은 손바닥이 촉촉했고, 신경이 날카로울 법한 손이었다. 나는 그녀와 함께 시간을 보낸 것이 참으로 즐거웠다고, 영어로 말했다.

그녀는 고개를 끄덕였다. "저도 그러실 줄 알았어요"라고 그녀는 말했다. "저도 나이에 비해서는 이야기를 꽤 많이 하는 편이죠." 그녀는 다시 한번 어떤가 보려는 듯이 머리를 만져 보았다. "머리가 이 꼴이어서 정말로 죄송해요"라고 그녀는 말했다. "정말로 꼴불견일 거예요."

"전혀요. 사실 나는 굽슬굽슬한 원래 머릿결이 되살아나는 것을 보고 있는 걸."

그녀는 재빨리 머리를 다시 한번 만져봤다. "머지않은 장래에 여기 또 오시게 되나요?"라고 그녀가 물었다. "저희는 매주 토요일이면 여기에 와요. 합창단 연습이 끝나면요."

나는 무엇보다도 그럴 수 있기를 원하지만, 불행히도 다시는 못 오게 될 것 같다고 대답했다.

"다른 말로 한다면, 군사적인 이동은 말할 수 없으신 거네요."라고 에즈메는 말했다. 그러면서 그녀는 테이블 근처에서 떠나려 하지 않았다. 사실 그녀는 두 다리를 서로 교차하고 서서, 발밑을 내려다보며 두 구두 끝을 가지런히 해보고 있었다. 그것은 참으로 귀엽고 사랑스러운 행위였다. 그녀는 흰 양말을 신고 있는 데다 발목과 발이 모두 예뻤기 때문이었다. 그녀는 갑자기 나를 올려다보았다. "편지 드려도 괜찮아요?"라고 그녀는 얼굴에 약간의 홍조를 띄며 물었다. "저, 아주 명확한 편지를 쓸 수 있어요. 저만큼의—"

"그럼요." 나는 연필과 종이를 꺼내어 내 이름과 계급과 군번과 군사우편 번호를 적었다.

"제가 먼저 편지를 쓰겠어요."라고 그녀는 그것을 받으면서 말했다. "그러면 위신이 떨어지지는 않으시겠죠?" 그녀는 주소를 적은 종이를 드레스의 호주머니에 집어넣었다. "안녕히 가세요"라고 그녀는 말하고, 자신의 테이블로 돌아갔다.

나는 홍차를 한 포트 더 주문하고, 그들 둘과 갈팡질팡하는 미스 메글리가 그 자리를 떠나는 모습을 지켜보고 있었다. 찰스가 앞장서서 마치 한쪽 다리가 다른 쪽 다리보다 몇 인치나 짧은 사람처럼 비극적으로 다리를 절며 걸어 나갔다. 그는 한 번도 뒤돌아보지 않았다. 다음에 미스 메글리가 나갔고, 그다음이 에즈메였다. 그녀는 나에게 손을 흔들었다. 나도 자리에서 엉거주춤 일어서며 마주 손을 흔들어주었다. 그것은 나에게 이상스럽게 가슴 속이 뭉클해 오는 순간이었다.

일 분도 채 지나지 않아서 에즈메가 찰스의 두꺼운 재킷 소매를 잡아끌고 찻집 안으로 되돌아왔다. "찰스가 작별 키스를 하고 싶대요."라고 그녀가 말했다.

나는 곧 찻잔을 내려놓고, 그건 참 반가운 일이지만 정말이냐고 에즈메에게 물었다.

"그럼요"라고 에즈메는 약간 엄숙한 얼굴로 말하고 찰스의 소매를 놓더니, 꽤 세게 내 쪽으로 밀었다. 그는 창백한 얼굴로 앞으로 걸어 나오더니, 나의 오른편 귀 아래에 젖은 입술을 대고 큰 소리가 나게 키스했다. 이 고행을 치르고 난 그는 문을 향해서 한달음으로 뛰어가 좀 더 비정한 태도를 보여주려 했지만, 나는 그의 재킷의 벨트를 꼭 붙잡아 놓은 후에 그에게 물었다. "한 쪽 벽이 옆에 벽보고 뭐라고 했지?"

그의 얼굴이 반짝 빛났다. "구석에서 만납시다!"라고 그는 소리치더니 정신없이 찻집에서 뛰어나갔다.

에즈메는 또 발목을 교차하고 서 있었다. "저를 위해 소설을 써주시겠다는 것, 정말로 잊어버리지 않으시죠?"라고 그녀는 말했다. "꼭 저만을 위한 것이 아니라도 좋아요. 그건—"

나는 절대로 잊어버릴 수가 없다고 말했다. 그리고 나는 지금까지 누구를 위해서 소설을 써 본 적은 없지만, 이제는 누구를 위해서 소설을 써야 할 때가 왔다고 생각한다고 말했다.

그녀는 고개를 끄덕였다. "아주 오욕스럽고 감동적인 걸 쓰세요."라고 그녀는 제의했다. "오욕이라는 걸 아세요?"

나는 정확하게 알고 있지는 않지만, 계속해서 어떤 형식으로든 알아나가게 될 것이며, 그녀가 원하는 바에 딱 들어맞는 소설을 쓰기 위해서 최선을 다하겠다고 말했다. 우리는 악수를 나눴다.

"이렇게 정상참작을 하지 않아도 되는 상황에서 만났더라면 참 좋았을 뻔했죠?"

나는 그렇다고 대답했다. 확실히 그렇다고 대답했다.

"안녕히 가세요"라고 에즈메는 말했다. "그리고 모든 기능이 조금도 손상되지 않은, 무사한 몸과 마음으로 전쟁에서 돌아오세요."

나는 그녀에게 고맙다고 하고, 그 밖의 몇 마디를 더했다. 그리고 그녀가 찻집을 나가는 모습을 지켜보았다. 그녀는 얼마나 말랐나 머리끝을 만져보며 깊은 생각에 잠긴 모습으로 천천히 걸어 나갔다.

[Ⅱ-1]

이 부분이 바로 이 이야기의 오욕스러운 부분, 또는 감동적인 부분이다. 그래서 장면이 바뀐다. 인물도 바뀐다. 여전히 나는 등장하지만, 여기서부터는 내가 밝힐 수 없는 이유로 교묘히 분장을 하고 있기 때문에, 아무리 현명한 독자일지라도 나의 정체를 알아보지는 못할 것이다.

유럽 전승 기념일(1945년 5월 8일)로부터 몇 주 후의 어느 날 밤 10시 30분 경, 바바리아의 가우프트에서였다. X 하사는 그를 비롯한 아홉 명의 미군 병사들이 휴전이 되기 이전부터 숙소로 정하고 있던 민간 가옥의 이층 자기 방에 있었다. 그는 조그맣고 어수선하게 늘어놓은 작은 책상 앞에, 접었다 폈다 할 수 있는 나무 의자에 앉아, 종이 표지의 해외용 소설을 펴놓고 머리를 짜내며 읽고 있었다. 문제는 소설에 있는 게 아니라 그 자신에게 있었다. 아래층에서 사는 사람들의 손에 매달 특수봉사부에서 보내오는 책들이 먼저 넘어가기는 하지만, X의 손에 들어오는 것은 항상 그 자신의 손으로 골랐음직 한 책들이었다. 그러나 그는 모든 기능이 조금도 손상되지 않은 채 전쟁을 겪어낸 청년이 못되었다. 그래서 그는 벌써 한 시간 이상이나 모든 문단을 세 번씩 반복해서 읽었고, 지금은 그것을 각 문장으로 잘라 세 번씩 반복해서 읽고 있는 중이었다. 그는 읽던 곳에 표시도 하지 않고 갑자기 책을 덮어버렸다. 그는 한 손을 들어 책상 위에서 강렬하게 빛을 발하고 있는 백열전구로부터 잠시 동안 두 눈을 가렸다.

그는 책상 위의 담뱃갑에서 담배를 꺼내어, 분명히 눈에 뵈지는 않지만 끊임없이 떨리며 맞부딪치고 있는 손가락들을 사용하여 거기에 불을 붙였다. 그는 약간 자세를 고쳐 앉으며 아무 맛도 없는 담배를 피웠다. 그는 벌써 몇 주 동안을 줄담배를 피우고 있었다. 그의 잇몸은 혀끝으로 조금만 눌러도 피가 흘러나왔다. 그래 그는 그게 어느 정도인가를 끊임없이 실험해 보지 않을 수가 없었다. 그것은 간단한 놀이 같은 것이었지만 어떤 때는 몇 시간씩 계속되기도 했다. 그는 잠시 동안 담배를 피우며 실험을 하고 있었다. 그러자 갑자기, 언제나와 같이, 아무 예고도 없이 그의 정신이 원래의 위치에서 떨어져나와 마치 머리 위의 그물 선반에 얹혀 흔들리고 있는 가방들처럼 덜컥덜컥 움직이고 있는 것 같은 기분을 느꼈다. 그는 재빨리, 벌써 몇 주째 이런 경우에 정상을 회복하기 위해서 그가 해 온 방법을 썼다. 즉 두 손으로 양쪽 관자놀이를 눌러대는 것이었다. 그의 머리는 이발을 해야 했다. 거기다 더러웠다. 그는 메인 주의 프랑크포트에 있는 병원에서 2주 동안 서너 번 씻었지만, 먼지를 뒤집어쓰고 고푸르트까지 돌아오는 긴 지프차에서 다시 더러워졌다. 프랑크푸르트 암 마인의 병원에 있던 Z 병장은 휴전이 됐건 안됐건, 전면의 바람막이 창을 엔진 덮개 위에 눕히고 전투 시 그대로 지프차를 몰았다. 독일에는 수천 명의 신병들이 있었다. Z 병장은 그런 식으로 운전을 함으로써 자신은 그 신병들 중의 하나가 아니라는 것, 유럽 작전지역에 투입된 신병들과는 거리가 멀다는 것을 과시하고 싶었던 것이다.

관자놀이에서 손을 놓은 X는 다시 책상 위로 시선을 쏟기 시작했다. 그것은 전부 그에게로 온, 최소한 스물너댓 통의 아직 뜯지도 않은 편지와 적어도 대여섯 개의 뜯지 않은 소포들이 그대로 올려 놓여 있는, 쓰레기통 같은 형국이었다. 그는 그 뒤죽박죽이 되어 있는 뒤쪽으로 손을 뻗쳐 벽에 기대 세워진 책을 집었다. 그것은 괴벨즈가 쓴 ≪미증유의 시대≫라는 제목의 책이었다. 그것은 몇 주 전까지도 그 집에 살고 있던 가족의, 서른여덟 먹은 미혼의 딸의 것이었다. 그녀는 나치당의 하급 관리였지만, 점령군 규칙의 표준으로 해서는 자동적으로 체포를 당하는 범주에 들어갈 만큼 높은 지위였다. 그녀를 체포한 것은 바로 X였다. X는 그날 병원에서 돌아온 후로 벌써 세 번째 그 책을 펴서 권두 백지에 짤막하게 써넣은 글귀를 읽어보았다. 잉크를 사용하여 독일어로, 조그맣고 절망을 느끼게 할 정도로 또박또박한 글씨체로 쓰인 말들은 "신이여! 인생은 지옥입니다."라는 것이었다. 그 앞의 말도 없었고, 계속되는 말도 없었다. 역겨울 정도의 방 안 침묵 속에서, 텅 빈 페이지에 단 한 줄 쓰여 있는 그 말은 아무것도 범접할 수 없는 일종의 고전적인 비난 같은 지위를 차지하는 말처럼 느껴졌다. X는 몇 분 동안 그 페이지를 응시하며, 고통을 무릅쓰고 그 말들에 현혹되지 않으려 애썼다. 그리고 그는 지난 몇 주 동안에 그가 했던 어떤 일에서보다도 열성적으로, 몽당연필을 집어 들고 그 글귀 밑에 다음과 같이 영어로 써넣었다. "신부들, 그리고 선생들이여! '지옥이란 무엇인가?' 곰곰이 생각하건대 사랑을 할 수 없다는 고통이 바로 지옥이라고 주장하고 싶소." 그리고 그 밑에 도스토예프스키의 이름을 쓰려던 그는, 그가 쓴 것이 거의 한 마디도 알아볼 수가 없다는 것을 발견하고는, 그의 온몸에 전류처럼 흐르는 놀라움을 느꼈다. 그는 그대로 책을 덮어 버렸다.

그는 얼른 책상 위에서 다른 것을 집어 들었는데, 그것은 올버니에 사는 그의 형에게서 온 편지였다. 그것은 그가 병원에 입원하기 전부터 거기 놓여 있던 것이었다. 그는 편지를 읽으려는 별다른 생각도 없이 그것을 뜯었다. 그러나 그는 첫 페이지의 반 밖에는 읽지 못하고 말았다. "이제 경칠 놈의 전쟁도 끝났으니 한가한 시간이 좀 있을 줄 안다. 그러니 조카 애들에게 총검이나 나치의 꺽쇠 십자장이나 몇 개 보내주는 게 어떻겠느냐 …"라는 데서 그는 읽기를 중단했다. 그는 편지를 찢어서 휴지통에 집어 던지고 그것을 내려다보고 있었다. 그때 그는 동봉된 스냅 사진 한 장을 못 보고 그냥 찢어버렸다는 것을 알아차렸다. 그는 어딘가의 잔디밭에 서 있는 누군가의 두 발을 알아볼 수 있었다.

그는 책상 위에 팔을 뻗치고 그 위에 머리를 얹었다. 머리끝에서 발끝까지 온몸이 아팠는데 아픈 부위들이 모두 서로 연관되어 있는 것처럼 한꺼번에 아팠다. 그는 마치, 전선이 전부 연결되어 있어서 어디 한 군데의 전구에 이상이 있으면 전구 전부가 꺼져 버리는 크리스마스트리가 된 것 같은 느낌이었다.

[II－2]

노크도 없이 문이 벌컥 열렸다. X는 고개를 들고 돌아보았다. 문간에 Z 병장이 서 있었다. Z 병장은 X의 지프차 동승자였고, 노르망디 상륙작전 이후 다섯 차례의 전투를 함께 겪어낸 전우였다. 그는 아래층에 살고 있었는데, 퍼뜨릴 소문이나 배 아픈 일이 있으면 언제나 올라오곤 했다. 그는 덩치가 크고 사진을 잘 받게 생긴 스물네 살의 젊은이였다. 전쟁 중에 전국적으로 독자를 가지고 있는 한 잡지에서 휘르트겐 숲에서의 그를 사진 찍어 간 적이 있었다. 그는 양손에 한 마리씩 추수감사절의 칠면조를 들고, 주문하는 것 이상으로 포즈를 잘 취해 주었었다. "편지 쓰고 있나?"라고 그는 X에게 물었다. "제길, 여긴 꼭 유령이라도 나올 것 같단 말이야." 그는 언제나 머리 위에 전등이 켜져 있는 방에 들어가길 좋아했다.

X는 의자에 앉은 채 몸을 돌려 Z 보고 들어오라고 말하고, 개를 밟지 않도록 조심하라고 했다.

"무엇을?"

"앨빈. 개가 바로 자네 발밑에 있지 않나, 클레이. 전등 좀 켜지 그래?"

클레이는 천정 전등의 스위치를 찾아내자 불을 켜고 난 다음, 그 하인 방 정도 밖에 안 되는 작은 방을 가로질러, 방주인과 얼굴을 마주하고 침대 위에 앉았다. 방금 빗질을 한 그의 적갈색 머리에서는 그가 마음 내키는 대로 머리 손질을 하기 위해 바른 물이 방울져 떨어지고 있었다. 만년필 모양의 클립이 달려 있는 낯익은 빗이 그의 짙은 황록색 제복 셔츠의 오른편 호주머니에서 삐죽이 나와 있었다. 왼편 호주머니 위쪽에는 보병 종군기장(엄밀히 말하자면, 그는 이것을 패용할 자격이 없다)과, 전투종군을 나타내는 다섯 개의 동성이 박혀 있는 유럽지구 종군기장(동성 다섯 개 대신 한 줄의 은조일 수도 있었다)과, 진주만 이전 종군기장을 달고 있었다. 그는 무거운 한숨을 쉬며 말했다. "제기랄" 그것은 아무 의미도 없는 말이었다. 그것이 군대였다. 그는 셔츠 호주머니에서 담뱃갑을 꺼내 한 개비를 뽑아내고는 다시 호주머니에 집어 놓고 호주머니 뚜껑의 단추를 채웠다. 그는 담배를 피우면서 멍청한 얼굴로 방 안을 둘러보았다. 그의 시선은 라디오에서 멎었다. "이거 봐"라고 그가 말했다. "이, 삼분 있으면 라디오에서 멋진 쇼가 나온대. 밥 호프니 뭐니 모두 나온대."

X는 새 담뱃갑을 뜯으면서, 방금 라디오를 끈 참이라고 말했다.

밝은 불빛 아래에서 클레이는 X가 담배에 불을 붙이는 모습을 눈여겨보고 있었다. "제길"이라고 그는 방관자로서의 역성을 내며 말했다. "자네 손 좀 보게. 이거 봐, 떨고 있잖아? 알구나 있는 거야?"

X는 담배에 불을 붙이고 고개를 끄덕였다. 그리고 세심하게 그런 세밀한 것까지 다 봐주어 고맙다고 말했다.

"이봐, 농담 하지 마, 병원에서 자네를 보았을 때 나는 기절할 뻔했다고. 꼭 시체 같더구먼 그래. 얼마나 살이 빠진 건가? 도대체 몇 파운드나 빠졌어? 알고는 있나?"

"몰라. 나 없는 동안 편지는 어떻게 됐나? 로레타한테서 편지가 왔나?"

로레타는 클레이의 여자였다. 그들은 형편이 되는대로 곧 결혼하기로 약속이 되어 있었다. 그녀는 감탄부호가 세 개씩 붙어있거나 틀린 견해 등이 나오는 마치 무슨 낙원에서 오는 것 같은 편지를 제법 규칙적으로 보내왔다. 전쟁 중 내내 클레이는 로레타에게서 온 편지들을 아무리 그 편지가 그들 둘 사이의 은밀한 사연이라고 할지라도 — 오히려 그런 편지일수록 더 — 모조리 X에게 소리 내어 읽어주었다. 그리고 그런 다음에는 X에게 답장의 문안을 짜 달래거나, 길게 늘여 달래거나, 독일어나 프랑스어로 인상적인 말을 삽입해 달라고 부탁했다.

"그래, 어제도 한 장 받았지. 아래, 내 방에 있어. 나중에 보여 주지." 클레이는 아무렇지도 않게 대답하고 침대 가장자리에 똑바로 허리를 펴고 앉아 숨을 죽이고 있다가, 울려 나오는 듯한 긴 트림을 했다. 그 동작으로 약간 기분이 시원해진 그는 도로 편한 자세를 취했다. "자기 오빠가 우울병 때문에 해군에서 제대가 된다나"라고 그가 말했다. "그 놈의 우울병이 들었단 말씀이야, 병신." 그는 다시금 일어나 앉아서 또 한 번 트림을 했으나 이번엔 표준미달의 트림 밖에 나오지 않았다. 그러나 그의 얼굴이 약간 긴장되어 말했다. "이봐, 잊어버리기 전에 말해두지. 내일 아침에는 다섯 시에 일어나서 함부르크나 어디로 차를 몰고 가서, 우리 파견대 전원에게 줄 아이젠하워 재킷을 구해 와야 돼."

X는 적의가 어린 시선으로 그를 바라보면서, 아이젠하워 재킷 따위는 필요 없다고 말했다.

클레이는 깜짝 놀라는 표정이었는데, 약간 기분이 상하기까지 한 모양이었다. "오, 멋있단 말이야. 아주 멋있는 옷이라고. 어떻게 된 셈이야, 자네?"

"아무 이유도 없어. 왜 다섯 시에 일어나야 하나? 전쟁은 끝났단 말이야, 이 친구야!"

"몰라. 하여튼 점심시간 전까지 돌아와야 해. 점심시간 전에 우리가 작성해야 할 몇 가지 새로운 서류를 가져왔다는구먼. … 그래서 불링보고 그랬지, 그거 오늘 저녁에 작성하면 안 되느냐고—그런데 그 놈의 서류를 책상 위에 놓아두고만 있어. 여태껏 뜯어보지도 않고서 말이야. 나쁜 자식."

두 사람은 한 동안 불링을 미워하면서 잠잠히 앉아 있었다. 그러다가 클레이가 갑자기 새로운—보다 더 큰—관심을 표하며 X를 쳐다보았다. "이봐"라고 그가 말했다. "자네 얼굴 한 쪽이 온통 펄쩍펄쩍 뛰고 있는 거 모르는 거야?"

X는 모든 걸 다 알고 있다고 대답하고, 경련을 일으키고 있는 부위를 손으로 가렸다.

클레이는 그를 한동안 응시하고 있다가 특별히 좋은 소식이나 전하는 사람처럼 좀 생기를 띠운 어조로 말했다. "로레타한테 자네가 신경쇠약에 걸렸다고 썼네."

"그래?"

"그렇다니까. 로레타는 그런 일에는 관심이 크지. 심리학 전공이니까 말이야." 클레이는 구두를 신은 채로 침대 위에 벌렁 누워버렸다. "로레타가 뭐 랬는 줄 아나? 전쟁이니 뭐니 하는 것만으로는 신경쇠약에 걸리는 놈이 없다는 거야. 그러니까 자네는 옛날부터 죽 어딘가 불안정한 곳이 있을 거라는 거야."

X는 한 손으로 두 눈을 가렸다. 침대 위에 불빛이 그에게는 너무 눈이 부셨다. 그리고 그는 로레타의 사물에 대한 통찰은 항상 기쁨을 준다고 대답해 주었다.

클레이는 그를 흘깃 쳐다보고 나서 말했다. "들어 봐, 이 친구야. 로레타는 심리학에 관해서는 자네보다 훨씬 더 아는 게 많단 말이야."

[Ⅱ-3]

"자네 그 냄새나는 발 좀 침대에서 치우지 못하겠어?"라고 X가 말했다.

클레이는 내 발을 어디다 두건 간섭 말란 듯이 잠시 동안 꼼짝도 않고 있다가 드디어 두 발을 바닥으로 내려놓으며 일어나 앉았다. "어차피 내려가려던 참이야. 워커의 방에는 라디오를 켜놓았을 거야." 그러나 그는 여전히 침대에서 일어서지는 않았다. "이봐. 내가 조금 아까도 번쉬타인이란 신병 놈한테 아래층에서 말을 했는데 말이야. 자네 생각 안 나나? 자네하고 나하고 발로냐에 들어서서 두 시간이나 포격을 먹여댔던 거, 그리고 우리가 구덩이 속에 엎드려 있을 때 지프차의 엔진 덮개 위에 뛰어 올라왔던 그놈의 고양이를 내가 쏴 죽인 거. 생각나지?"

"그래. 하지만 그 고양이 얘기는 두 번 다시 하지 말게, 클레이. 제발, 나는 그 얘기는 듣고 싶지 않단 말이야."

"알았어. 내 얘기는, 로레타한테 그 일을 모두 편지에 써 보냈다고. 로레타하고 심리학과 학생들 전원이 이 문제를 토론했다는구먼. 클래스에선가 뭐에선가. 교수니 나발이니 모두가 말이야."

"잘 됐군. 하지만 그 이야기는 듣고 싶지 않네, 클레이."

"아냐. 내가 고양이한테 근접사격을 한 이유를 로레타가 뭐라고 했는지 아나? 그녀 말로는 내가 잠깐 머리가 돌았었다는 거야. 농담을 해도 분수가 있지. 포격이니 뭐니 하는 것들 때문에 내가 그렇게 되었었다나."

X는 그의 더러워진 머리를 한 번 손으로 빗질했다. 그리고는 다시 눈으로 들어오는 빛을 가렸다. "자넨 미치지 않았었어. 자넨 임무를 다했을 뿐이야. 자네는 그 고양이를, 그런 상황에서라면 누구나가 취했을, 사나이다운 태도로 쏘아 죽인 거야."

클레이가 의혹의 시선으로 그를 쳐다보았다. "자네, 도대체 무슨 소리를 하고 있는 거야?"

"그 고양이는 스파이였어. 자네는 그 고양이에게 근접사격을 해야만 했어. 그놈은 싸구려 모피코트를 입고 나타난 아주 약아빠진 독일 난장이였단 말일세. 그러니까 자네가 그놈을 쏘아 죽인 것은 잔인한 행위도 아니고, 더러운 행위도 아니고, 또—"

"집어 치워!"라고 클레이는 말하고, 입술이 얇아지도록 입을 다물었다. "좀 진담을 해줄 수 없겠나?"

X는 갑자기 구역질이 났다. 그는 의자에 앉은 채로 몸을 돌려 휴지통을 움켜잡았다—간신히 늦지 않았다. 그가 다시 허리를 펴고 Z를 돌아보았을 때, 그는 Z가 침대와 문의 중간쯤에 당황한 모습으로 서 있는 것을 발견했다. X는 사과를 하려다가 마음을 바꾸어 담배에 손을 뻗쳤다.

"이봐, 내려가서 라디오에서 나오는 밥 호프 노래나 듣세."라고 클레이는 여전히 거리를 유지하고 있으면서도 그만큼 우의를 더 나타내기 위해 말했다. "자네 건강을 위해 좋을 걸세. 정말이야.

"자네 먼저 가게, 클레이. … 난 우표수집 한 거나 좀 봐야겠네."

"어? 자네가 우표를 수집했다고? 처음 듣는 소린데—"

"농담일세."

클레이는 문을 향해 천천히 한두 걸음을 떼어 놓았다. "있다가 에에쉬타트까지 차를 몰고 갈지 몰라"라고 그가 말했다. "댄스파티가 있다나 봐. 밤 2시까지는 계속될 걸. 가겠나?"

"아니, 안 가겠어. … 방 안에서 스텝 연습이나 조금 하는 게 낫겠지."

"좋아, 그럼 잘 있게. 너무 마음 쓰지 말라고, 제발." 문이 쾅 닫혔다. 그러나 금방 다시 열렸다. "이봐, 로레타에게 보낼 편지를 문 밑에 밀어 넣어두고 갈 테니, 알겠지? 독일 말을 조금 쓴 데가 있는데, 좀 고쳐줄 수 있지?"

"알았어. 인제 나 좀 혼자 있게 놔두게, 제발."

"알았네"라고 클레이는 말했다. "어머니가 나한테 뭐라고 편지했는지 아나? 전쟁 중 자네와 내가 함께 있었다는 게 아주 다행이라는 거야. 지프차도 함께 타고 뭣도 하고 말이야. 우리가 함께 지내게 된 이후로 내 편지가 대단히 유식해졌다나?"

X는 고개를 들고 그를 쳐다보았다. 그리고 애를 써서 말했다. "고맙네. 어머님께도 고맙다고 전해주게."

"알았네, 잘 가게." 문이 쾅 닫혔다. 그리고 이번에는 다시 열리지 않았다.

[II–4]

X는 오랫동안 문을 바라보고 앉아 있었다. 그러다가 책상을 향해 의자를 돌리며 마룻바닥에서 휴대용 타자기를 집어 들었다. 그는 개봉도 되지 않은 편지와 소포 등 지저분하게 쌓인 것들을 치워, 책상 위에 타자기 놓을 자리를 마련했다. 그는 뉴욕에 있는 옛 친구에게 편지를 쓰면 가벼운 것이기도 했지만, 효과가 빠른 치료법이 될 수 있으리라고 생각했다. 그러나 손가락들이 격심하게 떨리고 있었기 때문에 그는 타자기의 롤러 속에 종이를 제대로 끼울 수가 없었다. 그는 잠시 팔을 편안히 내려놓았다가 다시 시도해 보았으나, 종내 종이를 구겨 쥐고 말았다.

그는 휴지통을 밖에 내놓아야 한다는 것을 의식하고 있었다. 그러나 그런 일에는 전혀 손을 대지 못하고, 타자기에 얹은 팔을 베고는 눈을 감아버렸다.

몇 분간의 격심한 심장박동을 겪고 난 후 그가 다시 눈을 떴을 때, 녹색 종이로 포장된, 아직 개봉하지 않은 조그만 소포 꾸러미가 한 쪽으로 들어왔다. 타자기를 놓으려고 책상을 치우는 통에 미끄러져 떨어진 모양이었다. 그는 그것이 몇 번이나 주소가 바뀌어 씌어져 있는 것을 보았다. 그는 그 소포의 한 쪽 면에서만도, 그의 과거의 군사우편 번호를 세 가지나 발견할 수 있었다.

그는 아무 관심도 없이 그 소포를 뜯었다. 발송자의 주소조차도 보지 않은 채, 그는 성냥불로 포장 끈을 태워서 그것을 뜯었다. 그는 소포를 뜯는 것보다 포장 끈을 태우는 일에 더 흥미를 느꼈다. 그러다가 드디어 다 뜯었다.

상자 안에는, 잉크로 쓰인 편지가 화장지로 싸여진 조그만 물건 위에 얹혀 있었다. 그는 편지를 집어 들고 읽기 시작했다.

데본 주, 一시,
　　　　　一로, 17번지
1944년 6월 7일

친애하는 X 하사님,

38일이나 걸려 편지를 보내기 시작하게 된 것을 용서해주시기 바랍니다. 큰어머니께서 목에 연쇄상 구균의 침입을 받아 거의 돌아가실 뻔했고, 제게는 거기에 따르는 당연한 책임이 이것저것 지워졌었기 때문에 무척 바빴었답니다. 하지만 저는 아저씨의 생각을 자주 했고, 우리가 함께 보냈던(혹시 잊으셨을까 보아 정확히 말씀드리자면) 1944년 4월 30일 오후 3시 45분에서 4시 15분까지의, 그 몹시도 즐거웠던 오후를 자주 생각했습니다.

저희 모두 노르망디 상륙작전 때문에 몹시 흥분해 있고 또 엄숙한 기분이 되어, 이것으로써 전쟁이 끝나고 말을 꺼내기조차 민망스러운 현재의 생존방식도 종지부가 찍히기를 희망하고 있을 따름입니다. 찰스와 저는 아저씨의 일이 매우 걱정됩니다. 꼬땅땡 반도에 대한 최초의 선제공격에는 참가하시지 않았기를 바랍니다. 참가하셨었나요? 될 수 있는 대로 속히 답장 주세요. 부인께도 안부 전해주세요.

에즈메 올림

추신. 제 멋대로 생각하고 저의 손목시계를 보내드립니다. 전투에 참가하고 계신 동안 간직해주세요. 잠깐 만나 뵌 동안에는 시계를 차고 계셨던지 아니셨던지 보지를 못했어요. 그러나 이 시계는 방수장치와 방충장치가 되어 있는 데다가 다른 장점들도 있는데, 원한다면 보행 속도도 잴 수 있어요. 이 어려운 시기에 아저씨가 이 시계를 저보다 훨씬 더 유익하게 쓰실 수 있고, 또 아저씨가 이것을 행운의 마스코트로서 받아 주시리라고 믿습니다.

찰스는 요즈음 제가 읽기와 쓰기를 가르치고 있는데, 아주 똑똑한 초보자예요. 저도 몇 마디 써넣겠다는군요. 시간이 있고 마음이 내키시면 자주 편지 주세요.

안녕하세요 안녕하세요 안녕하세요 안녕하세요 안녕하세요
안녕하세요 안녕하세요 안녕하세요 안녕하세요 안녕하세요
사랑과 키스를 찰스

X는 상자에서 에즈메 아버지의 시계를 꺼내 보기는커녕, 오랫동안 그 편지를 손에서 놓지도 못하고 있었다. 드디어 시계를 꺼내 보았을 때, 그는 우송 도중에 시계의 유리가 깨어져 버린 것을 발견했다. 그는 다른 데도 고장이 나지 않았나 궁금했지만 그에게는 태엽을 감고 그것을 확인해 볼 용기가 없었다. 그는 또 오랫동안 그것을 손에 들고 앉아 있었다. 그러다가 갑자기 그는 황홀경에 빠져들어 가는 것 같은 졸음을 느꼈다.

진짜 졸린 사람을 보는구나 에즈메, 그는 언제고 다시 모든 기능을 가진 인간이 될 수 있어—그의 모든 기-능이 손상되지 않은 사람.

작품 이해를 위한 문제

Fill in each blank with the ONE or TWO most appropriate word(s).

As the war receded in memory, America was embracing an unquestioned patriotism and increasing conformity, and a romantic version of the war was gradually replacing its devastating realities. Salinger wished to speak for those who still struggled to cope with the "inglorious" aspects of combat. "For Esmé — with Love and Squalor" was conceived as a tribute to those Second World War veterans who in post-war civilian life were still suffering from so-called "battle fatigue" — post-traumatic stress disorder. The story also served to convey to the general public what many ex-soldiers endured.

The story begins with the narrator having to respond to a wedding invitation that will take place in England, and which the narrator will not be able to attend. The narrator does not know the groom, but he knows the bride, having met her almost six years earlier. His response to the invitation is to offer a few written notes regarding the ___①___.

The first of the two episodes the narrator relates occurs during a stormy afternoon in Devon, England, in 1944. A group of enlisted Americans are finishing up training for intelligence operations in the D-Day landings. The narrator takes a solitary stroll into town, and enters a ___②___ to listen to a children's choir rehearsal. One of the choir members, a girl of about thirteen, has a presence and deportment that draws his attention. When he departs, he finds that he has been strangely affected by the children's "melodious and unsentimental" singing.

Ducking into a tearoom to escape the rain, the narrator encounters the girl again, this time accompanied by her little brother and their governess. Sensing his loneliness, the girl engages the narrator in conversation. We learn that her name is ___③___, and that she and her brother Charles are orphans — the mother dead, the father killed in North Africa while serving with the British Army. She wears his huge military wristwatch as a remembrance. Esmé is bright, well-mannered and mature for her age, but troubled that she may be a "cold person" and is striving to be more "compassionate".

In the next episode, the scene changes to a military setting, and there is a deliberate shift in the point of view; the narrator no longer refers to himself as "I", but as "___④___".

Answer

① bride
② church
③ Esmé
④ Sergeant X

Chapter 03

Further Reading

01 Spunk

Zora Neale Hurston(1891-1960)

[1]

A giant of a brown-skinned man sauntered up the one street of the Village and out into the palmetto thickets with a small pretty woman clinging lovingly to his arm.

"Looka theah, folkses!" cried Elijah Mosley, slapping his leg gleefully.

"Theah they go, big as life an' brassy as tacks."

All the loungers in the store tried to walk to the door with an air of nonchalance but with small success.

"Now pee-eople!" Walter Thomas gasped. "Will you look at 'em!"

"But that's one thing Ah likes about Spunk Banks—he ain't skeered of nothin' on God's green footstool—nothin'! He rides that log down at saw-mill jus' like he struts 'round wid another man's wife—jus' don't give a kitty. When Tes' Miller got cut to giblets on that circle-saw, Spunk steps right up and starts ridin'. The rest of us was skeered to go near it."

A round-shouldered figure in overalls much too large, came nervously in the door and the talking ceased. The men looked at each other and winked.

"Gimme some soda-water. Sass'prilla Ah reckon," the newcomer ordered, and stood far down the counter near the open pickled pig-feet tub to drink it.

Elijah nudged Walter and turned with mock gravity to the new-comer.

"Say, Joe, how's everything up yo' way? How's yo' wife?"

Joe started and all but dropped the bottle he held in his hands. He swallowed several times painfully and his lips trembled.

"Aw 'Lige, you oughtn't to do nothin' like that," Walter grumbled. Elijah ignored him.

"She jus' passed heah a few minutes ago goin' theta way," with a wave of his hand in the direction of the woods.

Now Joe knew his wife had passed that way. He knew that the men lounging in the general store had seen her, moreover, he knew that the men knew he knew. He stood there silent for a long moment staring blankly, with his Adam's apple twitching nervously up and down his throat. One could actually see the pain he was suffering, his eyes, his face, his hands and even the dejected slump of his shoulders. He set the bottle down upon the counter. He didn't bang it, just eased it out of his hand silently and fiddled with his suspender buckle.

"Well, Ah'm goin' after her to-day. Ah'm goin' an' fetch her back. Spunk's done gone too fur."

He reached deep down into his trouser pocket and drew out a hollow ground razor, large and shiny, and passed his moistened thumb back and forth over the edge.

"Talkin' like a man, Joe. Course that's yo' fambly affairs, but Ah like to see grit in anybody."

Joe Kanty laid down a nickel and stumbled out into the street.

Dusk crept in from the woods. Ike Clarke lit the swinging oil lamp that was almost immediately surrounded by candle-flies. The men laughed boisterously behind Joe's back as they watched him shamble woodward.

"You oughtn't to said whut you did to him, Lige — look how it worked him up," Walter chided.

"And Ah hope it did work him up. 'Tain't even decent for a man to take and take like he do."

"Spunk will sho' kill him."

"Aw, Ah doan't know. You never kin tell. He might turn him up an' spank him fur gettin' in the way, but Spunk wouldn't shoot no unarmed man. Dat razor he carried outa heah ain't gonna run Spunk down an' cut him, an' Joe ain't got the nerve to go up to Spunk with it knowing he totes that Army 45. He makes that break outa heah to bluff us. He's gonna hide that razor behind the first likely palmetto root an' sneak back home to bed. Don't tell me nothin' 'bout that rabbit-foot colored man. Didn't he meet Spunk an' Lena face to face one day las' week an' mumble sumthin' to Spunk 'bout lettin' his wife alone?"

"What did Spunk say?" Walter broke in — "Ah like him fine but 'tain't right the way he carries on wid Lena Kanty, jus' cause Joe's timid 'bout fightin'."

"You wrong theah, Walter. 'Tain't cause Joe's timid at all, it's cause Spunk wants Lena. If Joe was a passle of wile cats Spunk would tackle the job just the same."

He'd go after anything he wanted the same way. As Ah wuz sayin' a minute ago, he tole Joe right to his face that Lena was his. "Call her," he says to Joe. "Call her and see if she'll come. A woman knows her boss an' she answers when he calls." "Lena, ain't I yo' husband?" Joe sorter whines out. Lena looked at him real disgusted but she don't answer and she don't move outa her tracks. Then Spunk reaches out an' takes hold of her arm an' says: "Lena, youse mine. From now on Ah works for you an' fights for you an' Ah never wants you to look to nobody for a crumb of bread, a stitch of close or a shingle to go over yo' head, but me long as Ah live. Ah'll git the lumber foh owah house to-morrow. Go home an' git yo' things together!"

"Thass mah house," Lena speaks up. "Papa gimme that."

"Well," says Spunk, "doan give up whut's yours, but when youse inside don't forgit youse mine, an' let no other man git outa his place wid you!"

"Lena looked up at him with her eyes so full of love that they wuz runnin' over, an' Spunk seen it an' Joe seen it too, and his lip started to tremblin' and his Adam's apple was galloping up and down his neck like a race horse. Ah bet he's wore out half a dozen Adam's apples since Spunk's been on the job with Lena. That's all he'll do. He'll be back heah after while swallowin' an' workin' his lips like he wants to say somethin' an' can't."

"But didn't he do nothin' to stop 'em?"

"Nope, not a frazzlin' thing — jus' stood there. Spunk took Lena's arm and walked off jus' like nothin' ain't happened and he stood there gazin' after them till they was outa sight. Now you know a woman don't want no man like that. I'm jus' waitin' to see whut he's goin' to say when he gits back."

[2]

But Joe Kanty never came back, never. The men in the store heard the sharp report of a pistol somewhere distant in the palmetto thicket and soon Spunk came walking leisurely, with his big black Stetson set at the same rakish angle and Lena clinging to his arm, came walking right into the general store. Lena wept in a frightened manner.

"Well," Spunk announced calmly, "Joe come out there wid a meatax an' made me kill him."

He sent Lena home and led the men back to Joe — Joe crumpled and limp with his right hand still clutching his razor.

"See mah back? Mah cloes cut clear through. He sneaked up an' tried to kill me from the back, but Ah got him, an' got him good, first shot," Spunk said.

The men glared at Elijah, accusingly.

“Take him up an’ plant him in ’Stoney lonesome,” Spunk said in a careless voice. “Ah didn’t wanna shoot him but he made me do it. He’s a dirty coward, jumpin’ on a man from behind.”

Spunk turned on his heel and sauntered away to where he knew his love wept in fear for him and no man stopped him. At the general store later on, they all talked of locking him up until the sheriff should come from Orlando, but no one did anything but talk.

A clear case of self-defense, the trial was a short one, and Spunk walked out of the court house to freedom again. He could work again, ride the dangerous log-carriage that fed the singing, snarling, biting, circle-saw; he could stroll the soft dark lanes with his guitar. He was free to roam the woods again; he was free to return to Lena. He did all of these things.

[3]

“Whut you reckon, Walt?” Elijah asked one night later.

“Spunk’s gittin’ ready to marry Lena!”

“Naw! Why, Joe ain’t had time to git cold yit. Nohow Ah didn’t figger Spunk was the marryin’ kind.”

“Well, he is,” rejoined Elijah.

“He done moved most of Lena’s things — and her along wid ‘em — over to the Bradley house. He’s buying it. Jus’ like Ah told yo’ all right in heah the night Joe wuz kilt. Spunk’s crazy ’bout Lena. He don’t want folks to keep on talkin‘ ’bout her — thass reason he’s rushin’ so. Funny thing ’bout that bob-cat, wan’t it?”

“What bob-cat, ‘Lige? Ah ain’t heered ’bout none.”

“Ain’t cher? Well, night befo’ las’ was the fust night Spunk an’ Lena moved together an’ jus’ as they was goin’ to bed, a big black bob-cat, black all over, you hear me, black, walked round and round that house and howled like forty, an‘ when Spunk got his gun an’ went to the winder to shoot it he says it stood right still an‘ looked him in the eye, an’ howled right at him. The thing got Spunk so nervoused up he couldn’t shoot. But Spunk says twan’t no bob-cat nohow. He says it was Joe done sneaked back from Hell!”

“Humph!” sniffed Walter,

“He oughter be nervous after what he done. Ah reckon Joe come back to dare him to marry Lena, or to come out an’ fight. Ah bet he’ll be back time and agin, too. Know what Ah think? Joe wuz a braver man than Spunk.”

There was a general shout of derision from the group.

"Thass a fact," went on Walter.

"Lookit whut he done took a razor an' went out to fight a man he knowed toted a gun an' wuz a crack shot, too; 'nother thing Joe wuz skeered of Spunk, skeered plumb stiff! But he went jes' the same. It took him a long time to get his nerve up. 'Tain't nothin' for Spunk to fight when he ain't skeered of nothin'. Now, Joe's done come back to have it out wid the man that's got all he ever had. Y'll know Joe ain't never had nothin' nor wanted nothin' besides Lena. It musta been a h'ant cause ain' nobody never seen no black bob-cat."

"Nother thing," cut in one of the men, "Spunk wuz cussin" a blue streak to-day 'cause he 'lowed dat saw wuz wobblin' — almos' got 'im once. The machinist come, looked it over an' said it wuz alright. Spunk musta been leanin' t'wards it some. Den he claimed somebody pushed 'im but 'twant nobody close to 'im. Ah wuz glad when knockin' off time come. I'm skeered of dat man when he gits hot. He'd beat you full of button holes as quick as he's look etcher."

[4]

The men gathered the next evening in a different mood, no laughter. No badinage this time.

"Look, 'Lige, you goin' to set up wid Spunk?"

"New, Ah reckon not, Walter. Tell yuh the truth, Ah'm a lil bit skittish. Spunk died too wicket — died cussin' he did. You know he thought he wuz done outa life."

"Good Lawd, who'd he think done it?"

"Joe."

"Joe Kanty? How come?"

"Walter, Ah b'leeve Ah will walk up theta way an' set. Lena would like it Ah reckon."

"But whut did he say, 'Lige?"

Elijah did not answer until they had left the lighted store and were strolling down the dark street.

"Ah wuz loadin' a wagon wid scantlin' right near the saw when Spunk fell on the carriage but 'fore Ah could git to him the saw got him in the body — awful sight. Me an' Skint Miller got him off but it was too late. Anybody could see that. The fust thing he said wuz: "He pushed me, 'Lige — the dirty hound pushed me in the back!" — He was spittin' blood at ev'ry breath. We laid him on the sawdust pile with his face to the East so's he could die easy. He heft mah hen' till the last, Walter, and said: "It was Joe, Lige

—the dirty sneak shoved me … he didn't dare come to mah face … but Ah'll git the son-of-a-wood louse soon's Ah get there an' make hell too hot for him … Ah felt him shove me …!" "Thass how he died."

"If spirits kin fight, there's a powerful tussle goin' on somewhere ovah Jordan 'cause Ah b'leeve Joe's ready for Spunk an' ain't skeered any more yes, Ah b'leeve Joe pushed 'im mahself."

They had arrived at the house. Lena's lamentations were deep and loud. She had filled the room with magnolia blossoms that gave off a heavy sweet odor. The keepers of the wake tipped about whispering in frightened tones. Everyone in the village was there, even old Jeff Kanty, Joe's father, who a few hours before would have been afraid to come within ten feet of him, stood leering triumphantly down upon the fallen giant as if his fingers had been the teeth of steel that laid him low.

The cooling board consisted of three sixteen-inch boards on saw horses, a dingy sheet was his shroud.

The women ate heartily of the funeral baked meats and wondered who would be Lena's next. The men whispered coarse conjectures between guzzles of whiskey.

한글 번역

스펑크

[1]

갈색 피부의 거구인 한 남자가 마을의 한 거리에서 서성거리다가 자기 팔에 사랑스러운 듯 매달리는 작고 귀여운 여인과 함께 종려나무 잡목 우거진 곳으로 사라졌다.

"저기 좀 보소, 사람들!"이라고 일라이저 모슬리가 기분 좋은 듯 자기 무릎을 탁 치면서 소리쳤다. "저기 재네들 간다. 신나듯 뻔뻔스레 말이지."

가게 안에 어슬렁거리던 모든 이들은 무심한 듯하지만 뭔가 건지려는 듯 문가에 다가가려 했다.

"자 사-람들!"이라며 월터 토마스가 숨넘어가듯 말했다. "저놈들 좀 보실라우!"

"하지만 저것이 내가 스펑크 뱅크스를 좋아하는 이유라니께—저 아는 하나님의 심판대 앞에서도 두려움 없는 사람이여. 암껏도! 갸는 제재소에서 통나무 굴릴 적에 마치 다른 남정네 여편네를 끼고 활보하듯 한다 말이시. 농담이 아니랑께. 테스 밀러가 둥근 톱에 걸려 송장 되게 생겼을 적에 스펑크가 바로 들어가 해결 버렸어라. 우리 나머지는 근처에 갈 생각도 못 했당께."

아주 큰 작업복 입고 둥근 어깨를 한 인물이 긴장한 듯 문가에 들어서자 대화가 멈추었다. 사람들은 서로 쳐다보며 눈짓했다.

"소다수좀 주시요. 내 생각에 쌔스프릴라일께요," 이 새로 들어온 사람이 주문했다. 그리고 그것을 마시려 카운터에서 저 멀리 떨어져 열려진 채로 놓여 있는 저린 족발통 가까운 곳에 자리 잡았다.

일라이저가 월터를 슬쩍 찌르고는 새로 온 이 사람에게 애써 무게를 잡으며 돌아섰다.

"어이, 조. 만사 잘 되간다나? 여편네도 잘 있고?"

조는 자기 손에 있는 병을 마시려다 거의 떨어뜨릴 뻔 했다. 그는 서너 번 힘들여 삼키듯 마시더니 입술이 부르르 떨렸다.

"어이 라이지, 자네가 그렇게 말할 필요는 없었지 않은가 말이시." 월터가 투덜댔다. 일라이저는 그를 무시했다.
"그 여편네가 좀 전에 막 여그를 지나서 저쪽으로 갔당께."
그는 손짓으로 숲 방향을 가리키고 있었다.
이제 조는 자기 아내가 그쪽 길로 지나갔다는 것을 알았다. 그는 잡화점에서 놀고 있는 이 사람들이 그녀를 보았다는 사실을 알았다. 더욱이, 그는 그 남자들이 자기가 알고 있다는 것을 알고 있다는 것도 알게 되었다. 그는 거기서 오랫동안 멍하니 서 있었다. 그의 목젖이 긴장한 듯 그의 목 위아래로 씰룩거렸다. 그의 눈, 얼굴, 손, 그리고 심지어는 낙담한 듯 주저앉은 어깨… 누구라도 그가 당하고 있는 고통을 실제로 볼 수 있었다. 그는 병을 카운터에 내려 놓았다. 그는 그것을 탁 치듯 내려놓지는 않았다. 단지 그것을 자기 손에서 가만히 내려 놓고 자기 멜빵 버클을 만지작거릴 뿐이었다.
"그럼, 오늘 그 여편네를 찾아내야 겄네. 잡아 데리오 와야 겄어. 스펑크는 도를 넘어선거여."
그는 자기 바지 주머니 깊은 곳을 뒤지더니 오목하게 갈린 면도칼을 꺼냈다. 크고 윤이 났다. 그는 자기 침 묻힌 엄지손가락으로 그 날을 위아래로 훑었다.
"남자같이 말하는구만, 조. 그거사 너그 가족 문제지만서도, 나–는 사람이 용기가 있는 걸 보고 싶당께 말이시."
조 캔티는 동전을 내 놓고는 비틀거리 듯 밖에 거리로 나갔다.
어스름이 숲 쪽에서부터 기어들었다. 아이크 클락은 거의 곧바로 초파리에 둘러 쌓이고 마는 흔들리는 기름 등에 불을 붙였다. 그 남자들은 조의 등 뒤에서 그가 휘청거리며 숲 쪽으로 향하는 것을 보면서 시끄럽게 웃어댔다.
"라이지, 네 놈이 그에게 그런 식으로 말하면 안 되었어야. 그 말이 저 녀석을 어케 만들었지 보랑께,"라고 월터가 핀잔을 주었다.
"아 나는 내 말이 저 녀석을 그렇게 만들기 바랬어라. 남자가 되서 말이시 저 넘 하듯 받아들이기만 해선 안된다 말이지."
"스펑크가 저 넘을 쏴 죽일 거랑께."
"아, 난 모르겄어. 너도 모르는 일이랑께. 스펑크가 저 넘을 돌아 세워 방해가 된다고 패대기 칠지도 모르지. 허지만 스펑크가 무장도 하지 않은 사람을 쏘지는 않을거여. 저 넘이 여기 가지고 왔던 그 면도칼이 스펑크에 어찌해서 상처를 내지는 못할 거라 말이시. 그라고 조는 스펑크가 군용 권총 가지고 다니는 거 알면서리 그에게 맞설 용기는 없당게. 저 넘은 우리헌티 허풍떨라꼬 면도칼을 여기서 꺼내 든 거라 말이시. 저 넘은 가장 먼저 보는 야자나무 뿌리 같은 곳에다가 그 면도날을 숨겨놓구는 몰래 집에 들어가 쳐 잘 거라. 나한테 저 도망자 같은 흑인 야그는 아무것도 허들 말라 말이시. 지난주 언젠가 스펑크와 레나 면상을 마주하고서 스펑크한테 자기 여편네 혼자 냅둔다고 먼가 주절거리던 게 저 넘 아니었던가 말여?
"스펑크가 뭐라 했는디?"라고 월터가 끼어들었다.
"난 그 넘이 괜찮지만 서두, 조가 싸우기 겁내 한다구 해서 레나 캔티를 끼고 다니는 거는 옳지 않다고 본당께."
"네 놈이 틀렸어, 월터. 그거는 조가 소심해서가 전혀 아니구, 스펑크가 레나를 원해서 그런 거야. 조가 한 무리의 살쾡이 떼거지라 해도 스펑크는 똑같이 그 일에 달려들거랑케."
그 넘은 지가 원하는 것은 똑같이 쫓아갈 거라 말이시. 나가 좀 전에 말했듯이 갸가 조한테 레나는 자기 거라구 그 면상에 대구 말했당께. 갸가 조한테 말했어, "그녀를 불러, 불러서 오는지 함 보자. 여자는 자기 주인을 알아보고 그가 부르면 답하게 돼 있당께." "레나야, 내가 니 남편 아이가?" 조는 말하자면 징징대듯 말한다 말이시. 레나가 그를 보면서 정말 역겨워 대답도 안 했서라. 길에서 움직이지도 않했당께. 그래서 스펑크가 팔을 뻗어 그 여자 팔을 잡고는 말했지: "레나, 너는 내꺼라. 지금부터 나가 너를 위해 일하고, 너를 위해 싸우고 할끼라. 나는 니가 빵 부시래기, 옷 한 벌, 혹은 머리에 올리는 장식 하나 땜시 내가 살아 있는 데 내 말고 딴 사람 쳐다보는 것 절대 원치 않는 기라. 내 가서 내일 우리 집 만들 목재를 구해 올기라. 집에 가서 네 물건 몽땅 챙기라!" 레나가 소리 내 말했 지라, "거는 내 집이라. 우리 아빠가 준기라." 그러니 스펑크가 말했지, "그러믄, 니 것을 포기하면 안 되지. 하지만 니가 집에 있어도 니가 내 거라는 거는 잊지 말기라. 그라고 다른 놈이 니하고 눈맞아 도망가도 안되는 기라!"
"레나가 그 넘을 완전히 사랑에 푹 빠진 눈으로 쳐다보는디, 그 두 눈이 헤까닥 거리는 기라. 스펑크가 그걸 보았고 조도 그걸 보아 부렀지. 그러니 그 입술이 부르르 떨리기 시작하고 그 목젖은 경주마 마냥 그 목에서 위 아래로 꼴딱 꼴딱 하는 기라. 내가 장담하는 데, 스펑크가 레나와 일을 벌이고 나서 조의 목젖 여섯 개는 닳아 없어졌을 기라. 갸가 할 일은 거밖에 더 있나. 그 넘은 참고 참다 뭐라도 한마디 하고 싶은 지 주둥이만 씰룩거리다가 말 한마디 못하고 이리 다시 돌아올 기라."
"그러믄 갸가 그 년놈 못 만나도록 아무 짓도 안했는감?"

"안 했지라. 암껏도 말이지. 그냥 거기 서 있었던 기라. 스펑크는 레나의 팔을 잡고 아무 일도 없었다는 듯이 가버렸지. 그라고 갸는 그 년놈이 보이지 않을 때까지 바라만 보고 거기 서 있었던 거라. 자, 니도 여자가 그런 남자 바라지 않는다는 거 알끼라. 나는 그가 돌아와서 뭐라고 말하는지 두고 보는 기라."

[2]

하지만 조 캔티는 절대 돌아오지 않았다. 절대로. 가게에 있던 남자들은 작은 야자나무 덤불 멀리 어디에서 생긴 권총에 연루된 갑작스런 소식을 들었다. 그리고 곧 스펑크는 자기 커다란 검은 스텟슨 카우보이모자를 이전같이 멋 부리듯 눌러쓰고 여유 부리듯 걸어 나왔다. 레나는 그 팔에 매달려서 잡화점에 바로 걸어 들어왔다. 레나는 놀란 태도로 울었다.

스펑크가 차분한 듯 발표했다. "글쎄, 조가 식칼을 들고 나타나서 내가 그 넘을 죽이지 않을 수 없었어라."

그는 레나를 집으로 보내고 남자들을 조가 있는 곳으로 안내했다. 조는 그 면도날을 아직도 오른손에 쥐고 힘없이 쓰러져서 있었다.

"내 등 좀 보라니께? 내 옷이 칼에 잘렸어라. 이 넘이 몰래 다가와서는 뒤에서 나를 죽이려 했당께. 하지만 내가 이 넘을 잡았지. 보기 좋게. 한방에 말이지,"라고 스펑크가 말했다.

남자들은 일라이저를 나무라는 투로 뚫어져라 노려보았다.

"이놈을 들어다 인적 드믄 스토니에 갖다 묻어버려,"라고 스펑크는 무심한 듯 말했다. "나는 그를 쏘고 싶지 않았다. 그가 나를 그렇게 하도록 만들었능기라. 이 넘은 더럽게 겁많은 넘인기라. 사람 뒤에서 덥치고 말이다."

스펑크는 발길을 돌려 자기의 사랑이 자기가 무서워 울고 있을 거라 알고 있는 곳을 향해 어슬렁거리듯 가버렸다. 아무도 그를 잡지 않았다. 나중에 잡화점에서 그들은 모두 보안관이 올랜도에 올 때까지 그를 가둬두어야 한다고 말했다. 하지만 아무도 말뿐이었다.

분명한 정당방위 사례로 판결 났다. 재판은 짧았다. 스펑크는 법원에서 걸어 나와 다시 자유의 몸이 되었다. 그는 다시 일을 할 수 있게 돼, 그 위험한 목재 수레를 끌어다 노래하듯, 으르렁거리듯, 물어 삼킬 듯 돌아가는 둥근 톱에 집어 넣을 수 있었다. 그는 자기 기타를 가지고 부드럽고 조용하고 어두운 길을 산책할 수 있었다. 그는 다시 자유로이 숲을 거닐었다. 그는 자유롭게 레나에게로 돌아갔다. 그는 이 모든 것을 하고 다녔다.

[3]

"무슨 생각혀, 월트?"라고 다음날 밤 일라이저가 물었다.

"스펑크는 레나하고 결혼할 준비한다네!"

"안돼! 조의 시체가 아직 식지도 않았는 데 말이시라. 우짜든 나는 스펑크가 결혼할 만한 인간은 아니라 생각했능기라."

"글쎄, 결혼한다니까,"라고 일라이저가 다시 끼어들었다. "갸는 레나의 물건 대부분을 옮겨갔다 아이가, 그리고 그것들하고 그녀도 같이 저기 브래들리에 있는 집으로 말이지. 그 집을 살 거라니까. 나가 조 죽던날 밤에 여기서 다 말한 그대로 아닌가 말이여. 스펑크는 레나한테 미쳤능기라. 그는 사람들이 그녀에 대해 계속 수근대는 것을 원하지 않능기라. 고거이 갸가 그리 서두르는 이유잉기라. 재미있는 거이 그 살쾡이란 말이시, 안 그렁가?"

"뭔 살쾡이 말이랑가, 라이지? 난 아무것도 들은 게 없는디."

"못 들었능가? 글씨, 그저께 밤에 스펑크와 레나가 함께 이사 들어간 첫날 밤이었지. 그들이 잠자리에 들려는 데, 커다란 검은 살쾡이가, 온통 검은 놈 말이지, 내말 듣어봐, 그 검은 놈이 집 주위를 계속 어슬렁 어슬렁거리는 거리다 사십번은 울부짖는 기라. 스펑크가 자기 총을 가지고 창가로 가서 그놈을 쏘려구 하는디, 스펑크 말이 그놈이 바로 가만히 서서 자기 눈을 쳐다보면서 자기에게 울어대능기라. 그놈 때문에 스펑크가 바짝 긴장을 해서는 총을 쏠 수가 없었능기라. 하지만 스펑크 말이 그놈은 보통 살쾡이가 아니었다는 거라. 갸 말이 조가 지옥에서 몰래 돌아온 것이라 더라 말이시!"

"흥!" 월터가 콧방귀를 뀌었다.

"갸가 자기가 저지른 일 땀시 긴장을 했덩기라. 내 생각에 조가 자기한테 레나한테 감히 결혼하지 못하게 하려구 온거라. 아니면 나와서 싸우던가 말이지. 분명히 조는 계속해서 또 나타날거라 말이지. 내가 뭔 생각하는 지 아는가? 조는 스펑크보다 용감한 남자였능기라."

모여 있는 이들이 모두 조롱하듯 한마디씩 했다.

"사실인기라,"라고 월터는 계속했다.

"갸가 면도칼 들고 나가, 상대가 총도 가지고 있구, 또 명사수라는 것도 잘 알면서도 그 사람과 싸우려 했던걸 생각해 보란 말이시. 조가 스펑크에 대해 무서워하던 다른 거는 장대같이 커다란 덩치였단 말이지. 하지만 갸는 그대로 갔던 기라. 자기 담을 키우는 데 오랜 시간이 걸린기라. 아무것도 두려워하지 않는 스펑크에게 싸우는 것는 아무것도 아닌 기라. 이제 조는 전에 자기가 가졌던 모든 것을 가져가 버린 남자와 맞서러 돌아온기라. 니들도 조가 레나 말고는 절대 아무것도 갖지 않았고, 아무것도 원하지 않았다는 거 알거이라. 아무도 전에 검은 살쾡이를 본 적이 없는 걸 보믄 고거이 틀림없이 유령인기라."

"또 한 가지,"라며 다른 남자가 끼어들었다. "스펑크가 오늘 갑작시레 욕을 해대고 다니더라 말이시. 그 톱날이 흔들리는 것을 내버려 둬 거의 한번 갸를 칠뻔했기 때문이라지. 기술자가 와서 그것을 점검하더니 아무 문제 없다 했다 아이가. 스펑크는 거기다 대고 약간 몸을 기울였던 것이 틀림없는 기라. 그런데 갸는 누군가 자기를 밀었다고 주장했지. 하지만 갸 가까이엔 아무도 없었능기라. 나는 이넘 해치울 시간이 왔다고 좋아했다 아이가. 그 넘 열받으면 나는 그 넘이 무서운기라. 그는 니들 중 누구 하나 보기만 하면 순식간에 니들을 개 패듯이 팰 거라 말이시."

[4]

그 남자들은 다음 날 저녁 다른 분위기로 웃음없이 모여 앉았다. 이번에는 빈정대는 것도 없었다.

"이봐, 라이지, 니는 스펑크와 같이 엮이게 될라나?"

"아니여, 나는 그렇게 생각 안혀, 월터. 사실을 말하자면 내가 조금 겁은 나는디. 스펑크는 아주 고약하게 죽었지라. 지가 저지를 일 땀시 죽은기라. 니들도 알다시피 갸는 지가 죽을 짓을 했다고 생각했지라."

"세상에, 그럼 그가 누구헌티 그 짓을 헌것인디?"

"조."

"조 캔티? 우째?"

"월터, 나는 저쪽에 함 걸어 올라가 볼까 허는디… 내 생각에 레나가 그것을 좋아할 거라."

"하지만 갸가 뭐라고 말했능교, 라이지?"

일라이저는 그들이 불 켜진 가게를 떠나 어두운 거리를 걷고 있을 때가 되도록 대답이 없었다.

"내가 바로 그 톱 가까이서 목재를 마차에 싣고 있어지라. 그때 스펑크가 목재 운반대로 넘어졌는데, 내가 갸에게 닿기도 전에 톱날이 그의 몸을 잘라버렸지라. 끔찍한 광경이었지라. 나하고 스킨트 밀러가 갸를 끌어당겼지만 너무 늦었는기라. 누구라도 그것을 알 수 있었능기라. 그가 내뱉은 첫마디가 이것이라: "그놈이 날 밀었어, 라이지. 그 지저분한 사냥개가 내 등을 밀었능기라!" 그는 숨 쉴 때마다 피를 뱉어 냈어라. 우리는 톱밥 더미 위에 얼굴이 동쪽으로 가도록 뉘어서 갸가 편하게 죽을 수 있도록 했지라. 그는 마지막까지 내 손을 잡고 있었능기라, 월터, 그리고 말했제: 그건 조였어, 라이지—치사하게 숨어들어 나를 밀었어 … 감히 남자 대 남자로 맞서지 못하고 말이지. 하지만 내가 그 쥐며느리 같은 놈을 잡아다가는 지옥에 가자마자 거기를 그 놈한테 아주 펄펄 끓도록 만들어 버릴 거라니께. 나는 그넘이 나를 미는 걸 느꼈다 말이시…!" "그렇게 그는 죽었는기라."

"영혼이 싸울 수 있다면, 요단강 건너 어딘가서 아주 큰 싸움이 있을 거다 말이지. 내 생각엔 조가 스펑크를 기다리며 더 이상 두려워하지 않기 때문이여. 나는 정말 조가 그를 밀었다고 믿어."

그들은 그 집에 도착했다. 레나의 슬픔은 깊고 소리는 컸다. 그녀는 방을 짙고 달콤한 향기를 발하는 활짝 핀 목련으로 가득 채웠었다. (장례를 위해) 밤을 지켜주는 사람들이 가볍게 인사하며 놀란 목소리로 수군댔다. 마을의 모든 사람들이 거기에 있었다. 심지어 조의 아버지인 늙은 제프 캔티까지 말이다. 그는 몇 시간 전이라면 스펑크에게 가까이 오는 것도 두려워했을 사람이지만, 자기 손가락이 그를 쓰러뜨린 강철 톱니라도 되는 듯 쓰러진 거인 위에서 승리에 취한 듯 노려보며 서 있었다.

냉각판은 톱질 모탕 위에 세 개의 40센티짜리 판으로 되어 있었고, 거무스레한 천은 그의 수의였다.

여자들은 장례식용으로 구운 고기를 실컷 먹고는 누가 레나의 다음 타자가 될 지 궁금해 했다. 남자들은 위스키를 들이부으면서 어설픈 짐작을 해대며 수군거렸다.

작품 이해를 위한 문제

Read the following summary and fill in each blank with the ONE most appropriate word.

In a small town in central Florida that is populated exclusively by African Americans, Walter Thomas and Elijah Mosley are sitting on the porch of a store. They notice that Lena Kanty has disappeared into the nearby palmetto bushes with Spunk Banks, who is not her ___①___.

Unconcerned about town gossip, Spunk and Lena continue down their brazen path, oblivious to the fact that Joe Kanty, Lena's beleaguered husband, has entered the store. Walter and Elijah, who function like a Greek chorus, mock the shy husband and warn him that he is about to be cuckolded. Joe is fully aware of the implications of Spunk and Lena's behavior; he knows that the men at the store have seen her, and he knows they know he knows. Joe pulls out a ___②___ and claims that Spunk has gone too far.

After Joe leaves in search of Lena and Spunk, Walter and Elijah reflect on their role in this family drama. Walter criticizes Elijah for mocking Joe and taunting him to action. Elijah defends himself by saying it is not decent for a man to accept such behavior. Walter then points out Spunk's physical superiority and prowess as a fighter: Spunk is the only man in the village brave enough to ride the circle saw at the sawmill. If Spunk and Joe were to tangle, ___③___ would not fare well.

Lena's role in this triangle is obvious to all the observers, except Joe. She is in love with Spunk and wants to leave her husband for him. Spunk claims her for his own.

Answer

① husband
② razor
③ Joe

02 The Man To Send Rain Clouds

Leslie Marmon Silko(1948-)

[1]

They found him under a big cottonwood tree. His Levi jacket and pants were faded light blue so that he had been easy to find. The big cottonwood tree stood apart from a small grove of winterbare cottonwoods which grew in the wide, sandy arroyo. He had been dead for a day or more, and the sheep had wandered and scattered up and down the arroyo. Leon and his brother-in-law, Ken, gathered the sheep and left them in the pen at the sheep camp before they returned to the cottonwood tree. Leon waited under the tree while Ken drove the truck through the deep sand to the edge of the arroyo. He squinted up at the sun and unzipped his jacket-it sure was hot for this time of year. But high and northwest the blue mountains were still in snow. Ken came sliding down the low, crumbling bank about fifty yards down, and he was bringing the red blanket.

Before they wrapped the old man, Leon took a piece of string out of his pocket and tied a small gray feather in the old man's long white hair. Ken gave him the paint. Across the brown wrinkled forehead he drew a streak of white and along the high cheekbones he drew a strip of blue paint. He paused and watched Ken throw pinches of corn meal and pollen into the wind that fluttered the small gray feather. Then Leon painted with yellow under the old man's broad nose, and finally, when he had painted green across the chin, he smiled.

"Send us rain clouds, Grandfather." They laid the bundle in the back of the pickup and covered it with a heavy tarp before they started back to the pueblo.

They turned off the highway onto the sandy pueblo road. Not long after they passed the store and post office they saw Father Paul's car coming toward them. When he recognized their faces he slowed his car and waved for them to stop. The young priest rolled down the car window.

"Did you find old Teofilo?" he asked loudly.

Leon stopped the truck. "Good morning, Father. We were just out to the sheep camp. Everything is O.K. now."

"Thanks God for that. Teofilo is a very old man. You really shouldn't allow him to stay at the sheep camp alone."

"No, he won't do that any more now."

"Well, I'm glad you understand. I hope I'll be seeing you at Mass this week-we missed you last Sunday. See if you can get old Teofilo to come with you." The priest smiled and waved at them as they drove away.

[2]

Louise and Teresa were waiting. The table was set for lunch, and the coffee was boiling on the black iron stove. Leon looked at Louise and then at Teresa.

"We found him under a cottonwood tree in the big arroyo near sheep camp. I guess he sat down to rest in the shade and never got up again." Leon walked toward the old man's bed. The red plaid shawl had been shaken and spread carefully over the bed, and a new brown flannel shirt and pair of stiff new Levi's were arranged neatly beside the pillow. Louise held the screen door open while Leon and Ken carried in the red blanket. He looked small and shriveled, and after they dressed him in the new shirt and pants he seemed more shrunken.

It was noontime now because the church bells rang the Angelus. They ate the beans with hot bread, and nobody said anything until after teresa poured the coffee.

Ken stood up and put on his jacket. "I'll see about the gravediggers. Only the top layer of soil is frozen. I think it can be ready before dark."

Leon nodded his head and finished his coffee. After Ken had been gone for a while, the neighbors and clanspeople came quietly to embrace Teofilo's family and to leave food on the table because the gravediggers would come to eat when they were finished.

[3]

The sky in the west was full of pale yellow light. Louise stood outside with her hands in the pockets of Leon's green army jacket that was too big for her. The funeral was over, and the old men had taken their candles and medicine bags and were gone. She waited until the body was laid into the pickup before she laid anything to Leon. She touched his arm, and he noticed that her hands were still dusty from the corn meal that she had sprinkled around the old man. When she spoke, Leon could not hear her.

"What did you say? I didn't hear you."

"I said that I had been thinking about something."

"About what?"

"About the priest sprinkling holy water for Grandpa. So he won't be thirsty."

Leon stared at the new moccasins that Teofilo had made for the ceremonial dances in the summer. They were nearly hidden by the red blanket. It was getting colder, and the wind pushed gray dust down the narrow pueblo road. The sun was approaching the long mesa where it disappeared during the winter. Louise stood there shivering and watching his face. Then he zipped up his jacket and opened the truck door. "I'll see if he's there."

[4]

Ken stopped the pickup at the church, and Leon got out; and then Ken drove down the hill to the graveyard where people were waiting. Leon knocked at the old carved door with its symbols of the Lamb. While he waited he looked up at the twin bells from the king of Spain with the last sunlight pouring around them in their tower.

The priest opened the door and smiled when he saw who it was. "Come in! What brings you here this evening?"

The priest walked toward the kitchen, and Leon stood with his cap in his hand, playing with the earflaps and examining the living room-the brown sofa, the green armchair, and the brass lamp that hung down from the ceiling by links of chain. The priest dragged a chair out of the kitchen and offered it to Leon

"No thank you, Father. I only came to ask you if you would bring your holy water to the graveyard."

The priest turned away from Leon and looked out the window at the patio full of shadows and the dinning-room windows of the nun's cloister across the patio. The curtains were heavy, and the light from within faintly penetrated; it was impossible to see the nuns inside eating supper.

"Why didn't you tell me he was dead? I could have brought the Last Rites anyway."

Leon smiled. "It wasn't necessary, Father."

The priest stared down at his scuffed brown loafers and the worn hem of his cassock.

"For a Christian burial it was necessary." His voice was distant, and Leon thought that his blue eyes looked tired.

"It's o.k. Father, we just want him to have plenty of water."

The priest sank down into the green chair and picked up a glossy missionary magazine. He turned the colored pages full of lepers and pagans without looking at them.

"You know I can't do that, Leon. There should have been the Last Rites and a funeral Mass at the very least."

Leon put on his green cap and pulled the flaps down over his ears. "It's getting late, Father. I've got to go."

When Leon opened the door Father Paul stood up and said, "Wait." He left the room and came back wearing a long brown overcoat. He followed Leon out the door and across the dim churchyard to the adobe steps in front of the church. They both stooped th fir through the low adobe entrance. And when they started down the hill to the graveyard only half of the sun was visible above the mesa.

The priest approached the grave slowly, wondering how they had managed to dig into the frozen ground; and then he remembered that this was New Mexico, and saw the pile of jacket, gloves, and scarves in the yellow, dry tumbleweeds that grew in the graveyard. He looked at the red blanket, not sure that Teofilo was so small, wondering if it wasn't some perverse Indian trick-something they did in March to ensure a good harvest-wondering if maybe old Teofilo was actually at sheep camp corralling the sheep for the night. But there he was, facing into a cold dry wind and squinting at the last sunlight, ready to bury a red wool blanket while the faces of his parishioners were in shadow with the last warmth of the sun on their backs.

His fingers were stiff, and it took him a long time to twist the lid off the holy water. Drops of water fell on the red blanket and soaked into dark icy spots. He sprinkled the grave and the water disappeared almost before it touched the dim, cold sand; it reminded him of something-he tried to remember what it was, because he thought if he could remember he might understand this. He sprinkled more water; he shook the container until it was empty, and the water fell through the light from sundown like August rain fell while the sun was still shining, almost evaporating before it touched the wilted squash flowers.

The wind pulled at the priest's brown Franciscan robe and swirled away the bundle into the ground, and they didn't bother to untie the stiff pieces of new rope that were tied around the ends of the blanket. The sun was gone, and over on the highway the eastbound lane was full of headlights. The priest walked away slowly. Leon watched him climb the hill, and when he had disappeared within the tall, thick walls, Leon turned to look up at the high blue mountains in the deep snow that reflected a faint red light from the west. He felt good because it was finished, and he was happy about the sprinkling of the holy water; now the old man could send them big thunderclouds for sure.

작품분석

1. Perspective and Narrator

"The Man to Send Rain Clouds" is told in the third person by an omniscient narrator. From this perspective readers can better understand the viewpoints of the Native Americans as well as the Catholic priest.

2. About the Title

The title "The Man to Send Rain Clouds" refers to the traditional Pueblo belief that the dead return as rain clouds. The "man" in the title is the deceased grandfather named Teofilo. He is an elder of the community whose grandson Leon discovers dead. Leon then asks that his grandfather "bring rain clouds" to the community. Rain is a means of sustaining their farming community and thus an essential natural asset for the survival of the Pueblo tribes.

한글 번역

비구름을 보내주는 사람

[1]

그들은 큰 미루나무 한 그루 아래에서 그를 발견했다. 그의 리바이스 재킷과 바지가 옅은 파란색으로 바래서 알아보기가 쉬웠다. 그 큰 미루나무는 넓고 모래로 된 시내에서 자라는 겨우내 헐벗은 작은 미루나무 숲에서 떨어져 서 있었다. 그가 죽은 지 하루도 더 지나서, 양 떼는 헤매다 흩어져 마른 시내로 내려갔다. 리온과 그의 처남 켄은 양 떼들을 모아 야영지의 우리에 넣어 두고 미루나무로 되돌아왔다. 리온이 나무 아래서 기다리는 동안 켄은 트럭을 몰아 깊은 모래를 지나 마른 시내 끝으로 갔다. 켄은 해를 곁눈질하더니 윗옷을 풀어헤쳤다. ― 확실히 이맘때는 더웠다. 그래도 고지대 북서쪽 산봉우리는 아직 눈에 덮여 있었다. 켄은 야트막하고 부스러지는 제방을 50야드쯤 아래로 미끄러져 내려오며, 그 붉은 담요를 가지고 왔다.

노인을 싸기 전에 리온은 주머니에서 줄 하나를 꺼내 노인의 길고 흰 머리카락에 조그만 회색의 깃털을 묶었다. 켄이 리온에게 물감을 건넸다. 갈색의 주름진 이마를 가로질러 흰 줄을 그리고, 솟아오른 광대뼈를 따라 파란 줄을 그었다. 리온은 하던 일을 잠시 멈추고 켄이 뿌린 옥수수 가루 한 줌이 작은 회색 깃털을 나부끼게 하던 바람 속으로 흩어지는 것을 보았다. 리온은 노인의 큼지막한 코 아래에 노란색을 칠하고 끝으로 뺨을 가로질러 초록색까지 다 칠하고 나자 미소를 지었다.

"비구름을 보내주세요, 할아버지." 트럭 뒤에 담요로 싼 것을 싣고 무거운 방수 천으로 덮고 나서 푸에블로로 출발했다.

고속도로를 빠져나와 모래투성이의 푸에블로 길로 들어섰다. 상점과 우체국을 지나치고 얼마 못 가 폴 신부의 차가 그들 쪽으로 오고 있는 것을 보았다. 신부님이 그들의 얼굴을 알아보고 차의 속도를 늦추고는 차를 세우라고 손짓했다. 젊은 신부는 차창을 내렸다.

"테오필로 영감님을 찾았나요?"라고 큰 소리로 물어왔다.

리온은 트럭을 세웠다. "안녕하세요, 신부님. 방목지로 가려고 방금 나왔어요. 이제 다 괜찮아요."

"그거 다행이군요. 노인장은 너무 늙었어요. 방목지에 혼자 있게 하지 마세요."

"네, 이제 안 그럴 거예요."

"이해하신다니 다행이네요. 이번 주 미사에서 뵙도록 하지요 ― 지난주에는 안 오셨었지요. 테오필로 노인을 모시고 오실 수 있을지 모르겠네요." 신부는 미소 짓고는 멀어져가면서 손을 흔들었다.

[2]

루이즈와 테레사가 기다리고 있었다. 식탁에는 점심이 차려져 있었고, 커피가 검은 철제 스토브 위에서 끓고 있었다. 리온은 먼저 루이즈를 쳐다보고 다음 테레사를 쳐다보았다.

"방목지 근처 큰 시냇가 미루나무 아래에 계시더라구. 아마 그늘에서 쉬려고 앉았다가 다시 못 일어나셨나 봐." 리온은 노인의 침상으로 걸어갔다. 붉은 격자무늬 숄을 펼쳐 조심스럽게 침대에 펴고, 새 갈색 플란넬 셔츠와 뻣뻣한 새 리바이스 바지를 베개 옆에 단정히 놓았다. 루이즈가 망으로 된 문을 잡고 있는 동안 리온과 켄이 붉은 담요를 날라왔다. 노인은 작고 구부정해 보였고, 새 셔츠와 바지를 입히고 나자 더 왜소해 보였다.

낮 기도를 알리는 안젤루스 교회 종이 울리는 걸 보니 이제 정오였다. 따뜻한 빵과 콩 요리를 먹었고, 테레사가 커피를 따를 때까지 아무도 말이 없었다.

켄이 일어나서 윗옷을 걸쳤다. "무덤 파는 인부들을 알아볼게. 땅 표면만 얼었을 거야. 어두워지기 전에 준비할 수 있을 것 같아."

리온은 고개를 끄떡이고 커피를 마저 마셨다. 켄이 나가고 없는 동안, 이웃과 친지들이 조용히 찾아와 테오필로의 가족을 위로했고 무덤 파는 인부들이 일을 마치고 와서 먹도록 탁자에 음식을 놔두었다.

[3]

서쪽 하늘은 온통 옅은 노란 빛이었다. 루이즈는 자신한테 너무 큰 리온의 녹색 군용 재킷의 주머니에 손을 넣고 밖에 서 있었다. 장례식이 끝났고, 노인들은 자신들의 초와 약 가방들을 가지고 돌아갔다. 루이즈는 시신을 트럭으로 옮길 때까지 기다렸다가 리온을 만졌다. 그의 팔을 잡자, 그가 보기에 그녀의 손이 노인 주위에 뿌린 옥수수 가루로 더러웠다. 루이즈가 뭐라고 했는데, 못 들었다.

"뭐라고 했어? 안 들렸어."
"뭔가 생각하고 있다고 했어."
"무슨 생각?"
"신부님이 할아버지를 위해 성수를 뿌리는 거. 목마르지 않으시게."
리온은 테오필로가 여름에 제례 춤을 추기 위해 만든 새 가죽신을 쳐다봤다. 붉은 담요 안에 거의 싸여 있었다. 날은 추워지고 바람이 불어 잿빛 먼지가 좁은 푸에블로 길 아래로 날렸다. 태양이 겨울이면 사라지는 기다란 암구에 다다르고 있었다. 루이즈는 거기 서서 떨면서 그의 얼굴을 보고 있었다. 그는 윗옷을 여며 입고 트럭 문을 열었다. "오실 수 있는지 알아볼게."

[4]

켄은 교회에 트럭을 세웠고, 리온이 내렸다. 그리고 켄은 언덕을 운전해 내려가 사람들이 기다리고 있는 묘지로 갔다. 리온은 양의 상징을 새긴 낡은 문을 두드렸다. 기다리면서 마지막 햇살이 꼭대기 주변을 비추고 있는 스페인 왕의 쌍둥이 종을 올려다보았다.
신부는 문을 열고 누구인지 보고는 미소 지었다. "들어오게! 이 저녁에 여기는 어쩐 일인가?"
신부는 부엌 쪽으로 가고, 리온은 모자를 손에 쥔 채 서서, 모자 귀를 만지작거리며 거실을 훑어보았다 — 갈색 소파, 초록색 팔걸이의자, 줄을 연결해 천정에서 내려뜨린 청동 램프. 신부는 부엌에서 의자 하나를 끌고 와 리온에게 권했다.
"괜찮습니다, 신부님. 전 그저 성수를 무덤으로 가져오실 수 있는지 여쭤보려고 왔습니다."
신부는 리온에게서 몸을 돌려 창문 밖 그늘진 안뜰과 그 건너편 수녀원의 식당 창문들을 바라보았다. 커튼은 묵직했고, 그 안에서 빛이 희미하게 새어 나왔다; 수녀들이 안에서 저녁 먹는 것은 전혀 보이지 않았다. "돌아가셨다고 왜 말하지 않았어요? 어떻게든 종부성사를 해드릴 수 있었을 텐데."
리온은 미소 지었다. "뭘 그렇게까지요, 신부님."
신부는 리온의 긁혀 흠이 생긴 낮은 가죽 신발과 해진 옷단을 응시했다. "기독교 장례에서는 필수적이지."
신부의 목소리는 아득했는데, 그의 푸른 눈이 피곤해 보이는 것 같다고 리온은 생각했다.
"괜찮아요, 신부님. 우리는 단지 할아버지가 좀 더 많은 물을 가지시길 원했을 뿐이에요."
신부는 초록색 의자에 풀썩 주저앉아 번드르르한 선교 잡지를 집었다. 나병 환자와 이교도들이 가득 실린 칼라 지면들을 쳐다보지도 않고 펼쳐보았다.
"그렇게는 할 수 없겠네요, 리온. 최소한 종부 성사와 장례 미사라도 드렸었어야지요."
리온은 자신의 초록 모자를 쓰고 모자 귀를 자신의 귀로 잡아내렸다. "늦었네요, 신부님. 가야겠어요."
리온이 문을 열자 폴 신부가 일어서더니 "잠깐만"이라고 말했다. 신부는 방으로 갔다가 긴 갈색 외투를 입고 나왔다. 리온을 따라 문으로 나와 어둑한 교회 마당을 지나 교회 앞 어도비 벽돌 층계로 갔다. 둘 다 몸을 숙여 나지막한 어도비 벽돌 입구를 통과했다. 언덕을 내려가 묘지로 향했을 때는 태양의 정확히 절반이 암구 위로 보였다.
신부는 천천히 무덤으로 다가가며 어떻게 얼어붙은 땅을 파냈을까 궁금해 했다. 그러자 여기가 뉴멕시코라는 것이 기억났고, 무덤 위에서 자라는 노랗고 마른 회전 초 위에 재킷과 장갑, 목도리들이 쌓여 있는 것을 보았다. 붉은 담요를 보고는 테오필로가 저렇게 작았나 의아해하며 혹 별난 인디안 묘기가 아닌가 했고 — 이를테면 3월에 풍작을 기원하며 했던 일 — 테오필로 노인이 실제로 양 방목지에서 밤에 양 떼를 우리에 가두었을까 궁금해 했다. 하지만 그는 거기에 있었고, 차갑고 메마른 바람을 맞으며 마지막 햇살에 눈살을 찌푸리고 붉은 울 담요를 묻으려는 동안, 그의 교구의 사람들이 음지에서 태양의 마지막 온기를 등에 받고 있었다.
신부는 손가락이 뻣뻣해져서 성수 병의 뚜껑을 비틀어 여느라 한참 걸렸다. 성수 방울이 붉은 담요에 떨어져서 시커멓게 언 부분에 스며들었다. 성수를 무덤에 뿌리자 흐릿하고 차가운 모래에 닿기도 전에 사라졌다. 그러자 뭔가 생각이 들었다 — 그게 뭔가 기억해내려고 했다. 생각을 해내면 이 일을 이해할 수도 있을 것 같았다. 성수를 더 뿌렸다. 병이 다 빌 때까지 흔들었고, 팔월에 태양이 아직 비추는데 비가 내리면 시든 호박꽃에 닿기도 전에 증발해버리듯 성수가 일몰의 빛을 따라 떨어졌다.
바람이 신부의 갈색 프란치스코회 망토를 잡아당겨 땅으로 날려 보냈으나 그들은 담요 끝 주위에 엉킨 새 망토의 뻣뻣한 부분을 풀려고 하지 않았다. 태양이 졌고 동쪽 고속도로 위로 헤드라이트 불빛이 넘쳤다. 신부는 천천히 멀어져갔다. 리온은 신부가 언덕을 올라가는 것을 보았고 신부가 크고 두꺼운 벽으로 사라졌을 때, 몸을 돌려 눈이 쌓인 고지대 산봉우리를 바라보니 희미한 붉은 빛이 서쪽으로부터 반사되었다. 다 끝나서 기분이 좋았고, 성수를 뿌린 일이 기뻤다. 이제 노인이 틀림없이 큰 천둥 구름을 보내줄 수 있을 것이다.

작품 이해를 위한 문제

Read the passage and follow the directions.

> The priest turned away from Leon and looked out the window at the patio full of shadows and the dining-room windows of the nuns' cloister across the patio. The curtains were heavy, and the light from within faintly penetrated; it was impossible to see the nuns inside eating supper.
>
> "Why didn't you tell me he was dead? I could have brought the Last Rites anyway."
>
> Leon smiled. "It wasn't necessary, Father."
>
> The priest stared down at his scuffed brown loafers and the worn hem of his cassock.
>
> "For a Christian burial it was necessary." His voice was distant, and Leon thought that his blue eyes looked tired.
>
> "It's o.k. Father, we just want him to have plenty of water." The priest sank down into the green chair and picked up a glossy missionary magazine. He turned the colored pages full of lepers and pagans without looking at them.
>
> "You know I can't do that, Leon. There should have been the Last Rites and a funeral Mass at the very least."

How does the word choice in this passage affect the meaning?

① Words like "distant" and "heavy" emphasize the distance between Leon and the priest and illustrate how little the priest understands Leon's culture.

② The word choice in the passage, including words like "shadows" and "impossible" illustrates the animosity that Leon feels toward the priest.

③ The word choice in the passage develops the setting and lets readers know that this story takes place in New Mexico.

④ Words like "Christian" and "priest" develop the idea that religion is an essential part of Leon's life.

Answer ①

MEMO

유희태 영미문학 ②

영미소설의 이해

1판 1쇄 2001년 5월 25일
4쇄 2002년 12월 20일
2판 1쇄 2008년 2월 10일
5쇄 2010년 12월 20일
3판 1쇄 2012년 2월 25일
4판 1쇄 2014년 6월 5일
3쇄 2015년 3월 10일
5판 1쇄 2017년 3월 20일
6판 1쇄 2019년 2월 20일
7판 1쇄 2022년 1월 10일

저자와의
협의하에
인지생략

저자 유희태 **발행인** 박 용 **발행처** (주)박문각출판
표지디자인 박문각 디자인팀
등록 2015. 4. 29. 제2015-000104호
주소 06654 서울시 서초구 효령로 283 서경 B/D
팩스 (02) 584-2927
전화 교재 주문 (02)6466-7202 동영상 문의 (02)6466-7201

정 가 23,000원
ISBN 979-11-6704-243-9